**디버깅을 통해 배우는
리눅스 커널의 구조와 원리 1**

라즈베리 파이로 따라하면서
쉽게 이해할 수 있는 리눅스 커널

[예제파일 다운로드]

https://wikibook.co.kr/linux-kernel-1/

https://github.com/wikibook/linux-kernel

디버깅을 통해 배우는
리눅스 커널의 구조와 원리 **1**

라즈베리 파이로 따라하면서
쉽게 이해할 수 있는 리눅스 커널

지은이 김동현

펴낸이 박찬규   엮은이 이대엽   디자인 북누리   표지디자인 Arowa & Arowana

펴낸곳 위키북스   전화 031-955-3658, 3659   팩스 031-955-3660

주소 경기도 파주시 문발로 115 세종출판벤처타운 311호

가격 35,000   페이지 716   책규격 188 x 240mm

1쇄 발행 2020년 05월 12일
2쇄 발행 2021년 03월 17일
3쇄 발행 2022년 11월 30일
ISBN 979-11-5839-198-0 (93000)

등록번호 제406-2006-000036호   등록일자 2006년 05월 19일
홈페이지 wikibook.co.kr   전자우편 wikibook@wikibook.co.kr

이 도서의 국립중앙도서관 출판시도서목록 CIP는
서지정보유통지원시스템 홈페이지(http://seoji.nl.go.kr)와
국가자료공동목록시스템(http://www.nl.go.kr/kolisnet)에서 이용하실 수 있습니다.
CIP제어번호 CIP2020016389

디버깅을 통해 배우는
리눅스 커널의
구조와 원리
-1-

라즈베리 파이로
따라하면서
쉽게 이해할 수 있는
리눅스 커널

김동현 지음

위키북스

서문

현재 리눅스는 IT 산업과 생활 전반을 이루는 운영체제로 자리 잡아 휴대폰, TV, 라우터에서 인공지능, 로봇, 사물 인터넷, 자동차 제어 시스템까지 적용되고 있습니다. 이에 따라 리눅스 개발자의 저변이 꾸준히 확대되고 있습니다.

책을 쓰게 된 배경

당연한 이야기지만, 많은 리눅스 시스템 개발자들은 리눅스 커널을 배우려고 노력합니다. 임베디드 리눅스, 리눅스 BSP(Board Support Package) 같은 리눅스 시스템은 물론이고, 데브옵스(Devops)를 위해서도 리눅스 커널을 잘 알아야 하기 때문입니다. 저도 임베디드(BSP) 리눅스를 개발하면서 주위 개발자를 대상으로 리눅스 커널 세미나를 꾸준히 진행했으며, 신입 개발자와 학생들을 대상으로 리눅스 커널을 주제로 세미나와 발표를 했습니다. 이를 위해 시중에 출간된 도서들 중 세미나에 활용할 참고서를 찾으려 했는데 신입 개발자를 위한 리눅스 커널 입문서를 찾기가 어려웠습니다. '리눅스 커널' 도서의 난이도가 중급 이상 리눅스 개발자가 이해할 수 있는 수준이었기 때문입니다. 신입 리눅스 시스템 개발자들을 위한 마땅한 리눅스 커널 도서가 없다고 느낀 이유는 다음과 같습니다.

- 이론과 소스코드를 어려운 용어로 설명한다.
- 실무에 활용되지 않는 커널의 이론과 함수를 설명한다.
- 실무에서 사용하는 유용한 디버깅 툴의 사용법을 다루지 않는다.
- 커널을 구성하는 함수들이 어떤 흐름으로 호출되는지 자세히 다루지 않는다.
- 오래된 리눅스 커널 버전의 커널 소스를 바탕으로 커널의 구현 방식을 분석한다.

'리눅스 커널' 책을 읽다가 너무 어렵다고 느낀 신입 리눅스 시스템 개발자들은 리눅스 커널의 소스코드를 분석하기도 합니다. 리눅스 커널의 소스코드는 공개돼 있고 소스를 분석하면서 리눅스 커널의 원리를 배울 수 있다는 기대 때문입니다. 하지만 신입 개발자들이 리눅스 커널의 소스를 분석하다가 포기하는 경우가 대부분입니다. 그 이유를 요약하면 다음과 같습니다.

- 분석하려는 커널 함수의 구현부를 찾기 어렵다.

- 함수가 너무 많아 어느 함수를 분석해야 할지 모르겠다.

- 함수를 누가 언제 호출하는지 모르겠다.

- 자료구조가 방대하고 복잡하게 구성돼 있어 어느 코드에서 자료구조가 변경되는지 파악하기 어렵다.

- 분석하는 코드가 제대로 컴파일돼서 동작하는지도 알기 어렵다.

결국 리눅스 커널을 처음 접하는 학생이나 신입 개발자들이 리눅스 커널의 구조와 동작 원리를 이해하지 못하고 포기하는 것을 많이 봤습니다. 이처럼 신입 개발자들이 리눅스 커널을 배우다가 겪는 어려움을 해소하기 위해 이 책을 집필하게 됐습니다.

이 책의 구성과 특징

이 책은 리눅스 커널을 공부하다가 포기하지 않고 끝까지 따라갈 수 있도록 다음과 같이 구성돼 있습니다.

- 쉬운 내용부터 시작해서 어렵고 복잡한 내용으로 이어지도록 난이도를 조절했습니다.

- 커널의 이론 중에 실무에서 쓰이는 내용을 중심으로 소개합니다.

- 커널 함수를 일정한 시나리오에 따라 끝까지 따라가면서 분석합니다.

- 실전 개발에서도 바로 적용할 수 있는 디버깅 방법(ftrace, TRACE32)을 소개합니다.

- 커널 소스코드의 URL을 제공하고, 최신 4.19(LTS) 버전을 기준으로 분석합니다.

- 학습한 내용은 모두 라즈베리 파이로 실습을 통해 익힐 수 있도록 구성했습니다.

이 과정을 통해 배운 내용을 오랫동안 머릿속에 기억할 것이라 확신합니다.

이 책은 신입 개발자가 5년 차까지 실무를 하면서 알아야 하는 내용으로 구성돼 있습니다. 중급 이상의 개발자들이 알면 좋은 커널의 주요 개념들은 리눅스 커널의 메일링 리스트나 세계 최고의 리눅스 커널 블로그인 '문c 블로그(http://jake.dothome.co.kr/)'를 참고하면 좋겠습니다.

입문자를 위한 책

반복하지만 이 책의 주요 독자는 신입 개발자 혹은 졸업반 학생과 같은 리눅스 커널의 입문자이며 세부 예상 독자는 다음과 같습니다.

- 리눅스 보드로 졸업 과제를 준비 중인 졸업반 학생
- 연구실의 프로젝트를 리눅스 환경(리눅스 보드, 리눅스 배포판)에서 진행 중인 대학원생
- 리눅스 드라이버의 동작 원리를 더 깊게 알고 싶은 분
- 리눅스 커널을 실무에서 어떻게 디버깅하는지 알고 싶은 리눅스 시스템 개발자

이 밖의 예상 독자는 다음과 같습니다.

- 리눅스 커널을 통해 운영체제의 세부 원리를 연구하려는 분
- 리눅스 드라이버를 통해 개발하려는 IT 분야의 세부 구현 방식(보안, 메모리, 네트워크 프로토콜)을 파악하려는 분
- 실전 리눅스 개발에서 어떤 방식으로 디버깅하는지 알고 싶은 분

쉬운 설명과 실습 위주

반복하지만 이 책은 입문자를 위해 집필했으며 주요 독자는 신입 개발자입니다. 따라서 입문자도 리눅스 커널을 이해할 수 있도록 쉽게 설명하는 것이 이 책의 목표입니다. 선점 스케줄링을 야구의 투수 교체(10.6절 '선점 스케줄링')에, 시그널을 전화가 오는 상황(12.1절 '시그널이란?')에, 슬럽 할당자(14.5절 '슬랩 메모리 할당자')를 '구내식당'에 비유해서 설명했습니다.

책을 자세히 읽다 보면 이론적으로 100% 옳지 않은 설명도 가끔 보입니다. 그것은 말 그대로 최대한 쉽게 설명하기 위해 완곡한 문장으로 표현하다 보니 제 나름대로 커널의 함수의 일부 동작(예외 처리)을 적당히 무시한 경우입니다. 리눅스 커널의 이론을 포함해 커널의 함수나 로그의 분석은 일반적인 상황을 기준으로 설명한다는 점을 알아주셨으면 좋겠습니다.

실무에 바로 적용할 수 있는 내용

원고를 리뷰한 베타리더들은 모두 책의 내용이 '매우 실용적'이라는 의견을 주셨습니다. 저자가 리눅스 드라이버를 구현하고 버그를 잡는 '실전 개발자'이기 때문입니다. 책 중간에 소개한 디버깅 방법은 실전 프로젝트에서 바로 활용할 수 있습니다.

온라인 커뮤니티(블로그, 유튜브)

이 책을 읽다가 궁금한 사항이 있다면 토론장을 열어둘 예정이므로 다음과 같은 저자의 블로그를 방문하길 바랍니다.

- http://rousalome.egloos.com/category/Question_Announcement

혹시 책에 명시된 4.19 버전의 커널 소스가 바뀌거나 기타 업데이트(오탈자 및 오류 확인)가 있으면 이 블로그를 통해 안내할 예정입니다.

또한 저자의 개인 유튜브 채널에 방문하시면, 책의 강의 동영상을 보고 공부하시면서 댓글로 질문을 남길 수 있습니다.

- https://www.youtube.com/user/schezokim

마지막으로 드리는 말씀

- 이 책에서 설명하는 리눅스 커널의 소스는 '4.19' 버전을 기준으로 설명합니다.
  리눅스 커널의 소스 버전은 계속 업그레이드되므로 독자의 학습 시점에 따라 소스의 내용이 달리 보일 수 있습니다.

- 이 책에서 소개된 ftrace 로그와 터미널의 출력 결과는 라즈비안 커널의 4.14/4.19 버전에서 테스트한 내용을 바탕으로 독자들이 쉽게 이해할 수 있는 메시지로 선정했습니다. 독자들이 라즈베리 파이에서 테스트하는 ftrace 나 터미널의 출력 결과는 다르게 보일 수 있습니다.

- 이 책에 기재된 내용을 참고해서 운용한 결과에 대해서 저자와 위키북스 출판사는 일체의 책임을 지지 않으니 양해 바랍니다. 특히 이 책에 설명한 다양한 실습 패치는 모두 학습용으로 제작된 것이니 오로지 디버깅 용으로만 활용하길 권장합니다.

감사의 글

우선 책의 기획부터 집필을 거쳐 편집에 이르는 과정 내내 격려로 이끌어주신, 위키북스의 박찬규 대표님과 어색한 문장을 잘 다듬어 주신 위키북스의 이대엽 님께 감사드립니다. 개발자에게 꼭 필요한 책을 만들기 위한 열정으로 대중성과 약간 거리가 있는 제 원고를 받아주신 위키북스의 박찬규 대표님과 편집자님께 감사드립니다.

이 책은 많은 리눅스 커널 개발자들의 도움으로 완성할 수 있었습니다. 먼저 원고의 소스코드와 모든 분석 내용을 일일이 읽고 오류를 잡아 주신 박병철 님께 깊은 감사를 드립니다. 그리고 원고에서 부족한 설명과 어색한 표현을 자세히 알려주신 문동희 님, 한글로 된 원고를 번역기로 돌려 읽고 피드백을 주신 Reddy 교수님께도 감사의 말씀을 드립니다. 또한 최종 원고를 자세히 읽고 결정적인 오타를 제보해주신 안성우 님, 윤동현 님, 그리고 현미경을 사용해 글을 읽듯이 꼼꼼하게 책을 읽고 오류를 알려주신 김태현 님께도 감사의 말씀을 드리고 싶습니다. 원고의 구성과 콘텐츠에 대해 깊이 공감해주고 많은 아이디어를 알려준 서형진 님께도 감사드립니다. 이렇게 훌륭한 개발자들의 도움을 받아 완성된 원고에서도 미비한 점이나 문제점이 있다면 모두 저자가 부족한 탓입니다.

또한 집필 내내 많은 응원과 격려를 보내주신 정호 선배님, 치국 선배님 그리고 이경섭 박사님, 어상훈 박사님께도 감사드립니다. 마지막으로 리눅스 개발을 하면서 초보 개발자인 저에게 많은 가르침을 주신 장경석 선배님께 지면을 빌려 감사의 말씀을 드리고 싶습니다.

책이 언제 출간되는지 항상 궁금해하시며 변함없는 격려와 응원을 보내주신 양가 부모님께도 감사드립니다. 2년이 넘도록 모든 시간을 집필에 몰두하도록 배려와 희생을 한 아내에게 가장 큰 감사의 마음을 전하며 이 책을 아내에게 헌정합니다.

베타리더 후기

박병철(LG전자)

개발 현장에서 마치 신입 사원 옆에 선배 사원 한 명이 앉아서 하나하나 꼼꼼하게 설명해 주는 느낌이 드는 책입니다. 실전 개발에서 마주하게 되는 많은 어려움은, 사실 잘 정돈된 이론보다 한 걸음 한걸음 꼼꼼한 설명에 의해 해소되는 경우가 더 많습니다. 실전 개발에서 경험한 내용을 바탕으로 서술하여 실전 감각을 익히는 데 큰 도움이 되는 책입니다.

강승철(세미파이브)

저자는 임베디드 리눅스와 BSP 등에서 10여 년이 넘는 경력을 가진 프로페셔널 엔지니어다. 그의 운영체제와 관련한 이론적 배경은 얕을지도 모르겠다. 그러나 10년이 넘는 기간 동안 갈고닦은 실무 노하우는 그 모자람을 채우고도 남는다. 이 책은 그간의 경험을 바탕으로 리눅스 커널의 이론과 실전 개발 사이의 간극을 좁히는 가교와도 같은 존재다. 책의 내용이 실무에서 디버깅할 때 발생할 수 있는 업무 순서대로 구성돼 있고, 지금까지의 커널 분석을 다룬 책에서는 볼 수 없었던 실무에 매우 도움이 되는 내용들로 채워져 있다. 커널을 분석하는 내용이 지루해도 각 장의 끝에 나오는 실습을 해 본다면 개발에 큰 도움이 될 것이다.

이 책이 커널 분석을 시작하려는 사람들에게 진정으로 큰 도움이 될 것이라 확신한다.

장경석(LG전자)

시중에서 볼 수 있는 리눅스 커널 도서는 대부분 코드를 통해 난해하게 설명하는 컨셉이다. 이 책은 실전 경험을 가진 엔지니어가 구체적인 디버깅 자료와 코드 블럭을 토대로 리눅스 커널의 이론과 개념을 자세히 설명한다. 기존 도서와는 다른 신선한 느낌을 주는 것 같다.

다년간 실전 프로젝트를 통해 축적된 실전 경험(Kernel Troubleshooting)을 바탕으로 집필한 '리눅스 커널' 서적으로서 으뜸이라 생각한다.

독자 후기

문영일(문c 블로그 운영자)

이 책을 처음 읽어보곤 정말 쉽게 읽혀 깜짝 놀랐습니다. 리눅스 개발자 및 커널 스터디 초보자를 위한 최고의 도서로서 무조건 한 번 읽어야 할 추천 도서로 평가합니다. 오프라인 도서 시장이 하락하는 시점에도 최고의 히트를 낸 이유가 이 책엔 분명히 있습니다. 독자들에게 어떻게 설명하면 더 도움이 될지 고심하며 정성을 들인 부분이 많습니다. 이 책이 두껍고 분량이 많지만 잘 읽히는 문장으로 구성되어 빠른 이해를 돕습니다. 새로운 디버깅 방법을 찾는 데 목마른 초/중/상급자를 비롯해 모든 세대의 개발자분들에게도 가장 큰 도움이 될 책입니다.

김흥열(삼성전자)

리눅스 커널에 대해 모든 것을 설명해 주는 바이블을 찾는다면 이 책은 적당하지 않을 수 있습니다. 하지만 임베디드 리눅스를 배우기 위해 어디서부터 시작해야 할지 막막한 개발자라면 이만한 서적을 찾기는 어렵습니다. 최신 버전의 커널과 함께, 누구나 쉽게 구할 수 있는 라즈베리 파이에서 실습할 수 있는 예제로 구성된 이 책은 초기 셋업부터 파일시스템과 메모리 관리까지 커널의 거의 모든 부분을 친절하게 설명합니다. 십수 년 동안 개발 현장에서 익힌 기술과 지식들을 단순히 나열하는 것이 아닌, 실제 사례로 풀어냈기 때문에 기술 서적임에도 불구하고 마치 소설처럼 흐름을 가지고 읽힙니다. 이 책은 쉽게 읽을 수 있지만 그렇다고 그 깊이가 얕다고 말할 수 없습니다. 임베디드 리눅스를 배우는 학생부터 실제 현장에서 일하는 개발자까지, 이 책을 통해 많을 것을 배우고 얻을 수 있을 것이라 확신합니다.

송태웅(리얼리눅스)

리눅스 시스템 개발에서 문제 해결 능력을 키우기 위해서는 추상적이며 이론적인 내용만으로는 부족할 수 있습니다. 하지만 커널 코드를 직접 분석하는 것도 어려운 일입니다. 이 책은 리눅스 커널을 분석하는 과정에서 겪을 수 있는 어려움과 한계를 극복할 수 있게 구성되어 있다고 생각합니다. 이 책에서 설명하는 것처럼 리눅스 커널을 구성하는 주요 서브시스템의 동작 원리와 소스코드 분석, ftrace 같은 트레이싱 방법을 활용하면서 익히면 커널을 훨씬 효율적으로 배울 수 있습니다. 리눅스 커널을 배우려는 개발자는 반드시 읽어야 할 좋은 책으로 추천합니다.

김원경(퀄컴)

리눅스 커널을 주제로 이렇게 읽기 쉽고 따라 하기 쉬운 책이 또 있을까 싶을 정도로 잘 쓰여진 책입니다. 특히 현업에서 리눅스 기반으로 임베디드 시스템을 개발하는 분들에게 좋은 길잡이가 될 것이고, 리눅스를 제대로 배우려는 분께도 적극 추천합니다.

정요한(SK 하이닉스)

기존 리눅스 커널 책 대비 최신 버전의 커널 버전으로 구성되어 있고, 유용한 예제 및 디버깅 방법을 소개합니다. 처음 리눅스 커널을 접하는 분이 거부감 없이 공부할 수 있는 좋은 책이 나온 것 같습니다. 저 또한 신입사원에게 이 책을 추천했습니다.

남영민(삼성전자)

최신 커널 코드로 리눅스 커널의 기본을 배울 수 있는 정말 감사한 책입니다. 리눅스 커널을 쉽게 이해할 수 있도록, 친한 형처럼 기본 개념을 쉽게 설명하고, 쉽게 구할 수 있는 보드(라즈베리 파이)로 실습까지 안내합니다. 또한 TRACE32 및 Crash Utility(Crash tool)를 통한 커널의 주요 자료구조 및 메모리 덤프를 직접 볼 수 있어 실무에도 정말 많은 도움이 됩니다. 지금까지 만나본 커널 도서 중 단연 최고입니다. 같은 BSP 개발자로서 이렇게 좋은 책을 집필해 주신 저자께 무한한 감사의 마음을 드립니다.

서형진(LG전자)

사실 이 책의 초고 원고를 이미 다 읽고, 출간된 1권과 2권까지 완독했습니다. 다른 리눅스 책에 비해 이 책은 입문자를 배려해 어려운 리눅스 커널의 개념을 쉽게 설명하려는, 개발자에 대한 애정이 더 크게 느껴지는 책입니다. 스케줄러부터 메모리 관리까지 커널의 주요 기능을 깊지만 쉬운 표현으로 꼼꼼하게 분석했습니다. ftrace, TRACE32를 통한 리눅스 커널에 대한 분석 내용은 실무에 큰 도움이 됩니다.

06

**인터럽트
후반부 처리**

07

워크큐

01

리눅스 소개와 전망

이번 장에서 다룰 내용

- 리눅스는 왜 배워야 할까?
- 리눅스의 전망
- 임베디드 리눅스 개발 단체
- 임베디드 리눅스 개발자는 무엇을 알아야 할까?

2000년대 초반까지만 해도 리눅스는 교육용 혹은 서버에서만 사용하던 운영체제였습니다. 하지만 2020년을 맞이하는 현재, 리눅스는 광범위하게 사용되고 있으며, 그 저변은 계속 확대되고 있습니다.

1.1 리눅스와 리눅스 커널은 왜 배워야 할까?

리눅스 세미나에서 다음과 같은 질문을 종종 받곤 합니다.

리눅스를 배워야 하는 이유가 무엇인가요?

이 질문은 특히 리눅스를 처음 접하는 분들이 많이 던지는 질문이었습니다. 이런 질문을 받고는 리눅스를 과연 왜 배워야 할까, 곰곰이 생각해봤습니다. 여러 생각 끝에 다음과 같은 결론을 내리게 됐습니다.

소프트웨어 개발을 하려고 한다면 리눅스를 반드시 알아야 한다.

그래서 이번 절에서는 먼저 리눅스를 왜 배워야 하는지 설명하겠습니다.

1.1.1 리눅스는 왜 배워야 할까?

최근 IT 직무 기술로 리눅스가 채택되어 IT 아카데미에서 '리눅스'를 교육 과정으로 운영하는 곳이 많습니다. 대학교 학부 과정에서도 리눅스 시스템 프로그래밍을 배울 수 있습니다. 또한 대학원 프로젝트 과제도 리눅스 환경에서 수행되는 경우가 많습니다. 이처럼 리눅스는 정규 교육 과정으로 자리를 잡아가는 듯합니다. 그런데 여러분은 리눅스를 왜 배워야 하는지 생각해본 적이 있나요? 그리 많지는 않을 텐데, 리눅스를 배우는 이유는 크게 다음과 같습니다.

첫째, 리눅스는 IT 산업 전반에서 쓰는 운영체제입니다. 휴대폰, 클라우드 서버, 네트워크 장비는 물론 전기자동차와 IoT 디바이스까지 리눅스를 채택하고 있습니다.

둘째, 네트워크, 브라우저, WAS 웹 애플리케이션, 보안 유틸리티 등 수많은 프로그램이 리눅스 기반 환경에서 동작합니다. 여러분이 리눅스를 사용하는 방법을 알고 싶지 않아도 다양한 프로그램을 실행하고 운영하기 위해서는 리눅스를 알아야 합니다.

셋째, 리눅스는 오픈소스 기반 운영체제입니다. 리눅스는 하드웨어를 제어하는 리눅스 커널과 그 위에서 실행되는 리눅스 유틸리티로 구성돼 있습니다. 그런데 리눅스 커널은 물론이고 대부분 리눅스에서 실행되는 프로그램의 소스코드는 공개돼 있습니다.

구체적으로 다음과 같은 기술들이 리눅스 시스템 프로그램이나 리눅스 디바이스 드라이버에 구현돼 있고,

- 운영체제 핵심 기능
- 네트워크 패킷 통신
- 메모리 시스템
- 파일 시스템과 SD 카드
- 각종 보안 기술
- 각종 센서 드라이버
- CPU 아키텍처(ARM, x86): 익셉션, 인터럽트, 메모리 관리

소스코드가 공개돼 있어서 소스코드를 분석함으로써 세부 동작 원리를 파악할 수 있습니다.

1.1.2 리눅스 커널은 왜 배워야 할까?

누군가가 '프로그래머로 일하려면 리눅스를 배워야 한다'라고 말한다면 대부분 수긍할 것입니다. 하지만 '리눅스 커널도 배워야 한다'라고 주장한다면 바로 납득하기는 어려울 것입니다. 이번에는 '리눅스 커널을 배워야 하는 이유'에 대해 이야기해보려고 합니다.

이 책의 주제가 리눅스 커널이긴 하지만 필자는 솔직히 말씀드리고 싶습니다.

반드시 리눅스 커널을 배울 필요는 없습니다.

임베디드 리눅스나 리눅스 시스템을 개발할 때 '커널 소스'를 읽지 않고도 '리눅스 명령어'를 입력하고 '커널 로그'를 읽으면서 개발할 수도 있습니다. 커널에 대한 깊이 있는 지식 없이도 개발자로서의 경력을 유지할 수도 있습니다.

하지만 필자는 다음과 같이 말씀드리고 싶습니다.

리눅스 고급 개발자 또는 엔지니어로 실력을 인정받고 오랫동안 리눅스 개발을 하고 싶다면 리눅스 커널은 반드시 배워야 합니다.

그럼 '리눅스 커널'을 배워야 하는 이유를 더 자세히 알아보겠습니다.

첫째, 임베디드 리눅스 혹은 BSP(Board Support Package) 개발자로 디바이스 드라이버 개발을 맡고 있다면 리눅스 커널을 잘 알아야 합니다. 그 이유는 간단합니다.

디바이스 드라이버는 커널 함수를 호출하는 방식으로 구현돼 있기 때문입니다.

C 프로그래밍을 잘 하려면 strcpy, strcmp, printf 같은 라이브러리 함수의 용법을 잘 알아야 하듯이 디바이스 드라이버 개발을 잘 하려면 커널이 제공하는 함수의 동작 원리를 파악하고 있어야 합니다. 그래서 임베디드 리눅스 혹은 BSP 벤더에서는 '리눅스 커널'을 직무 교육 과정으로 운영하는 경우가 많습니다.

둘째, 고급 리눅스 시스템 프로그래머가 되려면 리눅스 커널을 알아야 합니다.

리눅스 시스템 프로그램은 다음과 같은 함수로 구성돼 있습니다.

- open(), read(), write(), close(): 파일 처리 관련 함수
- fork(), getpid(), exit(): 프로세스 처리 관련 함수
- sigaction(), pause(): 시그널 처리 관련 함수

이러한 함수를 호출하면 리눅스 라이브러리 함수가 이를 처리할 것이라 생각할 수 있습니다. 하지만 실제로는 리눅스 라이브러리의 도움으로 POSIX 시스템 콜을 호출해 커널이 동작합니다. 한 가지 예를 들어볼까요?

리눅스 시스템 프로그램으로 open( ), read( ), write( ) 함수를 호출했는데 함수에서 에러를 반환했습니다. 에러 코드를 반환한 주인공은 누구일까요? 리눅스 라이브러리일까요? 그 주인공은 바로 커널입니다. 여기에는 그럴 만한 이유가 있습니다. 리눅스 시스템 프로그램을 실행하는 주체는 커널이기 때문입니다. 따라서 커널을 배우면 리눅스 시스템 프로그램의 세부 동작 원리를 알 수 있습니다.

셋째, 운영체제의 핵심 원리를 소스코드 분석으로 배울 수 있습니다. 리눅스 커널은 오픈소스 프로젝트이므로 다음과 같은 커널의 핵심 구현 원리를 소스코드 분석을 통해 배울 수 있습니다.

- CPU 아키텍처(ARM, x86): 익셉션, 인터럽트, 메모리 관리
- 스케줄링
- 시스템 콜
- 시그널
- 가상 파일시스템
- 메모리 관리

우리가 새로운 소프트웨어 기술을 배우는 과정은 크게 두 가지로 생각해볼 수 있습니다.

- 우선 프로그램을 사용해 본다.
- 코드를 작성하거나 소스코드를 분석해본다.

프로그램을 사용해 본 후 소스코드를 분석해서 구현 방식을 파악하면 더 많은 것을 배울 수 있습니다. 마찬가지로 커널도 이 방식으로 배울 수 있습니다. 즉, 커널 디버깅을 통해 '커널을 사용'해보고 커널 소스를 작성하면서 분석할 수 있습니다. 운영체제 커널을 이론만으로 공부하는 방법보다 더 빨리 실력이 늘 것 같지 않나요?

넷째, IT 산업을 이루는 제반 기술의 세부 구현 방식을 알 수 있습니다. 파일 시스템, 메모리 관리, 네트워크, 이더넷 등의 기술들은 커널에서 소스코드로 만날 수 있습니다.

지금까지 설명한 '리눅스 커널을 배워야 하는 이유'를 한 문장으로 정리하면 다음과 같습니다.

고급 리눅스 개발자가 되려면 커널을 배워야 한다.

1.2 리눅스의 전망

이번 절에서는 먼저 일반적인 운영체제의 특징을 소개하고 리눅스 운영체제의 점유율을 확인하면서 리눅스의 전망을 알아보겠습니다.

1.2.1 운영체제란 무엇인가?

운영체제는 알게 모르게 우리 일생 생활의 일부가 된 지 오래입니다. 가령 대학생들은 수강 신청을 컴퓨터로 하고 과제도 이메일로 제출합니다. 사무직에 종사하는 분들은 대부분 컴퓨터로 일을 합니다. 소프트웨어 개발자는 물론이고 일반 사무직에 종사하는 분들도 데스크톱 PC나 노트북으로 업무를 처리합니다. 또한 대부분의 사람들이 휴대폰을 하나씩 가지고 다닙니다.

그럼 사람들은 컴퓨터와 휴대폰으로 무엇을 할까요? 프로그램을 사용합니다. 컴퓨터나 휴대폰으로 게임을 즐기거나 업무 처리를 위해 메일을 읽고 보내기도 합니다. 브라우저로 인터넷 서핑을 하고 음악을 듣습니다.

그런데 대부분의 사람들은 데스크톱 PC와 휴대폰에서 사용하는 프로그램이 모두 운영체제 위에서 실행되고 있다는 사실은 잘 모릅니다. 운영체제에는 관심이 없고 운영체제에서 실행되는 애플리케이션에만 관심이 있습니다. 자, 여기서 한 가지 질문을 해볼까요?

여러분 중에서 운영체제를 직접 써 본 분이 있나요?

대부분 이 질문을 받으면 황당하다고 느낄 것입니다. 그렇습니다. 우리는 운영체제에서 실행되는 애플리케이션을 쓰는 것이지 운영체제를 직접 사용하진 않습니다.

이번에는 다음 그림을 보면서 운영체제가 무엇인지 알아봅시다.

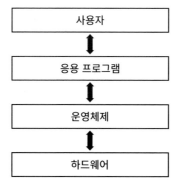

그림 1.1 운영체제를 둘러싼 계층 구조

보다시피 '운영체제'는 하드웨어와 응용 프로그램 사이에 있는 계층입니다. 운영체제는 일반 사용자가 '스타크래프트'나 '클래시 오브 클랜' 같은 게임이나 브라우저 프로그램이 잘 실행되는 기반 환경을 제공합니다.

또한 운영체제는 세부 하드웨어를 관리하는 역할을 수행하는데, 이를 가리켜 '운영체제는 하드웨어를 가상화한다'라고 말합니다. 사실 일반 사용자는 휴대폰이나 컴퓨터를 처음 고를 때 화면 크기, CPU 속도나 메모리 용량과 같은 기본적인 스펙에 관심을 기울입니다. 하지만 막상 휴대폰이나 컴퓨터를 구입하고 나면 응용 프로그램만 사용하지 세부적인 하드웨어 부품이나 스펙(CPU 코어나 메모리 대역폭)에 대해 알려고 하지 않습니다. 그 이유는 운영체제가 서로 다른 하드웨어 부품을 관리하는 역할을 수행하기 때문입니다.

이처럼 일반 사용자는 운영체제에서 돌아가는 '게임'이나 '워드나 엑셀' 같은 응용 프로그램에 관심을 갖지 운영체제에는 관심이 없습니다. 당연한 이야기지만 '운영체제'에 관심을 둘 필요도 없습니다.

하지만 일반 사용자가 아닌 개발자인 경우에는 조금 상황이 다릅니다. 여러분이 작성하는 모든 코드를 실제로 실행하는 주체는 다음과 같이 운영체제 커널입니다.

- 유저 애플리케이션: 리눅스 표준 함수를 호출하면 시스템 콜을 통해 실제로 커널이 동작
- 디바이스 드라이버: 디바이스 드라이버는 커널이 제공하는 함수를 사용하므로 실제 커널이 동작

따라서 개발자가 작성한 코드의 핵심 동작 원리를 파악하려면 운영체제의 핵심인 커널을 잘 알아야 합니다.

여기까지 리눅스 운영 체제의 핵심인 리눅스 커널을 잘 알아야 하는 이유를 설명했습니다. 그런데 이 부분까지 읽고 나면 한 가지 의문이 들 수 있습니다. **"이렇게 운영체제의 커널이 중요하다면 학생들에게 이를 배울 기회를 줘야 하지 않을까?"**

사실 컴퓨터 공학 관련 학과의 전공 필수 과목으로 '운영체제'가 개설돼 있습니다. 이 책에서 설명하는 프로세스, 스케줄러, 메모리 관리와 같은 리눅스 커널의 기본 개념들은 모두 운영체제 수업에서 다루는 내용입니다. 그렇다면 교육 과정으로 운영체제가 개설돼 있다는 사실은 어떤 의미를 내포할까요? 운영체제는 미래의 프로그래머가 될 학생이 필수적으로 알아야 할 내용이라서 전공 수업으로 정하지 않았을까요?

이어지는 절에서는 우리가 실생활에서 어떤 운영체제를 사용하고 있는지 살펴보겠습니다.

1.2.2 우리는 어떤 운영체제를 쓰고 있나?

우리가 알지 못하는 사이 리눅스는 우리 생활의 구석구석에서 쓰이고 있습니다. 이번 절에서는 다음과 같은 분야에서 리눅스 운영체제가 차지하는 점유율을 알아보겠습니다.

- 데스크톱(개인용 컴퓨터)
- 모바일(휴대폰)
- 슈퍼컴퓨터

데스크톱(개인용 컴퓨터)

그림 1.2는 데스크톱 PC 운영체제의 점유율을 나타낸 것입니다.

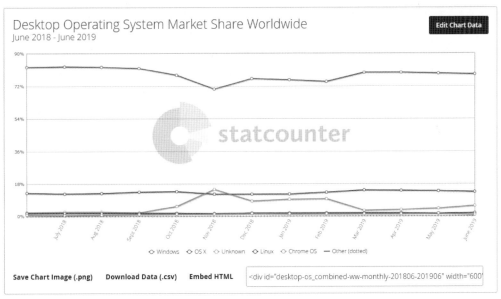

그림 1.2 데스크톱 PC의 운영체제 점유율

그래프의 가장 윗부분에 72~90%의 점유율을 보이는 운영체제가 마이크로소프트 '윈도우 NT 계열' 운영체제입니다. 78.43%의 점유율로 부동의 1위를 지키고 있습니다. 그다음으로 iOS가 13.5%, 리눅스가 1.6%의 점유율을 보입니다. 유닉스 계열 운영체제로 분류되는 iOS와 리눅스 운영체제를 합쳐도 15%밖에 되지 않습니다.

 보통 iOS와 리눅스를 합쳐 유닉스 계열 운영체제라고 부릅니다.

일반인이 많이 쓰는 데스크톱 PC 기기의 경우 리눅스의 점유율은 저조합니다. 즉, '윈도우가 대세다'라고 말할 수 있습니다. 그래서 이 데이터를 보고 나면 이렇게 불평할 수도 있습니다.

리눅스 운영체제는 거의 안 쓰는데 왜 배워야 할까?

어느 정도 일리가 있는 의견입니다. 운영체제를 쓰는 기기가 데스크톱 PC로 한정돼 있다면 맞는 말입니다. 하지만 시선을 모바일 기기로 돌려보면 이야기가 달라집니다.

모바일(휴대폰)

그림 1.3은 모바일 운영체제의 점유율을 나타낸 것입니다.

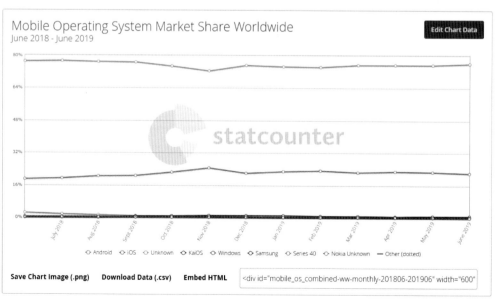

그림 1.3 모바일 운영체제 점유율

그림 1.3에서 가장 위에 보이는 숫자를 볼까요? 모바일 기기에서 리눅스 기반 안드로이드는 76%, 아이폰 등에서 쓰이는 iOS는 22%의 점유율을 보입니다. 유닉스 계열로 분류되는 iOS와 안드로이드를 합친 점유율이 98%에 육박합니다.

일상 생활의 필수품으로 자리잡은 휴대폰의 경우 유닉스 계열 운영체제가 시장을 지배하고 있습니다. 특히 안드로이드는 리눅스에서 가장 인기 있는 배포판으로, 많은 개발자들이 안드로이드 리눅스 개발에 참여하고 있습니다.

슈퍼컴퓨터

이번에는 슈퍼컴퓨터에서 어떤 운영체제를 쓰는지 알아볼까요? 그림 1.4는 슈퍼컴퓨터의 운영체제 점유율을 나타낸 것입니다.

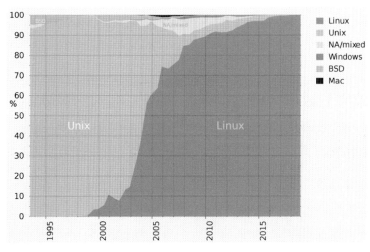

그림 1.4 슈퍼컴퓨터 운영체제 점유율

거의 100% 점유율로 슈퍼컴퓨터에서는 리눅스 운영체제를 쓰고 있습니다. 이 밖에 70% 이상의 웹 서버에서도 리눅스를 사용하고 있으며, 라우터나 태블릿 같은 IT 기기에서도 리눅스를 많이 사용하고 있습니다.

이번 절에서 다룬 내용을 정리하면 다음과 같습니다.

데스크톱 PC를 제외한 모바일, 슈퍼컴퓨터를 포함한 기기에서는 리눅스 계열 운영체제를 많이 쓰고 있다.

여기까지 우리의 실생활에서 리눅스란 운영체제를 얼마나 사용하는지 살펴봤습니다. 이번에는 이번 절에서 설명한 내용을 뒷받침할 수 있는 신문(금융 IT) 기사 중 일부 내용을 소개하겠습니다.

리눅스 운영체제 배포판은 스마트 폰, TV, 디지털 비디오 레코더, 항공 엔터테인먼트 시스템, 자동차 제어 시스템, 라우터, 스위치 등에 적용됐다. 현재 어디서나 리눅스 커널 기반 시스템을 만날 수 있으니, 리눅스가 가장 지배적인 운영체제라고 볼 수 있다.

출처: https://newsroom.koscom.co.kr/17371

이어지는 절에서는 리눅스의 역사를 알아보겠습니다.

1.3 리눅스의 역사

이번 절에서는 먼저 리눅스의 역사를 소개합니다. '무료 유닉스 계열 운영체제'를 표방하는 리눅스가 탄생하는 과정을 살펴보고 리눅스가 인기 있는 운영체제로 발전한 이유를 알아보겠습니다.

1.3.1 유닉스의 탄생

리눅스의 역사를 알기 위해서는 먼저 유닉스의 탄생 과정을 살펴볼 필요가 있습니다. 리눅스의 모태는 유닉스이기 때문입니다.

컴퓨터가 발명된 후 컴퓨터는 한동안 한 가지 프로그램만 실행했습니다. 가령 음악 CD를 재생하는 컴퓨터가 있다고 하면 오직 CD만 재생하는 프로그램만 실행하는 식입니다. 컴퓨터로 음악을 들으면서 인터넷 브라우저로 웹 서핑을 하고, 이메일을 보낼 수 있는 현재 상황에서는 상상하기 어려운 이야기입니다.

시간이 흘러 컴퓨터는 1개 이상의 프로그램을 실행할 수 있는 수준으로 컴퓨팅 속도가 빨라집니다. 이런 상황에서 컴퓨터 공학자들은 뭔가 새로운 소프트웨어를 만들어 보려는 시도를 하게 되는데, **이 프로젝트가 바로 유닉스의 모태가 된 '멀틱스' 운영체제입니다.**

멀틱스 운영체제

1965년 MIT, AT&T 벨 연구소, 제네럴 일렉트릭(General Electric) 소속 개발자들이 모여 멀틱스 (Multics)라는 운영체제를 개발하기 시작했습니다. 이 중에는 '켄 톰슨'과 '데니스 리치' 같은 컴퓨터의 역사를 바꾼 전설적인 프로그래머도 있었습니다. 이들이 구현하고자 하는 운영체제의 핵심 기능은 다음과 같았습니다.

멀티태스킹을 지원하는 운영체제를 구현하자!

4차 산업혁명 시대를 맞이하는 현시점에서 보면 멀티태스킹은 운영체제의 기본 기능입니다. 하지만 1960년대 중반에는 혁신적인 기능이었습니다. 당시 소프트웨어 기술로는 한 개의 제품에서는 하나의 소프트웨어만 실행할 수 있는 수준이었기 때문입니다.

여러 가지 노력에도 불구하고 멀틱스 운영체제는 목표를 이루지 못하고 좌초되고 맙니다. 하지만 멀틱스 프로젝트에 투입됐던 켄 톰슨과 다른 개발자들은 다음과 같은 목표를 위해 지속적으로 운영체제 연구에 몰두합니다.

멀티태스킹과 멀티 유저를 지원하는 운영체제를 개발하자.

이 과정에서 탄생한 것이 바로 유닉스(UNIX)입니다. 유닉스 운영체제는 어셈블리어를 사용해 구현했는데, PDP-7란 소형 컴퓨터에서만 실행됐기에 호환성이 없다고 볼 수 있었습니다. 그래서 다른 기종의 CPU가 탑재된 컴퓨터에서 유닉스를 쓰려면 해당 기종에 맞는 어셈블리어로 새롭게 코드를 작성해서 새로운 CPU 아키텍처에 맞는 유닉스 운영체제를 구현해야 했습니다. 즉, 다음과 같은 상황입니다.

드디어 유닉스 커널을 완성했다. 자, 이제 이 어셈블리 코드를 다른 CPU 어셈블리 명령어로 바꿔서 유닉스 커널을 개발해 볼까?

이에 당시 개발자들은 다음과 같이 불평했을 것이라 예상합니다.

전체 유닉스 커널 어셈블리 코드를 다른 CPU 아키텍처에서 구동하는 어셈블리 명령어로 바꾸라고?

즉, 유닉스를 완성한 시점에서 모든 유닉스 어셈블리 코드를 새로운 CPU 아키텍처에 맞게 모두 바꿔야 했습니다. 당연히 개발 속도가 느릴 수밖에 없었습니다.

현재 시점으로 바꿔서 x86 어셈블리 명령어로 구현된 리눅스의 전체 소스코드를 ARMv8 아키텍처 기반의 어셈블리 명령어로 '모두' 바꿔서 개발해야 한다고 가정해봅시다. 과연 이 프로젝트가 잘 진행될까요? 개발 속도가 느려서 프로젝트를 진행하기가 어려울 것입니다.

1973년: 최초의 유닉스가 완성되다

유닉스의 호환성 문제를 개선하고자 데니스 리치(Dennis Ritchie)는 아예 새로운 프로그래밍 언어를 개발하기로 결심합니다. 이 프로그래밍 언어의 이름은 C 언어입니다. C 언어 개발을 완성한 후 어셈블리 명령어로 구현됐던 유닉스를 C 언어로 작성해 새로운 버전의 유닉스를 개발하게 됩니다.

C 언어의 등장으로 유닉스 개발에 속도가 붙게 됐고, 이에 발맞춰 대학과 연구기관에 소속된 개발자들이 유닉스 기능을 구현하게 됩니다. 유닉스는 여러 기기에서 실행할 수 있는 호환성과 이식성을 갖추게 됐습니다. 시간이 흘러 유닉스는 제품으로 상용화할 수 있는 수준의 운영체제로 발전합니다.

여기까지 유닉스의 중반기 시절입니다. 그럼 유닉스가 빠른 속도로 완성도가 높아진 이유는 무엇일까요?

첫째, 유닉스는 오픈소스로서 소스코드를 무료로 대학기관이나 연구소에 배포했다.

처음에는 대학 기관에서 운영체제의 원리를 학습하고 연구하려는 목적으로 유닉스의 소스코드를 분석했습니다. 하지만 대학 기관과 연구소에 소속된 개발자들은 소스코드 분석에서 한걸음 나아가 유닉스 코드를 개선하면서 유닉스 프로젝트에 기여하게 됐습니다.

둘째, C 언어의 도입으로 유닉스의 이식성과 호환성을 높였다.

초창기 유닉스는 모든 소스를 어셈블리 명령어로 작성했습니다. 그래서 유닉스가 특정 CPU 아키텍처에서만 작동할 수 있었습니다. 그런데 데니스 리치가 만든 C 언어로 유닉스를 개발하면서 어셈블리 명령어에 비해 이식성과 호환성을 높일 수 있게 됐습니다.

유닉스는 발전을 거듭해 다양한 버클리 유닉스(Berkeley Unix; BSD), SYSV 계열로 분화되어 현재까지 리눅스와 더불어 다양한 유닉스 계열 운영체제가 사용되고 있습니다.

1984년: 유닉스 유료화에 대한 반발로 GNU 단체가 설립되다

앞에서 설명한 바와 같이 유닉스는 AT&T 회사의 벨 연구소에서 개발했습니다. 그러던 AT&T가 전화기를 비롯해 전자 및 컴퓨터 사업까지 사업 영역을 넓히다 보니 규모가 커졌습니다.

AT&T가 거대 기업이 되다 보니 모든 미국 졸업생은 AT&T로 몰려들게 되고 미국도 AT&T에 의존하게 됐습니다. 이런 상황에서 AT&T는 '반독점 소송'을 당하고 패소하게 됩니다. 1984년에 이르러 미국 법원은 다음과 같은 결정을 내립니다.

AT&T란 거대 기업을 7개 회사로 나누자.

그 7개 회사 중에서 지금도 유명한 버라이즌, 루슨트 등등이 있습니다. 이 과정에서 미국 법원에서 AT&T에 다음과 같은 판결을 내립니다.

AT&T는 컴퓨터 사업에 손 대지 말아라!

미국 법원에서 이런 판결을 내리자 AT&T는 수년 동안 유닉스를 개발하고도 이를 컴퓨터 제품으로 만들 수 있는 개발 인프라를 구축할 수 없게 됩니다. 그래서 유닉스를 연구할 필요가 없어졌습니다. 그래서 AT&T는 유닉스를 돈을 받고 팔게 됩니다.

그런데 유닉스를 여러 회사에 팔다 보니 유닉스의 변종들이 생겨납니다. 그래서 '유닉스에 대한 표준을 맞춰 보자'라고 해서 POSIX라는 규격이 만들어집니다. 이후 여러 유닉스 벤더들은 POSIX 규약에 맞춰 호환성을 유지한 유닉스 제품을 개발하게 됩니다.

그런데 유닉스 개발에 참여했던 대학이나 연구기관은 더 이상 무료로 유닉스 소스코드를 볼 수 없게 됐습니다. 오로지 AT&T에게서 유닉스를 구매한 컴퓨터 업체의 개발자들만 유닉스 소스코드를 분석하면서 개발할 수 있게 된 것입니다. 그래서 기존 유닉스 개발에 참여했던 연구원들은 불만을 갖기 시작합니다.

이런 유닉스의 유료화에 반기를 들고 새로운 무료 버전의 유닉스를 만들어보자는 움직임이 일어납니다. 돈을 내고 유닉스를 만드는 것이 아니라 무료 버전의 유닉스를 개발하자는 목표로 다음과 같은 단체를 설립합니다.

GNU(GNU is not UNIX): GNU는 유닉스가 아니다.

GNU라는 단체가 FSF(Free Software Foundation) 재단을 설립하면서 무료 유닉스 개발에 착수합니다. GNU는 리처드 스톨만(Richard Stallman)을 중심으로 설립됐는데 시간이 흘러 수백만 명이 참여하는 프로젝트로 규모가 커집니다. 그래서 유닉스 유틸리티와 같은 유닉스 기능을 다시 구현하게 됐는데 기존의 유닉스보다 더 완성도 높은 코드로 만들어지게 됩니다. 이처럼 유닉스 유틸리티를 하나씩 구현하면서 유닉스를 구성하는 소프트웨어를 만들기 시작합니다.

유닉스라는 프로그램을 구조적 관점에서 보면 유닉스를 구동하는 핵심 코어인 유닉스 커널이 있고, 그 위에서 실행되는 유닉스 유틸리티가 있습니다. 유닉스 유틸리티는 여러 개발자들이 모여 어느 정도 완성도를 높여서 개발했습니다. 그런데 문제가 생겼습니다. 유닉스 커널을 제대로 만들기가 어렵다는 것입니다. 그래서 한동안 유닉스 커널 개발이 정체됩니다.

1992년: AT&T와 BSD 간의 유닉스 소송

그런데 GNU에서만 무료 유닉스 개발을 시도한 것은 아니었습니다. 유닉스가 개발되던 초기에는 유닉스 코드를 대학 연구소에 배포했었습니다. 그중 UC 버클리에 속한 BSD(Berkely Software Distribution) 개발자들이 기존 유닉스 코드를 재해석해서 1989년 후반 유닉스 커널을 포함한 무료 유닉스를 완성합니다.

BSD 개발자는 AT&T에서 배포한 유닉스 코드를 다시 작성해서 'Net/1'이라는 이름으로 무료로 소스코드를 배포하게 됩니다. 이후 1991년에는 코드 완성도를 높여서 'Net/2'를 공개합니다. 그런데 1992년 AT&T는 UC 버클리에 소송을 걸게 됩니다. 소송의 이유는 다음과 같습니다.

AT&T 내부 자료를 이용해 배포한 BSD 유닉스인 Net/2는 AT&T의 저작권을 침해했다.

1992년부터 시작된 AT&T와 BSD 간의 소송을 '유닉스 전쟁(Unix War)'이라고 부르기도 합니다. 소송은 1994년까지 진행됐는데, AT&T USL(Unix System Laboratory)이 노벨에 팔린 후에 AT&T는 소송을 취하하게 됩니다.

소송이 진행되는 동안 US 버클리에서 BSD 유닉스 개발은 정체되고 맙니다. 소송에 걸려 있는데 유닉스를 개발할 수는 없었겠지요.

1.3.2 1991년: 리누스 토발즈의 등장

비슷한 시기에 무료 유닉스를 만들고자 하는 움직임이 있었습니다. 그 주인공은 리누스 토발즈(Linus Torvalds)입니다. 핀란드의 헬싱키 대학에 재학 중이던 리누스 토발즈는 GNU 시스템에 적합한 커널을 직접 개발하기 시작해서 1991년 8월 25일 GNU 커널을 어느 정도 완성한 다음 comp.os.minix라는 뉴스그룹에 다음과 같은 글을 올립니다.

```
From: torvalds@klaava.Helsinki.FI (Linus Benedict Torvalds)
Newsgroups: comp.os.minix
Subject: What would you like to see most in minix?
Summary: small poll for my new operating system
Message-ID:
Date: 25 Aug 91 20:57:08 GMT
Organization: University of Helsinki


Hello everybody out there using minix -
```

```
I'm doing a (free) operating system (just a hobby, won't be big and
professional like gnu) for 386(486) AT clones.  This has been brewing
since april, and is starting to get ready.  I'd like any feedback on
things people like/dislike in minix, as my OS resembles it somewhat
(same physical layout of the file-system (due to practical reasons)
among other things).

I've currently ported bash(1.08) and gcc(1.40), and things seem to work.
This implies that I'll get something practical within a few months, and
I'd like to know what features most people would want.  Any suggestions
are welcome, but I won't promise I'll implement them :-)
```

위 글의 핵심은 다음과 같습니다.

GNU 무료 운영체제를 개발 중인데, 인텔 칩 i386에서 구동된다.

그런데 초기 버전인 0.01은 지금과 비교하면 정말 기본적인 커널 기능만 지원했습니다. 또한 실행도 되지 않았습니다. 그 후 0.02 공식 버전을 발표했는데, BASH(GNU Bourne Again Shell)와 GCC(GNU C 컴파일러) 정도만 실행 가능한 수준이었습니다. 이듬해 3월, 리눅스는 0.95로 버전이 업그레이드됐고 다음과 같은 기능을 지원했습니다.

- 인텔 x86 칩에서 그래픽 사용자 인터페이스를 추가

그런데 그 당시 스톨만과 FSF 단체는 허드(Hurd)를 GNU 커널로 개발하고 있었습니다. 생각보다 허드 개발이 진척되지 않아 고민 끝에 다음과 같은 결정을 내립니다.

리누스 토발즈가 개발한 유닉스 커널을 GNU 커널로 채택하자.

이 과정에서 탄생한 것이 리눅스이며, 기존 GNU 유틸리티와 커널이 결합해 GNU는 완성된 구조를 이루게 됐습니다.

1.3.3 리눅스가 인기 있는 이유는 무엇일까?

GNU 리눅스 프로젝트에서 시작된 리눅스는 현재 가장 널리 쓰이는 운영체제로 발전했습니다. 그렇다면 리눅스가 윈도우와 함께 전 세계에서 쓰이는 이유는 무엇일까요?

첫째, 누구나 소스코드를 볼 수 있다.

리눅스는 크게 리눅스 커널과 그 위에서 실행되는 리눅스 유틸리티로 구성돼 있습니다. 그런데 커널은 물론 리눅스를 구성하는 대부분의 유틸리티 프로그램은 오픈소스입니다. 그래서 누구나 리눅스 커널과 리눅스 유틸리티 소스코드를 받아서 분석할 수 있습니다. 또한 소스코드를 누구나 읽을 수 있다는 것은 전 세계의 모든 개발자가 같은 조건에서 리눅스를 익힐 수 있다는 의미입니다.

둘째, 개방적인 오픈소스 프로젝트다.

리눅스의 가장 큰 매력은 누구나 리눅스 프로젝트에 참가해 자신이 작성한 코드를 배포할 수 있다는 점입니다. 리눅스 소스코드를 분석하다가 버그나 논리적인 오류가 있으면 누구나 자신의 코드를 리눅스 오픈소스 프로젝트에 반영할 수 있습니다. 또는 가독성이 떨어지는 코드를 리팩터링(Refactoring)한 코드를 반영할 수도 있습니다.

누구나 소스코드를 볼 수 있을뿐더러 프로젝트에 기여할 수도 있으니 개방적인 오픈소스 프로젝트라고 말할 수 있습니다.

셋째, 리눅스 커뮤니티의 힘이 막강합니다.

리눅스는 각 기능마다 메일링 리스트를 통해 전 세계 개발자들이 다음과 같은 주제로 치열한 토론을 벌입니다.

- 커널 버그
- 커널 개선 패치

리눅스에 어떤 버그가 있으면 커뮤니티를 통해 빠른 시간 내 논의되며, 전 세계 개발자들이 서로 버그를 해결하는 패치를 제안하며 토론합니다.

넷째, 다양한 CPU 아키텍처를 지원합니다.

리눅스는 다양한 CPU 아키텍처를 지원하도록 설계돼 있습니다. CPU 아키텍처에 맞춰 리눅스를 빌드하면 리눅스를 실행할 수 있습니다.

1.4 리눅스는 어디에 쓰일까?

리눅스는 윈도우와 함께 우리의 일상 생활과 떼려야 뗄 수 없는 관계에 있는 운영체제입니다. 리눅스는 휴대폰, TV, 클라우드 서버에서 전기자동차에 이르기까지 곳곳에 쓰이고 있습니다. 4차 산업 혁명의 시대를 맞이해서 리눅스는 그 저변을 계속 확대하고 있습니다. 이번 절에서는 이처럼 우리 사회에 자리 잡은 리눅스란 운영체제를 어디에 쓰는지 좀 더 구체적으로 살펴보겠습니다.

1.4.1 안드로이드

리눅스는 휴대폰 운영체제로 이미 자리를 잡았습니다. 대표 주자인 안드로이드는 2010년부터 현재까지 스마트폰의 주력 운영체제로 쓰이고 있습니다.

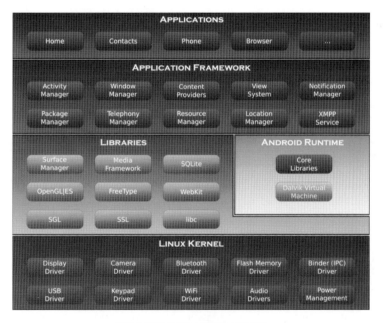

그림 1.5 안드로이드 플랫폼 아키텍처

리눅스 커널은 안드로이드의 핵심 요소입니다. 그림 1.5와 같이 안드로이드는 리눅스 커널 위에서 동작하므로 구글의 안드로이드 개발자는 리눅스 커널을 안드로이드 시나리오에 맞게 수정해서 쓰고 있습니다.

처음 휴대폰용으로 개발했던 안드로이드는 TV와 자동차용 플랫폼으로 영역을 확장하고 있습니다.

1.4.2 자동차(AutoMotive)

리눅스는 휴대폰에서만 쓰는 운영체제가 아닙니다. 리눅스 저변은 휴대폰에서 자동차로 확대되고 있습니다.

최근에 전기자동차 시장이 열리면서 자동차 인포테인먼트(Infotainment) 분야에 리눅스 커널이 활발히 쓰이고 있습니다. 인포테인먼트란 자동차의 내비게이션 기능에서 운전자에게 제공하는 다양한 멀티미디어 서비스를 의미합니다.

제니비(GENIVI Alliance) 같은 리눅스 기반의 자동차 인포테인먼트(IVI)와 커넥티비티 소프트웨어 플랫폼을 위한 단체가 설립됐으며 지속적으로 그 영역을 확대할 것으로 예상합니다.

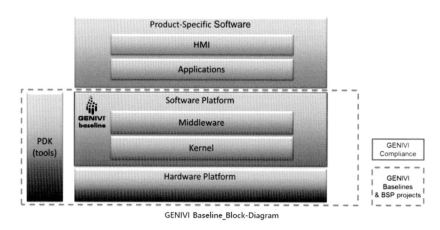

GENIVI Baseline_Block-Diagram

그림 1.6 제니비 플랫폼 아키텍처

1.4.3 사물인터넷(IoT: Internet of Things) 디바이스

대부분의 IoT 및 임베디드 디바이스는 다양한 리눅스 상에서 구현되고 있습니다. 각종 센서와 전자 명함, 전자 메뉴판과 같은 더 많은 IoT 디바이스들이 앞으로 등장할 것이며, 이를 위해 리눅스 기술에 계속 관심이 모아질 것입니다.

엔비디아나 인텔, 퀄컴 같은 대형 SoC 벤더들도 자사의 강점을 살려 IoT 시장에 뛰어들고 있습니다. IoT 임베디드 리눅스 개발을 위한 욕토 프로젝트(Yocto Project) 같은 단체가 만들어져서 다양한 리눅스 배포판 생성을 가능하게 하는 도구를 만들고 있습니다.

이 밖에도 TV, 클라우드 서버, 슈퍼컴퓨터 등 수많은 기기에서 리눅스 운영체제가 실행되고 있습니다. 앞으로 리눅스는 5G 및 AI 기술과 결합해 더 많이 활용될 것이라 예상합니다. 이어지는 절에서는 임베디드 리눅스 개발과 관련된 단체들을 소개합니다.

1.5 임베디드 리눅스 개발 단체

임베디드 리눅스는 여러 단체가 협업한 결과물입니다. 각 단체의 역할을 알아보겠습니다.

1.5.1 리눅스 커널 커뮤니티

우리가 접하는 대부분의 리눅스 커널 코드는 리눅스 커널 커뮤니티에서 만들어집니다. 리눅스 커널 커뮤니티는 리눅스 커널 개발의 심장으로서, 리눅스 커널 자체의 알고리즘을 비롯해 논리적 오류나 문제점을 개선하는 패치를 논의하고 관리합니다.

- 버그 수정 패치
- 코드 리팩터링
- 신규 알고리즘
- 문서화

보통 2주 간격으로 그렉 크로아 하트만(Greg Kroah-Hartman)이라는 개발자가 다음과 같은 메일로 전 세계 개발자들에게 패치 반영 사실을 통지합니다.

4.9-stable review patch. If anyone has any objections, please let me know.

From: Rabin Vincent <rabinv@axis.com>

[Upstream commit 8a1435880f452430b41374d27ac4a33e7bd381ea]

Booting with UBI fastmap and SLUB debugging enabled results in the following splats. The problem is that ubi_scan_fastmap() moves the fastmap blocks from the scan_ai (allocated in scan_fast()) to the ai allocated in ubi_attach(). This results in two problems:

- When the scan_ai is freed, aebs which were allocated from its slab cache are still in use.

- When the other ai is being destroyed in destroy_ai(), the arguments to kmem_cache_free() call are incorrect since aebs on its ->fastmap list were allocated with a slab cache from a differnt ai.

그림 1.7 리눅스 커널 패치를 배포할 때 발송되는 메일(메일링 리스트)

그림 1.7은 필자의 메일 계정으로 온 리눅스 커널 패치 통보 메일입니다.

리눅스 커널 버전과 코드 내역은 리눅스 커널 아카이브(https://www.kernel.org/) 사이트에서 확인할 수 있습니다.

The Linux Kernel Archives

About   Contact us   FAQ   Releases   Signatures   Site news

Protocol	Location
HTTP	https://www.kernel.org/pub/
GIT	https://git.kernel.org/
RSYNC	rsync://rsync.kernel.org/pub/

Latest Stable Kernel:
 5.2.2

mainline:	5.3-rc1	2019-07-21	[tarball]		[patch]		[view diff]	[browse]	
stable:	5.2.2	2019-07-21	[tarball]	[pgp]	[patch]	[inc. patch]	[view diff]	[browse]	[changelog]
stable:	5.1.19	2019-07-21	[tarball]	[pgp]	[patch]	[inc. patch]	[view diff]	[browse]	[changelog]
longterm:	4.19.60	2019-07-21	[tarball]	[pgp]	[patch]	[inc. patch]	[view diff]	[browse]	[changelog]
longterm:	4.14.134	2019-07-21	[tarball]	[pgp]	[patch]	[inc. patch]	[view diff]	[browse]	[changelog]
longterm:	4.9.186	2019-07-21	[tarball]	[pgp]	[patch]	[inc. patch]	[view diff]	[browse]	[changelog]
longterm:	4.4.186	2019-07-21	[tarball]	[pgp]	[patch]	[inc. patch]	[view diff]	[browse]	[changelog]
longterm:	3.16.70	2019-07-09	[tarball]	[pgp]	[patch]	[inc. patch]	[view diff]	[browse]	[changelog]
linux-next:	next-20190722	2019-07-22						[browse]	

그림 1.8 리눅스 커널 소스 저장소(The Linux Kernel Archives)

보시다시피 최신 리눅스 커널 버전은 5.3-rc1이며, 버전은 시간에 따라 계속 업그레이드됩니다.

그림 1.8에서 왼쪽 부분을 보면 'longterm'으로 표시된 부분이 보입니다. 이는 안정화된 리눅스 커널 버전을 의미합니다. 이처럼 리눅스 커널 커뮤니티에서 관리하는 안정화된 리눅스 커널 버전을 LTS(Long Term Support)라고 부릅니다. 최신 리눅스 커널 버전에 적용된 버그 수정 패치는 LTS 리눅스 커널 버전에 꾸준히 반영됩니다. LTS 버전은 다음과 같습니다.

4.19 / 4.14 / 4.9 / 4.4 / 3.18

SoC 업체들은 대부분 이 LTS 리눅스 커널 버전을 선택해 개발합니다. 이 책에서 사용할 라즈비안 (Raspbian) 배포판도 4.14와 4.19 버전의 LTS 리눅스 커널을 탑재했습니다.

이 책에서는 리눅스 커널 4.19 버전을 기준으로 커널 소스코드를 분석합니다.

1.5.2 CPU 벤더

리눅스 커널과 관련된 다른 주요 단체로 CPU 벤더가 있습니다. CPU 벤더는 CPU를 설계하는 회사를 뜻하며, 대표적인 업체는 다음과 같습니다.

- ARM(ARMv7/ARMv8)
- 인텔(x86)
- IBM(PowerPC)

CPU 벤더도 리눅스 커널 개발에 참여합니다. 다음과 같은 리눅스 커널의 핵심 기능은 CPU에 따라 구현 방식이 다르기 때문입니다.

- 시스템 콜
- 익셉션
- 컨텍스트 스위칭

그림 1.9는 CPU 아키텍처와 리눅스 드라이버 계층도를 나타낸 것입니다.

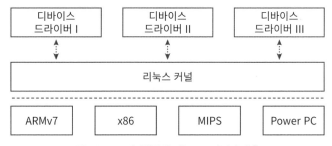

그림 1.9 CPU 아키텍처와 리눅스 드라이버 계층도

보다시피 리눅스 커널은 다양한 CPU 아키텍처와 함께 구동됩니다. 그런데 커널의 핵심 동작은 서로 다른 CPU 어셈블리 코드로 구현돼 있습니다. 컨텍스트 스위칭의 세부 동작은 x86이나 ARMv7 같은 CPU별로 구현 방식이 다릅니다.

리눅스의 구조는 위와 같은데 라즈비안과 같이 ARMv7 기반 리눅스 커널을 쓰려면 어떻게 해야 할까요? ARMv7에 맞는 빌드 스크립트로 커널을 빌드하면 됩니다. 즉, 리눅스 커널은 다양한 CPU 아키텍처를 지원하는 소스 트리를 갖추고 있으며 사용하고자 하는 CPU 아키텍처에 맞춰 빌드하면 이에 맞는 커널 이미지를 생성할 수 있습니다.

1.5.3 SoC 벤더

SoC는 System-on-chip의 약자로 하나의 컴퓨터 또는 다른 전자 시스템들의 모든 구성 요소를 통합한 집적회로를 의미합니다. SoC를 개발하는 업체인 브로드컴, 삼성전자(시스템 LSI), 퀄컴, 인텔, 미디어텍, 엔비디아 같은 회사를 SoC 벤더라고 부릅니다. 이들은 먼저 리눅스 커널 버전을 선택합니다. 그리고 CPU 벤더로부터 툴 체인을 받아 자신의 SoC 스펙에 맞게 리눅스 커널 코드를 수정하거나 드라이버를 추가합니다.

SoC 벤더에서 개발하는 제품명은 아래와 같습니다.

- 브로드컴: BCM(bcm2837, 라즈베리 파이에 탑재)
- 삼성전자(시스템 LSI): 엑시노스(Exynos)
- 퀄컴: 스냅드래곤
- 인텔: 아톰, 무어필드
- 미디어텍: 헬리오
- 엔비디아: 테그라

SoC 벤더에서 개발하는 리눅스의 전체 구조는 다음과 같습니다.

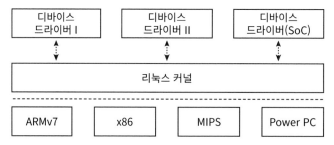

그림 1.10 SoC 벤더에서 개발하는 리눅스 드라이버 계층도

그림 1.10에서 가장 오른쪽 윗부분 박스에서 볼 수 있듯이 리눅스 커널을 사용해 SoC 하드웨어를 제어하는 디바이스 드라이버를 작성합니다. 예를 들면, 엔비디아 SoC와 퀄컴 SoC의 GPU(Graphics Processing Unit)는 자사의 SoC 하드웨어에 맞게 설계돼 있으니 서로 다른 디바이스 드라이버가 있는 것입니다.

1.5.4 보드 벤더 및 OEM

보드 벤더와 OEM(Original Equipment Manufacturer) 업체는 SoC가 릴리스한 리눅스 커널 코드를 받아 제품 스펙과 시나리오에 맞게 제품을 개발합니다. 여기서 '보드 벤더 및 OEM'은 무엇을 의미할까요?

보드 벤더는 라즈베리 파이 재단과 같은 업체이고 OEM은 삼성전자, LG전자와 같이 상용 제품을 개발하는 업체를 뜻합니다.

이해를 돕기 위해 한 가지 예시를 들어보겠습니다. 라즈베리 파이는 BCM2837이라는 SoC를 탑재한 교육용 보드이며 라즈베리 파이 재단에서 개발합니다. 여기서 보드 벤더인 라즈베리 파이 재단은 SoC 벤더인 브로드컴이 릴리스한 리눅스 커널 코드를 받아 라즈베리 파이의 스펙과 시나리오에 맞게 범용 보드로 개발하는 것입니다.

많은 개발자들은 이 단계에서 SoC에서 제작한 리눅스 드라이버 코드(리눅스 커널 + SoC 드라이버)를 받아 임베디드 리눅스를 개발합니다.

다음 그림을 보면서 보드 벤더 및 OEM이 개발하는 리눅스 드라이버의 계층 구조를 살펴보겠습니다.

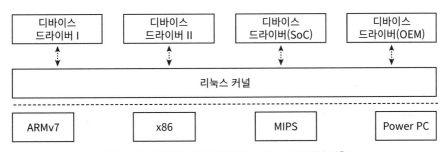

그림 1.11 보드 벤더 및 OEM이 개발하는 리눅스 드라이버 계층도

제품마다 다양한 시나리오와 컨셉이 있을 수 있습니다. 만약 제품 컨셉이 카메라이면 카메라 센서를 제어하는 드라이버를 제작하고, 자동차 내비게이션이면 그래픽 드라이버를 개발할 것입니다.

'보드 벤더 및 OEM' 개발자들은 이 과정에서 SoC 업체와 협업할 때가 많습니다. 만약 SoC 벤더에서 작성한 드라이버에서 버그를 확인하면 '보드 벤더 및 OEM' 업체는 버그를 리포트하고 개선 패치를 받아 수정하는 경우가 많습니다.

그런데 간혹 '보드 벤더 및 OEM' 업체의 개발자가 SoC 벤더에서 작성한 드라이버에 있는 버그를 직접 수정하는 경우가 있습니다. SoC 벤더에서 작성한 드라이버 코드는 리눅스 커널 소스코드와 함께 배포하므로 누구나 소스코드를 열어 볼 수 있습니다. 그래서 자신이 작성하지 않은 리눅스 드라이버 코드를 수정할 수 있는 것입니다.

지금까지 리눅스 개발 단체를 임베디드 리눅스 및 BSP 리눅스 관점에서 살펴봤습니다. 다음 절에서는 임베디드 리눅스를 개발하려면 무엇을 알아야 하는지 소개합니다.

1.6 임베디드 리눅스 개발을 잘 하려면 무엇을 알아야 할까?

좁게 보면 임베디드 리눅스 개발자가 알아야 할 지식은 다음과 같습니다.

- 디바이스 드라이버
- 리눅스 커널
- CPU 아키텍처
- SoC

조금 넓게 보면 다음과 같은 내용도 알면 좋습니다.

- 유저 공간 HAL(Hardware Abstraction Layer) 코드 구현
- 빌드 스크립트 구현
- 테스트용 디바이스 드라이버 구현
- Git과 형상 관리

이어지는 절에서는 임베디드 리눅스 개발자라면 기본적으로 잘 알아야 할 4가지 지식과 개발 기법을 소개하겠습니다.

1.6.1 디바이스 드라이버

임베디드 리눅스 개발을 시작하면 바로 디바이스 드라이버 업무를 맡는 경우가 많습니다. 물론 업무 프로세스나 회사 규모에 따라 드라이버 개발 범위가 다릅니다. 제품을 구성하는 디바이스 드라이버의 특정 분야를 맡을 수도 있고, 한 명의 임베디드 개발자가 임베디드 시스템 전체를 책임지는 경우도 있습니다.

디바이스 드라이버의 시나리오와 제어하는 하드웨어의 종류는 다양하지만 다음 내용 정도는 알아야 합니다.

- 인터럽트 핸들러 함수와 인터럽트를 처리하는 방식
- 디바이스 파일로 open/read/write 연산에 대한 함수를 등록하는 방법
- 디바이스 트리를 읽어 디바이스 속성을 저장하는 방식

개발에 투입되면 자신이 작성한 디바이스 드라이버 코드보다 다른 사람이 작성한 코드를 읽을 가능성이 높습니다. 따라서 디바이스 드라이버 코드를 빨리 읽고 이해하는 능력을 키우는 것도 중요합니다.

1.6.2 리눅스 커널

디바이스 드라이버는 리눅스 커널에서 제공하는 함수로 구성돼 있습니다. 호출한 함수의 동작 방식을 알려면 자연히 리눅스 커널 코드를 분석할 수밖에 없습니다. 어떤 분은 "리눅스 디바이스 드라이버는 리눅스 커널 그 자체"라고 말하기도 합니다.

또한 디바이스 드라이버를 개발하는 과정은 코드를 입력해 드라이버를 구현하는 데 그치지 않습니다. 인증 테스트 부서를 통해 드라이버 안정화 테스트 과정을 거칩니다. 이 과정에서 다양한 버그나 문제 증상이 리포트됩니다. 카메라 디바이스의 경우 사진을 찍은 후 저장한 화면이 모두 검은색일 수도 있습니다. 또한 그래픽 디바이스의 경우 화면이 깨질 수 있습니다. 이 과정에서 접하는 다양한 버그를 수정해 문제를 해결하기 위해서는 리눅스 커널을 잘 알아야 합니다.

1.6.3 CPU 아키텍처

리눅스 커널 코드를 조금 깊게 들여다보면 만날 수밖에 없는 것이 있습니다. 바로 어셈블리 코드입니다.

리눅스 커널의 핵심 개념들은 대부분 어셈블리 코드로 구현돼 있습니다. 그 이유는 리눅스 커널의 핵심 동작은 CPU 아키텍처와 연관된 부분이 많기 때문입니다. 예를 들면 다음과 같습니다.

- 컨텍스트 스위칭
- 익셉션 벡터
- 시스템 콜
- 시그널 핸들러
- 메모리 관리(MMU)

처음 리눅스를 접하는 분들은 무리해서 CPU 아키텍처의 세부 동작 원리와 어셈블리 코드를 공부할 필요는 없습니다. 리눅스 시스템과 커널 로그, ftrace에 친숙해지는 것이 먼저입니다.

그런데 리눅스 커널을 좀 더 깊게 알고자 하는 분들은 CPU 아키텍처(ARM, x86)에 대해 다음과 같은 내용을 알아야 합니다.

- 어셈블리 언어
- 익셉션이 발생하는 원리와 익셉션 벡터의 세부 동작
- 함수 호출 규약(Calling Convention)

참고로 이 책에서는 다음 장에서 어셈블리 코드를 심층 분석합니다.
- 스케줄링(10장)
- 시스템 콜(11장)
- 시그널(12장)
- 인터럽트(5장)

1.6.4 빌드 스크립트와 Git

그 밖에 임베디드 리눅스를 개발할 때는 다음과 내용을 기본적으로 알아둘 필요가 있습니다.

- 빌드 스크립트
- Git과 형상 관리

앞에서 소개한 빌드 스크립트를 잘 이해하고 Git(https://git-scm.com/)을 잘 다루면 효율적으로 개발할 수 있습니다. 다른 업체가 개발한 드라이버나 응용 프로그램을 현재 사용 중인 소스 트리에 추가해야 할 때가 있습니다. 이때 빌드 스크립트와 빌드 구조를 잘 파악하면 업무를 더 빨리 끝낼 수 있습니다. 또한 Git은 소프트웨어 개발에서 소프트웨어 버전 관리 툴로 아주 많이 사용되고 있습니다. 대부분의 개발자들이 수정한 코드는 Git 명령어를 사용한 패치와 포맷으로 관리됩니다.

하지만 이 주제에 너무 많은 시간을 투자할 필요는 없고 중간 이상 정도의 실력만 갖추면 됩니다. 임베디드 및 BSP 리눅스 개발자가 갖춰야 할 기본 소양은 디바이스 드라이버와 커널에 대한 이해입니다. 다만 앞에서 말씀드린 기술(빌드 스크립트와 Git)에 아예 신경 쓰지 않으면 실전 개발에서 많은 걸림돌을 만나게 될 것입니다.

1.7 라즈베리 파이와 리눅스 커널

이 책의 상당 부분은 라즈베리 파이에서 리눅스 커널 소스를 수정할 수 있는 패치 코드로 구성돼 있으며, 라즈비안을 기준으로 리눅스 커널 소스코드를 설명합니다. 이번 절에서는 이 책에서 다루는 리눅스 커널 버전과 ARM 아키텍처를 소개합니다.

1.7.1 라즈베리 파이 실습 보드

이 책에서는 라즈베리 파이 3 모델 B를 기준으로 패치 코드를 작성하고 테스트했습니다. 라즈베리 파이 3 모델 B의 기본 하드웨어 스펙은 다음과 같습니다.

- SoC: Broadcom BCM2837 SoC
- CPU: 1.2GHz ARM Cortex—A53 MP4
- GPU: Broadcom VideoCore IV MP2 400 MHz
- 메모리: 1GB LPDDR2
- SD카드: Micro SD, push—pull type

라즈베리 파이에서 라즈비안을 설치하고 커널을 빌드하는 방법은 2장을 참고합시다.

1.7.2 리눅스 커널 버전

이 책에서 다루는 리눅스 커널은 4.19 버전입니다. 참고로 2019년 기준으로 라즈베리 파이(라즈비안)에 적용된 리눅스 커널 버전은 4.19입니다.

이 책에서는 리눅스 커널 코드를 분석하는 내용이 많습니다. 이 책에서 사용한 라즈비안 리눅스 커널의 코드는 라즈베리 파이 깃허브에서 확인할 수 있습니다.

- https://github.com/raspberrypi/linux/tree/rpi-4.19.y

그런데 라즈비안에서만 실행되는 디바이스 드라이버를 제외하고는 라즈비안 커널 소스는 리눅스 커널 커뮤니티 소스와 99% 같습니다. 참고로 리눅스 커널 커뮤니티에서 관리하는 리눅스 커널 코드를 보려면 다음 URL을 참고합시다.

- https://elixir.bootlin.com/linux/v4.19.30/source

1.7.3 라즈비안 버전

이 책에서 다룬 커널 패치는 다음 버전의 라즈비안 이미지에서 테스트했습니다.

- 2019-07-10-raspbian-buster-full

또한 이전 라즈비안 버전에서도 동작을 확인했습니다.

- 2018-11-13-raspbian-stretch-full

- 2019-04-08-raspbian-stretch-full

이 책에서 다룬 커널 패치는 커널 공통 기능이므로 안드로이드나 오드로이드 같은 다른 리눅스 배포판에서도 대부분 활용 가능합니다. 또한 다음과 같은 다른 리눅스 커널 버전에서도 활용할 수 있습니다.

- 4.14/4.9/4.4/3.18

1.7.4 ARM 아키텍처

라즈베리 파이 3 모델 B는 ARMv7 아키텍처를 기반으로 동작하니 이 책에서는 이를 기준으로 ARM 아키텍처와 관련된 동작을 설명합니다.

1.8 정리

1. 리눅스 고급 개발자 또한 엔지니어로서 실력을 인정받고 오랫동안 리눅스 개발을 하고 싶다면 리눅스 커널을 반드시 배워야 합니다.

2. 우리가 인지하지 못하는 사이 리눅스는 우리의 일상 생활 곳곳에서 사용되고 있습니다. 다양한 산업에서 리눅스를 광범위하게 사용하고 있으며, 그 저변은 계속 확대되고 있습니다.

3. 리눅스 개발과 관련된 단체로는 리눅스 커뮤니티, CPU 벤더, SoC 벤더, 보드 벤더와 OEM이 있습니다. 임베디드 리눅스 개발자들은 대부분 SoC 벤더에서 제공한 드라이버 코드를 토대로 제품을 개발합니다.

4. 임베디드 리눅스 개발자라면 디바이스 드라이버, 리눅스 커널, CPU 아키텍처 그리고 빌드 스크립트와 Git을 기본적으로 알아야 합니다.

02

라즈베리 파이 설정

이번 장에서 다룰 내용

- 라즈베리 파이 설치
- 라즈베리 파이에서 커널 빌드와 설치
- 바이너리 유틸리티 사용법
- 라즈베리 파이 사용 시 주의사항

이 책의 상당수는 라즈베리 파이에서 리눅스 커널 코드를 직접 수정하고 컴파일하며 실습할 수 있는 커널 패치 코드로 구성돼 있습니다. 라즈베리 파이에서 커널의 세부 동작을 알려주는 ftrace와 커널 로그를 열어 보면서 커널 동작을 디버깅하면 더 빨리 리눅스 커널을 익힐 수 있습니다. 이번 장에서 설명하는 내용을 참고해 라즈베리 파이를 직접 써 보기를 바랍니다.

2.1 라즈베리 파이란?

라즈베리 파이(Raspberry Pi)는 전 세계적으로 널리 쓰이는 리눅스 개발용 보드이자 소형 컴퓨터입니다. 설치 과정이 간단하고, 가격 대비 성능도 좋아 다양한 디바이스 드라이버를 구현하는 데 사용할 수 있습니다. 또한 교육용으로도 많이 쓰이며 실전 개발에서도 다양한 데모용 디바이스로 자주 활용되고 있습니다. 라즈베리 파이의 장점을 몇 가지 정리하면 다음과 같습니다.

막강한 커뮤니티

라즈베리 파이의 커뮤니티와 리소스는 막강합니다. 전 세계적으로 널리 쓰이므로 인터넷이나 유튜브에서 관련 자료를 쉽게 찾을 수 있습니다. 라즈베리 파이를 활용한 소스코드나 설정 방법도 인터넷에서 쉽게 찾아볼 수 있습니다.

필자는 라즈베리 파이를 2018년 2월에 학교에 교수로 계신 선배를 통해 알게 됐습니다. 그분은 저에게 다음과 같이 조언을 해주셨습니다. **"리눅스 교육용 보드는 라즈베리 파이가 대세다."**

그래서 저는 바로 라즈베리 파이를 구입해 설치해보기로 마음먹었습니다. 그런데 예전에 **며칠 동안 고생해서 리눅스를 설치했던** 기억이 떠올랐습니다. 사실 임베디드 리눅스의 가장 큰 걸림돌은 설치 과정이라서 라즈베리 파이를 잘 설치할 수 있을까 걱정했습니다. **하지만 다른 누구의 도움도 받지 않고 인터넷 자료를 참고해 라즈베리 파이를 혼자 설치하고 실행할 수 있었습니다.** 이는 라즈베리 파이 커뮤니티의 도움 덕분입니다.

저렴한 가격

라즈베리 파이를 교육용 보드로 보는 분도 있습니다. 그런데 사실 라즈베리 파이는 소형 컴퓨터로 봐야 합니다. 본체가 신용카드 크기인 소형 컴퓨터가 이 가격이면 매우 저렴하다 볼 수 있습니다.

또한 라즈베리 파이를 구입하면 다른 기기가 별도로 필요하지 않습니다. 마이크로 SD 카드와 휴대폰 충전기와 비슷한 파워 케이블만 있으면 라즈베리 파이를 구동할 수 있습니다. 물론 HDMI 케이블과 HDMI 케이블을 연결해 쓸 수 있는 모니터가 있어야 합니다만 이는 가정이나 학교에서 어렵지 않게 구할 수 있습니다.

간단한 설치

라즈베리 파이 커뮤니티에서는 라즈베리 파이를 구동할 수 있는 다양한 이미지를 배포합니다. 이 중에서 '라즈비안'이라는 리눅스 이미지를 설치하기만 하면 리눅스 프로그래밍에 필요한 유틸리티 프로그램을 바로 쓸 수 있습니다.

리눅스 배포판마다 다르긴 하지만 리눅스는 처음 설치하고 시스템을 설정하는 데 시간이 오래 걸립니다. **하지만 라즈베리 파이 커뮤니티에서 배포하는 라즈비안 이미지는 설치만 하면 이 과정을 모두 건너뛸 수 있습니다.** 마이크로 SD카드를 포맷하고 라즈비안 이미지를 마이크로 SD 카드에 굽기만 하면 라즈비안을 라즈베리 파이에서 바로 실행할 수 있습니다.

최신 리눅스 커널을 지원

라즈비안은 최신 버전의 리눅스 커널을 지원합니다. 2018년에는 라즈비안 리눅스의 커널 버전이 4.14 였는데 2019년에는 4.19로 업그레이드됐습니다. 2019년 상반기에 출시한 안드로이드 기반 기기는 대부분 4.14 버전에 머무르고 있습니다. 이처럼 라즈비안은 상용 리눅스 제품보다 더 업그레이드된 리눅스 커널에서 작동합니다.

 라즈베리 파이에서 구동할 수 있게 리눅스 프로그램과 유틸리티를 패키징한 것을 라즈비안이라고 부릅니다. 리눅스 서버에서 많이 쓰는 우분투와 비슷한 배포판입니다.

2.2 라즈베리 파이 설정

이번 절에서는 라즈베리 파이를 설정하는 방법을 알아보겠습니다. 이미 인터넷이나 여러 도서에서 라즈베리 파이를 설정하는 방법을 확인할 수 있습니다. 이 중에서 가장 쉽게 라즈베리 파이를 설정하는 방식으로 설명하겠습니다. 먼저 라즈베리 파이 실습을 위한 준비물부터 점검해볼까요?

2.2.1 라즈베리 파이 실습을 위한 준비물

라즈베리 파이를 설치하기에 앞서 다음과 같은 준비물이 필요합니다.

- 라즈베리 파이
- USB 연결형 키보드
- HDMI 케이블
- 충전기
- 마이크로 SD 카드

필자가 썼던 라즈베리 파이와 주변 장치는 그림 2.1과 같습니다.

그림 2.1 라즈베리 파이와 주변 장치들

각 목록은 다음과 같습니다.

1. 라즈베리 파이(이 책에서는 Raspberry Pi 3 Model B를 사용)
2. USB 연결형 키보드
3. 마우스
4. 마이크로 SD 카드 리더
5. 마이크로 SD 카드
6. 라즈베리 파이 전원 케이블

라즈베리 파이와 전원 케이블 외에는 대부분 이미 가지고 있던 기기를 활용했습니다.

2.2.2 라즈베리 파이 설치

라즈베리 파이를 설치하려면 먼저 이미지 파일을 내려받아야 합니다. 이 책에서는 리눅스 커널을 라즈베리 파이로 공부해야 하므로 라즈비안 이미지를 설치하겠습니다. 여기서 라즈비안은 라즈베리 파이에서 실행할 수 있는 리눅스 배포판을 뜻합니다.

라즈비안 이미지 다운로드

브라우저에서 다음 URL로 접속해 라즈베리 파이 커뮤니티 내 다운로드 사이트로 이동합니다.

- https://www.raspberrypi.org/downloads/

그러면 다음 화면이 보일 것입니다.

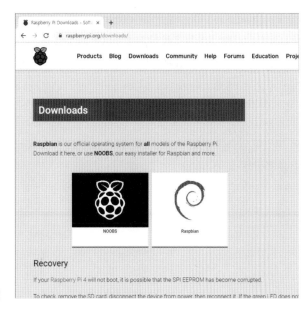

그림 2.2 라즈베리 파이 다운로드 페이지

여기서 우측의 'Raspbian'을 마우스로 클릭하면 다음 화면으로 바뀔 것입니다.

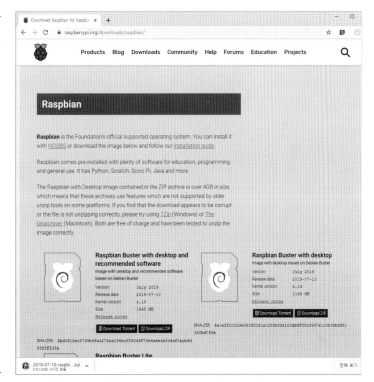

그림 2.3 라즈비안 이미지를 다운로드

여기서 "Raspbian Buster with desktop and recommended software"라고 적힌 이미지 하단의 [Download ZIP] 버튼을 클릭하면 이미지 다운로드를 시작합니다. 다운로드하는 이미지 파일의 이름은 다음과 같습니다(이 책의 출간 시점에는 파일명이 달라질 수 있습니다).

2019-07-10-raspbian-buster-full.zip

이 파일의 압축을 풀면 그림 2.4와 같이 2019-07-10-raspbian-buster-full.img라는 라즈비안 이미지 파일을 확인할 수 있습니다.

그림 2.4 압축을 해제한 라즈비안 이미지

라즈비안 이미지를 굽는 방법

라즈베리 파이에서는 부팅 디바이스로 마이크로 SD 카드를 사용합니다. 따라서 마이크로 SD 카드에 라즈비안 이미지를 설치해야 합니다. 이 과정을 가리켜 이미지를 마이크로 SD 카드에 굽는다고 표현합니다.

마이크로 SD 카드에 라즈비안 이미지를 설치하는 과정은 다음 단계로 나눌 수 있습니다.

1. 마이크로 SD 카드 포맷(SDFormatter 사용)
2. 마이크로 SD 카드에 라즈비안 이미지 쓰기(Win32 Disk Imager 사용)

각 단계를 자세히 알아보겠습니다.

1. 마이크로 SD 카드 포맷

마이크로 SD 카드 리더에 마이크로 SD 카드를 삽입한 후 컴퓨터의 USB 단자에 연결합니다. 그러면 다음 화면과 같이 하드디스크 드라이브에 SD 카드 드라이브가 표시됩니다.

그림 2.5 SD 카드 드라이브 확인

SD 카드를 포맷하는 데 사용할 SD Formatter 프로그램을 내려받기 위해 다음 URL로 접속합니다.

- https://www.sdcard.org/downloads/

그럼 그림 2.6과 같은 화면이 나타나
는데, 이 페이지의 왼쪽 메뉴에서 'SD
Memory Formatter for Windows
Download'로 표시된 부분을 클릭합
니다.

그림 2.6 SD 카드 포매터 다운로드 페이지

그러면 그림 2.7과 같이 약관 페이지로
이동합니다.

그림 2.7 SD 카드 Formatter 프로그램 다운로드

이 페이지 하단으로 이동한 후 맨 오른쪽의 [Accept]를 선택하면 SD Formatter 4 프로그램(SDCardFormatterv5_WinEN.zip)을 내려받을 수 있습니다.

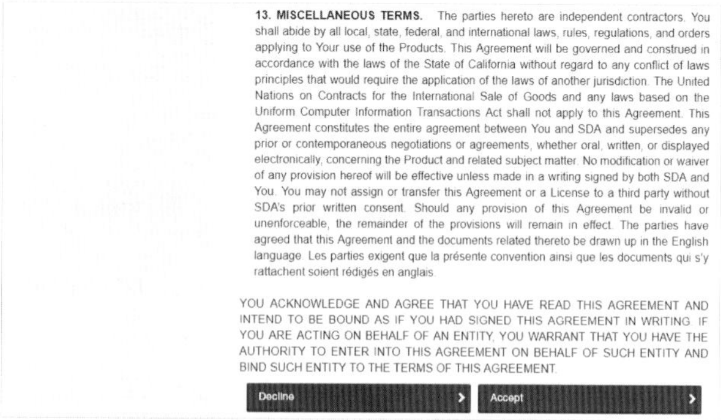

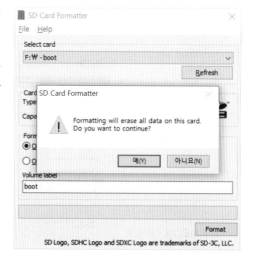

그림 2.8 약관 동의

파일 다운로드가 끝나면 내려받은 SD Formatter 4 프로그램을 설치합니다. SD Formatter 4 프로그램을 설치한 후 실행하면 그림 2.9와 같은 화면을 볼 수 있습니다.

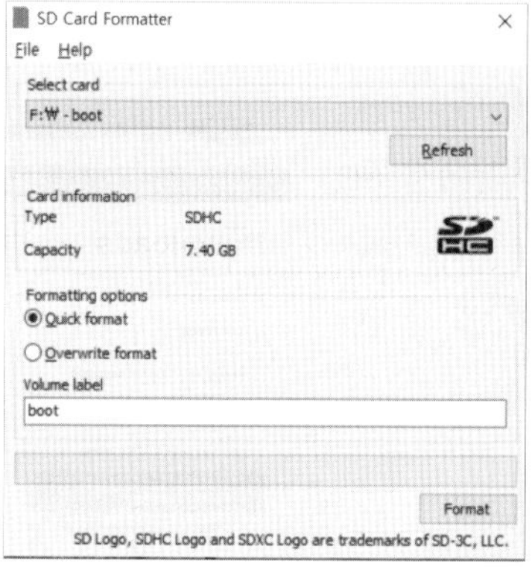

그림 2.9 SD 카드 Formatter를 실행한 모습

이 화면에서 SD 카드를 포맷하기 위해 하단의 [Format] 버튼을 클릭합니다. 그럼 다음과 같은 경고 대화상자가 표시됩니다. [예]를 선택해 포맷을 진행합니다.

그림 2.10 포맷할 경우 모든 데이터가 지워진다는 내용의 경고 대화상자

포맷이 완료되면 다음과 같은 화면이 나타나고, [확인] 버튼을 클릭해 빠져나옵니다.

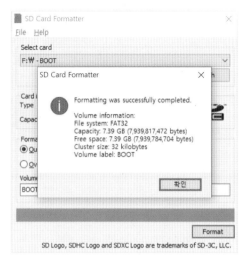

그림 2.11 SD 카드 포맷 완료

2. 마이크로 SD 카드에 라즈비안 이미지 쓰기

다음으로 마이크로 SD 카드에 라즈비안 이미지를 굽는 프로그램인 Win32 Disk Imager를 내려받기 위해 다음 URL로 접속합시다.

- https://sourceforge.net/projects/win32diskimager/

다음과 같은 화면이 나타나면 [Download] 버튼을 클릭합니다.

그림 2.12 Win32 Disk Imager 다운로드 페이지

다음과 같이 페이지가 바뀌고 프로
그램 다운로드가 시작됩니다.

그림 2.12 Win32 Disk Imager 다운로드

Win32 Disk Imager의 다운로드
가 끝나면 프로그램을 설치한 후 실
행합니다.

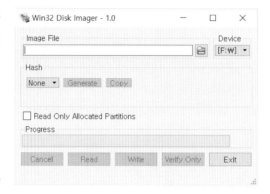

그림 2.13 Win32 Disk Imager를 실행한 모습

[Image File] 섹션 우측의 파일 불
러오기 아이콘(📁)을 클릭해 다음
그림과 같이 앞에서 다운로드한 라
즈비안 이미지 파일을 선택합니다.

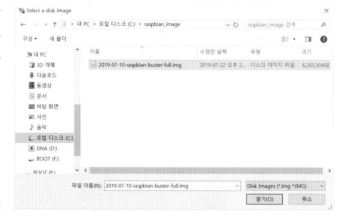

그림 2.14 라즈비안 이미지 선택

라즈비안 이미지를 선택하고 나서 하단의
[Write] 버튼을 클릭합니다.

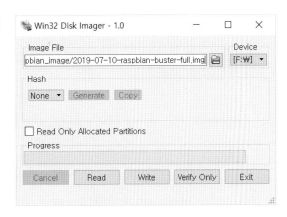

그림 2.15 [Write] 버튼을 클릭해 이미지 굽기를 시작

그럼 계속 진행할지 여부를 묻는 대화상자가
나타나는데, [Yes]를 선택합니다.

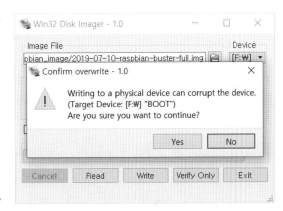

그림 2.16 경고 대화상자

그러면 SD 카드에 앞서 선택한 라즈비안 이미
지를 쓰기 시작합니다.

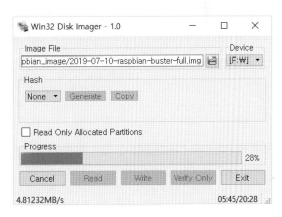

그림 2.17 SD 카드에 이미지 쓰기 작업을 진행

이미지 쓰기가 끝나면 다음 그림과 같이 쓰기 작업을 완료했다는 메시지가 나타나고 [OK]를 클릭해 대화상자를 닫습니다.

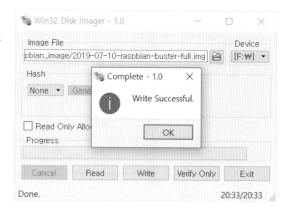

그림 2.18 라즈비안 이미지 굽기 완료

3. 라즈베리 파이 부팅시키기

다음으로 라즈베리 파이를 설치하는 과정에서 가장 중요한 단계를 설명하겠습니다. 마이크로 SD 카드를 라즈베리 파이 SD 카드 슬롯에 삽입합니다.

[라즈베리 파이 앞면]   [라즈베리 파이 뒷면]

그림 2.19 마이크로 SD 카드를 라즈베리 파이에 삽입한 모습

각각 왼쪽에 표시한 부분을 보면 마이크로 SD 카드 슬롯을 삽입한 모습을 볼 수 있습니다.

이제 라즈베리 파이를 실행할 수 있는 준비가 끝났습니다. 이제 그림 2.20에서 볼 수 있듯이 주변 장치를 라즈베리 파이에 연결합니다.

① 전원 케이블   ② HDMI 케이블

③ 키보드 연결 단자   ④ USB 연결 단자

그림 2.20 라즈베리 파이에 주변 기기를 연결한 모습

라즈베리 파이에 전원 케이블을 연결하면 전원이 들어와 켜집니다. 참고로 라즈베리 파이에는 별도의 전원 버튼은 없습니다.

다음은 라즈베리 파이를 실행하고 난 후에 나오는 첫 화면입니다.

그림 2.21 라즈베리 파이(라즈비안)를 부팅한 후 나오는 첫 화면

드디어 라즈비안 이미지를 마이크로 SD 카드에 구워서 라즈베리 파이를 부팅시켰습니다. 이어서 라즈비안을 설정하는 단계를 시작하겠습니다.

2.2.3 라즈베리 파이 기본 설정

라즈베리 파이는 버전이 업그레이드될수
록 초기 설정을 쉽게 할 수 있게 진화하고
있습니다. 마우스 클릭만 몇 번 하면 기본
설정을 마칠 수 있으니 긴장하지 말고 따
라 해 봅시다.

다음 화면에서 [Next] 버튼을 클릭합니다.

그림 2.22 라즈베리 파이 설정 대화상자

[Set Country] 대화상자가 나타나면 [Use
US Keyboard] 체크박스를 체크한 다음
[Next] 버튼을 클릭합니다.

그림 2.22 국가 및 언어 설정

다음 화면은 패스워드를 설정하는 대화상
자인데, 여기서는 일단 [Next] 버튼을 클
릭해 넘어갑니다.

그림 2.23 패스워드 설정

이어서 나오는 [Set Up Screen]에서는 별
도로 중요한 설정이 없으므로 [Next] 버튼
을 클릭해 넘어갑니다.

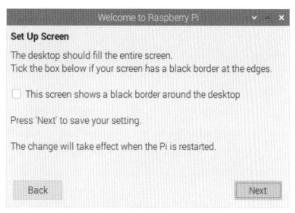

그림 2.24 화면 설정

이어지는 [Select WiFi Network] 화면
에서는 접속할 와이파이 네트워크를 선
택한 다음 [Next] 버튼을 클릭합니다. 이
책에서 접속하는 와이파이 네트워크의 이
름은 'iptime'이고, 이 이름은 접속 환경
마다 다릅니다.

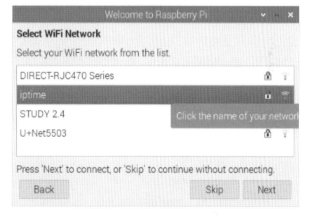

그림 2.25 와이파이 네트워크 연결

와이파이 비밀번호를 요구하는 경우 비
밀번호를 입력하고 [Next] 버튼을 클릭
합니다.

그림 2.26 와이파이 비밀번호 입력

다음 [Update Software] 화면에서 소프트웨어 업그레이드가 끝나면 [Next] 버튼을 클릭합니다.

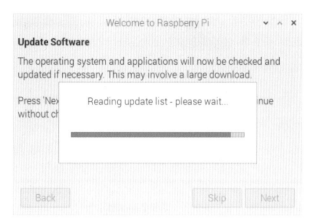

그림 2.27 소프트웨어 업데이트

마지막으로 설정이 완료됐다는 대화상자가 나타나고, [Restart] 버튼을 클릭해 라즈베리 파이를 재부팅합니다.

그림 2.28 라즈베리 파이 설정 완료

터미널 실행

라즈베리 파이가 재부팅되고 나면 리즈비안에서 제공하는 프로그램을 사용할 수 있습니다. 이번에는 라즈베리 파이에서 터미널을 여는 방법을 소개합니다.

그림 2.29에서 화면 상단에 표시된 부분을 마우스로 클릭하면 터미널을 실행할 수 있습니다. 여기서는 터미널을 연 후 'sudo su' 명령어를 입력해 루트로 권한을 바꿨습니다.

그림 2.29 라즈베리 파이에서 터미널 실행

언어 설정

리눅스 개발을 할 때는 대부분 터미널에서 리눅스 명령어를 입력합니다. 이 정도로 라즈비안을 설정해도 개발하는 데 문제는 없지만 라즈비안에 설치된 크롬 브라우저를 쓰려면 언어를 설정해야 합니다.

라즈비안 메뉴를 실행해 언어(Locale) 설정을 하겠습니다. 그림 2.30과 같이 터미널에서 raspi-config 명령어를 입력합니다.

그림 2.30 터미널에서 raspi-config 명령어 입력

그럼 다음과 같은 화면이 나타납니다.

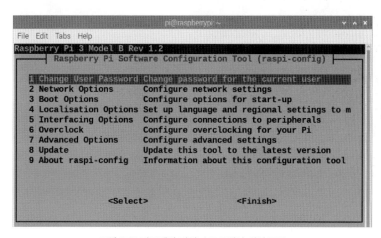

그림 2.31 라즈베리 파이 소프트웨어 설정 도구

여기서 '4 Localisation Options' 메뉴로 이동해 키보드로 엔터를 입력합니다.

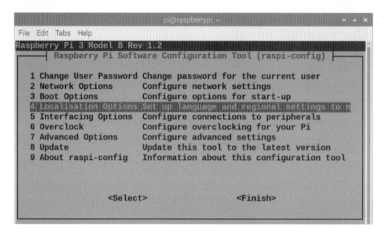

그림 2.32 언어 설정 메뉴로 이동

화면이 바뀌면서 설정 가능한 언어 목록이 나타납니다.

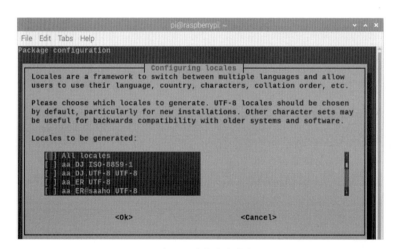

그림 2.33 언어 설정 화면

이 목록에서 스페이스바를 이용해 en_GB.UTF-8 UTF-8, en_US.UTF-8 UTF-8, ko_kr.UTF-8 UTF-8을 체크합
니다.

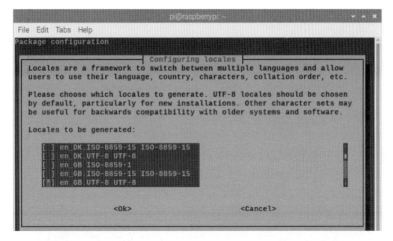

그림 2.34 en_GB.UTF-8 UTF-8 체크(en_US.UTF-8 UTF-8은 생략)

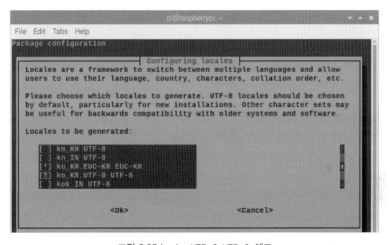

그림 2.35 ko_kr.UTF-8 UTF-8 체크

다시 터미널을 열고 'cd /home/pi' 명령어를 입력해 다음 디렉터리로 이동합니다.

```
root@raspberrypi:/home/pi#
```

이후 다음 명령어를 입력하면 라즈비안 설치 프로그램이 업데이트됩니다.

```
# apt-get update
# apt-get upgrade
```

이어서 다음 명령어를 입력해 폰트 프로그램을 설치합시다.

```
# apt-get install ibus
# apt-get install ibus-hangul
# apt-get install fonts-unfonts-core
```

설치가 끝나면 라즈베리 파이를 재부팅합니다.

다음은 한글 설정을 적용한 후 웹 브라우저로 필자의 블로그를 열어본 모습입니다.

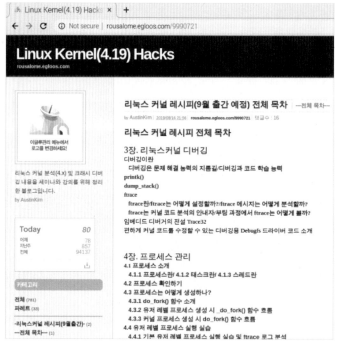

그림 2.36 언어 설정을 적용한 후 한글 웹 페이지를 확인한 모습

보다시피 한글이 제대로 출력되는 것을 확인할 수 있습니다.

지금까지 라즈비안을 실행하기 위한 기본 설정을 마쳤습니다. 이어서 리즈비안에서 리눅스 커널 소스
코드를 빌드해 보겠습니다.

2.3 라즈베리 파이 커널 빌드

이번 절에서는 라즈베리 파이에서 라즈비안 리눅스 커널 소스코드를 내려받고 빌드하는 방법을 알아보겠습니다. 참고로 필자는 불필요한 권한 설정을 피하기 위해 터미널에서 다음 명령어를 입력해 root 권한을 획득했습니다.

```
$ sudo su
```

실제 라즈베리 파이의 터미널에서 sudo su 명령어를 입력할 때의 모습은 다음과 같습니다.

그림 2.37 터미널에서 sudo su 명령어를 입력한 모습

2.3.1 라즈비안 버전과 커널 소스 버전

라즈비안 커널 소스 코드를 내려받는 방법을 설명하기에 앞서 라즈비안과 커널 버전에 대해 알아둘 필요가 있습니다.

이 책에서 다루는 커널 디버깅과 관련된 내용은 2019년 7월 10일에 라즈베리 파이 커뮤니티에서 배포한 다음 이미지를 기준으로 테스트했습니다.

- **라즈비안 이미지 파일명**: 2019-07-10-raspbian-buster-full.zip
- **라즈비안 커널 브랜치**: rpi-4.19.y
- **리눅스 커널 버전**: 4.19.60

그런데 라즈비안 이미지는 1년에 2회 이상 업그레이드되며, 라즈비안 커널 버전도 함께 올라갑니다. 따라서 가급적 아래 URL을 방문하셔서 2019-07-10-raspbian-buster-full.zip 이미지를 내려받은 후 라즈비안을 설치하시길 바랍니다.

- https://downloads.raspberrypi.org/raspbian/images/

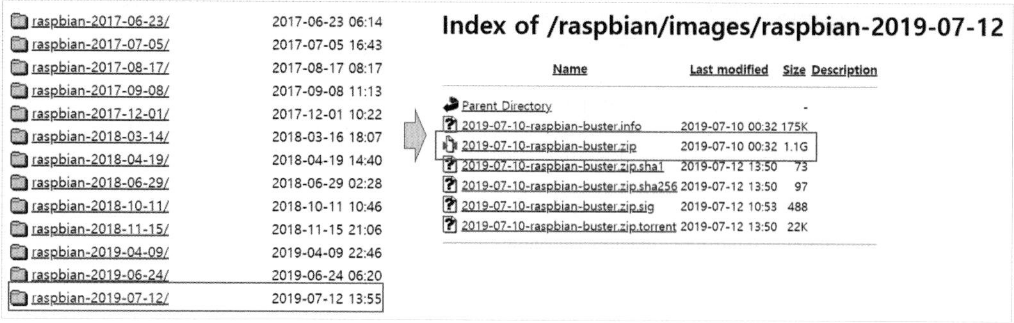

그림 2.38 기존 라즈비안 이미지 파일 내려받기

그림 2.38의 왼쪽 아랫부분에 있는 raspbian-2019-07-12/를 선택한 후 오른쪽 그림에 있는 2019-07-10-raspbian-buster.zip을 선택하면 이 책에서 테스트한 환경에 맞출 수 있습니다.

2.3.2 라즈비안 커널 소스코드 내려받기

이번에는 라즈비안 리눅스 커널 소스코드를 내려받고 빌드 및 설치하는 과정을 다룹니다. 이 내용은 아래 라즈베리 파이 커뮤니티에서 소개한 내용을 참고했습니다.

- https://www.raspberrypi.org/documentation/linux/kernel/building.md

라즈비안 리눅스 커널 소스코드를 내려받기에 앞서 리눅스 유틸리티 프로그램을 설치해야 합니다. 이를 위해 다음 명령어를 입력합니다.

```
$ apt-get install git bc bison flex libssl-dev
```

이 책에서 사용한 라즈베리 파이에서 이 명령어를 입력했을 때 나오는 화면은 다음과 같습니다.

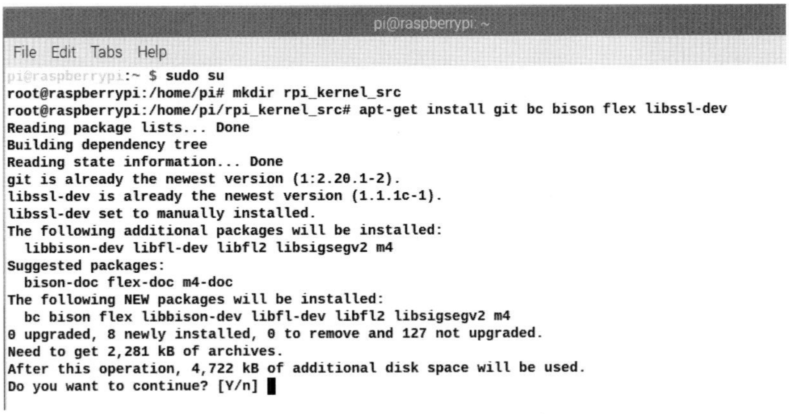

그림 2.39 리눅스 필수 유틸리티 프로그램 설치

유틸리티 프로그램을 설치하는 데 약 1분 정도 시간이 걸립니다.

이어서 리눅스 커널 소스코드를 다운로드하는 방법을 소개합니다. 다음 명령어를 입력하면 라즈비안 최신 커널 소스를 내려받을 수 있습니다.

```
$ git clone --depth=1 https://github.com/raspberrypi/linux
```

이 명령어를 라즈베리 파이 터미널에서 입력한 후 출력되는 화면은 다음과 같습니다.

```
root@raspberrypi:/home/pi/rpi_kernel_src# git clone --depth=1 https://github.com/raspberrypi/linux
Cloning into 'linux'...
remote: Enumerating objects: 85646, done.
remote: Counting objects: 100% (85646/85646), done.
remote: Compressing objects: 100% (65774/65774), done.
Receiving objects:  33% (28569/85646), 41.45 MiB | 1.22 MiB/s
```

소스코드를 내려받는 데 약 10분 정도가 걸립니다. 커널 소스를 다 내려받고 나서 브랜치를 확인하니 rpi-4.19.y입니다.

```
root@raspberrypi:/home/pi/rpi_kernel_src# cd linux
root@raspberrypi:/home/pi/rpi_kernel_src/linux# git branch
* rpi-4.19.y
```

linux 폴더에 생성되는 .git/config 파일을 열어보면 기본적으로 rpi-4.19.y 브랜치로 설정돼 있습니다.

```
root@raspberrypi:/home/pi/rpi_kernel_src/linux# vi .git/config
[core]
    repositoryformatversion = 0
    filemode = true
    bare = false
    logallrefupdates = true
[remote "origin"]
    url = https://github.com/raspberrypi/linux
    fetch = +refs/heads/rpi-4.19.y:refs/remotes/origin/rpi-4.19.y
[branch "rpi-4.19.y"]
    remote = origin
    merge = refs/heads/rpi-4.19.y
```

이렇게 git clone 명령어를 써서 라즈비안 리눅스 커널 소스코드를 내려받으면 최신 버전의 브랜치를 선택합니다.

 리눅스 커널은 git을 통해 소스코드를 관리합니다. 브랜치(branch)는 git에서 자주 쓰는 개념으로, 프로젝트 소스코드의 큰 줄기라고 볼 수 있습니다. 라즈비안은 리눅스 커널 버전에 따라 각기 다른 브랜치를 운영합니다.

이 책에서는 리눅스 커널 4.19.60 버전을 기준으로 빌드 및 테스트를 마쳤습니다. 이 책에서 다루는 리눅스 커널 버전에 맞춰 커널 코드를 내려받기를 권장합니다. 이를 위해 rpi-4.19.y 브랜치를 선택해야 합니다.

다음은 브랜치를 rpi-4.19.y로 지정해 라즈비안 리눅스 커널 코드를 다운로드하는 명령어입니다.

```
$ git clone --depth=1 --branch rpi-4.19.y https://github.com/raspberrypi/linux
```

```
root@raspberrypi:/home/pi/rpi_kernel_src# git clone --depth=1 --branch rpi-4.19.y https://
github.com/raspberrypi/linux
Cloning into 'linux'...
remote: Enumerating objects: 122739, done.
remote: Counting objects: 100% (122739/122739), done.
remote: Compressing objects: 100% (74357/74357), done.
remote: Total 122739 (delta 54284), reused 72109 (delta 47307), pack-reused 0
Receiving objects: 100% (122739/122739), 185.97 MiB | 1.17 MiB/s, done.
Resolving deltas: 100% (54284/54284), done.
```

```
Checking connectivity... done.
Checking out files: 100% (61885/61885), done.
```

다시 반복하지만 가급적이면 이 책에서 사용하는 4.19 버전에 맞춰 라즈비안 리눅스 커널 소스코드를 다운로드하길 바랍니다. 2021년이 되면 라즈비안 기본 브랜치가 아마 새로운 버전으로 설정될 수 있습니다. 즉, git clone 명령어로 브랜치 이름을 지정하지 않으면 최신 브랜치 소스코드를 다운로드하게 됩니다.

2.3.3 라즈비안 리눅스 커널 빌드

라즈비안의 커널 소스를 내려받았으니 이제 소스를 빌드하는 방법을 알아볼 차례입니다. 참고로 아래의 라즈베리 파이 홈페이지에 가면 커널을 빌드하는 방법을 확인할 수 있습니다.

- https://www.raspberrypi.org/documentation/linux/kernel/building.md

이 페이지에서 'Raspberry Pi 2, Pi 3, Pi 3+, and Compute Module 3 default build configuration' 이라고 적힌 부분에 명시된 명령어를 아래와 같이 차례로 입력하면 커널을 빌드하기 위한 설정을 진행할 수 있습니다.

```
cd linux
KERNEL=kernel7
make bcm2709_defconfig
```

이어서 그 아래의 'Building' 부분에 나온 아래 명령어를 통해 본격적인 커널 빌드를 진행합니다.

```
make -j4 zImage modules dtbs
sudo make modules_install
sudo cp arch/arm/boot/dts/*.dtb /boot/
sudo cp arch/arm/boot/dts/overlays/*.dtb* /boot/overlays/
sudo cp arch/arm/boot/dts/overlays/README /boot/overlays/
sudo cp arch/arm/boot/zImage /boot/$KERNEL.img
```

그런데 커널 빌드를 할 때마다 위와 같은 명령어를 입력하면 어떨까요? 빌드 명령어를 입력하는 데 시간이 오래 걸릴 것입니다. 그래서 위와 같은 커널 빌드 명령어를 모아 하나의 파일로 만들 수 있습니다. 이 파일을 커널 빌드를 할 때 실행하면 일일이 빌드 명령어를 입력할 필요가 없습니다. **이를 빌드 셸 스크립트라고 부르며 대부분의 임베디드 리눅스 개발에서 활용합니다.**

다음은 라즈베리 파이에서 커널 빌드를 수행하는 빌드 스크립트입니다.

```bash
01 #!/bin/bash
02
03 echo "configure build output path"
04
05 KERNEL_TOP_PATH="$( cd "$(dirname "$0")" ; pwd -P )"
06 OUTPUT="$KERNEL_TOP_PATH/out"
07 echo "$OUTPUT"
08
09 KERNEL=kernel7
10 BUILD_LOG="$KERNEL_TOP_PATH/rpi_build_log.txt"
11
12 echo "move kernel source"
13 cd linux
14
15 echo "make defconfig"
16 make O=$OUTPUT bcm2709_defconfig
17
18 echo "kernel build"
19 make O=$OUTPUT zImage modules dtbs -j4 2>&1 | tee $BUILD_LOG
```

 'make O=$OUTPUT'에서 O는 숫자 0이 아닙니다. 영어 알파벳 대문자 O입니다. 이 점에 유의하세요.

위와 같이 입력한 다음 build_rpi_kernel.sh라는 이름으로 저장합니다(참고로 맨 왼쪽에 있는 번호는 입력하면 안 됩니다).

파일을 저장한 후 다음과 같이 chmod 명령어를 입력해 파일에 실행 권한을 부여합니다.

```
root@raspberrypi:/home/pi/rpi_kernel_src# chmod +x build_rpi_kernel.sh
```

빌드 스크립트의 내용을 조금 더 살펴볼까요?

```
05 KERNEL_TOP_PATH="$( cd "$(dirname "$0")" ; pwd -P )"
06 OUTPUT="$KERNEL_TOP_PATH/out"
07 echo "$OUTPUT"
```

05번째 줄에서는 현재 작업 디렉터리를 KERNEL_TOP_PATH에 저장합니다.

06번째 줄에서는 KERNEL_TOP_PATH 경로에 out 폴더를 추가해 OUTPUT이라는 셸 스크립트 변수에 저장합니다.

05~06번째 줄 코드를 실행하면 OUTPUT 변수는 다음과 같이 '/home/pi/rpi_kernel_src/out'으로 변경됩니다.

```
OUTPUT=/home/pi/rpi_kernel_src/out
```

여기서 설정한 OUTPUT은 16번째와 19번째 줄과 같이 커널 컨피그와 커널 빌드 명령어에서 "O=$OUTPUT" 형식으로 사용됩니다.

```
16 make O=$OUTPUT bcm2709_defconfig
19 make O=$OUTPUT zImage modules dtbs -j4 2>&1 | tee $BUILD_LOG
```

위 코드가 실행되면 커널을 빌드했을 때 만들어지는 오브젝트와 커널의 이미지 파일이 out 폴더에 생성됩니다.

16번째 줄은 커널 컨피그 파일을 생성하는 코드입니다.

```
16 make O=$OUTPUT bcm2709_defconfig
```

이 명령어는 다음 경로에 있는 bcm2709_defconfig 파일에 선언된 컨피그 파일을 참고해 .config 파일을 생성합니다.

```
root@raspberrypi:/home/pi/rpi_kernel_src/linux/arch/arm/configs/bcm2709_defconfig
```

make의 옵션으로 "O=$OUTPUT"을 추가했으므로 다음과 같이 out 폴더에 .config가 생성됩니다.

```
root@raspberrypi:/home/pi/rpi_kernel_src/out/.config
```

다음은 19번째 줄입니다.

```
19 make O=$OUTPUT zImage modules dtbs -j4 2>&1 | tee $BUILD_LOG
```

이 명령어는 리눅스 커널 소스를 빌드하는 명령어입니다.

다음으로 커널 빌드 로그를 저장하는 코드를 함께 보겠습니다.

```
10 BUILD_LOG="$KERNEL_TOP_PATH/rpi_build_log.txt"
...
19 make O=$OUTPUT zImage modules dtbs -j4 2>&1 | tee $BUILD_LOG
```

10번째 줄에서는 $KERNEL_TOP_PATH 디렉터리 안의 rpi_build_log.txt라는 파일을 지정해 BUILD_LOG에 저장합니다.

19번째 줄은 커널 빌드 명령어입니다. 맨 오른쪽에 "2>&1 | tee $BUILD_LOG"가 추가됐는데, 이는 커널을 빌드할 때 출력되는 메시지를 $BUILD_LOG 파일에 저장한다는 뜻입니다.

커널을 빌드하는 도중 컴파일 에러가 발생하면 rpi_build_log.txt 파일을 열어 어디서 문제가 생겼는지 확인할 수 있습니다. 실전 개발에서 리눅스 커널을 빌드하는 도중 문제가 발생하면 이 같은 방법으로 커널 빌드 로그를 다른 개발자에게 전달합니다. 커널 빌드 로그를 통해 커널 빌드 옵션 등을 볼 수 있기 때문입니다.

빌드 스크립트를 입력하는 도중에 오타를 입력하면 라즈비안 커널이 제대로 빌드되지 않아 불필요하게 고생할 수 있습니다. 사실 이번 장에서 소개한 build_rpi_kernel.sh와 install_rpi_kernel_img.sh 파일은 라즈비안 커널을 손쉽게 빌드하기 위해 작성된 빌드 스크립트이니 일일이 명령어를 입력할 필요가 없습니다. 이 책의 홈페이지를 방문하셔서 표지 하단의 '예제 코드 다운로드' 버튼을 클릭하면 예제 코드와 빌드 스크립트를 내려받을 수 있습니다.

- https://wikibook.co.kr/linux-kernel-1/

파일을 내려받으신 후, build_rpi_kernel.sh와 install_rpi_kernel_img.sh 파일을 그대로 실행해 라즈비안 커널 이미지를 빌드하고 설치하시길 권장합니다.

빌드 스크립트 코드를 설명했으니 이번에는 빌드 스크립트를 실행하는 방법을 알아보겠습니다. 먼저 라즈비안 커널 소스로 이동합니다. 소스로 이동한 상태는 다음과 같습니다.

```
root@raspberrypi:/home/pi/rpi_kernel_src# ls
build_rpi_kernel.sh linux
```

다음으로 ./build_rpi_kernel.sh 명령어를 입력해 커널 빌드를 시작합니다.

```
root@raspberrypi:/home/pi/rpi_kernel_src# ./build_rpi_kernel.sh
configure build output path
make[1]: Entering directory ' /home/pi/rpi_kernel_src/out'
    GEN     ./Makefile
   HOSTCC   scripts/basic/fixdep
   HOSTCC   scripts/kconfig/conf.o
   SHIPPED scripts/kconfig/zconf.tab.c
   SHIPPED scripts/kconfig/zconf.lex.c
   HOSTCC   scripts/kconfig/zconf.tab.o
   HOSTLD   scripts/kconfig/conf
...
   CC [M]   net/bridge/netfilter/ebt_nflog.o
   AR       net/bluetooth/bnep/built-in.o
   CC [M]   net/bluetooth/bnep/core.o
   CC [M]   fs/dlm/recover.o
   CC [M]   sound/soc/codecs/cs42xx8-i2c.o
   AR       drivers/i2c/busses/built-in.o
   CC [M]   drivers/i2c/busses/i2c-bcm2708.o
   CC [M]   fs/dlm/recoverd.o
...
   LD [M]   sound/soc/snd-soc-core.ko
   LD [M]   sound/usb/6fire/snd-usb-6fire.ko
   LD [M]   sound/usb/caiaq/snd-usb-caiaq.ko
   LD [M]   sound/usb/hiface/snd-usb-hiface.ko
   LD [M]   sound/usb/misc/snd-ua101.ko
   LD [M]   sound/usb/snd-usb-audio.ko
   LD [M]   sound/usb/snd-usbmidi-lib.ko
make[1]: Leaving directory '/home/pi/rpi_kernel_src/out'
```

만약 컴파일 에러가 발생하면 다음과 같은 에러 메시지와 함께 빌드가 중단됩니다.

```
root@raspberrypi:/home/pi/rpi_kernel_src# ./build_rpi_kernel.sh
configure build output path
make[1]: Entering directory '/home/pi/rpi_kernel_src/out'
    GEN     ./Makefile
#
# configuration written to .config
#
make[1]: Leaving directory '/home/pi/rpi_kernel_src/out'
```

```
make[1]: Entering directory '/home/pi/rpi_kernel_src/out'
  GEN    ./Makefile
scripts/kconfig/conf  --silentoldconfig Kconfig
...
  CHK    include/generated/compile.h
  CC     kernel/sched/core.o
/home/pi/rpi_kernel_src/linux/kernel/sched/core.c:3302:6: error: #error "invoke compile error
inside __schdedule"
     #error "invoke compile error inside __schdedule"
     ^
/home/pi/rpi_kernel_src/linux/scripts/Makefile.build:328: recipe for target 'kernel/sched/core.o'
failed
make[3]: *** [kernel/sched/core.o] Error 1
/home/pi/rpi_kernel_src/linux/scripts/Makefile.build:587: recipe for target 'kernel/sched' failed
make[2]: *** [kernel/sched] Error 2
/home/pi/rpi_kernel_src/linux/Makefile:1040: recipe for target 'kernel' failed
make[1]: *** [kernel] Error 2
make[1]: *** Waiting for unfinished jobs....
make[1]: Leaving directory '/home/pi/rpi_kernel_src/out'
Makefile:146: recipe for target 'sub-make' failed
make: *** [sub-make] Error 2
```

사실 이 에러는 다음과 같이 컴파일 에러를 일으키는 코드(#error)를 일부러 작성해서 발생시킨 것입니다.

```
diff --git a/kernel/sched/core.c b/kernel/sched/core.c
index 4e89ed8..5c46f29 100644
--- a/kernel/sched/core.c
+++ b/kernel/sched/core.c
@@ -3299,7 +3299,7 @@ static void __sched notrace __schedule(bool preempt)
     struct rq_flags rf;
     struct rq *rq;
     int cpu;
-
+    #error "invoke compile error inside __schdedule"
     cpu = smp_processor_id();
     rq = cpu_rq(cpu);
     prev = rq->curr;
```

#error는 gcc 컴파일러가 제공하는 매크로인데, 코드를 컴파일할 때 해당 코드를 실행하면 무조건 컴파일 에러를 유발합니다. 여기서 한 가지 주의해야 할 점이 있는데, **컴파일 에러를 만나면 반드시 리눅스 커널 코드를 수정한 다음 다시 커널 빌드를 해야 합니다.** 만약 컴파일 에러를 제대로 수정하지 않고 커널 이미지를 설치하면 수정한 코드가 제대로 동작하지 않습니다.

2.3.4 라즈비안 리눅스 커널 설치

커널 코드를 빌드만 해서는 수정한 코드가 라즈베리 파이에서 실행되지 않습니다. 컴파일해 생성된 이미지를 라즈베리 파이에 설치해야 합니다. 라즈비안 리눅스 커널을 빌드했으니 이제 빌드한 커널 이미지를 설치해 봅시다. 다음은 라즈비안 이미지를 라즈베리 파이에 설치하는 셀 스크립트입니다.

install_rpi_kernel_img.sh

```
01 #!/bin/bash
02
03 KERNEL_TOP_PATH="$( cd "$(dirname "$0")" ; pwd -P )"
04 OUTPUT="$KERNEL_TOP_PATH/out"
05 echo "$OUTPUT"
06
07 cd linux
08
09 make O=$OUTPUT modules_install
10 cp $OUTPUT/arch/arm/boot/dts/*.dtb /boot/
11 cp $OUTPUT/arch/arm/boot/dts/overlays/*.dtb* /boot/overlays/
12 cp $OUTPUT/arch/arm/boot/zImage /boot/kernel7.img
```

위와 같은 코드를 입력한 후 다음 명령어로 install_rpi_kernel_img.sh 셀 스크립트를 실행합시다.

```
root@raspberrypi:/home/pi/rpi_kernel_src# ./install_rpi_kernel_img.sh
```

다시 한번 반복하지만 install_rpi_kernel_img.sh 스크립트를 실행하기 전에, 먼저 커널 빌드 시 발생한 에러는 반드시 수정해야 합니다. 이 과정을 건너뛰고 커널 이미지를 설치하면 수정한 커널 이미지가 제대로 설치되지 않습니다.

2.3.5 전처리 코드 생성

이번 절에서는 리눅스 커널을 빌드하는 과정에서 전처리 코드를 생성하는 방법을 소개합니다.

리눅스 커널 소스코드를 분석하다 보면 수많은 매크로를 만납니다. 리눅스 커널을 캡슐화나 다형성과
같은 객체지향 방식으로 구현하다 보니 매크로로 구현된 코드가 많습니다. **그런데 이 매크로가 소스 분
석의 걸림돌 중 하나로 작용합니다.**

전처리 코드는 이러한 매크로를 모두 풀어서 표현합니다. 따라서 훨씬 편하게 소스코드를 분석할 수 있
으며, 리눅스 커널 코드를 분석할 때는 전처리 코드를 함께 보시기를 바랍니다.

전처리 코드는 GCC 컴파일 오브젝트를 생성하는 과정에서 추출됩니다. 커널에서 전처리 코드를 추출
하는 방법은 크게 두 가지가 있습니다.

- 전체 전처리 파일을 추출
- 특정 전처리 파일을 추출

전체 전처리 파일을 추출하는 방법

먼저 리눅스 커널의 전체 소스코드를 전처리 파일로 추출하는 방법은 다음과 같습니다.

```
01 diff --git a/Makefile b/Makefile
02 index 3da5790..0414cb2 100644
03 --- a/Makefile
04 +++ b/Makefile
05 @@ -419,6 +419,7 @@ KBUILD_CFLAGS   := -Wall -Wundef -Wstrict-prototypes -Wno-trigraphs \
06          -fno-strict-aliasing -fno-common -fshort-wchar \
07          -Werror-implicit-function-declaration \
08          -Wno-format-security \
09 +        -save-temps=obj \
10          -std=gnu89
11 KBUILD_CPPFLAGS := -D__KERNEL__
12 KBUILD_AFLAGS_KERNEL :=
```

위 패치 코드에서 어떤 옵션이 전처리 코드를 추출하는 역할을 수행할까요? 바로 다음 09번째 줄의
'-save-temps=obj \' 구문입니다.

```
09 +        -save-temps=obj \
```

패치 코드를 입력하는 방식의 이해를 돕기 위해 패치 코드를 반영하기 전 코드를 살펴보겠습니다.

```
Makefile
408 # Use LINUXINCLUDE when you must reference the include/ directory.
409 # Needed to be compatible with the O= option
410 LINUXINCLUDE    := \
411         -I$(srctree)/arch/$(hdr-arch)/include \
412         -I$(objtree)/arch/$(hdr-arch)/include/generated \
413         $(if $(KBUILD_SRC), -I$(srctree)/include) \
414         -I$(objtree)/include \
415         $(USERINCLUDE)
416
417 KBUILD_AFLAGS    := -D__ASSEMBLY__
418 KBUILD_CFLAGS    := -Wall -Wundef -Wstrict-prototypes -Wno-trigraphs \
419         -fno-strict-aliasing -fno-common -fshort-wchar \
420         -Werror-implicit-function-declaration \
421         -Wno-format-security \
422         -std=gnu89
423 KBUILD_CPPFLAGS := -D__KERNEL__
424 KBUILD_AFLAGS_KERNEL :=
425 KBUILD_CFLAGS_KERNEL :=
426 KBUILD_AFLAGS_MODULE  := -DMODULE
```

위 Makefile 파일의 421번째 줄 다음에 다음 코드를 입력하면 됩니다.

```
    -save-temps=obj \
```

-save-temps=obj \를 입력한 후의 Makefile은 다음과 같습니다.

```
417 KBUILD_AFLAGS    := -D__ASSEMBLY__
418 KBUILD_CFLAGS    := -Wall -Wundef -Wstrict-prototypes -Wno-trigraphs \
419         -fno-strict-aliasing -fno-common -fshort-wchar \
420         -Werror-implicit-function-declaration \
421         -Wno-format-security \
422         -save-temps=obj \
423         -std=gnu89
424 KBUILD_CPPFLAGS := -D__KERNEL__
425 KBUILD_AFLAGS_KERNEL :=
```

```
426 KBUILD_CFLAGS_KERNEL :=
427 KBUILD_AFLAGS_MODULE   := -DMODULE
```

이 같은 방식으로 Makefile을 수정한 다음, 이전 절에 소개한 build_rpi_kernel.sh 커널 빌드 스크립트를 실행합시다. 그럼 전처리 코드가 out 폴더에 생성됩니다. 전처리 코드가 어떻게 생성됐는지 확인해 보겠습니다.

먼저 커널 스케줄링과 관련된 공통 코드가 담긴 kernel/sched/core.c 파일에 대한 전처리 코드를 찾아보겠습니다.

```
root@raspberrypi:/home/pi/rpi_kernel_src/out/kernel/sched# ls -al
total 33692
...
-rw-r--r--  1 root home  613852 Mar 19 09:35 .tmp_completion.i
-rw-r--r--  1 root home 20953 Mar 19 09:35 .tmp_completion.s
-rw-r--r--  1 root home 2800883 Mar 19 09:57 .tmp_core.i
-rw-r--r--  1 root home 368699 Mar 19 09:57 .tmp_core.s
-rw-r--r--  1 root home 1262723 Mar 19 09:35 .tmp_cpuacct.i
-rw-r--r--  1 root home 17772 Mar 19 09:35 .tmp_cpuacct.s
```

C 언어로 작성된 리눅스 커널 소스 파일은 다음 위치에서 전처리 파일로 생성됩니다.

```
linux/kernel/sched/core.c
out/kernel/sched/.tmp_core.i
```

소스 파일명 앞에 ".tmp_"란 접두사와 맨 끝에 "i"가 붙습니다.

그럼 다른 리눅스 커널 소스코드는 어떻게 전처리 파일로 생성될까요? linux/init 폴더에 있는 아래 파일을 예로 들겠습니다.

```
calibrate.c  do_mounts.c do_mounts_initrd.c
```

위 파일들은 전처리 과정에서 out/init 폴더에 다음과 같은 이름으로 생성됩니다.

```
.tmp_calibrate.i  .tmp_do_mounts.i  .tmp_do_mounts_initrd.i
```

```
root@raspberrypi:/home/pi/rpi_kernel_src/out/init# ls -al
total 12912
```

```
-rw-r--r-- 1 312538  Mar 19 09:34 .tmp_calibrate.i
-rw-r--r-- 1 10928   Mar 19 09:34 .tmp_calibrate.s
-rw-r--r-- 1 2830878 Mar 19 09:34 .tmp_do_mounts.i
-rw-r--r-- 1 1616189 Mar 19 09:34 .tmp_do_mounts_initrd.i
-rw-r--r-- 1 7311    Mar 19 09:34 .tmp_do_mounts_initrd.s
-rw-r--r-- 1 1621237 Mar 19 09:34 .tmp_do_mounts_rd.i
-rw-r--r-- 1 14425   Mar 19 09:34 .tmp_do_mounts_rd.s
```

위와 같이 커널 Makefile을 수정해 모든 리눅스 커널 소스 파일을 전처리 코드가 담긴 *.i 파일로 변환할 수 있습니다. 문제는 "*.i"뿐만 아니라 "*.s" 파일도 생성돼 용량이 5GB까지 늘어난다는 점입니다.

특정 전처리 파일을 추출하는 방법

대부분 특정 커널 소스 파일의 전처리 파일을 열어 보고 싶을 때가 많을 것입니다. 이번에는 특정 소스 파일만 전처리 파일로 생성하는 방법을 알아보겠습니다. 먼저 다음과 같은 셸 스크립트 코드를 실행해야 합니다.

build_preprocess_rpi_kernel.sh

```
01 #!/bin/bash
02
03 echo "configure build output path"
04
05 KERNEL_TOP_PATH="$( cd "$(dirname "$0")" ; pwd -P )"
06 OUTPUT="$KERNEL_TOP_PATH/out"
07 echo "$OUTPUT"
08
09 KERNEL=kernel7
10 BUILD_LOG="$KERNEL_TOP_PATH/rpi_preproccess_build_log.txt"
11
12 PREPROCESS_FILE=$1
13 echo "build preprocessed file: $PREPROCESS_FILE"
14
15 echo "move kernel source"
16 cd linux
17
18 echo "make defconfig"
19 make O=$OUTPUT bcm2709_defconfig
20
```

```
21 echo "kernel build"
22 make $PREPROCESS_FILE O=$OUTPUT zImage modules dtbs -j4 2>&1 | tee $BUILD_LOG
```

위와 같은 코드를 입력한 후 build_preprocess_rpi_kernel.sh라는 이름으로 저장합니다. 파일을 저장한 후 다음 명령어로 실행 권한을 줍니다.

```
root@raspberrypi:/home/pi/rpi_kernel_src# chmod +x build_preprocess_rpi_kernel.sh
```

앞에서 소개한 build_rpi_kernel.sh 빌드 스크립트에 세 줄 정도를 추가했는데, 아래의 12~13번째 줄은 셀 스크립트를 실행할 때 전달하는 소스코드의 이름입니다.

```
12 PREPROCESS_FILE=$1
13 echo "build preprocessed file: $PREPROCESS_FILE"
```

다음으로 22번째 줄의 코드를 보겠습니다.

```
22 make $PREPROCESS_FILE O=$OUTPUT zImage modules dtbs -j4 2>&1 | tee $BUILD_LOG
```

커널 코드를 빌드하는 명령어에 "$PREPROCESS_FILE"이라는 구문이 추가됐습니다. 이는 지정한 파일만 전처리 파일로 추출하라는 뜻입니다.

이번에는 build_preprocess_rpi_kernel.sh 셀 스크립트를 실행하는 방법을 알아보겠습니다. build_preprocess_rpi_kernel.sh 셀 스크립트를 실행할 때는 디렉터리를 포함한 파일 이름을 지정해야 합니다.

```
build_preprocess_rpi_kernel.sh [파일이름.i]
```

예를 들어, linux/sched/core.c 파일을 전처리 코드로 추출하려면 다음 형식으로 셀 스크립트를 실행하면 됩니다.

```
build_preprocess_rpi_kernel.sh linux/sched/core.i
```

이번에는 라즈베리 파이에서 다음 명령어로 실행해 봅시다.

```
root@raspberrypi:/home/pi/rpi_kernel_src# ./build_preprocess_rpi_kernel.sh kernel/sched/core.i
configure build output path
build preprocessed file: kernel/sched/core.i
```

```
make[1]: Entering directory ' root@raspberrypi:/home/pi/rpi_kernel_src/out '
  GEN     ./Makefile
#
# configuration written to .config
#
make[1]: Leaving directory '/home/pi/rpi_kernel_src/out'
make[1]: Entering directory '/home/pi/rpi_kernel_src/out'
  GEN     ./Makefile
scripts/kconfig/conf  --silentoldconfig Kconfig
  CHK     include/config/kernel.release
  GEN     ./Makefile
  CHK     include/generated/uapi/linux/version.h
  Using   /home/pi/Rpi_kernel_src/linux as source for kernel
  CHK     include/generated/utsrelease.h
  CHK     scripts/mod/devicetable-offsets.h
  CHK     include/generated/timeconst.h
  CHK     include/generated/bounds.h
  CHK     include/generated/asm-offsets.h
  CALL    /home/pi/rpi_kernel_src/linux/scripts/checksyscalls.sh
  CHK     include/generated/compile.h
  CPP     kernel/sched/core.i
  GZIP    kernel/config_data.gz
  CHK     kernel/config_data.h
  Kernel: arch/arm/boot/Image is ready
  Building modules, stage 2.
  Kernel: arch/arm/boot/zImage is ready
  MODPOST 1506 modules
make[1]: Leaving directory '/home/pi/rpi_kernel_src/out'
```

전처리 파일을 문제없이 생성하면 위와 같은 빌드 메시지를 볼 수 있습니다. out/kernel/sched 디렉터리로 가면 core.i 파일만 전처리 코드로 생성된 것을 확인할 수 있습니다.

```
root@raspberrypi:/home/pi/rpi_kernel_src/out/kernel/sched# ls
autogroup.o  clock.o     core.i  cpuacct.o     cpufreq.o       cpupri.o
```

하지만 소스코드 디렉터리를 잘못 지정하면 다음과 같은 에러 메시지와 함께 빌드가 중단됩니다.

```
root@raspberrypi:/home/pi/rpi_kernel_src# ./build_preprocess_rpi_kernel.sh  sched/core.i
configure build output path
build preprocessed file: sched/core.i
make[1]: Entering directory '/home001/austin.kim/src/book_RPi_kernel/out'
  GEN     ./Makefile
#
# configuration written to .config
#
make[1]: Leaving directory '/home/pi/rpi_kernel_src/out'
make[1]: Entering directory '/home/pi/rpi_kernel_src/out'
  GEN     ./Makefile
scripts/kconfig/conf  --silentoldconfig Kconfig
make[1]: *** No rule to make target 'sched/core.i'.  Stop.
make[1]: Leaving directory '/home/pi/rpi_kernel_src/out'
Makefile:146: recipe for target 'sub-make' failed
make: *** [sub-make] Error 2
```

따라서 이 셀 스크립트를 실행할 때는 디렉터리와 소스 파일의 이름을 정확히 지정해야 합니다.

2.3.6 리눅스 커널 소스의 구조

지금까지 라즈비안 리눅스의 커널 코드를 내려받고 빌드하는 방법을 알아봤습니다. 리눅스 커널 코드를 수정해서 실습 코드를 빌드할 수 있는 준비를 끝낸 것입니다. 이번에는 리눅스 커널 코드의 디렉터리 구조를 살펴보겠습니다.

참고로 저도 처음으로 리눅스 커널 코드를 내려받고 디렉터리를 봤을 때 어떤 코드를 먼저 봐야 할지 감이 오지 않았습니다. 10여 년 동안 커널을 빌드하면서 커널 소스는 다음과 같은 구조로 디렉터리가 구성돼 있다는 것을 알게 됐습니다.

arch

arch 하부 디렉터리에는 아키텍처별로 동작하는 커널 코드가 있습니다.

- arm: 32비트 계열 ARM 아키텍처 코드가 있으며, 라즈비안도 이 하부 디렉터리 코드를 실행합니다.
- arm64: 64비트 계열 ARM 아키텍처 코드가 있습니다.
- x86: 폴더 이름과 같이 인텔 x86 아키텍처 코드가 있습니다.

include

include에는 커널 코드 빌드에 필요한 헤더 파일이 있습니다.

Documentation

커널 기술 문서가 있는 폴더로, 커널 시스템에 대한 기본 동작을 설명하는 문서를 찾을 수 있습니다. 커널 개발자를 대상으로 작성된 문서이기에 커널에 대한 기본 지식이 없으면 이해하기가 조금 어렵습니다.

kernel

커널의 핵심 코드가 있는 디렉터리로, 다음과 같은 하위 디렉터리를 확인할 수 있습니다.

- irq: 인터럽트 관련 코드
- sched: 스케줄링 코드
- power: 커널 파워 매니지먼트 코드
- locking: 커널 동기화 관련 코드
- printk: 커널 콘솔 관련 코드
- trace: ftrace 관련 코드

위 디렉터리에는 아키텍처와 무관한 커널 공통 코드가 있으며, 아키텍처별로 동작하는 커널 코드는 arch/*/kernel/에 있습니다. 라즈비안의 경우 ARMv7 아키텍처 관련 코드를 arch/arm/kernel/에서 확인할 수 있습니다.

mm

Memory Management의 약자로 가상 메모리 및 페이징 관련 코드가 들어 있습니다.

아키텍처별로 동작하는 메모리 관리 코드는 arch/*/mm/ 아래에 있습니다. 라즈비안의 경우 ARMv7 아키텍처 관련 코드를 arch/arm/mm/에서 확인할 수 있습니다.

drivers

모든 시스템의 디바이스 드라이버 코드가 있습니다. 하부 디렉터리에 드라이버 종류별 소스가 들어 있습니다.

fs

모든 파일 시스템 코드가 담긴 폴더입니다. fs 폴더에 있는 파일에는 파일 시스템 공통 함수가 들어 있고 파일 시스템별로 하나씩 세분화된 폴더를 볼 수 있습니다.

lib

lib 디렉터리에는 커널에서 제공하는 라이브러리 코드가 있습니다. 아키텍처에 종속적인 라이브러리 코드는 arch/*/lib/에 있습니다.

2.4 objdump 바이너리 유틸리티

바이너리 유틸리티는 오브젝트 포맷의 파일을 조작할 수 있는 프로그램입니다. 다음은 대표적인 바이너리 유틸리티를 정리한 표입니다.

표 2.1 주요 바이너리 유틸리티

유틸리티	역할
objdump	라이브러리나 ELF(Executable and Linkable Format) 형식의 파일을 어셈블리어로 출력
as	어셈블러
ld	링커
addr2line	주소를 파일과 라인으로 출력
nm	오브젝트 파일의 심벌을 출력
readelf	ELF 파일의 내용을 출력

이 중에서 리눅스 커널 어셈블리 코드와 섹션 정보를 볼 수 있는 objdump라는 바이너리 유틸리티 사용법을 소개합니다. 오브젝트 파일로는 리눅스 커널을 빌드하면 생성되는 vmlinux를 활용합니다.

다음 명령어를 입력하면 objdump를 실행할 때 지정 가능한 옵션 정보를 확인할 수 있습니다.

```
root@raspberrypi:/home/pi/kernel_obj# objdump Usage: objdump <option(s)> <file(s)> Display
information from object <file(s)>.
At least one of the following switches must be given:
  -a, --archive-headers    Display archive header information
  -f, --file-headers       Display the contents of the overall file header
```

```
-p, --private-headers    Display object format specific file header contents
-P, --private=OPT,OPT... Display object format specific contents
-h, --[section-]headers  Display the contents of the section headers
-x, --all-headers        Display the contents of all headers
-d, --disassemble        Display assembler contents of executable sections
-D, --disassemble-all    Display assembler contents of all sections
-S, --source             Intermix source code with disassembly
-s, --full-contents      Display the full contents of all sections requested
```

 라즈비안에서는 기본적으로 바이너리 유틸리티를 사용할 수 있어서 바이너리 유틸리티를 따로 설치할 필요가 없습니다.

먼저 /home/pi/kernel_obj라는 디렉터리를 만들고 리눅스 커널 이미지 생성 폴더에 있는 vmlinux 파일을 복사합니다.

```
root@raspberrypi:/home/pi# mkdir kernel_obj
root@raspberrypi:/home/pi# cd kernel_obj/
root@raspberrypi:/home/pi/kernel_obj# cp ../rpi_kernel_src/out/vmlinux  .
```

objdump -x vmlinux 명령어를 입력해 vmlinux의 헤더 정보를 확인합니다.

```
01 root@raspberrypi:/home/pi/kernel_obj# objdump -x vmlinux | more
02 vmlinux:      file format elf32-littlearm
03 vmlinux
04 architecture: arm, flags 0x00000112:
05 EXEC_P, HAS_SYMS, D_PAGED
06 start address 0x80008000
07
08 Program Header:
09     LOAD off    0x00000000 vaddr 0x80000000 paddr 0x80000000 align 2**16
10         filesz 0x0000826c memsz 0x0000826c flags r-x
11     LOAD off    0x00010000 vaddr 0x80100000 paddr 0x80100000 align 2**16
12         filesz 0x006a873c memsz 0x006a873c flags r-x
...
13 Sections:
14 Idx Name         Size      VMA       LMA       File off  Algn
15   0 .head.text   0000026c  80008000  80008000  00008000  2**2
```

```
16                        CONTENTS, ALLOC, LOAD, READONLY, CODE
17  1 .text      006a8720  80100000  80100000  00010000  2**6
18                        CONTENTS, ALLOC, LOAD, READONLY, CODE
19  2 .fixup     0000001c  807a8720  807a8720  006b8720  2**2
20                        CONTENTS, ALLOC, LOAD, READONLY, CODE
21  3 .rodata    001d0890  80800000  80800000  006c0000  2**12
22                        CONTENTS, ALLOC, LOAD, DATA
23  4 __ksymtab  00007f58  809d0890  809d0890  00890890  2**2
24                        CONTENTS, ALLOC, LOAD, READONLY, DATA
```

vmlinux 헤더 출력 내용을 좀 더 자세히 살펴보겠습니다.

04~06번째 줄에서는 아키텍처 이름과 스타트업 코드의 위치를 표시합니다.

```
04 architecture: arm, flags 0x00000112:
05 EXEC_P, HAS_SYMS, D_PAGED
06 start address 0x80008000
```

보다시피 스타트업 코드의 주소는 0x80008000입니다.

 스타트업 코드는 이미지가 처음 실행될 때 동작하며, 어셈블리 코드로 구성돼 있습니다. 보통 시스템 초기 설정을 수행하고 arm 모드별로 스택 주소를 설정합니다.

13~24번째 줄은 섹션 정보입니다.

```
13 Sections:
14 Idx Name         Size      VMA       LMA       File off  Algn
15  0 .head.text    0000026c  80008000  80008000  00008000  2**2
16                        CONTENTS, ALLOC, LOAD, READONLY, CODE
17  1 .text         006a8720  80100000  80100000  00010000  2**6
18                        CONTENTS, ALLOC, LOAD, READONLY, CODE
```

objdump -d vmlinux 명령어를 입력하면 vmlinux에서 어셈블리 코드를 출력할 수 있습니다.

```
root@raspberrypi:/home/pi/kernel_obj# objdump -d vmlinux
vmlinux:     file format elf32-littlearm
80008000 <stext>:
80008000:      eb0430de      bl       80114380 <__hyp_stub_install>
80008004:      e10f9000      mrs      r9, CPSR
```

```
80008008:        e229901a        eor     r9, r9, #26
8000800c:        e319001f        tst     r9, #31
80008010:        e3c9901f        bic     r9, r9, #31
80008014:        e38990d3        orr     r9, r9, #211    ; 0xd3
```

그런데 너무 많은 어셈블리 코드가 출력돼 어셈블리 코드를 보기 어렵습니다. 그래서 이번에는 옵션을
지정해서 특정 함수 어셈블리 코드를 보는 방법을 소개하겠습니다.

먼저 커널 이미지를 빌드하면 함께 생성되는 System.map 파일을 열어 보겠습니다.

```
root@raspberrypi:/home/pi# mkdir kernel_obj
root@raspberrypi:/home/pi# cd kernel_obj/
root@raspberrypi:/home/pi/kernel_obj# cp ../rpi_kernel_src/out/System.map  .
```

System.map 파일을 열어보면 다음과 같이 심벌별 주소를 확인할 수 있습니다.

```
01 80004000 A swapper_pg_dir
02 80008000 T _text
03 80008000 T stext
04 8000808c t __create_page_tables
05 80008138 t __turn_mmu_on_loc
...
06 807a0208 t __schedule
07 807a0b6c T schedule
08 807a0c14 T yield_to
```

함수 목록 중에서 리눅스 커널에서 가장 유명한 schedule() 함수의 주소 범위가 0x807a0b6c ~
0x807a0c14임을 유추할 수 있습니다. 참고로 주소 출력 결과는 16진수 형식입니다.

이번에는 다음과 같은 형식으로 시작 주소와 끝 주소를 지정하면 해당 주소에 대한 어셈블리 코드를 출
력합니다.

```
objdump --start-address=[시작주소] --stop-address=[끝주소] -d vmlinux
```

라즈베리 파이에서 다음 명령어를 입력하면 schedule() 함수의 어셈블리 코드만 볼 수 있습니다.

```
root@raspberrypi:/home/pi/kernel_obj# objdump --start-address=0x807a0b6c --stop-
address=0x807a0c14 -d vmlinux
```

```
vmlinux:      file format elf32-littlearm


Disassembly of section .text:


807a0b6c <schedule>:
807a0b6c:     e1a0c00d      mov       ip, sp
807a0b70:     e92dd830      push      {r4, r5, fp, ip, lr, pc}
807a0b74:     e24cb004      sub       fp, ip, #4
807a0b78:     e52de004      push      {lr}      ; (str lr, [sp, #-4]!)
807a0b7c:     ebe5b8e2      bl        8010ef0c <__gnu_mcount_nc>
```

이번 절에서 소개한 방법을 활용하면 커널을 빌드한 후 생성되는 vmlinux 파일로 커널 어셈블리 코드를 분석할 수 있습니다. 참고로 이 책의 다음 장에서는 이번 장에서 소개한 방식으로 어셈블리 코드를 확인하고 다음과 같은 요소를 분석합니다.

- 인터럽트
- 커널 스케줄링
- 시스템 콜

2.5 라즈베리 파이 사용 시 주의사항

이번에는 라즈베리 파이를 쓰면서 주의해야 할 사항 몇 가지를 소개합니다. 이 내용을 숙지하면 조금 더 오랫동안 라즈베리 파이를 쓸 수 있습니다.

1. 라즈베리 파이의 전원을 끌 때는 반드시 셧다운 메뉴를 선택합시다. 컴퓨터의 전원을 끌 때처럼 하면 됩니다. 바로 전원 케이블을 빼버리면 라즈베리 파이가 다시 부팅을 못할 수 있습니다. 마이크로 SD 카드가 제대로 마운트를 해제하지 않은 채로 전원이 끊기면 파일 시스템이 손상될 수 있기 때문입니다.

2. 라즈베리 파이는 주머니에 들어갈 만한 크기입니다. 그렇다고 정말 주머니에 그대로 넣고 다니면 안 됩니다. 라즈베리 파이를 가지고 다니다 떨어뜨리면 못 쓸 수 있습니다. 라즈베리 파이는 꼭 보호 케이스를 써서 충격으로부터 보호합시다.

3. 겨울철에 정전기가 일어날 수 있는 환경에서 라즈베리 파이를 구동하면 갑자기 실행을 멈출 수 있습니다. EMP라는 정전기 쇼크를 받으면 라즈베리 파이가 손상될 수도 있습니다.

이는 라즈베리 파이에 문제가 있는 것이 아닙니다. 라즈베리 파이처럼 보드 형태로 제작된 디바이스는 외부의 하드웨어적인 노이즈에 취약할 수밖에 없습니다.

2.6 정리

1. 입문 단계를 벗어나기 위해 라즈베리 파이를 자주 씁시다. 틈이 날 때마다 셸 스크립트를 열고 리눅스 명령어를 사용해봅시다.

2. 이 책에서는 라즈베리 파이(라즈비안) 환경에서 커널 패치 코드를 입력해 ftrace와 커널 로그를 분석합니다. 이번 장에서 소개한 라즈베리 파이 설정 방법을 참고해 라즈베리 파이(라즈비안)를 설치합니다.

   이 책에서 소개한 패치 코드는 반드시 라즈베리 파이에서만 실행할 수 있는 것은 아닙니다. 커널 로그와 ftrace는 리눅스에서 기본적으로 제공하는 디버깅 기능으로서 안드로이드나 현재 사용 중인 임베디드 리눅스 디바이스에서 충분히 활용할 수 있습니다.

3. 리눅스 커널 코드를 분석할 때 전처리 코드를 함께 보면 리눅스 커널 소스코드를 효율적으로 분석할 수 있습니다.

4. 바이너리 유틸리티인 objdump를 활용해 어셈블리 코드를 분석하는 습관을 들입시다.

03

커널 디버깅과 코드 학습

이번 장에서 다룰 내용

- 커널 디버깅의 중요성
- printk
- ftrace
- TRACE32

커널 디버깅은 실전 개발과 코드 학습에 매우 중요합니다. 커널 코드만 분석할 때보다 디버깅 과정을 통해 콜 스택이나 함수 실행 빈도와 같은 정보를 더 얻을 수 있기 때문입니다.

3.1 디버깅이란?

디버깅은 'debug'와 '-ing'의 합성어로 버그를 잡는 과정을 뜻합니다. 누군가 '디버깅하고 있다'라고 말하면 '버그를 수정하고 있다'고 볼 수 있습니다.

필자는 디버깅을 단지 버그를 잡는 과정만으로 보지는 않습니다. 리눅스 커널과 드라이버가 정상 동작할 때 자료구조와 함수 호출 흐름까지 파악하는 과정을 디버깅이라고 생각합니다.

이번 절에서는 구체적인 디버깅 방법을 소개하기에 앞서 디버깅이 중요한 다음과 같은 이유를 좀 더 구체적으로 알아보겠습니다.

- 문제 해결 능력
- 커널 코드 학습 능력

3.1.1 디버깅은 문제 해결 능력의 지름길

신입 개발자들은 실전 리눅스 개발에서 어떤 업무를 하는지 궁금해합니다. 임베디드 리눅스는 '클라우드 서버', '휴대폰', '전기자동차' 분야까지 다양한 분야에서 쓰이고 있습니다. 따라서 실전 개발 업무가 어떻다고 설명하긴 어렵습니다. 하지만 어떤 리눅스 업무를 맡고 있더라도 공통적으로 **리눅스 커널 디버깅**에 관심을 갖고 배우려고 합니다.

커널 디버깅을 잘해야 문제 해결 능력을 키울 수 있는 이유는 무엇일까?

대부분의 임베디드 및 BSP 개발자들은 커널 디버깅 능력을 키우기 위해 노력합니다. 그렇다면 커널 디버깅 능력을 업그레이드하려는 이유는 무엇일까요? 그 이유는 간단합니다. **커널 디버깅은 문제 해결 능력 그 자체이기 때문입니다.**

그렇다면 임베디드 및 BSP 개발 도중 어떤 문제를 만날까요? 임베디드 리눅스는 활용 분야가 다양하지만 대표적인 문제를 추리면 다음과 같습니다.

- 부팅 도중 커널 크래시 발생
- 인터럽트 핸들러를 설정했는데 인터럽트 핸들러가 호출되지 않음
- 시스템 응답 속도가 매우 느려짐
- 파일 복사가 안 됨

그런데 위와 같은 문제는 누가 해결해야 할까요? 바로 임베디드 BSP 리눅스 개발자입니다. 여기서 의문이 생깁니다. **그렇다면 문제를 해결하기 위해서는 어떤 과정을 거칠까요?**

먼저 문제가 발생한 원인을 정확히 분석해야 합니다. 정확히 문제를 분석해야 이에 따른 해결책이 나옵니다. 문제를 제대로 분석하지 못하면 문제를 해결하지 못합니다. 그럼 **문제 발생의 원인은 어떻게 분석할 수 있을까요?**

실전 개발에서는 문제가 발생했을 때 확보한 커널 로그와 메모리 덤프로 문제 원인을 분석할 수 있습니다. 커널 로그와 메모리 덤프를 정확히 분석해야 문제 발생의 원인을 분석할 수 있습니다.

임베디드 BSP 개발에서 커널 로그와 메모리 덤프를 정확히 분석하는 스킬을 '커널 디버깅'이라고 말합니다. '커널 디버깅' 능력은 정확한 문제 원인 분석으로 이어지고, 이를 통해 '문제를 해결'하게 됩니다. 그래서 **커널 디버깅은 문제 해결 능력 그 자체라고 할 수 있습니다.**

앞에서 디버깅이 문제 해결에 필요한 능력이라고 언급했습니다. 이번에는 임베디드 BSP 개발에서의 디버깅에 대한 필자의 생각을 조금 더 이야기해보려 합니다.

규모가 작은 소프트웨어 프로젝트를 진행할 때는 버그와 관련된 개발자가 디버깅을 했습니다. 즉, 일반적으로 자신이 작성한 코드의 논리적 문제점을 분석하고 해당 코드를 작성한 엔지니어가 버그를 잡았습니다.

그런데 리눅스 커널을 디버깅할 때는 상황이 다릅니다. 커널 로그나 메모리 덤프로 함수나 자료구조를 분석할 때는 자신이 작성한 코드보다 다른 개발자가 작성한 커널 코드를 만날 가능성이 매우 높습니다. 여기에는 그럴 만한 이유가 있습니다. **바로 디바이스 드라이버는 커널 함수로 구성돼 있고, 커널 함수는 각 서브시스템을 담당한 개발자가 작성한 코드이기 때문입니다.**

임베디드 BSP 개발 과정에서 디버깅할 때 우리가 작성한 코드만 분석하면 얼마나 좋겠습니까? 하지만 난이도가 높은 문제일수록 커널 내부 함수를 분석할 가능성이 높아집니다. 그래서 커널을 디버깅할 때 자신이 작성한 코드만 들여다보는 과정에서 그치지 말고 한 발짝 더 나가야 합니다. 리눅스 커널을 구성하는 서브시스템이 정상적으로 동작할 때는 다음 내용을 파악할 필요가 있습니다.

- 함수가 실행될 때 변경되는 자료구조
- 함수가 실행되는 빈도와 실행 시각
- 실행 중인 코드를 어떤 프로세스가 실행하는지 확인

위와 같은 내용을 잘 알아야 하는 또 다른 이유는 무엇일까요? **바로 프로그램이 정상적으로 동작할 때의 함수 호출 흐름과 자료구조를 알고 있어야 오류나 버그가 발생했을 때 무엇이 문제인지 식별할 수 있기 때문입니다.**

사실 개발 도중에 커널 로그에서 에러 메시지를 만날 경우가 많습니다. 그런데 커널 로그는 커널이나 디바이스 드라이버가 정상 동작을 한다는 정보를 출력하기도 하고 시스템에 심각한 오류가 있다는 사실을 알려주기도 합니다.

커널 로그에서 오류 정보를 바로 식별할 수 있으면 좋겠지만 '정상 동작'을 할 때의 메시지와 '오류 정보' 메시지가 뒤섞여 있는 경우도 많습니다. 그래서 로그에서 오류 정보를 잘 알아채려면 '정상 동작' 시 출력되는 로그의 패턴을 미리 잘 숙지해야 합니다.

커널 디버깅 따라해보기: 커널 로그 분석

임베디드 리눅스 개발을 하다가 문제가 생기면 대부분 커널 로그를 봅니다. 그런데 디바이스 드라이버 코드에 오류가 있으면 우리가 작성한 드라이버 코드에서 오류 메시지를 출력하지 않습니다. **대부분의 경우 디바이스 드라이버가 호출한 커널 함수 내부에서 에러 메시지를 출력합니다.**

자, 그러면 실제 커널 에러 로그를 분석하면서 커널 디버깅을 하는 방법을 알아볼까요? 다음 URL에서 는 리눅스 포럼에서 논의된 커널 로그를 볼 수 있습니다.

https://www.unix.com/programming/148285-what-unbalanced-irq.html

```
01 WARNING: at kernel/irq/manage.c:225 __enable_irq+0x3b/0x57()
02 Unbalanced enable for IRQ 4
03 Modules linked in: svsknfdrvr [last unloaded: osal_linux]
04 Pid: 634, comm: ash Tainted: G W 2.6.28 #1
05 Call Trace:
06 [<c011a7f9>] warn_slowpath+0x76/0x8d
07 [<c012fac8>] profile_tick+0x2d/0x57
08 [<c011ed72>] irq_exit+0x32/0x34
09 [<c010f22c>] smp_apic_timer_interrupt+0x41/0x71
10 [<c01039ec>] apic_timer_interrupt+0x28/0x30
11 [<c011b2b4>] vprintk+0x1d3/0x300
12 [<c013a2af>] __setup_irq+0x11c/0x1f2
13 [<c013a177>] __enable_irq+0x3b/0x57
14 [<c013a506>] enable_irq+0x37/0x54
15 [<c68c9156>] svsknfdrvr_open+0x5e/0x65 [svsknfdrvr]
16 [<c016440a>] chrdev_open+0xce/0x1a4
17 [<c016433c>] chrdev_open+0x0/0x1a4
18 [<c01602f7>] __dentry_open+0xcc/0x23a
19 [<c016049a>] nameidata_to_filp+0x35/0x3f
20 [<c016b3c5>] do_filp_open+0x16f/0x6ef
21 [<c0278fd5>] tty_write+0x1a2/0x1c9
22 [<c0160128>] do_sys_open+0x42/0xcb
```

신입 개발자 입장에서는 굉장히 어려운 커널 로그를 예시로 들었습니다. 하지만 위와 같은 커널 로그는 실전 개발에서 언제든 만날 수 있습니다.

먼저 첫 번째 에러 로그를 보겠습니다.

```
01 WARNING: at kernel/irq/manage.c:225 __enable_irq+0x3b/0x57()
```

__enable_irq() 함수에서 뭔가 오류 조건을 검출한 듯합니다. 에러 메시지를 유심히 보면서 어느 코드에서 오류를 유발했는지 분석해 봅시다.

첫째, 오류 메시지를 커널 어느 코드에서 출력했는지 확인합니다.

먼저 콜 스택을 어느 코드에서 출력했는지 살펴봐야 합니다. 위 로그는 아래 __enable_irq() 함수의 6 번째 줄에서 출력합니다.

https://github.com/raspberrypi/linux/blob/rpi-4.19.y/kernel/irq/manage.c

```
01 void __enable_irq(struct irq_desc *desc)
02 {
03     switch (desc->depth) {
04     case 0:
05 err_out:
06         WARN(1, KERN_WARNING "Unbalanced enable for IRQ %d\n",
07             irq_desc_get_irq(desc));
```

인터럽트 디스크립터의 자료구조인 irq_desc 구조체의 depth 필드는 인터럽트를 활성화하면 0, 비활성화하면 1을 설정합니다. 만약 4번째 인터럽트를 활성화하면 4번째 인터럽트의 인터럽트 디스크립터의 depth 필드를 0으로 설정합니다. **그런데 6번째 줄 코드는 인터럽트를 2번 활성화했을 때 실행됩니다.** 이미 인터럽트를 활성화했으면 depth 필드가 0인데 다시 활성화했으니 경고 메시지와 함께 콜 스택을 출력합니다.

 WARN() 매크로 함수가 호출되면 커널 로그로 콜 스택을 출력합니다.

둘째, 소스코드에서 에러 메시지를 출력한 이유를 살펴봐야 합니다.

이번에는 어떤 인터럽트를 연속으로 활성화했는지 파악해 보겠습니다.

```
01 WARNING: at kernel/irq/manage.c:225 __enable_irq+0x3b/0x57()
02 Unbalanced enable for IRQ 4
```

02번째 줄 로그를 보면 "IRQ 4"라는 메시지가 보입니다. 정리하면 4번 인터럽트를 두 번 활성화했으므로 해당 오류 메시지를 출력한 것입니다.

위와 같은 에러 메시지는 enable_irq() 함수에서 출력합니다. 그렇다면 enable_irq() 함수 내부에 논리적 오류가 있어서 위와 같은 에러 메시지를 출력할까요? 그렇지 않습니다. enable_irq() 함수 내 코드에 오류가 있다기보다는 enable_irq() 함수를 호출한 드라이버 코드에 무엇인가 오류가 있을 가능성이 높습니다. 그래서 어떤 함수에서 4번 인터럽트를 2번 연속으로 활성화하는지 점검해야 합니다.

그런데 에러 메시지는 커널 내부 함수인 __enable_irq() 함수에서 출력했습니다. 만약 커널이 정상 동작할 때 irq_desc 구조체의 depth 필드를 알고 있으면 이제까지 분석한 에러 메시지의 의미를 바로 알 수 있습니다.

그럼 위와 같은 문제는 어떻게 해결할까요? 물론 관련 드라이버 코드를 상세히 분석해 힌트를 얻을 수 있습니다.

https://www.unix.com/programming/148285-what-unbalanced-irq.html

```
01 WARNING: at kernel/irq/manage.c:225 __enable_irq+0x3b/0x57()
02 Unbalanced enable for IRQ 4
03 Modules linked in: svsknfdrvr [last unloaded: osal_linux]
```

커널 에러 메시지를 보면 svsknfdrvr 드라이버 모듈이 보입니다. 만약 enable_irq() 함수를 호출한 코드가 svsknfdrvr 드라이버 코드에 있다면 관련 코드를 분석한 후 논리적인 오류가 있는지 점검해야 합니다.

 만약 위와 같은 문제가 할당되면 어떻게 문제를 좁힐까요? svsknfdrvr 드라이버 코드를 분석하면 좋겠지만 드라이버 개발 업체가 드라이버 코드를 공유하지 않고 모듈(ko) 형태로 배포할 수도 있습니다. 가끔은 자신이 작성한 드라이버는 문제가 없다고 주장할 수 있습니다. 이럴 때는 다음과 같은 방법을 활용하면 문제의 범인을 알아낼 수 있습니다.

셋째, 필요에 따라 디버깅 코드를 작성해 다시 문제가 발생했을 때 추가 커널 로그 확보를 시도합니다.

다음과 같은 패치 코드를 입력해 문제 현상을 재현한 후 커널 로그를 받아보면 **커널 로그가 누가 4번 인터럽트를 2번 활성화했는지 알려줄 것입니다.** 다음과 같은 패치 코드를 입력한 다음 커널을 빌드해서 커널 이미지를 설치한 후 다시 재현해야 합니다.

```
diff --git a/kernel/irq/manage.c b/kernel/irq/manage.c
--- a/kernel/irq/manage.c
+++ b/kernel/irq/manage.c
@@ -388,6 +388,8 @@ setup_affinity(unsigned int irq, struct irq_desc *desc, struct cpumask *mask)
01 void __disable_irq(struct irq_desc *desc, unsigned int irq)
02 {
03 +       if ( irq == 4 )
04 +               WARN(1, KERN_WARNING " irq 4 is disbled %d, desc->depth %d \n", irq, desc->depth);
05        if (!desc->depth++)
06                irq_disable(desc);
07 }
@@ -442,6 +444,9 @@ EXPORT_SYMBOL(disable_irq);
08
09 void __enable_irq(struct irq_desc *desc, unsigned int irq)
10 {
11 +       if ( irq == 4 )
12 +               WARN(1, KERN_WARNING " irq 4 is enabled %d, desc->depth\n", irq, desc->depth);
13 +
14        switch (desc->depth) {
15        case 0:
16  err_out:
```

위와 같은 코드를 디버깅 패치라고 합니다. 이를 통해 문제의 원인을 좁힐 수 있는 단서를 찾을 수 있습니다.

 위 패치 코드는 로그와 비슷한 버전인 리눅스 커널 3.18.130 버전에서 작성했습니다. 아래 소스 링크에서 원본 소스의 구현부를 볼 수 있습니다.

- https://elixir.bootlin.com/linux/v3.18.130/source/kernel/irq/manage.c

그럼 패치 코드를 자세히 설명하겠습니다. __disable_irq() 함수와 __enable_irq() 함수의 2번째 인자는 인터럽트 번호를 나타내는 irq입니다. 위 코드에서는 이 인터럽트 번호가 4일 때 콜 스택을 호출합니다.

위 패치 코드를 빌드해서 시스템에 반영한 후 문제를 다시 재현하면 4번 인터럽트를 활성화 혹은 비활성화할 때 콜 스택을 커널 로그로 출력합니다. 따라서 어떤 코드에서 4번 인터럽트를 연속으로 활성화하는지 알 수 있습니다.

리눅스 커널의 고수 중 디버깅을 잘 못하는 개발자는 한 번도 만나본 적이 없습니다. 디버깅 능력은 문제 해결 능력 그 자체이므로 평소에 디버깅을 꾸준히 해서 리눅스 커널을 익힐 필요가 있습니다.

3.1.2 디버깅과 코드 학습 능력

디버깅을 하면서 리눅스 커널 코드를 함께 분석하면 다음과 같은 정보를 더 얻을 수 있습니다.

- 분석 대상 코드가 동작하는 콜 스택
- 함수가 실행될 때 변경되는 자료구조
- 함수가 실행되는 빈도와 실행 시각
- 분석 대상 코드를 실행하는 프로세스

대부분 리눅스 커널을 공부할 때는 커널 소스코드를 열어 봅니다. 코드를 이해하는 능력은 리눅스 개발자의 기본 소양이므로 소스를 이해하는 능력은 중요합니다. 하지만 소스코드만 분석하면 실행 흐름을 보는 시야가 좁아집니다. 그래서 코드 분석과 함께 함수의 실행 흐름과 실행 빈도를 알 필요가 있습니다.

커널 소스코드만 분석한 분이 있다고 가정해 봅시다. 또 다른 분은 커널을 디버깅하면서 커널 코드를 함께 분석했습니다. 둘 중에서 누가 더 빨리 커널을 익힐 수 있을까요? **필자는 디버깅과 함께 커널 소스를 분석하면 소스만 분석할 때보다 5배 정도의 학습 효과가 있다고 생각합니다.** 디버깅을 하면 5배 정도 많은 정보를 얻기 때문입니다. 그만큼 커널 디버깅이 중요합니다.

그런데 여러분은 필자의 의견을 읽고 조금 수긍이 가지만 조금은 막연한 느낌이 들 수 있습니다. **그렇다면 어떻게 커널 디버깅을 어떻게 해야 할까요?** 사실, 필자는 '이 책에서 소개한 실습 과정을 확인해보세요.'라고 말씀드리고 싶습니다. 한 가지 쉬운 예시를 들면서 커널 디버깅 과정을 설명하겠습니다.

5장 '인터럽트'에서 다룬 내용을 읽으면서 커널이 인터럽트를 처리하는 과정을 배우고 있다고 가정하겠습니다. 인터럽트와 관련된 내용을 읽다가 한 가지 흥미로운 사실을 알게 됐습니다. 바로 **"cat /proc/interrupts" 명령어를 입력하면 인터럽트의 세부 속성을 알 수 있다는 것입니다.**

그래서 라즈베리 파이에서 터미널을 실행한 후 다음과 같은 명령어를 입력해 인터럽트의 속성을 알게 됐습니다.

```
root@raspberrypi:/home/pi# cat /proc/interrupts
           CPU0        CPU1        CPU2        CPU3
  17:       6624          0           0           0   ARMCTRL-level   1 Edge     3f00b880.mailbox
  18:         34          0           0           0   ARMCTRL-level   2 Edge     VCHIQ doorbell
```

```
...
IPI5:     8411       8223       5705       8429    IRQ work interrupts
IPI6:        0          0          0          0    completion interrupts
Err:         0
```

그런데 리눅스 터미널에서 인터럽트의 속성 정보를 보고 나니 커널의 어느 코드에서 이를 출력하는지 궁금해졌습니다. 어렵게 코드를 검색하다 보니 show_interrupts() 함수가 이 정보를 터미널로 출력한다는 사실을 알게 됐습니다.

또한 분석을 하고 나니 다음과 같은 내용이 궁금해지기 시작했습니다.

- 인터럽트 디스크립터인 irq_desc 구조체의 action 필드에 저장된 인터럽트의 속성 정보를 점검하고 싶다.
- 'cat /proc/interrupts' 명령어를 입력하면 show_interrupts() 함수가 호출되는지 확인하고 싶다.
- show_interrupts() 함수를 호출할 때 프로세스 정보를 보고 싶다.

여기서 중요한 질문을 하나 하겠습니다. **이 정보를 파악하려면 어떻게 해야 할까요?**

이를 위해서는 커널 코드를 수정할 필요가 있습니다. 2장에서 라즈비안 커널 소스를 빌드하는 방법을 알았으니 커널 코드를 수정해볼까요? 패치 코드의 내용을 먼저 소개합니다.

```
01 diff --git a/kernel/irq/proc.c b/kernel/irq/proc.c
02 --- a/kernel/irq/proc.c
03 +++ b/kernel/irq/proc.c
@@ -449,6 +449,21 @@ int __weak arch_show_interrupts(struct seq_file *p, int prec)
04 # define ACTUAL_NR_IRQS nr_irqs
05 #endif
06
07 +void rpi_get_interrupt_info(struct irqaction *action_p)
08 +{
09 +      unsigned int irq_num = action_p->irq;
10 +      void *irq_handler = NULL;
11 +
12 +      if (action_p->handler) {
13 +              irq_handler = (void*)action_p->handler;
14 +      }
15 +
16 +      if (irq_handler) {
17 +              trace_printk("[%s] %d: %s, irq_handler: %pS \n",
```

```
18 +                        current->comm, irq_num, action_p->name, irq_handler);
19 +    }
20 +}
21 +
22 int show_interrupts(struct seq_file *p, void *v)
23 {
24     static int prec;
@@ -514,6 +529,10 @@ int show_interrupts(struct seq_file *p, void *v)
25            seq_printf(p, "-%-8s", desc->name);
26
27     action = desc->action;
28 +
29 +    if (action)
30 +        rpi_get_interrupt_info(action);
31 +
32     if (action) {
33        seq_printf(p, "  %s", action->name);
34        while ((action = action->next) != NULL)
```

먼저 패치 코드를 입력하는 방법을 설명하겠습니다.

다음 코드를 보면 커널의 원본 show_interrupts() 함수와 패치 코드를 입력할 위치를 알 수 있습니다.

https://github.com/raspberrypi/linux/blob/rpi-4.19.y/kernel/irq/proc.c

```
int show_interrupts(struct seq_file *p, void *v)
{
    static int prec;

    unsigned long flags, any_count = 0;
...
    if (desc->name)
        seq_printf(p, "-%-8s", desc->name);

    action = desc->action;
    /* 이 부분에 1번째 패치 코드를 입력하세요 */
    if (action) {
        seq_printf(p, "  %s", action->name);
        while ((action = action->next) != NULL)
```

```
            seq_printf(p, ", %s", action->name);
    }


    seq_putc(p, '\n');
```

"/* 이 부분에 1번째 패치 코드를 입력하세요 */"라는 주석으로 표시된 부분에 다음 코드를 입력합니다.

```
29 +        if (action)
30 +                rpi_get_interrupt_info(action);
```

irqaction 구조체 타입인 action 포인터형 변수가 NULL이 아닐 때 action 인자와 함께 rpi_get_interrupt_info() 함수를 호출하는 코드입니다.

이어서 show_interrupts() 함수의 윗부분에 다음 rpi_get_interrupt_info() 함수의 코드를 작성합시다.

```
07 +void rpi_get_interrupt_info(struct irqaction *action_p)
08 +{
09 |        unsigned int irq_num = action_p->irq;
10 +        void *irq_handler = NULL;
11 +
12 +        if (action_p->handler) {
13 +                irq_handler = (void*)action_p->handler;
14 +        }
15 +
16 +        if (irq_handler) {
17 +                trace_printk("[%s] %d: %s, irq_handler: %pS \n",
18 +                        current->comm, irq_num, action_p->name, irq_handler);
19 +        }
20 +}
```

rpi_get_interrupt_info() 함수는 ftrace로 다음 정보를 출력하는 기능입니다.

- 프로세스 이름
- 인터럽트 번호
- 인터럽트 이름
- 인터럽트 핸들러 함수 이름

여기서 한 가지 의문이 생깁니다. **위와 같은 패치 코드를 입력한 이유가 무엇일까요?** 여러분이 인터럽트의 자료 구조에 대해 공부하는 중이라고 가정하고 그 이유에 대해 설명하겠습니다.

소스를 분석하다 보니, 인터럽트의 속성 정보를 담고 있는 자료구조는 인터럽트 디스크립터를 나타내는 irq_desc 구조체라는 것을 알게 됐습니다.

https://github.com/raspberrypi/linux/blob/rpi-4.19.y/include/linux/irqdesc.h

```
01 struct irq_desc {
02     struct irq_common_data      irq_common_data;
03     struct irq_data             irq_data;
04     unsigned int __percpu       *kstat_irqs;
05     irq_flow_handler_t          handle_irq;
...
06     struct irqaction            *action;    /* IRQ action list */
```

그런데 코드를 읽다 보니 인터럽트의 속성 정보는 위 06번째 줄과 같이 action 필드에 저장된다는 사실을 알게 됐습니다.

이어서 irqaction 구조체 내 필드를 보면서 인터럽트의 속성 정보를 확인해봅시다.

https://github.com/raspberrypi/linux/blob/rpi-4.19.y/include/linux/interrupt.h

```
01 struct irqaction {
02     irq_handler_t           handler;        /* 인터럽트 핸들러 함수 */
03     void                    *dev_id;
...
04     unsigned int            irq;            /* 인터럽트 번호 */
05     unsigned int            flags;
06     unsigned long           thread_flags;
07     unsigned long           thread_mask;
08     const char              *name;          /* 문자열 타입의 인터럽트 이름 */
09     struct proc_dir_entry   *dir;
10 } ____cacheline_internodealigned_in_smp;
```

irqaction 구조체 오른쪽 부분에 표시된 주석이 인터럽트의 속성 정보입니다. 이 정보를 라즈비안에서 확인하려고 패치 코드를 입력한 것입니다.

이제 코드를 입력하고 라즈비안 커널 빌드를 시작합시다. 커널 빌드가 끝난 후 커널 이미지를 라즈베리파이에 설치합니다.

ftrace를 설정하기 위해 일일이 명령어를 입력할 수 있습니다만 ftrace를 설정할 때마다 비슷한 패턴의 명령어를 입력하면 불편합니다. 다음에 소개할 내용은 ftrace를 설정하는 명령어로 작성한 셸 스크립트 코드입니다.

```bash
01 #!/bin/bash
02
03 echo 0 > /sys/kernel/debug/tracing/tracing_on
04 sleep 1
05 echo "tracing_off"
06
07 echo 0 > /sys/kernel/debug/tracing/events/enable
08 sleep 1
09 echo "events disabled"
10
11 echo  secondary_start_kernel  > /sys/kernel/debug/tracing/set_ftrace_filter
12 sleep 1
13 echo "set_ftrace_filter init"
14
15 echo function > /sys/kernel/debug/tracing/current_tracer
16 sleep 1
17 echo "function tracer enabled"
18
19 echo rpi_get_interrupt_info > /sys/kernel/debug/tracing/set_ftrace_filter
20 sleep 1
21 echo "set_ftrace_filter enabled"
22
23 echo 1 > /sys/kernel/debug/tracing/events/irq/irq_handler_entry/enable
24 echo 1 > /sys/kernel/debug/tracing/events/irq/irq_handler_exit/enable
25 echo "event enabled"
26
27 echo 1 > /sys/kernel/debug/tracing/options/func_stack_trace
28 echo "function stack trace enabled"
29
30 echo 1 > /sys/kernel/debug/tracing/options/func_stack_trace
31 echo 1 > /sys/kernel/debug/tracing/options/sym-offset
32 echo "function stack trace enabled"
33
34 echo 1 > /sys/kernel/debug/tracing/tracing_on
35 echo "tracing_on"
```

위 코드를 입력한 다음 irq_trace_ftrace.sh 파일로 저장해 실행하면 손쉽게 ftrace를 설정할 수 있습니다.

위에서 소개한 ftrace 설정 명령어 중 가장 중요한 내용은 다음과 같습니다.

```
19 echo rpi_get_interrupt_info > /sys/kernel/debug/tracing/set_ftrace_filter
```

패치 코드에서 작성한 rpi_get_interrupt_info()라는 함수명을 /sys/kernel/debug/tracing/set_ftrace_filter 파일에 지정하는 명령어입니다.

이 같은 방식으로 함수 이름을 설정하면 rpi_get_interrupt_info() 함수를 누가 호출했는지 알 수 있습니다.

이번에는 다음 명령어를 입력해 irq_trace_ftrace.sh 셸 스크립트를 실행합니다.

```
root@raspberrypi:/home/pi# ./irq_trace_ftrace.sh
tracing_off
events disabled
set_ftrace_filter init
function tracer enabled
event enabled
set_ftrace_filter enabled
function stack trace enabled
tracing_on
```

이번에는 'cat /proc/interrupts' 명령어를 입력합니다.

```
root@raspberrypi:/home/pi# cat /proc/interrupts
          CPU0      CPU1      CPU2      CPU3
  17:      282         0         0         0   ARMCTRL-level    1 Edge    3f00b880.mailbox
  18:       34         0         0         0   ARMCTRL-level    2 Edge    VCHIQ doorbell
  40:       36         0         0         0   ARMCTRL-level   48 Edge    bcm2708_fb dma
  42:        0         0         0         0   ARMCTRL-level   50 Edge    DMA IRQ
  ...
 IPI5:      806       522       230       775   IRQ work interrupts
 IPI6:        0         0         0         0   completion interrupts
 Err:         0
```

여기서 한 가지 의문이 생깁니다. `'cat /proc/interrupts'` 명령어를 입력하는 이유는 무엇일까요? 이 질문에는 다음과 같이 답할 수 있습니다.

rpi_get_interrupt_info() 함수가 호출되도록 커널을 동작시킨다.

이미 우리는 `'cat /proc/interrupts'`를 입력하면 show_interrupts() 함수가 호출된다고 분석한 바 있습니다. 그런데 이번에 소개한 패치 코드는 show_interrupts() 함수 내에서 rpi_get_interrupt_info() 함수를 호출합니다. 따라서 rpi_get_interrupt_info() 함수가 호출되도록 `'cat /proc/interrupts'` 명령어를 입력하는 것입니다.

이어서 ftrace 로그를 라즈베리 파이에서 추출하는 방법을 알아봅시다. 다음은 ftrace 로그를 라즈비안 시스템에서 안전하게 추출하기 위한 셸 스크립트 코드입니다.

```bash
#!/bin/bash
echo 0 > /sys/kernel/debug/tracing/tracing_on
echo "ftrace off"
sleep 3
cp /sys/kernel/debug/tracing/trace .
mv trace ftrace_log.c
```

위 코드를 get_ftrace.sh라는 이름으로 저장해놓고 ftrace 로그를 받을 때 다음 명령어를 실행합시다.

```
root@raspberrypi:/home/pi#./get_ftrace.sh
get_ftrace.sh
```

이 셸 스크립트를 실행하면 ftrace 로그(ftrace_log.c)가 현재 디렉터리에 복사되니 ftrace_log.c 파일을 열어 ftrace 로그를 확인할 수 있습니다.

이번에는 분석할 ftrace 로그를 소개합니다.

```
01 cat-884 [002] d... 333.875303: rpi_get_interrupt_info+0x14/0x6c <-show_interrupts+0x2dc/0x3e0
02 cat-884 [002] d... 333.875350: <stack trace>
03 => rpi_get_interrupt_info+0x18/0x6c
04 => show_interrupts+0x2dc/0x3e0
05 => seq_read+0x3d0/0x4b4
06 => proc_reg_read+0x70/0x98
07 => __vfs_read+0x48/0x168
```

```
08 => vfs_read+0x9c/0x164
09 => ksys_read+0x5c/0xbc
10 => sys_read+0x18/0x1c
11 => ret_fast_syscall+0x0/0x28
```

위와 같은 콜 스택을 해석하는 방법을 알아봅시다. 위 로그에 나타난 함수의 흐름은 11번째 줄에서 03번째 줄 방향으로 이어집니다. 따라서 맨 먼저 실행된 함수는 ret_fast_syscall() 함수이고, 그다음은 sys_read() 함수입니다.

각 메시지에서 다음과 같은 정보를 알 수 있습니다.

- 01번째 줄: pid가 884인 cat 프로세스가 rpi_get_interrupt_info() 함수를 호출한다.
- 05번째 줄: seq_read() 함수에서 show_interrupts() 함수를 호출했다.
- 10번째 줄: sys_read() 함수가 호출됐으니 유저 공간에서 read 시스템 콜을 실행했다.

이번에는 rpi_get_interrupt_info() 함수에서 출력하는 인터럽트의 속성 정보를 파악해보겠습니다. 이를 위해 다음과 같은 명령어를 입력합니다.

```
root@raspberrypi:/home/pi/# egrep -nr irq_handler  *
cat-884 [002] d... 333.875361: rpi_get_interrupt_info+0x28/0x6c: [cat] 17: 3f00b880.mailbox,
irq_handler: bcm2835_mbox_irq+0x0/0x94
cat-884 [002] d... 333.875397: rpi_get_interrupt_info+0x28/0x6c: [cat] 18: VCHIQ doorbell,
irq_handler: vchiq_doorbell_irq+0x0/0x48
cat-884 [002] d... 333.875451: rpi_get_interrupt_info+0x28/0x6c: [cat] 40: bcm2708_fb dma,
irq_handler: bcm2708_fb_dma_irq+0x0/0x44
cat-884 [002] d... 333.875487: rpi_get_interrupt_info+0x28/0x6c: [cat] 42: DMA IRQ, irq_handler:
bcm2835_dma_callback+0x0/0x140
cat-884 [002] d... 333.875521: rpi_get_interrupt_info+0x28/0x6c: [cat] 44: DMA IRQ, irq_handler:
bcm2835_dma_callback+0x0/0x140
cat-884 [002] d... 333.875555: rpi_get_interrupt_info+0x28/0x6c: [cat] 45: DMA IRQ, irq_handler:
bcm2835_dma_callback+0x0/0x140
cat-884 [002] d... 333.875597: rpi_get_interrupt_info+0x28/0x6c: [cat] 56: dwc_otg, irq_handler:
dwc_otg_common_irq+0x0/0x28
cat-884 [002] d... 333.875656: rpi_get_interrupt_info+0x28/0x6c: [cat] 80: mmc0, irq_handler:
bcm2835_sdhost_irq+0x0/0x3e8
cat-884 [002] d... 333.875691: rpi_get_interrupt_info+0x28/0x6c: [cat] 81: uart-pl011, irq_handler:
pl011_int+0x0/0x474
cat-884 [002] d... 333.875730: rpi_get_interrupt_info+0x28/0x6c: [cat] 86: mmc1, irq_handler:
```

```
bcm2835_mmc_irq+0x0/0x754
cat-884 [002] d... 333.875815: rpi_get_interrupt_info+0x28/0x6c: [cat] 161: arch_timer,
irq_handler: arch_timer_handler_phys+0x0/0x48
cat-884 [002] d... 333.875849: rpi_get_interrupt_info+0x28/0x6c: [cat] 162: arch_timer,
irq_handler: arch_timer_handler_phys+0x0/0x48
cat-884 [002] d... 333.875887: rpi_get_interrupt_info+0x28/0x6c: [cat] 165: arm-pmu, irq_handler:
armpmu_dispatch_irq+0x0/0x88
```

'egrep -nr irq_handler *' 명령어를 입력하면 현재 디렉터리에 있는 파일에서 "irq_handler"라는 문자
열을 검색한 결과를 출력합니다. 출력 결과의 각 라인에는 다음과 같은 정보가 출력됩니다.

- 인터럽트 번호
- 인터럽트 이름
- 인터럽트 핸들러 이름

예를 들어, 다음 로그를 해석해볼까요?

```
cat-884 [002] d... 333.875730: rpi_get_interrupt_info+0x28/0x6c: [cat] 86: mmc1, irq_handler:
bcm2835_mmc_irq+0x0/0x754
```

위 로그를 읽으면 다음과 같은 내용을 알 수 있습니다.

- 인터럽트 번호: 86
- 인터럽트 이름: mmc1
- 인터럽트 핸들러 이름: bcm2835_mmc_irq

그런데 여기서 궁금증이 생깁니다. **86번 인터럽트 핸들러인 bcm2835_mmc_irq() 함수는 언제 어떻게 호
출될까요?**

이번 절에서 소개한 irq_trace_ftrace.sh 셸 스크립트의 23번째 줄을 다음과 같이 바꿔볼까요?

```
23 echo bcm2835_mmc_irq > /sys/kernel/debug/tracing/set_ftrace_filter
```

이것은 bcm2835_mmc_irq() 함수의 콜 스택을 볼 수 있도록 ftrace를 설정하는 명령어입니다. 코드를 이
와 같이 코드를 고친 후 irq_trace_ftrace.sh 셸 스크립트를 실행합니다.

```
root@raspberrypi:/home/pi# ./irq_trace_ftrace.sh
tracing_off
events disabled
set_ftrace_filter init
function tracer enabled
event enabled
set_ftrace_filter enabled
function stack trace enabled
tracing_on
```

3초 후 이번 절에서 소개한 get_ftrace.sh 스크립트를 실행해 ftrace 로그를 받습니다.

```
root@raspberrypi:/home/pi# ./get_ftrace.sh
ftrace off
```

이번에는 ftrace 메시지에서 bcm2835_mmc_irq() 함수의 콜 스택을 볼 수 있습니다.

```
<idle>-0 [000] d.h. 826.627311: irq_handler_entry: irq=86 name=mmc1
<idle>-0 [000] d.h. 826.627313: bcm2835_mmc_irq+0x14/0x754 <-__handle_irq_event_percpu+0xbc/0x224
<idle>-0 [000] d.h. 826.627350: <stack trace>
 => bcm2835_mmc_irq+0x18/0x754
 => __handle_irq_event_percpu+0xbc/0x224
 => handle_irq_event_percpu+0x3c/0x8c
 => handle_irq_event+0x54/0x78
 => handle_level_irq+0xc0/0x16c
 => generic_handle_irq+0x34/0x44
 => bcm2836_chained_handle_irq+0x38/0x50
 => generic_handle_irq+0x34/0x44
 => __handle_domain_irq+0x6c/0xc4
 => bcm2836_arm_irqchip_handle_irq+0x60/0xa8
 => __irq_svc+0x5c/0x7c
 => finish_task_switch+0xa8/0x230
 => finish_task_switch+0xa8/0x230
 => __schedule+0x328/0x9b0
 => schedule_idle+0x44/0x84
 => do_idle+0x120/0x17c
 => cpu_startup_entry+0x28/0x2c
 => rest_init+0xc0/0xc4
 => start_kernel+0x490/0x4b8
<idle>-0    [000] d.h.    826.627355: irq_handler_exit: irq=86 ret=handled
```

ftrace 로그에 보이는 함수에 대해 더 자세히 설명하고 싶지만 이번 절은 커널을 디버깅하는 방법을 소개하는 절이므로 이 정도로 마무리하겠습니다.

지금까지 커널 코드를 수정해 ftrace 로그를 분석하는 커널 디버깅 방법을 알아봤는데, show_interrupts() 함수를 눈으로만 읽어 분석할 때보다 어떤 내용을 더 알게 됐나요? 함수의 호출 흐름과 해당 코드를 실행하는 프로세스 이름, 자료구조까지 알게 됐습니다.

이처럼 코드를 분석하는 것보다 리눅스 시스템에서 커널을 디버깅하면 더 유익한 정보를 알 수 있습니다. 이 내용을 익힌 다음, 나중에 참고할 수 있게 차곡차곡 정리해서 블로그에 올려보면 어떨까요? 친구들에게 자랑도 하고 세미나로 배운 내용을 공유해도 좋습니다. 이러한 자료와 경험이 쌓여서 커널 디버깅 및 프로그래밍 실력을 높일 수 있습니다.

 리눅스 개발자뿐만 아니라 다른 분야에 몸담고 있는 소프트웨어 개발자를 만나면 주로 이야기하는 주제가 디버깅입니다. 그중에서 게임계의 레전드 개발자이자 엔지니어인 김포프 님께서 언급하신 '디버깅에 대한 생각'을 공유합니다[1](괄호 안의 내용은 발언 시점).

- 프로그래머의 자질은 코딩을 해서 제품을 만들 수 있는 능력이다(1:15).
- 프로그래머가 갖춰야 할 가장 중요한 능력은 디버깅 스킬이다(2:45).
- 디버깅을 잘한다는 것은 남의 코드를 잘 읽고 그 코드 속의 로직을 따질 수 있고 그 로직을 단계별로 나눌 수 있는 것이다(3:22).
- 디버깅을 잘하면 남의 코드를 보는 것이 두렵지 않고 이 과정으로 배우는 것이 정말 많다(4:52).
- 디버깅을 잘하는 프로그래머를 보면 엄청나게 성장할 것이란 것을 안다(5:01).
- 정말 코딩을 잘하는 사람 중에 디버깅을 못하는 사람을 본 적이 없다. 디버깅을 잘하는 사람 중에 코딩을 못하는 사람을 본 적이 없다. 디버깅을 못하는 사람 중에 코딩을 잘하는 사람은 (거의) 본 적이 없다. 디버깅을 못하는 사람 중에 설계를 잘하는 사람은 (거의) 본 적이 없다(7:35).

소프트웨어 개발자로서 너무 공감이 되고 깊이 새겨야 할 명언인 것 같습니다.

이번 절에서는 디버깅의 중요성과 코드 학습에 대해 살펴봤습니다. 다음 절에서 커널 디버깅 툴을 활용하는 방법을 소개합니다.

---

1   출처: https://www.youtube.com/watch?v=rHgYy7JrP1c

3.2 printk() 함수

C 프로그래밍을 공부할 때 가장 먼저 만나는 함수가 main과 printf입니다.

```
printf("Hello World \n");
```

윈도우 콘솔 프로그램이나 리눅스 시스템 프로그램에서 printf 함수를 호출하면 콘솔로 문자열을 출력하듯이 printk() 함수를 호출하면 커널 로그를 볼 수 있습니다. **이미 커널의 수많은 내부 함수에서도 printk를 이용해 시스템 에러 정보를 커널 로그로 출력합니다.**

printk를 사용하는 예제 코드 확인해보기

이번에는 커널의 핵심 코드에서 printk를 쓰는 사례를 소개합니다.

https://github.com/raspberrypi/linux/blob/rpi-4.19.y/arch/arm/kernel/process.c

```
01 void __show_regs(struct pt_regs *regs)
02 {
...
03     printk("pc : [<%08lx>]    lr : [<%08lx>]    psr: %08lx\n",
04          regs->ARM_pc, regs->ARM_lr, regs->ARM_cpsr);
05     printk("sp : %08lx  ip : %08lx  fp : %08lx\n",
06          regs->ARM_sp, regs->ARM_ip, regs->ARM_fp);
07     printk("r10: %08lx  r9 : %08lx  r8 : %08lx\n",
08        regs->ARM_r10, regs->ARM_r9,
09        regs->ARM_r8);
10     printk("r7 : %08lx  r6 : %08lx  r5 : %08lx  r4 : %08lx\n",
11        regs->ARM_r7, regs->ARM_r6,
12        regs->ARM_r5, regs->ARM_r4);
```

__show_regs() 함수가 실행되면 레지스터 세트를 커널 로그로 출력합니다. 즉, 03~12번째 줄과 같이 레지스터 정보를 출력합니다.

printk 자료형에 따른 서식 지정

이번에는 printk에 전달하는 서식 지정자에 대해 살펴볼까요? 예를 들어, 정수형 포맷으로는 int, long, long long을 지원합니다. C 언어의 printf와 같습니다.

변수 타입	서식 지정자
int	%d 또는 %x
unsigned int	%u 또는 %x
long	%ld 또는 %lx
unsigned long	%lu 또는 %lx
long long	%lld 또는 %llx
unsigned long long	%llu 또는 %llx
size_t	%zu 또는 %zx
ssize_t	%zd 또는 %zx
s32	%d 또는 %x
u32	%u 또는 %x
s64	%lld 또는 %llx
u64	%llu 또는 %llx

 printk에 전달하는 인자와 서식 지정자가 일치해야 커널을 빌드할 때 컴파일 에러가 발생하지 않습니다.

printk로 함수 심벌 정보를 보는 방법

이번에는 printk를 써서 함수의 심벌 정보를 출력하는 방법을 소개합니다.

printk로 포인터를 출력하고 싶을 때는 %p를 쓰면 됩니다. 커널은 심벌 테이블을 갖고 있으므로 %pS를 쓰면 함수 주소를 심벌로 출력합니다. 이는 함수 포인터를 디버깅할 때 자주 쓰는 기법입니다.

라즈비안 리눅스 커널 코드에 직접 printk 코드를 입력하는 실습을 해봅시다. 다음 코드를 리눅스 커널 코드에 입력합시다.

https://github.com/raspberrypi/linux/blob/rpi-4.19.y/kernel/workqueue.c

```
01 static void insert_wq_barrier(struct pool_workqueue *pwq,
02                     struct wq_barrier *barr,
03                     struct work_struct *target, struct worker *worker)
04 {
05     struct list_head *head;
06     unsigned int linked = 0;
07
```

```
08 +    printk("[+] process: %s \n", current->comm);
09 +    printk("[+][debug] message [F: %s, L:%d]: caller:(%pS)\n",
10 +              __func__, __LINE__, (void *)__builtin_return_address(0));
```

08~10번째 줄의 맨 왼쪽에 보이는 '+' 기호는 원래 코드에서 추가되는 코드를 의미합니다. 즉, 원래 코드에서 다음 코드를 입력하면 되는 것입니다.

```
08 +    printk("[+] process: %s \n", current->comm);
09 +    printk("[+][debug] message [F: %s, L:%d]: caller:(%pS)\n",
10 +              __func__, __LINE__, (void *)__builtin_return_address(0));
```

코드 내용을 간단히 알아봅시다. 08번째 줄 코드를 보겠습니다.

```
08 +    printk("[+] process: %s \n", current->comm);
```

이 줄에서는 프로세스 이름을 출력합니다. current는 현재 프로세스의 태스크 디스크립터 주소를 가리킵니다.

다음으로 09~10번째 줄을 보겠습니다.

```
09 +    printk("[+][debug] message [F: %s, L:%d]: caller:(%pS)\n",
10 +              __func__, __LINE__, (void *)__builtin_return_address(0));
```

09~10번째 줄에 나오는 함수 인자의 내용은 다음과 같습니다.

- __func__: 현재 실행 중인 함수의 이름
- __LINE__: 현재 실행 중인 코드 라인
- __builtin_return_address(0): 현재 실행 중인 함수를 호출한 함수의 주소

모두 GCC 컴파일러에서 제공하는 매크로입니다. 이 코드를 통해 커널 코드가 실행되는 위치와 현재 실행 중인 함수를 어떤 함수가 호출했는지 알 수 있습니다.

09번째 줄 가장 왼쪽 코드를 보면 %pS가 보입니다. %pS는 아규먼트로 지정한 주소를 심벌로 변환해 출력합니다.

위 코드를 커널 함수에 입력하고 빌드한 후 커널 이미지를 설치하면 다음과 같은 커널 로그를 볼 수 있습니다.

```
01 [+] process: kworker/2:3
02 [+][debug] message [F:insert_wq_barrier, L:2354] caller(workqueue_cpu_down_callback+0x90/0xac)
```

로그에 담긴 디버깅 정보는 다음과 같습니다.

- printk 로그를 실행한 프로세스의 이름은 kworker/2:3이다.
- printk가 추가된 곳은 insert_wq_barrier() 함수의 2354번째 줄이다.
- insert_wq_barrier() 함수는 workqueue_cpu_down_callback() 함수가 호출했다.

이 같은 방식으로 분석하고 싶은 함수에 printk를 추가하고 커널을 빌드하면 유용한 디버깅 정보를 얻을 수 있습니다.

printk를 쓸 때 주의해야 할 점

printk를 사용할 때는 printk의 호출 빈도를 반드시 체크해야 합니다. **만약 리눅스 커널에서 1초에 수백 번 이상 호출되는 함수에 printk를 사용하면 시스템이 락업(Lockup)되거나 커널 패닉으로 오동작할 수 있습니다.** 여기서 락업은 라즈베리 파이와 같은 리눅스 디바이스에서 마우스를 움직이거나 키보드를 입력해도 아무런 반응이 없는 상황을 말합니다.

그 이유는 무엇일까요? **printk가 커널 입장에서 많은 비용이 드는 함수이기 때문입니다.** printk는 파일 시스템의 도움으로 로그를 콘솔 버퍼에 저장하는 세부 동작을 수행합니다. 이때 커널 세부 동작을 콘솔 드라이버에서 처리하고 커널 로그를 저장하는 동작을 백그라운드로 처리합니다.

그럼 printk를 쓰면 안 되는 한 가지 예시를 들어볼까요? 스케줄링 코드를 분석한 후 __schedule() 함수에 다음과 같은 코드를 입력했다고 가정해 봅시다.

https://github.com/raspberrypi/linux/blob/rpi-4.19.y/kernel/sched/core.c

```
01 static void __sched notrace __schedule(bool preempt)
02 {
03     struct task_struct *prev, *next;
04     unsigned long *switch_count;
05     struct rq_flags rf;
06     struct rq *rq;
07     int cpu;
08
09     cpu = smp_processor_id();
```

```
10      rq = cpu_rq(cpu);
11      prev = rq->curr;
12
13 +    printk("[+] process: %s \n", current->comm);
14 +    printk("[+][debug] message [F: %s, L:%d]: caller:(%pS)\n",
15 +                    __func__, __LINE__, (void *)_builtin_return_address(0));
```

사실 처음 리눅스 커널을 접하는 분들은 어떤 함수의 실행 빈도를 알 수 없겠지만 __schedule() **함수는
매우 자주 호출될 수 있습니다.** 따라서 13~15번째 줄에서 printk 함수를 호출하면 시스템은 오동작할
가능성이 높습니다. 물론 운 좋게 커널 로그를 볼 수도 있습니다. 하지만 성능이 아주 좋은 리눅스 시스
템을 제외하고는 위 코드를 적용하면 안 됩니다. 어떤 리눅스 시스템은 부팅조차 못합니다. 여기서 한
가지 중요한 요구사항이 생깁니다. **바로 자주 호출되는 함수라도 콜 스택을 보고 싶다는 것입니다.**

커널에서는 이러한 요구사항을 충족할 수 있는 디버깅 기능을 지원합니다. **바로 ftrace입니다.** ftrace
를 쓰면 커널 함수의 흐름과 커널의 세부 동작을 커널 코드를 수정하지 않고도 파악할 수 있습니다
(ftrace는 3.4절에서 상세히 다룹니다).

3.3 dump_stack() 함수

printk 외에도 커널에서는 커널 로그를 통해 커널 동작을 보여주는 기능을 제공합니다. 즉, 커널에서
지원하는 dump_stack() 함수를 호출하면 콜 스택을 커널 로그로 볼 수 있습니다.

dump_stack() 함수의 사용법은 간단합니다. **커널 로그로 콜 스택을 보고 싶은 코드에 dump_stack() 함수
를 추가하기만 하면 됩니다.**

dump_stack() 함수를 호출하려면 코드의 윗부분에 다음과 같이 "linux/kernel.h" 헤더 파일을 추가해야
합니다.

```
#include <linux/kernel.h>
```

이어서 dump_stack() 함수의 선언부를 봅시다.

```
asmlinkage __visible void dump_stack(void);
```

인자와 반환값 타입이 모두 void입니다. 커널 소스코드의 어디든 dump_stack() 함수만 추가하면 됩니다.

dump_stack() 함수로 커널 로그에서 콜 스택 확인하기

이번에는 앞에서 설명한 dump_stack() 함수를 써서 커널 로그로 콜 스택을 볼 수 있는 방법을 알아보겠습니다. 다음 패치 코드를 봅시다.

```
diff --git a/kernel/fork.c b/kernel/fork.c
index 6a219fea4926..cdc5d9ff0900
--- a/kernel/fork.c
+++ b/kernel/fork.c
01 @@ -2017,6 +2017,8 @@ struct task_struct *fork_idle(int cpu)
02   * It copies the process, and if successful kick-starts
03   * it and waits for it to finish using the VM if required.
04   */
05 +
06 +static int debug_kernel_thread = 1;
07 long _do_fork(unsigned long clone_flags,
08            unsigned long stack_start,
09            unsigned long stack_size,
10 @@ -2049,6 +2051,11 @@ long _do_fork(unsigned long clone_flags,
11     p = copy_process(clone_flags, stack_start, stack_size,
12                 child_tidptr, NULL, trace, tls, NUMA_NO_NODE);
13     add_latent_entropy();
14 +
15 +     if (debug_kernel_thread) {
16 +             printk("[+][%s] process n", current->comm);
17 +             dump_stack();
18 +     }
```

먼저 패치 코드를 입력하는 방법을 소개하겠습니다. 6번째 줄의 코드와 같이 _do_fork() 함수 바로 위에 debug_kernel_thread 전역 변수를 선언하고 _do_fork() 함수에서 add_latent_entropy(); 다음에 보이는 15~18번째 줄 코드를 입력하면 됩니다.

이어서 패치 코드의 의미를 알아보자면, 프로세스를 생성할 때 _do_fork() 함수가 호출되는데, 이때 함수 콜 스택을 확인하기 위한 코드입니다.

 _do_fork() 함수는 프로세스를 생성할 때만 호출됩니다. 자주 호출되는 함수는 아니니 안심하고 패치 코드를 입력합시다.

위와 같은 패치 코드를 입력한 다음 커널 이미지를 빌드하고 시스템에 설치합시다. 부팅 후 커널 로그에서 다음과 같은 메시지를 볼 수 있습니다.

```
01 [    3.819188] CPU: 1 PID: 149 Comm: systemd-udevd Not tainted 4.19.30-v7+ #3
02 [    3.819196] Hardware name: BCM2835
03 [    3.819237] [<8010ffc0>] (unwind_backtrace) from [<8010c1fc>] (show_stack+0x20/0x24)
04 [    3.819257] [<8010c1fc>] (show_stack) from [<80789dfc>] (dump_stack+0xc8/0x10c)
05 [    3.819282] [<80789dfc>] (dump_stack) from [<8011c8ec>] (_do_fork+0xdc/0x43c)
06 [    3.819301] [<8011c8ec>] (_do_fork) from [<8011cd68>] (sys_clone+0x30/0x38)
07 [    3.819320] [<8011cd68>] (sys_clone) from [<80108180>] (__sys_trace_return+0x0/0x10)
```

그럼 커널 로그를 분석해볼까요? 1번째 줄을 봅시다.

```
01 [    3.819188] CPU: 1 PID: 149 Comm: systemd-udevd Not tainted 4.19.30-v7+ #3
```

콜 스택을 실행한 프로세스 정보입니다. PID가 149인 systemd-udevd 프로세스가 CPU1에서 실행 중입니다.

02~07번째 줄은 콜 스택입니다. 함수 호출은 다음 그림과 같이 07번째 줄에서 03번째 줄 방향으로 이뤄집니다.

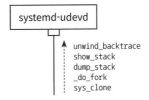

그림 3.1 _do_fork( ) 함수에 dump_stack( ) 함수를 추가했을 때의 콜 스택

_do_fork() 함수 위에 보이는 함수들은 dump_stack() 함수에서 콜 스택을 출력할 때마다 보이는 함수로서 무시해도 되는 함수 호출 정보입니다.

6번째 줄의 메시지는 sys_clone() 함수에서 _do_fork() 함수를 호출한다고 알려줍니다.

```
06 [    3.819301] [<8011c8ec>] (_do_fork) from [<8011cd68>] (sys_clone+0x30/0x38)
```

dump_stack() 함수를 사용할 때의 주의사항

1초에 100번 이상 호출되는 함수에 dump_stack() 함수를 추가하면 시스템 응답 속도가 매우 느려질 수 있습니다. 따라서 dump_stack() 함수를 호출해서 콜 스택을 보려는 코드가 자주 호출되는지 반드시 점검할 필요가 있습니다.

그런데 dump_stack() 함수 내부에서는 printk보다 훨씬 많은 일을 합니다. dump_stack() 함수를 실행하면 내부에서 현재 실행 중인 프로세스 스택 주소를 읽어서 스택에 푸시된 프레임 포인터(Frame Pointer) 레지스터를 읽습니다. ARM 아키텍처의 함수 호출 규약에 따라 프레임 포인터 레지스터를 읽어서 함수 호출 내역을 추적하는 동작을 반복합니다. 따라서 커널 입장에서 printk보다 dump_stack() 함수를 호출할 때 더 많은 일을 합니다.

이처럼 dump_stack() 함수를 사용할 때는 다음과 같은 불편함을 느낄 수 있습니다.

- 함수 실행 빈도를 몰라 dump_stack() 함수를 쓰려고 하니 조금은 두렵기도 하다.
- 또한 커널 코드에 dump_stack() 함수를 추가하고 커널 빌드를 해야 한다.

커널에서는 이 같은 불편함을 해소할 수 있는 강력한 디버깅 기능을 지원합니다. 그 주인공인 ftrace에 대해 이어지는 절에서 살펴보겠습니다.

3.4 ftrace

이번에는 리눅스 커널에서 제공하는 강력한 디버그 기능인 ftrace를 소개합니다. 이 책에서는 ftrace 기능을 활용해 콜 스택과 커널의 세부 동작을 분석합니다.

실무에서도 ftrace를 자주 활용해 커널 디버깅을 합니다. 따라서 ftrace의 사용법을 잘 익히고 ftrace 메시지를 자주 분석합시다.

3.4.1 ftrace란?

printk와 dump_stack을 활용해 커널 디버깅을 하던 리눅스 커널 개발자들은 여러 불편함을 느끼기 시작했습니다. 즉, 다음과 같은 요건을 충족하는 커널 디버깅 기능이 있으면 좋겠다고 생각하게 됩니다.

- 함수 호출 흐름을 소스코드를 수정하지 않고도 보고 싶다.
- 커널의 세부 실행 정보를 출력해 줬으면 좋겠다.

- 1초에 수십 번 호출해도 성능에 부담을 주지 않았으면 좋겠다.
- 커널 로그도 함께 보고 싶다.

이런 요구사항을 모두 충족하는 커널 디버깅 기능이 **바로 ftrace입니다.**

ftrace는 리눅스 커널에서 제공하는 가장 강력한 트레이서입니다. ftrace는 커널 개발자에게 축복과도 같은데, 커널의 세부 동작을 알기 쉽게 출력하기 때문입니다.

 트레이서는 strace나 ltrace처럼 리눅스에서 함수 호출 정보를 출력하는 디버깅 기능을 의미합니다.

ftrace의 특징은 다음과 같습니다.

1. 인터럽트, 스케줄링, 커널 타이머 등의 커널 동작을 상세히 추적합니다.
2. 함수 필터를 지정하면 지정한 함수를 호출한 함수와 전체 콜 스택까지 출력합니다. 물론 코드를 수정할 필요가 없습니다.
3. 함수를 어느 프로세스가 실행하는지 알 수 있습니다.
4. 함수가 실행된 시각 정보를 알 수 있습니다.
5. ftrace 로그를 활성화해도 시스템 동작에 부하를 거의 주지 않습니다.

이어서 ftrace를 설정하는 방법을 알아보겠습니다.

3.4.2 ftrace는 어떻게 설정할까?

ftrace에서 제공하는 nop, function, function_graph 트레이서를 쓰려면 ftrace 관련 코드가 커널 이미지에 포함돼야 합니다. 즉, ftrace 코드가 추가된 커널 소스를 빌드해야 합니다.

이를 위해 다음과 같이 커널 설정 컨피그(configuration)를 활성화해야 합니다.

```
CONFIG_FTRACE=y
CONFIG_DYNAMIC_FTRACE=y
CONFIG_FUNCTION_TRACER=y
CONFIG_FUNCTION_GRAPH_TRACER=y
CONFIG_IRQSOFF_TRACER=y
CONFIG_SCHED_TRACER=y
CONFIG_FUNCTION_PROFILER=y
```

```
CONFIG_STACK_TRACER=y
CONFIG_TRACER_SNAPSHOT=y
```

참고로 라즈비안에서는 ftrace에 필요한 세부 컨피그가 기본적으로 모두 활성화돼 있습니다. 따라서 라즈비안을 라즈베리 파이에 설치하기만 하면 ftrace 메시지를 볼 수 있습니다.

 ftrace는 리눅스 커널의 공통 기능입니다. 라즈비안을 비롯한 다른 리눅스 시스템에서도 ftrace를 지원합니다.

다음과 같은 패치 코드를 입력하면 라즈베리 파이를 비롯한 다른 리눅스 시스템에서도 ftrace 메시지를 볼 수 있습니다.

```
--- a/arch/arm/configs/your_device_defconfig
+++ b/arch/arm/configs/your_device_defconfig
@@ -778,6 +777,14 @@ CONFIG_DEBUG_SET_MODULE_RONX=y
01  CONFIG_SECURITY_PERF_EVENTS_RESTRICT=y
02  CONFIG_SECURITY=y
03  CONFIG_SECURITY_NETWORK=y
04 +CONFIG_FTRACE=y
05 +CONFIG_DYNAMIC_FTRACE=y
06 +CONFIG_FUNCTION_TRACER=y
07 +CONFIG_FUNCTION_GRAPH_TRACER=y
08 +CONFIG_IRQSOFF_TRACER=y
09 +CONFIG_SCHED_TRACER=y
10 +CONFIG_FUNCTION_PROFILER=y
11 +CONFIG_STACK_TRACER=y
12 +CONFIG_TRACER_SNAPSHOT=y
13  CONFIG_LSM_MMAP_MIN_ADDR=4096
14  CONFIG_HARDENED_USERCOPY=y
15  CONFIG_SECURITY_SELINUX=y
```

여기서 arch/arm/configs/your_device_defconfig는 예시 파일입니다. 현재 리눅스 시스템을 빌드할 때 적용하는 컨피그 파일에 04~12번째 줄 코드를 입력하면 됩니다. 앞에서 소개한 ftrace 기능을 켜기 위한 컨피그를 활성화한 후 커널을 빌드하면 ftrace 관련 코드가 커널 이미지에 포함됩니다. 이 같은 방식으로 커널 이미지를 시스템에 설치하고 난 후 재부팅합니다.

다시 한번 반복하지만 라즈비안에서는 ftrace의 기본 기능이 모두 활성화돼 있습니다. 따라서 ftrace 컨피그를 새롭게 설정해 커널을 빌드할 필요가 없습니다.

그럼 ftrace 설정 파일을 어디서 확인할 수 있을까요? 다음 경로에서 ftrace 드라이버 설정 폴더와 파일을 볼 수 있습니다.

- /sys/kernel/debug/tracing

'ls /sys/kernel/debug/tracing' 명령어를 입력하면 다음과 같이 /sys/kernel/debug/tracing 디렉터리에 있는 파일을 확인할 수 있습니다.

```
root@raspberrypi:/home/pi# ls /sys/kernel/debug/tracing
README                     options             snapshot
available_events           per_cpu             trace
available_filter_functions printk_formats      trace_clock
available_tracers          saved_cmdlines      trace_marker
buffer_size_kb             saved_cmdlines_size trace_marker_raw
buffer_total_size_kb       saved_tgids         trace_options
current_tracer             set_event           trace_pipe
dyn_ftrace_total_info      set_event_pid       tracing_cpumask
enabled_functions          set_ftrace_filter   tracing_max_latency
events                     set_ftrace_notrace  tracing_on
free_buffer                set_ftrace_pid      tracing_thresh
instances                  set_graph_function  uprobe_events
max_graph_depth            set_graph_notrace   uprobe_profile
```

/sys/kernel/debug/tracing 디렉터리에 수많은 파일이 있지만 정작 자주 사용하는 파일은 많지 않습니다. 먼저 ftrace를 설정하는 방법을 통해 위 디렉터리에 있는 파일이 어떤 기능을 수행하는지 확인해보겠습니다.

ftrace 설정

먼저 ftrace를 설정하는 방법을 설명하겠습니다. 이 책에서는 다음과 같은 셸 스크립트를 실행해 ftrace를 빨리 설정하겠습니다. 다음 셸 스크립트 코드를 보면서 ftrace 세부 설정 방법을 소개합니다.

```
01 #!/bin/bash
02
```

```
03 echo 0 > /sys/kernel/debug/tracing/tracing_on
04 sleep 1
05 echo "tracing_off"
06
07 echo 0 > /sys/kernel/debug/tracing/events/enable
08 sleep 1
09 echo "events disabled"
10
11 echo  secondary_start_kernel  > /sys/kernel/debug/tracing/set_ftrace_filter
12 sleep 1
13 echo "set_ftrace_filter init"
14
15 echo function > /sys/kernel/debug/tracing/current_tracer
16 sleep 1
17 echo "function tracer enabled"
18
19 echo 1 > /sys/kernel/debug/tracing/events/sched/sched_wakeup/enable
20 echo 1 > /sys/kernel/debug/tracing/events/sched/sched_switch/enable
21
22 echo 1 > /sys/kernel/debug/tracing/events/irq/irq_handler_entry/enable
23 echo 1 > /sys/kernel/debug/tracing/events/irq/irq_handler_exit/enable
24
25 echo 1 > /sys/kernel/debug/tracing/events/raw_syscalls/enable
26 sleep 1
27 echo "event enabled"
28
29 echo  schedule ttwu_do_wakeup > /sys/kernel/debug/tracing/set_ftrace_filter
30
31 sleep 1
32 echo "set_ftrace_filter enabled"
33
34 echo 1 > /sys/kernel/debug/tracing/options/func_stack_trace
35 echo 1 > /sys/kernel/debug/tracing/options/sym-offset
36 echo "function stack trace enabled"
37
38 echo 1 > /sys/kernel/debug/tracing/tracing_on
39 echo "tracing_on"
```

먼저 각 명령어 다음에 보이는 "sleep 1"은 무엇일까요? 바로 **1초 동안 딜레이를 주는 동작입니다.** ftrace 설정 명령어를 입력하면 커널 내부에서 ftrace를 설정하는 함수가 실행됩니다. 이때 ftrace 설정 명령어를 커널 내에서 충분히 수행할 만한 시간을 확보하기 위해 딜레이를 주는 것입니다.

 앞의 ftrace 설정 스크립트는 필자가 라즈베리 파이에서 실행해 정상적으로 동작하는 것을 확인했습니다. 만약 코드 순서가 바뀌면 시스템이 멈추거나 크래시가 발생할 수 있으니 주의합시다.

tracing_on: 트레이서 활성화/비활성화하기

ftrace를 활성화/비활성화하려면 tracing_on 파일을 설정해야 합니다. tracing_on은 부팅 후 기본적으로 0으로 설정돼 있습니다.

3~38번째 줄 코드를 보겠습니다.

```
03 echo 0 > /sys/kernel/debug/tracing/tracing_on
...
38 echo 1 > /sys/kernel/debug/tracing/tracing_on
```

먼저 3번째 줄 코드를 보면 /sys/kernel/debug/tracing/tracing_on 파일에 0을 저장합니다. 이는 ftrace 를 비활성화하는 동작입니다. 반대로 38번째 줄 코드와 같이 /sys/kernel/debug/tracing/tracing_on 파일에 1을 저장하면 ftrace를 활성화할 수 있습니다. 정리하면 tracing_on은 ftrace를 활성화하거나 비활성화하기 위해 설정해야 하는 파일입니다.

tracer 설정

ftrace는 nop, function, function_graph 같은 트레이서를 제공합니다. ftrace에서 다양한 트레이서를 제공하는데, 중요한 부분만 추려 소개하면 다음과 같습니다.

- nop: 기본 트레이서입니다. ftrace 이벤트만 출력합니다.
- function: 함수 트레이서입니다. set_ftrace_filter로 지정한 함수를 누가 호출하는지 출력합니다.
- function_graph: 함수 실행 시간과 세부 호출 정보를 그래프 포맷으로 출력합니다.

트레이서를 설정하려면 다음과 같이 current_tracer 파일에 트레이서의 이름을 저장해야 합니다.

```
15 echo function > /sys/kernel/debug/tracing/current_tracer
```

참고로 라즈베리 파이가 부팅되면 current_tracer 파일에 기본적으로 nop 트레이서가 설정돼 있습니다.

ftrace 이벤트 설정

ftrace에서는 커널을 구성하는 서브시스템과 기능별로 세부 동작을 출력하는 기능을 지원합니다. 이를 이벤트라고 합니다.

셸 스크립트 코드를 보면서 이벤트를 설정하는 방법을 알아봅시다. 먼저 다음은 ftrace 이벤트를 모두 비활성화하는 코드입니다.

```
07 echo 0 > /sys/kernel/debug/tracing/events/enable
```

다음 코드를 보겠습니다.

```
19 echo 1 > /sys/kernel/debug/tracing/events/sched/sched_wakeup/enable
20 echo 1 > /sys/kernel/debug/tracing/events/sched/sched_switch/enable
...
22 echo 1 > /sys/kernel/debug/tracing/events/irq/irq_handler_entry/enable
23 echo 1 > /sys/kernel/debug/tracing/events/irq/irq_handler_exit/enable
```

19~20번째 줄 코드를 실행하면 스케줄링 동작을 기록하는 sched_wakeup, sched_switch 이벤트를 활성화합니다. 이어서 22~23번째 줄은 인터럽트 핸들링의 시작과 종료 시점을 기록하는 irq_handler_entry, irq_handler_exit 이벤트를 활성화하는 설정 코드입니다.

ftrace 이벤트의 종류에 대해서는 다음 절에서 살펴보겠습니다.

필터 설정: set_ftrace_filter

set_ftrace_filter 파일에 트레이싱하고 싶은 함수를 지정합니다. set_ftrace_filter는 현재 트레이서를 function_graph와 function으로 설정할 경우 작동하는 파일입니다. 이 파일에 디버깅하고 싶은 함수의 이름을 지정하면 됩니다. 이를 가리켜 함수 필터를 지정한다고 표현합니다. 그런데 여기서 주의해야 할 점이 있습니다.

리눅스 커널에 존재하는 모든 함수를 필터로 지정할 수는 없고 available_filter_functions 파일에 포함된 함수만 지정할 수 있다는 것입니다. 라즈베리 파이에서 available_filter_functions 파일에 없는 함수를 set_ftrace_filter 파일에 지정하면 시스템은 락업됩니다. 이 점에 주의합시다. 참고로 available_filter_functions 파일의 위치는 '/sys/kernel/debug/tracing/available_filter_functions'입니다.

락업은 실전 개발에서 사용하는 용어로 시스템이 아무런 반응을 하지 않는 상황을 의미합니다. 예를 들어, 라즈베리 파이가 락업되면 화면은 가만히 멈춰 있고 마우스나 키보드를 움직여도 아무런 반응을 하지 않습니다.

ftrace에서 함수 필터를 설정하는 방법을 다음 코드를 보면서 알아보겠습니다.

```
11 echo  secondary_start_kernel  > /sys/kernel/debug/tracing/set_ftrace_filter
...
29 echo  schedule ttwu_do_wakeup > /sys/kernel/debug/tracing/set_ftrace_filter
```

11번째 줄에서는 secondary_start_kernel() 함수를 필터로 설정합니다. 사실 secondary_start_kernel() 함수는 부팅 도중 한 번 호출됩니다. 더미로 secondary_start_kernel() 함수를 필터로 설정하는 것입니다.

반복해서 설명하지만 현재 트레이서를 function_graph와 function으로 설정할 경우 set_ftrace_filter에 지정한 함수를 트레이싱합니다. 그런데 11번째 줄 코드를 실행하지 않고 set_ftrace_filter 필터를 설정하지 않으면 어떻게 동작할까요? set_ftrace_filter 파일에 필터로 함수를 지정하지 않으면 모든 커널 내부의 함수를 트레이싱합니다. 즉, 시스템이 수많은 커널 함수를 트레이싱하다가 결국 락업 상태에 빠지게 됩니다. 이런 상황을 방지하려는 코드입니다.

 라즈베리 파이에서 set_ftrace_filter 파일에 필터로 함수를 지정하지 않으면 시스템이 100% 락업된다는 데 주의합시다.

실제 함수 필터를 거는 부분은 29번째 줄의 코드입니다. 29번째 줄에서는 schedule() 함수와 ttwu_do_wakeup() 함수를 필터로 지정합니다.

```
29 echo  schedule ttwu_do_wakeup > /sys/kernel/debug/tracing/set_ftrace_filter
```

이 책에서는 set_ftrace_filter 기능을 활용해 커널 함수의 콜 스택을 분석합니다.

options 하위 폴더에 추가로 ftrace를 설정하는 파일이 있습니다. 34번째 줄을 봅시다.

```
34 echo 1 > /sys/kernel/debug/tracing/options/func_stack_trace
```

options/func_stack_trace 파일을 1로 설정하면 ftrace를 통해 콜 스택을 볼 수 있습니다. 즉, set_ftrace_filter 파일에 필터로 지정된 함수의 콜 스택을 기록합니다. options/func_stack_trace를 설정하기 전에 current_tracer는 function으로 지정돼 있어야 합니다.

이어서 34번째 줄을 보겠습니다.

```
35 echo 1 > /sys/kernel/debug/tracing/options/sym-offset
```

ftrace에서 콜 스택을 출력할 때 포맷을 지정합니다. 함수를 호출할 때 주소의 오프셋을 출력합니다. 다음은 options/sym-offset 옵션을 활성화했을 때 출력되는 함수의 정보입니다.

```
01 lxterminal-840 [001] .... 8632.128798: schedule+0x10/0xa8
<-schedule_hrtimeout_range_clock+0xd8/0x14c
02 lxterminal-840 [001] .... 8632.128816: <stack trace>
03 => poll_schedule_timeout+0x54/0x84
04 => do_sys_poll+0x3d8/0x500
05 => sys_poll+0x74/0x114
06 => __sys_trace_return+0x0/0x10
```

 위 로그에서 함수 호출 방향은 6번째 줄에서 3번째 줄 방향입니다.

3~6번째 줄의 로그와 같이 함수명 오른쪽에 16진수 형태의 숫자가 보입니다. 함수를 호출한 주소를 함수 시작 주소를 기준으로 출력합니다.

```
03 => poll_schedule_timeout+0x54/0x84
04 => do_sys_poll+0x3d8/0x500
```

이것은 4번째 줄의 do_sys_poll() 함수의 시작 주소에서 0x3d8 오프셋만큼 떨어진 주소에서 poll_schedule_timeout() 함수를 호출한다는 의미입니다. 나머지 함수도 같은 의미로 해석하면 됩니다.

추가 설정 파일

다음으로 추가 설정 파일을 간략하게 소개하겠습니다.

- buffer_size_kb
  ftrace 로그의 버퍼 크기이며, 킬로바이트 단위입니다. ftrace 로그를 더 많이 저장하고 싶을 때 설정합니다.

- available_filter_functions

  트레이싱할 수 있는 함수 목록을 저장한 파일입니다. 리눅스 드라이버나 커널에 새로운 함수를 새로 구현했으면 이 파일에 새롭게 작성한 함수의 이름을 볼 수 있습니다.

- events

  ftrace에서 제공하는 이벤트의 종류를 알 수 있는 디렉터리입니다. 수많은 이벤트 중 가장 대표적인 부분만 추려서 소개하겠습니다.

  - sched

    프로세스가 스케줄링되는 동작과 스케줄링 프로파일링을 트레이싱하는 이벤트를 볼 수 있습니다.

    - sched_switch: 컨텍스트 스위칭 동작

    - sched_wakeup: 프로세스를 깨우는 동작

  - irq

    인터럽트와 Soft IRQ를 트레이싱하는 이벤트들이 있습니다.

    - irq_handler_entry: 인터럽트가 발생한 시각과 인터럽트 번호 및 이름을 출력

    - irq_handler_exit: 인터럽트 핸들링이 완료

    - softirq_raise: Soft IRQ 서비스 실행 요청

    - softirq_entry: Soft IRQ 서비스 실행 시작

    - softirq_exit: Soft IRQ 서비스 실행 완료

이 책의 모든 장에서는 ftrace 이벤트를 설정해 커널 디버깅 실습을 진행합니다. 이번 절에서는 ftrace 이벤트를 설정하는 패턴에 초점을 맞춥니다.

이어지는 절에서는 ftrace 메시지를 분석하는 방법을 소개합니다.

3.4.3 ftrace 메시지는 어떻게 분석할까?

ftrace를 제대로 활용하려면 먼저 ftrace 메시지를 읽고 해석하는 방법을 알아야 합니다. 다시 강조하지만 ftrace는 커널 동작을 세부 로그로 출력하기 때문에 임베디드 리눅스 개발자에게 축복과도 같습니다.

먼저 ftrace 이벤트에서 가장 많이 활용하는 sched_switch, sched_wakeup, irq_handler_entry, irq_handler_exit 이벤트를 해석하는 방법을 살펴보겠습니다.

먼저 ftrace 로그를 하나 소개합니다.

```
chromium-browse-1436  [002] d...  9445.131875: sched_switch: prev_comm=chromium-browse
prev_pid=1436 prev_prio=120 prev_state=S ==> next_comm=kworker/2:3 next_pid=1454 next_prio=120
```

위 ftrace는 sched_switch 이벤트의 로그입니다. sched_switch 이벤트의 메시지를 분석하기에 앞서 ftrace의 공통 포맷을 살펴보겠습니다.

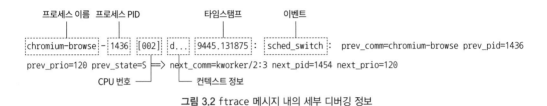

그림 3.2 ftrace 메시지 내의 세부 디버깅 정보

ftrace 메시지에서 맨 왼쪽에서 ftrace를 출력하는 프로세스의 정보를 볼 수 있습니다. "프로세스이름-[pid]" 형식입니다. 즉, **위 로그에서는 pid가 1436인 chromium-browse 프로세스가 실행 중입니다.**

다음의 "[002]"는 CPU 번호입니다. 현재 몇 번째 CPU에서 프로세스가 실행 중인지 나타내며, 위 ftrace 메시지를 통해 2번 CPU에서 실행 중이라는 사실을 알 수 있습니다.

이어서 ftrace 메시지에서 출력하는 컨텍스트 정보를 해석하는 방법을 알아보겠습니다. **ftrace에서 컨텍스트 정보는 어디서 확인할까요?**

그림 3.2에서 "컨텍스트 정보"라고 표기된 부분을 보면 "d..."으로 알파벳이 적혀 있습니다. 별거 아닌 것처럼 보여도 이는 ftrace에서 눈여겨봐야 할 중요 정보이며 다음과 같은 내용이 이곳에 출력됩니다.

- 인터럽트 활성화/비활성화 여부
- 선점 스케줄링 설정 여부
- 인터럽트 컨텍스트나 Soft IRQ 컨텍스트 여부
- 프로세스의 thread_info 구조체의 preempt_count 값

세부 컨텍스트 정보는 ftrace 메시지에서 항상 출력되며 4개의 알파벳으로 출력됩니다.

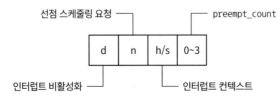

그림 3.3 ftrace 메시지에서 세부 컨텍스트 정보 파악하기

프로세스 컨텍스트의 세부 정보를 표현하는 알파벳의 의미는 다음과 같습니다.

- d: 해당 CPU 라인의 인터럽트를 비활성화한 상태입니다.

- n: 현재 프로세스가 선점 스케줄링될 수 있는 상태입니다.

- h/s: h이면 인터럽트 컨텍스트, s이면 Soft IRQ 컨텍스트입니다.

- 0~3: 프로세스의 thread_info 구조체의 preempt_count 필드값입니다.

세부 항목이 활성화돼 있지 않으면 "."을 출력합니다.

다른 ftrace 메시지를 보면서 세부 컨텍스트 정보를 확인해 보겠습니다.

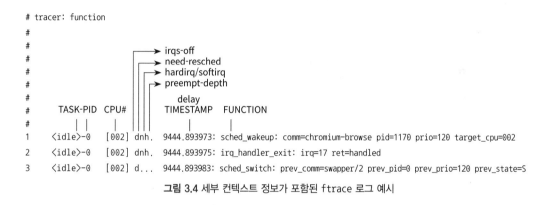

그림 3.4 세부 컨텍스트 정보가 포함된 ftrace 로그 예시

1~2번째 ftrace 메시지에서 세부 컨텍스트는 "dnh."입니다.

```
01 <idle>-0 [002] dnh.  9444.893973: sched_wakeup: comm=chromium-browse pid=1170 prio=120
target_cpu=002
02 <idle>-0 [002] dnh.  9444.893975: irq_handler_exit: irq=17 ret=handled
```

"dnh."을 해석하면 인터럽트 비활성화, 선점 스케줄링 대상, 인터럽트 컨텍스트인 상태입니다.

다음 3번째 줄의 메시지를 보겠습니다.

```
03 <idle>-0 [002] d...  9444.893983: sched_switch: prev_comm=swapper/2 prev_pid=0 prev_prio=120
prev_state=S
```

"d..."이니 인터럽트만 비활성화한 상태입니다.

다음으로 소개할 ftrace 공통 포맷은 타임스탬프입니다.

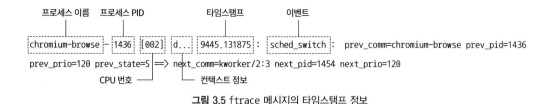

그림 3.5 ftrace 메시지의 타임스탬프 정보

이 ftrace 메시지에서 타임스탬프는 9445.131875입니다. 커널 로그에서 출력하는 타임스탬프와 같은 시간 정보입니다. 마지막으로 sched_switch는 이벤트 이름입니다.

ftrace 이벤트 분석하기

이어서 ftrace 중에서 가장 많이 쓰는 아래의 두 가지 이벤트를 분석하는 방법을 소개합니다.

- sched_switch
- irq_handler_entry/irq_handler_exit

먼저 sched_switch 이벤트를 분석하는 방법을 소개합니다. sched_switch 메시지의 세부 내용은 다음과 같습니다.

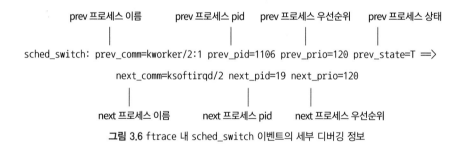

그림 3.6 ftrace 내 sched_switch 이벤트의 세부 디버깅 정보

다음 메시지는 스케줄링될 프로세스 정보입니다.

```
prev_comm=kworker/2:1 prev_pid=1106 prev_prio=120 prev_state=T
```

prev 프로세스의 PID는 1106이고 이름은 "kworker/2:1"입니다. 프로세스의 우선순위는 120이고 프로세스 상태는 T입니다.

다음 메시지는 스케줄링 동작으로 다음에 실행될 프로세스입니다.

```
next_comm=ksoftirqd/2 next_pid=19 next_prio=120
```

프로세스 이름은 "ksoftirqd/2"이고 PID는 19입니다. 또한 프로세스의 우선순위는 120입니다.

위 정보를 토대로 ftrace 로그를 해석하면 다음과 같습니다.

"kworker/2:1" 프로세스에서 "ksoftirqd/2" 프로세스로 스케줄링하는 동작을 출력합니다.

이어서 irq_handler_entry와 irq_handler_exit 이벤트 메시지를 해석하는 방법을 배워봅시다.

```
01 kworker/0:1-31 [000] d.h. 592.790968: irq=17 name=3f00b880.mailbox
02 kworker/0:1-31 [000] d.h. 592.791016: irq_handler_exit: irq=17 ret=handled
```

먼저 ftrace 메시지에서 공통으로 볼 수 있는 실행 정보를 확인하겠습니다.

ftrace 메시지를 볼 때 맨 왼쪽에 보이는 메시지는 ftrace 로그를 출력하는 프로세스 정보입니다. 1번째 줄의 메시지는 다음과 같이 해석할 수 있습니다.

pid가 31인 kworker/0:1 프로세스가 실행되는 도중 17번 인터럽트가 발생했습니다.

이어서 추가 디버깅 정보를 확인해볼까요?

- [000]: CPU0에서 실행 중
- "d.h.": d이므로 CPU0번 인터럽트 라인을 비활성화했으며, h이므로 현재 인터럽트 컨텍스트임

이어서 2번째 줄의 메시지를 보겠습니다.

```
02 kworker/0:1-31 [000] d.h. 592.791016: irq_handler_exit: irq=17 ret=handled
```

17번 인터럽트 핸들러의 실행을 마무리했다는 정보입니다. 1~2번째 줄의 로그에 보이는 디버깅 정보를 토대로 다음과 같이 해석할 수 있습니다.

17번 "3f00b880.mailbox" 인터럽트 핸들러를 592.790968초에 실행하고 592.791016초에 마무리했다.

irq_handler_entry 이벤트의 출력 시점은 다음과 같습니다.

- irq_handler_entry: 인터럽트 핸들러를 실행하기 직전에 출력
- irq_handler_exit: 인터럽트 핸들러 실행을 마무리한 직후 출력

3.4.4 ftrace 로그는 어떻게 추출할까?

이전 절에서는 ftrace를 설정하는 방법을 알아봤습니다. 이어서 ftrace 로그를 라즈베리 파이에서 추출하는 방법을 소개합니다.

다음은 ftrace 로그를 라즈비안 시스템에서 안전하게 추출하기 위한 셸 스크립트 코드입니다.

```bash
#!/bin/bash
echo 0 > /sys/kernel/debug/tracing/tracing_on
echo "ftrace off"
sleep 3
cp /sys/kernel/debug/tracing/trace .
mv trace ftrace_log.c
```

위 코드를 get_ftrace.sh라는 이름으로 저장해놓고 ftrace 로그를 받을 때 다음 명령어를 실행합시다.

```
root@raspberrypi:/home/pi#./get_ftrace.sh
```

get_ftrace.sh 셸 스크립트를 실행하면 같은 폴더에 ftrace 로그가 담긴 ftrace_log.c라는 파일이 생성되는 것을 확인할 수 있습니다.

이 책의 모든 장에서는 ftrace 로그를 통해 커널의 세부 동작을 디버깅해보는 실습을 진행합니다. 이 과정에서 ftrace 로그를 추출하는 'get_ftrace.sh' 스크립트를 자주 활용하니 잘 알아둡시다.

3.4.5 ftrace는 커널 코드 분석의 안내자

ftrace 메시지는 텍스트 포맷이라서 많은 분들이 해석하기 어렵다고 불평합니다. 필자도 그래픽 형태로 ftrace 정보를 출력하면 좋겠다는 생각도 했습니다. 하지만 ftrace 메시지는 바로 커널 코드 분석의 안내자일 수 있습니다. **바로 ftrace 이벤트의 이름으로 커널 내부의 어떤 소스코드에서 이벤트를 출력하는지 알 수 있기 때문입니다.**

실제로 각 이벤트별 ftrace를 출력하는 함수의 이름은 다음과 같은 형식을 띕니다.

```
"trace_" + "ftrace_event_name"
```

각 이벤트별 출력 함수를 다음 표에서 볼 수 있습니다.

표 3.1 각 이벤트를 출력하는 함수 목록

ftrace 이벤트	출력 함수
sched_switch	trace_sched_switch
irq_handler_entry	trace_irq_handler_entry
irq_handler_exit	trace_irq_handler_exit

sched_switch 이벤트는 trace_sched_switch() 함수가 실행될 때 프로세스가 스케줄링되는 정보를 출력합니다. irq_handler_entry 이벤트는 trace_irq_handler_entry() 함수가 호출될 때 인터럽트 핸들러가 실행되기 직전에 인터럽트 이름과 번호를 출력합니다. 또한 irq_handler_exit 이벤트는 trace_irq_handler_exit() 함수가 실행될 때 인터럽트 핸들러 처리가 끝났다는 정보를 출력합니다.

먼저 sched_switch ftrace 이벤트를 출력하는 코드를 검색하는 방법을 알아보겠습니다. 리눅스 커널 코드에서 다음 명령어를 입력해 trace_sched_switch 키워드로 검색해 봅시다. 검색 결과로 다음과 같이 kernel/sched/core.c 함수의 3380번째 줄이 출력됩니다.

```
root@raspberrypi:/home/pi/rpi_kernel_src/linux# egrep -nr trace_sched_switch *
kernel/sched/core.c:3380:                 trace_sched_switch(preempt, prev, next);
```

해당 코드를 열어 보겠습니다.

kernel/sched/core.c

```
3295 static void __sched notrace __schedule(bool preempt)
3296 {
3297     struct task_struct *prev, *next;
3298     unsigned long *switch_count;
...
3360     if (likely(prev != next)) {
3361         rq->nr_switches++;
3362         rq->curr = next;
...
3378         ++*switch_count;
3379
3380         trace_sched_switch(preempt, prev, next);
3381
3382         /* Also unlocks the rq: */
```

```
3383         rq = context_switch(rq, prev, next, &rf);
3384    } else {
3385         rq->clock_update_flags &= ~(RQCF_ACT_SKIP|RQCF_REQ_SKIP);
3386         rq_unlock_irq(rq, &rf);
3387    }
```

sched_switch 이벤트는 __schedule() 함수의 3380번째 줄에서 '프로세스가 스케줄링하는 동작'을 출력한다는 사실을 알 수 있습니다. 이를 통해 컨텍스트 스위칭은 __schedule() 함수에서 context_switch() 코드를 실행할 때 수행된다는 사실을 알 수 있습니다.

이번에는 irq_handler_entry와 irq_handler_exit 이벤트 메시지를 어느 커널 코드에서 출력하는지 살펴봅시다.

ftrace 이벤트를 출력하는 함수 이름 규칙에 따라 irq_handler_entry 이벤트의 이름 앞에 trace_를 붙여 소스코드를 검색해 봅시다. 검색 결과, __handle_irq_event_percpu() 함수에서 trace_irq_handler_entry() 함수와 trace_irq_handler_exit() 함수를 호출합니다. 해당 코드를 열어 보겠습니다.

https://github.com/raspberrypi/linux/blob/rpi-4.19.y/kernel/irq/handle.c

```
01 irqreturn_t __handle_irq_event_percpu(struct irq_desc *desc, unsigned int *flags)
02 {
...
03     for_each_action_of_desc(desc, action) {
04             irqreturn_t res;
05
06             trace_irq_handler_entry(irq, action);
07             res = action->handler(irq, action->dev_id);
08             trace_irq_handler_exit(irq, action, res);
```

 7번째 줄의 코드는 인터럽트 핸들러를 호출한다는 점을 기억합시다.

6번째 줄에서는 인터럽트 핸들러를 호출하기 직전 trace_irq_handler_entry() 함수를 호출해 irq_handler_entry 이벤트를 통해 인터럽트 정보를 출력합니다.

8번째 줄에서는 인터럽트 핸들러의 실행을 종료한 후 바로 trace_irq_handler_exit() 함수를 호출해 irq_handler_exit 이벤트로 인터럽트 핸들러 처리가 끝났음을 알려줍니다.

이번 절에서는 3가지 ftrace의 이벤트가 커널의 어느 코드에서 어떤 규칙으로 '커널의 세부 동작'을 출력하는지 살펴봤습니다. 그런데 이번 절에서 소개한 3가지 ftrace 이벤트 외에도 커널을 구성하는 각 기능(서브시스템)별로 정의한 ftrace 이벤트를 통해 '커널의 세부 동작'을 분석할 수 있습니다. ftrace 이벤트에서 출력되는 메시지를 이해하면서 해당 정보를 출력하는 커널의 코드를 함께 분석하면 커널 함수와 자료구조를 더 빨리 익힐 수 있습니다.

3.5 임베디드 디버거의 전설 TRACE32

TRACE32(T32)는 임베디드 소프트웨어에서 많이 사용되는 전설적인 디버깅 프로그램입니다. 다른 RTOS 개발에도 활용도가 높은 디버깅 프로그램으로서 대부분의 임베디드 개발자는 TRACE32를 사용할 줄 알고, 많은 고수 개발자들은 TRACE32를 잘 다룹니다. 실전 개발에서 활용도가 높으니 잘 알아 둘 필요가 있습니다.

 TRACE32는 여러 가지 강력한 디버깅 기능과 다양한 명령어를 지원합니다. 자세한 내용은 이 책의 범위를 넘어서므로 다루지 않습니다.

이 책에서는 TRACE32의 시뮬레이터 기능을 활용해 커널 자료구조를 소개합니다. TRACE32 시뮬레이터로 라즈베리 파이의 커널 이미지를 올려서 본 디버깅 정보를 TRACE32의 기본 명령어와 함께 소개합니다.

섹션 정보 보기

먼저 TRACE32 명령어 창에서 "symbol.list.section" 명령어를 입력하면 섹션 정보를 볼 수 있습니다.

```
_____address_____|path\section_____|acc|init|physical
P:80008000--8000826B|\\vmlinux\.head.text          |R-X|L- |
P:80100000--8078B3E3|\\vmlinux\.text               |R-X|L- |
P:8078B3E4--8078B3FF|\\vmlinux\.fixup              |R-X|L- |
D:80800000--809D288F|\\vmlinux\.rodata             |RW-|L- |
D:809D2890--809DA7C7|\\vmlinux\__ksymtab           |R--|L- |
D:809DA7C8--809E1AC7|\\vmlinux\__ksymtab_gpl       |R--|L- |
D:809E1AC8--809E5A63|\\vmlinux\__kcrctab           |R--|L- |
D:809E5A64--809E93E3|\\vmlinux\__kcrctab_gpl       |R--|L- |
D:809E93E4--80A0D5C3|\\vmlinux\__ksymtab_strings   |R--|L- |
```

```
D:80A0D5C4--80A0EA3B|\\vmlinux\__param                      |R--|L- |
D:80A0EA3C--80A0EFFF|\\vmlinux\__modver                     |R--|L- |
D:80A0F000--80A0FE47|\\vmlinux\__ex_table                   |R--|L- |
D:80A0FE48--80A4984F|\\vmlinux\.ARM.unwind_idx              |R--|L- |
...
D:80B84000--80B8D73F|\\vmlinux\.data..percpu                |RW-|L- |
D:80C00000--80C8BA43|\\vmlinux\.data                        |RW-|L- |
D:80C8C000--80C8CFFF|\\vmlinux\.data..page_aligned          |RW-|L- |
D:80C8D000--80C92F3F|\\vmlinux\__bug_table                  |RW-|L- |
D:80C92F40--80D434B3|\\vmlinux\.bss                         |RW-|-- |
P:FFFF0000--FFFF001F|\\vmlinux\.vectors                     |R-X|L- |
P:FFFF1000--FFFF12BF|\\vmlinux\.stubs                       |R-X|L- |
```

위 섹션 정보를 참고해 주소별 속성 정보를 파악할 수 있습니다.

주소로 코드 정보 파악

"symbol.list.line [주소]" 명령어로 주소를 입력하면 주소에 해당하는 코드의 위치를 알 수 있습니다. 예를 들어, "symbol.list.line 0x80783a78"을 입력하면 다음과 같은 결과를 확인할 수 있습니다.

```
_____address_____|module_____|source_____|
line_____|offset_____|
P:80783A78--80783A8F|\\vmlinux\sched/core |.c\rasp_kernel\linux\kernel\sched
\core.c|\3400--3408 |     n.f.          |.ux\sched/core\schedule+0x24
```

여기서 0x80783a78 주소는 kernel\sched\core.c의 3400번째 줄에 있는 코드입니다.

전역 변수 확인

"var.view [전역 변수 이름]" 명령어를 입력하면 전역 변수를 볼 수 있습니다. 다음은 "var.view %l %t init_thread_union" 명령어를 실행한 결과입니다.

```
(static union thread_union) [D:0x80C00000] init_thread_union = (
  (struct thread_info) [D:0x80C00000] thread_info = (
    (long unsigned int) [D:0x80C00000] flags = 0,
    (int) [D:0x80C00004] preempt_count = 1,
    (mm_segment_t) [D:0x80C00008] addr_limit = 0,
    (struct task_struct *) [D:0x80C0000C] task = 0x80C06C80,
```

```
    (__u32) [D:0x80C00010] cpu = 0,
    (__u32) [D:0x80C00014] cpu_domain = 0,
```

var.view 명령어를 입력할 때 %1 옵션을 지정하면 필드별 주소 정보를, %t를 지정하면 필드 타입을 출력
합니다.

구조체를 주소로 캐스팅

다음과 같은 형식의 명령어를 실행하면 어떤 주소든 지정한 구조체로 캐스팅할 수 있습니다.

```
 var.view %1 %t (struct 구조체_이름*)주소
```

var.view 명령어에 %1 인자를 지정하면 구조체를 구성하는 각 필드별 주소를 출력합니다. 또한 %t 인자
를 지정하면 필드의 타입이 표시됩니다.

앞의 예제에서 init_thread_union 전역변수의 주소는 0x80C00000이고 타입은 struct thread_info였습니
다. 따라서 다음 명령어를 입력해 결과를 확인해 봅시다.

```
 var.view %1 %t (struct thread_info*)0x80C00000
```

예상대로 같은 결과를 출력합니다.

```
01  (struct thread_info *) [-] (struct thread_info*)0x80C00000 = 0x80C00000 -> (
02    (long unsigned int) [D:0x80C00000] flags = 0,
03    (int) [D:0x80C00004] preempt_count = 1,
04    (mm_segment_t) [D:0x80C00008] addr_limit = 0,
05    (struct task_struct *) [D:0x80C0000C] task = 0x80C06C80,
06    (__u32) [D:0x80C00010] cpu = 0,
07    (__u32) [D:0x80C00014] cpu_domain = 0,
```

먼저 2번째 줄을 보겠습니다. thread_info 구조체의 첫 번째 필드인 flags 필드는 long unsigned int 타
입이고 주소는 0x80C00000입니다. 5번째 줄을 보면 task 필드의 타입은 struct task_struct이며 주소는
0x80C0000C입니다.

어셈블리 코드 보기

"data.list 주소" 형식으로 명령어를 입력하면 주소에 해당하는 어셈블리 코드를 볼 수 있습니다. 다음은 "data.list 0x80783a78"을 입력했을 때의 결과 화면입니다.

```
___addr/line|code_____|label____|mnemonic_____|comment
NSR:80783A78|E5932000      ldr      r2,[r3]
NSR:80783A7C|E3520000      cmp      r2,#0x0              ; r2,#0
NSR:80783A80|0A000002      beq      0x80783A90
NSR:80783A84|E5932558      ldr      r2,[r3,#0x558]
```

출력 결과와 같이 0x80783a78 주소에 해당하는 어셈블리 코드를 볼 수 있습니다.

이 책의 주제는 리눅스 커널이므로 TRACE32의 기초적인 명령어를 활용해 커널의 자료구조를 분석합니다. 이 밖에도 TRACE32는 매우 강력한 디버깅 기능을 지원하므로 임베디드 리눅스 개발에서 굉장히 자주 활용되는 프로그램입니다. 따라서 TRACE32는 잘 익혀두면 여러모로 도움이 될 것입니다.

TRACE32에 대한 다음과 같은 신문 기사를 소개합니다.

출처: https://www.zdnet.co.kr/view/?no=20190409144249

> TRACE32는 세계 시장점유율 1위 디버깅 툴로서 독일 라우터바흐에서 1979년에 출시됐다. 다양한 최신 개발환경을 지원할 뿐만 아니라 퀄컴, 인텔, 인피니언 등 세계 주요 칩 벤더와 솔루션 업체들로부터 안정성과 신뢰성이 검증된 개발도구다. 시스템온칩(SoC)을 개발하는 단계부터 제품 검증, 최종 양산 단계까지 전체 개발 프로세스에서 사용 가능해 개발 기간의 단축과 효율성을 높여주는 개발도구다.

TRACE32에 대한 추가 자료(교육 과정, 디버깅 자료)는 다음 웹사이트에서 확인할 수 있습니다.

- https://www.trace32.com/

3.6 커널 디버깅용 Debugfs 드라이버 코드

지금까지 커널 디버깅 방법을 소개했습니다. 즉, 리눅스 커널 코드를 수정해서 ftrace나 커널 로그를 받아 분석하는 과정을 다뤘습니다. 그런데 리눅스 드라이버를 처음 접하거나 커널에 익숙하지 않은 분들은 커널 코드를 수정하는 것이 낯설게 느껴질 것입니다. 필자도 처음 커널 코드를 수정할 때 **"코드를 잘못 입력해서 커널이 오동작하면 어떻게 하지?"** 같은 걱정을 했습니다.

사실 실수로 커널 코드를 잘못 입력하면 시스템이 오동작할 수 있습니다. 아예 라즈베리 파이가 부팅을 못할 수도 있습니다. 필자도 실수로 커널 코드를 잘못 수정한 후 컴파일한 적이 있습니다. 그 결과, 라즈베리 파이가 부팅되지 않았습니다. 처음 이런 상황을 겪으니 조금 당황스러웠습니다.

임베디드 리눅스 개발자는 코드를 수정한 다음 커널 부팅이 안 되는 상황을 종종 겪습니다. 하지만 그리 당황하지는 않습니다. 실전 개발에서는 각자 개발 환경에서 제공하는 응급 다운로드 프로그램을 사용해 백업한 커널 이미지를 내려받을 수 있습니다. 하지만 라즈베리 파이로 리눅스를 처음 접하는 분의 상황은 다릅니다. 커널 코드를 수정한 라즈베리 파이가 부팅하지 못하면 적잖이 당황하게 됩니다. 물론 라즈베리 파이를 다시 설치하면 되지만 시간이 더 오래 걸릴 수 있습니다.

그래서 이번 시간에는 수정한 커널 코드가 특정 조건에서만 동작하도록 도와주는 간단한 debugfs 드라이버 코드를 소개합니다. 이번에 소개하는 코드를 활용하면 훨씬 편한 마음으로 커널 로그를 수정 후 빌드할 수 있습니다.

rpi_debugfs 소스코드

우선 코드 구현부는 다음과 같습니다.

```
/* (C) 2019 Austin Kim <austindh.kim@gmail>
 *
 * This program is free software; you can redistribute it and/or modify
 * it under the terms of the GNU General Public License version 2 as
 * published by the Free Software Foundation.
 *
 * Author:
 * Austin Kim <austindh.kim@gmail>
 */
#include <linux/module.h>
#include <linux/moduleparam.h>
#include <linux/platform_device.h>
#include <linux/io.h>
#include <linux/init.h>
#include <linux/memblock.h>
#include <linux/slab.h>
#include <linux/of.h>
#include <linux/of_address.h>
#include <linux/cpu.h>
```

```
#include <linux/delay.h>
#include <asm/setup.h>
#include <linux/input.h>
#include <linux/debugfs.h>
#include <linux/timer.h>
#include <linux/workqueue.h>
#include <linux/mutex.h>
#include <linux/slub_def.h>
#include <linux/uaccess.h>
#include <asm/memory.h>

uint32_t raspbian_debug_state = 0x1000;
static struct dentry *rpi_kernel_debug_debugfs_root;

static int rpi_kernel_debug_stat_get(void *data, u64 *val)
{
    printk("===[%s][L:%d][val:%d]===\n", __func__, __LINE__, raspbian_debug_state);
    *val = raspbian_debug_state;


    return 0;
}

static int rpi_kernel_debug_stat_set(void *data, u64 val)
{
    raspbian_debug_state = (uint32_t)val;

    printk("[rpi] [%s][L:%d], raspbian_debug_state[%lu],value[%lu]===\n",
                            __func__, __LINE__, (long unsigned int)raspbian_debug_state, (long
unsigned int)val);

    return 0;
}


DEFINE_SIMPLE_ATTRIBUTE(rpi_kernel_debug_stat_fops, rpi_kernel_debug_stat_get,
rpi_kernel_debug_stat_set, "%llu\n");

static int rpi_kernel_debug_debugfs_driver_probe(struct platform_device *pdev)
```

```
{
    printk("===[%s][L:%d]===\n", __func__, __LINE__);
    return 0;
}

static struct platform_driver rpi_kernel_debug_debugfs_driver = {
    .probe      = rpi_kernel_debug_debugfs_driver_probe,
    .driver     = {
        .owner  = THIS_MODULE,
        .name   = "rpi_debug",
    },
};

static int __init rpi_kernel_debug_debugfs_init(void)
{
    printk("===[%s][L:%d]===\n", __func__, __LINE__);

    rpi_kernel_debug_debugfs_root = debugfs_create_dir("rpi_debug", NULL);
    debugfs_create_file("val", S_IRUGO, rpi_kernel_debug_debugfs_root, NULL,
&rpi_kernel_debug_stat_fops);

    return platform_driver_register(&rpi_kernel_debug_debugfs_driver);
}

late_initcall(rpi_kernel_debug_debugfs_init);

MODULE_DESCRIPTION("raspberrypi debug interface driver");
MODULE_AUTHOR("Austin Kim <austindh.kim@gmail.com>");
MODULE_LICENSE("GPL");
```

위 코드를 drivers/soc/bcm 경로에 rpi_debugfs.c라는 이름으로 저장합니다(drivers/soc/bcm/rpi_
debugfs.c). 이 파일을 컴파일해야 하므로 다음과 같이 Makefile 파일을 수정합니다.

```
diff --git a/drivers/soc/bcm/Makefile b/drivers/soc/bcm/Makefile
index c81df4b..5cb3267 100644
--- a/drivers/soc/bcm/Makefile
+++ b/drivers/soc/bcm/Makefile
@@ -1,3 +1,4 @@
```

```
+obj-y  +=rpi_debugfs.o
 obj-$(CONFIG_BCM2835_POWER)           += bcm2835-power.o
 obj-$(CONFIG_RASPBERRYPI_POWER)       += raspberrypi-power.o
 obj-$(CONFIG_SOC_BRCMSTB)             += brcmstb/
```

위와 같이 수정하고('obj-y +=rpi_debugfs.o' 줄 추가) 커널을 빌드하면 drivers/soc/bcm/rpi_debugfs.c
파일이 컴파일돼 커널 이미지에 포함됩니다. 그럼 라즈베리 파이에 리눅스 커널 이미지를 설치한 다음,
리부팅합니다.

rpi_debugfs 동작 확인

이번에는 앞의 코드가 제대로 커널 이미지에 포함됐는지 확인해 보겠습니다. 이를 위해 다음 명령어를
입력합니다.

```
root@raspberrypi:/home/pi# ls /sys/kernel/debug/rpi_debug/
val
```

보다시피 /sys/kernel/debug 폴더에 rpi_debug라는 하위 폴더가 생겼습니다.

이번에는 /sys/kernel/debug/rpi_debug/val의 값을 확인합시다. 소스코드에서 raspbian_debug_state라
는 전역 변수를 0x1000으로 초기화했으니, val 값은 4096입니다.

```
root@raspberrypi:/home/pi# cat /sys/kernel/debug/rpi_debug/val
4096
```

이처럼 cat 명령어를 입력해서 /sys/kernel/debug/rpi_debug/val 파일을 읽으면 rpi_kernel_debug_stat_
get() 함수가 호출됩니다.

이번에는 rpi_kernel_debug_stat_get() 함수가 어떻게 실행되는지 알아봅시다.

```
01 uint32_t raspbian_debug_state = 0x1000;
02 static struct dentry *rpi_kernel_debug_debugfs_root;
03
04 static int rpi_kernel_debug_stat_get(void *data, u64 *val)
05 {
06     printk("===[%s][L:%d][val:%d]===\n", __func__, __LINE__, raspbian_debug_state);
07     *val = raspbian_debug_state;
08
```

```
09    printk("[KERNEL]===[%s][L:%d]==\n", __func__, __LINE__);
10
11    return 0;
12 }
```

/sys/kernel/debug/rpi_debug/val 파일의 메모리 주소는 rpi_kernel_debug_stat_get() 함수의 *val이라는 두 번째 포인터 인자로 전달됩니다.

다음은 이 포인터 인자에 raspbian_debug_state 변수의 값을 저장하는 코드입니다.

```
07    *val = raspbian_debug_state;
```

rpi_debugfs로 전역 변수 바꿔보기

이번에는 /sys/kernel/debug/rpi_debug/val 파일을 825로 바꿔 볼까요?

```
root@raspberrypi:/proc # echo 825 > /sys/kernel/debug/rpi_debug/val
root@raspberrypi:/proc # cat /sys/kernel/debug/rpi_debug/val
825
```

위와 같이 명령어를 입력하면 다음과 같은 rpi_kernel_debug_stat_set() 함수가 호출됩니다.

```
static int rpi_kernel_debug_stat_set(void *data, u64 val)
{
    raspbian_debug_state = (uint32_t)val;

    printk("[rpi] [%s][L:%d], raspbian_debug_state[%lu],value[%lu]===\n",
        __func__, __LINE__, (long unsigned int)raspbian_debug_state, (long unsigned int)val);

    return 0;
}
```

rpi_kernel_debug_stat_set() 함수의 두 번째 인자인 val로 /sys/kernel/debug/rpi_debug/val 파일에 저장한 값이 전달됩니다. 그래서 echo 명령어로 /sys/kernel/debug/rpi_debug/val 파일을 825로 변경하면 raspbian_debug_state 전역 변수가 825로 변경됩니다.

이 방식으로 커널 내에 선언된 raspbian_debug_state 전역 변수를 바꿀 수 있습니다.

rpi_debugfs를 활용한 커널 코드 변경

이번에는 앞에서 소개한 코드를 활용해 리눅스 커널 코드를 수정해 보겠습니다. 이 방식으로 커널 코드를 수정하면 커널이 오동작할지 걱정할 필요가 없습니다.

먼저 다음 코드를 함께 보면서 커널 코드를 '부담 없이' 수정하는 방법을 알아보겠습니다.

```
01 diff --git a/kernel/irq/handle.c b/kernel/irq/handle.c
02 index 79f987b..de6e535 100644
03 --- a/kernel/irq/handle.c
04 +++ b/kernel/irq/handle.c
05 @@ -132,6 +132,8 @@ void __irq_wake_thread(struct irq_desc *desc, struct irqaction *action)
06        wake_up_process(action->thread);
07 }
08
09 +extern uint32_t raspbian_debug_state;
10 +
11 irqreturn_t __handle_irq_event_percpu(struct irq_desc *desc, unsigned int *flags)
12 {
13        irqreturn_t retval = IRQ_NONE;
14 @@ -143,6 +145,12 @@ irqreturn_t __handle_irq_event_percpu(struct irq_desc *desc, unsigned int *flags
15        for_each_action_of_desc(desc, action) {
16                irqreturn_t res;
17
18 +              if ( 825 == raspbian_debug_state ) {
19 +                      void *irq_handler = (void*)action->handler;
20 +                      trace_printk("[+] irq_num:[%d] handler: %pS caller:(%pS) \n",
21 +                                        irq, irq_handler, (void
*)__builtin_return_address(0));
22 +              }
23 +
24                trace_irq_handler_entry(irq, action);
25                res = action->handler(irq, action->dev_id);
26                trace_irq_handler_exit(irq, action, res);
```

 위 코드에서 왼쪽에 + 기호로 표시된 줄이 새롭게 추가된 코드입니다.

입력한 패치와 함수를 살펴보겠습니다. 패치 코드를 입력한 __handle_irq_event_percpu() 함수는 인터럽트 핸들러를 호출합니다.

대부분의 리눅스 시스템에서 인터럽트는 1초에 수백 번 이상 발생하며, 이에 따라 인터럽트 핸들러도 매우 자주 호출됩니다. 여기서는 __handle_irq_event_percpu() 함수 안에 코드를 추가해 인터럽트 핸들러를 호출하기 전에 인터럽트 핸들러 함수의 정보를 보려고 합니다. 하지만 처음 코드를 작성할 때는 걱정이 드는 나머지 **"내가 작성한 코드에 오류가 있어 리눅스 시스템이 오동작하면 어떡하지?"**라는 고민을 할 수도 있습니다.

저도 이전에 "고친 코드가 잘못 동작해서 부팅은 제대로 하려나?", "혹시 커널 패닉으로 시스템이 리셋되지는 않을까?" 같은 고민을 했었습니다. 이럴 때 raspbian_debug_state 전역변수와 함께 코드를 입력하면 됩니다. 즉, 아래의 19~21번째 줄 코드는 raspbian_debug_state 전역변수가 825일 때만 실행됩니다.

```
18 +                 if ( 825 == raspbian_debug_state ) {
19 +                     void *irq_handler = (void*)action->handler;
20 +                     trace_printk("[+] irq_num:[%d] handler: %pS caller:(%pS) \n",
21 +                                         irq, irq_handler, (void
*)__builtin_return_address(0));
22 +                 }
23 +
```

그런데 raspbian_debug_state 전역 변수는 부팅 후 기본적으로 4096으로 설정돼 있습니다. 다음 명령어를 입력해 raspbian_debug_state 전역 변수를 825로 변경하기 전까지 18~21번째 줄의 코드는 실행되지 않습니다.

```
root@raspberrypi:/proc # echo 825 > /sys/kernel/debug/rpi_debug/val
```

다음 if 문에서 상수와 전역 변수의 위치가 바뀌어 있는 것을 볼 수 있습니다.

```
if ( 825 == raspbian_debug_state ) {
```

이렇게 코드를 입력한 이유는 실수로 다음과 같이 코드를 작성할 수 있기 때문입니다.

```
if ( raspbian_debug_state = 825 ) {
```

이 방식을 응용하면 겁먹지 않고도 리눅스 커널 코드를 수정할 수 있습니다.

그럼, 이번 절에서 소개한 '마음 편히 커널 코드를 수정하는 방법'을 정리해 봅시다. 이 밖에 여러분이 수정하고 싶은 커널 코드가 보이면 다음과 같은 방법을 사용하면 됩니다.

1. 소스코드의 윗부분에 다음과 같이 raspbian_debug_state 전역 변수를 extern으로 선언합니다.

```
extern uint32_t raspbian_debug_state;
```

2. if 문 내에 수정하고 싶은 코드를 추가합니다.

```
if( raspbian_debug_state ==1004) {
    // 추가하고 싶은 코드 입력
}
```

앞에서 소개한 if 문 안의 코드는 raspbian_debug_state 전역 변수가 1004일 때만 동작합니다.

3. 수정한 커널 코드를 빌드합니다.

4. 다음 명령어를 입력하면 raspbian_debug_state 전역 변수가 1004로 바뀌면서 수정한 코드가 작동합니다.

```
root@raspberrypi:/proc # echo 1004 > /sys/kernel/debug/rpi_debug/val
```

이 책에서도 9장과 14장에서 이 방식을 활용해 커널 디버깅 실습을 진행합니다.

3.7 정리

1. 리눅스 커널과 같은 오픈소스 기반의 프로젝트를 진행할 때는 커널이나 디바이스 드라이버가 정상 동작할 때의 자료구조나 함수 호출 흐름을 잘 알아야 합니다. 문제가 생겼을 때 어디에 오류가 있는지 식별할 수 있기 때문입니다.

2. 디버깅을 잘하면 실전 개발 도중 만나는 문제를 더 빨리 효율적으로 해결할 수 있습니다. 문제 해결 능력은 핵심적인 실무 능력 중 하나입니다.

3. 리눅스 커널에서는 printk, dump_stack, ftrace와 같은 디버깅 기능을 제공합니다.

4. printk() 함수와 dump_stack() 함수를 코드에 추가할 때는 함수 실행 빈도를 점검해야 합니다.

5. ftrace는 리눅스 커널에서 제공하는 가장 강력한 기능이니 자주 활용할 필요가 있습니다.

6. TRACE32는 임베디드 소프트웨어 개발에서 자주 쓰이는 디버깅 툴이니 잘 배워 두면 좋습니다.

04

프로세스

이번 장에서 다룰 내용

- 프로세스와 프로세스를 구성하는 요소
- 유저 레벨 프로세스와 커널 레벨 프로세스 생성과 종료
- 프로세스를 관리하는 자료구조인 태스크 디스크립터
- 프로세스가 스택 공간에서 실행되는 흐름
- 프로세스 컨텍스트

프로세스(process)를 제대로 이해하는 것은 어렵습니다. 여러 이유가 있겠지만 프로세스를 이론으로 만 이해하는 방식으로 공부하기 때문입니다. 프로세스는 그러한 방식으로 학습하기가 어렵습니다. 프로세스와 관련된 자료구조나 ftrace 로그 분석을 통해 프로세스를 익혀야 합니다.

이번 장에서는 프로세스를 이론이 아닌 라즈베리 파이를 직접 사용해 보고 ftrace와 리눅스 커널 코드 를 보면서 설명합니다. 라즈베리 파이가 준비된 분들은 이번 장에서 소개하는 명령어나 ftrace 로그를 직접 실습하고 확인해 보면서 프로세스를 익히길 바랍니다.

4.1 프로세스 소개

운영체제를 다루는 책에서는 보통 맨 먼저 프로세스를 소개합니다. 리눅스 커널에서도 마찬가지입니다. 따라서 이번 절에서는 프로세스가 무엇인지 알아보고 태스크와 스레드에 대해 살펴보겠습니다. 먼 저 프로세스라는 용어에 대해 함께 배워보겠습니다.

4.1.1 프로세스란?

프로세스라는 용어는 추상적이고 다양한 의미를 담고 있어 프로세스가 무엇인지를 다양한 관점으로 바라볼 수 있습니다.

프로세스(process)란 무엇일까요? 간단히 말해서 리눅스 시스템 메모리에서 실행 중인 프로그램을 말합니다. 스케줄링 대상인 태스크와 유사한 의미로도 쓰입니다. 다수의 프로세스를 실시간으로 사용하는 기법을 멀티프로세싱이라고 하며, 같은 시간에 여러 프로그램을 실행하는 방식을 멀티태스킹이라고 합니다.

우리가 쓰고 있는 스마트폰의 동작 방식을 잠깐 떠올려 봅시다. 전화를 하면서 메모를 남기고, 음악을 들으면서 웹 브라우저를 사용할 수 있습니다. 여러 애플리케이션이 동시에 실행됩니다. 이것은 멀티태스킹을 통해 프로그램을 시분할 방식으로 처리하기 때문에 가능합니다.

이번에는 리눅스 개발자 입장에서 프로세스가 무엇인지 생각해 봅시다. 프로세스는 리눅스 시스템 메모리에 적재되어 실행을 대기하거나 실행하는 실행 흐름을 의미합니다. 여기서 다양한 의문이 생깁니다.

> **프로세스가 실행을 대기한다면 실행할 때 어떤 과정을 거칠까?**
> **프로세스는 어떤 구조체로 식별할까?**

프로세스를 관리하는 자료구조이자 객체를 태스크 디스크립터(task descriptor)라고 부르고 task_struct 구조체로 표현됩니다. 이 구조체에 프로세스가 쓰는 메모리 리소스, 프로세스 이름, 실행 시각, 프로세스 아이디(PID), 프로세스 스택의 최상단 주소와 같은 속성 정보가 저장돼 있습니다.

그렇다면 프로세스를 task_struct라는 구조체로만 표현할 수 있을까요? 앞에서 프로세스란 실행 흐름 그 자체라고 정의했습니다. 프로세스의 실행 흐름은 어느 구조체에 저장할 수 있을까요? 이 질문에 다음과 같이 대답할 수 있습니다.

> **프로세스의 실행 흐름을 표현하는 또 한 가지 중요한 공간은 프로세스 스택 공간이며,**
> **이 프로세스 스택의 최상단 주소에 thread_info 구조체가 있다.**

그럼 다음 함수의 실행 흐름을 보면서 프로세스의 실행 흐름에 대해서 배워봅시다.

```
-000|__schedule()
-001|schedule_timeout()
```

```
-002|do_sigtimedwait()
-003|sys_rt_sigtimedwait()
-004|ret_fast_syscall(asm)
```

위와 같은 함수 목록을 처음 보면 낯설겠지만 차근차근 보면 그리 어렵지 않을 것입니다. 이 함수의 실행 흐름으로 다음과 같은 사실을 알 수 있습니다.

- 함수 호출 방향은 004번째 줄에서 000번째 줄 방향이다.
- 유저 공간 프로그램에서 sigtimedwait() 함수를 호출하면 이에 대응하는 시스템 콜 핸들러 함수인 sys_rt_sigtimedwait() 함수가 호출된다.
- 000번째 줄의 __schedule() 함수가 호출돼 스케줄링된다.

프로세스는 함수를 호출하면서 함수를 실행합니다. 그렇다면 함수를 호출하고 실행할 때 어떤 리소스를 쓸까요? 바로 프로세스 스택의 메모리 공간입니다. 모든 프로세스들은 커널 공간에서 실행될 때 각자 스택 공간을 할당받으며 스택 공간 내에서 함수를 실행합니다.

앞에서 본 프로세스가 스케줄러에 의해 다시 실행된다고 가정해 봅시다. 이후 어떻게 실행될까요?

```
-000|__schedule()
-001|schedule_timeout()
-002|do_sigtimedwait()
-003|sys_rt_sigtimedwait()
-004|ret_fast_syscall(asm)
```

000번째 줄 함수에서 004번째 줄 함수 방향으로 되돌아올 것입니다. **그럼 여기서는 어떤 정보를 참고해서 이전에 실행됐던 함수로 되돌아갈까요?**

프로세스가 마지막에 실행했던 레지스터 세트와 실행 흐름은 프로세스 스택 공간에 저장돼 있었습니다. 여러분이 A() 함수에서 B() 함수를 호출하고, B() 함수에서 C() 함수를 호출하는 코드를 작성했다고 가정해 봅시다. C() 함수가 실행을 마무리하면 B() 함수에서 A() 함수로 되돌아갑니다. 이 같은 원리입니다.

정리하면 프로세스는 어느 정도 추상적인 개념을 내포합니다. 하지만 리눅스 커널에서 프로세스를 표현할 수 있는 다음과 같은 자료구조가 있습니다.

- task_struct 구조체: 태스크 디스크립터
- thread_info 구조체: 프로세스 스레드 정보

프로세스에 대해 처음 공부를 시작하는 분들은 보통 **"프로세스를 잘 알려면 뭘 알아야 할까?"**라는 질문을 많이 합니다. 프로세스가 무엇인지 잘 알려면 앞에서 소개한 프로세스 속성 정보와 실행 흐름을 저장하는 구조체를 잘 알아야 합니다. 프로세스를 제어하는 함수들은 위 구조체를 중심으로 실행되기 때문입니다.

다음 절에서는 프로세스와 함께 자주 쓰는 용어인 태스크에 대해 살펴보겠습니다.

4.1.2 태스크란?

제가 처음 리눅스 커널 코드를 볼 때 가장 궁금했던 점은 **"리눅스 커널 함수의 이름에 'task'가 왜 보일까?"**라는 것이었습니다. 사실 태스크는 리눅스 외의 다른 운영체제에서 예전부터 많이 쓰던 용어입니다. 운영체제 이론을 다루는 책에서는 태스크라는 단어를 많이 볼 수 있습니다.

태스크는 운영체제에서 어떤 의미일까요? 말 그대로 실행(Execution)이라 말할 수 있습니다.

운영체제 책을 보면 첫 장에서 태스크에 대한 설명을 볼 수 있습니다. 예전에는 특정 코드나 프로그램 실행을 일괄 처리했습니다. 이러한 실행 및 작업 단위를 태스크라고 불렀습니다.

임베디드 개발자는 태스크의 개수와 이름을 지정했고 시스템이 구동되는 동안 태스크는 바뀌지 않았습니다. 예를 들면 화면이 없는 간단한 시나리오로 구동하는 임베디드 시스템에서는 태스크 2개가 서로 시그널을 주고받으며 시스템 전체를 제어했습니다.

시간이 흘러 기존 임베디드 개발자들이 리눅스를 사용하는 임베디드 프로젝트로 유입됐습니다. 기존의 태스크라는 용어에 익숙한 임베디드 개발자들이 리눅스에서도 썼던 '태스크'라는 용어를 사용했습니다. '프로그램을 실행하는 단위'라고 생각했던 태스크의 개념은 프로세스와 겹치는 부분이 많기 때문입니다.

 예전에 쓰던 용어를 현재 소프트웨어에 그대로 쓰는 경우가 많습니다. 이를 레거시(Legacy)라고 표현하는데, 여기에는 과거의 유물이라는 뜻도 있습니다.

그래서 예전에 썼던 태스크라는 용어를 리눅스 커널 소스코드에서 그대로 쓰고 있습니다. 대표적인 예로 프로세스 속성을 표시하는 구조체의 이름을 process_struct 대신 task_struct으로 쓰고 있습니다. 이처럼 프로세스마다 속성을 표현하는 task_struct 구조체를 태스크 디스크립터 혹은 프로세스 디스크립터라고도 합니다.

이처럼 리눅스 커널의 함수 이름이나 변수 중에 task란 단어가 보이면 프로세스 관련 코드라 생각해도 좋습니다. 예를 들어, 다음 함수는 모두 프로세스를 관리 및 제어하는 역할을 수행하며, 함수 이름에 보이는 task는 process로 바꿔도 무방합니다.

- dump_task_regs()
- get_task_mm()
- get_task_pid()
- idle_task()
- task_tick_stop()

그러면 이번 절에서 배운 내용을 간단히 정리해 봅시다.

- 리눅스 커널에서 태스크는 프로세스와 같은 개념으로 쓰는 용어다.
- 소스코드나 프로세스에 대한 설명을 읽을 때 태스크란 단어를 보면 프로세스와 같은 개념으로 이해하자.

4.1.3 스레드란?

스레드(thread)란 무엇일까요? 스레드는 유저 레벨에서 생성된 가벼운 프로세스라 할 수 있습니다. 스레드는 일반 프로세스에 비해 컨텍스트 스위칭을 수행할 때 시간이 적게 걸립니다. 그 이유는 스레드는 자신이 속한 프로세스 내의 다른 스레드와 파일 디스크립터, 파일 및 시그널 정보에 대한 주소 공간을 공유하기 때문입니다. 프로세스가 자신만의 주소 공간을 갖는 것과 달리 스레드는 스레드 그룹 안의 다른 스레드와 주소 공간을 공유합니다.

하지만 커널 입장에서는 스레드를 다른 프로세스와 동등하게 관리합니다. 대신 각 프로세스 식별자인 태스크 디스크립터(task_struct)에서 스레드 그룹 여부를 점검할 뿐입니다.

다음 절에서는 리눅스 터미널에서 ps 명령어를 이용해 프로세스에 대해 조금 더 알아보겠습니다.

4.2 프로세스 확인하기

리눅스 커널은 그 내용이 방대하고 어려워서 단기간에 익히기 어렵습니다. 그런데 대부분 "프로세스"란 주제로 리눅스 커널 공부를 시작합니다. 안타깝게도 많은 분들이 프로세스에 대한 내용을 조금 읽다가 포기하는 경우가 많습니다. 그 이유는 프로세스를 설명하는 책이나 블로그에서 프로세스를 이론적으로만 접근하기 때문입니다. **그럼 어떻게 해야 프로세스를 빨리 익힐 수 있을까요?**

프로세스에 익숙해지려면 먼저 리눅스 시스템에서 프로세스를 출력하는 명령어를 자주 입력하고 ftrace 로그에서 프로세스 관련 정보를 자주 봐야 합니다. 그래서 이번 장에서는 라즈베리 파이에서 터미널을 열어서 명령어를 입력하고 ftrace 로그로 프로세스 동작을 확인하겠습니다.

4.2.1 ps 명령어로 프로세스 목록 확인

먼저 라즈베리 파이에서 터미널을 실행한 후 다음과 같이 "ps -ely" 명령어를 입력합니다.

```
root@raspberrypi:/home/pi# ps -ely
S   UID   PID  PPID  C PRI  NI   RSS    SZ WCHAN  TTY          TIME CMD
S     0     1     0  0  80   0  5956  6991 SyS_ep ?        00:00:02 systemd
S     0     2     0  0  80   0     0     0 kthrea ?        00:00:00 kthreadd
...
S  1000   867   517  0  80   0  7720 12887 poll_s ?        00:00:00 gvfsd-trash
S  1000   876   730  0  80   0 20084 12108 poll_s ?        00:00:07 lxterminal
S  1000   877   876  0  80   0  1324   590 unix_s ?        00:00:00 gnome-pty-helpe
S  1000   878   876  0  80   0  4028  1628 wait   pts/0    00:00:00 bash
S     0   886   878  0  80   0  3380  1908 poll_s pts/0    00:00:00 sudo
S     0   890   886  0  80   0  3076  1818 wait   pts/0    00:00:00 su
```

리눅스 시스템에서 프로세스 목록을 보려면 "ps" 명령어를 입력하면 됩니다.

 터미널을 열고 "info ps"를 입력하면 ps 명령어의 의미를 알 수 있습니다.

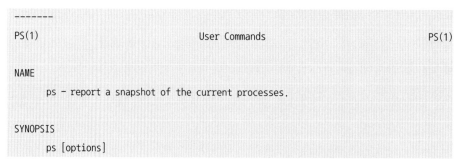

```
-------
PS(1)                          User Commands                          PS(1)


NAME
       ps - report a snapshot of the current processes.


SYNOPSIS
       ps [options]
```

보다시피 ps는 리눅스 시스템에서 실행 중인 프로세스를 출력하는 명령어입니다. 리눅스 시스템에서 디버깅할 때 많이 쓰는 명령어이니 자주 활용합시다.

그런데 ps 명령어를 쓰다 보니 다음과 같은 의문이 생깁니다. "ps **명령어를 입력하면 리눅스 커널 내부의 어떤 자료구조에 접근해서 전체 프로세스 정보를 출력할까?**"

리눅스 커널을 공부할 때 이처럼 사소한 내용에도 의문을 품는 것은 좋은 습관입니다. 질문에 대답하자면 init_task 전역변수를 통해 전체 프로세스 목록을 출력합니다.

리눅스 시스템에서 생성된 모든 프로세스(유저 레벨, 커널 스레드)는 init 프로세스를 표현하는 자료구조인 init_task 전역변수의 tasks 필드에 연결 리스트로 등록돼 있습니다. 이 연결 리스트를 순회하면서 프로세스 정보인 task_struct 구조체의 주소를 계산해 프로세스 정보를 출력합니다.

이번에는 다른 방식으로 프로세스 목록을 확인해 봅시다. ps 명령어에 "-ejH"라는 옵션을 지정해서 다음과 같이 입력해봅시다.

```
01  root@raspberrypi:/home/pi# ps -ejH
02    PID  PGID   SID TTY         TIME CMD
03      2     0     0 ?       00:00:00 kthreadd
04      4     0     0 ?       00:00:00   kworker/0:0H
05      6     0     0 ?       00:00:00   mm_percpu_wq
06      7     0     0 ?       00:00:00   ksoftirqd/0
...
07  17103    0     0 ?       00:00:00   kworker/1:1
08  17108    0     0 ?       00:00:00   kworker/u8:0
09      1     1     1 ?       00:00:03 systemd
10     94    94    94 ?       00:00:00   systemd-journal
11    127   127   127 ?       00:00:00   systemd-udevd
12    274   274   274 ?       00:00:00   systemd-timesyn
```

출력 결과를 보니 앞에서 본 프로세스 목록과는 다릅니다. 이 프로세스 목록은 **부모 자식 프로세스 관계를 토대로** 프로세스를 출력한 것입니다.

즉, 4~6번째 줄에 보이는 "kworker/0:0H", "mm_percpu_wq", "ksoftirqd/0" 프로세스의 부모 프로세스는 3번째 줄에 있는 "kthreadd"입니다.

pid가 2인 "kthreadd" 프로세스는 커널 공간에서만 실행하는 커널 프로세스를 생성하는 임무를 수행합니다. 위 출력 결과에서 4~8번째 줄에 있는 프로세스들은 같은 열로 정렬돼 있습니다. 이 목록에서 보이는 프로세스를 커널 스레드, 커널 프로세스라고 하며, 커널 공간에서만 실행됩니다.

 커널이 프로세스를 생성할 때는 프로세스에 고유의 정수형 ID 값을 부여합니다. 이를 PID(Process IDentifier)라고 합니다. PID는 리눅스 커널에서 pid_t라는 타입으로 <sys.types.h> 헤더 파일에 저장돼 있습니다.

```
typedef __kernel_pid_t    pid_t;
```

```
typedef int    __kernel_pid_t;
```

각 선언부를 보면 pid_t는 __kernel_pid_t 형식으로 정의돼 있는데 __kernel_pid_t는 int 타입으로 지정돼 있습니다. pid_t는 int 형 타입입니다. 리눅스 커널에서는 프로세스가 생성될 때 int 형 ID인 PID를 프로세스에게 알려줍니다.

그렇다면 커널은 어떤 기준으로 PID를 프로세스에게 부여할까요? 기준은 간단합니다. PID를 증가시키면서 프로세스에게 부여합니다. 여러분이 은행에 가면 대기 번호를 받을 텐데, 대기 번호는 시간이 흐르면서 증가합니다. 마찬가지로 새로운 프로세스를 생성할 때 커널이 부여하는 PID 정숫값은 계속 증가합니다. 따라서 PID를 보면 어느 프로세스가 먼저 생성됐는지 추정할 수 있습니다.

리눅스 시스템마다 생성하는 프로세스는 대부분 다릅니다. 하지만 리눅스에서 공통으로 커널이 생성하는 프로세스가 있는데 각각 다음과 같은 PID를 부여합니다.

- swapper 프로세스: 0
- init 프로세스: 1
- kthreadd 프로세스: 2

앞에서 언급한 프로세스 외에 다른 일반 프로세스의 PID는 리눅스 시스템이 부팅한 후 바뀔 수 있습니다. 그런데 여기서 한 가지 의문이 생깁니다. **PID는 유저 공간에서 어떻게 확인할 수 있을까요?**

리눅스 시스템 프로그래밍을 할 때 getpid() 함수를 호출하면 프로세스의 PID를 읽어올 수 있습니다. **그럼 유저 공간에서 getpid() 함수를 호출하면 커널에서는 어떤 함수가 호출될까요?** 유저 공간에서 getpid() 함수를 호출하면 이에 대응하는 시스템 콜 핸들러인 sys_getpid() 함수가 호출됩니다.

```
01 SYSCALL_DEFINE0(getpid)
02 {
03     return task_tgid_vnr(current);
04 }
```

이 함수의 03번째 줄을 보면 task_tpid_vnr() 함수에 현재 실행 중인 프로세스의 태스크 디스크립터 주소가 담긴 current를 인자로 삼아 호출해 PID를 읽습니다.

이번에는 9번째 줄 로그를 봅시다. pid가 1인 systemd 프로세스가 보입니다.

```
09    1    1    1 ?          00:00:02 systemd
```

pid가 1인 프로세스를 임베디드 리눅스에서는 보통 init 프로세스라고 하며 모든 유저 공간에서 생성된 프로세스의 부모 프로세스 역할을 수행합니다.

이해를 위해 'ps -ejH' 명령어의 출력 결과를 다시 보겠습니다.

```
01   root@raspberrypi:/home/pi# ps -ejH
02   PID  PGID  SID TTY          TIME CMD
...
09     1     1    1 ?          00:00:03 systemd
10    94    94   94 ?          00:00:00    systemd-journal
11   127   127  127 ?          00:00:00    systemd-udevd
12   274   274  274 ?          00:00:00    systemd-timesyn
```

9번째 줄에 PID가 1인 systemd 프로세스가 보입니다. 다음 10~12번째 줄에 있는 systemd-journal부터 systemd-timesyn 프로세스까지는 systemd 프로세스의 자식 프로세스입니다.

 systemd는 라즈비안에서 모든 프로세스들을 관리하는 init 시스템 및 프로세스입니다. 그런데 대부분의 리눅스 배포판에서는 PID가 1인 프로세스를 init이라고 부릅니다.

각 프로세스는 저마다 부모 자식 프로세스들이 있습니다. 자식 프로세스가 종료될 때 부모 프로세스에게 신호를 알립니다. 조부모, 부모, 자식 프로세스가 있다고 가정했을 때 예외 상황으로 부모 프로세스가 종료되면 자식 프로세스 입장에서는 부모 프로세스가 사라집니다. 이때 조부모가 부모 프로세스가 되며, 대부분 init 프로세스가 조부모 역할(새로운 부모 프로세스)을 수행합니다.

이번 절에서는 ps 명령어로 프로세스 목록을 확인했습니다. 이 명령어는 임베디드 리눅스를 개발할 때 자주 쓰는 명령어이므로 사용법과 출력 결과를 눈에 익혀 둡시다.

4.2.2 ftrace에서 프로세스 확인하기

ftrace를 열어보면 다양한 이벤트 메시지를 볼 수 있습니다. 공통적으로 모든 ftrace 메시지의 맨 왼쪽 부분에서 프로세스 정보를 볼 수 있습니다.

 ftrace에 대한 자세한 소개는 3.4절을 참고하세요.

먼저 다음 ftrace 로그를 보면서 프로세스의 정체를 확인해 봅시다.

```
chromium-browse-1436  [002] d...  9445.131875: sched_switch: prev_comm=chromium-browse
 prev_pid=1436 prev_prio=120 prev_state=S ==> next_comm=kworker/2:3 next_pid=1454 next_prio=120
```

위 ftrace는 sched_switch 이벤트의 포맷 로그입니다.

```
    프로세스 이름    프로세스 PID

  chromium-browse - 1436  [002]  d...  9445.131875 :  sched_switch :  prev_comm=chromium-browse prev_pid=1436
  prev_prio=120 prev_state=S ==> next_comm=kworker/2:3 next_pid=1454 next_prio=120
```

그림 4.1 ftrace 로그에서 프로세스 확인

ftrace 메시지에서 맨 왼쪽 부분에 ftrace를 출력하는 프로세스 정보를 볼 수 있습니다. 포맷은 "프로세스이름-[pid]" 형식입니다. 위에서 보이는 ftrace 메시지의 왼쪽 부분 정보는 **pid가 1436인 chromium-browse 프로세스가 실행 중이라는 사실**을 말해줍니다.

이번 절에서는 리눅스 터미널에서 ps 명령어를 입력해 프로세스가 무엇인지 설명했습니다. 또한 ftrace 메시지로 프로세스 정보를 확인했습니다. 이어지는 절에서는 프로세스를 생성하는 과정을 배워보겠습니다.

4.3 프로세스는 어떻게 생성할까?

이번 절에서는 프로세스가 생성되는 과정을 설명하겠습니다. **그런데 프로세스 생성 과정을 왜 알아야 할까요?** 리눅스 커널에서 프로세스를 생성하는 함수를 분석하면 자연히 다음과 같은 내용을 알게 됩니다.

- 프로세스가 부모 프로세스로부터 어떻게 복제되는가?
- 생성된 프로세스가 어떻게 실행을 시작하는가?
- 프로세스 자료구조는 어떻게 처리하는가?

그런데 리눅스에서 구동되는 프로세스는 크게 유저 레벨에서 생성된 프로세스와 커널 레벨에서 생성된 프로세스로 분류할 수 있습니다. 각 프로세스 타입별로 프로세스 생성 과정이 다릅니다.

- 유저 프로세스: 유저 공간에서 프로세스를 생성하는 라이브러리(GNU C: glibc)의 도움을 받아 커널에게 프로세스 생성 요청을 한다.
- 커널 프로세스: 커널 내부의 kthread_create() 함수를 호출해서 커널 프로세스를 생성한다.

프로세스 종류에 따라 프로세스를 생성하는 흐름은 다르나 한 가지 공통점이 있습니다. 바로 **프로세스를 생성할 때 _do_fork() 함수를 호출한다는 것입니다.** 그래서 이번 절에서는 _do_fork() 함수를 중심으로 프로세스가 생성되는 과정을 살펴보겠습니다.

4.3.1 _do_fork() 함수 소개

리눅스에서 구동 중인 모든 프로세스는 _do_fork() 함수가 실행할 때 생성됩니다. 프로세스는 누가 생성할까요? 리눅스에서 프로세스 생성을 전담하는 프로세스가 있습니다. 주인공은 init과 kthreadd 프로세스입니다. 특히 init 프로세스는 부팅 과정에서 유저 프로세스를 생성하는 역할을 담당합니다.

유저 레벨 프로세스는 init 프로세스, 커널 레벨 프로세스(커널 스레드)는 kthreadd 프로세스가 생성합니다. 그런데 프로세스는 생성이 아니라 복제된다고 말할 수 있습니다. **그럼 프로세스를 생성할 때 부모 프로세스를 복제하는 이유는 무엇일까요?**

프로세스를 생성할 때 프로세스에게 필요한 리소스를 각각 할당받으면 시간이 오래 걸립니다. 그래서 이미 생성된 프로세스에게서 리소스를 물려받는 것입니다.

 리눅스 커널에서는 '코드의 성능이나 속도를 개선'하기 위한 많은 기법이 활용됩니다. 그중 대표적인 방법을 한 가지 소개하면 '이미 만들어놓은 리소스'를 가져다 쓰는 것입니다.

리눅스 커널에서는 속도 개선을 위해 반복 실행되는 코드를 줄이려는 노력을 기울인 흔적을 볼 수 있습니다. 커널 메모리 할당자인 슬럽 메모리 할당자(Slub Memory Allocator)도 이와 유사한 기법을 활용합니다. 드라이버에서 메모리 할당을 요청할 때 자주 쓰는 구조체를 정의해서 해당 구조체에 대한 메모리를 미리 확보해 놓습니다. 메모리 할당을 요청하면 이미 확보한 메모리 주소를 알려줍니다. 이 과정을 통해 메모리를 할당하는 속도를 개선할 수 있습니다.

프로세스 생성 과정도 마찬가지입니다. 프로세스를 생성할 때 부모 프로세스가 쓰고 있는 자료구조를 복사합니다. 새로운 프로세스의 자료구조를 초기화하는 것보다 이미 생성된 프로세스의 데이터를 복제하는 것이 더 효율적이기 때문입니다.

_do_fork() 함수 선언부와 반환값 확인

먼저 _do_fork() 함수의 선언부를 보면서 이 함수에 전달되는 인자와 반환값을 확인해 보겠습니다.

https://github.com/raspberrypi/linux/blob/rpi-4.19.y/kernel/fork.c

```
long _do_fork(unsigned long clone_flags,
        unsigned long stack_start,
        unsigned long stack_size,
        int __user *parent_tidptr,
        int __user *child_tidptr,
        unsigned long tls);
```

먼저 반환값을 확인해 볼까요? 함수 선언부와 같이 반환값 타입은 long인데 프로세스의 PID를 반환합니다. 프로세스 생성 시 에러가 발생하면 PID 대신 PTR_ERR() 매크로로 지정된 에러 값을 반환합니다. 만약 프로세스의 PID가 210이면 210을 _do_fork() 함수가 반환합니다.

이어서 _do_fork() 함수에 전달하는 인자값들을 점검합시다.

```
unsigned long clone_flags;
```

clone_flags 필드는 프로세스를 생성할 때 지정하는 옵션 정보를 저장합니다. 옵션 정보는 프로세스를 생성할 때 부모 프로세스로부터 복제될 리소스 정보를 의미합니다.

https://github.com/raspberrypi/linux/blob/rpi-4.19.y/include/uapi/linux/sched.h

```
#define CSIGNAL         0x000000ff
#define CLONE_VM        0x00000100
```

```
#define CLONE_FS          0x00000200
#define CLONE_FILES       0x00000400
#define CLONE_SIGHAND     0x00000800
#define CLONE_PTRACE      0x00002000
#define CLONE_VFORK       0x00004000
#define CLONE_PARENT      0x00008000
#define CLONE_THREAD      0x00010000
```

위에서 보이는 매크로를 OR 비트 연산한 결과를 clone_flags 필드에 저장합니다.

```
unsigned long stack_start;
```

보통 유저 영역에서 스레드를 생성할 때 복사하려는 스택의 주소입니다. 이 스택 주소는 유저 공간에서
실행 중인 프로세스 스택의 주소입니다.

```
unsigned long stack_size;
```

유저 영역에서 실행 중인 스택 크기입니다. 보통 유저 영역에서 스레드를 생성할 때 복사합니다.

```
int __user *parent_tidptr;
int __user *child_tidptr;
```

부모와 자식 스레드 그룹을 관리하는 핸들러 정보입니다.

지금까지 _do_fork() 함수에 전달되는 인자를 살펴봤습니다. 이어서 커널에서 _do_fork() 함수를 언제
호출하는지 알아보겠습니다.

커널에서 _do_fork() 함수를 언제 호출할까?

커널에서 프로세스를 생성할 때 프로세스 유형에 따라 _do_fork() 함수를 호출하는 흐름은 다릅니다.

> 1. 유저 모드에서 생성한 프로세스: sys_clone() 시스템 콜 핸들러 함수
>
> 2. 커널 모드에서 생성한 커널 스레드: kernel_thread() 함수

프로세스는 유저 모드에서 생성된 프로세스와 커널 모드에서 생성된 프로세스로 분류할 수 있습니다.
이를 각각 유저 레벨 프로세스와 커널 레벨 프로세스라고 합니다.

다음 절에서는 유저 레벨 프로세스를 생성할 때 어떤 흐름으로 _do_fork() 커널 함수를 호출하는지 살펴보겠습니다.

 유저 모드와 커널 모드란 무엇일까?

유저 레벨 프로세스에 대해 알아보기에 앞서 먼저 유저 모드가 무엇인지 살펴봅시다. 우리가 라즈베리 파이에서 바탕화면에 있는 아이콘을 클릭해서 어떤 프로그램이 실행 중이라고 가정해 봅시다. 이때 프로그램은 유저 모드나 커널 모드 중 하나로 실행합니다. ftrace 로그를 보면 시스템 콜로 유저 모드와 커널 모드를 자주 스위칭하는 동작을 확인할 수 있습니다.

유저 모드와 커널 모드로 나누는 기준은 무엇일까?

메모리 접근과 실행 권한 기준으로 두 모드로 분류합니다. 이해를 돕기 위해 한 가지 예를 들겠습니다. 어떤 시스템 메모리 공간을 유저 모드나 커널 모드 구분 없이 0~4GB 사이의 가상 메모리에서 연속으로 쓰고 있다고 가정해 봅시다. 커널 코드와 전역변수가 0~4GB의 메모리 구간에 메모리 주소로 매핑돼 있다는 조건입니다.

만약 어떤 운영체제에서 라즈베리 파이의 기니(Geany) 같은 애플리케이션까지 리눅스 시스템 개발자가 구현하면 문제가 발생하지 않을 것입니다. 리눅스 시스템 개발자는 커널 코드의 실행 흐름이나 메모리를 제어하는 동작을 잘 알고 있을 가능성이 높기 때문입니다. 따라서 유저와 커널 모드로 실행 흐름을 두 개로 나눠서 설계할 필요가 없습니다.

그런데 리눅스 시스템 개발자가 아닌 리눅스 커널의 세부 동작 방식을 잘 모르는 응용 프로그램 개발자가 유저 모드와 커널 모드가 없는 운영체제에서 애플리케이션을 개발한다고 생각해봅시다. 응용 프로그램에서 메모리를 제대로 관리하면 괜찮겠지만 실수로 코드를 잘못 작성해서 커널 자료구조나 함수가 위치한 메모리 공간을 오염시키면 어떻게 될까요? 커널 패닉으로 리눅스 시스템이 리부팅하거나 다양한 시스템 오동작을 유발할 것입니다.

이와 비슷한 이유로 메모리에 직접 접근하지 못하는 프로그래밍 언어를 설계했는데, 이를 관리형(Managed) 언어라고 합니다. 대표적인 예로 자바(Java)를 들 수 있습니다. 메모리에 직접 접근 가능한 언어로는 대표적으로 C와 C++가 있습니다.

응용 애플리케이션을 개발하고 설치할 수 있는 라즈베리 파이 같은 범용 운영체제에서는 0~3GB의 가상 메모리 공간까지는 유저 모드만 접근할 수 있고 커널 모드에서는 0~4GB의 메모리까지 접근할 수 있도록 제한을 걸어 둡니다.

우리가 실행하는 모든 애플리케이션은 유저 모드와 커널 모드 중 하나 모드에서 동작한다고 했습니다. 그런데 유저 애플리케이션 입장에서 커널에 어떤 서비스를 요청해야 할 때가 있습니다. 파일을 읽고 쓰거나 현재 실행 중인 프로세스 정보를 얻고 싶은 경우입니다. **이럴 때 유저 모드 애플리케이션에서 커널에 어떤 방식으로 이 정보를 요청할까요?** 시스템 콜을 통해 특정 서비스를 커널에게 요청합니다. 유저 모드에서 커널 코드를 직접 실행하지 못하기 때문입니다.

커널 입장에서는 시스템 콜을 통해 유저 모드에서 요청한 서비스를 어떻게 처리할까?

시스템 콜의 종류는 다양하지만 커널의 시스템 콜 핸들러는 다음과 같이 동작합니다.

1. 시스템 콜에 전달한 인자의 오류 점검

먼저 유저 공간에서 시스템 콜을 실행하면서 전달한 인자에 오류가 있는지 점검합니다. 유저 모드에서 애플리케이션 개발자가 시스템 콜로 인자를 잘못 전달할 수 있기 때문입니다. 커널에서 이 인자를 그대로 읽어서 처리하면 커널이 오동작할 가능성이 높습니다. 그래서 시스템 콜이 실행하고 호출되는 시스템 콜 핸들러 함수에서는 예외 처리 루틴이 많습니다.

2. 커널 내부 함수 호출

유저 모드에서 요청한 서비스 종류에 따라 커널 내부 함수를 호출합니다.

3. 유저 애플리케이션에 요청한 정보를 알려줌

유저 애플리케이션에서 요청한 값을 문자열과 같은 포맷으로 알려주거나 요청한 타입에 맞게 반환합니다.

이번에는 유저 모드에 대해 조금 더 생각해 봅시다. **유저 모드에 해당하는 파일은 무엇일까요?** 라즈베리 파이에서는 다음 경로에 리눅스 시스템 구동에 필요한 라이브러리가 있습니다.

```
root@raspberrypi:/home/pi# ls /usr/lib/arm-linux-gnueabihf/
alsa-lib            libmad.so.0
audit               libmad.so.0.2.1
avahi               libmagic.so.1
blas                libmagic.so.1.0.0
bluetooth           libmatroska.so.6
caca                libmatroska.so.6.0.0
cifs-utils          libmbedcrypto.so.2.16.0
...
```

이 라이브러리 파일이 유저 모드 코드라 볼 수 있습니다. 리눅스에서 실행 중인 유저 애플리케이션은 이 라이브러리와 링킹되어 메모리에 적재돼 실행되기 때문입니다.

이번에는 유저 레벨 프로세스에 대해 생각해 봅시다. **유저 레벨 프로세스는 어떻게 생성될까요?** 라즈베리 파이에서 바탕 화면에 있는 아이콘을 더블클릭하면 프로그램을 실행할 수 있습니다. 혹은 리눅스 시스템 프로그램을 작성한 후 컴파일한 프로그램을 실행할 수 있습니다. 그런데 두 가지 방식으로 프로그램을 실행하더라도 같은 흐름으로 유저 프로세스를 생성합니다.

여기서 한 가지 기억해야 할 중요한 사실이 있습니다. **바로 유저 모드에서는 스스로 프로세스를 생성하지 못한다는 것입니다.** 대신 리눅스에서 제공하는 라이브러리(GNU)의 도움으로 프로세스 생성 요청이 가능합니다.

유저 애플리케이션과 유저 레벨 프로세스는 커널에게 어떤 의미일까요?

유저 애플리케이션은 라즈베리 파이에서 보는 프로그램을 의미하고 유저 레벨 프로세스는 이 애플리케이션을 실행하는 주체를 의미합니다. 하지만 커널은 유저 애플리케이션이 뭔지 모릅니다. 커널 입장에서 실행 대상은 프로세스밖에 없는 것입니다. 커널 입장에서는 유저 레벨 프로세스도 동등한 프로세스로 간주합니다.

유저 레벨 프로세스와 커널 레벨 프로세스의 가장 큰 차이점은 무엇일까요?

먼저 실행 출발점이 다릅니다. 유저 레벨 프로세스는 유저 모드에서 fork() 함수나 pthread_create() 함수를 호출합니다. 다음 경로에 있는 glibc 리눅스 라이브러리 파일의 도움으로 커널에 서비스를 요청해 생성합니다.

```
root@raspberrypi:/home/pi# ls /usr/lib/arm-linux-gnueabihf/libc.a
/usr/lib/arm-linux-gnueabihf/libc.a
```

이처럼 유저 레벨 프로세스가 커널에 어떤 서비스를 요청하려면 시스템 콜을 실행해야 합니다. 하지만 커널 레벨 프로세스는 커널 모드에서 실행합니다. 커널의 kthread_create() 함수를 호출해 프로세스를 생성할 수 있습니다.

4.3.2 유저 레벨 프로세스를 생성할 때 _do_fork() 함수의 처리 흐름

이번에는 시야를 넓혀 유저 레벨 프로세스를 생성할 때의 전체 처리 과정을 살펴보겠습니다. 그림 4.2 는 유저 레벨 프로세스가 어떤 흐름으로 생성되는지 나타낸 것입니다.

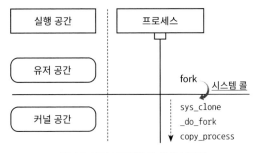

그림 4.2 유저 프로세스의 생성 흐름도

보다시피 유저 공간에서 fork() 함수를 호출하면 리눅스에서 제공하는 라이브러리의 도움을 받아 커널에게 프로세스 생성 요청을 합니다. 리눅스에서 제공하는 라이브러리 코드가 실행되면서 시스템 콜을 발생시키고, 리눅스 커널 계층에서는 fork() 함수에 대응하는 시스템 콜 핸들러인 sys_clone() 함수를 호출합니다.

sys_clone() 함수 분석

유저 공간에서 fork() 함수를 호출하면 커널 공간에서 실행되는 sys_clone() 함수의 코드를 봅시다.

https://github.com/raspberrypi/linux/blob/rpi-4.19.y/kernel/fork.c

```
01 #ifdef __ARCH_WANT_SYS_CLONE
02 #ifdef CONFIG_CLONE_BACKWARDS
03 SYSCALL_DEFINE5(clone, unsigned long, clone_flags, unsigned long, newsp,
04              int __user *, parent_tidptr,
05              unsigned long, tls,
06              int __user *, child_tidptr)
...
07 #endif
08 {
09     return _do_fork(clone_flags, newsp, 0, parent_tidptr, child_tidptr, tls);
10 }
11 #endif
```

 앞의 코드에서 sys_clone이라는 함수의 이름이 보이지 않는데 필자는 sys_clone() 함수라고
설명했습니다. 커널에서 제공하는 SYSCALL_DEFINE5 매크로와 함께 함수 이름을 지정하면 커널 소스를
빌드하는 과정에서 지정한 함수 이름 앞에 'sys_' 접두사를 붙여서 심벌을 생성합니다. 즉, 다음과 같이
시스템 콜 함수를 정의하면 sys_clone() 시스템 콜 함수가 생성됩니다.

```
3 SYSCALL_DEFINE5(clone, unsigned long, clone_flags, unsigned long, newsp,
```

세부 동작은 11장 '시스템 콜'의 11.6절을 참고하세요.

9번째 줄 코드와 같이 sys_clone() 함수는 _do_fork() 함수를 그대로 호출합니다.

유저 레벨에서 생성한 프로세스와 스레드를 커널은 동등하게 처리합니다. 그러니 sys_clone() 함수를
호출하는 것입니다.

유저 레벨 프로세스를 생성할 때의 처리 흐름은 다음과 같이 정리할 수 있습니다.

- 유저 공간에서 fork() 함수를 호출하면 시스템 콜을 발생시킴
- 커널 공간에서 sys_clone() 함수를 호출
- sys_clone() 함수는 _do_fork() 함수를 호출해 프로세스를 생성

이 내용을 처음 읽는 독자분들은 이해하기가 쉽지 않을 것입니다. 하지만 4.9절 '디버깅'에서 소개한 실습 과정을 따라하면 익숙해질 것입니다. 유저 레벨 프로세스에서 fork() 함수를 호출하면 어떤 과정으로 시스템 콜을 발생시켜 sys_clone() 커널 함수를 호출하는지 알 수 있기 때문입니다.

 비슷한 역할을 수행하는 sys_fork()와 sys_vfork() 시스템 콜 함수를 확인해 봅시다.

https://github.com/raspberrypi/linux/blob/rpi-4.19.y/kernel/fork.c

```
01 SYSCALL_DEFINE0(fork)
02 {
03 #ifdef CONFIG_MMU
04      return _do_fork(SIGCHLD, 0, 0, NULL, NULL, 0);
05 #else
06      /* can not support in nommu mode */
07      return -EINVAL;
08 #endif
09 }
10
11 SYSCALL_DEFINE0(vfork)
12 {
13      return _do_fork(CLONE_VFORK | CLONE_VM | SIGCHLD, 0,
14                   0, NULL, NULL, 0);
15 }
```

sys_fork()와 sys_vfork() 함수도 역시 _do_fork() 함수를 그대로 호출합니다.

그런데 유저 공간(리눅스 시스템 프로그래밍)에서 fork() 함수로 프로세스를 생성하면 시스템 콜 핸들러로 sys_clone() 함수를 호출합니다. 예전 리눅스 커널 버전에서는 fork() 함수를 호출하면 커널 공간에서 sys_fork() 함수를 호출했으나 최근 리눅스 커널에서는 sys_clone() 함수를 실행합니다. vfork() 시스템 콜 함수도 fork() 시스템 콜을 개선하기 위해 이전 리눅스 커널 버전에서 썼던 레거시(과거) 코드입니다.

다음 절에서는 커널 레벨 프로세스를 생성할 때 do_fork() 함수를 어떻게 실행하는지 살펴보겠습니다.

4.3.3 커널 프로세스 생성 시 _do_fork() 함수의 흐름

커널 프로세스를 생성할 때도 _do_fork() 함수를 호출합니다. 그럼 커널 프로세스란 무엇일까요? 커널 프로세스란 시스템 콜 없이 커널 함수로 생성되어 커널 공간에서만 실행되는 프로세스를 의미합니다. 커널 프로세스의 대표적인 예로 커널 스레드를 들 수 있습니다. 커널 스레드는 커널 공간에서 시스템 리소스(메모리, 전원) 관리를 수행합니다.

다음 그림을 보면서 커널 스레드와 같은 커널 프로세스를 어떻게 생성하는지 알아보겠습니다.

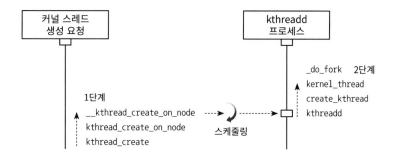

그림 4.3 커널 스레드의 생성 흐름도

보다시피 커널 스레드의 생성 과정은 2단계로 나눌 수 있습니다.

- 1단계: kthreadd 프로세스에게 커널 프로세스 생성을 요청

  kthread_create() 함수를 호출해 kthreadd 프로세스에게 커널 프로세스 생성을 요청합니다. 그리고 kthreadd
  프로세스를 깨웁니다.

- 2단계: 커널 프로세스 생성

  kthreadd 프로세스는 깨어나 자신에게 커널 프로세스 생성 요청을 했는지 점검합니다. 프로세스를 생성해달라는
  요청이 있으면 프로세스를 생성합니다.

이어서 커널 스레드를 생성하는 예제 코드를 봅시다.

https://github.com/raspberrypi/linux/blob/rpi-4.19.y/drivers/vhost/vhost.c

```
01 long vhost_dev_set_owner(struct vhost_dev *dev)
02 {
03     struct task_struct *worker;
04     int err;
...
05     /* No owner, become one */
06     dev->mm = get_task_mm(current);
07     worker = kthread_create(vhost_worker, dev, "vhost-%d", current->pid);
```

7번째 줄에서 kthread_create() 함수를 실행하면 커널 스레드를 생성할 수 있습니다. kthread_create()
함수를 호출하면 커널 스레드를 생성하는 kthreadd 프로세스에게 커널 스레드 생성 요청을 합니다. 이
후 kthreadd 스레드는 _do_fork() 함수를 실행해서 프로세스를 생성합니다.

이처럼 커널 스레드도 프로세스의 한 종류라 볼 수 있습니다. 그런데 여기서 한 가지 의문이 생깁니다. **커널 스레드는 언제 실행을 시작할까요?**

커널은 시스템 부팅 과정에서 대부분의 커널 스레드를 생성합니다. 커널 스레드는 생성된 후 바로 일을 시작하며, 이후 배경 작업으로 주기적으로 실행됩니다. 대표적인 예로 워커 스레드를 들 수 있습니다.

하지만 모든 커널 스레드가 부팅 과정에서만 생성되는 것은 아닙니다. 커널이 동적으로 커널 스레드가 필요하다고 판단할 때 커널 스레드를 생성할 때도 있습니다. 두 가지 예를 들어볼까요?

1. 리눅스 드라이버에서 많은 워크를 워크큐에 큐잉하면 커널은 커널 스레드의 종류인 워커 스레드를 더 생성한다.

2. 커널에서 메모리가 부족하면 페이지를 확보하는 일을 하는 kswapd 스레드를 깨워 실행합니다.

보통 리눅스 커널 시스템이 더 많은 일을 해야 할 때 커널 스레드를 생성합니다.

이번 시간에는 프로세스 생성 과정을 알아봤습니다. 이어지는 절에서는 라즈베리 파이에서 유저 공간에서 실행 중인 프로세스를 점검해봅시다.

4.4 유저 레벨 프로세스 실행 실습

이번에는 라즈베리 파이에서 프로세스를 확인하는 실습 과정을 소개합니다. 이번에 알아볼 내용은 라즈베리 파이가 아닌 다른 리눅스 디바이스에서 확인해도 좋습니다.

4.4.1 기본 유저 레벨 프로세스 실행 실습 및 ftrace 로그 분석

이번 절에서는 라즈베리 파이에서 명령어를 입력해 프로세스를 확인해보는 실습을 하겠습니다.

ps 명령어를 이용한 프로세스 목록 확인

라즈베리 파이에서 터미널 프로그램을 열어 "ps -ely | grep bash" 명령어를 입력해 봅시다.

```
01 root@raspberrypi:/home/pi# ps -ely | grep bash
02 S   UID   PID  PPID  C PRI  NI   RSS    SZ WCHAN  TTY          TIME CMD
03 S  1000   541   443  0  80   0  4024  1645 poll_s tty1     00:00:00 bash
04 S  1000   880   878  0  80   0  4008  1628 wait   pts/0    00:00:00 bash
05 S     0   977   972  0  80   0  3284  1416 wait   pts/0    00:00:00 bash
06 S  1000   993   989  0  80   0  3960  1628 poll_s pts/1    00:00:00 bash
```

grep bash 명령어로 현재 실행 중인 프로세스 목록 중 bash라는 이름의 프로세스를 검색한 결과를 확인할 수 있습니다. 출력 결과, 4개의 bash 프로세스 목록을 볼 수 있습니다. 그런데 6번째 줄 메시지에서 보이는 "bash(pid:993)"가 현재 실행 중인 터미널 셸 프로세스입니다.

이번에는 터미널을 하나 더 열고 다음 명령어를 입력해서 bash 프로세스 목록을 확인합시다.

```
01 root@raspberrypi:/boot# ps -ely | grep bash
02 S   UID   PID  PPID  C PRI  NI   RSS    SZ WCHAN  TTY          TIME CMD
03 S  1000   541   443  0  80   0  4024  1645 poll_s tty1     00:00:00 bash
04 S  1000   880   878  0  80   0  4008  1628 wait   pts/0    00:00:00 bash
05 S     0   977   972  0  80   0  3284  1416 wait   pts/0    00:00:00 bash
06 S  1000   993   989  0  80   0  3960  1628 poll_s pts/1    00:00:00 bash
07 S  1000  1027   878  3  80   0  4036  1628 poll_s pts/2    00:00:00 bash
```

바로 이전에 출력한 결과와 비교해볼까요? 맨 마지막의 7번째 줄 로그에서 pid가 1027인 bash 프로세스가 보입니다. 이렇게 터미널 셸을 하나 더 열고 "ps -ely" 명령어를 입력하니 이렇게 새로 생성된 프로세스를 볼 수 있습니다. 위 명령어의 출력 결과로 **새로운 프로그램을 실행하면 이에 해당하는 프로세스가 생성된다는 사실을 알 수 있습니다.**

그럼 터미널 셸 프로그램을 실행하면 bash 프로세스가 어떻게 실행되는지 알아봅시다. 이해를 돕기 위해 터미널 셸 프로그램의 아이콘이 바탕화면에 있다고 가정하고 터미널 프로그램을 실행하기 위해 터미널 셸의 프로그램 아이콘을 마우스로 더블클릭합니다.

그럼 라즈베리 파이에서 배경 화면을 처리하는 프로세스가 이벤트를 받아서 bash라는 프로세스를 생성합니다. 이 과정에서 유저 공간에서 fork() 함수를 호출하게 됩니다. 이처럼 대부분의 유저 레벨 프로세스는 셸이나 다른 프로세스를 통해 실행을 시작하고, 스스로 실행하지 못합니다.

이번에는 라즈베리 파이에서 소스 에디터로 많이 쓰는 기니라는 프로그램을 열어 보겠습니다. 터미널을 열고 다음과 같이 "ps -ely | grep geany" 명령어를 입력해 봅시다.

```
01 root@raspberrypi:/home/pi# ps -ely | grep geany
02 S   UID   PID  PPID  C PRI  NI    RSS     SZ WCHAN  TTY          TIME CMD
03 S  1000   989   671  1  80   0  28276  25827 poll_s ?        00:00:06 geany
```

위 결과는 프로세스 목록에서 geany란 프로세스를 검색해서 출력한 결과입니다. 맨 마지막 줄에서 PID가 989인 geany 프로세스를 확인할 수 있습니다.

이번에는 기니 프로그램을 하나 더 열고 다음 명령어를 다시 입력합시다.

```
01 root@raspberrypi:/home/pi# ps -ely | grep geany
02 S   UID   PID  PPID  C PRI  NI   RSS    SZ WCHAN  TTY        TIME CMD
03 S  1000   989   671  1  80   0 28276 25827 poll_s ?      00:00:06 geany
04 S  1000  1297   671 38  80   0 25204 13533 poll_s ?      00:00:01 geany
```

4번째 줄의 출력 결과를 보면 PID가 1297인 geany 프로세스가 생성됐음을 알 수 있습니다. 처음 실행한 기니 프로그램에 대한 프로세스는 3번째 줄과 같은 geany(PID:989) 프로세스입니다. 두 번째로 실행한 기니 프로그램에 대응하는 프로세스는 4번째 줄과 같이 PID가 1297인 geany 프로세스입니다.

프로세스는 어렵게 생각할 필요가 없습니다. 터미널이나 기니 같은 프로그램을 실행하면 메모리에 로딩돼 동작하는 것이 프로세스입니다. 대부분 유저 레벨에서 실행하는 프로세스는 이처럼 유저의 액션에 의해 생성되는 경우가 많습니다. 여기서 한 가지 의문이 생깁니다.

만약 라즈베리 파이와 같은 리눅스 시스템을 부팅한 후 사용자가 아무런 프로그램을 실행하지 않고 방치하면 유저 프로세스가 생성될까? 일반적인 상황에서 유저 프로세스는 생성되지 않습니다. 이처럼 유저 프로세스는 사용자가 프로그램을 실행했을 때 생성된다는 사실을 기억합시다.

유저 프로세스 실습 코드 소개

이번에 리눅스 시스템 프로그래밍으로 프로세스를 생성해 봅시다. 소스코드는 다음과 같습니다.

```
01 #include <stdio.h>
02 #include <unistd.h>
03
04 #define PROC_TIMES 500
05 #define SLEEP_DURATION 3  // second unit
06
07 int main()
08 {
09     int proc_times = 0;
10
11     for(proc_times = 0; proc_times < PROC_TIMES; proc_times++) {
12         printf("raspbian tracing \n");
13         sleep(SLEEP_DURATION);
14     }
15
```

```
16      return 0;
17  }
```

 위와 같은 프로그램을 리눅스 시스템 프로그램이라고 합니다. 리눅스 시스템을 관리하는 sleep()이나 fork() 함수를 직접 호출하기 때문에 응용 프로그램 입장에서 저수준 프로그래밍이라고도 합니다. 위와 같은 함수를 앞으로 리눅스 시스템 저수준 함수(API)라고 부르겠습니다.

위 코드는 다음 코드 외에 특별한 동작을 하지 않습니다.

```
11      for(proc_times = 0; proc_times < PROC_TIMES; proc_times++) {
12                  printf("raspbian tracing \n");
13                  sleep(SLEEP_DURATION);
14      }
```

소스코드를 잠깐 볼까요? 11~14번째 줄 코드는 for 루프입니다. proc_times 지역변수가 500보다 작을 때까지 +1만큼 증가하니 for 루프는 500번 실행합니다.

이번에는 for 루프 안의 코드를 살펴봅시다. 12번째 줄 코드는 "raspbian tracing"이란 메시지를 셸로 출력합니다. 다음 13번째 줄 코드를 실행하면 sleep() 함수를 호출해서 3초 동안 휴면 상태로 진입합니다. sleep() 함수는 인자로 전달된 정숫값(초 단위)만큼 휴면 상태로 진입하는 기능입니다. 3초 동안 휴면하고 난 후 깨어나 다시 12번째 줄 코드를 실행합니다.

정리하면 위 코드는 다음 동작을 500번 반복합니다.

- "raspbian tracing" 문자열을 printf() 함수를 통해 출력한다.
- 3초 동안 휴면 상태로 진입한다.

위 코드를 입력한 다음 raspbian_test.c라는 이름으로 저장합시다.

컴파일을 쉽게 하기 위해 다음과 같이 코드를 작성하고 파일명을 Makefile로 저장합니다.

```
raspbian_proc: raspbian_test.c
    gcc -o raspbian_proc raspbian_test.c
```

make 명령어로 위와 같은 Makefile을 실행하면 raspbian_proc이라는 실행 파일이 만들어집니다.

Makefile은 여러 개의 모듈을 빌드(컴파일)하기 위해 일일이 컴파일 명령어를 입력하기 번거롭기 때문에 컴파일 설정을 효율적으로 하기 위해 쓰는 것입니다. 실전 프로젝트에서도 Makefile을 자주 쓰는데, 소스코드를 새롭게 추가하거나 컴파일 옵션을 수정할 때 Makefile을 수정합니다.

ftrace 설정 방법 따라해보기

이번에는 ftrace 로그를 설정하는 방법을 소개합니다. raspbian_proc 프로세스가 어떻게 생성되고 실행되는지 파악하려면 다음과 같은 명령어로 ftrace를 설정할 필요가 있습니다.

```bash
01  #!/bin/bash
02
03  echo 0 > /sys/kernel/debug/tracing/tracing_on
04  sleep 1
05  echo "tracing_off"
06
07  echo 0 > /sys/kernel/debug/tracing/events/enable
08  sleep 1
09  echo "events disabled"
10
11  echo  secondary_start_kernel  > /sys/kernel/debug/tracing/set_ftrace_filter
12  sleep 1
13  echo "set_ftrace_filter init"
14
15  echo function > /sys/kernel/debug/tracing/current_tracer
16  sleep 1
17  echo "function tracer enabled"
18
19  echo sys_clone do_exit > /sys/kernel/debug/tracing/set_ftrace_filter
20  echo _do_fork copy_process* >> /sys/kernel/debug/tracing/set_ftrace_filter
21
22  sleep 1
23  echo "set_ftrace_filter enabled"
24
25  echo 1 > /sys/kernel/debug/tracing/events/sched/sched_switch/enable
26  echo 1 > /sys/kernel/debug/tracing/events/sched/sched_wakeup/enable
27  echo 1 > /sys/kernel/debug/tracing/events/sched/sched_process_fork/enable
28  echo 1 > /sys/kernel/debug/tracing/events/sched/sched_process_exit/enable
```

```
29
30 echo 1 > /sys/kernel/debug/tracing/events/signal/enable
31
32 sleep 1
33 echo "event enabled"
34
35 echo 1 > /sys/kernel/debug/tracing/options/func_stack_trace
36 echo 1 > /sys/kernel/debug/tracing/options/sym-offset
37 echo "function stack trace enabled"
38
39 echo 1 > /sys/kernel/debug/tracing/tracing_on
40 echo "tracing_on"
```

ftrace 설정을 위한 명령어 중 핵심 코드를 소개합니다.

```
19 echo sys_clone do_exit > /sys/kernel/debug/tracing/set_ftrace_filter
20 echo _do_fork copy_process* >> /sys/kernel/debug/tracing/set_ftrace_filter
```

위 명령어를 실행하면 콜 스택을 출력할 함수를 set_ftrace_filter라는 파일로 지정합니다.

- sys_clone()

- do_exit()

- _do_fork()

- copy_process()

다음 명령어는 sched_process_fork와 sched_process_exit 이벤트를 활성화하는 동작입니다. sched_process_fork와 sched_process_exit 이벤트를 통해 프로세스가 종료하고 생성하는 동작을 추적할 수 있습니다.

```
27 echo 1 > /sys/kernel/debug/tracing/events/sched/sched_process_fork/enable
28 echo 1 > /sys/kernel/debug/tracing/events/sched/sched_process_exit/enable
```

raspbian_proc 프로세스와 ftrace를 실행해 프로세스 실행과 종료 로그 확보하기

앞에서와 같이 코드를 작성한 후 clone_process_debug.sh라는 이름으로 저장한 후 다음과 같이 이 셸 스크립트를 실행합니다.

```
root@raspberrypi:/home/pi#./clone_process_debug.sh
```

이 셸 스크립트를 실행하면 5~6초 내로 ftrace 설정을 완료할 수 있습니다. 이후 터미널에서 raspbian_
test.c 파일을 컴파일하면 생성되는 raspbian_proc이라는 프로그램을 다음 명령어로 실행합시다.

```
root@raspberrypi:/home/pi# ./raspbian_proc
raspbian tracing
raspbian tracing
raspbian tracing
raspbian tracing
raspbian tracing
raspbian tracing
```

터미널에서 raspbian_proc 프로그램을 실행하니 3초 간격으로 "raspbian tracing"이라는 메시지가 출력
됩니다. **이를 통해 raspbian_proc 프로그램을 실행했으니 이에 해당하는 프로세스가 생성됐을 것이라
예상할 수 있습니다.**

이번에는 터미널을 하나 열겠습니다. 기존 터미널에서는 이미 raspbian_proc 프로그램을 실행 중이라
명령어를 입력할 수 없습니다. 새로 연 두 번째 터미널에서 "ps -ely" 명령어를 입력해서 프로세스 목
록을 확인합니다.

```
root@raspberrypi:/home/pi# ps -ely
01 S   UID   PID  PPID  C PRI   NI   RSS    SZ WCHAN  TTY       TIME CMD
02 S     0     1     0  0  80    0  5956  6991 SyS_ep ?     00:00:02 systemd
03 S     0     2     0  0  80    0     0     0 kthrea ?     00:00:00 kthreadd
...
04
05 S     0   895   890  0  80    0  3420  1448 wait   pts/0 00:00:00 bash
06 S  1000   991   685  0  80    0  7500  7842 poll_s ?     00:00:00 ibus-engine-han
...
07 S     0   937   849  0  80    0  2940  1905 poll_s pts/0 00:00:00 sudo
08 S     0   941   937  0  80    0  2680  1810 wait   pts/0 00:00:00 su
09 S     0   946   941  0  80    0  2872  1399 wait   pts/0 00:00:00 bash
...
10 I     0  1338     2  0  60  -20     0     0 worker ?     00:00:00 kworker/2:1H
11 I     0  1340     2  0  80    0     0     0 worker ?     00:00:00 kworker/u8:1-ev
12 S     0  1360   946  0  80    0   320   450 hrtime pts/0 00:00:00 raspbian_proc
13 R     0  1361  1320  0  80    0  1160  1911 -      pts/2 00:00:00 ps
```

프로세스 목록의 12번째 항목을 보면 pid가 1360인 raspbian_proc 프로세스가 보입니다. 리눅스 시스템에서 raspbian_proc 프로세스가 READY 상태라는 의미입니다.

```
01 S   UID   PID  PPID  C PRI  NI   RSS      SZ WCHAN TTY        TIME CMD
...
11 I     0  1340     2  0  80   0     0       0 worker ?      00:00:00 kworker/u8:1-ev
12 S     0  1360   946  0  80   0   320     450 hrtime pts/0  00:00:00 raspbian_proc
```

그런데 1번째 줄 로그에서 PPID가 보입니다. PPID는 무엇일까요? **바로 부모 프로세스의 pid를 의미합니다. 12번째 줄에서는 PID인 1360 오른쪽에 있는 숫자가 PPID입니다. 즉, raspbian_proc 프로세스의 부모 프로세스는 pid가 946인 것입니다.**

이번에는 pid가 946인 프로세스를 확인하니 09번째 항목과 같이 bash 프로세스입니다. 따라서 raspbian_proc 프로세스의 부모 프로세스는 bash임을 알 수 있습니다. 이는 raspbian_proc 프로세스를 실행할 때 터미널 셸에서 다음 명령어로 실행했기 때문입니다.

```
root@raspberrypi:/home/pi# ./raspbian_proc
```

이 방식으로 첫 번째 터미널에서 raspbian_proc 프로세스를 이렇게 15초 동안 실행합니다. 이후 두 번째 터미널에서 다음 명령어로 raspbian_proc 프로세스를 강제 종료해봅시다.

```
root@raspberrypi:/home/pi# kill -9  1360
```

kill 명령어로 pid를 지정하면 지정한 프로세스를 종료시킬 수 있습니다. -9는 강제로 프로세스를 종료시키는 옵션입니다. 다음 명령어를 입력해서 kill 명령어가 무슨 의미인지 확인합시다.

```
root@raspberrypi:/home/pi# info kill
24.1 'kill': Send a signal to processes
======================================

The 'kill' command sends a signal to processes, causing them to
terminate or otherwise act upon receiving the signal in some way.
Alternatively, it lists information about signals.  Synopses:

    kill [-s SIGNAL | --signal SIGNAL | -SIGNAL] PID...
    kill [-l | --list | -t | --table] [SIGNAL]...
```

```
    Due to shell aliases and built-in 'kill' functions, using an
unadorned 'kill' interactively or in a script may get you different
functionality than that described here.  Invoke it via 'env' (i.e., 'env
kill ...') to avoid interference from the shell.
```

매뉴얼 내용과 같이 kill 명령어는 프로세스를 종료하는 역할을 수행합니다.

다음과 같이 get_ftrace.sh 셸 스크립트를 실행해서 ftrace 로그를 추출합니다. (ftrace 로그를 추출할 때 사용하는 get_ftrace.sh 스크립트는 3.4.4절의 내용을 참고하세요.)

```
root@raspberrypi:/home/pi#./get_ftrace.sh
```

그러면 같은 폴더에 ftrace 로그가 담긴 ftrace_log.c라는 파일이 생성됐음을 확인할 수 있습니다.

지금까지 ftrace 로그를 추출하기 위해 진행한 과정을 정리해볼까요?

- 1단계: [첫 번째 터미널] ftrace 로그 설정
- 2단계: [첫 번째 터미널] 다음 명령어로 raspbian_proc 프로세스를 실행

  ```
  root@raspberrypi:/home/pi# ./raspbian_proc
  ```

- 3단계: [두 번째 터미널] "ps - ely" 명령어로 프로세스의 동작을 확인
- 4단계: [두 번째 터미널] raspbian_proc 프로세스 종료

  ```
  root@raspberrypi:/home/pi# kill -9  1360
  ```

- 5단계: [두 번째 터미널] ftrace 로그 추출

ftrace 메시지로 프로세스 생성과 종료 과정 분석하기

raspbian_proc 프로세스를 실행하고 강제로 종료된 동작이 포함된 ftrace 로그를 확보했습니다. 이제 커널 공간에서 raspbian_proc 프로세스가 어떤 코드 흐름으로 생성되고 종료되는지 살펴봅시다. 분석할 전체 ftrace 로그는 다음과 같습니다.

```
01 bash-946 [003] .... 676.984916: copy_process.part.5+0x14/0x1acc <-_do_fork+0xc0/0x41c
02 bash-946 [003] .... 676.984929: <stack trace>
03  => copy_process.part.5+0x18/0x1acc
04  => _do_fork+0xc0/0x41c
```

```
05 => sys_clone+0x30/0x38
06 => ret_fast_syscall+0x0/0x28
07 => 0x7ef11270
08 ...
09 bash-946 [003] .... 676.985385: sched_process_fork: comm=bash pid=946 child_comm=bash
child_pid=1360
...
10 raspbian_proc-1360 [001] d.h. 676.989734: sched_wakeup: comm=lxterminal pid=847 prio=120
target_cpu=001
11 raspbian_proc-1360 [001] d... 676.989763: sched_switch: prev_comm=raspbian_proc prev_pid=1360
prev_prio=120 prev_state=S
...
12 <idle>-0 [001] dnh. 679.989823: sched_wakeup: comm=raspbian_proc pid=1360 prio=120 target_cpu=001
13 raspbian_proc-1360 [001] d... 679.989938: sched_switch: prev_comm=raspbian_proc prev_pid=1360
prev_prio=120 prev_state=S ==> next_comm=kworker/1:3 next_pid=431 next_prio=120
...
14 <idle>-0 [001] dnh. 682.990027: sched_wakeup: comm=raspbian_proc pid=1360 prio=120 target_cpu=001
15 raspbian_proc-1360 [001] d... 682.990149: sched_switch: prev_comm=raspbian_proc prev_pid=1360
prev_prio=120 prev_state=S ==> next_comm=swapper/1 next_pid=0 next_prio=120
...
16 <idle>-0 [001] dnh. 685.990214: sched_wakeup: comm=raspbian_proc pid=1360 prio=120 target_cpu=001
17 raspbian_proc-1360 [001] d... 685.990325: sched_switch: prev_comm=raspbian_proc prev_pid=1360
prev_prio=120 prev_state=S ==> next_comm=kworker/1:3 next_pid=431 next_prio=120
...
18 bash-1320 [003] d... 701.305400: signal_generate: sig=9 errno=0 code=0 comm=raspbian_proc pid=1360
grp=1 res=0
...
19 raspbian_proc-1360 [001] .... 701.305489: do_exit+0x14/0xbe0 <-do_group_exit+0x50/0xe8
20 raspbian_proc-1360 [001] .... 701.305528: <stack trace>
21 => do_exit+0x18/0xbe0
22 => do_group_exit+0x50/0xe8
23 => get_signal+0x160/0x7dc
24 => do_signal+0x38c/0x468
25 => do_work_pending+0xd4/0xec
26 => slow_work_pending+0xc/0x20
27 => 0x76e10008
...
28 raspbian_proc-1360 [001] .... 701.305911: sched_process_exit: comm=raspbian_proc pid=1360 prio=120
29 raspbian_proc-1360 [001] d... 701.306010: signal_generate: sig=17 errno=0 code=2 comm=bash pid=946
grp=1 res=0
```

복잡해 보이는 이 ftrace 로그의 실행 흐름은 4단계로 나눌 수 있습니다.

> 1단계: 프로세스 생성
>
> 첫 번째 단계로 raspbian_proc 프로세스가 생성되며, 부모 프로세스는 pid가 946인 bash 프로세스입니다.
>
> 2단계: raspbian_proc 프로세스 실행
>
> raspbian_proc 프로세스는 3초 간격으로 실행과 휴면을 반복합니다. 유저 애플리케이션에서 작성한 코드대로 동작합니다.
>
> 3단계: 프로세스 종료
>
> 2번째 터미널에서 "kill [pid]" 형식의 명령어로 raspbian_proc 프로세스를 종료시켰습니다. raspbian_proc 프로세스가 종료되는 동작입니다.
>
> 4단계: 부모 프로세스에게 시그널 전달
>
> 종료하는 raspbian_proc 프로세스는 부모 프로세스인 bash에게 시그널을 전달합니다.

실행 흐름을 알아봤으니 각 단계별로 ftrace 로그를 상세히 분석하겠습니다.

1단계: 프로세스 생성 단계의 ftrace 메시지 분석

먼저 유저 공간에서 _do_fork() 함수가 호출되면 다음과 같은 흐름으로 프로세스를 생성합니다.

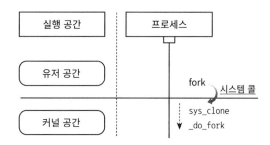

그림 4.4 유저 공간에서 fork() 함수 호출 시 프로세스 생성 흐름도

보다시피 유저 공간에서 리눅스 시스템 저수준 함수로 fork() 함수를 호출하면 fork 시스템 콜이 발생해 커널 모드로 실행 흐름이 변경됩니다. 이후 커널 모드에서 시스템 콜 번호에 해당하는 시스템 콜 핸들러 함수가 호출됩니다. 이 함수가 sys_clone()입니다.

이 처리 과정을 ftrace 로그에서 확인해보겠습니다. 먼저 01~09번째 줄 로그를 분석하겠습니다.

```
01 bash-946 [003] .... 676.984916: copy_process.part.5+0x14/0x1acc <-_do_fork+0xc0/0x41c
02 bash-946 [003] .... 676.984929: <stack trace>
03 => copy_process.part.5+0x18/0x1acc
04 => _do_fork+0xc0/0x41c
05 => sys_clone+0x30/0x38
06 => ret_fast_syscall+0x0/0x28
07 => 0x7ef11270
08 ...
09 bash-946 [003] .... 676.985385: sched_process_fork: comm=bash pid=946 child_comm=bash
child_pid=1360
```

01번째 줄 로그의 맨 왼쪽에 "bash-946"이라는 메시지가 보입니다. 이는 01번째 로그를 출력하는 주인
공이 pid가 946인 bash 프로세스라는 의미입니다.

03~06번째 줄은 "bash-946" 프로세스가 다음 콜 스택으로 실행 중인 것을 나타냅니다.

```
03 => copy_process.part.5+0x18/0x1acc
04 => _do_fork+0xc0/0x41c
05 => sys_clone+0x30/0x38
06 => ret_fast_syscall+0x0/0x28
```

함수 호출 방향은 06번째 줄에서 03번째 줄 방향입니다. 유저 공간에서 fork() 함수를 호출해 해당 시
스템 콜 핸들러 함수인 sys_clone() 함수가 호출됩니다. 이는 프로세스를 생성하는 동작입니다.

그럼 이 과정에서 어떤 프로세스를 생성할까요? 다음 09번째 줄 로그를 보면 알 수 있습니다.

```
09 bash-946 [003] .... 676.985385: sched_process_fork: comm=bash pid=946 child_comm=bash
child_pid=1360
```

pid가 1360인 프로세스를 생성합니다. 그런데 "child_comm=bash" 메시지로 자식 프로세스 이름도 bash인
것 같습니다. 사실 부모 프로세스가 자식 프로세스를 생성하는 첫 과정에서 프로세스 이름도 자식 프로
세스에 복제됩니다. 하지만 프로세스가 생성되는 마지막 단계에서 프로세스 이름을 자식 프로세스 이
름으로 바꿉니다.

이 동작을 확인하려면 task_rename이라는 ftrace 이벤트를 활성화해야 다음과 같은 로그를 볼 수 있습
니다.

```
raspbian_proc-1360 [003] .... 676.985982 task_rename: pid=1360 oldcomm=bash newcomm=raspbian_proc
oom_score_adj=0
```

2단계: raspbian_proc 프로세스 실행에 대한 ftrace 메시지 분석

10~17번째 줄 로그는 raspbian_proc(pid:1360) 프로세스가 실행되는 동작을 나타냅니다.

```
10 raspbian_proc-1360 [001] d.h. 676.989734: sched_wakeup: comm=lxterminal pid=847 prio=120
target_cpu=001
11 raspbian_proc-1360 [001] d... 676.989763: sched_switch: prev_comm=raspbian_proc prev_pid=1360
prev_prio=120 prev_state=S
...
12 <idle>-0 [001] dnh. 679.989823: sched_wakeup: comm=raspbian_proc pid=1360 prio=120 target_cpu=001
13 raspbian_proc-1360 [001] d... 679.989938: sched_switch: prev_comm=raspbian_proc prev_pid=1360
prev_prio=120 prev_state=S ==> next_comm=kworker/1:3 next_pid=431 next_prio=120
...
14 <idle>-0 [001] dnh. 682.990027: sched_wakeup: comm=raspbian_proc pid=1360 prio=120 target_cpu=001
15 raspbian_proc-1360 [001] d... 682.990149: sched_switch: prev_comm=raspbian_proc prev_pid=1360
prev_prio=120 prev_state=S ==> next_comm=swapper/1 next_pid=0 next_prio=120
...
16 <idle>-0 [001] dnh. 685.990214: sched_wakeup: comm=raspbian_proc pid=1360 prio=120 target_cpu=001
17 raspbian_proc-1360 [001] d... 685.990325: sched_switch: prev_comm=raspbian_proc prev_pid=1360
prev_prio=120 prev_state=S ==> next_comm=kworker/1:3 next_pid=431 next_prio=120
```

11, 13, 15, 17번째 줄을 보면 raspbian_proc 프로세스가 실행하다가 다음 시간에 스케줄링으로 휴면 상태로 진입한다는 사실을 알 수 있습니다.

```
676.989763 → 679.989938 → 682.990149 → 685.990325
```

각 메시지 맨 왼쪽 부분에 보이는 "raspbian_proc-1360"은 pid가 1360인 raspbian_proc 프로세스라는 의미입니다. 실행 시간을 보면 3초 간격으로 휴면 상태로 진입했다가 실행을 반복합니다. 그런데 여기서 한 가지 의문이 생깁니다. **3초 간격으로 raspbian_proc 프로세스가 실행되는 이유는 무엇일까요?**

이번 절에서 소개한 raspbian_proc_test.c 소스코드에서 구현한 대로 실행되기 때문입니다.

```
05 #define SLEEP_DURATION 3  // second unit
...
11     for(proc_times = 0; proc_times < PROC_TIMES; proc_times++) {
```

```
12          printf("rasbian tracing \n");
13          sleep(SLEEP_DURATION);
14     }
```

즉, 앞서 코드를 작성한대로 3초 간격으로 sleep() 함수를 호출하고 "raspbian tracing"이라는 메시지를 출력합니다.

3단계: 프로세스 종료에 대한 ftrace 메시지 분석

이번에는 raspbian_proc 프로세스가 종료되는 3단계 로그를 분석할 차례입니다.

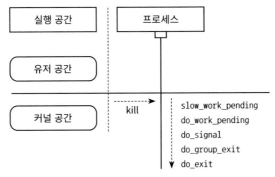

그림 4.5 프로세스가 종료될 때의 실행 흐름도

실습 과정에서 raspbian_proc 프로세스를 종료할 때 kill 명령어를 썼습니다. kill 명령어는 프로세스를 종료시키는 시그널을 전달하는 명령어입니다. 위 그림에서 볼 수 있듯이 터미널에서 kill 명령어를 입력하면 해당 프로세스는 '종료 시그널'을 받아 소멸됩니다.

 kill 명령어를 입력한 후 프로세스에게 어떤 방식으로 시그널을 전달하고 시그널 핸들러를 실행하는지는 12장 '시그널'에서 자세히 다룹니다.

kill 명령어로 프로세스가 종료되는 흐름을 알아봤습니다. 다음은 raspbian_proc-1360 프로세스가 종료할 때 출력되는 로그입니다.

```
18 bash-1320 [003] d... 701.305400: signal_generate: sig=9 errno=0 code=0 comm=raspbian_proc pid=1360
grp=1 res=0
...
19 raspbian_proc-1360 [001] .... 701.305489: do_exit+0x14/0xbe0 <-do_group_exit+0x50/0xe8
```

```
20 raspbian_proc-1360 [001] .... 701.305528: <stack trace>
21 => do_exit+0x18/0xbe0
22 => do_group_exit+0x50/0xe8
23 => get_signal+0x160/0x7dc
24 => do_signal+0x38c/0x468
25 => do_work_pending+0xd4/0xec
26 => slow_work_pending+0xc/0x20
27 => 0x76e10008
...
28 raspbian_proc-1360 [001] .... 701.305911: sched_process_exit: comm=raspbian_proc pid=1360 prio=120
```

18번째 줄 메시지를 보겠습니다.

```
18 bash-1320 [003] d... 701.305400: signal_generate: sig=9 errno=0 code=0 comm=raspbian_proc pid=1360
grp=1 res=0
```

이 로그는 두 번째 터미널에서 다음 명령어로 raspbian_proc(pid: 1360) 프로세스를 종료했을 때 출력
됩니다.

```
root@raspberrypi:/home/pi# kill -9  1360
```

터미널에서 'kill -9 1360' 명령어를 입력하면 pid가 1360인 raspbian_proc 프로세스에게 "sig=9" 시그
널을 전달합니다. **그렇다면 'sig=9' 시그널의 의미는 무엇일까요?**

시그널 타입은 정수로 선언돼 있으며, 9번은 프로세스 종료를 요청하는 SIGKILL 시그널입니다.

https://github.com/raspberrypi/linux/blob/rpi-4.19.y/arch/arm/include/uapi/asm/signal.h

```
#define SIGKILL        9
```

19~27번째 줄 메시지를 보겠습니다.

```
19 raspbian_proc-1360 [001] .... 701.305489: do_exit+0x14/0xbe0 <-do_group_exit+0x50/0xe8
20 raspbian_proc-1360 [001] .... 701.305528: <stack trace>
21 => do_exit+0x18/0xbe0
22 => do_group_exit+0x50/0xe8
23 => get_signal+0x160/0x7dc
24 => do_signal+0x38c/0x468
25 => do_work_pending+0xd4/0xec
```

```
26 => slow_work_pending+0xc/0x20
27 => 0x76e10008
```

raspbian_proc-1360 프로세스가 종료될 때의 콜 스택입니다. 즉, raspbian_proc 프로세스가 시그널을 받아 종료될 때의 함수 흐름입니다.

다음은 28번째 줄의 메시지입니다.

```
28 raspbian_proc-1360 [001] .... 701.305911: sched_process_exit: comm=raspbian_proc pid=1360 prio=120
```

pid가 1360인 raspbian_proc 프로세스가 종료하는 동작을 보여줍니다.

4단계: 부모 프로세스에게 시그널을 전달하는 과정에 대한 ftrace 메시지 분석

프로세스는 종료할 때 부모 프로세스에게 SIGCHLD 시그널을 전달합니다. 이 규칙에 따라 종료되는 raspbian_proc 프로세스는 부모 프로세스인 bash(pid:946)에게 시그널을 전달합니다. 29번째 줄 메시지를 보겠습니다.

```
29 raspbian_proc-1360 [001] d... 701.306010: signal_generate: sig=17 errno=0 code=2 comm=bash pid=946
   grp=1 res=0
```

pid가 1360인 raspbian_proc 프로세스는 자신이 소멸될 것이란 사실을 부모 프로세스인 bash(pid: 946)에 시그널로 통지합니다. 이처럼 프로세스는 종료될 때 부모 프로세스에게 자신이 종료할 것이라는 정보를 전달합니다. 위 메시지에서는 "sig=17"이 여기에 해당하고, 시그널 번호는 17입니다. 다음과 같은 매크로 선언과 같이 17은 SIGCHLD 시그널을 나타낸다는 사실을 알 수 있습니다.

https://github.com/raspberrypi/linux/blob/rpi-4.19.y/arch/arm/include/uapi/asm/signal.h

```
#define SIGCHLD        17
```

이번 절에서는 ftrace 로그 분석을 통해 구체적으로 어떤 흐름으로 프로세스가 생성되고 종료되는지 알아봤습니다.

이어서 프로세스가 생성되고 종료되는 흐름별로 실행되는 함수 목록을 정리해보겠습니다.

프로세스 생성 단계의 함수 흐름

- copy_process.part.5+0x18/0x1acc
- _do_fork+0xc0/0x41c

- sys_clone+0x30/0x38

- ret_fast_syscall+0x0/0x28

프로세스 종료 단계의 함수 흐름

- do_exit+0x18/0xbe0

- do_group_exit+0x50/0xe8

- get_signal+0x160/0x7dc

- do_signal+0x38c/0x468

- do_work_pending+0xd4/0xec

- slow_work_pending+0xc/0x20

유저 프로세스가 생성되고 종료될 때 커널 내부에서 위와 같은 함수가 실행한다는 사실을 기억해 둡시다.

다음 절에서는 다른 리눅스 시스템 프로그램을 작성해서 유저 공간에서 생성된 프로세스가 어떤 과정으로 생성되고 소멸되는지 확인해 보겠습니다.

4.4.2 exit() 함수로 프로세스가 종료되는 과정 및 ftrace 로그 분석

이전 절에서 유저 프로세스에게 종료 시그널을 전달했을 때 유저 프로세스가 소멸되는 흐름을 살펴봤습니다. 그런데 유저 프로세스는 '종료' 시그널을 받아 소멸될 수 있지만 **프로세스가 POSIX exit 시스템 콜을 호출해서** 스스로 종료할 수도 있습니다.

이번 절에서는 유저 프로세스가 POSIX exit 시스템 콜을 발생시켰을 때 커널 내부에서 어떤 흐름으로 프로세스가 종료되는지 실습을 통해 배워보겠습니다.

실습 코드를 작성하고 컴파일하기

자, 그럼 실습할 유저 애플리케이션 코드를 함께 봅시다.

```
01 #include <stdio.h>
02 #include <unistd.h>
03 #include <stdlib.h>
04
05 #define PROC_TIMES 3
```

```
06 #define SLEEP_DURATION 3  // second unit
07
08 int main()
09 {
10     int proc_times = 0;
11
12     for(proc_times = 0; proc_times < PROC_TIMES; proc_times++) {
13                     printf("rpi tracing \n");
14                     sleep(SLEEP_DURATION);
15     }
16
17     exit(EXIT_SUCCESS);
18
19     return 0;
20 }
```

이전 절에서 다룬 코드와 거의 비슷하니 차이점만 설명하겠습니다. 먼저 05번째 줄을 보겠습니다.

```
05 #define PROC_TIMES 3
```

PROC_TIMES가 3으로 변경돼서 printf로 3번 "rpi tracing \n" 문자열을 출력합니다. 그리고 나서 for 문의 실행을 끝낸 후 17번째 줄과 같이 exit() 함수를 호출합니다.

이전 절에서 본 코드와의 가장 큰 차이점은 유저 프로세스가 exit() 함수를 호출해 스스로 종료를 시도한다는 점입니다. 그리고 exit() 함수를 호출할 때는 플래그를 지정할 수 있는데 17번째 줄에서 보이는 EXIT_SUCCESS는 정상 종료임을 알려줍니다.

위 코드를 입력한 다음 rpi_process_exit.c라는 이름으로 저장합니다. 컴파일하기 쉽도록 다음과 같은 코드를 작성하고 파일명을 Makefile로 저장합니다.

```
rpi_proc_exit:rpi_process_exit.c
    gcc -o rpi_proc_exit rpi_process_exit.c
```

코드를 작성했으니 컴파일할 차례입니다. make 명령어로 앞에서 작성한 Makefile을 실행하면 rpi_proc_exit라는 실행 파일이 생성됩니다. 아울러 4.4.1절에서 소개한 clone_process_debug.sh를 실행해 ftrace를 설정합니다.

이제 실습할 준비가 끝났습니다. 이전 절보다 실습 과정이 간단하므로 긴장을 풀고 실습 과정을 따라가 봅시다.

rpi_proc_exit 프로세스 실행과 ftrace 로그 추출

실습을 진행해 보겠습니다. 앞으로 진행할 실습 단계는 다음과 같습니다.

1단계: 라즈베리 파이에서 터미널을 열고 다음 명령어를 입력해 ftrace 로그를 설정합니다.

```
root@raspberrypi:/home/pi# ./clone_process_debug.sh
```

2단계: 다음 명령어로 rpi_proc_exit 프로그램을 실행합니다.

```
root@raspberrypi:/home/pi# ./rpi_proc_exit
```

3단계: 9초 후 rpi_proc_exit 프로그램이 종료하면 3.4.4절에서 소개한 get_ftrace.sh 셸 스크립트를 실행해 ftrace 로그를 받습니다.

```
root@raspberrypi:/home/pi#./get_ftrace.sh
```

ftrace 메시지를 활용한 프로세스 생성과 종료 과정 분석

이제 ftrace 로그를 보면서 커널 공간에서 프로세스가 어떤 흐름으로 생성되고 종료되는지 살펴봅시다. 분석할 전체 ftrace 로그는 다음과 같습니다.

```
01 bash-2181 [003] .... 11491.709994: copy_process.part.5+0x14/0x1b08 <-_do_fork+0xd8/0x438
02 bash-2181 [003] .... 11491.710037: <stack trace>
03 => copy_process.part.5+0x18/0x1b08
04 => _do_fork+0xd8/0x438
05 => sys_clone+0x34/0x3c
06 => ret_fast_syscall+0x0/0x28
07 => 0x7ed03260
...
08 rpi_proc_exit-30382 [003] .... 11500.715929: do_exit+0x14/0xc18 <-do_group_exit+0x4c/0xe4
09 rpi_proc_exit-30382 [003] .... 11500.715968: <stack trace>
10 => do_exit+0x18/0xc18
11 => do_group_exit+0x4c/0xe4
12 => __wake_up_parent+0x0/0x30
```

```
13 => ret_fast_syscall+0x0/0x28
14 => 0x7ec325a8
15 rpi_proc_exit-30382 [003] .... 11500.716469: sched_process_exit: comm=rpi_proc_exit pid=30382
prio=120
16 rpi_proc_exit-30382 [003] d... 11500.716565: signal_generate: sig=17 errno=0 code=1 comm=bash
pid=2181 grp=1 res=0
17 bash-2181 [003] d... 11500.716840: signal_deliver: sig=17 errno=0 code=1 sa_handler=55a6c
sa_flags=14000000
```

먼저 프로세스 생성 단계의 ftrace 로그를 보겠습니다.

```
01 bash-2181 [003] .... 11491.709994: copy_process.part.5+0x14/0x1b08 <-_do_fork+0xd8/0x438
02 bash-2181 [003] .... 11491.710037: <stack trace>
03 => copy_process.part.5+0x18/0x1b08
04 => _do_fork+0xd8/0x438
05 => sys_clone+0x34/0x3c
06 => ret_fast_syscall+0x0/0x28
07 => 0x7ed03260
```

01~02번째 메시지의 맨 왼쪽에 보이는 'bash-2181'을 통해 01~07번째 ftrace 로그를 출력하는 실체가 pid가 2181인 bash 프로세스라는 사실을 알 수 있습니다. 즉, **pid가 2181인 bash 프로세스가 rpi_proc_exit 프로세스를 생성하는 흐름입니다.** 이처럼 ftrace 로그를 해석할 수 있는 근거는 sys_clone() 함수를 통해 _do_fork() 함수를 호출하기 때문입니다.

이번에는 rpi_proc_exit 프로세스가 종료되는 로그를 보겠습니다.

```
08 rpi_proc_exit-30382 [003] .... 11500.715929: do_exit+0x14/0xc18 <-do_group_exit+0x4c/0xe4
09 rpi_proc_exit-30382 [003] .... 11500.715968: <stack trace>
10 => do_exit+0x18/0xc18
11 => do_group_exit+0x4c/0xe4
12 => __wake_up_parent+0x0/0x30
13 => ret_fast_syscall+0x0/0x28
```

유저 공간에서 exit() 함수를 호출하면 커널 공간에서 실행되는 sys_exit_group() 함수가 호출됩니다. 이후 다음 함수 흐름으로 do_exit() 함수가 호출됩니다.

- do_group_exit()
- do_exit()

이전 절에서는 종료 시그널을 받아 커널 do_exit() 함수가 호출됐습니다. 그런데 이번에는 유저 공간에서 exit() 함수를 호출해 커널 공간에서 해당 시스템 콜 핸들러인 sys_exit_group() 함수로 시작해 do_exit() 함수가 호출됩니다. 즉, 분석 내용을 토대로 **프로세스가 종료될 때는 커널의 do_exit() 함수가 호출된다**는 사실을 알 수 있습니다.

 그런데 여기서 한 가지 의문이 생깁니다. ftrace 로그에서 sys_exit_group() 함수의 이름이 보이지 않는데, 어떻게 sys_exit_group() 함수가 호출됐다고 판단할 수 있을까요?

아주 예리한 질문인데, 차근차근 그 이유를 설명하겠습니다.

앞의 ftrace 로그에서 함수의 이름을 보면 특정한 패턴이 있습니다. 함수의 심벌 이름과 함수가 호출되는 코드의 함수 오프셋 주소가 출력된다는 것입니다. 예를 들어 다음과 같은 ftrace 메시지는 어떻게 해석할 수 있을까요?

```
do_group_exit+0x4c/0xe4
```

이것은 do_group_exit() 함수 시작 주소를 기준으로 0x4c 떨어진 코드를 의미합니다. 그런데 우리가 한 가지 기억해야 할 내용이 있는데, ARMv7 프로세서는 파이프라인을 적용한 아키텍처라서 실제로 호출되는 코드의 주소보다 +0x4바이트 오프셋을 출력한다는 것입니다. 그렇다면 do_group_exit+0x4c 메시지는 다음과 같이 보는 것이 맞습니다.

'do_group_exit+0x4c'의 실제 코드 오프셋은 do_group_exit+0x48이다.

```
(계산식 0x48 = 0x4c - 0x4)
```

그런데 12번째 줄 메시지를 보면 __wake_up_parent 함수의 시작 주소를 기준으로 0x0만큼 떨어진 주소 정보를 출력합니다.

```
11 => do_group_exit+0x4c/0xe4
12 => __wake_up_parent+0x0/0x30
13 => ret_fast_syscall+0x0/0x28
```

그런데 '__wake_up_parent 함수의 시작 주소를 기준으로 0x0만큼 떨어진 주소'이니 뭔가 이상합니다.

어셈블리 코드를 보면서 __wake_up_parent() 함수에서 -0x4 바이트에 해당하는 주소의 코드를 확인해볼까요?

```
01 801213c4 <sys_exit_group>:
02 801213c4:    e1a0c00d    mov    ip, sp
03 801213c8:    e92dd800    push    {fp, ip, lr, pc}
...
```

```
04 801213dc:    e2000cff    and    r0, r0, #65280 ; 0xff00
05 801213e0:    ebffffbe    bl     801212e0 <do_group_exit>
06
07 801213e4 <__wake_up_parent>:
```

05번째 줄을 보면 sys_exit_group 함수의 마지막 줄 명령어로 do_group_exit() 함수를 호출합니다.

즉, __wake_up_parent() 함수의 시작 주소에서 -0x4바이트에 있는 어셈블리 코드를 보니 sys_exit_group() 함수의 코드가 보입니다. 코드의 내용은 do_group_exit() 함수를 호출하는 것입니다.

이제 조금 정리가 되는 듯합니다. 앞의 분석 내용을 토대로 다음과 같은 사실을 이끌어낼 수 있습니다.

'__wake_up_parent+0x0/0x30' 메시지로 실제 동작한 코드 정보는 'sys_exit_group+0x1c/0x1c'이다.

즉. '__wake_up_parent+0x0' 주소에서 -0x4바이트만큼 떨어진 주소에 sys_exit_group() 함수의 코드가 있는 것입니다. 정리하면 12번째 줄의 함수 정보는 다음과 같이 바꿀 수 있습니다.

```
// 기존
11 => do_group_exit+0x4c/0xe4
12 => __wake_up_parent+0x0/0x30
13 => ret_fast_syscall+0x0/0x28

// 수정
11 => do_group_exit+0x4c/0xe4
12 => sys_exit_group+0x1c/0x1c
13 => ret_fast_syscall+0x0/0x28
```

만약 ftrace 로그에서 함수의 오프셋이 0x0으로 보이면 함수 이름이 제대로 출력되는지 확인해 봅시다.

이번에는 16~17번째 줄 로그를 분석하겠습니다.

```
16 rpi_proc_exit-30382 [003] d... 11500.716565: signal_generate: sig=17 errno=0 code=1 comm=bash
pid=2181 grp=1 res=0
17 bash-2181 [003] d... 11500.716840: signal_deliver: sig=17 errno=0 code=1 sa_handler=55a6c
sa_flags=14000000
```

먼저 16번째 줄의 메시지를 분석해볼까요?

```
16 rpi_proc_exit-30382 [003] d... 11500.716565: signal_generate: sig=17 errno=0 code=1 comm=bash
pid=2181 grp=1 res=0
```

rpi_proc_exit 프로세스는 종료 과정에서 **pid가 2181인 부모 bash 프로세스에게 SIGCHLD 시그널을 보냅니다.** 16번째 줄은 ftrace의 signal_generate 이벤트로 시그널이 생성됐음을 알립니다.

16번째 줄에 보이는 메시지를 조금 더 자세히 해석하면 다음과 같습니다.

- 'sig=17': SIGCHLD 시그널
- 'comm=bash pid=2181': 시그널을 전달받을 프로세스가 pid가 2181인 bash 프로세스

이처럼 프로세스는 종료될 때 부모 프로세스에게 SIGCHLD 시그널을 보내 자신이 소멸할 것이라는 정보를 알립니다.

이어서 17번째 줄 로그를 보겠습니다.

```
17 bash-2181 [003] d... 11500.716840: signal_deliver: sig=17 errno=0 code=1 sa_handler=55a6c
  sa_flags=14000000
```

먼저 로그의 맨 왼쪽에 보이는 'bash-2181'로 이 메시지를 출력하는 주인공은 pid가 2181인 bash 프로세스임을 알 수 있습니다.

- signal_deliver: 시그널을 전달받음
- sig=17: 전달받은 시그널
- sa_handler=55a6c: 시그널 핸들러 함수 주소(유저 공간)

이번 절에서 다룬 실습으로 다음과 같은 내용을 배웠습니다.

- 프로세스가 스스로 exit POSIX 시스템 콜을 호출하면 스스로 소멸할 수 있다.
- exit POSIX 시스템 콜에 대한 시스템 콜 핸들러는 sys_exit_group() 함수다.
- 프로세스는 소멸되는 과정에서 부모 프로세스에게 SIGCHLD 시그널을 전달해 자신이 종료될 것이라고 통지한다.

유저 공간에서 어떤 함수를 호출하면 리눅스 커널에서 어떤 함수 흐름으로 코드가 실행되는지 전체 그림을 그리면서 파악하는 것이 중요합니다.

4.5 커널 스레드

이전 절까지 유저 영역에서 실행한 프로세스가 어떤 과정으로 생성되고 종료되는지 배웠습니다. 이번 절에서는 커널 공간에서만 실행되는 프로세스인 커널 스레드에 대해 소개하고 생성 과정을 살펴보겠습니다.

4.5.1 커널 스레드란?

커널 프로세스는 커널 공간에서만 실행되는 프로세스입니다. 대부분 커널 스레드 형태로 동작합니다. 커널 스레드는 리눅스 시스템 프로그래밍에서 데몬과 비슷한 일을 하는데, 데몬과 커널 스레드는 백그라운드 작업으로 실행되면서 시스템 메모리나 전원을 제어하는 동작을 수행합니다. 그런데 커널 스레드는 유저 영역과 시스템 콜을 받지 않고 동작합니다. 이 점이 데몬과 커널 스레드의 차이점입니다.

커널 스레드는 다음과 같은 세 가지 특징이 있습니다.

- 커널 스레드는 커널 공간에서만 실행되며, 유저 공간과 상호작용하지 않습니다.
- 커널 스레드는 실행, 휴면 등 모든 동작을 커널에서 직접 제어 관리합니다.
- 대부분의 커널 스레드는 시스템이 부팅할 때 생성되고 시스템이 종료할 때까지 백그라운드로 실행됩니다.

커널 스레드를 소개했으니 이번에는 커널 스레드의 종류를 알아봅시다.

4.5.2 커널 스레드의 종류

리눅스는 다양한 배포판에서 구동됩니다. 그런데 어떤 리눅스 시스템에서도 볼 수 있는 커널 스레드가 있습니다.

라즈베리 파이에서 커널 스레드 항목 확인

먼저 커널에서 구동 중인 대표적인 커널 스레드를 확인해 봅시다. 라즈베리 파이에서 터미널을 열고 'ps axjf' 명령어를 입력합니다.

```
root@raspberrypi:/home/pi# ps axjf
01 PPID    PID  PGID    SID TTY      TPGID STAT   UID   TIME COMMAND
02    0     2     0      0 ?          -1 S         0   0:00 [kthreadd]
03    2     4     0      0 ?          -1 I<        0   0:00  \_ [kworker/0:0H]
04    2     7     0      0 ?          -1 S         0   0:00  \_ [ksoftirqd/0]
```

```
05   2   10    0    0 ?      -1 S      0   0:00  \_ [migration/0]
06   2   11    0    0 ?      -1 S      0   0:00  \_ [cpuhp/0]
07   2   12    0    0 ?      -1 S      0   0:00  \_ [cpuhp/1]
08   2   13    0    0 ?      -1 S      0   0:00  \_ [migration/1]
09   2   14    0    0 ?      -1 S      0   0:00  \_ [ksoftirqd/1]
..
10   2   66    0    0 ?      -1 S      0   0:00  \_ [irq/86-mmc1]
```

위와 같은 출력 결과가 커널 스레드 목록입니다. 그러면 커널 스레드가 각각 무엇인지 살펴볼까요?

- kthreadd 프로세스

```
01 PPID   PID PGID    SID TTY     TPGID STAT   UID   TIME COMMAND
02   0     2    0      0 ?        -1 S      0   0:00 [kthreadd]
```

kthreadd 프로세스는 모든 커널 스레드의 부모 프로세스입니다. 스레드 핸들러 함수는 kthreadd()이며, 커널 스레드를 생성하는 역할을 수행합니다.

 이번에는 커널 스레드의 핸들러 함수에 대해 설명하겠습니다.

커널 스레드는 일반 프로세스와 달리 프로세스가 실행하고 휴면 상태에 진입하는 세부 동작을 커널 함수를 사용해 구현해야 합니다. 또한 커널 스레드를 생성할 때 호출하는 kthread_create() 함수의 1번째 인자로 커널 스레드 핸들러 함수를 지정해야 합니다.

다음은 kthread_create() 함수의 선언부로서, 커널 스레드 핸들러 함수를 지정하는 threadfn 인자가 보입니다.

https://github.com/raspberrypi/linux/blob/rpi-4.19.y/include/linux/kthread.h

```
01 #define kthread_create(threadfn, data, namefmt, arg...) \
02     kthread_create_on_node(threadfn, data, NUMA_NO_NODE, namefmt, ##arg)
```

커널 스레드의 세부적인 동작은 커널 스레드 핸들러 함수에 구현돼 있어서 커널 스레드를 처음 접할 때 먼저 커널 스레드 핸들러 함수를 분석합니다.

- 워커 스레드

```
01 PPID   PID PGID    SID TTY     TPGID STAT   UID   TIME COMMAND
02   2     4    0      0 ?        -1 I<     0   0:00  \_ [kworker/0:0H]
```

워커 스레드는 워크큐에 큐잉된 워크(Work)를 실행하는 프로세스입니다. 스레드 핸들러 함수는 worker_thread() 이며, process_one_work() 함수를 호출해서 워크를 실행하는 기능을 수행합니다.

- ksoftirqd 프로세스

```
01 PPID   PID PGID   SID TTY    TPGID STAT  UID  TIME COMMAND
02    2     7    0     0 ?          -1 S      0  0:00  \_ [ksoftirqd/0]
```

ksoftirqd 스레드는 이름과 같이 Soft IRQ를 위해 실행하는 프로세스입니다. ksoftirqd 스레드는 smp_boot 형태의 스레드이며, 프로세스 이름의 맨 오른쪽에서 실행 중인 CPU 번호를 볼 수 있습니다. 예를 들어, 'ksoftirqd/1' 프로세스는 CPU1에서만 실행되고 'ksoftirqd/3' 프로세스는 CPU3에서만 구동됩니다.

ksoftirqd 스레드의 핸들러는 run_ksoftirqd() 함수로서 Soft IRQ 서비스를 실행합니다. Soft IRQ 서비스를 처리하는 _do_softirq() 함수에서 ksoftirqd를 깨웁니다.

- irq/86-mmc1 스레드

```
01 PPID   PID PGID   SID TTY    TPGID STAT  UID  TIME COMMAND
02    2    66    0     0 ?          -1 S      0  0:00  \_ [irq/86-mmc1]
```

IRQ 스레드라고 하며, 인터럽트 후반부 처리를 위해 쓰이는 프로세스입니다. IRQ 스레드의 이름은 다음과 같은 규칙으로 정해집니다.

```
["irq"/"인터럽트번호"-"인터럽트이름"]
```

프로세스의 이름으로 IRQ 스레드가 어떤 기능인지 유추할 수 있습니다. 예를 들어, 앞에서 본 '[irq/86-mmc1]' IRQ 스레드는 **86번 mmc1 인터럽트의 후반부를 처리하는 IRQ 스레드**라고 해석할 수 있습니다.

대표적인 커널 스레드를 소개했으니 다음 설에서 커널 스레드를 어떻게 생성하는지 알아봅시다.

4.5.3 커널 스레드는 어떻게 생성할까?

이어서 커널 스레드를 생성하는 과정에서 호출되는 함수를 소개하고 세부 코드를 분석하겠습니다. 커널 스레드가 생성되는 과정은 크게 2단계로 나눌 수 있습니다.

1) 1단계: kthreadd 프로세스에게 커널 스레드 생성을 요청

- kthread_create()
- kthread_create_on_node()

2) 2단계: kthreadd 프로세스가 커널 스레드를 생성

- kthreadd()

- create_kthread()

각 단계별로 실행되는 함수를 살펴보겠습니다.

1단계: kthreadd 프로세스에게 커널 스레드 생성 요청

유저 프로세스를 생성하려면 유저 애플리케이션에서 fork() 함수를 호출해야 하듯이, 커널 스레드를 생성하려면 kthread_create() 커널 함수를 호출해야 합니다. 먼저 kthreadd 프로세스에게 커널 스레드 생성 요청을 하는 함수 실행 흐름을 살펴보겠습니다(그림 4.6).

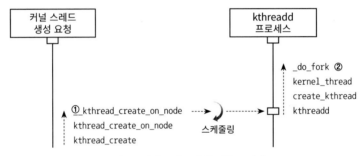

그림 4.6 커널 스레드 생성 흐름도 1단계

이 그림에서 왼쪽 부분은 커널 스레드 생성을 kthreadd 프로세스에게 요청하는 동작입니다.

kthread_create() 함수 분석

커널 스레드를 생성하려면 먼저 kthread_create() 함수를 호출해야 합니다. 다음 코드는 kthread_create() 함수로서, 매크로 형태로 작성된 것을 알 수 있습니다.

https://github.com/raspberrypi/linux/blob/rpi-4.19.y/include/linux/kthread.h

```
01 #define kthread_create(threadfn, data, namefmt, arg...) \
02     kthread_create_on_node(threadfn, data, NUMA_NO_NODE, namefmt, ##arg)
03
04 struct task_struct *kthread_create_on_node(int (*threadfn)(void *data),
05                                  void *data, int node,
06                                  const char namefmt[],
07                                  ...)
```

먼저 함수에 전달하는 인자부터 살펴봅시다.

- int (*threadfn)(void *data)

    스레드 핸들러 함수 주소를 저장하는 필드입니다. 커널 스레드의 세부 동작은 스레드 핸들러 함수에 구현돼 있습니다.

- void *data

    스레드 핸들러 함수로 전달하는 매개변수입니다. 주로 주소를 전달하며, 스레드를 식별하는 구조체의 주소를 전달합니다.

- int node

    노드 정보입니다.

- const char namefmt[]

    커널 스레드 이름을 저장합니다.

kthread_create() 함수를 호출할 때 전달하는 인자를 알아봤습니다. 하지만 kthread_create() 함수 구현부만 봐서는 커널 스레드를 생성할 때 어떤 인자를 전달하는지 알기 어렵습니다. 이어서 커널 스레드를 생성하는 예제 코드를 봅시다.

https://github.com/raspberrypi/linux/blob/rpi-4.19.y/drivers/vhost/vhost.c

```
01 long vhost_dev_set_owner(struct vhost_dev *dev)
02 {
03     struct task_struct *worker;
04     int err;
...
05     /* No owner, become one */
06     dev->mm = get_task_mm(current);
07     worker = kthread_create(vhost_worker, dev, "vhost-%d", current->pid);
```

7번째 줄을 보면 kthread_create() 함수의 첫 번째 인자로 vhost_worker로 스레드 핸들러 함수의 이름을 지정합니다.

```
07     worker = kthread_create(vhost_worker, dev, "vhost-%d", current->pid);
```

2번째 인자로 dev 변수를 지정하는데, 1번째 줄의 함수 인자를 보면 dev가 어떤 구조체인지 알 수 있습니다. vhost_dev 구조체의 주소를 2번째 인자로 전달하는 것입니다. 이 방식으로 전달하는 인자를 매개변수 혹은 디스크립터라고도 부릅니다.

3번째 인자로 "vhost-%d"를 전달합니다. 이는 커널 스레드의 이름을 나타냅니다.

 이번에는 스레드 핸들러 함수로 전달되는 매개변수를 점검해 봅시다. vhost_worker() 함수의 코드를 보겠습니다.

https://github.com/raspberrypi/linux/blob/rpi-4.19.y/drivers/vhost/vhost.c

```
01 static int vhost_worker(void *data)
02 {
03     struct vhost_dev *dev = data;
04     struct vhost_work *work, *work_next;
05     struct llist_node *node;
```

vhost_dev_set_owner() 함수에서 kthread_create() 함수를 호출할 때 두 번째 인자로 vhost_dev 구조체인 dev를 지정했습니다. 이 주소가 스레드 핸들러인 vhost_worker() 함수의 인자로 전달되는 것입니다.

이처럼 vhost_worker() 스레드 핸들러 함수의 매개변수로 인자를 전달합니다. 1번째 줄에서 보이는 void 타입의 data 포인터를 3번째 줄과 같이 vhost_dev 구조체로 형변환(캐스팅)합니다. 커널에서는 이 같은 방식으로 스레드를 관리하는 구조체를 매개변수로 전달합니다.

kthread_create() 함수를 호출해 커널 스레드를 생성하는 예제를 봤으니 이어서 kthread_create() 함수의 구현부를 보겠습니다.

https://github.com/raspberrypi/linux/blob/rpi-4.19.y/include/linux/kthread.h

```
01 #define kthread_create(threadfn, data, namefmt, arg...) \
02     kthread_create_on_node(threadfn, data, NUMA_NO_NODE, namefmt, ##arg)
```

kthread_create() 함수는 선언부와 같이 매크로 타입입니다. 따라서 커널 컴파일 과정에서 전처리기는 kthread_create() 함수를 kthread_create_on_node() 함수로 바꿉니다. 즉, 커널이나 드라이버 코드에서 kthread_create() 함수를 호출하면 실제로 동작하는 코드는 kthread_create_on_node() 함수인 것입니다.

kthread_create_on_node() 함수 분석

kthread_create() 매크로 함수의 실체인 kthread_create_on_node() 함수의 구현부를 보겠습니다.

https://github.com/raspberrypi/linux/blob/rpi-4.19.y/kernel/kthread.c

```
01 struct task_struct *kthread_create_on_node(int (*threadfn)(void *data),
02                                            void *data, int node,
03                                            const char namefmt[],
04                                            ...)
05 {
06     struct task_struct *task;
07     va_list args;
08
09     va_start(args, namefmt);
10     task = __kthread_create_on_node(threadfn, data, node, namefmt, args);
11     va_end(args);
12
13     return task;
14 }
```

함수 구현부를 봐도 특별한 일은 하지 않습니다. 다만 가변 인자를 통해 __kthread_create_on_node() 함수를 호출할 뿐입니다. 결국 __kthread_create_on_node() 함수에서 커널 스레드 생성 요청을 합니다.

https://github.com/raspberrypi/linux/blob/rpi-4.19.y/kernel/kthread.c

```
01 struct task_struct *__kthread_create_on_node(int (*threadfn)(void *data),
02                                              void *data, int node,
03                                              const char namefmt[],
04                                              va_list args)
05 {
06     DECLARE_COMPLETION_ONSTACK(done);
07     struct task_struct *task;
08     struct kthread_create_info *create = kmalloc(sizeof(*create),
09                                                  GFP_KERNEL);
10
11     if (!create)
12         return ERR_PTR(-ENOMEM);
13     create->threadfn = threadfn;
14     create->data = data;
```

```
15      create->node = node;
16      create->done = &done;
17
18      spin_lock(&kthread_create_lock);
19      list_add_tail(&create->list, &kthread_create_list);
20      spin_unlock(&kthread_create_lock);
21
22      wake_up_process(kthreadd_task);
```

먼저 8~9번째 줄 코드를 봅시다.

```
08      struct kthread_create_info *create = kmalloc(sizeof(*create),
09                                  GFP_KERNEL);
```

kmalloc() 함수를 호출해 kthread_create_info 구조체 크기만큼 동적 메모리를 할당받습니다.

다음 13~15번째 줄 코드를 봅시다.

```
13      create->threadfn = threadfn;
14      create->data = data;
15      create->node = node;
```

생성할 커널 스레드 핸들러 함수와 매개변수 및 노드를 kthread_create_info 구조체의 필드에 저장합니다.

다음으로 19번째 줄 코드를 봅시다.

```
19      list_add_tail(&create->list, &kthread_create_list);
```

커널 스레드 생성 요청을 관리하는 kthread_create_list 연결 리스트에 &create->list를 추가합니다. kthreadd 프로세스는 kthread_create_list 연결 리스트를 확인해 **커널 스레드 생성 요청이 있었는지 확인합니다.** 만약 kthread_create_list 연결 리스트가 비어 있지 않으면 누군가 커널 스레드 생성을 요청했으니 커널 스레드를 생성하는 일을 시작합니다.

다음은 __kthread_create_on_node() 함수의 핵심 코드인 22번째 줄입니다.

```
22      wake_up_process(kthreadd_task);
```

kthreadd 프로세스의 태스크 디스크립터인 kthreadd_task를 인자로 삼아 wake_up_process() 함수를 호출해서 kthreadd 프로세스를 깨웁니다.

2단계: kthreadd 프로세스가 커널 스레드를 생성

kthreadd 프로세스를 깨우면 kthreadd 프로세스의 스레드 핸들러 kthreadd() 함수가 실행을 시작합니다.

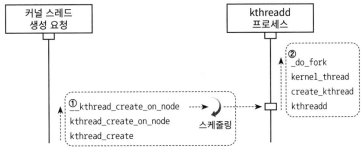

그림 4.7 커널 스레드 생성 흐름: 2단계

먼저 이 그림에서 왼쪽 박스 부분을 눈으로 따라가 봅시다. 1단계에서 커널 스레드를 생성해 달라고 kthreadd 프로세스에게 요청했습니다. 그리고 kthreadd 프로세스를 깨웠습니다.

다음으로 오른쪽 박스 부분을 보겠습니다. kthreadd 프로세스를 깨우면 kthreadd 프로세스의 스레드 핸들러인 kthreadd() 함수가 호출되어 프로세스를 생성합니다.

kthreadd() 함수 분석

kthreadd 프로세스의 스레드 핸들러인 kthreadd() 함수를 분석하겠습니다.

https://github.com/raspberrypi/linux/blob/rpi-4.19.y/kernel/kthread.c

```
01 int kthreadd(void *unused)
02 {
03     struct task_struct *tsk = current;
04
05     /* Setup a clean context for our children to inherit. */
06     set_task_comm(tsk, "kthreadd");
07     ignore_signals(tsk);
08     set_cpus_allowed_ptr(tsk, cpu_all_mask);
09     set_mems_allowed(node_states[N_MEMORY]);
10
```

```
11        current->flags |= PF_NOFREEZE;
12        cgroup_init_kthreadd();
13
14        for (;;) {
15                set_current_state(TASK_INTERRUPTIBLE);
16                if (list_empty(&kthread_create_list))
17                        schedule();
18                __set_current_state(TASK_RUNNING);
19
20                spin_lock(&kthread_create_lock);
21                while (!list_empty(&kthread_create_list)) {
22                        struct kthread_create_info *create;
23
24                        create = list_entry(kthread_create_list.next,
25                                            struct kthread_create_info, list);
26                        list_del_init(&create->list);
27                        spin_unlock(&kthread_create_lock);
28
29                        create_kthread(create);
30
31                        spin_lock(&kthread_create_lock);
32                }
33                spin_unlock(&kthread_create_lock);
34        }
```

복잡해 보이는 kthreadd() 함수의 핵심 기능은 다음과 같습니다.

- kthread_create_info 연결 리스트를 확인해 프로세스 생성 요청을 확인
- create_kthread() 함수를 호출해 프로세스를 생성

kthreadd() 함수 분석을 시작하기 전에 한 가지 생각해 볼 점이 있습니다. **kthreadd 프로세스를 깨우면 kthreadd() 함수가 실행된다고 했는데, 실제 kthreadd() 함수의 어느 코드가 실행될까요?**

kthreadd 프로세스는 kthreadd() 함수 내에서 프로세스 생성 요청이 있었는지 kthread_create_list 연결 리스트를 지속적으로 점검합니다. 만약 kthreadd 프로세스가 요청한 프로세스 생성을 처리한 다음 더는 생성할 프로세스가 없을 때는 어느 코드를 실행할까요?

```
16      if (list_empty(&kthread_create_list))
17          schedule();
18      __set_current_state(TASK_RUNNING);
```

위와 같이 17번째 줄 코드를 실행합니다. schedule() 함수를 호출해 스스로 휴면 상태로 진입하는 동작입니다. 즉, 커널 스레드 생성 요청이 없으면 kthread_create_list 연결 리스트가 비게 되어 휴면하는 것입니다.

이후 커널 스레드 생성 요청을 받아 kthreadd 프로세스를 누군가 깨우면 18번째 줄 코드를 실행합니다. 그 이유는 **schedule() 함수로 휴면 상태로 진입한 후 다음에 실행되는 코드이기 때문입니다.**

kthreadd 프로세스가 깨어나면 실행되는 코드를 알아봤으니 이어서 함수 코드를 분석하겠습니다.

21~32번째 줄 코드를 보기 전에 while 문 조건인 21번째 줄을 봅시다. kthread_create_list라는 연결 리스트가 비어있지 않으면 21~32번째 줄 코드를 실행해서 커널 스레드를 생성합니다.

```
21      while (!list_empty(&kthread_create_list)) {
22          struct kthread_create_info *create;
23
24          create = list_entry(kthread_create_list.next,
25                          struct kthread_create_info, list);
26          list_del_init(&create->list);
27          spin_unlock(&kthread_create_lock);
28
29          create_kthread(create);
30
31          spin_lock(&kthread_create_lock);
32      }
```

24~25번째 줄 코드를 봅시다. kthread_create_list.next 필드를 통해 kthread_create_info 구조체의 주소를 읽습니다.

연결 리스트 타입인 kthread_create_list 전역변수와 스레드 생성 정보를 나타내는 kthread_create_info 구조체의 관계는 다음과 같습니다.

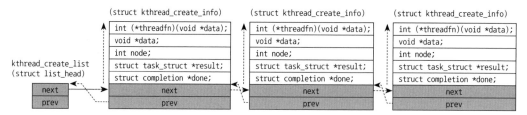

그림 4.8 kthread_create_list 연결 리스트와 kthread_create_info 구조체의 관계

kthread_create_info 구조체를 보면서 위 그림을 설명하겠습니다.

https://github.com/raspberrypi/linux/blob/rpi-4.19.y/kernel/kthread.c

```
01 struct kthread_create_info
02 {
03     int (*threadfn)(void *data);
04     void *data;
05     int node;
06
07     struct task_struct *result;
08     struct completion *done;
09
10     struct list_head list;
11 };
```

kthread_create_info 구조체의 마지막 필드는 list이며 struct list_head 타입입니다. 그런데 kthread_create_list 전역변수의 next 필드가 kthread_create_info 구조체의 list 필드 주소를 가리킵니다. 그림 4.8의 맨 왼쪽 부분에 있는 kthread_create_list라는 전역 변수의 next 필드는 화살표로 kthread_create_info 구조체의 list 필드가 위치한 주소를 가리키는 것입니다.

kthread_create_info 구조체에서 list 필드의 오프셋을 계산해 kthread_create_info 구조체의 시작 주소를 알 수 있습니다.

29번째 줄 코드를 봅시다.

```
29          create_kthread(create);
```

create_kthread() 함수를 호출해서 커널 스레드를 생성합니다.

create_kthread() 함수 분석

이제 create_kthread() 함수를 봅시다.

https://github.com/raspberrypi/linux/blob/rpi-4.19.y/kernel/kthread.c

```
01 static void create_kthread(struct kthread_create_info *create)
02 {
03    int pid;
04
05 #ifdef CONFIG_NUMA
06    current->pref_node_fork = create->node;
07 #endif
08    /* We want our own signal handler (we take no signals by default). */
09    pid = kernel_thread(kthread, create, CLONE_FS | CLONE_FILES | SIGCHLD);
```

9번째 줄과 같이 kernel_thread() 함수를 호출하는데 CLONE_FS, CLONE_FILES, SIGCHLD 매크로를 OR 연산한 결과를 3번째 인자로 설정합니다.

kernel_thread() 함수 분석

이번에는 kernel_thread() 함수를 분석하겠습니다.

https://github.com/raspberrypi/linux/blob/rpi-4.19.y/kernel/fork.c

```
01 pid_t kernel_thread(int (*fn)(void *), void *arg, unsigned long flags)
02 {
03    return _do_fork(flags|CLONE_VM|CLONE_UNTRACED, (unsigned long)fn,
04          (unsigned long)arg, NULL, NULL, 0);
05 }
```

3번째 줄과 같이 _do_fork() 함수를 호출해 프로세스를 생성하는 일을 시작합니다. 코드 분석을 통해 커널 스레드도 프로세스의 한 종류인 것을 알 수 있습니다.

지금까지 커널 스레드를 생성하는 과정을 코드 분석을 통해 알아봤습니다. 배운 내용을 정리해 봅시다.

첫째, 커널 스레드를 생성하려면 어떤 함수를 호출해야 할까?

- kthread_create() 함수를 호출해야 합니다. 함수의 인자로 '스레드 핸들러 함수', '매개변수', '커널 스레드 이름'을 지정해야 합니다.

둘째, 커널 스레드를 생성하는 단계는 무엇일까?

- kthreadd 프로세스에게 커널 스레드 생성을 요청한 후 kthreadd 프로세스를 깨웁니다. kthreadd 프로세스는 깨어나 자신에게 커널 스레드 생성 요청이 있었는지 확인한 후 만약 생성 요청이 있다면 커널 스레드를 생성합니다.

4.6 커널 내부 프로세스의 생성 과정

지금까지 유저 프로세스와 커널 프로세스에 따라 프로세스를 생성하는 흐름을 살펴봤습니다. 다음 그림을 보면서 이전 절에서 배운 내용을 정리해 봅시다.

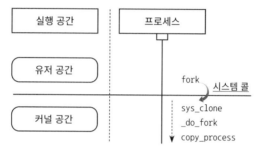

그림 4.9 유저 프로세스 생성 흐름

보다시피 유저 공간에서 fork() 함수를 호출하면 시스템 콜이 발생합니다. 커널 공간으로 실행 흐름이 바뀐 후 해당 시스템 콜 핸들러인 sys_clone() 함수가 호출됩니다. 이후 sys_clone() 함수에서 _do_fork() 함수를 호출합니다.

다음으로 커널 프로세스의 생성 과정을 살펴봅시다.

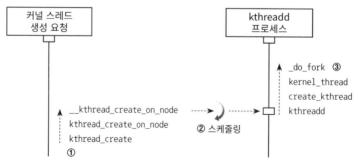

그림 4.10 커널 프로세스 생성 흐름

커널 프로세스는 커널 함수를 써서 프로세스를 생성합니다. kthread() 함수를 호출해 커널 프로세스 생성을 전담하는 kthreadd 스레드에게 프로세스 생성을 요청합니다.

이어지는 절에서는 두 종류의 프로세스를 생성할 때 공통적으로 실행되는 _do_fork() 함수를 분석하면서 커널에서 프로세스를 생성하는 과정을 살펴보겠습니다.

4.6.1 _do_fork() 함수

_do_fork() 함수의 동작은 크게 2단계로 분류할 수 있습니다.

- 1단계: 프로세스 생성

   copy_process() 함수를 호출해서 프로세스를 생성합니다. copy_process() 함수는 이름에서 볼 수 있듯이 부모 프로세스의 리소스를 자식 프로세스에게 복제합니다.

- 2단계: 생성한 프로세스의 실행 요청

   copy_process() 함수를 호출해 프로세스를 만든 후 wake_up_new_task() 함수를 호출해서 프로세스를 깨웁니다. 프로세스를 깨운다는 의미는 스케줄러에게 프로세스 실행 요청을 하는 것입니다.

_do_fork() 함수의 전체 흐름을 알아봤으니 _do_fork() 함수의 소스코드를 분석해 봅시다.

https://github.com/raspberrypi/linux/blob/rpi-4.19.y/kernel/fork.c

```
01 long _do_fork(unsigned long clone_flags,
02       unsigned long stack_start,
03       unsigned long stack_size,
04       int __user *parent_tidptr,
05       int __user *child_tidptr,
06       unsigned long tls)
07 {
08   struct completion vfork;
09   struct pid *pid;
10   struct task_struct *p;
11   int trace = 0;
12   long nr;
...
13
14   p = copy_process(clone_flags, stack_start, stack_size,
15         child_tidptr, NULL, trace, tls, NUMA_NO_NODE);
```

```
16    add_latent_entropy();
17
18    if (IS_ERR(p))
19      return PTR_ERR(p);
20
21    trace_sched_process_fork(current, p);
22
23    pid = get_task_pid(p, PIDTYPE_PID);
24    nr = pid_vnr(pid);
...
25    wake_up_new_task(p);
...
26    put_pid(pid);
27    return nr;
28 }
```

먼저 14번째 줄을 봅시다.

```
14    p = copy_process(clone_flags, stack_start, stack_size,
15                child_tidptr, NULL, trace, tls, NUMA_NO_NODE);
```

copy_process() 함수를 호출해 부모 프로세스의 메모리 및 시스템 정보를 자식 프로세스에게 복사합니다.

다음으로 18번째 줄의 조건문을 보겠습니다.

```
18    if (IS_ERR(p))
19            return PTR_ERR(p);
```

18번째 줄에서 p라는 포인터 형 변수에 오류가 있는지 검사합니다. 만약 태스크 디스크립터의 주소를 담고 있는 p 포인터 변수에 오류가 있으면 19번째 줄과 같이 오류 코드를 반환하면서 함수의 실행을 종료합니다. 태스크 디스크립터에 오류가 없으면 21~27번째 줄의 코드가 실행됩니다.

21~24번째 줄을 봅시다.

```
21    trace_sched_process_fork(current, p);
22
23    pid = get_task_pid(p, PIDTYPE_PID);
24    nr = pid_vnr(pid);
```

21번째 줄은 ftrace 이벤트 중 sched_process_fork를 활성화했을 때 동작합니다. '프로세스 생성' 동작을 나타내는 sched_process_fork 이벤트에 대한 메시지는 다음과 같습니다.

```
01 kthreadd-2 [003] .... 3495.071381: sched_process_fork: comm=kthreadd pid=2 child_comm=kthreadd
child_pid=17193
```

이 메시지를 보고 "**pid가 2인 kthreadd 프로세스가 pid가 17193인 프로세스를 생성한다**"로 해석할 수 있습니다.

다음으로 23~24번째 줄을 봅시다.

```
23    pid = get_task_pid(p, PIDTYPE_PID);
24    nr = pid_vnr(pid);
```

여기서는 pid를 계산해서 nr 지역변수에 저장합니다. 정수형 타입인 nr 변수는 프로세스의 pid이며 _do_fork() 함수가 실행을 종료한 후 반환합니다.

다음으로 25번째 줄을 보겠습니다.

```
25    wake_up_new_task(p);
```

생성한 프로세스를 깨우는 동작입니다.

이제 마지막 27번째 줄을 보겠습니다.

```
27    return nr;
```

프로세스의 PID를 담고 있는 정수형 타입의 nr 지역변수를 반환합니다. 프로세스의 PID를 반환하는 동작입니다.

_do_fork() 함수를 분석하면서 다음과 같은 내용을 알게 됐습니다.

- copy_process() 함수를 호출해 프로세스를 생성
- wake_up_new_task() 함수를 호출해 생성한 프로세스를 깨움
- 생성한 프로세스 PID를 반환

다음 절에서는 프로세스 생성 동작의 핵심인 copy_process() 함수를 분석하겠습니다.

4.6.2 copy_process() 함수 분석

프로세스를 생성하는 핵심 동작은 copy_process() 함수에서 수행합니다. 대부분 부모 프로세스에 있는 리소스를 복사하는 동작입니다. 그럼 copy_process() 함수 코드를 본격적으로 분석해 봅시다.

https://github.com/raspberrypi/linux/blob/rpi-4.19.y/kernel/fork.c

```
01 static __latent_entropy struct task_struct *copy_process(
02                                  unsigned long clone_flags,
03                                  unsigned long stack_start,
04                                  unsigned long stack_size,
05                                  int __user *child_tidptr,
06                                  struct pid *pid,
07                                  int trace,
08                                  unsigned long tls,
09                                  int node)
10 {
11     int retval;
12     struct task_struct *p;
...
13     retval = -ENOMEM;
14     p = dup_task_struct(current, node);
15     if (!p)
16         goto fork_out;
...
17     /* Perform scheduler related setup. Assign this task to a CPU. */
18     retval = sched_fork(clone_flags, p);
19     if (retval)
20         goto bad_fork_cleanup_policy;
21
...
22     retval = copy_files(clone_flags, p);
23     if (retval)
24         goto bad_fork_cleanup_semundo;
25     retval = copy_fs(clone_flags, p);
26     if (retval)
27         goto bad_fork_cleanup_files;
28     retval = copy_sighand(clone_flags, p);
29     if (retval)
30         goto bad_fork_cleanup_fs;
```

먼저 14번째 줄을 봅시다.

```
14    p = dup_task_struct(current, node);
15    if (!p)
16          goto fork_out;
```

dup_task_struct() 함수는 생성할 프로세스의 태스크 디스크립터인 task_struct 구조체와 프로세스가
실행될 스택 공간을 할당합니다. 이후 task_struct 구조체 주소를 반환합니다. dup_task_struct() 함수
를 호출해 태스크 디스크립터를 p에 저장합니다.

다음으로 18번째 줄을 보겠습니다.

```
18    retval = sched_fork(clone_flags, p);
19    if (retval)
20          goto bad_fork_cleanup_policy;
```

태스크 디스크립터를 나타내는 task_struct 구조체에서 스케줄링 관련 정보를 초기화합니다.

다음으로 22~27번째 줄을 분석하겠습니다.

```
22    retval = copy_files(clone_flags, p);
23    if (retval)
24          goto bad_fork_cleanup_semundo;
25    retval = copy_fs(clone_flags, p);
26    if (retval)
27          goto bad_fork_cleanup_files;
```

여기서는 프로세스의 파일 디스크립터 관련 내용(파일 디스크립터, 파일 디스크립터 테이블)을 초기화
합니다. 부모 file_struct 구조체의 내용을 자식 프로세스에게 복사합니다. 만약 프로세스 생성 플래그
중 CLONE_FILES로 프로세스를 생성했을 경우 참조 카운트만 증가합니다.

다음으로 분석할 코드는 28번째 줄입니다.

```
28    retval = copy_sighand(clone_flags, p);
29    if (retval)
30          goto bad_fork_cleanup_fs;
```

프로세스가 등록한 시그널 핸들러 정보인 sighand_struct 구조체를 생성해서 복사합니다.

이번 절까지 프로세스를 생성하는 함수를 살펴봤습니다. copy_process() 함수를 실행해 부모 프로세스의 리소스를 새로 생성하는 프로세스의 task_struct 구조체에 복제하는 과정을 살펴봤습니다.

그런데 **프로세스를 생성하는 과정은 여기서 끝일까요?** 그렇지 않습니다. 생성한 프로세스를 바로 실행해야 합니다. 다음 절에서 이 내용을 다루겠습니다.

4.6.3 wake_up_new_task() 함수 분석

프로세스 생성의 마지막 단계로 생성한 프로세스를 깨웁니다. 이 동작은 wake_up_new_task() 함수가 수행합니다.

- 프로세스 상태를 TASK_RUNNING으로 변경
- 현재 실행 중인 CPU 번호를 thread_info 구조체의 cpu 필드에 저장
- 런큐에 프로세스를 큐잉

이번 절에서는 다음 wake_up_new_task() 함수를 분석하겠습니다.

https://github.com/raspberrypi/linux/blob/rpi-4.19.y/kernel/sched/core.c

```
01 void wake_up_new_task(struct task_struct *p)
02 {
03     struct rq_flags rf;
04     struct rq *rq;
05
06     add_new_task_to_grp(p);
07     raw_spin_lock_irqsave(&p->pi_lock, rf.flags);
08
09     p->state = TASK_RUNNING;
10 #ifdef CONFIG_SMP
11     __set_task_cpu(p, select_task_rq(p, task_cpu(p), SD_BALANCE_FORK, 0, 1));
12 #endif
13     rq = __task_rq_lock(p, &rf);
14     update_rq_clock(rq);
15     post_init_entity_util_avg(&p->se);
16
17     mark_task_starting(p);
18     activate_task(rq, p, ENQUEUE_NOCLOCK);
```

wake_up_new_task() 함수의 인자인 task_struct *p는 새롭게 생성된 프로세스의 태스크 디스크립터입니다.

9번째 줄을 보겠습니다.

```
09      p->state = TASK_RUNNING;
```

프로세스 상태를 TASK_RUNNING으로 바꿉니다.

다음으로 11번째 줄을 봅시다.

```
11      __set_task_cpu(p, select_task_rq(p, task_cpu(p), SD_BALANCE_FORK, 0, 1));
```

__set_task_cpu() 함수를 호출해 프로세스의 thread_info 구조체의 cpu 필드에 현재 실행 중인 CPU 번호를 저장합니다.

마지막으로 13~18번째 줄을 봅시다.

```
13      rq = __task_rq_lock(p, &rf);
14      update_rq_clock(rq);
15      post_init_entity_util_avg(&p->se);
16
17      mark_task_starting(p);
18      activate_task(rq, p, ENQUEUE_NOCLOCK);
```

13번째 줄에서 런큐 주소를 읽은 다음, 18번째 줄에서 activate_task() 함수를 호출해 런큐에 새롭게 생성한 프로세스를 삽입합니다. 그런데 여기서 **생성한 프로세스를 바로 실행할 수 있을까요?**

프로세스 스케줄러는 런큐에 대기 중인 프로세스와 우선순위를 계산해 새로 생성된 프로세스를 실행할지 결정합니다. 만약 실행을 기다리는 프로세스가 많거나 우선순위가 높은 프로세스가 이미 실행 중이면 새롭게 생성된 프로세스를 바로 실행할 수는 없습니다. 하지만 일반적인 상황에서 새로 생성된 프로세스는 바로 실행합니다.

4.7 프로세스의 종료 과정 분석

프로세스는 크게 두 가지 흐름으로 종료됩니다.

- 유저 애플리케이션에서 exit() 함수를 호출할 때
- 종료 시그널을 전달받을 때

먼저 프로세스가 종료되는 흐름을 알아보겠습니다.

4.7.1 프로세스 종료 흐름 파악

커널에서 제공하는 do_exit() 함수를 실행하면 프로세스를 종료할 수 있습니다. do_exit() 함수에서 커널이 프로세스를 종료하는 코드를 분석하기에 앞서 do_exit() 함수가 어떤 흐름으로 호출되는지 살펴봅시다. 다음 그림은 프로세스가 종료되는 두 가지 흐름을 보여줍니다.

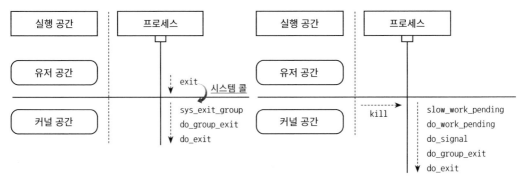

그림 4.11 유저 프로세스가 종료될 때의 실행 흐름

exit() 시스템 콜 실행

그림 4.11의 왼쪽은 유저 공간에서 exit 시스템 콜을 발생시켰을 때 프로세스가 종료되는 흐름입니다. 보통 유저 프로세스가 정해진 시나리오에 따라 종료해야 할 때 exit() 함수를 호출합니다. 시스템 콜이 발생된 후 해당 시스템 콜 핸들러인 sys_group_exit() 함수가 호출됩니다. 이후 do_exit() 함수를 호출합니다.

종료 시그널을 전달받았을 때

그림 4.11의 오른쪽은 kill 시그널을 받아 프로세스가 소멸하는 흐름입니다. 유저 프로세스뿐만 아니라 커널 프로세스도 커널 내부에서 종료 시그널을 받으면 소멸됩니다. 참고로 커널 함수로 send_signal() 함수를 호출하면 특정 프로세스에게 종료 시그널을 전달할 수 있습니다. 종료 시그널을 받은 프로세스는 do_exit() 함수를 실행해 소멸됩니다.

do_exit() 함수로 커널이 프로세스를 종료시키는 세부 동작 못지 않게 프로세스가 종료되는 흐름을 파악하는 것이 중요합니다. 그 이유는 무엇일까요? **유저 애플리케이션 프로세스나 커널 프로세스가 예외 상황에서 의도하지 않게 종료해서 문제가 발생하는 경우가 있기 때문입니다.**

프로세스가 종료될 때 처리되는 흐름을 알면 이런 문제를 만났을 때 커널의 어느 함수부터 분석해야 할지 결정할 수 있습니다.

4.7.2 do_exit() 함수 분석

do_exit() 함수의 이름만 보더라도 '종료를 실행한다'라는 동작을 할 것이라 예상할 수 있습니다. 여기서 '종료를 실행한다'의 주체는 프로세스입니다. 이번 절에서는 do_exit() 함수를 분석하면서 프로세스가 종료되는 과정을 살펴보겠습니다.

do_exit() 함수 선언부와 인자 확인

먼저 do_exit() 함수에 전달되는 인자와 반환값을 확인해 보겠습니다.

https://github.com/raspberrypi/linux/blob/rpi-4.19.y/kernel/exit.c

```
void __noreturn do_exit(long code);
```

먼저 code 인자를 살펴보겠습니다. code라는 인자는 프로세스 종료 코드를 의미합니다. 만약 터미널에서 "kill -9 [pid]"라는 명령어를 입력해 프로세스를 종료하면 code 인자로 9가 전달됩니다.

다음은 TRACE32로 do_exit() 함수를 호출했을 때의 콜 스택 정보입니다.

```
-000|do_exit(?)
-001|do_group_exit(exit_code = 9)
-002|get_signal(?)
-003|do_notify_resume(regs = 0A4233EC0, thread_flags = 9)
-004|work_pending(asm)
```

001번째 줄을 보면 exit_code가 9입니다. "kill -9 [PID]" 명령어로 프로세스를 종료하니 exit_code 인자로 9가 전달된 것입니다.

do_exit() 함수의 선언부 왼쪽을 보면 __noreturn 키워드가 보입니다. 이 지시자는 **실행 후 자신을 호출한 함수로 되돌아가지 않는다는 뜻입니다.** 다른 관점에서 보면 커널 코드를 실행하는 주인공인 프로세스가 종료되니 당연히 이전 함수로 되돌아가지 못합니다. 따라서 반환값은 없습니다.

do_exit() 함수는 프로세스에 대한 리소스를 정리하고 do_task_dead() 함수를 호출한 후 schedule() 함수를 실행합니다. 따라서 do_exit() 함수를 끝까지 실행하지 않습니다. 그래서 함수 선언부에 __noreturn이라는 키워드를 지정한 것입니다.

do_exit() 함수에서 do_task_dead() 함수를 호출해서 schedule() 함수를 실행함으로써 함수 흐름을 마무리하는 이유는 무엇일까요? **프로세스는 자신의 프로세스 스택 메모리 공간을 해제할 수 없기 때문입니다.** 즉, 프로세스를 해제하는 동작인 do_exit() 함수를 스택 메모리 공간에서 실행하기 때문입니다. 이를 다른 관점에서 설명하자면 **자신의 프로세스 스택 공간을 해제하는 일을 프로세스 스택 공간에서 실행하는 것은 불가능합니다.** 따라서 schedule() 함수를 호출해 스케줄링한 후 '다음에 실행되는 프로세스'가 종료되는 프로세스의 스택 메모리 공간을 해제시켜 줍니다. 이를 위해 do_task_dead()/schedule() 함수를 호출해서 do_exit() 함수 실행을 마무리하는 것입니다.

do_exit() 함수의 동작 방식 확인

do_exit() 함수의 실행 단계는 다음과 같이 정리할 수 있습니다.

1. init 프로세스가 종료하면 강제 커널 패닉 유발: 보통 부팅 과정에서 발생함

2. 이미 프로세스가 do_exit() 함수의 실행으로 프로세스가 종료되는 도중 다시 do_exit() 함수가 호출됐는지 점검

3. 프로세스 리소스(파일 디스크립터, 가상 메모리, 시그널) 등을 해제

4. 부모 프로세스에게 자신이 종료되고 있다고 알림

5. 프로세스의 실행 상태를 task_struct 구조체의 state 필드에 TASK_DEAD로 설정

6. do_task_dead() 함수를 호출해 스케줄링을 실행

   do_task_dead() 함수에서 __schedule() 함수가 호출되어 프로세스 자료구조인 태스크 디스크립터와 스택 메모리를 해제

do_exit() 함수 코드 분석

분석할 do_exit() 함수는 다음과 같습니다.

https://github.com/raspberrypi/linux/blob/rpi-4.19.y/kernel/exit.c

```
01 void __noreturn do_exit(long code)
02 {
03     struct task_struct *tsk = current;
04     int group_dead;
...
05     if (unlikely(tsk->flags & PF_EXITING)) {
06             pr_alert("Fixing recursive fault but reboot is needed!\n");
07
08             tsk->flags |= PF_EXITPIDONE;
09             set_current_state(TASK_UNINTERRUPTIBLE);
10             schedule();
11     }
12
13     exit_signals(tsk);  /* sets PF_EXITING */
...
14     exit_mm();
...
15     exit_files(tsk);
16     exit_fs(tsk);
...
17     exit_notify(tsk, group_dead);
...
18     do_task_dead();
...
19 }
```

먼저 05~11번째 줄을 보겠습니다.

```
05     if (unlikely(tsk->flags & PF_EXITING)) {
06             pr_alert("Fixing recursive fault but reboot is needed!\n");
07
08             tsk->flags |= PF_EXITPIDONE;
09             set_current_state(TASK_UNINTERRUPTIBLE);
```

```
10          schedule();
11      }
```

태스크 디스크립터를 나타내는 task_struct 구조체의 flags에 PF_EXITING 플래그가 설정됐을 때 06~10
번째 줄 코드를 실행합니다. 이것은 **프로세스가 do_exit() 함수를 실행하는 도중에 다시 do_exit() 함수
가 호출됐을 때 예외를 처리하는 코드입니다.**

08번째 줄에서 task_struct 구조체의 flags에 PF_EXITPIDONE 플래그를 설정합니다. 09번째 줄에서는 프
로세스의 태스크 디스크립터 필드인 state에 TASK_UNINTERRUPTIBLE로 상태를 지정합니다. 다음 10번째
줄에서는 schedule() 함수를 호출해서 휴면 상태에 진입합니다.

 do_exit() 함수 내에서 exit_signals() 함수가 실행되면 task_struct 구조체의 flags를 PF_EXITING
플래그로 설정합니다.

https://github.com/raspberrypi/linux/blob/rpi-4.19.y/kernel/signal.c

```
void exit_signals(struct task_struct *tsk)
{
...
        tsk->flags |= PF_EXITING;
...
}
```

task_struct 구조체의 flags가 PF_EXITING 플래그이면 현재 프로세스가 do_exit() 함수를 실행
중이라는 의미입니다.

다음으로 13번째 줄을 보겠습니다.

```
13    exit_signals(tsk);  /* sets PF_EXITING */
```

프로세스의 task_strtuct 구조체의 flags 필드를 PF_EXITING으로 바꿉니다. 종료할 프로세스가 처리할
시그널이 있으면 retarget_shared_pending() 함수를 실행해 시그널을 대신 처리할 프로세스를 선정합
니다.

다음으로 14번째 줄을 보겠습니다.

```
14    exit_mm();
```

프로세스의 메모리 디스크립터인 mm_struct 구조체의 리소스를 해제하고 메모리 디스크립터의 사용 카운트를 1만큼 감소합니다.

다음 코드를 보겠습니다.

```
15    exit_files(tsk);
16    exit_fs(tsk);
```

프로세스가 사용하고 있는 파일 디스크립터 정보를 해제합니다.

다음으로 17번째 줄을 보겠습니다.

```
17    exit_notify(tsk, group_dead);
```

부모 프로세스에게 현재 프로세스가 종료 중이라는 사실을 통지합니다.

마지막으로 18번째 줄에서 do_task_dead() 함수를 호출합니다.

```
18    do_task_dead();
```

이미 do_exit() 함수에서 메모리와 파일 리소스를 해제했고, 부모 프로세스에게 자신이 종료 중이라는 사실도 통보했습니다. 이제는 마지막 소멸 단계입니다.

부팅 도중 init 프로세스가 종료되는 경우가 있습니다. 이때 다음과 같은 커널 로그와 함께 커널 패닉이 발생합니다.

```
[  837.981513 / 10-11 11:11:00.958][4] Kernel panic - not syncing: Attempted to kill init!
exitcode=0x0000000b
[  837.981513 / 10-11 11:11:00.958][4]
[  837.981547 / 10-11 11:11:00.958][6] CPU2: stopping
[  837.981571 / 10-11 11:11:00.958][6] CPU: 2 PID: 339 Comm: mmc-cmdqd/0 Tainted: P
```

유저 프로세스의 부모 프로세스가 종료되면 누가 부모 프로세스의 역할을 대신할까요? **바로 init 프로세스가 대신 부모 프로세스가 됩니다.** init 프로세스는 유저 레벨 프로세스를 생성하며 관장하는 역할을 수행합니다. 그런데 init 프로세스가 종료된다면 시스템은 정상적으로 동작할 수 없는 심각한 상황입니다. init 프로세스가 불의의 상황으로 종료되면 강제로 커널 패닉을 발생시킵니다. 보통 리눅스 커널 버전을 업그레이드한 후 root 파일 시스템이나 시스템을 초기화하는 데 필요한 디바이스 노드를 생성하지 못했을 때 init 프로세스가 종료됩니다.

4.7.3 do_task_dead() 함수 분석

이어서 do_task_dead() 함수를 분석하겠습니다.

https://github.com/raspberrypi/linux/blob/rpi-4.19.y/kernel/sched/core.c

```
01 void __noreturn do_task_dead(void)
02 {
03     set_special_state(TASK_DEAD);
04     current->flags |= PF_NOFREEZE;
05
06     __schedule(false);
07     BUG();
08     for (;;)
09             cpu_relax();
10 }
```

03번째 줄에서 set_special_state() 함수를 호출해 프로세스의 상태를 TASK_DEAD 플래그로 바꿉니다. 04번째 줄에서는 프로세스 태스크 디스크립터의 flags 필드에 PF_NOFREEZE 플래그를 OR 연산으로 적용합니다.

 current는 현재 실행 중인 프로세스 태스크 디스크립터 자료구조로서 task_struct 구조체 타입입니다.

06번째 줄에서는 __schedule(false) 함수를 호출해 스케줄링을 요청합니다. __schedule() 함수에 false를 전달하는 이유는 선점 스케줄링을 실행하지 않겠다는 의미입니다.

4.7.4 do_task_dead() 함수를 호출하고 난 후의 동작

do_task_dead() 함수에서 __schedule() 함수를 호출하고 나면 커널은 어떻게 프로세스를 소멸시킬까요? 먼저 __schedule() 함수를 호출하면 어떤 흐름으로 finish_task_switch() 함수를 호출하는지 살펴보겠습니다. 다음은 이번 절에서 분석할 함수의 목록입니다.

- __schedule() 함수

- context_switch() 함수

- finish_task_switch() 함수

위 함수들이 실행되면서 다음과 같은 과정으로 프로세스가 소멸됩니다.

- 종료할 프로세스는 do_exit() 함수에서 대부분 자신의 리소스를 커널에게 반납하고 자신의 상태를 TASK_DEAD로 바꾼다.
- 컨텍스트 스위칭을 한다.
- 컨텍스트 스위칭으로 다음에 실행하는 프로세스는 finish_task_switch() 함수에서 이전에 실행했던 프로세스 상태(종료할 프로세스)가 TASK_DEAD이면 프로세스 스택 공간을 해제한다.

조금 끔찍한 비유를 들면서 이 동작 방식을 설명하겠습니다. 전쟁 영화에서 '자살을 하기 두려운 병사가 다른 동료에게 자신을 죽여달라고 권총을 주는 장면'을 본 적이 있나요? 이와 조금 비슷한 상황인데, 프로세스가 스스로 자신의 스택 메모리 공간을 해제하지 못하니 컨텍스트 스위칭을 수행한 후 다음에 실행되는 프로세스에게 **자신의 스택 메모리 공간을 해제하고 소멸시켜 달라고 부탁하는 것입니다.**

실행 흐름을 설명했으니 __schedule() 함수를 보겠습니다.

https://github.com/raspberrypi/linux/blob/rpi-4.19.y/kernel/sched/core.c

```
01 static void __sched notrace __schedule(bool preempt)
02 {
...
03    if (likely(prev != next)) {
...
04       rq = context_switch(rq, prev, next, &rf);
05    } else {
06       rq->clock_update_flags &= ~(RQCF_ACT_SKIP|RQCF_REQ_SKIP);
07       rq_unlock_irq(rq, &rf);
08    }
...
09 }
```

04번째 줄에서 context_switch() 함수를 호출해 컨텍스트 스위칭을 실행합니다.

다음으로 context_switch() 함수를 보겠습니다.

https://github.com/raspberrypi/linux/blob/rpi-4.19.y/kernel/sched/core.c

```
01 static __always_inline struct rq *
02 context_switch(struct rq *rq, struct task_struct *prev,
03        struct task_struct *next, struct rq_flags *rf)
```

```
04 {
...
05    switch_to(prev, next, prev);
06    barrier();
07
08    return finish_task_switch(prev);
09 }
```

08번째 줄에서는 finish_task_switch() 함수를 호출합니다. schedule() 함수를 호출하면 결국 finish_task_switch() 함수가 호출됩니다.

 __schedule() 함수와 context_switch() 함수를 실행해 프로세스가 컨텍스트 스위칭이 이뤄지는 과정은 10장 '스케줄링'의 10.9절을 참고하세요.

__schedule() 함수에서 finish_task_switch() 함수까지 호출되는 흐름을 살펴봤으니 이번에는 finish_task_switch() 함수를 분석할 차례입니다.

https://github.com/raspberrypi/linux/blob/rpi-4.19.y/kernel/sched/core.c

```
01 static struct rq *finish_task_switch(struct task_struct *prev)
02     __releases(rq->lock)
03 {
...
04    if (unlikely(prev_state == TASK_DEAD)) {
05        if (prev->sched_class->task_dead)
06            prev->sched_class->task_dead(prev);
07
08        kprobe_flush_task(prev);
09
10        put_task_stack(prev);
11
12        put_task_struct(prev);
13    }
```

04번째 줄은 이전에 실행했던 프로세스 상태가 TASK_DEAD일 때 05~12번째 줄을 실행하는 조건문입니다.

10번째 줄에서는 put_task_stack() 함수를 호출해서 프로세스의 스택 메모리 공간을 해제하고 커널 메모리 공간에 반환합니다.

이어서 12번째 줄에서는 put_task_struct() 함수를 실행해 프로세스를 표현하는 자료구조인 task_struct가 위치한 메모리를 해제합니다.

finish_task_switch() 함수에 ftrace 필터(set_ftrace_filter)를 걸고 finish_task_switch() 함수가 호출되는 함수 흐름을 확인하면 다음과 같습니다.

```
01  TaskSchedulerSe-1803  [000] ....  2630.705218: do_exit+0x14/0xbe0 <-do_group_exit+0x50/0xe8
02  TaskSchedulerSe-1803  [000] ....  2630.705234: <stack trace>
03  => do_exit+0x18/0xbe0
04  => do_group_exit+0x50/0xe8
05  => get_signal+0x160/0x7dc
06  => do_signal+0x274/0x468
07  => do_work_pending+0xd4/0xec
08  => slow_work_pending+0xc/0x20
09  => 0x756df704
10  TaskSchedulerSe-1803  [000] dns.  2630.705438: sched_wakeup: comm=rcu_sched pid=10 prio=120
target_cpu=000
11  TaskSchedulerSe-1803  [000] dnh.  2630.705466: sched_wakeup: comm=jbd2/mmcblk0p2- pid=77 prio=120
target_cpu=000
12  TaskSchedulerSe-1803  [000] d...  2630.705479: sched_switch: prev_comm=TaskSchedulerSe
prev_pid=1803 prev_prio=120 prev_state=R+ ==> next_comm=rcu_sched next_pid=10 next_prio=120
13      rcu_sched-10  [000] d...  2630.705483: finish_task_switch+0x14/0x230
<-__schedule+0x328/0x9b0
14      rcu_sched-10  [000] d...  2630.705504: <stack trace>
15  => finish_task_switch+0x18/0x230
16  => __schedule+0x328/0x9b0
17  => schedule+0x50/0xa8
18  => rcu_gp_kthread+0xdc/0x9fc
19  => kthread+0x140/0x170
20  => ret_from_fork+0x14/0x28
```

위 ftrace 메시지는 TaskSchedulerSe-1803 프로세스가 종료되는 과정을 담고 있습니다.

01~08번째 줄 메시지를 보겠습니다.

```
01  TaskSchedulerSe-1803  [000] ....  2630.705218: do_exit+0x14/0xbe0 <-do_group_exit+0x50/0xe8
02  TaskSchedulerSe-1803  [000] ....  2630.705234: <stack trace>
03  => do_exit+0x18/0xbe0
04  => do_group_exit+0x50/0xe8
05  => get_signal+0x160/0x7dc
06  => do_signal+0x274/0x468
07  => do_work_pending+0xd4/0xec
08  => slow_work_pending+0xc/0x20
```

TaskSchedulerSe-1803 프로세스가 종료 시그널을 받고 do_exit() 함수를 호출합니다.

다음은 12번째 줄입니다.

```
12 TaskSchedulerSe-1803  [000] d...  2630.705479: sched_switch: prev_comm=TaskSchedulerSe
prev_pid=1803 prev_prio=120 prev_state=R+ ==> next_comm=rcu_sched next_pid=10 next_prio=120
```

TaskSchedulerSe-1803 프로세스에서 pid가 10인 rcu_sched 프로세스로 스케줄링됩니다.

마지막으로 13~20번째 줄을 보겠습니다.

```
13       rcu_sched-10   [000] d...  2630.705483: finish_task_switch+0x14/0x230
<-__schedule+0x328/0x9b0
14       rcu_sched-10   [000] d...  2630.705504: <stack trace>
15 => finish_task_switch+0x18/0x230
16 => __schedule+0x328/0x9b0
17 => schedule+0x50/0xa8
18 => rcu_gp_kthread+0xdc/0x9fc
19 => kthread+0x140/0x170
20 => ret_from_fork+0x14/0x28
```

rcu_sched 프로세스는 finish_task_switch() 함수에서 TaskSchedulerSe-1803 프로세스의 마지막 리소스를 정리합니다.

TaskSchedulerSe-1803 프로세스는 do_exit() 함수에서 태스크 디스크립터의 여러 필드를 해제했습니다. 그런데 do_exit() 함수를 TaskSchedulerSe-1803 프로세스의 스택 공간에서 실행 중이니 스스로 자신의 스택 공간을 해제할 수 없습니다. 따라서 **스케줄링을 한 후 다음에 실행하는 프로세스인 rcu_sched가 종료되는 TaskSchedulerSe-1803 프로세스의 스택 메모리 공간을 해제하는 것입니다.**

이번 절에서는 프로세스가 생성되고 종료되는 흐름을 살펴봤습니다. 이어서 프로세스를 표현하고 관리하는 프로세스 자료구조를 살펴보겠습니다.

4.8 태스크 디스크립터(task_struct 구조체)

프로세스의 속성 정보를 표현하는 가장 중요한 자료구조는 무엇일까요? 정답은 태스크 디스크립터를 나타내는 task_struct 구조체입니다. 리눅스 커널에서 가장 중요한 자료구조이니 잘 알아두면 좋습니다.

 TCB(Task Control Block)라는 용어를 들어본 적이 있나요? 임베디드 시스템에서 태스크 혹은 프로세스 정보를 표현하는 자료구조입니다. 그럼 리눅스 커널에서 프로세스 정보를 표현하는 자료구조는 무엇일까요? 정답은 태스크 디스크립터입니다.

task_struct 구조체에 접근해서 프로세스 정보를 출력하는 한 가지 예를 들겠습니다. 라즈베리 파이에서 터미널을 열고 다음과 같이 "ps -ely"라는 명령어를 입력하면 프로세스 목록을 볼 수 있습니다.

```
root@raspberrypi:/home/pi/dev_raspberri # ps -ely
S   UID   PID  PPID  C PRI  NI   RSS    SZ WCHAN  TTY      TIME CMD
S     0     1     0  0  80   0  5964  7007 SyS_ep ?    00:00:02 systemd
S     0     2     0  0  80   0     0     0 kthrea ?    00:00:00 kthreadd
I     0     4     2  0  60 -20     0     0 worker ?    00:00:00 kworker/0:0H
I     0     6     2  0  60 -20     0     0 rescue ?    00:00:00 mm_percpu_wq
S     0     7     2  0  80   0     0     0 smpboo ?    00:00:00 ksoftirqd/0
I     0     8     2  0  80   0     0     0 rcu_gp ?    00:00:00 rcu_sched
I     0     9     2  0  80   0     0     0 rcu_gp ?    00:00:00 rcu_bh
```

맨 오른쪽에 systemd, kthreadd 순서로 프로세스 이름을 볼 수 있고, PID는 1, 2, 4번으로 확인할 수 있습니다. 이 프로세스 정보는 태스크 디스크립터 필드에 저장된 값을 읽어서 이를 표현하는 것입니다.

리눅스 시스템에서 구동 중인 프로세스 목록은 어떻게 출력할까요? 프로세스를 관리하는 태스크 디스크립터의 연결 리스트(init_task.tasks)에 접근해서 등록된 프로세스를 출력합니다.

 처음 리눅스 커널의 소스코드를 분석하기 시작할 때 어떤 코드부터 분석해야 할지를 많이 고민합니다. 소스코드 분석을 시작할 때 태스크 디스크립터를 구성하는 각 필드가 리눅스 커널의 어느 코드에서 바뀌게

되는지 점검하는 것도 좋습니다. 리눅스 커널은 프로세스를 중심으로 중요한 데이터를 저장하고 로딩하기 때문입니다. 처음부터 태스크 디스크립터의 필드들을 모두 무리해서 외우지 말고 각 필드가 무슨 의미인지 코드를 이해하면서 자연히 체득하는 것이 좋습니다.

태스크 디스크립터를 각 항목별로 살펴봅시다.

4.8.1 프로세스를 식별하는 필드

먼저 프로세스를 식별하는 필드를 살펴보겠습니다.

```
char comm[TASK_COMM_LEN];
```

comm은 TASK_COMM_LEN 크기의 배열이며 프로세스 이름을 저장합니다.

터미널에서 "ps -ely" 명령어를 입력해 볼까요?

```
root@raspberrypi:/home/pi # ps -ely
1 S   UID   PID PPID C PRI  NI   RSS    SZ WCHAN  TTY         TIME CMD
2 S     0     1    0 0  80   0  5964  7007 SyS_ep ?       00:00:02 systemd
3 S     0     2    0 0  80   0     0     0 kthrea ?       00:00:00 kthreadd
4 I     0     4    2 0  60 -20     0     0 worker ?       00:00:00 kworker/0:0H
```

출력 결과에서 맨 오른쪽 부분에서 systemd, kthreadd, kworker/0:0H가 보입니다. 그럼 프로세스 이름은 어떤 자료구조에 접근해 출력하는 것일까요? **프로세스 이름들은 태스크 디스크립터를 나타내는 task_struct 구조체의 comm 필드에 접근해서 출력하는 것입니다**(참고로 프로세스 이름은 set_task_comm() 함수를 호출해서 지정할 수 있습니다).

현재 실행 중인 프로세스의 태스크 디스크립터 구조체인 task_struct 구조체에 접근하는 current 매크로와 프로세스 이름을 저장하는 comm 필드를 조합하면 다양한 디버깅용 코드를 작성할 수 있습니다.

 여기서 배운 내용을 활용해 디버깅 코드를 하나 작성해 봅시다. 다음 코드에서 + 기호로 표시된 코드가 추가되는 패치 코드입니다.

https://github.com/raspberrypi/linux/blob/rpi-4.19.y/kernel/sched/core.c

```
01 static void ttwu_do_wakeup(struct rq *rq, struct task_struct *p, int wake_flags,
02                 struct rq_flags *rf)
03 {
```

```
04        check_preempt_curr(rq, p, wake_flags);
05        p->state = TASK_RUNNING;
06        trace_sched_wakeup(p);
07
08 +      if (!strcmp(p->comm, "kthreadd")) {
09 +              printk("[+][%s] wakeup kthreadd process \n", current->comm);
10 +              dump_stack();
11 +      }
12
13 #ifdef CONFIG_SMP
14        if (p->sched_class->task_woken) {
15                /*
```

ttwu_do_wakeup() 함수의 인자인 task_struct *p가 깨우려는 프로세스의 태스크 디스크립터입니다.
프로세스의 이름은 task_struct 구조체의 comm 필드에 저장돼 있으며, 프로세스 이름이 "kthreadd"인
경우 dump_stack() 함수를 호출해 함수 호출 흐름을 커널 로그로 출력합니다.

위 코드는 kthreadd 프로세스를 깨울 때 함수 호출 흐름을 커널 로그로 출력하기 위한 코드입니다.

이어서 프로세스를 식별하는 정수형 값인 pid를 확인하겠습니다.

```
pid_t pid;
```

pid는 Process ID의 약자로 프로세스마다 부여하는 정수형 값입니다. pid 상수는 프로세스를 생성할
때마다 증가하므로 pid 값의 크기로 프로세스가 언제 생성됐는지 추정할 수 있습니다.

이번에는 스레드의 그룹 아이디를 살펴봅시다.

```
pid_t tgid;
```

pid와 같은 타입의 필드로 스레드 그룹 아이디를 표현하는 정수형 값입니다. 해당 프로세스가 스레드
리더인 경우는 tgid와 pid가 같고, 자식 스레드인 경우는 tgid와 pid가 다릅니다.

4.8.2 프로세스 상태 저장

태스크 디스크립터에는 프로세스 상태를 관리하는 다음과 같은 두 가지 필드가 있습니다.

- state: 프로세스 실행 상태
- flags: 프로세스 세부 동작 상태와 속성 정보

먼저 프로세스의 상태를 저장하는 state 필드를 소개합니다.

```
volatile long state;
```

프로세스 상태를 저장하는 필드로 다음 매크로 중 하나를 저장합니다.

https://github.com/raspberrypi/linux/blob/rpi-4.19.y/include/linux/sched.h

```
#define TASK_RUNNING            0x0000
#define TASK_INTERRUPTIBLE      0x0001
#define TASK_UNINTERRUPTIBLE    0x0002
```

위 매크로에서 정의한 프로세스의 상태는 다음과 같습니다.

- TASK_RUNNING: CPU에서 실행 중이거나 런큐에서 대기 상태에 있음

- TASK_INTERRUPTIBLE: 휴면 상태

- TASK_UNINTERRUPTIBLE: 특정 조건에서 깨어나기 위해 휴면 상태로 진입한 상태

리눅스 시스템에서 확인되는 프로세스들은 대부분 TASK_INTERRUPTIBLE 상태입니다. TASK_RUNNING 혹은
TASK_UNINTERRUPTIBLE 상태인 프로세스가 비정상적으로 많으면 시스템에 문제(데드락, 특정 프로세스
스톨)가 있는 경우가 많습니다.

 프로세스 상태별 세부 동작 방식은 10장 '스케줄링'에서 상세히 다룹니다.

다음으로 flags 필드를 소개합니다.

```
unsigned int flags;
```

프로세스 종류와 프로세스 세부 실행 상태를 저장하는 필드입니다. flags 필드는 PF_*로 시작하는 매크
로 필드를 OR 연산한 결과를 저장합니다.

PF_* 매크로 가운데 눈여겨볼 만한 코드는 다음과 같습니다.

https://github.com/raspberrypi/linux/blob/rpi-4.19.y/include/linux/sched.h

```
#define PF_IDLE          0x00000002      /* I am an IDLE thread */
#define PF_EXITING       0x00000004      /* Getting shut down */
#define PF_EXITPIDONE    0x00000008      /* PI exit done on shut down */
```

```
#define PF_WQ_WORKER    0x00000020    /* I'm a workqueue worker */
#define PF_KTHREAD      0x00200000    /* I am a kernel thread */
```

각 매크로의 의미는 다음과 같습니다.

- PF_IDLE: 아이들 프로세스

- PF_EXITING: 프로세스가 종료 중인 상태

- PF_EXITPIDONE: 프로세스가 종료를 마무리한 상태

- PF_WQ_WORKER: 프로세스가 워커 스레드인 경우

- PF_KTHREAD: 프로세스가 커널 스레드인 경우

flags 필드에 저장된 값으로 프로세스의 세부 실행 상태를 알 수 있습니다. 커널은 flags에 저장된 프로세스의 세부 동작 상태를 읽어서 프로세스를 제어합니다. 그래서 이번에는 flags 필드로 프로세스의 실행 흐름을 제어하는 한 가지 예를 들어 보겠습니다.

https://elixir.bootlin.com/linux/v3.7/source/drivers/staging/android/lowmemorykiller.c

```
01 static int lowmem_shrink(struct shrinker *s, struct shrink_control *sc)
02 {
03     struct task_struct *tsk;
04     struct task_struct *selected = NULL;
05     int rem = 0;
...
06     for_each_process(tsk) {
07         struct task_struct *p;
08         int oom_score_adj;
09
10         if (tsk->flags & PF_KTHREAD)
11             continue;
12
13         p = find_lock_task_mm(tsk);
14         if (!p)
15             continue;
...
16         lowmem_print(2, "select %d (%s), adj %d, size %d, to kill\n",
17                 p->pid, p->comm, oom_score_adj, tasksize);
18     }
```

위 코드는 안드로이드에서 메모리 회수를 위해 특정 프로세스를 종료하는 lowmem_shrink() 함수의 일부분입니다. 이 코드에서 10~11번째 줄을 봅시다.

```
10     if (tsk->flags & PF_KTHREAD)
11         continue;
```

10번째 줄에서는 태스크 디스크립터의 flags 필드와 PF_KTHREAD 매크로를 대상으로 AND 비트 연산을 수행합니다. 이 조건을 만족하면 11번째 줄을 실행해 아래 부분의 코드를 실행하지 않습니다. 이 코드의 **의도는 프로세스 타입이 커널 스레드이면 프로세스를 종료하지 않겠다는 것입니다.** 이 같은 방식으로 프로세스 실행 정보를 읽어서 예외 처리를 수행합니다.

이어서 exit_state 필드를 확인해봅시다.

```
int exit_state;
```

프로세스 종료 상태를 저장합니다. 다음 매크로 중 하나를 값으로 저장합니다.

https://github.com/raspberrypi/linux/blob/rpi-4.19.y/include/linux/sched.h

```
/* Used in tsk->exit_state: */
#define EXIT_DEAD          0x0010
#define EXIT_ZOMBIE        0x0020
#define EXIT_TRACE         (EXIT_ZOMBIE | EXIT_DEAD)
```

마지막으로 exit_code 필드를 확인해봅시다.

```
int exit_code;
```

프로세스의 종료 코드를 저장하는 필드입니다. do_exit() 함수의 3번째 줄에서 종료 코드를 저장합니다.

https://github.com/raspberrypi/linux/blob/rpi-4.19.y/kernel/exit.c

```
01 void __noreturn do_exit(long code)
02 {
...
03     tsk->exit_code = code;
```

do_exit() 함수를 호출할 때 인자로 다음과 같은 시그널이나 프로세스를 종료하는 옵션을 지정할 수 있습니다.

https://github.com/raspberrypi/linux/blob/rpi-4.19.y/arch/arm/mm/fault.c

```
01 static void
02 __do_kernel_fault(struct mm_struct *mm, unsigned long addr, unsigned int fsr,
03             struct pt_regs *regs)
04 {
...
05     do_exit(SIGKILL);
```

5번째 줄을 보면 SIGKILL 인자와 함께 do_exit() 함수를 호출합니다.

4.8.3 프로세스 간의 관계

커널에서 프로세스는 다양한 방식으로 서로 연결돼 있습니다. 이번 절에서는 태스크 디스크립터에서 프로세스 사이의 관계를 나타내는 다음과 같은 필드에 대해 알아보겠습니다.

- struct task_struct *real_parent
- struct task_struct *parent
- struct list_head children
- struct list_head sibling

이전 절에서도 살펴봤듯이 유저 공간에서 생성한 프로세스의 부모는 대부분 init이고 커널 공간에서 생성한 커널 스레드(프로세스)의 부모는 kthreadd 프로세스입니다. 태스크 디스크립터에서는 프로세스의 부모와 자식 관계를 real_parent와 parent 필드로 알 수 있습니다.

- struct task_struct *real_parent

  자신을 생성한 부모 프로세스의 태스크 디스크립터 주소를 저장합니다.

- struct task_struct *parent

  부모 프로세스의 태스크 디스크립터 주소를 담고 있습니다.

그런데 ***real_parent와 *parent 필드의 차이점은 무엇인가요?** 일반적인 상황에서 자신을 생성한 부모 프로세스가 종료되지 않고 실행 중이면 real_parent와 parent가 같습니다. 그런데 부모 프로세스가 소멸될 수 있습니다. 프로세스 계층 구조에서 지정한 부모 프로세스가 없을 경우 init 프로세스를 부모 프로세스로 변경합니다. 이 조건에서는 *real_parent와 *parent 필드가 다릅니다. 다음 그림을 보면서 처리 과정을 더 자세히 살펴보겠습니다.

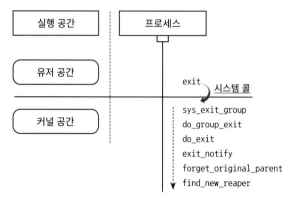

그림 4.12 프로세스가 종료될 때 새로운 부모 프로세스가 지정되는 실행 흐름

부모 프로세스가 종료되면 그림 4.12와 같이 do_exit() 함수에서 화살표 방향으로 함수를 호출합니다. 함수 이름과 같이 forget_original_parent() 함수와 find_new_reaper() 함수에서 새로운 부모 프로세스를 지정합니다.

이어서 프로세스 간의 관계를 저장하는 children과 sibling 필드를 봅시다.

- struct list_head children

  부모 프로세스가 자식 프로세스를 생성할 때 children 연결 리스트에 자식 프로세스를 등록합니다.

- struct list_head sibling

  같은 부모 프로세스로 생성된 프로세스의 연결 리스트 주소를 저장합니다. 필드명에서 알 수 있듯이 형제 관계의 프로세스들이 등록된 연결 리스트입니다.

이번에는 children과 sibling 필드가 어떤 방식으로 연결됐는지 구체적으로 알아봅시다. 이를 위해 라즈베리 파이에서 터미널을 열고 'ps axjf' 명령어를 입력해 부모와 자식 프로세스의 관계를 확인해 봅시다.

```
root@raspberrypi:/home/pi# ps axjf
  PPID   PID  PGID   SID TTY      TPGID STAT   UID   TIME COMMAND
     0     2     0     0 ?           -1 S        0   0:00 [kthreadd]
```

```
2    4    0    0 ?        -1 I<      0   0:00  \_ [kworker/0:0H]
2    6    0    0 ?        -1 I<      0   0:00  \_ [mm_percpu_wq]
2    7    0    0 ?        -1 S       0   0:00  \_ [ksoftirqd/0]
```

출력 결과, kworker/0:0H, mm_percpu_wq, ksoftirqd/0 프로세스들의 부모 프로세스는 kthreadd임을 알 수 있습니다. 각 프로세스의 PPID(Parent Process PID) 항목을 보면 모두 2인데, 커널 스레드를 생성하는 kthreadd 프로세스의 pid가 2입니다.

 리눅스를 탑재한 대부분의 시스템(안드로이드, 라즈베리 파이)에서 kthreadd 프로세스의 PID는 2입니다.

부모 프로세스인 kthreadd 입장에서 태스크 디스크립터는 다음 그림과 같이 구성돼 있습니다.

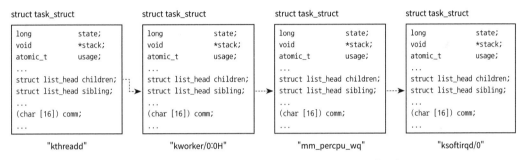

그림 4.13 task_struct 구조체의 sibling 필드로 연결된 프로세스 리스트

태스크 디스크립터 관점에서 이 구조를 살펴봅시다. "kthreadd" 프로세스 태스크 디스크립터의 children 필드는 연결 리스트입니다. 연결 리스트 헤드에 등록된 자식 프로세스의 task_struct 구조체의 sibling 필드 주소를 저장합니다.

"kthreadd" 프로세스의 자식 프로세스인 "kworker/0:0H" 입장에서 "mm_percpu_wq"와 "ksoftirqd/0" 프로세스는 자신의 sibling 연결 리스트로 이어져 있습니다. 같은 부모 프로세스에서 생성된 프로세스이기 때문입니다.

4.8.4 프로세스 연결 리스트

task_struct 구조체의 tasks 필드는 list_head 구조체로서 연결 리스트 타입입니다. 커널에서 구동 중인 모든 프로세스는 tasks 연결 리스트에 등록돼 있습니다. 그렇다면 프로세스의 태스크 디스크립터 필드 중 연결 리스트 타입인 tasks 필드는 언제 init 프로세스의 태스크 디스크립터 필드 중 연결 리스트 타입인 tasks 필드에 등록될까요?

프로세스는 처음 생성될 때 init_task 전역변수 필드인 tasks 연결 리스트에 등록됩니다. 프로세스를 생성할 때 호출되는 copy_process() 함수를 보면서 처리 과정을 살펴보겠습니다.

https://github.com/raspberrypi/linux/blob/rpi-4.19.y/kernel/fork.c

```
01 static __latent_entropy struct task_struct *copy_process(
02                                 unsigned long clone_flags,
03                                 unsigned long stack_start,
04                                 unsigned long stack_size,
05                                 int __user *child_tidptr,
06                                 struct pid *pid,
07                                 int trace,
08                                 unsigned long tls,
09                                 int node)
10 {
11      struct task_struct *p;
12      p = dup_task_struct(current, node);
...
13      list_add_tail_rcu(&p->tasks, &init_task.tasks);
```

12번째 줄을 실행하면 커널로부터 태스크 디스크립터를 할당받습니다. 다음 13번째 줄에서는 **init_task.tasks 연결 리스트의 마지막 노드에 현재 프로세스의 task_struct 구조체의 tasks 주소를 등록합니다.**

자료구조를 변경하는 커널 코드를 읽으니 감이 잘 오지 않습니다. 이번에는 프로세스 태스크 디스크립터의 전체 구조에서 tasks 필드를 TRACE32로 확인해 봅시다.

```
01 (static struct task_struct) [D:0xA1A171B8] init_task = (
02   (long int) [D:0xA1A171B8] state = 0,
03   (void *) [D:0xA1A171BC] stack = 0xA1A00000,
...
04   (struct sched_info) [D:0xA1A174A8] sched_info = ((long unsigned int) pcount = 0,
05   (struct list_head) [D: 0xA1A174C8] tasks = (
06     (struct list_head *) [D:0xA1A174E8] next = 0xA1618310 -> (
07       (struct list_head *) [D:0xA1618330] next = 0xB1618A70,
08       (struct list_head *) [D:0xA1618334] prev = 0xA1A174E8),
09     (struct list_head *) [D: 0xA1A174CC] prev = 0xA7778330),
```

init_task.tasks 필드 구조체는 list_head 구조체의 연결 리스트이며 6~7번째 줄의 디버깅 정보와 같이 next 필드를 가리키고 있습니다. init_task 전역변수는 task_struct 구조체와 같이 태스크 디스크립터라는 점을 기억합시다.

6번째 줄에서 init_task.tasks.next는 0xA1618310 주소를 가리키고 있습니다. 이 주소는 어떤 의미일까요? **바로 init_task.tasks 연결 리스트에 추가된 다음 프로세스의 task_struct 구조체의 tasks 필드 주소를 가리킵니다.** 이 처리 흐름을 그림으로 표현하면 다음과 같습니다.

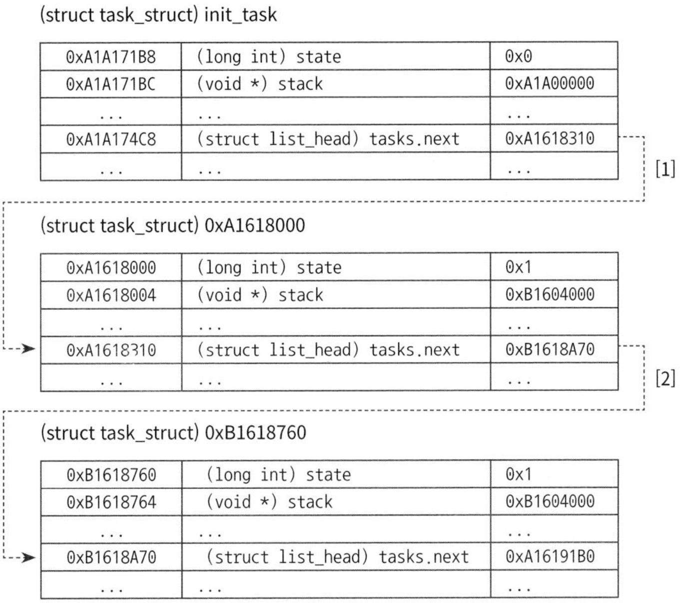

(struct task_struct) init_task

0xA1A171B8	(long int) state	0x0
0xA1A171BC	(void *) stack	0xA1A00000
...	...	...
0xA1A174C8	(struct list_head) tasks.next	0xA1618310
...	...	...

[1]

(struct task_struct) 0xA1618000

0xA1618000	(long int) state	0x1
0xA1618004	(void *) stack	0xB1604000
...	...	...
0xA1618310	(struct list_head) tasks.next	0xB1618A70
...	...	...

[2]

(struct task_struct) 0xB1618760

0xB1618760	(long int) state	0x1
0xB1618764	(void *) stack	0xB1604000
...	...	...
0xB1618A70	(struct list_head) tasks.next	0xA16191B0

그림 4.14 task_struct 구조체의 tasks 필드에 등록된 프로세스 리스트

그림 4.14에서 [1]로 표시된 부분을 보면 태스크 디스크립터의 next 필드는 0xA1618310 주소를 가리킵니다. 여기서 중요한 질문을 던지겠습니다. **0xA1618310 주소의 정체는 무엇일까요?** 바로 연결 리스트에 등록된 다음 프로세스 태스크 디스크립터의 next 필드 주소를 의미합니다. [1]에서 시작된 화살표 끝부분이 가리키는 박스를 보면 0xA1618310 주소가 보입니다. 이는 0xA1618000 주소에 있는 태스크 디스크립터의 tasks 필드 주소인 것입니다.

이번에는 그림 4.14에서 [2]로 표시된 부분을 눈으로 따라가 보겠습니다. next 필드는 0xA16191B0 주소를 가리킵니다. 0xA16191B0 주소는 연결 리스트에 등록된 다음 프로세스 태스크 디스크립터의 next 필드 주소를 의미합니다. 모든 프로세스가 이렇게 연결 리스트로 등록돼 있습니다. 이 방식으로 커널에서 구동 중인 모든 프로세스의 태스크 디스크립터 주소를 알 수 있습니다.

4.8.5 프로세스 실행 시각 정보

태스크 디스크립터에는 프로세스의 실행 시각 정보를 알 수 있는 다음과 같은 필드가 있습니다.

- u64 utime

- u64 stime

- struct sched_info sched_info.last_arrival

먼저 utime 필드를 소개합니다.

u64 utime

유저 모드에서 프로세스가 실행한 시각을 나타냅니다. 이 필드는 account_user_time() 함수의 6번째 줄에서 바뀝니다.

https://github.com/raspberrypi/linux/blob/rpi-4.19.y/kernel/sched/cputime.c

```
01 void account_user_time(struct task_struct *p, u64 cputime)
02 {
03    int index;
04
05    /* Add user time to process. */
06    p->utime += cputime;
```

이번에는 stime 필드를 살펴보겠습니다.

u64 stime

커널 모드에서 프로세스가 실행한 시각을 저장합니다. 이 필드는 다음 코드와 같이 account_system_index_time() 함수에서 변경됩니다.

https://github.com/raspberrypi/linux/blob/rpi-4.19.y/kernel/sched/cputime.c

```
01 void account_system_index_time(struct task_struct *p,
02             u64 cputime, enum cpu_usage_stat index)
03 {
04    /* Add system time to process. */
05    p->stime += cputime;
```

마지막으로 sched_info.last_arrival 필드를 봅시다.

```
struct sched_info sched_info.last_arrival
```

 이 구조체는 10장 '스케줄링'에서 상세히 다룹니다.

sched_info 필드는 프로세스 스케줄링 정보를 저장합니다. 이 가운데 last_arrival은 프로세스가 마지막에 CPU에서 실행된 시간을 나타냅니다. **그렇다면 sched_info.last_arrival 필드는 언제 변경될까요?** 다음 코드를 보면서 이를 확인해 봅시다.

https://github.com/raspberrypi/linux/blob/rpi-4.19.y/kernel/sched/stats.h

```
01 static void sched_info_arrive(struct rq *rq, struct task_struct *t)
02 {
03     unsigned long long now = rq_clock(rq), delta = 0;
04
05     if (t->sched_info.last_queued)
06         delta = now - t->sched_info.last_queued;
07     sched_info_reset_dequeued(t);
08     t->sched_info.run_delay += delta;
09     t->sched_info.last_arrival = now;
```

09번째 줄을 보면 현재 시각 정보인 now를 't->sched_info.last_arrival'에 저장합니다. 이처럼 sched_info.last_arrival 필드는 sched_info_arrive() 함수의 9번째 줄에서 업데이트됩니다.

그럼 sched_info_arrive() 함수는 언제 호출될까요? context_switch() 함수 내에서 컨텍스트 스위칭을 수행하기 직전에 prepare_task_switch() 함수를 호출합니다. 이 prepare_task_switch() 함수가 호출하는 함수들을 따라가다 보면 sched_info_arrive() 함수가 호출됩니다.

https://github.com/raspberrypi/linux/blob/rpi-4.19.y/kernel/sched/core.c

```
01 static __always_inline struct rq *
02 context_switch(struct rq *rq, struct task_struct *prev,
03         struct task_struct *next, struct rq_flags *rf)
04 {
05     struct mm_struct *mm, *oldmm;
06
07     prepare_task_switch(rq, prev, next);
```

context_switch() 함수를 시작으로 다음 순서로 함수를 호출해 sched_info_arrive() 함수가 실행됩니다.

- context_switch()
- prepare_task_switch()
- sched_info_switch()
- __sched_info_switch()
- sched_info_arrive()

코드 분석 내용을 정리하면 context_switch() 함수 내에서 컨텍스트 스위칭을 수행하기 직전에 위와 같은 함수 흐름으로 sched_info_arrive() 함수가 호출됩니다. 커널은 sched_info_arrive() 함수에서 프로세스의 실행 시간을 업데이트합니다.

 크래시 유틸리티 프로그램으로 ps -1 명령어를 입력하면 가장 마지막에 실행된 순서대로 프로세스의 목록을 출력합니다. 참고로 크래시 유틸리티(Crash Utility)는 커널 크래시를 디버깅할 수 있는 유틸리티 프로그램입니다. 레드햇의 앤더슨이란 분이 이끌어가는 오픈소스 프로젝트로서 자세한 사항은 다음 URL을 참고하세요.

- URL: https://people.redhat.com/anderson/crash_whitepaper/

크래시 유틸리티는 리눅스 커널 개발자들이 자주 활용하는 프로그램이니 잘 알아두면 좋습니다.

다시 주제로 돌아가 크래시 유틸리티 프로그램으로 ps -1 명령어를 입력해 프로세스가 실행된 시각을 확인하는 예시를 소개하겠습니다. 다음 URL에는 크래시 유틸리티의 포럼에서 프로세스 실행 시간을 확인하는 내용이 담겨 있습니다.

https://www.redhat.com/archives/crash-utility/2015-January/msg00024.html

```
01 > crash> p jiffies
02 > jiffies = $9 = 5310085968
03 > crash>
04 >
05 > crash> ps -1
06 > ..
07 > [4058835599089874] PID: 4136 TASK: ffff8801309ce640 CPU: 4 COMMAND: "kcapwdt"
```

5번째 줄에서 ps 명령어에 -1 옵션을 추가해서 입력하니 7번째 줄과 같이 나노초 단위로 프로세스 실행 시각 정보를 알 수 있습니다.

이어서 7번째 줄은 "태스크 디스크립터를 나타내는 task_struct 구조체의 주소가 ffff8801309ce640인 "kcapwdt" 프로세스(PID: 4136)가 4058835599089874 시각에 실행됐다"라고 해석할 수 있습니다.

4058835599089874라는 시간 정보는 "kcapwdt" 프로세스의 태스크 디스크립터인 task_struct 구조체의 필드인 sched_info.last_arrival에 저장된 값입니다.

4.9 스레드 정보: thread_info 구조체

지금까지 프로세스 속성을 관리하는 자료구조인 태스크 디스크립터를 배웠습니다. 커널에서는 태스크 디스크립터뿐만 아니라 thread_info 구조체로 프로세스 실행 동작을 관리합니다.

이번 절에서는 thread_info 구조체를 소개하고 각 필드의 의미를 살펴보겠습니다. 또한 thread_info 구조체 중 preempt_count 필드를 중심으로 프로세스의 실행 흐름을 분석하겠습니다.

4.9.1 thread_info 구조체란?

태스크 디스크립터는 프로세스의 공통 속성 정보를 저장하고 관리합니다. 추가로 커널에서는 프로세스의 세부 실행 정보를 저장하거나 로딩하는 자료구조가 필요한데 이를 thread_info 구조체에서 관리합니다.

thread_info 구조체는 다음과 같은 프로세스의 핵심 실행 정보를 저장합니다.

- 선점 스케줄링 실행 여부
- 시그널 전달 여부
- 인터럽트 컨텍스트와 Soft IRQ 컨텍스트 상태
- 휴면 상태로 진입하기 직전 레지스터 세트를 로딩 및 백업

그럼 thread_info 구조체의 정체가 무엇인지 좀 더 자세히 알아보겠습니다.

먼저 **thread_info 구조체는 어디에 있을까요?** thread_info 구조체는 프로세스 스택의 최상단 주소에 있습니다. 프로세스마다 자신만의 스택이 있으니 프로세스마다 1개의 thread_info 구조체가 있는 셈입니다.

thread_info 구조체는 다음과 같은 프로세스의 세부 실행 정보를 저장합니다.

- 컨텍스트 정보
- 스케줄링 직전 실행했던 레지스터 세트
- 프로세스 세부 실행 정보

그런데 위에서 언급한 동작은 CPU 아키텍처마다 구현 방식이 다릅니다. 즉, x86, ARMv7, ARMv8, PowerPC별로 구현 방식이 다릅니다. 그래서 CPU 아키텍처별로 프로세스의 세부 정보를 저장하는 자료구조인 thread_info 구조체가 필요한 것입니다.

다음 코드의 검색 결과를 보면서 아키텍처별 thread_info 구조체를 확인해 보겠습니다.

https://elixir.bootlin.com/linux/v4.19.30/ident/thread_info

```
arch/alpha/include/asm/thread_info.h, line 15 (as a struct)
arch/arc/include/asm/thread_info.h, line 42 (as a struct)
arch/arm/include/asm/thread_info.h, line 49 (as a struct)
arch/arm64/include/asm/thread_info.h, line 39 (as a struct)
...
arch/x86/include/asm/thread_info.h, line 56 (as a struct)
```

다음은 x86 아키텍처의 thread_info 구조체 선언부입니다.

https://github.com/raspberrypi/linux/blob/rpi-4.19.y/arch/x86/include/asm/thread_info.h

```
struct thread_info {
        unsigned long       flags;      /* low level flags */
        u32                 status;     /* thread synchronous flags */
};
```

thread_info 구조체의 필드가 2개밖에 없습니다.

다음은 ARMv7 아키텍처의 thread_info 구조체 선언부입니다.

https://github.com/raspberrypi/linux/blob/rpi-4.19.y/arch/arm/include/asm/thread_info.h

```
struct thread_info {
        unsigned long       flags;          /* low level flags */
        int                 preempt_count;  /* 0 => preemptable, <0 => bug */
        mm_segment_t        addr_limit;     /* address limit */
```

```
    struct task_struct    *task;          /* main task structure */
    __u32                  cpu;            /* cpu */
...
};
```

라즈비안에서는 ARMv7 아키텍처에서 실행되므로 위 경로에 있는 thread_info 구조체로 프로세스의 세부 동작을 관리합니다.

이번에는 thread_info 구조체에 대해 정리해 봅시다. **먼저 태스크 디스크립터인 task_struct 구조체와 thread_info 구조체의 차이점은 무엇일까요?**

태스크 디스크립터인 task_struct 구조체는 CPU 아키텍처에 독립적인 프로세스 관리용 속성을 저장합니다. 커널 버전이 같으면 x86이나 ARMv7에서 task_struct 구조체의 기본 필드는 같습니다. 하지만 thread_info 구조체는 CPU 아키텍처에 종속적인 프로세스의 세부 속성을 저장하므로 서로 다릅니다.

thread_info 구조체에서 관리하는 커널의 핵심 동작은 무엇인가요? thread_info 구조체에서 관리하는 커널의 세부 동작은 다음과 같습니다.

- 현재 실행 중인 코드가 인터럽트 컨텍스트인지 여부
- 현재 프로세스가 선점 가능한 조건인지 점검
- 프로세스가 시그널을 받았는지 여부
- 컨텍스트 스케줄링 전후로 실행했던 레지스터 세트를 저장하거나 로딩

이번에는 thread_info 구조체를 소개했습니다. 이어서 thread_info 구조체의 세부 필드를 살펴보겠습니다.

4.9.2 thread_info 구조체 분석

thread_info 구조체는 프로세스의 실행 흐름을 관리하는 중요한 정보를 저장합니다. 프로세스 스케줄링을 실행할 때 이전에 실행했던 레지스터 세트 정보와 프로세스의 컨텍스트 정보를 이 구조체 필드에서 확인할 수 있습니다.

thread_info 구조체 선언부 분석

thread_info 구조체 선언부를 봅시다.

https://github.com/raspberrypi/linux/blob/rpi-4.19.y/arch/arm/include/asm/thread_info.h

```
struct thread_info {
        unsigned long              flags;          /* low level flags */
        int                        preempt_count;  /* 0 => preemptable, <0 => bug */
        mm_segment_t               addr_limit;     /* address limit */
        struct task_struct         *task;          /* main task structure */
        __u32                      cpu;            /* cpu */
        __u32                      cpu_domain;     /* cpu domain */
        struct cpu_context_save    cpu_context;    /* cpu context */
        __u32                      syscall;        /* syscall number */
        __u8                       used_cp[16];    /* thread used copro */
        unsigned long              tp_value[2];    /* TLS registers */
        union fp_state             fpstate __attribute__((aligned(8)));
        union vfp_state                vfpstate;
};
```

 구조체 파일의 위치가 arch/arm/include이므로 ARM 아키텍처에 의존적인 코드임을 짐작할 수 있습니다.

이제부터 세부 필드를 분석하겠습니다.

먼저 프로세스 동작을 저장하는 flags 필드를 소개합니다.

```
unsigned long flags
```

프로세스 동작을 관리하는 필드이며 다음 플래그를 저장합니다.

https://github.com/raspberrypi/linux/blob/rpi-4.19.y/arch/arm/include/asm/thread_info.h

```
#define _TIF_SIGPENDING    (1 << TIF_SIGPENDING)
#define _TIF_NEED_RESCHED  (1 << TIF_NEED_RESCHED)
...
#define _TIF_SYSCALL_TRACE (1 << TIF_SYSCALL_TRACE)
```

위에서 정의된 매크로별 동작은 다음과 같습니다.

- _TIF_SIGPENDING: 프로세스에 시그널이 전달된 경우

- _TIF_NEED_RESCHED: 프로세스가 선점될 조건

- _TIF_SYSCALL_TRACE: 시스템 콜 트레이스 설정

위에서 선언된 플래그는 맨 오른쪽에 선언된 플래그를 왼쪽으로 비트 시프트 연산한 결과입니다.

https://github.com/raspberrypi/linux/blob/rpi-4.19.y/arch/arm/include/asm/thread_info.h

```
#define TIF_SIGPENDING       0
#define TIF_NEED_RESCHED     1
...
#define TIF_SYSCALL_TRACE    8
```

즉, 각 정수별로 왼쪽 비트 시프트 연산을 수행한 결괏값으로서 플래그 값을 확인하면 다음과 같습니다.

```
#define _TIF_SIGPENDING 1    /* 1 = (1 << 0) = (1 << TIF_SIGPENDING) */
#define _TIF_NEED_RESCHED    /* 2 = (1 << 1) = (1 << TIF_NEED_RESCHED) */
...
#define _TIF_SYSCALL_TRACE/* 256 = (1 << 8) = (1 << TIF_SYSCALL_TRACE) */
```

프로세스는 자신의 thread_info 구조체 중 flags 필드를 수시로 체크하면서 다음 내용을 체크합니다.

- 시그널이 자신에게 전달됐는지

- 선점 스케줄링될 조건인지

- 시스템 콜 트레이싱 조건인지

이번에는 프로세스의 컨텍스트 정보를 저장하는 preempt_count 필드를 소개합니다.

```
int preempt_count;
```

프로세스의 컨텍스트(인터럽트 컨텍스트, Soft IRQ 컨텍스트) 실행 정보와 프로세스가 선점 스케줄링될 조건을 저장합니다. thread_info 구조체에서 가장 중요한 필드입니다.

다음 절에서는 리눅스 커널 코드에서 이 preempt_count 필드에 어떻게 접근하고 활용하는지 점검합니다.

다음은 프로세스가 실행 중인 CPU 번호를 저장하는 cpu 필드입니다.

```
__u32 cpu;
```

프로세스가 실행 중인 CPU 번호를 저장하는 필드입니다. 보통 raw_smp_process_id() 함수를 호출하면 CPU 번호를 알 수 있습니다.

이어서 프로세스의 일반적인 속성 정보를 저장하는 task 필드입니다.

```
struct task_struct    *task;
```

실행 중인 프로세스의 태스크 디스크립터 주소를 저장합니다. thread_info 구조체의 주소만 알면 task 필드를 통해 프로세스의 태스크 디스크립터의 주소를 알 수 있습니다.

마지막으로 프로세스가 실행된 레지스터 세트 정보를 저장하는 cpu_context 필드를 보겠습니다.

```
struct cpu_context_save cpu_context;
```

프로세스 컨텍스트 정보입니다. 스케줄링되기 전 실행했던 레지스터 세트를 저장하는 필드입니다. 프로세스가 스케줄링되고 다시 실행될 때 cpu_context 필드에 저장된 레지스터를 프로세스 레지스터 세트로 로딩합니다.

cpu_context_save 구조체의 선언부를 보겠습니다.

https://github.com/raspberrypi/linux/blob/rpi-4.19.y/arch/arm/include/asm/thread_info.h

```
struct cpu_context_save {
        __u32    r4;
        __u32    r5;
        __u32    r6;
        __u32    r7;
        __u32    r8;
        __u32    r9;
        __u32    sl;
        __u32    fp;
```

```
    __u32    sp;
    __u32    pc;
    __u32    extra[2];        /* Xscale 'acc' register, etc */
};
```

cpu_context_save 구조체 선언부에 있는 r4부터 pc 필드는 ARM 코어의 레지스터들을 의미합니다. 프로세스가 컨텍스트 스위칭을 수행할 때 마지막에 실행 중인 레지스터 세트를 위 구조체 필드에 저장합니다.

 thread_info 구조체의 cpu_context 필드는 프로세스가 컨텍스트 스위칭을 수행할 때 접근합니다. 그러면 어느 함수에서 이 필드에 접근할까요?

컨텍스트 스위칭을 수행하는 핵심 함수는 switch_to()이며 세부 동작은 __switch_to 레이블에 어셈블리 코드로 구현돼 있습니다.

https://github.com/raspberrypi/linux/blob/rpi-4.19.y/arch/arm/include/asm/switch_to.h

```
#define switch_to(prev,next,last)                                    \
do {                                                                 \
    __complete_pending_tlbi();                                       \
    last = __switch_to(prev,task_thread_info(prev), task_thread_info(next)); \
} while (0)
```

__switch_to 레이블 코드를 보겠습니다.

https://github.com/raspberrypi/linux/blob/rpi-4.19.y/arch/arm/kernel/entry-v7m.S

```
ENTRY(__switch_to)
01     .fnstart
02     .cantunwind
03     add     ip, r1, #TI_CPU_SAVE
04     stmia   ip!, {r4 - r11}              @ Store most regs on stack
05     str     sp, [ip], #4
06     str     lr, [ip], #4
07     mov     r5, r0
08     add     r4, r2, #TI_CPU_SAVE
09     ldr     r0, =thread_notify_head
10     mov     r1, #THREAD_NOTIFY_SWITCH
11     bl      atomic_notifier_call_chain
12     mov     ip, r4
```

```
13      mov     r0, r5
14      ldmia   ip!, {r4 - r11}         @ Load all regs saved previously
15      ldr     sp, [ip]
16      ldr     pc, [ip, #4]!
17      .fnend
ENDPROC(__switch_to)
```

컨텍스트 스위칭 과정에서 thread_info 구조체의 cpu_context 필드에 접근하는 코드를 보겠습니다. 4번째 줄의 코드를 볼까요?

```
04      stmia   ip!, {r4 - r11}         @ Store most regs on stack
```

현재 실행 중인 프로세스 레지스터 세트를 thread_info 구조체의 cpu_context에 저장합니다.

다음으로 14번째 줄의 코드를 보겠습니다.

```
14      ldmia   ip!, {r4 - r11}         @ Load all regs saved previously
```

스케줄링 실행으로 다시 실행할 프로세스는 thread_info 구조체의 cpu_context에 저장된 레지스터 세트 값을 ARM 레지스터로 로딩합니다.

컨텍스트 스위칭을 수행할 때 실행 중인 레지스터를 저장하는 코드는 10장 '프로세스 스케줄링'의 10.1.3절에서 상세히 다룹니다.

thread_info 구조체 필드 확인

이번에는 앞에서 소개한 thread_info 구조체를 TRACE32 프로그램을 사용해 좀 더 자세히 확인해 보겠습니다.

```
01  (struct thread_info *) (struct thread_info*)0x9E4F8000 = 0x9E4F8000 -> (
02  (long unsigned int) flags = 2 = 0x2,
03  (int) preempt_count = 65539 = 0x00010003
04  (mm_segment_t) addr_limit = 3204448256 = 0xAF000000,
05  (struct task_struct *) task = 0x82FB2B80,
06  (struct exec_domain *) exec_domain = 0x81A1AFDC,
07  (__u32) cpu = 2 = 0x2,
08  (__u32) cpu_domain = 0 = 0x0,
09  (struct cpu_context_save) cpu_context = (
10    (__u32) r4 = 4056868736 = 0x4,
11    (__u32) r5 = 3539676032 = 0x92FB2B80,
```

```
12    (__u32) r6 = 3664491200 = 0x8A6BB2C0,
13    (__u32) r7 = 3688475136 = 0x8BD9AA00,
14    (__u32) r8 = 3248547128 = 0x0,
15    (__u32) r9 = 3496897024 = 0x6A00,
16    (__u32) sl = 3539677168 = 0x82FB2FF0,
17    (__u32) fp = 3461324268 = 0x8E4F9DEC,
18    (__u32) sp = 3461324200 = 0x9E4F9DA8,
19    (__u32) pc = 3237955160 = 0x80FF4658,
20    (__u32 [2]) extra = ([0] = 0 = 0x0, [1] = 0 = 0x0)),
```

2번째 줄을 봅시다.

```
02    (long unsigned int) flags = 2 = 0x2,
```

다음 매크로 선언부와 같이 flags가 2이니 _TIF_NEED_RESCHED입니다.

https://github.com/raspberrypi/linux/blob/rpi-4.19.y/arch/arm/include/asm/thread_info.h

```
#define _TIF_NEED_RESCHED    /* 2 = (1 << 1) = (1 << TIF_NEED_RESCHED) */
```

이 정보로 현재 프로세스가 선점 스케줄링될 조건이라는 사실을 알 수 있습니다.

이어서 3번째 줄을 봅시다.

```
03    (int) preempt_count = 65539 = 0x00010003
```

preempt_count 필드의 5번째 바이트가 1이니 인터럽트 컨텍스트입니다. 또한 3이라는 값으로 현재 프로세스가 선점 스케줄링을 비활성화한 상태임을 알 수 있습니다.

5번째 줄은 태스크 디스크립터의 주소를 저장하는 task 필드입니다.

```
05    (struct task_struct *) task = 0x82FB2B80,
```

7번째 줄은 현재 프로세스가 실행 중인 CPU 번호를 나타냅니다.

```
07    (__u32) cpu = 2 = 0x2,
```

마지막으로 9~19번째 줄을 봅시다.

```
09    (struct cpu_context_save) cpu_context = (
10        (__u32) r4 = 4056868736 = 0x4,
11        (__u32) r5 = 3539676032 = 0x92FB2B80,
12        (__u32) r6 = 3664491200 = 0x8A6BB2C0,
13        (__u32) r7 = 3688475136 = 0x8BD9AA00,
14        (__u32) r8 = 3248547128 = 0x0,
15        (__u32) r9 = 3496897024 = 0x6A00,
16        (__u32) sl = 3539677168 = 0x82FB2FF0,
17      (__u32) fp = 3461324268 = 0x8E4F9DEC,
18        (__u32) sp = 3461324200 = 0x9E4F9DA8,
19        (__u32) pc = 3237955160 = 0x80FF4658,
```

cpu_context 필드는 컨텍스트 스위칭 전에 실행했던 레지스터 세트 정보를 저장합니다.

```
18        (__u32) sp = 3461324200 = 0x9E4F9DA8,
19        (__u32) pc = 3237955160 = 0x80FF4658,
```

19번째 줄을 보면 프로그램 카운터는 0x80FF4658이고 18번째 줄을 통해 스택 주소가 0x9E4F9DA8임을 알 수 있습니다.

다음 절에서는 thread_info 구조체가 어느 주소 공간에 있는지 살펴보겠습니다.

4.9.3 thread_info 구조체의 주소 위치는 어디일까?

앞에서 thread_info 구조체의 필드를 소개했습니다. 이어서 이 구조체가 어느 위치에 있는지 알아봅시다.

프로세스 스택에서 thread_info 구조체의 위치 확인

thread_info 구조체는 프로세스의 세부 실행 속성 정보를 담고 있으며 프로세스마다 1개씩 존재합니다. 다음 그림을 보면서 thread_info 구조체의 위치를 알아봅시다.

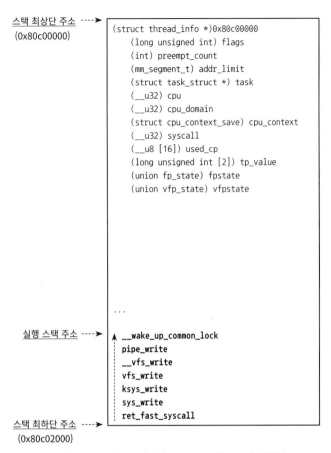

스택 최상단 주소 ----▶
(0x80c00000)

```
(struct thread_info *)0x80c00000
    (long unsigned int) flags
    (int) preempt_count
    (mm_segment_t) addr_limit
    (struct task_struct *) task
    (__u32) cpu
    (__u32) cpu_domain
    (struct cpu_context_save) cpu_context
    (__u32) syscall
    (__u8 [16]) used_cp
    (long unsigned int [2]) tp_value
    (union fp_state) fpstate
    (union vfp_state) vfpstate




        ...
```

실행 스택 주소 ----▶
```
__wake_up_common_lock
pipe_write
__vfs_write
vfs_write
ksys_write
sys_write
ret_fast_syscall
```

스택 최하단 주소 ----▶
(0x80c02000)

그림 4.15 프로세스 스택에서 thread_info 구조체의 위치

그림 4.15에서 프로세스 스택의 최상단 주소는 0x80C00000이고, 스택의 최하단 주소는 0x80C02000입니다. 그런데 thread_info 구조체의 주소는 그림 4.15와 같이 프로세스 스택의 최상단 주소인 0x80C00000 입니다.

이 정보를 일반화하면 다음과 같은 사실을 이끌어낼 수 있습니다.

- thread_info 구조체는 프로세스 스택의 최상단 주소에 있다.
- thread_info 구조체는 프로세스마다 1개씩 있다.

 스택의 최하단 주소가 0x80C02000인 이유는 뭘까요? ARM(32비트) 아키텍처에서 프로세스가 실행되는 스택의 크기는 0x2000바이트로 고정돼 있기 때문입니다.

이어서 프로세스가 자신에게 주어진 스택 공간을 어떻게 쓰는지 확인해보겠습니다.

프로세스가 스택을 어떻게 쓰는지 알아보기

리눅스 커널에서 프로세스 스택은 높은 주소에서 낮은 주소 방향으로 자랍니다. 그림 4.15에서 화살표 방향을 눈여겨봅시다. 함수는 프로세스 스택의 최하단 주소(0x80C02000)에서 최상단 주소(0x80c0000) 방향으로 호출됩니다.

먼저 프로세스가 실행할 때는 커널 함수를 호출합니다. sys_write() 함수에서 vfs_write() 함수 방향으로 함수를 호출하는 것입니다. 가장 먼저 호출된 함수는 프로세스 스택의 최하단 주소에 위치해 있고 프로세스 스택의 최상단 주소 방향으로 스택을 사용합니다.

또한 함수를 실행하면서 지역 변수나 복귀 레지스터(링크드 레지스터: 자신을 호출한 함수 주소)도 프로세스 스택에 저장(푸시)합니다. 이때 필요한 스택 메모리를 프로세스 스택 공간을 최하단 주소에서 최상단 주소 방향으로 사용합니다. 즉, **프로세스 스택은 최하단 주소에서 최상단 주소 방향으로 자란다고 볼 수 있습니다.**

__wake_up_common_lock() 함수가 실행을 마치면 pipe_write() 함수로 복귀하고, pipe_write() 함수의 실행이 끝나면 __vfs_write() 함수로 복귀합니다. 자료구조 시간에 배운 스택(푸시, 팝)과 같은 동작입니다.

이번에는 자료구조 중 하나인 스택을 통해 프로세스가 스택 공간에서 어떻게 동작하는지 조금 더 알아봅시다. 프로세스가 새로운 함수를 호출하면 프로세스의 스택 공간에 이전에 호출했던 복귀 레지스터를 푸시합니다. 이렇게 하는 이유는 **함수 실행이 끝나고 자신을 호출한 함수 주소를 알아야 이전에 실행했던 함수로 복귀할 수 있기 때문입니다.**

프로세스가 함수 실행을 마치고 이전에 자신을 호출했던 함수로 돌아가려고 할 때 복귀 레지스터를 스택에 팝(Pop)합니다.

여기서 한 가지 의문이 생깁니다. 바로 **프로세스가 새로운 함수를 실행할 때 프로세스 스택을 대상으로 푸시와 팝을 수행하는 리눅스 커널 코드를 볼 수 없다는 점입니다.**

C 코드에서는 스택 푸시와 팝을 수행하는 코드를 볼 수 없습니다. 대신 이러한 역할을 하는 코드를 어셈블리 코드에서 확인할 수 있습니다. 프로세스 스택 공간에 푸시/팝을 수행하는 동작은 CPU 아키텍처(ARM, x86)마다 다르기 때문입니다. 예를 들어, write 시스템 콜 핸들러인 sys_write() 함수를 봅시다.

https://github.com/raspberrypi/linux/blob/rpi-4.19.y/fs/read_write.c

```
SYSCALL_DEFINE3(write, unsigned int, fd, const char __user *, buf,
        size_t, count)
{
    return ksys_write(fd, buf, count);
}
```

보다시피 C 코드로는 스택에 팝/푸시하는 과정을 알 수는 없습니다. 이번에는 sys_write() 함수를 어셈블리 코드로 보겠습니다.

```
01 8026abc4 <sys_write>:
02 8026abc4:    e1a0c00d    mov     ip, sp
03 8026abc8:    e92ddbf0    push    {fp, ip, lr, pc}
04 8026abcc:    e24cb004    sub     fp, ip, #4
...
05 8026abdc:    ebfa300c    bl      ksys_write
06 8026abe0:    e89da800    ldm     sp, {fp, sp, pc}
```

02번째 줄 코드를 보면 현재 스택(sp) 주소를 ip(r12) 레지스터에 저장합니다.

```
02 8026abc4:    e1a0c00d    mov     ip, sp
```

03번째 줄을 보면 push 명령어를 써서 프로세스 스택 공간에 {fp, ip, lr, pc} 레지스터를 푸시합니다.

```
03 8026abc8:    e92ddbf0    push    {fp, ip, lr, pc}
```

이번에는 함수 실행을 마치고 스택에 푸시된 레지스터를 팝하는 06번째 줄 코드를 보겠습니다.

```
06 8026abe0:    e89da800    ldm     sp, {fp, sp, pc}
```

위 명령어를 실행하면 스택 주소를 기준으로 이미 스택 주소에 푸시된 {fp, sp, pc} 레지스터 값을 ARM 레지스터에 다시 로딩합니다.

여기서 주의깊게 봐야 할 점이 있습니다.

```
01 8026abc4 <sys_write>:
02 8026abc4:    e1a0c00d    mov     ip, sp
03 8026abc8:    e92ddbf0    push    {fp, ip, lr, pc}
```

```
 ...
06 8026abe0:    e89da800    ldm    sp, {fp, sp, pc}
```

sys_write() 함수를 처음 실행했을 때 03번째 줄을 보면 lr(r14) 레지스터를 스택에 푸시했습니다. lr(r14) 레지스터는 자신을 호출한 함수 주소를 저장합니다. 이 주소를 프로세스 스택에 푸시했습니다.

이번에는 스택에 푸시한 값을 팝(로딩)하는 06번째 줄 코드를 보겠습니다.

```
ldm    sp, {fp, sp, pc}
```

명령어의 맨 오른쪽을 보면 pc로 지정돼 있습니다. 03번째 줄에서 저장한 lr(r14) 레지스터를 이제 ARM 프로그램 카운터인 pc로 로딩하겠다는 의미입니다. 06번째 줄을 실행하면 이전에 자신을 실행한 함수로 복귀합니다. 그림 4.15를 기준으로 ret_fast_syscall 레이블로 복귀합니다.

스택 메모리에 저장된 주소를 ARM 코어의 PC(Program Counter)에 저장하면 PC에 저장된 주소에 있는 어셈블리 코드를 가져와서(fetch) 실행합니다.

다음 절에서는 thread_info 구조체의 필드 중 preempt_count가 어떤 코드에서 변경되고 리눅스 커널에서 어떤 의미를 갖고 있는지 깊이 있게 살펴보겠습니다.

4.9.4 컨텍스트 정보 상세 분석

thread_info 구조체의 필드 중 preempt_count는 프로세스의 컨텍스트 정보를 저장합니다. 이번 절에서는 preempt_count 필드를 중심으로 컨텍스트 정보가 바뀌는 과정을 살펴보겠습니다.

다음은 preempt_count 필드가 바뀌면서 컨텍스트 정보가 바뀌는 상황입니다.

- 인터럽트 컨텍스트 실행 시작 및 종료 설정
- Soft IRQ 컨텍스트 실행 시작 및 종료 설정
- 프로세스 선점 스케줄링 가능 여부

먼저 '인터럽트 컨텍스트 실행 시작'을 어느 함수에서 설정하는지 살펴보겠습니다.

인터럽트 컨텍스트 실행 상태 저장

리눅스 시스템에서 인터럽트는 언제든지 발생할 수 있습니다. 인터럽트가 발생하면 프로세스 실행을 멈추고 인터럽트에 해당하는 인터럽트 핸들러를 실행합니다. 커널에서는 인터럽트가 발생해서 인터럽트 서비스 루틴을 실행하는 동작을 인터럽트 컨텍스트라고 부릅니다.

참고로 인터럽트는 외부 입출력 장치에 어떤 변화가 있을 때 발생하는 전기 신호 혹은 이를 CPU에게 알려서 처리하는 과정을 뜻합니다. 리눅스 커널은 인터럽트를 처리할 수 있는 함수를 지원하며, 자세한 내용은 5장의 5.1절에서 설명합니다.

thread_info 구조체의 preempt_count 필드에 인터럽트가 실행 중인 상태를 나타내는 비트를 설정합니다. 이 비트를 읽어 인터럽트 컨텍스트 유무를 식별합니다. 리눅스 커널에서는 현재 실행 중인 코드가 인터럽트 컨텍스트 내에 있는지 알려주는 in_interrupt() 함수를 제공합니다.

다음 그림을 보면서 인터럽트가 발생했을 때 어떤 흐름으로 thread_info 구조체의 preempt_count 필드가 바뀌는지 알아보겠습니다.

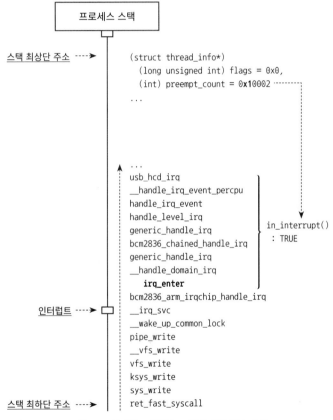

그림 4.16 인터럽트 컨텍스트 설정 시의 함수 흐름

그림 4.16에서 인터럽트 컨텍스트를 설정하는 실행 흐름은 다음과 같습니다.

1. __wake_up_common_lock() 함수를 실행하는 도중에 인터럽트 발생

2. 인터럽트 벡터에서 브랜치되는 __irq_svc 레이블 실행

3. 다음과 같은 인터럽트 제어 함수를 호출

   - bcm2836_arm_irqchip_handle_irq()

   - __handle_domain_irq()

4. __handle_domain_irq() 함수에서 irq_enter() 매크로 함수를 호출

   4.1 프로세스 스택 최상단 주소에 접근한 후 thread_info 구조체의 preempt_count 필드에 HARDIRQ_
   OFFSET(0x10000) 비트를 더함

5. 화살표 방향으로 함수를 계속 호출해서 인터럽트 핸들러 함수인 usb_hcd_irq() 함수를 호출

   5.1 서브루틴 함수를 실행

4.1단계 이후에 실행하는 모든 하위 함수에서 in_interrupt() 함수를 호출하면 true를 반환합니다. 예를 들면, 그림 4.16에서 irq_enter() 함수 이후로 호출되는 usb_hcd_irq() 함수에서 in_interrupt() 함수를 호출하면 true를 반환합니다.

다음과 같이 if 문과 in_interrupt() 매크로를 함께 쓰면 실행 코드가 인터럽트 컨텍스트인지 확인할 수 있습니다.

```
if (in_interrupt()) {
    // 인터럽트 컨텍스트에서 실행할  코드
}
```

in_interrupt() 함수는 thread_info 구조체의 preempt_count 필드에 대해 다음과 같은 AND 비트 연산을 수행합니다.

```
preempt_count &  0x001FFF00 (HARDIRQ_MASK | SOFTIRQ_MASK | NMI_MASK)
```

irq_enter() 함수를 실행하면 thread_info 구조체의 preempt_count 필드가 0x10000이니 irq_enter() 함수를 실행한 다음에 호출되는 함수에서 in_interrupt() 함수를 호출하면 true를 반환합니다.

```
0x10000 &  0x001FFF00 (HARDIRQ_MASK | SOFTIRQ_MASK | NMI_MASK) // true
```

그럼 인터럽트 컨텍스트라는 정보가 업데이트되는 __irq_enter() 함수를 봅시다.

https://github.com/raspberrypi/linux/blob/rpi-4.19.y/include/linux/hardirq.h

```
01 #define __irq_enter()                              \
02     do {                                           \
03             account_irq_enter_time(current);       \
04             preempt_count_add(HARDIRQ_OFFSET);     \
05             trace_hardirq_enter();                 \
06     } while (0)
```

4번째 줄을 실행하면 thread_info 구조체의 preempt_count 필드에 HARDIRQ_OFFSET(0x10000)를 더합니다.

preempt_count_add() 매크로 함수는 프로세스 스택의 최상단 주소에 접근해서 preempt_count 필드에 val 인자를 더하는 동작을 수행합니다.

https://github.com/raspberrypi/linux/blob/rpi-4.19.y/include/linux/preempt.h

```
#define preempt_count_add(val)   __preempt_count_add(val)
```

인터럽트 서비스 루틴의 실행을 시작할 때 thread_info 구조체의 preempt_count 필드에 HARDIRQ_OFFSET 를 더하게 됩니다.

인터럽트 컨텍스트의 종료 상태 저장

이번에는 인터럽트 서비스 루틴을 종료한 다음에 호출하는 irq_exit() 함수를 봅시다.

https://github.com/raspberrypi/linux/blob/rpi-4.19.y/kernel/softirq.c

```
01 void irq_exit(void)
02 {
...
03     account_irq_exit_time(current);
04     preempt_count_sub(HARDIRQ_OFFSET);
```

4번째 줄을 실행하면 thread_info 구조체의 preempt_count 필드에 HARDIRQ_OFFSET(0x10000)를 빼는 연산 을 수행합니다.

인터럽트 핸들링을 마무리한 다음 irq_exit() 함수를 실행하는 코드의 흐름은 다음 그림과 같습니다.

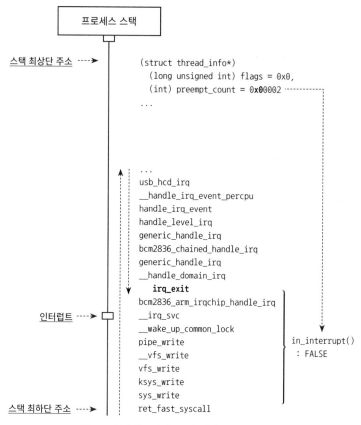

프로세스 스택

스택 최상단 주소 ┈┈▶
```
(struct thread_info*)
  (long unsigned int) flags = 0x0,
  (int) preempt_count = 0x00002 ┈┈┈┈┈┈┈┈┐
...
```

```
...
usb_hcd_irq
__handle_irq_event_percpu
handle_irq_event
handle_level_irq
generic_handle_irq
bcm2836_chained_handle_irq
generic_handle_irq
__handle_domain_irq
irq_exit
bcm2836_arm_irqchip_handle_irq
__irq_svc
```

인터럽트 ┈┈▶
```
__wake_up_common_lock
pipe_write
__vfs_write
vfs_write
ksys_write
sys_write
```

스택 최하단 주소 ┈┈▶ `ret_fast_syscall`

in_interrupt()
: FALSE

그림 4.17 인터럽트 컨텍스트가 해제될 때의 함수 흐름

보다시피 인터럽트 핸들링을 끝냈으니 다시 검은색 화살 방향으로 함수가 호출됩니다. 이 과정에서 irq_exit() 함수를 실행해서 thread_info 구조체의 preempt_count 필드에서 HARDIRQ_OFFSET 비트를 뺍니다.

이후 in_interrupt() 함수를 호출하면 false를 반환합니다. 그 이유는 **irq_exit() 함수를 실행하면 thread_info 구조체의 preempt_count 필드가 0x0으로 바뀌기 때문입니다.**

이를 연산하는 과정은 다음과 같습니다.

```
false = 0x00002 &  0x001FFF00 (HARDIRQ_MASK | SOFTIRQ_MASK | NMI_MASK)
```

irq_exit() 함수를 호출한 이후에는 리눅스 커널이 인터럽트 컨텍스트가 아니라고 판단하는 것입니다. 리눅스 커널에서 실행 중인 코드가 인터럽트 컨텍스트인지 점검하는 루틴은 자주 볼 수 있습니다.

지금까지의 소스 분석으로 다음과 같은 내용을 알게 됐습니다.

- 인터럽트 컨텍스트의 실행 여부를 프로세스 스택의 최상단 주소에 있는 thread_info 구조체의 preempt_count 필드에 저장함

Soft IRQ 컨텍스트의 시작 상태 저장

프로세스가 Soft IRQ 서비스를 처리 중이면 preempt_count 필드에 SOFTIRQ_OFFSET 매크로를 저장합니다. 다음 그림을 보면서 Soft IRQ 컨텍스트의 실행 시작을 설정하는 과정을 알아보겠습니다.

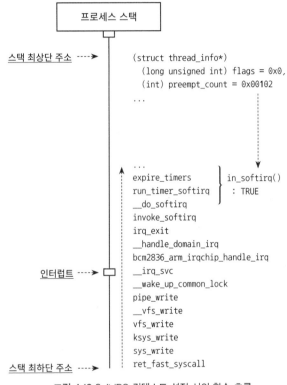

그림 4.18 Soft IRQ 컨텍스트 설정 시의 함수 흐름

그림 4.18에서 irq_exit() 함수가 보일 것입니다. 이 함수가 Soft IRQ 실행의 시작점입니다. 이처럼 Soft IRQ는 인터럽트 핸들링이 끝나면 실행을 시작합니다.

그렇다면 언제 Soft IRQ 컨텍스트를 설정할까요? 정답은 __do_softirq() 함수를 보면 알 수 있습니다. irq_exit() 함수에서 Soft IRQ 서비스 요청 여부를 체크한 다음 __do_softirq() 함수를 호출합니다. Soft IRQ 서비스를 실행하는 __do_softirq() 함수에서 프로세스 스택의 최상단 주소에 접근합니다.

thread_info 구조체의 preempt_count 필드에 Soft IRQ 실행을 나타내는 SOFTIRQ_OFFSET(0x100) 매크로를 더합니다. __do_softirq() 함수의 코드를 보면서 이를 확인해 봅시다.

https://github.com/raspberrypi/linux/blob/rpi-4.19.y/kernel/softirq.c

```
01 asmlinkage __visible void __softirq_entry __do_softirq(void)
02 {
...
03     __local_bh_disable_ip(_RET_IP_, SOFTIRQ_OFFSET);
04     in_hardirq = lockdep_softirq_start();
05
06 restart:
07     /* Reset the pending bitmask before enabling irqs */
08     set_softirq_pending(0);
09
10     local_irq_enable();
11
12     h = softirq_vec;
13
14     while ((softirq_bit = ffs(pending))) {
15             unsigned int vec_nr;
16             int prev_count;
17
18             h += softirq_bit - 1;
19
20             vec_nr = h - softirq_vec;
21             prev_count = preempt_count();
22
23             kstat_incr_softirqs_this_cpu(vec_nr);
24
25             trace_softirq_entry(vec_nr);
26             h->action(h);
27             trace_softirq_exit(vec_nr);
...
28     }
...
29
30     lockdep_softirq_end(in_hardirq);
31     account_irq_exit_time(current);
32     __local_bh_enable(SOFTIRQ_OFFSET);
```

위 코드는 __do_softirq() 함수에서 중요한 부분을 요약한 것입니다. 먼저 03번째 줄을 봅시다.

```
03    __local_bh_disable_ip(_RET_IP_, SOFTIRQ_OFFSET);
```

thread_info 구조체의 preempt_count 필드에 접근해 다음과 같이 +SOFTIRQ_OFFSET 플래그만큼 증가시킵니다.

```
preempt_count += SOFTIRQ_OFFSET(0x100)
```

06~28번째 줄은 Soft IRQ 서비스를 실행하는 동작입니다.

마지막 32번째 줄 코드를 보겠습니다.

```
32    __local_bh_enable(SOFTIRQ_OFFSET);
```

thread_info 구조체의 preempt_count 필드에 접근해 -SOFTIRQ_OFFSET 플래그만큼 감소시킵니다.

```
preempt_count -= SOFTIRQ_OFFSET(0x100)
```

이번에는 Soft IRQ 컨텍스트를 설정하는 __local_bh_disable_ip() 함수를 봅시다.

https://github.com/raspberrypi/linux/blob/rpi-4.19.y/kernel/softirq.c

```
01 void __local_bh_disable_ip(unsigned long ip, unsigned int cnt)
02 {
...
03    __preempt_count_add(cnt);
```

03번째 줄에서 cnt 인자로 __preempt_count_add() 함수를 호출합니다.

__preempt_count_add() 함수는 전달된 인자를 thread_info 구조체의 preempt_count 필드에 더합니다. 여기서 cnt는 SOFTIRQ_OFFSET 매크로를 저장하고 있으니 thread_info 구조체의 preempt_count는 다음 수식과 같이 바뀝니다. 참고로 thread_info 구조체는 실행 중인 프로세스 스택의 최상단 주소에 있다는 점을 기억하세요.

```
preempt_count  += SOFTIRQ_OFFSET;
```

Soft IRQ 서비스를 실행하는 서브 함수에서 in_softirq() 매크로를 if 문과 함께 쓰면 현재 실행 중인 코드가 Soft IRQ 컨텍스트인지 알 수 있습니다. in_softirq() 매크로 함수를 쓰는 예제 코드를 봅시다.

https://github.com/raspberrypi/linux/blob/rpi-4.19.y/mm/memcontrol.c

```
01 bool mem_cgroup_charge_skmem(struct mem_cgroup *memcg, unsigned int nr_pages)
02 {
03        gfp_t gfp_mask = GFP_KERNEL;
...
04        /* Don't block in the packet receive path */
05        if (in_softirq())
06                gfp_mask = GFP_NOWAIT;
```

05~06번째 줄을 보면 in_softirq() 함수가 true를 반환하면 06번째 줄의 코드를 실행합니다. 이 코드는 **Soft IRQ 컨텍스트에서 `gfp_mask`를 `GFP_NOWAIT`로 설정한다는 의미입니다.**

 in_softirq() 함수는 thread_info 구조체의 preempt_count 필드에 대해 다음과 같은 AND 연산을 수행합니다.

```
preempt_count &  0xFF00 (SOFTIRQ_MASK)
```

__do_softirq() 함수에서 Soft IRQ 서비스를 실행하기 전 __local_bh_disable_ip() 함수를 호출하면 thread_info 구조체의 preempt_count는 0x1000이 됩니다.

Soft IRQ 서비스를 실행하는 중에 in_softirq() 함수를 실행하면 thread_info 구조체의 preempt_count 필드가 0x1000이므로 true를 반환합니다.

```
0x100 & 0xFF00 (SOFTIRQ_MASK) // true
```

Soft IRQ 컨텍스트의 종료 상태를 저장

이번에는 Soft IRQ 서비스 함수의 호출을 마친 다음에 어떤 동작을 하는지 알아보겠습니다. 그림 4.19는 처리 과정을 나타낸 것입니다.

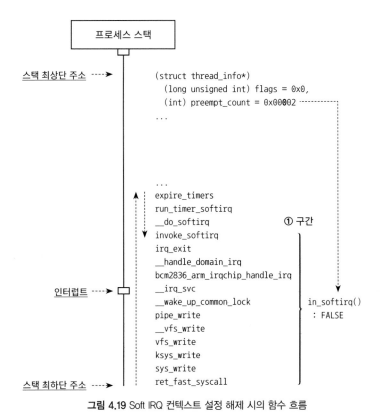

그림 4.19 Soft IRQ 컨텍스트 설정 해제 시의 함수 흐름

'Soft IRQ 컨텍스트'가 종료됐다는 정보는 __do_softirq() 함수에서 Soft IRQ 서비스 핸들러 함수를 호출한 후 설정합니다. 처리 과정은 다음과 같습니다.

1. 프로세스 스택의 최상단 주소에 접근한다.

2. thread_info 구조체의 preempt_count 필드에서 SOFTIRQ_OFFSET(0x100) 비트를 뺀다.

'Soft IRQ 컨텍스트'가 종료됐다고 업데이트한 후 오른쪽의 ① 구간으로 표시된 함수에서 in_softirq() 함수를 호출하면 false를 반환합니다. 이는 __do_softirq() 함수에서 Soft IRQ 서비스 실행을 마무리하면 __local_bh_enable() 함수를 호출해 thread_info 구조체의 preempt_count 필드에서 SOFTIRQ_OFFSET(0x100)를 빼는 연산을 수행하기 때문입니다.

이어서 Soft IRQ 서비스 실행을 마치면 호출하는 __local_bh_enable() 함수를 분석해 봅시다.

https://github.com/raspberrypi/linux/blob/rpi-4.19.y/kernel/softirq.c

```
01 static void __local_bh_enable(unsigned int cnt)
02 {
...
03      __preempt_count_sub(cnt);
04 }
```

03번째 줄과 같이 __preempt_count_sub() 함수를 호출합니다. 이번에는 실행 중인 프로세스 스택의 최
상단 주소에 접근한 후 thread_info 구조체의 preempt_count 필드에 -SOFTIRQ_OFFSET(0x100)만큼 감소시
킵니다.

```
preempt_count -= SOFTIRQ_OFFSET;
```

thread_info 구조체의 preempt_count 필드를 이용한 선점 스케줄링 여부 확인

리눅스 커널의 핵심 동작은 스케줄링입니다. 프로세스는 schedule() 함수를 호출해서 명시적으로 스케
줄링할 수도 있지만 인터럽트가 처리된 후 선점 스케줄링될 수 있습니다. 커널은 스케줄링 동작 중에
thread_info 구조체의 preempt_count 필드에 저장된 값을 보고 선점 스케줄링 실행 여부를 판단합니다.

그런데 여기서 한 가지 의문이 생깁니다. **preempt_count 필드가 어떤 값일 때 선점 스케줄링을 시작할까
요?** preempt_count 필드가 0이면 프로세스가 선점될 수 있는 조건이라고 판단합니다. 그럼 선점 스케줄
링 관련 코드를 보면서 세부 동작을 배워봅시다.

https://github.com/raspberrypi/linux/blob/rpi-4.19.y/arch/arm/kernel/entry-armv.S

```
01 __irq_svc:
02      svc_entry
03      irq_handler
04
05 #ifdef CONFIG_PREEMPT
06      ldr     r8, [tsk, #TI_PREEMPT]    @ get preempt count
07      ldr     r0, [tsk, #TI_FLAGS]      @ get flags
08      teq     r8, #0                    @ if preempt count != 0
09      movne   r0, #0                    @ force flags to 0
10      tst     r0, #_TIF_NEED_RESCHED
11      blne    svc_preempt
12 #endif
```

다소 낯선 어셈블리 코드지만 차근차근 코드의 의미를 분석해 봅시다. 먼저 1~3번째 줄을 보겠습니다.

```
01 __irq_svc:
02      svc_entry
03      irq_handler
```

__irq_svc 레이블은 인터럽트가 발생했을 때 실행되는 인터럽트 벡터(vector_irq)에서 브랜치되는 레이블입니다. 2~3번째 줄에서는 인터럽트 핸들링을 수행합니다. 즉, 인터럽트가 발생하면 인터럽트에 대응하는 인터럽트 핸들러 함수를 실행하는 동작을 수행합니다.

6~11번째 줄은 스케줄링을 실행할지 결정하는 어셈블리 코드입니다.

```
06      ldr     r8, [tsk, #TI_PREEMPT]      @ get preempt count
07      ldr     r0, [tsk, #TI_FLAGS]        @ get flags
08      teq     r8, #0                      @ if preempt count != 0
09      movne   r0, #0                      @ force flags to 0
10      tst     r0, #_TIF_NEED_RESCHED
11      blne    svc_preempt
```

어셈블리 코드를 이해하기 쉽게 C 코드로 표현하면 다음과 같습니다.

```
01 struct thread_info *current_thread_info = task_thread_info(current);
02
03 if (current_thread_info.preempt_count == 0 )
04     if (current_thread_info.flags & _TIF_NEED_RESCHED) {
05         svc_preempt(); // 스케줄링 실행
06     }
07 } else {
08     current_thread_info.flags = 0;
09 }
```

변환된 C 코드의 1번째 줄에서는 프로세스 스택의 최상단 주소에 접근해 thread_info 구조체에 접근하며, 이를 current_thread_info라는 변수에 저장합니다.

03~04번째 줄에서는 다음 두 가지 조건을 검사합니다.

- preempt_count 필드가 0인지 여부
- flags 필드와 _TIF_NEED_RESCHED(0x2)와의 AND 비트 연산을 수행해 연산 결과가 true인지 여부

두 조건을 모두 만족하면 svc_preempt 레이블을 호출해 선점 스케줄링을 실행합니다.

 선점 스케줄링의 자세한 동작 방식은 10장 '프로세스 스케줄링'의 10.6절에서 상세히 설명합니다.

이번 절에서는 thread_info 구조체의 preempt_count 필드를 어떻게 처리하는 살펴봤습니다. 코드 분석으로 다음과 같은 내용을 알게 됐습니다.

인터럽트 컨텍스트 설정

- 시작: preempt_count += HARDIRQ_OFFSET;

- 종료: preempt_count -= HARDIRQ_OFFSET;

Soft IRQ 컨텍스트 설정

- 시작: preempt_count += SOFTIRQ_OFFSET;

- 종료: preempt_count -= SOFTIRQ_OFFSET;

프로세스 스케줄링 가능 여부

- preempt_count가 0이고 flags 필드가 _TIF_NEED_RESCHED(0x2)를 포함하면 선점 스케줄링되는 조건임

이처럼 프로세스의 세부 실행 상태를 preempt_count 필드로 관리하므로 잘 알아둘 필요가 있습니다. 다음 절에서는 thread_info 구조체의 cpu 필드가 어떤 흐름으로 바뀌는지 살펴보겠습니다.

4.9.5 cpu 필드에 대한 상세 분석

thread_info 구조체의 cpu 필드는 프로세스가 실행 중인 CPU 번호를 저장합니다. 그러면 현재 코드가 어떤 CPU에서 구동 중인지 알려면 어떤 함수를 써야 할까요? **커널에서 제공하는 smp_processor_id() 함수를 호출하면 됩니다.**

smp_processor_id() 함수 분석

smp_processor_id() 함수를 보면서 세부 동작 방식을 확인해보겠습니다.

https://github.com/raspberrypi/linux/blob/rpi-4.19.y/include/linux/smp.h

```
01 # define smp_processor_id() raw_smp_processor_id()
```

https://github.com/raspberrypi/linux/blob/rpi-4.19.y/arch/arm/include/asm/smp.h

```
02 #define raw_smp_processor_id() (current_thread_info()->cpu)
```

선언부로 봐서 smp_processor_id() 함수는 매크로 타입의 함수임을 알 수 있습니다.

1~2번째 줄을 보면 smp_processor_id() 함수는 raw_smp_processor_id() 함수로 치환됩니다. 이어서
raw_smp_processor_id() 함수를 보면 current_thread_info()->cpu 코드로 치환된다는 사실을 알 수 있습니다.

위 선언부를 통해 알아본 smp_processor_id() 매크로 함수의 실체는 다음과 같습니다.

- smp_processor_id()

- raw_smp_processor_id()

- (current_thread_info()->cpu)

current_thread_info() 함수는 실행 중인 프로세스 스택의 주소를 읽어서 프로세스 스택의 최상단 주소
를 얻어옵니다.

 current_thread_info() 함수의 코드 분석은 4.10.2절에서 확인할 수 있습니다.

이번에는 smp_processor_id() 함수를 써서 현재 실행 중인 코드가 어떤 CPU에서 실행 중인지 식별하는
코드를 살펴보겠습니다.

https://github.com/raspberrypi/linux/blob/rpi-4.19.y/kernel/sched/core.c

```
01 void resched_curr(struct rq *rq)
02 {
03     struct task_struct *curr = rq->curr;
04     int cpu;
...
05     cpu = cpu_of(rq);
06
07     if (cpu == smp_processor_id()) {
08         set_tsk_need_resched(curr);
09         set_preempt_need_resched();
10         return;
11     }
```

5번째 줄에서는 함수의 인자인 런큐 구조체에서 런큐 CPU 번호를 cpu 지역변수에 저장합니다. 7번째 줄에서는 smp_processor_id() 함수를 호출해서 현재 resched_curr() 함수가 몇 번 CPU에서 실행 중인지 확인합니다. 이때 **현재 실행 중인 CPU 번호와 런큐 CPU 번호가 같으면 8~9번째 줄을 실행하고 함수 실행을 종료합니다.**

참고로 7번째 줄의 매크로를 풀어서 실제 동작하는 코드로 바꾸면 아래 코드와 같습니다.

```
if (cpu == current_thread_info()->cpu) {
```

smp_processor_id() 함수의 전체 흐름 파악

커널의 다양한 코드에서 smp_processor_id() 함수를 호출해 현재 실행 중인 CPU 번호를 읽습니다. 이번에는 resched_curr() 함수에서 smp_processor_id() 함수를 호출했을 때의 실행 흐름을 확인해 봅시다.

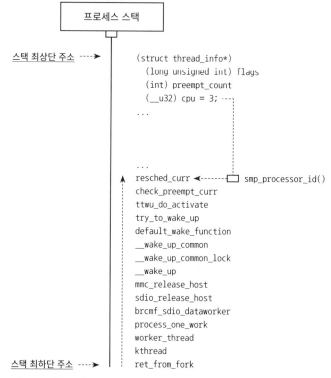

그림 4.20 실행 중인 CPU 번호를 로딩하는 smp_processor() 함수의 실행 흐름

위 함수의 콜 스택은 라즈베리 파이의 라즈비안에서 확인한 것입니다. SDIO 드라이버에서 워크 핸들러인 brcmf_sdio_dataworker() 함수를 실행합니다. 이후 __wake_up() 함수를 호출해 프로세스 스케줄링 요청을 수행하는 resched_curr() 함수를 실행합니다.

그림 4.20에서 볼 수 있듯이 resched_curr() 함수에서 smp_processor_id() 함수를 호출하면 실행 중인 프로세스 스택의 최상단 주소에 접근해서 cpu라는 필드를 읽어 옵니다.

set_task_cpu() 함수 분석

실행 중인 CPU 번호를 저장하는 thread_info 구조체의 cpu 필드는 set_task_cpu() 함수가 호출될 때 변경됩니다. set_task_cpu() 함수를 보면서 세부 동작 방식을 분석해보겠습니다.

https://github.com/raspberrypi/linux/blob/rpi-4.19.y/kernel/sched/core.c

```
void set_task_cpu(struct task_struct *p, unsigned int new_cpu)
{
...
    __set_task_cpu(p, new_cpu);
}
```

set_task_cpu() 함수에서는 두 번째 인자인 new_cpu를 __set_task_cpu() 함수로 전달하며 호출합니다.

이어서 __set_task_cpu() 함수를 보겠습니다.

https://github.com/raspberrypi/linux/blob/rpi-4.19.y/kernel/sched/sched.h

```
static inline void __set_task_cpu(struct task_struct *p, unsigned int cpu)
{
...
    WRITE_ONCE(task_thread_info(p)->cpu, cpu);
```

task_thread_info() 함수는 태스크 디스크립터를 입력으로 받아 프로세스 스택의 최상단 주소를 반환합니다. thread_info 구조체의 cpu 필드에 매개변수로 전달된 cpu를 저장합니다.

정리하면 set_task_cpu() 함수를 실행하면 다음과 같은 동작을 수행합니다.

- 프로세스 스택의 최상단 주소에 접근
- thread_info 구조체의 cpu 필드에 실행 중인 cpu 인자의 값을 저장

그림 4.21을 보면서 set_task_cpu() 함수의 실행 흐름을 확인해 보겠습니다.

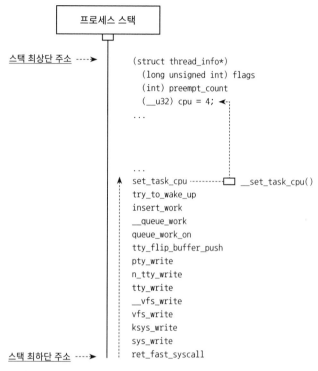

그림 4.21 실행 중인 CPU 번호를 저장하는 set_task_cpu() 함수의 흐름

set_task_cpu() 함수를 호출하면 __set_task_cpu() 함수를 호출합니다. 이때 프로세스 스택의 최상단 주소에 접근해 thread_info 구조체의 cpu 필드에 cpu 번호를 저장합니다. 그림 4.21에서는 4를 CPU 번호로 지정합니다.

지금까지 thread_info 구조체의 세부 필드가 어떻게 바뀌는지 살펴봤습니다. 코드 분석을 토대로 **태스크 디스크립터보다 `thread_info` 구조체가 프로세스 세부 동작을 저장하는 역할을 수행한다는 사실을 확인했습니다.**

다음 절에서는 프로세스가 생성될 때 thread_info 구조체를 초기화하는 과정을 알아보겠습니다.

4.9.6 thread_info 구조체 초기화 코드 분석

이전 절에서는 thread_info 구조체가 프로세스의 세부 동작 방식을 관리하는 내용을 살펴봤습니다. 이번에는 프로세스가 생성될 때 thread_info 구조체를 초기화하는 과정을 살펴보겠습니다. 이번 절에서는 다음 내용을 다룹니다.

- 프로세스가 생성될 때 스택 공간을 할당받는 동작
- 태스크 디스크립터인 task_struct 구조체와의 관계

dup_task_struct() 함수 분석

이전 절에서 프로세스를 처음 생성할 때 copy_process() 함수를 호출한다는 사실을 확인했습니다. copy_process() 함수에서는 dup_task_struct() 함수를 호출해서 태스크 디스크립터와 프로세스가 실행될 스택 공간을 새로 만듭니다.

dup_task_struct() 함수에서 호출하는 핵심 함수는 다음과 같습니다.

- alloc_task_struct_node() 함수: 슬럽 할당자로 태스크 디스크립터인 task_struct 구조체를 할당받음
- alloc_thread_stack_node() 함수: 프로세스 스택 공간을 할당받음

그런데 여기서 한 가지 의문이 생깁니다. **thread_info 구조체를 초기화하는 과정을 알아보는 이유는 무엇일까요?** 그 이유는 thread_info 구조체를 초기화하는 코드를 보면 thread_info 구조체와 해당 태스크 디스크립터가 어떻게 연결돼 있는지 알 수 있기 때문입니다.

dup_task_struct() 함수의 주요 코드를 보면서 세부 처리 방식을 살펴보겠습니다.

https://github.com/raspberrypi/linux/blob/rpi-4.19.y/kernel/fork.c

```
01 static struct task_struct *dup_task_struct(struct task_struct *orig, int node)
02 {
03     struct task_struct *tsk;
04     unsigned long *stack;
05     struct vm_struct *stack_vm_area;
06     int err;
...
07     tsk = alloc_task_struct_node(node);
08     if (!tsk)
09         return NULL;
10
11     stack = alloc_thread_stack_node(tsk, node);
12     if (!stack)
13         goto free_tsk;
...
14     tsk->stack = stack;
```

```
...
15      setup_thread_stack(tsk, orig);
...
16      return tsk;
```

먼저 7번째 줄을 봅시다.

```
07      tsk = alloc_task_struct_node(node);
```

alloc_task_struct_node() 함수를 호출해서 태스크 디스크립터를 할당받습니다.

다음으로 11번째 줄을 봅시다.

```
11      stack = alloc_thread_stack_node(tsk, node);
```

alloc_thread_stack_node() 함수를 호출해서 스택 메모리 공간을 할당받습니다. 프로세스가 생성될 때 스택 공간을 할당받으며 그 크기는 정해져 있습니다. ARMv7 아키텍처 기반 리눅스 커널에서는 프로세스 스택의 크기가 0x2000입니다.

 라즈베리 파이는 32비트 기반의 ARMv7 아키텍처를 채용했으니 프로세스 스택의 크기는 0x2000입니다. 참고로 64비트 기반 ARMv8 아키텍처를 적용한 시스템에서는 프로세스 스택 크기가 0x4000입니다.

다음으로 14번째 줄을 보겠습니다.

```
14      tsk->stack = stack;
```

task_struct 구조체의 stack 필드에 할당받은 스택의 주소를 저장합니다. **할당받은 스택의 최상단 주소를 태스크 디스크립터에 설정하는 것입니다.**

마지막으로 15번째 줄을 보겠습니다.

```
15      setup_thread_stack(tsk, orig);
```

setup_thread_stack() 함수를 호출해서 태스크 디스크립터의 주소를 thread_info 구조체의 task 필드에 저장합니다. setup_thread_stack() 함수를 보면서 세부 동작 방식을 살펴봅시다.

https://github.com/raspberrypi/linux/blob/rpi-4.19.y/include/linux/sched/task_stack.h

```
01 static inline void setup_thread_stack(struct task_struct *p, struct task_struct *org)
02 {
03     *task_thread_info(p) = *task_thread_info(org);
04     task_thread_info(p)->task = p;
05 }
```

함수를 분석하기에 앞서 인자의 의미를 확인합시다.

- struct task_struct *org: 부모 프로세스의 태스크 디스크립터
- struct task_struct *p: 생성한 프로세스의 태스크 디스크립터

3번째 줄에서는 부모 프로세스의 thread_info 구조체의 필드를 자식 프로세스의 thread 구조체 공간에 복사합니다.

```
03     *task_thread_info(p) = *task_thread_info(org);
```

이로써 자식 프로세스는 부모 프로세스의 컨텍스트 정보를 공유받습니다.

4번째 줄을 보겠습니다.

```
04     task_thread_info(p)->task = p;
```

thread_info 구조체의 task 필드에 태스크 디스크립터의 주소를 저장합니다. thread_info 구조체 선언 부의 05번째 줄을 보겠습니다.

https://github.com/raspberrypi/linux/blob/rpi-4.19.y/arch/arm/include/asm/thread_info.h

```
01 struct thread_info {
02     unsigned long       flags;          /* low level flags */
03     int                 preempt_count;  /* 0 => preemptable, <0 => bug */
04     mm_segment_t        addr_limit;     /* address limit */
05     struct task_struct  *task;          /* main task structure */
```

thread_info 구조체 선언부의 05번째 줄을 보면 struct task_struct 타입인 포인터형 task 필드가 보입니다.

위 코드를 실행하면 프로세스의 태스크 디스크립터와 thread_info 구조체는 다음 그림과 같은 구조로
연결됩니다.

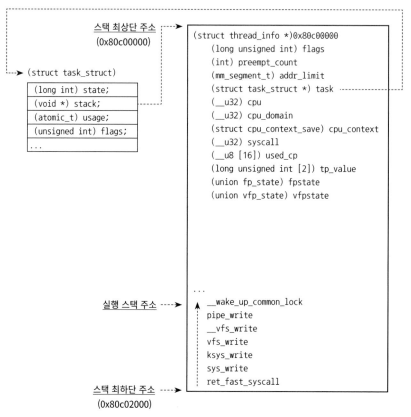

그림 4.22 thread_info 구조체와 task_struct 구조체의 관계

task_struct 구조체의 stack 필드는 프로세스 스택의 최상단 주소를 가리킵니다. 프로세스 스택의 최상
단 주소에 있는 thread_info 구조체의 task 필드는 태스크 디스크립터의 주소를 가리킵니다. 그래서 프
로세스 스택의 주소나 태스크 디스크립터의 주소만 알면 스택의 최상단 주소에 접근할 수 있습니다.

그림 4.23 프로세스의 스택 주소와 태스크 디스크립터 주소와의 관계

커널은 어셈블리 코드로 실행 중인 프로세스의 스택 주소를 언제든지 알아낼 수 있습니다. 달리 보면 커널은 프로세스의 스택 최상단 주소와 태스크 디스크립터를 언제든 계산할 수 있습니다.

alloc_task_struct_node() 함수 분석

이어서 프로세스를 생성하는 과정에서 태스크 디스크립터를 할당하는 alloc_task_struct_node() 함수를 살펴보겠습니다. 분석할 코드는 다음과 같습니다.

https://github.com/raspberrypi/linux/blob/rpi-4.19.y/kernel/fork.c

```
01 static struct kmem_cache *task_struct_cachep;
02
03 static inline struct task_struct *alloc_task_struct_node(int node)
04 {
05     return kmem_cache_alloc_node(task_struct_cachep, GFP_KERNEL, node);
06 }
```

alloc_task_struct_node() 함수를 호출하면 task_struct_cachep라는 슬랩 캐시를 통해 task_struct 구조체를 할당합니다. 05번째 줄과 같이 kmem_cache_alloc_node() 함수를 호출해 지정한 슬랩 캐시에 대한 메모리를 할당받습니다.

task_struct_cachep라는 슬랩 캐시는 다음과 같은 기능을 수행합니다.

- task_struct 구조체 크기만큼 메모리를 미리 확보해 놓고 대기
- task_struct 구조체 할당 요청이 오면 이미 할당해 놓은 task_struct 구조체의 시작 주소를 반환

 슬랩 캐시와 슬럽 오브젝트는 14.9절에서 상세히 분석합니다.

alloc_thread_stack_node() 함수 분석

프로세스를 생성하는 과정에서 스택 메모리 공간을 할당하는 alloc_thread_stack_node() 함수를 살펴보겠습니다. 분석할 코드는 다음과 같습니다.

https://github.com/raspberrypi/linux/blob/rpi-4.19.y/kernel/fork.c

```
01 static unsigned long *alloc_thread_stack_node(struct task_struct *tsk, int node)
02 {
03     struct page *page = alloc_pages_node(node, THREADINFO_GFP,
04                             THREAD_SIZE_ORDER);
05
06     return page ? page_address(page) : NULL;
07 }
```

03~04번째 줄은 페이지를 할당하는 동작입니다. THREAD_SIZE_ORDER 플래그가 1이니 2개의 페이지를 할당합니다.

https://github.com/raspberrypi/linux/blob/rpi-4.19.y/arch/arm/include/asm/thread_info.h

```
#define THREAD_SIZE_ORDER    1
```

 리눅스에서 메모리를 관리하는 단위를 페이지(Page)라고 부르며, 커널의 '메모리 서브시스템'에서 페이지를 관리합니다. 페이지의 크기는 일반적으로 4KB(16진수: 0x1000 바이트)입니다.

다음은 06번째 줄입니다.

```
06     return page ? page_address(page) : NULL;
```

페이지를 할당한 다음에는 반드시 가상 주소로 변환해야 합니다. page_address() 함수를 호출해 페이지를 가상 주소로 바꾼 다음 이를 반환합니다. 페이지를 2개 할당했으니 0x2000 크기의 물리 메모리를 확보합니다.

```
0x2000 = 2 *  0x1000 = 2 * 4K
```

따라서 32비트 ARMv7 아키텍처를 채용한 라즈비안에서는 프로세스의 스택 크기가 0x2000바이트입니다.

이번 절에서 배운 내용을 정리하면 다음과 같습니다.

첫째, 태스크 디스크립터로 프로세스 스택의 최상단 주소는 어떻게 알 수 있을까?

- task_struct 구조체의 stack 필드를 통해 프로세스 스택의 최상단 주소를 확인할 수 있습니다.

둘째, thread_info 구조체에서 태스크 디스크립터의 주소는 어떻게 알 수 있을까?

- thread_info 구조체의 task 필드에 태스크 디스크립터 주소가 저장돼 있습니다.

4.10 프로세스의 태스크 디스크립터에 접근하는 매크로 함수

지금까지 프로세스를 관리하는 자료구조로 다음과 같은 구조체를 살펴봤습니다.

- struct task_struct
- struct thread_info

커널 입장에서는 프로세스 세부 속성 정보가 있는 이 구조체에 자주 접근해 프로세스를 처리합니다. 그런데 디바이스 드라이버 코드에서 이 구조체에 직접 접근하지 못하도록 다음과 같은 인터페이스용 매크로 함수를 대신 제공합니다.

- current_thread_info()
- current

이번 절에서는 앞에서 소개한 매크로 함수를 살펴보겠습니다. 리눅스 커널에서 위 매크로 함수는 자주 활용되므로 잘 알아둘 필요가 있습니다.

4.10.1 current 매크로란?

지금까지 살펴봤듯이 프로세스 속성 정보를 관리하는 struct task_struct 타입의 태스크 디스크립터는 커널에서 가장 중요하게 관리하는 자료구조입니다. 여기에는 그럴 만한 이유가 있는데, **커널은 태스크 디스크립터에 접근해 프로세스 정보를 수시로 접근하고 저장하며, 태스크 디스크립터에 들어 있는 속성 정보로 함수의 실행 흐름이 바뀌기 때문입니다.**

그렇다 보니 간단하면서도 시스템에 부하를 주지 않는 형태로 태스크 디스크립터의 주소에 접근하는 매크로 코드가 필요하다는 요구가 불거졌고, 커널에서는 이런 요구사항을 만족하는 매크로를 제공하기에 이르렀습니다. 이를 current 매크로라고 합니다.

그럼 current 매크로는 무엇일까요? current 매크로에 접근하는 이유와 관련 자료 구조에 대해 다음과 같이 설명할 수 있습니다.

> **current 매크로는 현재 구동 중인 프로세스의 태스크 디스크립터 주소를 알려줍니다.**
> **current 매크로를 통해 직접 태스크 디스크립터 필드에 접근할 수 있습니다.**

current 매크로 함수의 사용 예

먼저 current 매크로를 사용하는 예제 코드를 보겠습니다. 다음은 파일 디스크립터를 할당하는 get_unused_fd_flags() 함수입니다.

https://github.com/raspberrypi/linux/blob/rpi-4.19.y/fs/file.c

```
01 int get_unused_fd_flags(unsigned flags)
02 {
03     return __alloc_fd(current->files, 0, rlimit(RLIMIT_NOFILE), flags);
04 }
05 EXPORT_SYMBOL(get_unused_fd_flags);
```

여기서 3번째 줄을 보면 current 매크로로 current->files 필드에 접근해서 __alloc_fd() 함수의 첫 번째 파라미터로 전달합니다. 그런데 코드를 조금 눈여겨보면 뭔가 이상합니다. **어느 코드에도 current를 지역변수나 전역변수로 선언한 코드가 없다는 것입니다.** 하지만 current 매크로는 task_struct 구조체 주소를 포인터 형태로 반환합니다. 그래서 current->files로 task_struct 구조체의 files(파일 디스크립터) 필드에 접근할 수 있는 것입니다.

이번에는 __put_task_struct() 함수를 봅시다.

https://github.com/raspberrypi/linux/blob/rpi-4.19.y/kernel/fork.c

```
01 void __put_task_struct(struct task_struct *tsk)
02 {
03     WARN_ON(!tsk->exit_state);
04     WARN_ON(atomic_read(&tsk->usage));
05     WARN_ON(tsk == current);
```

5번째 줄을 보면 __put_task_struct() 함수로 전달된 struct task_struct 타입의 tsk 파라미터와
current가 같은지 검사합니다. 이번에도 마찬가지로 **함수 내에서 current라는 변수를 선언한 흔적이 없
습니다.** 그런데 갑자기 current라는 변수가 나타나서 task_struct 구조체 포인터 타입의 tsk를 current
와 같은지 비교합니다.

이 밖에도 current 매크로는 리눅스 커널 코드에서 굉장히 자주 볼 수 있습니다. 이 코드의 의미를 정확
히 이해해야 커널 코드를 읽는 데 문제가 없습니다.

current 매크로 함수의 구현부 분석

그럼 본격적으로 current 매크로의 정체가 무엇인지 알아볼까요? **current 매크로는 현재 구동 중인
프로세스의 태스크 디스크립터의 주소를 알려주는 역할을 합니다.** 여기서 구조체는 struct task_
struct이고 포인터 타입입니다. 그래서 current->comm, current->files 형태로 각 필드에 접근할 수 있습
니다.

current 매크로의 구현부는 다음과 같습니다.

https://github.com/raspberrypi/linux/blob/rpi-4.19.y/include/asm-generic/current.h

```
01 #define get_current() (current_thread_info()->task)
02 #define current get_current()
```

2번째 줄을 보면 current 매크로는 get_current() 매크로 함수로 치환됩니다. 이어서 1번째 줄을 보면
get_current() 함수는 (current_thread_info()->task)로 치환됩니다. **여기서 current_thread_info() 함수
의 정체는 무엇일까요?**

current_thread_info() 함수는 thread_info 구조체의 시작 주소입니다. thread_info 구조체의 필드 중
task에는 프로세스의 태스크 디스크립터 주소가 저장됩니다.

앞에서 설명한 정보를 정리하면 current 매크로는 다음과 같이 풀어서 설명할 수 있습니다.

- 실행 중인 프로세스 스택의 주소를 이용해 최상단 주소에 접근해서 thread_info 구조체의 task 필드의 주소를 반환하는 코드입니다.

좀 더 정리하는 차원에서 current 매크로가 치환되는 과정을 확인해 봅시다.

- current
- get_current()
- current_thread_info()->task
- struct thread_info->task

다음 절에서는 current 매크로 코드에서 본 current_thread_info() 매크로 함수를 살펴보겠습니다. 이 매크로도 커널 코드에서 자주 사용되므로 잘 알아둘 필요가 있습니다.

4.10.2 current_thread_info() 매크로 함수 분석

current_thread_info() 매크로 함수는 프로세스가 실행 중일 때 thread_info 구조체가 있는 스택의 최상단 주소를 계산해 반환합니다.

current_thread_info() 매크로 함수의 사용 예

current_thread_info() 매크로 함수의 구현부를 분석하기에 앞서 매크로 함수를 어느 코드에서 쓰는지 알아봅시다.

https://github.com/raspberrypi/linux/blob/rpi-4.19.y/include/asm-generic/preempt.h

```
01  static __always_inline int preempt_count(void)
02  {
03      return READ_ONCE(current_thread_info()->preempt_count);
04  }
05
06  static __always_inline volatile int *preempt_count_ptr(void)
07  {
08      return &current_thread_info()->preempt_count;
09  }
10
```

```
11   static __always_inline void preempt_count_set(int pc)
12   {
13        *preempt_count_ptr() = pc;
14   }
```

1~4번째 줄에서 preempt_count() 함수는 current_thread_info() 함수를 써서 thread_info 구조체의 필드인 preempt_count에 접근합니다.

6~9번째 줄을 봅시다. preempt_count_ptr() 함수도 current_thread_info() 함수를 써서 thread_info 구조체의 필드인 preempt_count의 주소를 반환합니다.

11~14번째 줄에서는 preempt_count_ptr() 함수를 이용해 thread_info 구조체의 preempt_count 필드에 pc라는 인자를 할당합니다.

이번에는 다른 코드를 봅시다.

https://github.com/raspberrypi/linux/blob/rpi-4.19.y/arch/arm/include/asm/smp.h

```
#define raw_smp_processor_id() (current_thread_info()->cpu)
```

raw_smp_processor_id() 함수는 thread_info 구조체의 cpu 필드에 접근하는 매크로 함수입니다. 현재 이 함수는 실행 중인 CPU 번호를 반환합니다.

앞에서 소개한 바와 같이 current_thread_info() 매크로 함수는 리눅스 커널 전반에 아주 자주 사용되므로 눈에 잘 익혀둡시다.

current_thread_info() 매크로 함수의 구현부 분석

이번에는 current_thread_info() 매크로 함수를 분석하겠습니다.

https://github.com/raspberrypi/linux/blob/rpi-4.19.y/arch/arm/include/asm/thread_info.h

```
01 register unsigned long current_stack_pointer asm ("sp");
02
03 static inline struct thread_info *current_thread_info(void)
04 {
05      return (struct thread_info *)
06            (current_stack_pointer & ~(THREAD_SIZE - 1));
07 }
```

참고로 THREAD_SIZE란 0x2000 값으로서 ARM 아키텍처에서 실행되는 프로세스의 스택 크기를 의미합니다.

```
#define THREAD_SIZE 0x2000
```

 64비트 기반 ARMv8 아키텍처에서는 커널 프로세스의 스택 크기가 0x4000바이트입니다. 이 책에서는 라즈베리 파이에 탑재된 32비트 기반 ARMv7 아키텍처를 기준으로 코드를 분석합니다.

current_thread_info() 매크로 함수에서 current_stack_pointer 코드의 의미를 먼저 확인합시다.

```
01 register unsigned long current_stack_pointer asm ("sp");
```

현재 구동 중인 프로세스의 스택 주소를 current_stack_pointer 변수로 가져오는 명령어입니다. 여기서 asm ("sp") 어셈블리 명령어는 현재 실행 중인 프로세스 스택 주소를 알려줍니다.

우리가 보는 모든 함수는 프로세스 스택 공간에서 실행됩니다. 위 명령어와 조합해서 1번 코드와 같이 선언하면 current_stack_pointer 전역변수에 스택 주소를 저장합니다.

분석한 내용을 종합하면 5~6번째 줄 코드는 다음과 같이 바꿔볼 수 있습니다.

```
(current_stack_pointer & ~(THREAD_SIZE - 1));
(current_stack_pointer & ~((0x2000) - 1));
(current_stack_pointer & ~(0x1fff));
```

THREAD_SIZE가 0x2000이니 0x2000에서 1을 빼면 0x1fff입니다. 위 코드에서 ~라는 비트 연산자는 비트를 모두 역전시키는 역할을 합니다. 따라서 0x1fff를 이진수로 바꿔서 ~ 비트 연산을 수행하면 다음과 같은 결괏값을 얻을 수 있습니다.

```
0001¦1111¦1111¦1111
~연산
--------------------
1110¦0000¦0000¦0000
```

1110¦0000¦0000¦0000이라는 이진수를 16진수로 바꾸면 0xE000이 됩니다.

정리하면 현재 스택 주소에서 0xE000이라는 값과 AND 비트 연산을 하는 코드입니다.

```
(current_stack_pointer & ~((0x2000) - 1));
(current_stack_pointer & ~(0x1fff));
(current_stack_pointer & (0xe000));
```

그런데 현재 스택 주소와 0xE000을 AND 비트 연산하는 것에는 어떤 의미가 있을까요? 아래에 굵게 표시된 0~12비트는 모두 0이니 다른 주소와 AND 비트 연산을 하면 0이 됩니다.

1110¦**0000**¦**0000**¦**0000**(0xE000)

0xD000C248 & (0000¦0000¦0000) 연산을 하면 0xD000C000이 됩니다. 16진수 3자리 값을 모두 0으로 변환시킵니다.

```
1100¦0000¦0000¦0000¦1011¦0010¦0100¦1000  (0xD000C248)
                    0000¦0000¦0000
--------------------------------------- AND 연산
1100¦0000¦0000¦0000¦1011¦0000¦0000¦0000  (0xD000C000)
```

이번에 0xE000에서 0xE만 빼서 이진수로 어떤 동작을 하는지 확인할 차례입니다. 이제 0xE와 AND 비트 연산을 하는 의미를 알아보려는 것입니다.

1110¦0000¦0000¦0000

1110에 대해 비트 연산을 수행하면 현재 값이 짝수면 그 값을 그대로 유지하고 홀수면 -1만큼 뺍니다. 아래 연산 결과를 참고하면 이해하기가 쉬울 것입니다.

```
              0011(0x2)    0100(0x3)    0101(0x4)
              1110(0xE)    1110(0xE)    1110(0xE)
   AND 연산 ---------    ---------    ---------
              0010         0100         0100
```

이제 정리해 봅시다. 각각 스택 주소가 다음과 같을 때 0xE000와 AND 연산을 하면 결괏값은 다음과 같습니다.

```
[스택 주소]
0xD0002248 & 0xE000 = 0xD0002000
0xD0003248 & 0xE000 = 0xD0002000
0xD0004248 & 0xE000 = 0xD0004000
0xD0005248 & 0xE000 = 0xD0004000
```

현재 스택 주소에서 위와 같은 규칙으로 비트를 연산하는 이유는 뭘까요? ARM(32비트) 아키텍처에서는 0x2000바이트 크기만큼 스택을 지정하는데 그 이유는 **커널이 프로세스 스택 주소를 할당할 때 0x2000 바이트를 기준으로 정렬을 맞춰서 할당하기 때문입니다.**

프로세스 최상단 주소는 짝수 바이트입니다. 그래서 위와 같은 비트 연산으로 스택의 최상단 주소를 계산한 것입니다.

4.11 프로세스 디버깅

이번 절에서는 다음과 같은 프로세스 디버깅 방법을 소개합니다.

- 라즈베리 파이에서 gdb로 glibc 디버깅
- ftrace로 유저 프로그램 실행 과정 확인

먼저 라즈베리 파이에서 gdb 디버깅을 통해 유저 프로세스의 생성 과정을 알아보겠습니다.

4.11.1 glibc의 fork() 함수를 gdb로 디버깅하기

4.4절에서 유저 공간에서 fork() 함수를 호출하면 시스템 콜을 발생시켜 커널 공간에서 fork 시스템 콜핸들러인 sys_clone() 함수를 호출한다고 배웠습니다. 이번 절에서는 라즈베리 파이에서 gdb를 사용해 유저 모드에서 fork() 함수를 호출하면 어떤 코드에서 시스템 콜을 호출하는지 알아보겠습니다.

유저 프로세스 실습 코드 소개하기

이번에 리눅스 시스템 프로그래밍으로 fork() 함수를 사용해 프로세스를 생성해 봅시다.

소스코드는 다음과 같습니다.

```
01 #include <stdio.h>
02 #include <unistd.h>
03 #include <sys/types.h>
04
05 #define PROC_TIMES          50
06 #define SLEEP_DURATION      2
07 #define FORK_MAX_TIMES      3
08
09 void raspbian_proc_process(void);
10
11 void raspbian_proc_process(void)
12 {
13     int proc_times = 0;
14
15     for(proc_times = 0; proc_times < PROC_TIMES; proc_times++) {
16         printf("raspbian tracing \n");
17         sleep(SLEEP_DURATION);
18     }
19 }
20
21 int main()
22 {
23     pid_t pid;
24     int fork_times = 0;
25
26     pid = fork();
27
28     if ( pid — 0 ) {
29         printf("start execution of child process \n");
30         raspbian_proc_process();
31     }
32
33     else if ( pid > 0 ) {
34         printf("start execution of parent process \n");
35         raspbian_proc_process();
36     }
37 }
```

소스를 분석하기 전에 알아야 될 내용은 "새로운 프로세스를 생성하기 위해 fork() 함수를 호출한 프로세스는 부모 프로세스, 복제되어 새롭게 생성된 프로세스를 자식 프로세스"라고 설명드릴 수 있습니다. 이점을 염두에 두고 소스를 보겠습니다.

소스를 보니 4.4.1절에 소개한 코드와 유사해 보이는데 차이점 위주로 설명하겠습니다.

```
26    pid = fork();
27
28    if ( pid == 0 ) {
29        printf("start execution of child process \n");
30        raspbian_proc_process();
31    }
32
33    else if ( pid > 0 ) {
34        printf("start execution of parent process \n");
35        raspbian_proc_process();
36    }
```

26번째 줄을 보면 fork() 함수를 호출해 반환값을 pid에 저장합니다.

pid에 따라 28~36번째 줄은 다른 조건으로 실행됩니다. 즉, pid가 0이면 자식 프로세스 혹은 pid가 0보다 크면 부모 프로세스가 생성된 것으로 판단합니다. 만약 fork() 함수 실행 도중 오류가 발생하면 자식 프로세스가 생성되지 않고 −1를 반환합니다.

raspbian_proc_process() 함수의 구현부는 4.4.1 절에 설명드린 부분과 같으니 넘어가겠습니다.

위에서 소개한 코드를 입력한 다음 raspbian_test_fork.c란 이름으로 저장합시다.

이어서 다음과 같이 Makefile을 작성하고 컴파일합시다.

```
raspbian_fork: raspbian_test_fork.c
    gcc -g -o raspbian_fork raspbian_test_fork.c
```

그런데 이번에는 소스를 컴파일할 때 적용하는 옵션이 다릅니다. 보시다시피 gdb로 유저 애플리케이션을 디버깅하기 위해 컴파일 옵션에 '-g'를 추가해야 합니다.

gdb로 프로세스 생성 과정 디버깅하기

컴파일이 끝나면 다음 명령어로 gdb를 실행합시다. gdb를 실행하면 다음과 같은 화면을 볼 수 있습니다.

```
pi@raspberrypi: ~
File  Edit  Tabs  Help
root@raspberrypi:/home/pi# cd debug_gdb/
root@raspberrypi:/home/pi/debug_gdb# gdb raspbian_fork
GNU gdb (Raspbian 8.2.1-2) 8.2.1
Copyright (C) 2018 Free Software Foundation, Inc.
License GPLv3+: GNU GPL version 3 or later <http://gnu.org/licenses/gpl.html>
This is free software: you are free to change and redistribute it.
There is NO WARRANTY, to the extent permitted by law.
Type "show copying" and "show warranty" for details.
This GDB was configured as "arm-linux-gnueabihf".
Type "show configuration" for configuration details.
For bug reporting instructions, please see:
<http://www.gnu.org/software/gdb/bugs/>.
Find the GDB manual and other documentation resources online at:
    <http://www.gnu.org/software/gdb/documentation/>.

For help, type "help".
Type "apropos word" to search for commands related to "word"...
Reading symbols from raspbian_fork...done.
(gdb) █
```

그림 4.24 gdb를 처음 실행한 모습

"b main" 명령어로 다음 main() 함수에 브레이크포인트를 설정합니다. 이후 r 명령어를 입력해서 gdb 프로그램을 시작합시다.

```
(gdb) b main
Breakpoint 1 at 0x104c8: file raspbian_test_fork.c, line 24.
(gdb) r
Starting program: /home/pi/debug_gdb/raspbian_fork

Breakpoint 1, main () at raspbian_test_fork.c:24
24              int fork_times = 0;
(gdb) █
```

그림 4.25 main( ) 함수에 브레이크포인트를 건 모습

위 화면은 main() 함수에 브레이크포인트가 걸린 상태입니다. 이제부터 gdb로 디버깅할 수 있는 단계입니다. list 명령어를 입력해서 소스코드를 확인해 봅시다.

```
Breakpoint 1, main () at raspbian_test_fork.c:24
24              int fork_times = 0;
(gdb) list
19      }
20
21      int main()
22      {
23              pid_t pid;
24              int fork_times = 0;
25
26              pid = fork();
27
28              if ( pid == 0 )  {
(gdb) █
```

그림 4.26 list 명령어로 소스코드 확인

이전 절에 입력한 소스코드를 볼 수 있습니다. 다음으로 n 명령어를 입력해서 C 소스코드 라인 단위로 실행 흐름을 확인합시다.

```
(gdb) n
26              pid = fork();
(gdb) s
__libc_fork () at ../sysdeps/nptl/fork.c:56
56          ../sysdeps/nptl/fork.c: No such file or directory.
(gdb)
```

그림 4.27 n 명령어로 라인별 소스코드 확인

이제 fork() 함수를 호출하기 직전 코드까지 왔습니다. s 명령어를 입력해서 fork() 함수 내부로 진입하겠습니다. 다음과 같은 화면을 볼 수 있습니다.

```
(gdb) s
__libc_fork () at ../sysdeps/nptl/fork.c:56
56          ../sysdeps/nptl/fork.c: No such file or directory.
(gdb) layout asm
```

그림 4.28 s 명령어로 fork() 함수에 진입

'(gdb) s' 아랫부분을 보면 뭔가 이상한 출력 결과를 볼 수 있습니다. 즉, __libc_fork() 함수는 sysdeps/nptl/fork.c 함수의 56라인에 있는데 현재 gdb 환경에서 sysdeps/nptl/fork.c 소스코드가 없다는 메시지입니다.

이것은 보통 gdb에서 라이브러리의 함수 내부로 진입해서 디버깅을 시도하면 볼 수 있는 메시지입니다. __libc_fork() 함수는 리눅스 라이브러리 파일의 내부에 있으며, 이 라이브러리를 컴파일한 소스코드의 위치는 sysdeps/nptl/fork.c라는 의미입니다.

위 소스코드 디렉터리에서 nptl가 보입니다. nptl은 Native POSIX Thread Library의 약자로서 리눅스 스레드를 아키텍처에 독립적으로 구현할 수 있도록 지원하는 라이브러리입니다. 이 라이브러리의 소스코드는 다음 경로에서 확인할 수 있습니다.

- https://code.woboq.org/userspace/glibc/sysdeps/nptl/fork.c.html

여기서 디버깅을 끝내야 할까요? 그럴 수는 없습니다. 라이브러리는 C 형식의 소스코드는 없지만 어셈블리 코드는 볼 수 있습니다.

layout asm 명령어를 입력해 gdb의 소스코드 출력 설정을 어셈블리 코드 형식으로 바꿔봅시다.

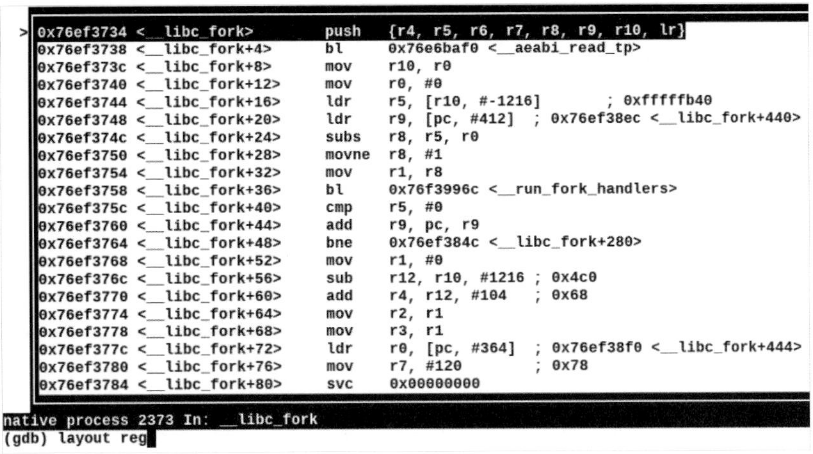

그림 4.29 layout asm 명령어로 소스 출력 설정을 어셈블리 형식으로 변경

어셈블리 코드를 볼 수 있습니다. 왼쪽 상단에 있는 검은색 ">" 기호와 화면 상단 첫 줄의 0x76ef3734 주소에 있는 코드가 검은색으로 표시돼 있는 것은 **현재 브레이크포인트가 걸린 코드의 위치를 나타냅니다.**

어셈블리 코드의 실행 흐름을 디버깅하려면 ARM 레지스터가 어떻게 바뀌는지 확인해야 합니다. 따라서 layout reg 명령어로 레지스터 정보도 함께 표시되도록 설정합시다.

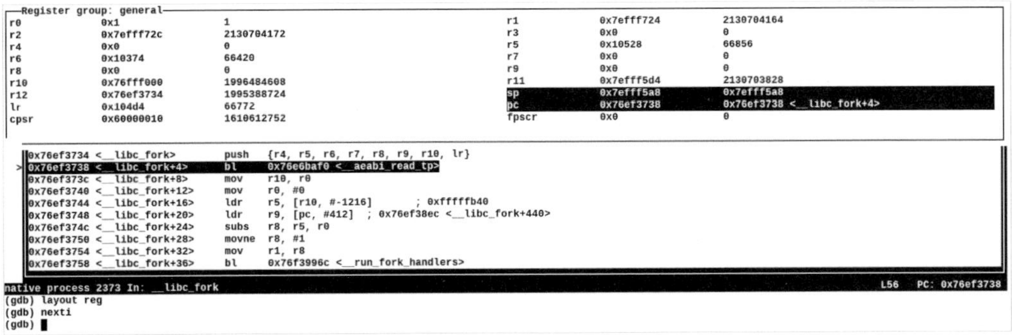

그림 4.30 layout reg 명령어로 레지스터 정보를 화면에 출력

화면에서 어셈블리 코드와 레지스터 세트를 함께 볼 수 있습니다. 왼쪽 상단의 r0부터 오른쪽 하단의 lr(r14)는 ARM 레지스터 정보입니다. r0는 0x1이고 lr(r14: 복귀 레지스터)은 0x104d4입니다.

다음으로 nexti 명령어를 입력해서 어셈블리 명령어 단위로 단계별(Step by Step)로 어셈블리 코드가 어떻게 실행되는지 확인할 수 있습니다. nexti 명령어를 입력하면 주소 단위로 어셈블리 명령어가 실행 되면서 ARM 레지스터가 어떻게 바뀌는지 알 수 있습니다.

위 화면은 0x76ef3734 주소에 있는 push 명령어를 실행한 후의 결과입니다.

```
push {r4, r5, r6, r7, r8, r9, r10, lr}
```

스택 주소를 저장하는 sp(r13)과 pc 레지스터가 변경됐음을 알 수 있습니다.

다음 화면은 소프트웨어 인터럽트를 발생시켜 시스템 콜을 실행하기 직전 코드에 브레이크포인트를 건 상태입니다.

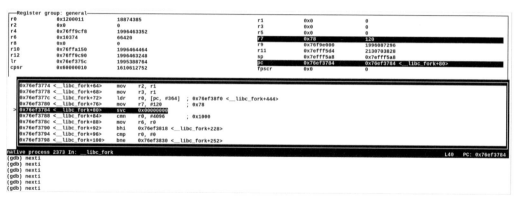

그림 4.31 시스템 콜 발생 직전의 어셈블리 코드

흰색으로 표시된 "svc 0x00000000" 명령어가 실행되면 유저 모드에서 커널 모드로 스위칭되는 것입니다. 위 화면에서 보이는 어셈블리 코드가 어떻게 실행되는지 살펴보겠습니다.

__libc_fork() 라이브러리 함수 분석

fork() 함수를 호출했을 때 시스템 콜을 실행하기 직전 어떤 인자로 시스템 콜을 호출하는지 살펴봅시다.

```
01 0x76ef3768 <__libc_fork+52>    mov    r1, #0
02 0x76ef376c <__libc_fork+56>    sub    r12, r10, #1216 ; 0x4c0
03 0x76ef3770 <__libc_fork+60>    add    r4, r12, #104    ; 0x68
04 0x76ef3774 <__libc_fork+64>    mov    r2, r1
05 0x76ef3778 <__libc_fork+68>    mov    r3, r1
06 0x76ef377c <__libc_fork+72>    ldr    r0, [pc, #364]  ; 0x76ef38f0 <__libc_fork+444>
07 0x76ef3780 <__libc_fork+76>    mov    r7, #120         ; 0x78
08 0x76ef3784 <__libc_fork+80>    svc    0x00000000
09 0x76ef3788 <__libc_fork+84>    cmn    r0, #4096         ; 0x1000
10 0x76ef378c <__libc_fork+88>    mov    r6, r0

...

11 0x76ef38f0 <__libc_fork+444>   ; <UNDEFINED> instruction: 0x01200011
```

먼저 6번째 줄의 어셈블리 코드를 봅시다.

```
06 0x76ef377c <__libc_fork+72>    ldr    r0, [pc, #364]  ; 0x76ef38f0 <__libc_fork+444>
...
11 0x76ef38f0 <__libc_fork+444>   ; <UNDEFINED> instruction: 0x01200011
```

0x76ef38f0 메모리 공간에 있는 값을 로딩해서 R0 레지스터에 저장합니다. 그런데 0x76ef38f0 주소에는 11번째 줄 코드와 같이 0x01200011이 있습니다.

ldr은 메모리 공간에 있는 값을 로딩하는 ARM 어셈블리 명령어입니다. ARM 아키텍처의 함수 호출 규약에 따르면 함수를 호출할 때 R0 레지스터에는 첫 번째 인자를 저장합니다. 그런데 0x76ef38f0 주소에 있는 0x01200011은 무엇일까요? 바로 다음 매크로를 OR 비트 연산한 결과입니다.

```
0x01200011 = CLONE_CHILD_SETTID | CLONE_CHILD_CLEARTID | SIGCHLD
```

그럼 이 매크로들은 어느 코드에서 확인할 수 있을까요? 다음 코드에서 CLONE_CHILD_SETTID, CLONE_CHILD_CLEARTID, SIGCHLD 매크로를 확인할 수 있습니다.

https://github.com/raspberrypi/linux/blob/rpi-4.19.y/include/uapi/linux/sched.h

```
#define CLONE_CHILD_SETTID   0x01000000 /* set the TID in the child */
#define CLONE_CHILD_CLEARTID 0x00200000 /* clear the TID in the child */
```

https://github.com/raspberrypi/linux/blob/rpi-4.19.y/arch/arm/include/uapi/asm/signal.h

```
#define SIGCHLD      17   // 0x11
```

매크로로 자식 프로세스의 스레드 아이디를 설정하고 자식 프로세스를 생성한다는 플래그입니다.

다음으로 7번째 줄을 봅시다.

```
07 0x76ef3780 <__libc_fork+76>  mov   r7, #120 ; 0x78
```

R7 레지스터에 120을 저장하는 동작입니다. 이처럼 시스템 콜을 발생시키기 직전 유저 공간에서 R7 레지스터에 시스템 콜 번호를 지정합니다.

ARM 프로세서에서 120번 시스템 콜에 대한 시스템 콜 핸들러는 sys_clone() 함수입니다.

```
#define __NR_clone          (__NR_SYSCALL_BASE+120)
```

유저 공간에서 fork() 함수를 호출하면 커널 공간에서 sys_clone() 함수가 호출되는 이유가 여기에 있습니다. clone 시스템 콜 번호를 R7 레지스터에 지정하고 시스템 콜을 발생시키기 때문입니다.

마지막으로 8번째 줄을 보겠습니다.

```
08 0x76ef3784 <__libc_fork+80>  svc     0x00000000
```

ARM 프로세서에서 소프트웨어 인터럽트를 발생하는 명령어입니다. ARM 프로세서에서 svc 어셈블리 명령어는 슈퍼바이저 콜(Supervisor Call)을 의미하며 이 명령어를 실행하면 ARM 프로세서의 프로그램 카운터를 소프트웨어 인터럽트 벡터인 vector_swi로 브랜치합니다.

> ARM 프로세서 기반 리눅스 시스템에서 유저 애플리케이션이 실행되는 상태를 유저 모드, 커널 프로세스가 실행되는 상태를 슈퍼바이저 모드라고 정의합니다.

여기까지 gdb로 디버깅한 어셈블리 코드를 분석했습니다.

이번에는 유저 모드에서 "svc 0x00000000" 명령어를 실행하면 리눅스 커널에서 어떤 코드를 실행하는지 분석하겠습니다.

"svc 0x00000000" 명령어를 실행하면 ARM 프로세서는 커널 모드에 해당하는 슈퍼바이저 모드로 스위칭하고 vector_swi 레이블을 실행합니다.

https://github.com/raspberrypi/linux/blob/rpi-4.19.y/arch/arm/kernel/entry-common.S

```
01 NSR:80107EE0 vector_swi:   sub     r13,r13,#0x48      ; r13,r13,#72
...
02 NSR:80107F44              cmp     r7,#0x190          ; r7,#400
03 NSR:80107F48              adr     r14,0x80107E20     ; r14,ret_fast_syscall
04 NSR:80107F4C              ldrcc   pc,[r8,+r7,lsl #0x2]
```

vector_swi 레이블의 04번째 줄을 보겠습니다. 시스템 콜 테이블의 주소가 담긴 r8 레지스터에서 시스템 콜 번호인 r7 레지스터 만큼 오프셋을 적용한 후 시스템 콜 핸들러 함수를 실행합니다.

120번 시스템 콜 번호에 해당하는 시스템 콜 핸들러인 sys_clone() 함수의 인자를 봅시다.

https://github.com/raspberrypi/linux/blob/rpi-4.19.y/kernel/fork.c

```
SYSCALL_DEFINE5(clone, unsigned long, clone_flags, unsigned long, newsp,
                int __user *, parent_tidptr,
                unsigned long, tls,
                int __user *, child_tidptr)
...
{
     return _do_fork(clone_flags, newsp, 0, parent_tidptr, child_tidptr, tls);
```

svc 명령어를 실행하기 직전 유저 공간에서 실행 중인 레지스터는 커널 공간의 소프트웨어 인터럽트 벡터인 vector_swi를 통해 sys_clone() 함수로 다음과 같이 전달됩니다.

```
clone_flags   : 0x1200011(CLONE_CHILD_SETTID | CLONE_CHILD_CLEARTID | SIGCHLD)
newsp         :      0x0
parent_tidptr :      0x0
child_tidptr  : 0x76ff6068
```

이번 절에서는 gdb 디버깅을 통해 다음과 같은 내용을 배웠습니다.

- 유저 공간에서 fork() 함수를 호출하면 r7 레지스터에 시스템 콜 번호인 120을 지정
- "svc 0x00000000" 명령어 실행
- 첫 번째 인자로 다음 매크로를 지정

  0x01200011 = CLONE_CHILD_SETTID | CLONE_CHILD_CLEARTID | SIGCHLD

이처럼 직접 디버깅해 보면 소스코드만 읽는 것보다 더 많은 정보를 얻을 수 있습니다.

4.11.2 리눅스 유틸리티 프로그램을 이용한 실행 추적

이번 장에서는 유저 공간에서 fork() 시스템 콜 함수를 호출하면 유저 프로세스가 실행된다고 설명한 바 있습니다. 그런데 유저 프로세스를 생성하는 목적은 크게 다음과 같이 두 가지로 분류할 수 있습니다.

- fork() 시스템 콜 함수로 호출해 같은 미션의 프로그램을 여러 프로세스가 나눠서 실행
- exev() 시스템 콜 함수로 아예 새로운 프로그램을 생성해서 실행

우리가 리눅스 시스템 프로그램으로 프로세스를 생성할 때는 대부분 첫 번째 방식을 사용합니다. 그래서 이번 장에서는 첫 번째 방법에 초점을 맞춰 유저 프로세스의 생성 과정을 설명한 것입니다. 하지만 두 번째 방식으로 유저 프로세스를 실행할 때가 있습니다. **이미 만들어 놓은 프로그램 파일을 실행하고 싶을 때입니다.** 그래서 이번 절에서는 디버깅 실습으로 두 번째 방식으로 유저 프로세스가 실행되는 과정을 알아보겠습니다.

먼저 다음과 같은 질문을 드리겠습니다. 리눅스 터미널에서 명령어를 입력하면 커널에서 어떤 방식으로 관련 프로세스를 실행할까요?

두 번째 방식으로 유저 프로세스가 실행을 시작합니다. 예를 들면 다음과 같습니다.

- ls: 현재 파일 정보를 출력
- whoami: 사용자명을 출력
- cat: 파일의 내용을 간단하게 출력

그런데 위와 같은 리눅스 명령어는 리눅스에서 제공하는 유틸리티 프로그램이 실행되는 것입니다. 각 프로그램은 아래 폴더에서 확인할 수 있습니다.

- /usr/bin
- /bin

하지만 리눅스에서 제공하는 유틸리티 프로그램은 우리가 실행만 하지 소스를 수정할 일이 거의 없습니다. 이번 절에서는 whoami와 cat 명령어를 입력했을 때 커널에서 어떤 과정으로 프로세스를 생성하는지 살펴보겠습니다.

이번 실습에서는 코드를 입력할 필요가 없습니다. 다음 단계를 따라하면 됩니다.

- 1단계: ftrace 설정

- 2단계: 리눅스 터미널에서 whoami와 cat /proc/interrupts 명령어 입력

- 3간계: ftrace 로그 추출

ftrace 로그 설정

ftrace 로그를 설정하는 셸 스크립트 코드는 다음과 같습니다.

```
#!/bin/bash

echo 0 > /sys/kernel/debug/tracing/tracing_on
sleep 1
echo "tracing_off"

echo 0 > /sys/kernel/debug/tracing/events/enable
sleep 1
echo "events disabled"

echo  secondary_start_kernel  > /sys/kernel/debug/tracing/set_ftrace_filter
sleep 1
echo "set_ftrace_filter init"

echo function > /sys/kernel/debug/tracing/current_tracer
sleep 1
echo "function tracer enabled"

echo sys_clone do_exit search_binary_handler  copy_process.part.5 > /sys/kernel/debug/tracing/
set_ftrace_filter
sleep 1
echo "set_ftrace_filter enabled"

echo 1 > /sys/kernel/debug/tracing/events/sched/sched_process_exit/enable
echo 1 > /sys/kernel/debug/tracing/events/sched/sched_process_fork/enable
echo 1 > /sys/kernel/debug/tracing/events/sched/sched_process_free/enable
echo 1 > /sys/kernel/debug/tracing/events/sched/sched_process_exec/enable
```

```
sleep 1
echo "event enabled"

echo 1 > /sys/kernel/debug/tracing/options/func_stack_trace
echo 1 > /sys/kernel/debug/tracing/options/sym-offset
echo "function stack trace enabled"

echo 1 > /sys/kernel/debug/tracing/tracing_on
echo "tracing_on"
```

위 명령어에서 중요한 부분만 살펴보겠습니다.

```
01 "echo 1 > /sys/kernel/debug/tracing/events/sched/sched_process_exec/enable"
02 "echo 1 > /sys/kernel/debug/tracing/events/sched/sched_process_exit/enable"
03 "echo 1 > /sys/kernel/debug/tracing/events/sched/sched_process_fork/enable"
04 "echo 1 > /sys/kernel/debug/tracing/events/sched/sched_process_free/enable"
05
06 "echo _do_fork sys_clone do_exit search_binary_handler copy_process* > /sys/kernel/debug/
tracing/set_ftrace_filter"
```

ftrace 이벤트가 sched_xxxx로 시작하면 보통 프로세스 스케줄링 동작을 출력할 것이라 예상합니다. 추가로 프로세스 생성, 실행, 종료, 프로세스 자원 해제에 대한 동작을 추적하는 이벤트도 지원합니다. 각 이벤트가 어떤 커널 동작을 추적하는지 살펴보면 다음과 같습니다.

- sched_process_fork: 프로세스 생성
- sched_process_exec: 프로세스 실행
- sched_process_exit: 프로세스 종료
- sched_process_free: 프로세스 자원(메모리, 태스크 디스크립터) 해제

이번에는 함수의 콜 스택을 지정하는 명령어를 보겠습니다.

```
echo sys_clone do_exit search_binary_handler  copy_process.part.5 > /sys/kernel/debug/tracing/
set_ftrace_filter
```

위 명령어는 다음 함수의 콜 스택을 보기 위해 필터를 지정합니다.

- sys_clone()
- do_exit()
- copy_process()
- search_binary_handler()

모두 프로세스를 실행하고 종료할 때 호출되는 커널 함수입니다.

ftrace 로그를 설정하고 터미널에서 다음 명령어를 입력합시다.

- whoami
- cat /proc/interrupts

위 명령어를 라즈베리 파이 터미널에서 각각 입력하면 다음과 같은 출력 결과를 확인할 수 있습니다.

```
root@raspberrypi:/home/pi# whoami
root
root@raspberrypi:/home/pi# cat /proc/interrupts
            CPU0      CPU1      CPU2      CPU3
   17:      6624         0         0         0   ARMCTRL-level   1 Edge      3f00b880.mailbox
   18:        34         0         0         0   ARMCTRL-level   2 Edge      VCHIQ doorbell
  ...
  IPI5:     8411      8223      5705      8429   IRQ work interrupts
  IPI6:        0         0         0         0   completion interrupts
   Err:        0
```

위와 같은 명령어를 입력한 후 3.4.4절에서 소개한 get_ftrace.sh 셸 스크립트를 실행해 ftrace 로그를 받습니다.

```
root@raspberrypi:/home/pi# ./get_ftrace.sh
ftrace off
```

ftrace 로그 분석

ftrace 로그는 'whoami'와 'cat /proc/interrupts' 명령어를 입력했을 때의 프로세스 실행 정보를 담고 있습니다. 먼저 whoami 명령어를 입력했을 때의 커널 동작을 ftrace로 알아보겠습니다.

ftrace 로그 분석: whoami 명령어를 입력했을 때

whoami 명령어를 입력했을 때의 ftrace 메시지를 분석하겠습니다. 분석할 로그는 다음과 같습니다.

```
01 bash-2181 [001] .... 9537.645900: copy_process.part.5+0x14/0x1b08 <-_do_fork+0xd8/0x438
02 bash-2181 [001] .... 9537.645914: <stack trace>
03 => copy_process.part.5+0x18/0x1b08
04 => _do_fork+0xd8/0x438
05 => sys_clone+0x34/0x3c
06 => ret_fast_syscall+0x0/0x28
07 => 0x7ed03260
08 bash-2181 [001] .... 9537.646406: sched_process_fork: comm=bash pid=2181 child_comm=bash
child_pid=30082
09 whoami-30082 [001] .... 9537.648249: search_binary_handler+0x10/0x24c
<-__do_execve_file+0x530/0x7d4
10 whoami-30082 [001] .... 9537.648288: <stack trace>
11 => search_binary_handler+0x14/0x24c
12 => __do_execve_file+0x530/0x7d4
13 => do_execve+0x3c/0x44
14 => sys_execve+0x2c/0x30
15 => ret_fast_syscall+0x0/0x28
16 => 0x7ed03304
17 whoami-30082 [001] .... 9537.649127: sched_process_exec: filename=/usr/bin/whoami pid=30082
old_pid=30082
18 whoami-30082 [001] .... 9537.653404: do_exit+0x14/0xc18 <-do_group_exit+0x4c/0xe4
19 whoami-30082 [001] .... 9537.653452: <stack trace>
20 => do_exit+0x18/0xc18
21 => do_group_exit+0x4c/0xe4
22 => __wake_up_parent+0x0/0x30
23 => ret_fast_syscall+0x0/0x28
24 => 0x7ec605c8
```

먼저 whoami 프로세스를 생성하는 01~06번째 줄을 보겠습니다.

```
01 bash-2181 [001] .... 9537.645900: copy_process.part.5+0x14/0x1b08 <-_do_fork+0xd8/0x438
02 bash-2181 [001] .... 9537.645914: <stack trace>
03 => copy_process.part.5+0x18/0x1b08
04 => _do_fork+0xd8/0x438
05 => sys_clone+0x34/0x3c
06 => ret_fast_syscall+0x0/0x28
```

이번 장에서 많이 봤던 패턴의 로그입니다. 즉, _do_fork() 함수를 호출해 프로세스를 생성하는 동작입니다.

다음으로 08번째 줄을 보겠습니다.

```
08 bash-2181 [001] .... 9537.646406: sched_process_fork: comm=bash pid=2181 child_comm=bash
child_pid=30082
```

ftrace의 sched_process_fork 이벤트 메시지로 프로세스가 생성하는 세부 정보를 알 수 있습니다. **위 로그는 pid가 2181인 bash 프로세스가 pid가 30082인 프로세스를 생성한다는 의미입니다.**

여기서 child_comm과 child_pid가 생성되는 프로세스 정보입니다. 그런데 한 가지 의문이 생깁니다. **생성하는 프로세스의 이름이 부모 프로세스의 이름과 같다는 것입니다.**

프로세스를 생성할 때는 부모 프로세스의 리소스를 복제합니다. 자식 프로세스가 복제되는 단계에서 부모 프로세스 이름은 그대로 물려받습니다. 하지만 프로세스 생성이 끝난 시점에는 자신만의 이름을 갖게 됩니다.

다음으로 09~15번째 줄을 보겠습니다.

```
09 whoami-30082 [001] .... 9537.648249: search_binary_handler+0x10/0x24c
<-__do_execve_file+0x530/0x7d4
10 whoami-30082 [001] .... 9537.648288: <stack trace>
11 => search_binary_handler+0x14/0x24c
12 => __do_execve_file+0x530/0x7d4
13 => do_execve+0x3c/0x44
14 => sys_execve+0x2c/0x30
15 => ret_fast_syscall+0x0/0x28
```

함수의 호출 방향은 15~09번째 줄입니다. 이 중에서 가장 먼저 눈여겨볼 함수의 이름은 14번째 줄의 sys_execve()입니다. sys_execve() 함수는 execve 시스템 콜의 핸들러 함수이므로 유저 공간에서 execve POSIX 시스템 콜을 발생했다는 사실을 알 수 있습니다. 이 정보를 토대로 **fork() 시스템 콜 이후에 execve() 시스템 콜을 유저 공간에서 실행했다는 사실을 알 수 있습니다.**

이처럼 리눅스에 내장된 유틸리티 프로그램을 실행해서 생성되는 프로세스의 동작은 2단계로 나눌 수 있습니다.

다음으로 17번째 줄을 보겠습니다.

```
17 whoami-30082 [001] .... 9537.649127: sched_process_exec: filename=/usr/bin/whoami pid=30082
old_pid=30082
```

위 메시지는 ftrace의 sched_process_exec 이벤트를 통해 프로세스의 실행 정보를 출력한 것입니다. 이 것은 실행을 시작하는, pid가 30082인 whoami 프로세스의 정체는 /usr/bin/whoami라고 해석할 수 있습니다. 즉, whoami 명령어를 입력하면 실행되는 파일의 정체는 /usr/bin/whoami인 것입니다.

그렇다면 위와 같은 메시지는 어느 함수에서 출력하는 것일까요? 시스템 콜 핸들러인 sys_execve() 함 수가 호출된 후 다음 함수 흐름으로 exec_binprm() 함수가 실행됩니다.

- do_execveat_common()
- exec_binprm()

exec_binprm() 함수를 보면서 세부 동작을 파악해 봅시다.

https://github.com/raspberrypi/linux/blob/rpi-4.19.y/fs/exec.c

```
01 static int exec_binprm(struct linux_binprm *bprm)
02 {
03     pid_t old_pid, old_vpid;
04     int ret;
05
06     /* Need to fetch pid before load_binary changes it */
07     old_pid = current->pid;
08     rcu_read_lock();
09     old_vpid = task_pid_nr_ns(current, task_active_pid_ns(current->parent));
10     rcu_read_unlock();
11
12     ret = search_binary_handler(bprm);
13     if (ret >= 0) {
14         audit_bprm(bprm);
15         trace_sched_process_exec(current, old_pid, bprm);
```

15번째 줄에서 whoami 프로세스가 실행을 시작하는 동작을 ftrace의 sched_process_exec 이벤트로 출력 합니다.

디렉터리를 포함한 파일 이름은 /usr/bin/whoami이고 pid는 30082입니다. /usr/bin/whoami는 리눅스 시 스템에 파일 형태로 존재합니다. 그런데 이 파일 자체가 프로세스는 아닙니다. 커널이 이 파일을 메모 리에 적재해서 실행할 때가 프로세스인 것입니다.

이 프로세스가 실행을 시작하는 동작은 17번째 줄로 알 수 있습니다.

```
17 whoami-30082 [001] .... 9537.649127: sched_process_exec: filename=/usr/bin/whoami pid=30082
old_pid=30082
```

다음으로 18~23번째 줄을 보겠습니다.

```
18 whoami-30082 [001] .... 9537.653404: do_exit+0x14/0xc18 <-do_group_exit+0x4c/0xe4
19 whoami-30082 [001] .... 9537.653452: <stack trace>
20 => do_exit+0x18/0xc18
21 => do_group_exit+0x4c/0xe4
22 => __wake_up_parent+0x0/0x30
23 => ret_fast_syscall+0x0/0x28
```

whoami 프로세스가 종료되는 로그입니다. whoami 명령어를 입력하고 root란 결과를 출력했으니 프로세스를 바로 종료하는 것입니다. 이것은 **유저 공간에서 exit() 함수를 호출하면 실행되는 코드의 흐름입니다.**

위 콜 스택의 22번째 줄에서 __wake_up_parent+0x0이라는 정보를 볼 수 있습니다. 하지만 정확한 디버깅 정보는 다음과 같이 sys_exit_group+0xc입니다.

```
18 whoami-30082 [001] .... 9537.653404: do_exit+0x14/0xc18 <-do_group_exit+0x4c/0xe4
19 whoami-30082 [001] .... 9537.653452: <stack trace>
20 => do_exit+0x18/0xc18
21 => do_group_exit+0x4c/0xe4
22 => sys_exit_group+0xc/0x3c
23 => ret_fast_syscall+0x0/0x28
```

여기서 다시 의문이 생깁니다. **__wake_up_parent+0x0** 심벌 정보가 **sys_exit_group+0xc**인 이유는 무엇일까요?

이 내용은 4.4.2절에서 이미 다뤘는데 복습하는 차원에서 중요 내용만 설명하겠습니다.

ARM 아키텍처에서는 파이프라인을 적용합니다. 그래서 실제로 실행된 코드 주소에서 +0x4만큼 떨어진 주소를 프로그램 카운터로 저장합니다. 그래서 ftrace 콜 스택 정보에서 함수 이름 오른쪽에 실행 주소의 오프셋이 0x0이면 실제 함수 이름이 아닐 가능성이 높습니다.

실제 어셈블리 코드를 보면 실제로 sys_exit_group() 함수의 마지막 코드에서 do_group_exit() 함수를 호출합니다.

```
01 801213c4 <sys_exit_group>:
02 801213c4:    e1a0c00d    mov     ip, sp
03 801213c8:    e92dd800    push    {fp, ip, lr, pc}
...
04 801213dc:    e2000cff    and     r0, r0, #65280   ; 0xff00
05 801213e0:    ebffffbe    bl      801212e0 <do_group_exit>
06
07 801213e4 <__wake_up_parent>:
```

ftrace 콜 스택 정보에서 함수 이름 오른쪽에 있는 실행 주소 오프셋이 0x0이면 함수 이름이 맞는지 의심해봅시다.

ftrace 로그 분석: cat 명령어를 입력했을 때

이어서 'cat /proc/interrupts' 명령어를 입력했을 때의 ftrace 메시지를 분석하겠습니다.

```
01 bash-2181 [001] .... 9541.693910: copy_process.part.5+0x14/0x1b08 <-_do_fork+0xd8/0x438
02 bash-2181 [001] .... 9541.693925: <stack trace>
03 => copy_process.part.5+0x18/0x1b08
04 => _do_fork+0xd8/0x438
05 => sys_clone+0x34/0x3c
06 => ret_fast_syscall+0x0/0x28
07 => 0x7ed03260
08 bash-2181 [001] .... 9541.694405: sched_process_fork: comm=bash pid=2181 child_comm=bash
child_pid=30083
09 cat-30083 [000] .... 9541.696001: search_binary_handler+0x10/0x24c <-__do_execve_file+0x530/0x7d4
10 cat-30083 [000] .... 9541.696041: <stack trace>
11 => search_binary_handler+0x14/0x24c
12 => __do_execve_file+0x530/0x7d4
13 => do_execve+0x3c/0x44
14 => sys_execve+0x2c/0x30
15 => ret_fast_syscall+0x0/0x28
16 => 0x7ed03304
17 cat-30083 [000] .... 9541.697012: sched_process_exec: filename=/bin/cat pid=30083 old_pid=30083
18 cat-30083 [000] .... 9541.700627: do_exit+0x14/0xc18 <-do_group_exit+0x4c/0xe4
19 cat-30083 [000] .... 9541.700661: <stack trace>
20 => do_exit+0x18/0xc18
21 => do_group_exit+0x4c/0xe4
```

```
22 => __wake_up_parent+0x0/0x30
23 => ret_fast_syscall+0x0/0x28
24 => 0x7ebba5c8
```

먼저 cat 프로세스를 생성하는 01~06번째 줄을 보겠습니다.

```
01 bash-2181 [001] .... 9541.693910: copy_process.part.5+0x14/0x1b08 <-_do_fork+0xd8/0x438
02 bash-2181 [001] .... 9541.693925: <stack trace>
03 => copy_process.part.5+0x18/0x1b08
04 => _do_fork+0xd8/0x438
05 => sys_clone+0x34/0x3c
06 => ret_fast_syscall+0x0/0x28
```

_do_fork() 함수를 호출해 cat 프로세스를 생성하는 동작입니다.

다음으로 08번째 줄을 보겠습니다.

```
08 bash-2181  [001] .... 9541.694405: sched_process_fork: comm=bash pid=2181 child_comm=bash
child_pid=30083
```

08번째 줄은 ftrace의 sched_process_fork 이벤트 메시지로서 프로세스가 생성하는 세부 정보를 출력합니다. 위 로그는 **pid가 2181인 bash 프로세스가 pid가 30083인 프로세스를 생성한다는 의미입니다.** 여기서 child_comm과 child_pid가 생성되는 프로세스 정보입니다.

다음으로 09~15번째 줄을 보겠습니다.

```
09 cat-30083 [000] .... 9541.696001: search_binary_handler+0x10/0x24c <-__do_execve_file+0x530/0x7d4
10 cat-30083 [000] .... 9541.696041: <stack trace>
11 => search_binary_handler+0x14/0x24c
12 => __do_execve_file+0x530/0x7d4
13 => do_execve+0x3c/0x44
14 => sys_execve+0x2c/0x30
15 => ret_fast_syscall+0x0/0x28
```

이번에도 먼저 눈여겨볼 함수의 이름은 14번째 줄의 sys_execve() 함수입니다. sys_execve() 함수는 execve 시스템 콜 핸들러 함수이므로 유저 공간에서 execve POSIX 시스템 콜을 발생시켰다는 사실을 알 수 있습니다.

다음으로 17번째 줄을 보겠습니다.

```
17 cat-30083 [000] .... 9541.697012: sched_process_exec: filename=/bin/cat pid=30083 old_pid=30083
```

위 메시지는 ftrace의 sched_process_exec 이벤트를 통해 프로세스 실행 정보를 출력한 것입니다. 이는 **실행을 시작하는, pid가 30083인 cat 프로세스의 정체는 /bin/cat이라는 것을 의미합니다.**

이처럼 cat 명령어를 입력하면 실행되는 파일의 정체는 /bin/cat인 것입니다. 즉, 디렉터리를 포함한 파일명은 /bin/cat이고 pid는 30083입니다.

다음으로 18~23번째 줄을 보겠습니다.

```
18 cat-30083 [000] .... 9541.700627: do_exit+0x14/0xc18 <-do_group_exit+0x4c/0xe4
19 cat-30083 [000] .... 9541.700661: <stack trace>
20 => do_exit+0x18/0xc18
21 => do_group_exit+0x4c/0xe4
22 => __wake_up_parent+0x0/0x30
23 => ret_fast_syscall+0x0/0x28
```

cat 프로세스가 종료되는 로그입니다. cat 명령어를 입력하고 터미널로 파일 내용을 출력했으니 프로세스는 바로 종료됩니다.

ftrace 로그 분석 내용 정리

이번 절에서는 ftrace 분석으로 다음과 같은 내용을 알게 됐습니다.

- 리눅스 유틸리티 프로그램을 실행할 때 프로세스는 fork()와 execve() 시스템 콜 함수를 호출한다.
- ftrace의 sched_process_exec 이벤트로 리눅스 유틸리티 프로그램의 파일 위치를 알 수 있다.
- 리눅스 유틸리티 프로그램을 종료할 때의 프로세스는 exit() 시스템 콜 함수를 호출한다.

이번 절에서 배운 내용을 참고해서 다른 리눅스 명령어도 어떤 방식으로 실행되는지 확인해 보면 어떨까요? 이 과정에서 리눅스의 또 다른 재미를 느낄 수 있습니다.

4.12 정리

1. 프로세스는 리눅스 시스템 메모리에 적재되어 실행을 대기하거나 실행되는 실행 흐름을 의미합니다.

2. 프로세스를 관리하는 자료구조이자 객체를 태스크 디스크립터라고 부르고 task_struct 구조체로 표현됩니다. 이 구조체에 프로세스가 사용하는 메모리 리소스, 프로세스 이름, 실행 시각, 프로세스 아이디(PID), 프로세스 스택의 최상단 주소와 같은 속성 정보가 저장돼 있습니다.

3. 유저 프로세스는 유저 공간에서 fork() 함수를 호출하면 리눅스에서 제공하는 라이브러리의 도움을 받아 커널에게 프로세스 생성 요청을 합니다.

4. 커널 프로세스는 kthread_create() 함수를 호출해 kthreadd 프로세스에게 프로세스 생성을 요청합니다.

5. 유저 프로세스와 커널 프로세스를 생성할 때 _do_fork() 함수를 실행하며, copy_process() 함수를 호출해 부모 프로세스의 리소스를 복제합니다. 이후 wake_up_new_task() 함수를 호출해 생성한 프로세스의 실행 요청을 합니다.

6. 프로세스를 종료할 때 do_exit() 함수를 호출하며, 부모 프로세스에게 자신이 종료됐다는 사실을 SIGCHLD 시그널로 알립니다.

7. 프로세스의 세부 실행 정보를 저장하거나 로딩하는 자료구조가 필요한데, 이를 thread_info 구조체에서 관리합니다.

8. thread_info 구조체에서 관리하는 커널의 세부 동작은 다음과 같습니다.

   - 현재 실행 중인 코드가 인터럽트 컨텍스트인지 여부 확인
   - 현재 프로세스가 선점 가능한 조건인지 점검
   - 프로세스가 시그널을 받았는지 여부 확인
   - 컨텍스트 스케줄링 전후로 실행했던 레지스터 세트를 저장하거나 로딩

9. 프로세스는 생성될 때 커널로부터 스택 공간을 할당받는데 32비트 아키텍처에서 프로세스 스택의 크기는 0x2000 바이트이고, 64비트 아키텍처에서는 0x4000바이트입니다.

05

인터럽트

이번 장에서 다룰 내용

- 인터럽트 핸들러 실행 과정
- 인터럽트 컨텍스트
- 인터럽트 벡터 실행

디바이스 드라이버는 주로 외부 하드웨어 장치(키보드, 마우스)와 인터럽트를 통해 통신하는 경우가 많습니다. 이때 임베디드 리눅스 드라이버 개발자는 인터럽트 핸들러를 등록하고 난 후 관련 인터럽트가 트리거(발생)되면 등록한 인터럽트 핸들러가 호출되는 과정까지 확인합니다. 그래서 리눅스 드라이버 입장에서는 인터럽트에 대해 자세히 알 필요가 없다고 생각할 수 있습니다.

하지만 커널 관점에서 보면 인터럽트에 대해 알아야 할 부분이 많습니다. 스케줄링, 시스템 콜, 시그널, 커널 동기화 등 리눅스 커널에 대한 전반적인 동작 방식을 깊이 있게 이해하려면 커널이 인터럽트를 어떻게 처리하는지 알아야 합니다.

5.1 인터럽트 소개

인터럽트는 임베디드 개발을 할 때 자주 듣는 용어입니다. 이번 절에서는 인터럽트를 소개하고 커널 내부에서 처리되는 인터럽트의 동작 방식을 이해하기 위해 알아야 할 주요 개념을 설명합니다.

5.1.1 인터럽트란?

인터럽트란 무엇일까요? 인터럽트란 일반적인 상황에서 갑자기 발생하는 비동기적인 통지나 이벤트라고 볼 수 있습니다. 이번 절에서는 인터럽트라는 용어와 그것의 의미를 알아보겠습니다.

일상 생활에서의 인터럽트

인터럽트란 단어가 생소하신가요? 낯설게 들리는 분도 있고 귀에 익은 분도 있을 것입니다. 일상생활에서 인터럽트란 갑자기 생긴 일이나 하던 일을 멈춘다는 의미입니다. 일상적으로 하던 일을 멈추게 하는 무엇인가가 갑자기 발생한 상황을 뜻합니다. 예를 들면, 책을 읽다가 갑자기 전화가 와서 읽던 책을 덮어 놓고 전화를 받는 상황이 그러합니다.

하드웨어 관점에서 인터럽트란?

임베디드 시스템 관점에서 인터럽트는 무엇일까요? 먼저 하드웨어 관점에서 생각해 봅시다. **하드웨어 관점에서 인터럽트란 하드웨어의 변화를 감지해서 외부 입력으로 전달되는 전기 신호입니다.**

한 가지 예를 들어보겠습니다. 손으로 키보드를 치면 하드웨어적으로 키보드 하드웨어의 변화를 감지하고 신호가 발생합니다. 그래서 보통 하드웨어 개발자들은 오실로스코프라는 장비로 인터럽트 신호가 제대로 올라오는지 측정합니다.

오실로스코프로 인터럽트 신호를 측정하면 다음과 같은 파형을 볼 수 있습니다.

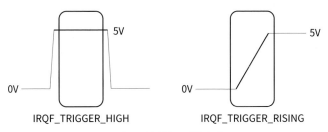

그림 5.1 인터럽트 파형의 예

참고로 인터럽트 신호는 그림 5.1과 같이 인터럽트를 식별하는 구간에 일정하게 5V(Voltage)를 유지하거나 0V에서 5V로 바뀌는 두 가지 종류로 분류됩니다.

CPU 입장에서 인터럽트란?

이번에는 소프트웨어 관점에서 인터럽트가 무엇인지 알아봅시다. 인터럽트가 발생하면 프로세스는 하던 일을 멈추고 '이미 정해진 코드'를 실행해서 하드웨어의 변화를 처리합니다. 여기서 '이미 정해진 코드'란 어떤 의미일까요? **인터럽트 벡터와 인터럽트 핸들러를 말합니다.** 이처럼 인터럽트가 발생하면 소프트웨어적으로 처리하는 과정을 인터럽트 서비스 루틴(Interrupt Service Routine)이라고 합니다.

이번에는 CPU 아키텍처 관점에서 인터럽트를 어떻게 처리하는지 알아봅시다. 인터럽트는 CPU 아키텍처별로 다르게 처리합니다. x86, ARMv7, ARMv8 아키텍처별로 인터럽트를 처리하는 방식이 다른 것입니다. 라즈베리 파이는 ARMv7 기반 아키텍처이므로 ARMv7 CPU에서 인터럽트를 처리하는 과정을 알면 됩니다. **그럼 ARMv7 아키텍처에서는 인터럽트를 어떻게 처리할까요?** ARMv7 프로세서에서 인터럽트는 익셉션(Exception)의 한 종류로 처리되므로 익셉션의 처리 방식에 대해 알 필요가 있습니다.

ARMv7 아키텍처에서 익셉션의 동작 원리는 무엇일까요? ARMv7 프로세서는 외부 하드웨어 입력이나 오류 이벤트가 발생하면 익셉션 모드로 진입합니다. ARMv7 프로세스는 익셉션이 발생했다고 감지하면 익셉션 종류별로 이미 정해 놓은 주소로 브랜치합니다. 조금 어려운 개념인데 순간 이동과 비슷한 개념으로 생각해도 좋습니다. 이미 정해진 주소로 브랜치하는 동작은 조금만 생각해보면 그리 낯설지는 않습니다. 어떤 코드에서 함수를 호출할 때 어셈블리 코드로 분석하면 이와 유사한 동작을 합니다.

한 가지 예를 들겠습니다.

https://github.com/raspberrypi/linux/blob/rpi-4.19.y/kernel/sched/core.c

```
01 asmlinkage __visible void __sched schedule(void)
02 {
...
03     do {
04             preempt_disable();
05             __schedule(false);
```

05번째 줄과 같이 __schedule(false) 함수를 호출할 때 어셈블리 코드 관점에서는 어떻게 동작할까요? ARM 코어 프로그램 카운터를 __schedule() 주소로 바꿉니다. 그리고 현재 실행 중인 레지스터 세트를 스택에 푸시합니다.

마찬가지로 ARM 코어가 익셉션을 감지하면 익셉션 모드별로 정해진 주소로 ARM 코어의 프로그램 카운터를 바꿉니다. 이후 실행 중인 코드의 레지스터 세트를 프로세스의 스택 공간에 푸시합니다.

인터럽트나 소프트웨어적으로 심각한 오류가 발생하면 ARMv7 프로세서는 '이미 정해진 주소'에 있는 코드를 실행합니다. 이미 정해진 주소 코드를 익셉션 벡터(Exception Vector)라 하며, 각 익셉션의 종류에 따라 주소의 위치가 다릅니다. 그런데 ARMv7 프로세서는 인터럽트를 익셉션 벡터 중 하나의 모드로 처리합니다(이 동작은 5.3절에서 상세히 다룹니다).

이제 인터럽트에 대한 소개를 마쳤으니 이번에는 인터럽트에 대해 조금 더 자세히 살펴보겠습니다. 임베디드 시스템이나 운영체제에서 '인터럽트를 처리하는 방식'을 논할 때 흔히 **"인터럽트 핸들러는 빨리 실행해야 한다."**라는 이야기를 많이 듣습니다. 이는 리눅스 디바이스 드라이버에서도 마찬가지입니다. 그러면 리눅스 커널에서도 인터럽트 핸들러를 빨리 실행해야 하는 이유는 무엇일까요? 가장 큰 이유는 **인터럽트가 발생하면 실행 중인 코드가 멈추기 때문입니다.**

앞으로 여러분이 리눅스 디바이스 드라이버나 커널 코드를 볼 때는 **우리가 보고 있고 있거나 실행하는 어떤 커널 코드도 인터럽트가 발생하면 인터럽트 벡터로 실행 흐름이 바뀔 수 있다는** 사실을 머릿속으로 그리면서 분석하면 좋겠습니다.

그런데 인터럽트가 발생하면 실행 중인 코드를 멈추고 익셉션 벡터로 이동한다는 사실은 코드만 봐서 이해하기는 어렵습니다. 이를 위해 실습이 필요합니다. 라즈베리 파이 같은 리눅스 시스템에서는 ftrace로 인터럽트의 동작 방식(인터럽트 종류와 인터럽트 발생 빈도)을 확인할 필요가 있습니다.

5.1.2 리눅스 커널 인터럽트의 주요 개념

앞에서 인터럽트에 대해 소개했으니 리눅스 커널에서 인터럽트를 처리하는 방식을 이해하기 위해 알아야 할 주요 개념을 소개합니다.

- 인터럽트 핸들러
- 인터럽트 벡터
- 인터럽트 디스크립터
- 인터럽트 컨텍스트

인터럽트 핸들러란?

인터럽트가 발생하면 이를 핸들링하기 위한 함수가 호출되는데 이를 인터럽트 핸들러라고 합니다. 예를 들어, 키보드를 타이핑해서 인터럽트가 발생하면 키보드 인터럽트를 처리하는 키보드 인터럽트 핸들러가 호출됩니다. 마찬가지로 휴대폰에서 화면을 손으로 만지면 터치 인터럽트가 발생하고 터치 인터럽트를 처리하는 터치 인터럽트 핸들러가 호출됩니다.

다음 그림을 보면서 각 디바이스별로 인터럽트 핸들러가 처리되는 과정을 알아보겠습니다.

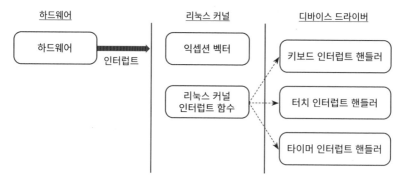

그림 5.2 디바이스별로 실행되는 인터럽트 핸들러

그림 5.2에서 볼 수 있듯이 인터럽트 종류별로 인터럽트 핸들러가 있습니다. 인터럽트 핸들러는 함수 형태로 존재하며, 커널 내부의 IRQ(Interrupt ReQuest) 서브시스템을 통해 호출됩니다. 이처럼 인터럽트가 발생해 지정한 인터럽트 핸들러가 동작하려면 어떻게 해야 할까요? **request_irq() 함수를 적절한 인자와 함께 호출해서 미리 인터럽트 핸들러를 등록해야 합니다.**

이해를 돕기 위해 컴퓨터에서 마우스를 움직였을 때 인터럽트를 처리하는 코드를 예로 들겠습니다.

https://github.com/raspberrypi/linux/blob/rpi-4.19.y/drivers/input/mouse/amimouse.c

```
01 static int amimouse_open(struct input_dev *dev)
02 {
03     unsigned short joy0dat;
...
04     error = request_irq(IRQ_AMIGA_VERTB, amimouse_interrupt, 0, "amimouse",
05                   dev);
```

04번째 줄을 보면 request_irq() 함수의 두 번째 인자로 인터럽트 핸들러 함수인 amimouse_interrupt()를 등록합니다.

이후 마우스 인터럽트가 발생하면 request_irq() 함수에서 지정한 amimouse_interrupt() 함수가 호출됩니다.

https://github.com/raspberrypi/linux/blob/rpi-4.19.y/drivers/input/mouse/amimouse.c

```
01 static irqreturn_t amimouse_interrupt(int irq, void *data)
02 {
```

```
03      struct input_dev *dev = data;
04      unsigned short joy0dat, potgor;
05      int nx, ny, dx, dy;
...
06      input_report_key(dev, BTN_LEFT,    ciaa.pra & 0x40);
07      input_report_key(dev, BTN_MIDDLE, potgor & 0x0100);
08      input_report_key(dev, BTN_RIGHT,   potgor & 0x0400);
```

인터럽트 핸들러에서는 마우스에서 입력한 데이터 정보를 참고해 유저 공간에 알리는 동작을 수행합니다.

코드는 복잡해 보이지만 다음 그림을 보면 인터럽트의 처리 과정을 쉽게 이해할 수 있습니다.

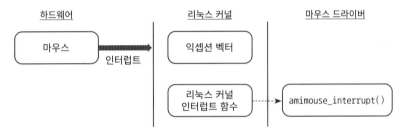

그림 5.3 마우스를 움직였을 때 마우스 인터럽트 핸들러를 호출하는 과정

마우스를 움직이면 마우스가 움직였다는 인터럽트가 발생해 인터럽트 벡터가 실행됩니다. 이후 커널 인터럽트 내부 함수에서 해당 인터럽트에 맞는 인터럽트 핸들러를 찾아 호출합니다. 많은 하드웨어 디바이스가 이 같은 방식으로 인터럽트를 통해 하드웨어의 변화를 알립니다.

인터럽트 컨텍스트는 언제 활성화될까?

인터럽트 컨텍스트는 현재 실행 중인 코드가 인터럽트를 처리 중이라는 의미입니다. 인터럽트 컨텍스트에 대한 이해를 돕기 위해 먼저 소프트웨어 관점에서 인터럽트의 실행 흐름을 단계별로 살펴보겠습니다.

1. 프로세스 실행 중

2. 인터럽트 벡터 실행

3. 커널 인터럽트 내부 함수 호출

4. 인터럽트 종류별로 인터럽트 핸들러 호출

   4.1 인터럽트 컨텍스트 시작

5. 인터럽트 핸들러의 서브루틴 실행 시작

6. 인터럽트 핸들러의 서브루틴 실행 마무리

　6.1 인터럽트 컨텍스트 마무리

복잡한 단계로 인터럽트가 처리되는 것 같아도 처리 과정을 요약하면 다음과 같습니다.

- 인터럽트가 발생하면 실행 중인 코드를 멈추고 인터럽트 벡터로 이동해 인터럽트에 대한 처리를 수행합니다.
- 인터럽트 종류별로 지정한 인터럽트 핸들러가 실행됩니다.

앞의 목록에서 4.1~6.1 사이에 호출된 함수는 인터럽트 컨텍스트에서 실행됐다고 할 수 있습니다. 여기서 한 가지 의문이 생깁니다. **현재 실행 중인 코드가 인터럽트 컨텍스트인지 어떻게 알 수 있을까요?**

in_interrupt() 함수를 호출하면 현재 인터럽트 컨텍스트인지 알려줍니다. 이 함수가 true를 반환하면 현재 실행 중인 코드가 4.1~6.1 구간에 있다는 뜻입니다.

인터럽트 디스크립터란?

인터럽트 종류별로 다음과 같은 인터럽트의 세부 속성을 관리하는 자료구조를 인터럽트 디스크립터라고 합니다.

- 인터럽트 핸들러
- 인터럽트 핸들러 매개변수
- 논리적인 인터럽트 번호
- 인터럽트 실행 횟수

프로세스의 세부 속성을 표현하는 자료구조가 태스크 디스크립터이듯 인터럽트에 대한 속성 정보를 저장하는 자료구조가 인터럽트 디스크립터인 것입니다. 커널 내부의 IRQ 서브시스템에서 인터럽트 디스크립터를 통해 인터럽트 종류별로 세부적인 처리를 수행합니다. 그림 5.4는 인터럽트가 발생했을 때 인터럽트 핸들러를 호출하는 흐름입니다.

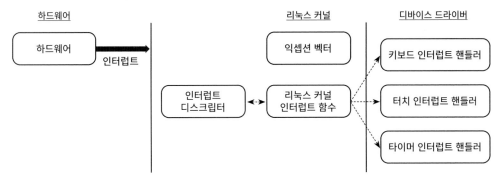

그림 5.4 인터럽트 디스크립터로 인터럽트 핸들러를 호출하는 과정

커널 내부의 IRQ 서브시스템에서 인터럽트 종류별로 지정된 인터럽트 핸들러를 호출하려면 먼저 인터럽트 디스크립터에 접근해야 합니다. 인터럽트 디스크립터는 인터럽트 핸들러의 주소 정보를 갖고 있는데, 커널은 이를 읽어서 인터럽트 핸들러를 호출합니다.

인터럽트 디스크립터는 irq_desc 구조체이며 선언부는 다음과 같습니다.

https://github.com/raspberrypi/linux/blob/rpi-4.19.y/include/linux/irqdesc.h

```
struct irq_desc {
    struct irq_common_data    irq_common_data;
    struct irq_data           irq_data;
    unsigned int __percpu     *kstat_irqs;
    irq_flow_handler_t        handle_irq;
```

참고로 이번 절에서 소개한 인터럽트의 주요 개념은 5.2절부터 상세히 살펴볼 예정입니다.

5.1.3 인터럽트를 잘 알아야 하는 이유

커널이 인터럽트를 처리하는 과정과 인터럽트를 관리하는 자료구조를 왜 잘 알아야 할까요? 인터럽트를 처리하는 방식이 시스템 전반에 큰 영향을 끼치기 때문입니다. 또한 리눅스 커널을 구성하는 요소들을 잘 이해하기 위해서도 커널이 인터럽트를 어떻게 처리하는지 잘 알고 있어야 합니다. 또 다른 이유는 다음과 같습니다.

- 대부분의 리눅스 드라이버는 인터럽트를 통해 하드웨어 디바이스와 통신합니다. 그래서 디바이스 드라이버 코드를 처음 분석할 때 인터럽트를 처리하는 함수나 코드를 먼저 확인합니다. 인터럽트의 동작 방식을 잘 알고 있으면 디바이스 드라이버 코드를 빨리 이해할 수 있습니다.

- 인터럽트가 발생하면 프로세스는 이미 정해진 동작을 수행합니다. 인터럽트 처리 과정을 숙지하면 프로세스가 스택 메모리 공간에서 어떻게 실행되는지 알게 됩니다.
- CPU 아키텍처(x86, ARM)에 따라 인터럽트 벡터는 달리 동작합니다. 인터럽트 벡터가 어떻게 동작하는지 잘 알면 자연히 ARM 아키텍처의 동작 원리에 대해 더 많이 알게 됩니다.

또한 리눅스 커널의 핵심 동작을 이해하기 위해서도 인터럽트의 세부 동작 방식을 알 필요가 있습니다. 그 이유는 다음과 같습니다.

- 스케줄링에서 선점(Preemptive) 스케줄링 진입 경로 중 하나가 인터럽트 처리를 끝낸 시점입니다.
- 유저 공간에서 등록한 시그널 핸들러는 인터럽트 핸들러를 실행한 다음 처리를 시작합니다.
- 레이스 컨디션이 발생하는 가장 큰 이유 중 하나는 비동기적으로 인터럽트가 발생해서 임계 영역의 코드를 오염시키기 때문입니다.

무엇보다 리눅스 커널을 새로운 보드에 포팅하거나 시스템 전반을 설계하는 개발자는 커널이 인터럽트를 어떻게 처리하는지 잘 알아야 합니다. 커널 패닉이나 시스템이 느려지는 성능 문제가 인터럽트 동작과 연관된 경우가 많기 때문입니다.

 여기서 "비동기적"이라는 용어는 언제 발생할지 모른다는 의미입니다.

우리가 어떤 과목을 공부하기 전에 그 과목 공부의 필요성을 알면 조금 더 집중할 수 있습니다. 인터럽트도 마찬가지입니다. 커널에서 인터럽트를 처리하는 방식을 왜 배워야 하는지 알면 더욱더 동기부여가 될 수 있습니다.

다음 절에서는 리눅스 커널에서 인터럽트를 처리하는 흐름을 살펴보겠습니다.

5.1.4 리눅스 커널에서의 인터럽트 처리 흐름

인터럽트가 발생했을 때 커널이 이를 처리하는 과정은 다음과 같이 3단계로 나눌 수 있습니다.

1단계: 인터럽트 발생

인터럽트가 발생하면 프로세스는 실행 도중 인터럽트 벡터로 이동합니다. 인터럽트 벡터에서 인터럽트 처리를 마무리한 후 다시 프로세스를 실행하기 위해 실행 중인 프로세스의 레지스터 세트를 스택에 저장합니다. 이후 IRQ 서브 시스템을 구성하는 함수들이 호출됩니다.

2단계: 인터럽트 핸들러 호출

커널 내부에서는 발생한 인터럽트에 대응하는 인터럽트 디스크립터를 읽어서 인터럽트 핸들러를 호출합니다.

3단계: 인터럽트 핸들러 실행

인터럽트 핸들러에서 하드웨어를 직접 제어하고 유저 공간에 이 변화를 알립니다.

이해를 돕기 위해 한 가지 예를 들어보겠습니다. 안드로이드 휴대폰에서 여러분이 손으로 휴대폰 화면을 터치하면 내부 동작은 다음과 같은 단계로 나눌 수 있습니다.

1단계: 터치 인터럽트 발생

하드웨어적인 터치 모듈이 변화를 감지하고 터치 모듈에 대한 인터럽트를 발생시킵니다. 이때 인터럽트 벡터가 실행됩니다.

2단계: 터치 인터럽트 핸들러 호출

커널은 터치 인터럽트 번호로 해당 인터럽트 디스크립터를 읽습니다. 다음 인터럽트 디스크립터에 저장된 인터럽트 핸들러의 주소를 찾아 인터럽트 핸들러를 호출합니다.

3단계: 터치 인터럽트 핸들러 실행

결국 터치 인터럽트 핸들러는 해당 터치 인터럽트를 받아 정해진 처리를 합니다. 화면을 업데이트하거나 하드웨어 터치 디바이스에 인터럽트를 잘 받았다는 사실을 알립니다.

 "인터럽트 디스크립터", "인터럽트 벡터" 같은 낯선 용어로 설명했는데, 이러한 용어의 공학적 의미는 하나하나 각 절에서 다룰 예정입니다.

인터럽트가 발생하면 이를 커널이 처리하는 과정을 터치 드라이버를 예로 들어 살펴봤습니다. 인터럽트 발생을 처리하는 단계를 함수 흐름과 실행 주체별로 분류하면 다음 그림과 같습니다.

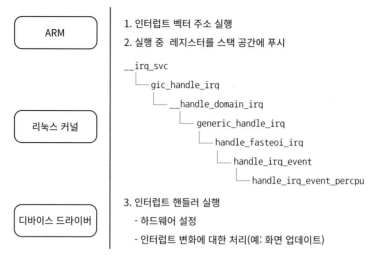

그림 5.5 ARM 프로세서/리눅스 커널/디바이스 드라이버별 인터럽트 처리 흐름

전체 실행 흐름은 다음의 3단계로 분류할 수 있습니다.

1단계: ARM 프로세서

인터럽트가 발생하면 실행 중인 코드를 멈춘 후 인터럽트 벡터로 실행 흐름을 이동합니다. ARM 프로세서와 연관된 동작입니다.

2단계: 리눅스 커널

인터럽트 벡터로 프로그램 카운터를 브랜치합니다. 이어서 인터럽트의 자료 구조를 관리하고 예외 처리를 수행하는 커널 내부의 코어 함수들이 호출됩니다. 이런 역할을 수행하는 기능을 IRQ 서브시스템이라고 합니다. IRQ 서브시스템의 핵심 기능 중 하나는 "인터럽트 디스크립터를 읽어 해당 인터럽트 핸들러를 호출해주는 것"입니다. 그림 5.5의 가운데에 부분에 보이는 __handle_domain_irq() ~ handle_irq_event_percpu() 함수들이 IRQ 서브시스템을 구성하는 함수입니다.

3단계: 디바이스 드라이버

각 디바이스 드라이버에서 등록한 인터럽트 핸들러를 실행해 인터럽트 발생에 대한 처리를 수행합니다.

이번 절에서는 인터럽트에 대해 소개했으니 이어지는 절에서 인터럽트 컨텍스트에 대해 살펴보겠습니다.

5.2 인터럽트 컨텍스트

이번 절에서는 인터럽트 컨텍스트의 공학적 의미를 살펴보고 인터럽트 컨텍스트를 식별하는 in_interrupt() 함수를 살펴보겠습니다.

5.2.1 인터럽트 컨텍스트란?

인터럽트 컨텍스트와 관련된 코드를 분석하면서 인터럽트 컨텍스트의 세부 동작 방식을 알아보기에 앞서 인터럽트 컨텍스트의 개념을 알아보겠습니다. 먼저 인터럽트 컨텍스트를 간단히 정의하자면 **"현재 실행 중인 프로세스가 현재 인터럽트를 처리 중"**이라는 것을 의미합니다. 즉, 현재 실행 중인 함수가 인터럽트 핸들러이거나 인터럽트 핸들러에서 호출된 함수라는 것입니다.

이어서 인터럽트 컨텍스트의 의미를 조금 더 깊이 알아보겠습니다. 인터럽트 컨텍스트라는 용어는 인터럽트와 컨텍스트라는 단어를 합친 것입니다. 인터럽트의 컨텍스트라고도 볼 수 있습니다.

리눅스 커널에서 컨텍스트란?

인터럽트 컨텍스트의 의미를 파악하기 위해 먼저 '컨텍스트'가 무엇인지 알아볼 필요가 있습니다. 컨텍스트란 '프로세스 실행 그 자체'를 의미하며 현재 실행 중인 프로세스 정보를 담고 있는 레지스터 세트로 표현할 수 있습니다.

이해를 돕기 위해 간단한 질문을 하나 해보겠습니다. 커널이 schedule() 함수를 실행하고 있는데 이 함수의 주소가 0xC000D000입니다. 그렇다면 프로그램 카운터는 어떤 값을 저장하고 있을까요? 이 질문에 다음과 같이 대답할 수 있습니다.

> **프로그램 카운터 레지스터는 0xC000D000이다.**

이처럼 프로그램 카운터 레지스터를 포함한 레지스터 세트로 현재 실행 중인 프로세스의 상태를 표현할 수 있습니다.

 프로세스가 스케줄링으로 휴면 상태로 진입할 때는 현재 실행 중인 레지스터 세트를 특정 공간(스택의 최상단 주소)에 저장합니다. 스케줄링으로 의해 다시 깨어나면 이전에 동작했던 지점의 코드부터 실행해야 하기 때문입니다. 그럼 프로세스는 다시 실행하기 전에 어떤 동작을 할까요? **프로세스는 휴면할 때 저장했던 레지스터 세트를 로딩합니다.** 그 이유는 휴면할 때 저장했던 레지스터에 프로세스 실행 정보가 담겨 있기 때문입니다.

프로세스 실행은 레지스터 세트로 표현할 수 있습니다. 그렇다면 여기서 말하는 레지스터 세트는 어떤 자료구조일까요? **정답은 cpu_context_save 구조체입니다.** cpu_context_save 구조체를 함께 확인해 봅시다.

https://github.com/raspberrypi/linux/blob/rpi-4.19.y/arch/arm/include/asm/thread_info.h

```
struct cpu_context_save {
      __u32    r4;
      __u32    r5;
      __u32    r6;
      __u32    r7;
      __u32    r8;
      __u32    r9;
      __u32    sl;
      __u32    fp;
      __u32    sp;
      __u32    pc;
      __u32    extra[2];       /* Xscale 'acc' register, etc */
};
```

cpu_context_save 구조체의 각 필드는 프로세스가 실행 중인 레지스터 값을 나타내며, 이 필드에 현재 실행 중인 프로세스의 레지스터가 저장됩니다.

그럼 cpu_context_save 구조체는 어디에 저장될까요? 프로세스 스택의 최상단 주소에 위치한 thread_info 구조체의 cpu_context 필드에 저장됩니다.

https://github.com/raspberrypi/linux/blob/rpi-4.19.y/arch/arm/include/asm/thread_info.h

```
01 struct thread_info {
02     unsigned long            flags;          /* low level flags */
...
03     struct cpu_context_save  cpu_context;  /* cpu context */
```

thread_info 구조체의 03번째 줄을 눈여겨봅시다. 필드명도 cpu_context입니다.

쉽게 설명하면 컨텍스트란 "프로세스가 실행 중인" 상태라고 할 수 있습니다. 위에서 알아봤듯이 레지스터 세트로 현재 실행 중인 상태를 저장하기 때문입니다.

이제 처음으로 돌아가서 인터럽트 컨텍스트의 의미를 짚어 보겠습니다.

인터럽트 컨텍스트란 무엇인가?

이제 결론을 내리겠습니다. 인터럽트 컨텍스트란 용어는 무슨 뜻일까요? 바로 **"인터럽트를 처리 중"**이란 뜻입니다.

인터럽트가 발생하면 인터럽트 벡터 주소부터 인터럽트 핸들러까지 함수 흐름으로 인터럽트를 처리합니다. 인터럽트 컨텍스트란 이 흐름 중 하나라고 볼 수 있습니다. 인터럽트 컨텍스트를 처음 접하는 분은 이 같은 의미를 파악하기 어려우니 조금 더 풀어서 정리하면 **현재 인터럽트 핸들러를 실행 중이면 인터럽트 컨텍스트입니다.** 인터럽트를 핸들링하는 중이기 때문입니다.

그럼 인터럽트 핸들러에서 호출된 서브 함수 중 하나가 실행될 때도 인터럽트 컨텍스트라고 볼 수 있을까요? 맞습니다. 현재 인터럽트가 발생한 다음 인터럽트를 핸들링하는 도중이기 때문입니다.

그렇다면 리눅스 커널에서 인터럽트 컨텍스트를 정의한 이유는 무엇일까요? 그 이유는 인터럽트가 발생하면 이를 핸들링하는 코드는 빨리 실행돼야 하기 때문입니다. 리눅스 커널 및 디바이스 드라이버에서 실행되는 함수는 인터럽트 핸들러에서 실행될 수도 있고 아닌 경우도 있습니다.

그래도 인터럽트 컨텍스트의 의미를 이해하기 어렵습니다. 커널이라는 주제는 이론으로 설명된 내용을 자세하게 읽어도 이해가 안 되고 머릿속에 잘 남지 않는 것 같습니다. 그렇다고 실망할 필요는 없습니다. 우리에겐 커널 코드와 ftrace라는 강력한 도구가 있습니다. ftrace 로그를 열어서 실제로 어느 로그가 인터럽트 컨텍스트인지 확인하는 실습을 해보면 인터럽트 컨텍스트가 무엇인지 조금 더 쉽게 파악할 수 있습니다.

인터럽트 컨텍스트란 용어는 왜 배워야 할까?

인터럽트 컨텍스트라는 용어를 알아야 하는 이유는 무엇일까요? 리눅스 커널 전반에 이 용어가 사용되고, 이 개념을 적용한 커널 코드가 많기 때문입니다. 인터럽트 컨텍스트에 대한 공학적 의미를 이해하지 못하면 다른 코드를 이해하기 어렵습니다.

이어지는 절에서는 인터럽트 컨텍스트를 ftrace와 커널 로그 분석을 통해 조금 더 알아보겠습니다.

5.2.2 ftrace와 커널 로그로 인터럽트 컨텍스트 확인해보기

이번 절에서는 ftrace 로그를 분석하면서 커널이 인터럽트를 어떻게 처리하는지 알아봅시다.

 리눅스 커널에서 커널의 세부 동작을 가장 정밀하게 표현하는 로그는 뭘까요? 아마 많은 리눅스 전문가들은 ftrace라고 대답할 겁니다. ftrace는 리눅스 커널에서 제공하는 가장 강력한 디버그 로그입니다. 리눅스 커널의 공식 트레이서이기도 합니다. 여러분도 ftrace 로그를 자주 활용해서 리눅스 커널을 익히기를 바랍니다.

ftrace로 인터럽트를 처리하는 인터럽트 핸들러 함수에 필터를 걸고 콜 스택 로그를 받아 보겠습니다.

인터럽트 동작을 확인하기 위한 ftrace 설정

ftrace로 인터럽트의 동작 방식을 분석하기 전에 ftrace를 설정하는 방법을 소개합니다. 먼저 다음 명령어를 입력해 봅시다.

```bash
#!/bin/bash

echo 0 > /sys/kernel/debug/tracing/tracing_on
sleep 1
echo "tracing_off"

echo 0 > /sys/kernel/debug/tracing/events/enable
sleep 1
echo "events disabled"

echo  secondary_start_kernel  > /sys/kernel/debug/tracing/set_ftrace_filter
sleep 1
echo "set_ftrace_filter init"

echo function > /sys/kernel/debug/tracing/current_tracer
sleep 1
echo "function tracer enabled"

echo dwc_otg_common_irq > /sys/kernel/debug/tracing/set_ftrace_filter
sleep 1
echo "set_ftrace_filter enabled"

echo 1 > /sys/kernel/debug/tracing/events/irq/irq_handler_entry/enable
echo 1 > /sys/kernel/debug/tracing/events/irq/irq_handler_exit/enable
echo "event enabled"

echo 1 > /sys/kernel/debug/tracing/options/func_stack_trace
echo "function stack trace enabled"

echo 1 > /sys/kernel/debug/tracing/tracing_on
echo "tracing_on"
```

이 같은 명령어를 입력한 후 irq_stack_trace.sh라는 이름으로 저장합니다. 이어서 다음과 같은 명령어
를 입력해 irq_stack_trace.sh 셸 스크립트를 실행하면 ftrace를 빨리 설정할 수 있습니다.

```
root@raspberrypi:/home/pi # ./irq_stack_trace.sh
```

ftrace를 설정하는 명령어 중에서 다음 코드를 함께 봅시다.

```
echo dwc_otg_common_irq > /sys/kernel/debug/tracing/set_ftrace_filter
```

이 명령어는 set_ftrace_filter에 다음 함수를 설정합니다.

```
dwc_otg_common_irq()
```

dwc_otg_common_irq() 함수가 호출될 때 함수 콜 스택을 ftrace로 보기 위해 set_ftrace_filter 파일에
함수를 지정하는 것입니다.

이어서 3.4.4절에서 소개한 get_ftrace.sh 셸 스크립트를 실행해 ftrace 로그를 추출합니다.

```
root@raspberrypi:/home/pi # ./get_ftrace.sh
```

지금까지 설명한 실습 과정을 정리해 봅시다.

1. irq_stack_trace.sh 셸 스크립트를 실행해 ftrace를 설정한다.

2. get_ftrace.sh 셸 스크립트를 실행해 ftrace 로그를 받는다.

라즈베리 파이에서 받은 ftrace로 인터럽트 컨텍스트 확인

이제 ftrace 로그 분석을 시작하겠습니다. 먼저 ftrace 로그를 소개합니다.

```
01 kworker/0:0-27338 [000] d.h.  6028.897808: irq_handler_entry: irq=56 name=dwc_otg
02 kworker/0:0-27338 [000] 6028.897809: dwc_otg_common_irq <-__handle_irq_event_percpu
03 kworker/0:0-27338 [000] 6028.897847: <stack trace>
04 => handle_irq_event
05 => handle_level_irq
06 => generic_handle_irq
07 => bcm2836_chained_handle_irq
08 => generic_handle_irq
```

```
09 => __handle_domain_irq
10 => bcm2836_arm_irqchip_handle_irq
11 => __irq_svc
12 => _raw_spin_unlock_irqrestore
13 => _raw_spin_unlock_irqrestore
14 => schedule_timeout
15 => wait_for_common
16 => wait_for_completion_timeout
17 => usb_start_wait_urb
18 => usb_control_msg
19 => __usbnet_read_cmd
20 => usbnet_read_cmd
21 => __smsc95xx_read_reg
22 => __smsc95xx_phy_wait_not_busy
23 => __smsc95xx_mdio_read
24 => check_carrier
25 => process_one_work
26 => worker_thread
27 => kthread
28 => ret_from_fork
```

 ftrace 로그를 보면 어느 로그부터 분석해야 할지 의문이 앞섭니다. 이때 염두에 둘 점은 **아래에 있는 함수에서 위에 있는 함수 쪽으로 함수가 호출된다는 것입니다.** 즉, ret_from_fork 레이블이 맨 먼저 실행된 후 다음과 같은 순서로 함수가 호출된 것입니다.

```
kthread → worker_thread → process_one_work
```

이후 handle_level_irq() → handle_irq_event() → __handle_irq_event_percpu() → dwc_otg_common_irq() 순서로 함수가 호출됐습니다.

다음 ftrace 로그는 조금 헷갈릴 수 있어 상세히 볼 필요가 있습니다.

```
02 kworker/0:0-27338 [000] 6028.897809: dwc_otg_common_irq <-__handle_irq_event_percpu
03 kworker/0:0-27338 [000] 6028.897847: <stack trace>
04 => handle_irq_event
05 => handle_level_irq
```

handle_irq_event() 함수까지 함수 호출이 수행된 듯합니다. 실제로는 다음 흐름으로 맨 마지막에 실행된 함수는 dwc_otg_common_irq()입니다. 함수 흐름은 다음과 같습니다.

```
handle_irq_event → __handle_irq_event_percpu → dwc_otg_common_irq
```

먼저 1번째 줄을 보겠습니다.

```
01 kworker/0:0-27338 [000] d.h.   6028.897808: irq_handler_entry: irq=56 name=dwc_otg
```

위 ftrace 메시지는 다음과 같은 사실을 말해줍니다.

- pid가 27338인 kworker/0:0 프로세스가 실행하는 도중 인터럽트가 발생
- 인터럽트 번호는 56번이고 이름은 dwc_otg
- 인터럽트 핸들러가 실행을 시작한 시간은 6028.897808임

이번에는 콜 스택을 볼 차례입니다. 콜 스택에서는 가장 먼저 호출된 함수부터 봐야 하니 로그의 가장 아랫부분부터 봐야 합니다.

```
12 => _raw_spin_unlock_irqrestore
13 => _raw_spin_unlock_irqrestore
14 => schedule_timeout
15 => wait_for_common
16 => wait_for_completion_timeout
17 => usb_start_wait_urb
18 => usb_control_msg
19 => __usbnet_read_cmd
20 => usbnet_read_cmd
21 => __smsc95xx_read_reg
22 => __smsc95xx_phy_wait_not_busy
23 => __smsc95xx_mdio_read
24 => check_carrier
25 => process_one_work
26 => worker_thread
27 => kthread
28 => ret_from_fork
```

위 ftrace 로그는 인터럽트가 발생하기 전의 함수 호출 흐름을 나타냅니다. 콜 스택을 보니 kworker/0:0 프로세스가 실행 중입니다. check_carrier() 워크 핸들러 함수가 호출된 후 USB 드라이버와 관련된 함수가 실행 중입니다.

이어서 인터럽트가 발생하고 난 후의 로그를 보겠습니다.

```
01 kworker/0:0-27338 [000] d.h.  6028.897808: irq_handler_entry: irq=56 name=dwc_otg
02 kworker/0:0-27338 [000] 6028.897809: dwc_otg_common_irq <-__handle_irq_event_percpu
03 kworker/0:0-27338 [000] 6028.897847: <stack trace>
04 => handle_irq_event
05 => handle_level_irq
06 => generic_handle_irq
07 => bcm2836_chained_handle_irq
08 => generic_handle_irq
09 => __handle_domain_irq
10 => bcm2836_arm_irqchip_handle_irq
11 => __irq_svc
12 => _raw_spin_unlock_irqrestore
```

여기서 어떤 함수가 실행되던 도중에 인터럽트가 발생한 것일까요? 이 질문을 받으면 다음과 같이 대답할 수 있습니다.

> _raw_spin_unlock_irqrestore() 함수가 실행되는 도중 "irq=56 name=dwc_otg" 인터럽트가 발생
> 했다.

ARM 프로세서는 인터럽트가 발생하면 익셉션을 유발해 인터럽트 벡터를 실행합니다. 인터럽트 벡터에 있는 vector_irq라는 레이블에서 __irq_svc 레이블을 브랜치(호출)합니다. 이후 리눅스 커널 내부의 인터럽트를 처리하는 함수가 다음 순서로 호출되는 것입니다.

- handle_level_irq()
- handle_irq_event()
- __handle_irq_event_percpu()
- dwc_otg_common_irq()

이후 "irq=56 name=dwc_otg" 인터럽트를 처리하는 인터럽트 핸들러인 dwc_otg_common_irq() 함수가 호출됩니다.

다소 복잡해 보이는 ftrace 로그를 그림으로 표현하면 다음과 같습니다.

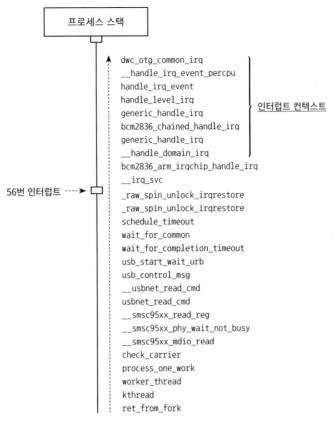

그림 5.6 인터럽트 발생 시 프로세스 스택 공간에서의 함수 호출 흐름

그림 5.6은 56번 인터럽트가 발생한 후의 함수가 실행된 흐름을 나타냅니다. 오른쪽 상단에 인터럽트 컨텍스트라고 표시된 함수 구간이 있습니다. 이 구간에서 어떤 함수가 실행 중이면 '현재 인터럽트 컨텍스트다'라고 말할 수 있습니다.

ftrace 로그와 위 그림을 토대로 전체 실행 흐름은 다음과 같이 정리할 수 있습니다.

- pid가 27338인 kworker/0:0 프로세스가 _raw_spin_unlock_irqrestore() 함수를 실행
- "irq=56 name=dwc_otg" 인터럽트가 발생해 인터럽트 벡터를 통해 __irq_svc 레이블로 브랜치
- 인터럽트 핸들러인 dwc_otg_common_irq() 함수가 실행됨

커널 로그를 이용한 인터럽트 컨텍스트 확인

이번에는 다른 리눅스 시스템에서 추출한 커널 로그를 보면서 인터럽트 컨텍스트를 배워봅시다. 먼저
커널 로그를 소개합니다.

https://git.kernel.org/pub/scm/linux/kernel/git/stable/linux-stable.git/commit/?id=bbe097f092b0d13e9736bd2
794d0ab24547d0e5d

```
WARNING: CPU: 0 PID: 0 at include/linux/usb/gadget.h:405
 ecm_do_notify+0x188/0x1a0
Modules linked in:
CPU: 0 PID: 0 Comm: swapper Not tainted 4.7.0+ #15
Hardware name: Atmel SAMA5
[<c010ccfc>] (unwind_backtrace) from [<c010a7ec>] (show_stack+0x10/0x14)
[<c010a7ec>] (show_stack) from [<c0115c10>] (__warn+0xe4/0xfc)
[<c0115c10>] (__warn) from [<c0115cd8>] (warn_slowpath_null+0x20/0x28)
[<c0115cd8>] (warn_slowpath_null) from [<c04377ac>] (ecm_do_notify+0x188/0x1a0)
[<c04377ac>] (ecm_do_notify) from [<c04379a4>] (ecm_set_alt+0x74/0x1ac)
[<c04379a4>] (ecm_set_alt) from [<c042f74c>] (composite_setup+0xfc0/0x19f8)
[<c042f74c>] (composite_setup) from [<c04356e8>] (usba_udc_irq+0x8f4/0xd9c)
[<c04356e8>] (usba_udc_irq) from [<c013ec9c>] (handle_irq_event_percpu+0x9c/0x158)
[<c013ec9c>] (handle_irq_event_percpu) from [<c013ed80>] (handle_irq_event+0x28/0x3c)
[<c013ed80>] (handle_irq_event) from [<c01416d4>] (handle_fasteoi_irq+0xa0/0x168)
[<c01416d4>] (handle_fasteoi_irq) from [<c013e3f8>] (generic_handle_irq+0x24/0x34)
[<c013e3f8>] (generic_handle_irq) from [<c013e640>] (__handle_domain_irq+0x54/0xa8)
[<c013e640>] (__handle_domain_irq) from [<c010b214>] (__irq_svc+0x54/0x70)
[<c010b214>] (__irq_svc) from [<c0107eb0>] (arch_cpu_idle+0x38/0x3c)
[<c0107eb0>] (arch_cpu_idle) from [<c0137300>] (cpu_startup_entry+0x9c/0xdc)
[<c0137300>] (cpu_startup_entry) from [<c0900c40>] (start_kernel+0x354/0x360)
[<c0900c40>] (start_kernel) from [<20008078>] (0x20008078)
---[ end trace e7cf9dcebf4815a6 ]---J6
```

커널 로그에서 __irq_svc(asm) ~ unwind_backtrace() 함수들은 인터럽트 컨텍스트에서 수행되며,
start_kernel() ~ arch_cpu_idle() 함수 구간은 프로세스 컨텍스트라고 볼 수 있습니다.

커널 로그에서 __irq_svc 레이블은 개발 도중 자주 보게 됩니다. 위와 같이 콜 스택에서 인터럽트 벡터
에서 브랜치되는 __irq_svc 레이블을 보면 **"인터럽트가 발생해서 인터럽트를 처리 중이구나"**라고 해석
하면 됩니다. 실전 프로젝트를 개발할 때 이 같은 패턴의 커널 로그를 자주 만나니 잘 기억해둡시다.

이번 절에서는 인터럽트 컨텍스트에 대해 알아봤습니다. 지금까지 배운 내용을 정리해 봅시다.

- **인터럽트 컨텍스트란 무엇인가?**

  인터럽트가 발생해 인터럽트를 핸들링하는 동작입니다.

- **인터럽트 컨텍스트를 왜 정의할까?**

  인터럽트를 핸들링하는 시점에서 더 빠르고 간결하게 코드를 실행하기 위해서입니다.

다음 절에서는 인터럽트 컨텍스트를 알려주는 in_interrupt() 함수를 살펴보겠습니다.

5.2.3 in_interrupt() 함수란?

다음 질문을 시작으로 in_interrupt() 함수에 대해 알아보겠습니다.

현재 실행 중인 코드가 인터럽트 컨텍스트 구간인지 어떻게 알 수 있을까요?

in_interrupt() 함수가 이 정보를 알려줍니다. in_interrupt() 함수가 true를 반환하면 인터럽트 컨텍스트이고, 반대로 false를 반환하면 프로세스 컨텍스트입니다.

그렇다면 in_interrupt() 함수를 호출해 현재 실행 중인 코드가 인터럽트 컨텍스트인지 왜 알려고 할까요? 커널 코드를 잠시 보면 알겠지만 커널 코드 내에서는 수많은 함수를 호출합니다. 함수들은 복잡하게 호출되므로 함수 호출 흐름을 간단히 파악하기 어렵습니다. 그렇다 보니 커널 혹은 드라이버 코드에서 볼 수 있는 함수가 '인터럽트 컨텍스트'에서 실행 중인지 분간하기 어렵습니다.

그런데 현재 실행되는 코드가 인터럽트 핸들러의 서브루틴으로 실행 중이면 되도록 더 빨리 동작해야 합니다. **인터럽트 서비스 루틴은 실행 중인 프로세스를 멈추고 동작하기 때문입니다.** 그래서 디바이스 드라이버 코드에서 인터럽트 컨텍스트 조건에서만 신속하게 동작하는 코드를 추가하는 것입니다.

in_interrupt() 함수를 써서 만든 패치 코드

in_interrupt() 함수를 써서 만든 다음 패치를 함께 살펴봅시다.

```
diff --git a/drivers/mmc/core/block.c b/drivers/mmc/core/block.c
index df9320c..0eb54dc 100644
--- a/drivers/mmc/core/block.c
+++ b/drivers/mmc/core/block.c
@@ -361,7 +361,7 @@ static struct mmc_blk_ioc_data *mmc_blk_ioctl_copy_from_user(
01        struct mmc_blk_ioc_data *idata;
```

```
02          int err;
03
04  -       idata = kmalloc(sizeof(*idata), GFP_KERNEL);
05  +       idata = kmalloc(sizeof(*idata), in_interrupt() ? GFP_ATOMIC : GFP_KERNEL);
06          if (!idata) {
07                  err = -ENOMEM;
08                  goto out;
```

 참고로 - 기호는 원래 코드이고 + 기호는 추가하는 코드입니다.

위 패치는 인터럽트 컨텍스트 조건에서 다른 동작을 수행하는 코드입니다.

05번째 줄을 봅시다.

```
05  +       idata = kmalloc(sizeof(*idata), in_interrupt() ? GFP_ATOMIC : GFP_KERNEL);
```

리눅스 커널에서 자주 볼 수 있는 삼항 연산자입니다.

in_interrupt() 함수가 true를 반환하면 GFP_ATOMIC 플래그, 반대의 경우 GFP_KERNEL 플래그를 적용해 kmalloc() 함수를 호출합니다.

in_interrupt() 함수가 true를 반환하는 경우 인터럽트 컨텍스트이며 '인터럽트 처리 중'이라고 볼 수 있습니다. 이 조건에서 gfp_flag를 GFP_ATOMIC으로 설정하고 메모리를 할당합니다. 대신 GFP_ATOMIC 옵션으로 kmalloc() 함수를 호출하면 커널 내부에서 메모리를 할당할 때 스케줄링을 수행하지 않습니다.

반대로 in_interrupt() 함수가 false를 반환하면 현재 코드가 프로세스 컨텍스트에서 수행 중이니 GFP_KERNEL 옵션으로 메모리를 할당합니다. 참고로 GFP_ATOMIC 옵션으로 메모리를 할당하면 프로세스는 휴면하지 않고 메모리를 할당하고, GFP_KERNEL 옵션인 경우 메모리 할당 실패 시 휴면할 수 있습니다.

 보통 인터럽트 컨텍스트에서 GFP_ATOMIC 플래그로 kmalloc() 함수를 호출해 메모리를 할당합니다.

요약하면 인터럽트를 처리하는 도중에는 빨리 메모리를 할당하는 코드입니다.

in_interrupt() 함수 관련 리눅스 커널 패치 소개

이번에는 최근에 반영된 리눅스 커널 패치 코드를 소개합니다.

https://lore.kernel.org/patchwork/patch/835607/

```
diff --git a/mm/zsmalloc.c b/mm/zsmalloc.c
index 7c38e850a8fc..685049a9048d 100644
--- a/mm/zsmalloc.c
+++ b/mm/zsmalloc.c
@@ -1349,7 +1349,7 @@  void *zs_map_object(struct zs_pool *pool, unsigned long handle,
    * pools/users, we can't allow mapping in interrupt context
    * because it can corrupt another users mappings.
    */
-   WARN_ON_ONCE(in_interrupt());
+   BUG_ON(in_interrupt());

   /* From now on, migration cannot move the object */
   pin_tag(handle);
```

먼저 패치 코드의 내용을 살펴보겠습니다. zs_map_object() 함수가 인터럽트 컨텍스트에서 호출되면 zsmalloc() 함수로 할당한 버퍼가 오염되는 문제가 확인돼 커널 패닉을 유발하도록 코드를 수정한 것입니다.

위 코드를 잠깐 보면 in_interrupt() 매크로가 true를 반환하면 실행하는 매크로 함수를 BUG_ON() 함수로 변경했습니다. 그런데 **BUG_ON() 매크로를 호출하면 어떻게 동작할까요?** BUG_ON() 매크로 함수로 전달되는 인자가 true인 경우 커널 패닉을 유발합니다. zs_map_object() 함수가 인터럽트 컨텍스트에서 실행되면 커널 패닉을 유발시켜 시스템을 리셋시키겠다는 의도입니다. 리눅스 시스템이 리셋되면 유저 입장에서 불편할 텐데 왜 커널 패닉을 유발시킬까요? **바로 BUG_ON() 함수에 전달되는 인자가 true인 경우 시스템에 치명적인 오류가 있는 상태라고 보는 것입니다.** 시스템에 치명적인 오류가 감지되면 차라리 리셋시켜서 예상치 못한 오류를 방지하겠다는 의도입니다.

 리눅스 커널에는 치명적인 시스템 오동작을 유발할 수 있는 에러 조건을 점검해 커널 패닉을 유발하는 코드가 많습니다. 리눅스 시스템이 다양한 오동작을 보이기 전에 문제가 발생한 시점에서 커널 패닉으로 코어 덤프를 받아 근본 원인을 해결하려는 의도입니다.

in_interrupt() 함수 코드 분석하기

현재 실행 중인 코드가 인터럽트 컨텍스트인지 알려주는 in_interrupt() 함수를 분석해 봅시다.

https://github.com/raspberrypi/linux/blob/rpi-4.19.y/include/linux/preempt.h

```
#define in_interrupt() (irq_count())
```

in_interrupt() 함수 선언부를 보니 irq_count() 함수로 치환된다는 사실을 알 수 있습니다.

다음으로 irq_count() 함수 선언부를 보겠습니다.

https://github.com/raspberrypi/linux/blob/rpi-4.19.y/include/linux/preempt.h

```
#define irq_count() (preempt_count() & (HARDIRQ_MASK | SOFTIRQ_MASK \
    | NMI_MASK))
```

preempt_count() 함수가 반환하는 값과 HARDIRQ_MASK | SOFTIRQ_MASK 비트 마스크에 대해 OR 비트 연산을 수행합니다. 여기서 HARDIRQ_MASK, SOFTIRQ_MASK, NMI_MASK 플래그 값은 다음과 같습니다.

- HARDIRQ_MASK: 0xf0000

- SOFTIRQ_MASK: 0xff00

- NMI_MASK: 0x100000

위 플래그 값을 OR 비트 연산한 결과는 0x1fff00이므로 irq_count() 매크로 함수는 다음과 같이 변환할 수 있습니다.

```
preempt_count() & 0x1fff00
```

여기서 한 가지 의문이 듭니다. **preempt_count() 함수의 정체는 무엇일까요?**

preempt_count() 함수는 실행 중인 프로세스의 thread_info 구조체의 preempt_count 필드값을 반환합니다.

이어서 preempt_count() 함수를 분석하겠습니다.

https://github.com/raspberrypi/linux/blob/rpi-4.19.y/include/asm-generic/preempt.h

```
01 static __always_inline int preempt_count(void)
02 {
03     return READ_ONCE(current_thread_info()->preempt_count);
04 }
```

3번째 줄을 보면 current_thread_info()->preempt_count 값을 반환합니다.

이어서 current_thread_info() 함수를 살펴봅시다.

https://github.com/raspberrypi/linux/blob/rpi-4.19.y/arch/arm/include/asm/thread_info.h

```
01 register unsigned long current_stack_pointer asm ("sp");
02
03 static inline struct thread_info *current_thread_info(void)
04 {
05    return (struct thread_info *)
06        (current_stack_pointer & ~(THREAD_SIZE - 1));
07 }
```

01번째 줄을 보겠습니다. 스택 주소를 current_stack_pointer 변수로 읽는 동작입니다. current_stack_pointer를 register 타입으로 선언했는데 current_stack_pointer 변수를 ARM 레지스터를 써서 처리하라는 의미입니다.

참고로 asm("sp")는 인라인 어셈블리 코드로서 현재 실행 중인 프로세스의 스택 주소를 의미합니다. 이는 C 문법에 없는 코드인데, 리눅스 커널에서는 상당히 자주 호출되는 코드에는 인라인 어셈블리를 사용하는 경우가 있으므로 잘 알아둘 필요가 있습니다.

 보통 함수에 선언하는 지역변수와 register 타입으로 선언된 지역변수의 차이점은 무엇일까요? 보통 지역변수를 선언하면 프로세스의 스택 공간에 지역변수를 저장합니다. 그런데 register 키워드로 지역변수를 선언하면 ARM 코어의 레지스터를 이용해 변수를 처리합니다. 따라서 더 빠른 연산 속도를 기대할 수 있습니다.

다음으로 05~06번째 줄을 보겠습니다.

```
05    return (struct thread_info *)
06        (current_stack_pointer & ~(THREAD_SIZE - 1));
```

현재 실행 중인 프로세스의 스택 최상단 주소를 계산합니다. 이 주소에 프로세스의 실행 정보가 담긴 thread_info 구조체가 있습니다.

preempt_count() 함수의 정체는 현재 실행 중인 함수에서 스택 주소를 얻어 프로세스의 스택 최상단 주소를 계산해 thread_info 구조체의 preempt_count 필드에서 얻어오는 값입니다.

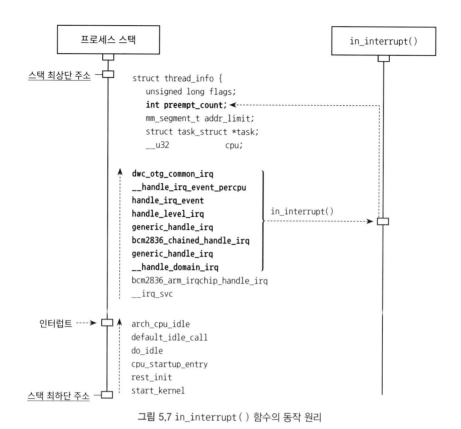

```
                   ┌──────────────┐                        ┌──────────────┐
                   │  프로세스 스택  │                        │ in_interrupt()│
                   └──────┬───────┘                        └──────┬───────┘
                          │                                       │
  스택 최상단 주소 ─┤     struct thread_info {
                          │         unsigned long flags;
                          │         int preempt_count; ◄┄┄┄┄┄┄┄┄┄┄┄┄┄┄┄┄┄┐
                          │         mm_segment_t addr_limit;
                          │         struct task_struct *task;
                          │         __u32          cpu;
                          │
                          │      ▲  dwc_otg_common_irq
                          │      │  __handle_irq_event_percpu
                          │      │  handle_irq_event         ┐
                          │      │  handle_level_irq         │  in_interrupt()
                          │      │  generic_handle_irq       ├┄┄┄┄┄┄┄┄┄┄┄►
                          │      │  bcm2836_chained_handle_irq│
                          │      │  generic_handle_irq       │
                          │      │  __handle_domain_irq      ┘
                          │      │  bcm2836_arm_irqchip_handle_irq
                          │      │  __irq_svc
                          │
  인터럽트 ┄┄┄►┤     ▲  arch_cpu_idle
                          │      │  default_idle_call
                          │      │  do_idle
                          │      │  cpu_startup_entry
                          │      │  rest_init
  스택 최하단 주소 ─┤     │  start_kernel
```

그림 5.7 in_interrupt() 함수의 동작 원리

그림 5.7을 보면 프로세스의 스택 최상단 주소에 thread_info 구조체 필드가 있습니다. 커널 프로세스마다 스택 최상단 주소에 이 구조체 데이터를 저장합니다.

정리하면 in_interrupt() 매크로 함수를 실행하면 **현재 프로세스의 스택 최상단 주소에 저장된 thread_info 구조체의 preempt_count 필드값을 읽고 이 값을 다음 값(0x1fff00)과 AND 비트 연산을 수행합니다.**

```
0x1fff00 (HARDIRQ_MASK | SOFTIRQ_MASK | NMI_MASK)
```

이번에는 인터럽트 컨텍스트에서 실행 중인 프로세스의 thread_info 구조체의 preempt_count 값을 확인해 봅시다. 다음은 TRACE32 프로그램으로 확인한 thread_info 구조체의 필드 값입니다.

```
01  (struct thread_info*)(0xA359B908 & ~0x1fff) = 0xA359A000 -> (
02      flags = 0x2,
03      preempt_count = 0x00010002,
```

```
04     addr_limit = 0xBF000000,
05     task = 0xA0B5EA40,
06     exec_domain = 0xA1A1AF1C,
07     cpu = 0x0,
08     cpu_domain = 0x15,
```

03번째 줄을 보면 preempt_count가 0x00010002입니다. 그러면 이 값을 가지고 다음과 같이 비트 연산을 수행해 봅시다.

```
0x00010002
0x001FFF00
--------------- AND 연산
0x00010000 (true)
```

연산 결과가 true이니 이 프로세스는 인터럽트 컨텍스트에서 실행 중이라고 볼 수 있습니다. 그런데 여기서 한 가지 의문이 생깁니다. **preempt_count 값 중에서 '현재 프로세스가 인터럽트를 처리 중'임을 나타내는 비트는 무엇일까요?**

다음과 같이 굵게 표시한 1이 인터럽트 컨텍스트임을 나타냅니다.

```
0x00010002
```

이 내용을 읽으니 자연히 궁금한 점이 더 생깁니다. **그렇다면 0x10000 비트는 어느 함수에서 설정할까요?** __irq_enter() 함수에서 HARDIRQ_OFFSET 비트를 프로세스의 thread_info 구조체의 preempt_count에 저장합니다.

__irq_enter() 함수 분석

인터럽트 처리 시작을 설정하는 HARDIRQ_OFFSET 비트는 __irq_enter() 함수에서 설정합니다.

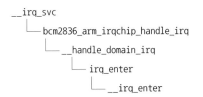

```
__irq_svc
  └─ bcm2836_arm_irqchip_handle_irq
      └─ __handle_domain_irq
          └─ irq_enter
              └─ __irq_enter
```

그림 5.8 인터럽트 컨텍스트를 설정하는 함수 흐름

__handle_domain_irq() 함수를 열어봅시다.

https://github.com/raspberrypi/linux/blob/rpi-4.19.y/kernel/irq/irqdesc.c

```
01 int __handle_domain_irq(struct irq_domain *domain, unsigned int hwirq,
02         bool lookup, struct pt_regs *regs)
03 {
04     struct pt_regs *old_regs = set_irq_regs(regs);
05     unsigned int irq = hwirq;
06     int ret = 0;
07
08     irq_enter();
09
...
10     if (unlikely(!irq || irq >= nr_irqs)) {
11         ack_bad_irq(irq);
12         ret = -EINVAL;
13     } else {
14         generic_handle_irq(irq);
15     }
16
17     irq_exit();
18     set_irq_regs(old_regs);
19     return ret;
20 }
```

먼저 8번째 줄을 보겠습니다. __handle_domain_irq() 함수에서 인터럽트 핸들러를 호출하기 전 irq_enter() 함수를 호출합니다. 함수 이름대로 "인터럽트 처리 시작"을 나타내는 표시입니다.

 irq_enter() 함수의 이름을 irq_context_enter()로 바꾸면 코드를 분석하기 전 함수의 동작을 빨리 짐작할 수 있었을 것입니다.

irq_enter() 함수는 __irq_enter() 함수를 호출합니다. 이어서 __irq_enter() 매크로 함수의 구현부를 봅시다.

https://github.com/raspberrypi/linux/blob/rpi-4.19.y/include/linux/hardirq.h

```
01 #define __irq_enter()      \
02   do {        \
03      account_irq_enter_time(current); \
04      preempt_count_add(HARDIRQ_OFFSET); \
05      trace_hardirq_enter();   \
06   } while (0)
```

4번째 줄을 봅시다.

```
04   preempt_count_add(HARDIRQ_OFFSET); \
```

preempt_count_add() 함수를 호출하면 current_thread_info()->preempt_count 필드에 HARDIRQ_OFFSET 비트를 더합니다. 이 동작은 **지금 인터럽트를 처리 중이라는 의미입니다.**

current_thread_info() 매크로 함수는 프로세스의 스택 최상단 주소에 접근해 thread_info 구조체로 캐스팅하는 역할을 합니다.

__irq_exit() 함수 분석

이번에는 인터럽트 핸들링을 마무리한 후 호출되는 irq_exit() 함수를 분석하겠습니다. 다음과 같은 코드 흐름에서 __irq_exit() 함수를 봅시다.

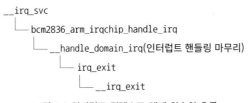

그림 5.9 인터럽트 컨텍스트 해제 함수의 흐름

보다시피 __handle_domain_irq() 함수에서 인터럽트 핸들러를 호출해 인터럽트에 대한 처리를 끝낸 후 irq_exit() 함수를 호출합니다. irq_exit() 함수에서 __irq_exit() 함수를 호출해 프로세스의 스택 최상 주소에 위치한 **thread_info 구조체의 preempt_count 필드에서 HARDIRQ_OFFSET 비트를 빼는 동작을 수행합니다.**

이어서 __irq_exit() 함수를 봅시다.

https://github.com/raspberrypi/linux/blob/rpi-4.19.y/include/linux/hardirq.h

```
01  #define __irq_exit()        \
02      do {            \
03          trace_hardirq_exit();  \
04          account_irq_exit_time(current);  \
05          preempt_count_sub(HARDIRQ_OFFSET); \
06      } while (0)
```

05번째 줄을 실행하면 current_thread_info()->preempt_count 필드에서 HARDIRQ_OFFSET 비트를 뺍니다. 이 동작은 **지금 인터럽트를 처리 중인 상태가 아니라는 것을 말해줍니다.**

여기까지 HARDIRQ_OFFSET 플래그 비트를 설정하고 해제하는 흐름을 알아봤습니다. 그렇다면 HARDIRQ_OFFSET 비트는 어떤 의미를 지닐까요? **HARDIRQ_OFFSET 비트(0x10000)는 현재 코드가 인터럽트를 처리 중인지를 알려줍니다.**

이 비트를 프로세스의 thread_info 구조체의 preempt_count 플래그에 설정하면 "현재는 인터럽트 처리 중", 해제하면 "현재 인터럽트 처리 중이 아님"을 나타냅니다.

이제 코드 분석으로 파악한 내용을 정리해 보겠습니다.

- in_interrupt() 함수는 현재 실행 중인 프로세스 스택의 최상단 주소에 위치한 thread_info 구조체의 preempt_count 필드와 다음 비트 플래그와 AND 비트 연산을 수행한 결과임

  0x1fff00 (HARDIRQ_MASK | SOFTIRQ_MASK | NMI_MASK)

- 인터럽트 핸들링을 하기 직전 __irq_enter() 함수에서 HARDIRQ_OFFSET을 더함
- 인터럽트 핸들링을 하고 난 후 __irq_exit() 함수에서 HARDIRQ_OFFSET을 뺌

여기까지 리눅스 커널에서 정의된 in_interrupt() 함수를 분석하고 관련 코드를 분석했습니다. 다음 절에서는 라즈베리 파이에서 실습을 통해 '리눅스 시스템에서 in_interrupt() 함수가 실제로 어떤 값을 반환하는지' 확인해 보겠습니다.

라즈베리 파이에서 in_interrupt() 함수의 동작 방식 확인

이번에는 라즈베리 파이에서 in_interrupt() 함수가 어떤 값을 반환하는지 확인하는 실습을 해보겠습니다. 이를 위해 먼저 리눅스 커널의 소스코드를 수정해야 합니다. 먼저 패치 코드를 소개하겠습니다.

```
diff --git a/drivers/mmc/host/bcm2835-sdhost.c b/drivers/mmc/host/bcm2835-sdhost.c
index 273b1be05..5f57b3dab 100644
--- a/drivers/mmc/host/bcm2835-sdhost.c
+++ b/drivers/mmc/host/bcm2835-sdhost.c
@@ -1472,6 +1472,16 @@ static irqreturn_t bcm2835_sdhost_irq(int irq, void *dev_id)
01   struct bcm2835_host *host = dev_id;
02   u32 intmask;
03
04 +    void *stack;
05 +    struct thread_info *current_thread;
06 +
07 +    stack = current->stack;
08 +    current_thread = (struct thread_info*)stack;
09 +
10 +    printk("[+] in_interrupt: 0x%08x,preempt_count = 0x%08x, stack=0x%08lx \n",
11 +          (unsigned int)in_interrupt(), (unsigned int)current_thread->preempt_count, (long
unsigned int)stack);
12 +
13 +
14   spin_lock(&host->lock);
15
16   intmask = bcm2835_sdhost_read(host, SDHSTS);
```

패치 코드를 설명하기에 앞서 패치 코드를 입력 방법을 소개합니다.

다음은 bcm2835_sdhost_irq() 함수의 원래 코드입니다.

https://github.com/raspberrypi/linux/blob/rpi-4.19.y/drivers/mmc/host/bcm2835-sdhost.c

```
static irqreturn_t bcm2835_sdhost_irq(int irq, void *dev_id)
{
    irqreturn_t result = IRQ_NONE;
    struct bcm2835_host *host = dev_id;
    u32 intmask;

    /* 패치 코드를 입력하세요. */
    spin_lock(&host->lock);
```

다음 패치 코드를 '/* 패치 코드를 입력하세요. */' 부분에 입력하면 됩니다.

```
04 +    void *stack;
05 +    struct thread_info *current_thread;
06 +
07 +    stack = current->stack;
08 +    current_thread = (struct thread_info*)stack;
09 +
10 +    printk("[+] in_interrupt: 0x%08x,preempt_count = 0x%08x, stack=0x%08lx \n",
11 +            (unsigned int)in_interrupt(), (unsigned int)current_thread->preempt_count, (long
unsigned int)stack);
12 +
```

이제 패치 코드를 리뷰해 봅시다. 먼저 7번째 줄을 보겠습니다.

```
07 +    stack = current->stack;
```

현재 실행 중인 프로세스의 스택 최상단 주소를 읽어 stack에 저장합니다.

그런데 curruent 코드의 의미는 무엇일까요? 프로세스의 태스크 디스크립터 주소를 얻기 위해 current 매크로를 사용하는 것입니다(이와 관련된 세부 동작 방식은 4장 '프로세스'에서 다뤘습니다). 즉, task_struct 구조체의 stack 필드에 저장된 프로세스의 스택 최상단 주소를 stack이라는 지역변수에 저장하는 코드입니다.

 current는 리눅스 커널에서 자주 사용됩니다. 세부 동작 방식은 4장 '프로세스'에서 다루고 있으므로 이 점을 참고하세요.

다음은 08번째 줄입니다.

```
08 +    current_thread = (struct thread_info*)stack;
```

스택 최상단 주소를 thread_info 구조체로 캐스팅해 current_thread 지역변수에 저장합니다. thread_info 구조체는 프로세스의 스택 최상단 주소에 있다는 점을 기억해주세요.

이번에는 패치 코드에서 가장 중요한 부분입니다.

```
10      printk("[+] in_interrupt: 0x%08x,preempt_count = 0x%08x, stack=0x%08lx \n",
11              (unsigned int)in_interrupt(), (unsigned int)current_thread->preempt_count, (long
unsigned int)stack);
```

10~11번째 줄이 실행되면 다음 정보를 커널 로그로 출력합니다.

- in_interrupt() 함수 반환값
- thread_info 구조체의 preempt_count 필드값

여기까지 패치 코드를 입력하는 방법과 패치 코드의 내용을 설명했습니다. 앞에서 소개한 패치 코드를 작성하고 컴파일하면 문제없이 커널이 빌드될 것입니다. 이후 커널 이미지를 라즈베리 파이에 설치한 후 리부팅해 봅시다.

이번에는 앞의 패치 코드가 실행되면서 출력한 커널 로그를 소개합니다.

```
01 [0.911605] Indeed it is in host mode hprt0 = 00021501
02 [1.001692] mmc1: new high speed SDIO card at address 0001
03 [1.037804] [+] in_interrupt: 0x00010000,preempt_count = 0x00010000, stack=0x80c00000
04 [1.039271] [+] in_interrupt: 0x00010000,preempt_count = 0x00010000, stack=0x80c00000
05 [1.041839] [+] in_interrupt: 0x00010000,preempt_count = 0x00010000, stack=0x80c00000
06 [1.042911] mmc0: host does not support reading read-only switch, assuming write-enable
07 [1.044570] [+] in_interrupt: 0x00010000,preempt_count = 0x00010000, stack=0x80c00000
08 [1.046503] mmc0: new high speed SDHC card at address aaaa
09 [1.046995] mmcblk0: mmc0:aaaa SB16G 14.8 GiB May 13 13:07:23 raspberrypi kernel:
```

03번째 줄에서 preempt_count 값은 0x00010000이고 in_interrupt 값은 0x00010000입니다. preempt_count 는 프로세스 스택의 최상단 주소에 있는 thread_info 구조체의 preempt_count 필드에 저장된 값입니다. 이 preempt_count 필드와 다음 플래그를 AND 비트 연산한 결과는 0x00010000입니다.

```
preempt_count & 0x1fff00 (HARDIRQ_MASK | SOFTIRQ_MASK | NMI_MASK)
```

결국 "in_interrupt: 0x00010000"이라는 로그는 **현재 인터럽트를 처리 중이고 현재 코드가 인터럽트 컨텍스트라는 의미입니다.**

다음 절에서는 인터럽트 컨텍스트에서 실행 시간이 오래 걸리는 코드를 입력하면 어떤 일이 발생하는지 확인해 보겠습니다.

5.2.4 인터럽트 컨텍스트에서 스케줄링을 하면 어떻게 될까?

인터럽트 컨텍스트에서는 사용할 수 있는 함수가 제한돼 있습니다. 만약 인터럽트 컨텍스트에서 스케줄링을 지원하는 커널 함수를 호출하면 커널 패닉이 발생하거나 WARN() 함수를 호출해 에러 로그를 출력합니다.

이번 절에서는 커널에서 인터럽트 컨텍스트 구간에서 스케줄링을 지원하는 함수 호출을 어떤 방식으로 제한하는지 살펴보겠습니다.

인터럽트 컨텍스트에서 스케줄링을 지원하는 함수를 호출할 때 발생하는 커널 패닉

인터럽트 컨텍스트에서 스케줄링 관련 함수를 호출하면 안 되는 이유는 무엇일까요? 스케줄링 관련 함수를 호출하면 커널 내부에서 많은 연산을 수행하므로 실행 시간이 오래 걸립니다. 짧은 시간에 인터럽트 핸들러를 실행하고 인터럽트 발생으로 실행을 멈춘 코드로 돌아가야 하는데 프로세스가 휴면 상태에 진입하면 시스템이 오동작할 수 있습니다.

하지만 이 사실을 모르고 인터럽트 컨텍스트에서 스케줄링을 지원하는 함수를 호출할 수 있습니다. 이를 대비해 커널은 인터럽트 컨텍스트에서 스케줄링을 지원하는 함수를 호출하면 에러 메시지를 출력하거나 커널 패닉을 유발합니다. 그래서 이번에는 인터럽트 컨텍스트에서 스케줄링 함수를 호출할 때 발생하는 커널 패닉 문제를 분석해보겠습니다.

프로세스가 스케줄링, 즉 휴면할 때는 __schedule() 함수를 호출합니다. 이 함수를 열어보면 함수의 앞부분에 schedule_debug() 함수를 호출해서 **현재 프로세스가 휴면할 수 있는 조건인가를 검사합니다.** 이 동작을 처리할 때의 함수 호출 흐름은 다음과 같습니다.

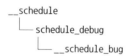

그림 5.10 인터럽트 컨텍스트에서 휴면할 때 커널 패닉이 발생하는 코드의 흐름

이어서 인터럽트 컨텍스트에서 schedule_debug() 함수가 호출됐다고 가정하면서 함수 코드를 보겠습니다.

https://github.com/raspberrypi/linux/blob/rpi-4.19.y/kernel/sched/core.c

```
01 static inline void schedule_debug(struct task_struct *prev)
02 {
03 #ifdef CONFIG_SCHED_STACK_END_CHECK
04     if (task_stack_end_corrupted(prev))
05         panic("corrupted stack end detected inside scheduler\n");
06 #endif
07
08     if (unlikely(in_atomic_preempt_off())) {
```

```
09            __schedule_bug(prev);
10            preempt_count_set(PREEMPT_DISABLED);
11  }
```

03~06번째 줄은 프로세스의 스택이 오염됐는지 점검하는 코드입니다.

다음으로 08번째 줄을 보겠습니다. 인터럽트 컨텍스트에서 08번째 줄을 실행하면 in_atomic_preempt_
off() 매크로에서 true를 반환하고 09번째 줄을 실행해 __schedule_bug() 함수를 호출합니다.

https://github.com/raspberrypi/linux/blob/rpi-4.19.y/kernel/sched/core.c

```
01 static noinline void __schedule_bug(struct task_struct *prev)
02 {
03     /* Save this before calling printk(), since that will clobber it */
04     unsigned long preempt_disable_ip = get_preempt_disable_ip(current);
05
06     if (oops_in_progress)
07         return;
08
09     printk(KERN_ERR "BUG: scheduling while atomic: %s/%d/0x%08x\n",
10         prev->comm, prev->pid, preempt_count());
```

__schedule_bug() 함수의 리눅스 커널 코드를 보면 09번째 줄과 같이 커널 로그로 에러 정보를 출력합
니다. 그런데 대부분 SoC 벤더(퀄컴, 엔비디아)들은 10번째 줄 다음 코드에서 BUG() 함수를 호출해서
강제로 커널 패닉을 유발합니다.

참고로 인터럽트 컨텍스트에서 스케줄링을 하다가 발생하는 커널 패닉은 리눅스 커널 커뮤니티에서 자
주 볼 수 있는 로그입니다.

인터럽트 컨텍스트에서 스케줄링 지원 함수 호출 시 발생하는 커널 패닉 사례 연구

이번에는 리눅스 커뮤니티에서 논의된 문제 가운데 앞에서 설명한 상황과 비슷한 문제를 소개하겠습
니다.

https://patchwork.kernel.org/patch/4864261

```
01 BUG: sleeping function called from invalid context at ../kernel/locking/mutex.c:583
02 in_atomic(): 1, irqs_disabled(): 128, pid: 0, name: swapper/0
03 ------------[ cut here ]------------
```

```
04 WARNING: CPU: 2 PID: 4828 at ../kernel/locking/mutex.c:479 05 mutex_lock_nested+0x3a0/0x3e8()
05 DEBUG_LOCKS_WARN_ON(in_interrupt())
06 Modules linked in:
07 CPU: 2 PID: 4828 Comm: Xorg.bin Tainted: G          W      3.17.0-rc3-00234-gd535c45-dirty #819
08 [<c0216690>] (unwind_backtrace) from [<c0212174>] (show_stack+0x10/0x14)
09 [<c0212174>] (show_stack) from [<c0867cc0>] (dump_stack+0x98/0xb8)
10 [<c0867cc0>] (dump_stack) from [<c02492a4>] (warn_slowpath_common+0x70/0x8c)
11 [<c02492a4>] (warn_slowpath_common) from [<c02492f0>] (warn_slowpath_fmt+0x30/0x40)
12 [<c02492f0>] (warn_slowpath_fmt) from [<c086a3f8>] 13 (mutex_lock_nested+0x3a0/0x3e8)
13 [<c086a3f8>] (mutex_lock_nested) from [<c0294d08>](irq_find_host+0x20/0x9c)
14 [<c0294d08>] (irq_find_host) from [<c0769d50>] (of_irq_get+0x28/0x48)
15 [<c0769d50>] (of_irq_get) from [<c057d104>] (platform_get_irq+0x1c/0x8c)
16 [<c057d104>] (platform_get_irq) from [<c021a06c>] (cpu_pmu_enable_percpu_irq+0x14/0x38)
17 [<c021a06c>] (cpu_pmu_enable_percpu_irq) from [<c02b1634>]
(flush_smp_call_function_queue+0x88/0x178)
18 [<c02b1634>] (flush_smp_call_function_queue) from [<c0214dc0>] (handle_IPI+0x88/0x160)
19 [<c0214dc0>] (handle_IPI) from [<c0208930>] (gic_handle_irq+0x64/0x68)
20 [<c0208930>] (gic_handle_irq) from [<c0212d04>] (__irq_svc+0x44/0x5c)
21 [<c0212d04>] (__irq_svc) from [<c02a2e30>] (ktime_get_ts64+0x1c8/0x200)
22 [<c02a2e30>] (ktime_get_ts64) from [<c032d4a0>] (poll_select_set_timeout+0x60/0xa8)
23 [<c032d4a0>] (poll_select_set_timeout) from [<c032df64>] (SyS_select+0xa8/0x118)
24 [<c032df64>] (SyS_select) from [<c020e8e0>] (ret_fast_syscall+0x0/0x48)
```

위 커널 로그에서 볼 수 있는 에러 메시지를 해석하면 다음과 같습니다.

- 인터럽트 컨텍스트에서 뮤텍스 획득을 시도
- 커널에서 인터럽트 컨텍스트를 감지한 후 에러 메시지를 출력

여기서 한 가지 의문이 생깁니다. **인터럽트 컨텍스트에서 뮤텍스를 획득하면 커널이 왜 에러 메시지를 출력할까요?**

뮤텍스는 스케줄링을 지원하는 기능이기 때문입니다. 한 가지 예를 들어볼까요? 뮤텍스를 이미 다른 프로세스가 획득했는데 다른 프로세스가 뮤텍스 획득을 시도하면 휴면 상태로 진입합니다. 만약 인터 럽트 컨텍스트에서 이런 동작을 수행하면 실행 시간이 오래 걸릴 것입니다.

지금까지 배운 내용을 활용해서 위 로그를 분석해보겠습니다. 먼저 19~21번째 줄을 보겠습니다.

```
19 [<c0214dc0>] (handle_IPI) from [<c0208930>] (gic_handle_irq+0x64/0x68)
20 [<c0208930>] (gic_handle_irq) from [<c0212d04>] (__irq_svc+0x44/0x5c)
21 [<c0212d04>] (__irq_svc) from [<c02a2e30>] (ktime_get_ts64+0x1c8/0x200)
```

21번째 줄에서 보이는 __irq_svc는 인터럽트 벡터에 위치한 vector_irq 레이블에서 브랜치되는 레이블입니다. 이 정보로 인터럽트가 발생했다고 판단할 수 있습니다. 이후 gic_handle_irq() 함수와 handle_IPI() 함수 순서로 인터럽트를 처리하는 함수를 호출합니다.

19~21번째 함수 흐름을 어떻게 해석할까요? 인터럽트가 발생해서 인터럽트 벡터가 실행됐으므로 인터럽트 컨텍스트라고 말할 수 있습니다.

다음은 13~14번째 줄입니다.

```
13 [<c086a3f8>] (mutex_lock_nested) from [<c0294d08>](irq_find_host+0x20/0x9c)
14 [<c0294d08>] (irq_find_host) from [<c0769d50>] (of_irq_get+0x28/0x48)
```

이를 통해 뮤텍스를 획득하는 동작을 확인할 수 있습니다.

마지막으로 05번째 줄을 봅시다.

```
04 WARNING: CPU: 2 PID: 4828 at ../kernel/locking/mutex.c:479 05 mutex_lock_nested+0x3a0/0x3e8()
05 DEBUG_LOCKS_WARN_ON(in_interrupt())
```

현재 실행 중인 코드가 인터럽트 컨텍스트인지 검사한 후 에러 메시지를 출력합니다. in_interrupt() 함수가 true를 반환하므로 DEBUG_LOCKS_WARN_ON() 매크로 함수 내에서 WARN() 함수가 실행되는 동작입니다. 참고로 WARN() 매크로 함수가 실행되면 해당 시점의 콜 스택을 커널 로그로 출력합니다.

이번 절에서는 코드 분석을 통해 다음과 같은 내용을 알게 됐습니다.

- 인터럽트 컨텍스트는 인터럽트가 발생한 후 인터럽트를 처리하는 코드 흐름이라 빨리 코드를 실행해야 한다.
- 인터럽트 컨텍스트를 알려주는 매크로 함수는 in_interrupt()이다.

이어서 인터럽트 핸들러는 언제 어떻게 호출되는지 알아보겠습니다.

5.3 인터럽트 핸들러는 언제 호출될까?

"인터럽트 핸들러는 언제 호출될까요?"라고 누군가 물어보면 어떻게 대답할 수 있을까요? 간단히 다음과 같이 답할 수 있습니다. **"인터럽트가 발생할 때 호출됩니다."** 그렇다면 "인터럽트가 발생하면 어떤 코드가 가장 먼저 실행될까?"라고 질문하면 어떻게 대답할 수 있을까요? 이 질문에는 다음과 같이 답할 수 있습니다. **"인터럽트 벡터인 vector_irq 레이블이며, 이 레이블을 통해 __irq_svc 혹은 __irq_usr 레이블이 실행됩니다."**

인터럽트를 공부하다 보면 다음과 같은 이야기를 자주 듣게 됩니다. **"인터럽트가 발생하면 실행 중인 코드를 멈추고 실행 정보를 저장한다."** 그렇다면 여기서 프로세스가 실행 중인 정보는 무엇이고 이를 어떻게 저장할까요? 이번 절에서 다룰 내용을 읽으면 이 궁금증을 해소할 수 있습니다. 다음 2가지 항목은 이번 절에서 다룰 내용입니다.

- 인터럽트가 발생한 후의 인터럽트 벡터 코드 분석
- 인터럽트 벡터에서 인터럽트 핸들러까지의 실행 흐름

커널에서 인터럽트를 처리하는 과정을 요약하면 다음과 같습니다.

1. 인터럽트 벡터를 실행. 실행 중인 프로세스의 레지스터 세트를 프로세스 스택에 저장

2. 커널의 IRQ 서브시스템을 구성하는 함수들이 호출된 후 __handle_irq_event_percpu() 함수를 실행. 인터럽트에 해당하는 인터럽트 디스크립터를 읽어 속성 정보를 업데이트

3. 인터럽트 핸들러 함수를 호출

5.3.1 인터럽트 벡터 분석

인터럽트가 발생했을 때 이를 처리하는 방식은 CPU 아키텍처에 의존적입니다. 라즈베리 파이는 ARMv7 아키텍처 기반으로 동작하니 이 기준으로 인터럽트 처리 방식을 살펴봅시다.

인터럽트가 발생하면 인터럽트가 발생한 시점의 모드에 따라 다음과 같은 레이블로 브랜치됩니다.

- __irq_svc: 커널 모드
- __irq_usr: 유저 모드

위에서 소개한 __irq_svc와 __irq_usr 레이블은 어떻게 브랜치될까요? 인터럽트가 발생하면 인터럽트 벡터에 위치한 vector_irq 레이블이 실행됩니다. vector_irq 레이블에서 인터럽트가 발생한 시점의 모드 정보를 읽어서, 각 모드별로 __irq_svc와 __irq_usr 레이블로 브랜치합니다. 소프트웨어 관점에서 인터럽트가 발생하면, 가장 먼저 봐야 할 코드 분석의 출발점은 vector_irq 레이블입니다.

ARMv7 아키텍처 관점에서 본 인터럽트의 처리 방식

ARM 프로세서(ARMv7 아키텍처 기준)에서 정의된 여러 가지 익셉션이 있는데, 인터럽트가 발생하면 ARM 프로세서는 'IRQ 인터럽트'라는 익셉션을 발생시킵니다. ARM 프로세서 관점에서 인터럽트는 익셉션의 한 종류로 처리됩니다.

익셉션이 발생하면 ARM 프로세서는 어떻게 동작할까요? 익셉션이 발생하면 ARM 프로세서는 익셉션 종류별로 지정된 주소로 프로그램 카운터를 브랜치합니다. 이는 프로그램 카운터에 익셉션 종류별로 지정된 주소를 넣어주는 동작으로 볼 수 있습니다. 인터럽트는 ARM 프로세서 관점에서 익셉션의 한 종류로 처리하므로 이 같은 동작 방식은 'IRQ 인터럽트' 익셉션에 그대로 적용됩니다. 이를 다음과 같이 정리할 수 있습니다.

- 인터럽트가 발생하면 ARM 프로세서는 이를 익셉션의 한 종류(IRQ 인터럽트)로 처리한다.
- 'IRQ 인터럽트' 익셉션에 해당하는 주소로 프로그램 카운터가 바뀐다.

ARM 프로세서는 크게 다음과 같은 상황에서 익셉션을 유발합니다.

- 실행할 수 없는 치명적인 오류가 있는 어셈블리 명령어를 실행할 때
- 인터럽트를 감지했을 때

저자의 블로그를 방문하면 ARM 아키텍처에서 익셉션을 처리하는 세부 동작을 확인할 수 있습니다.

- http://rousalome.egloos.com/category/ARMv7_Exception

이번에는 다음과 같이 ARMv7 아키텍처에서 정의한 익셉션 벡터 테이블을 보면서 인터럽트가 발생하면 ARM 프로세서가 이를 어떻게 처리하는지 알아봅시다.

표 5.1 ARMv7 아키텍처의 익셉션 벡터 테이블

익셉션 벡터 베이스 주소	익셉션의 종류
+0x00	Not used
+0x04	Undefined Instruction

익셉션 벡터 베이스 주소	익셉션의 종류
+0x08	SW 인터럽트: Supervisor Call
+0x0C	Prefetch Abort
+0x10	Data Abort
+0x14	Not used
+0x18	IRQ 인터럽트
+0x1C	FIQ 인터럽트

표 5.1의 왼쪽 부분은 익셉션 벡터 테이블의 베이스 주소 기준으로 적용되는 오프셋 주소를 뜻합니다. 만약 'IRQ 인터럽트' 익셉션이 유발되면 익셉션 벡터 베이스 주소에 0x18만큼 더한 주소로 프로그램 카운터가 브랜치됩니다.

ARM 프로세서는 'IRQ 인터럽트' 익셉션이 발생하면 이미 지정된 주소로 프로그램 카운터를 브랜치합니다. 그런데 프로그램 카운터를 브랜치할 기준점이 필요한데, 이를 익셉션 벡터 베이스 주소라고 합니다. 리눅스 커널에서는 0xffff_0000 주소를 익셉션 벡터 베이스 주소로 설정합니다.

인터럽트의 벡터의 구현부 분석

리눅스 커널에서는 익셉션 벡터 테이블의 베이스 주소를 0xffff0000로 지정하므로 인터럽트가 발생하면 리눅스 커널은 0x0xffff0018 주소로 프로그램 카운터가 브랜치되며, 0xffff0018 주소에 위치한 명령어가 실행됩니다.

조금 어려운 개념인데, ARM 프로세서에서 프로그램 카운터(PC)가 어떤 주소를 저장하면 해당 주소에 있는 명령어를 페치해 실행합니다.

이는 다음 공식으로 설명할 수 있습니다.

- 0xffff0000 + 0x18 = 익셉션 벡터 베이스 주소 + 'IRQ 인터럽트' 익셉션 오프셋 주소

이번에는 리눅스 커널(라즈비안 커널)에서 실행되는 익셉션 벡터의 코드를 보겠습니다.

https://github.com/raspberrypi/linux/blob/rpi-4.19.y/arch/arm/kernel/entry-armv.S

```
01 0xffff0000: b        0xffff1004 <vector_rst>
02 0xffff0004: b        0xffff11a0 <vector_und>
```

```
03 0xffff0008: ldr     pc, [pc, #4080] ; 0xffff2000 // <vector_swi>
04 0xffff000c: b       0xffff1120 <vector_pabt>
05 0xffff0010: b       0xffff10a0 <vector_dabt>
06 0xffff0014: b       0xffff1220 <vector_addrexcptn>
07 0xffff0018: b       0xffff1020 <vector_irq>
08 0xffff001c: b       0xffff1240 <vector_fiq>
```

ARM 어셈블리 명령어에 익숙하지 않은 분들께 조금 낯선 코드인데, 세부 내용은 그리 어렵지 않습니다. 코드의 내용을 살펴보기에 앞서 코드의 포맷을 먼저 살펴보겠습니다. 위 코드의 왼쪽 부분에 표시된 0xffff0000~0xffff001c는 주소, 오른쪽에 보이는 'b 0xffff1004 <vector_rst>'는 명령어를 뜻합니다.

그렇다면 위 코드에서 익셉션 벡터는 무엇일까요? 0xffff0000~0xffff001c 구간의 주소가 익셉션 벡터이며, 4바이트 단위로 정렬된 것을 볼 수 있습니다. 위 코드를 ARM 아키텍처 관점에서 다음과 같이 설명할 수 있습니다.

ARM 코어가 익셉션을 유발하면 0xffff0000~0xffff001c 구간의 주소로 프로그램 카운터를 브랜치한다.

 이 동작은 ARM 코어에서 하드웨어적으로 처리됩니다.

그렇다면 인터럽트가 발생하면 ARM 프로세서 입장에서는 어떻게 동작할까요? 다음과 같이 설명할 수 있습니다.

0xffff0018 주소로 프로그램 카운터를 브랜치힌다.

0xffff0018 주소는 'IRQ 인터럽트' 익셉션 벡터 주소이고, 0xffff0018 주소에 위치한 명령어는 인터럽트 익셉션 벡터 핸들러라고 볼 수 있습니다. 이를 쉽게 다음과 같이 설명할 수 있습니다.

- 인터럽트가 발생하면 0xffff0018 주소에 있는 'b 0xffff1020 <vector_irq>' 명령어가 실행된다.

그렇다면 'b 0xffff1020 <vector_irq>' 명령어는 어떤 의미일까요? vector_irq 레이블을 브랜치하는 동작입니다. 브랜치 명령어는 함수를 호출하는 동작과 유사하다고 보면 됩니다.

 위 코드에서 보이는 vector_irq 레이블은 인터럽트 핸들러는 아닙니다. ARM 아키텍처 관점에서 'IRQ 인터럽트' 익셉션을 핸들링하는 명령어일 뿐입니다.

이어서 vector_irq 레이블의 코드를 보겠습니다.

```
00 0xffff0020 <vector_irq>:
01 0xffff0020: sub      lr,lr,#0x4
02 0xffff0024: stm      sp,{r0,lr}
03 0xffff0028: mrs      lr,spsr
04 0xffff002c: str      lr,[sp,#0x8]
05 0xffff0030: mrs      r0,cpsr
06 0xffff0034: eor      r0,r0,#0x1
07 0xffff0038: msr      spsr_cxsf,r0
08 0xffff003c: and      lr,lr,#0x0f
09 0xffff0040: cpy      r0,sp
10 0xffff0044: ldr      lr,[pc,+r14,lsl #0x2]
11 0xffff0048: movs     pc,lr
12 0xffff004c: dcd      0x80101cc0 ; __irq_usr
13 0xffff0050: dcd      0x801018a0 ; __irq_invalid
14 0xffff0054: dcd      0x801018a0 ; __irq_invalid
15 0xffff0058: dcd      0x80101960 ; __irq_svc
```

위 코드는 어려워 보이지만 핵심 동작을 요약하면 다음과 같습니다.

- 05번째 줄: 인터럽트가 발생한 시점의 모드(ARM 동작 모드)를 읽는다.

- 06~11번째 줄: 인터럽트가 유저 애플리케이션이 구동되는 유저 모드에서 발생했다면 __irq_usr, 커널 코드가 실행되는 커널 모드에서 인터럽트가 발생했다면 __irq_svc 레이블로 브랜치하도록 처리한다. 11번째 줄에서 __irq_usr 혹은 __irq_svc 레이블로 브랜치된다.

여기까지 인터럽트가 발생하면 소프트웨어적으로 가장 먼저 실행되는 코드를 ARM 프로세서 관점에서 살펴봤습니다. 조금 어려운 내용이므로 질문/답변 형식으로 정리해보겠습니다.

Q) 리눅스 커널의 코드가 실행되는 중에 인터럽트가 발생하면 어떻게 동작할까요?

A) vector_irq라는 레이블이 실행됩니다. ARM 프로세서는 인터럽트가 발생하면 이미 정해진 주소로 점프하는데, 이 주소에 vector_irq 레이블로 브랜치하는 명령어가 있기 때문입니다. vector_irq 레이블에서 인터럽트가 발생할 때 커널 코드가 실행 중이면 __irq_svc 레이블로 브랜치합니다.

Q) 그렇다면 유저 애플리케이션이 실행되는 중에 인터럽트가 발생하면 어떻게 동작할까요?

A) 역시 vector_irq라는 레이블이 실행됩니다. 유저 애플리케이션이 실행되는 중에 인터럽트가 발생했으니 이 정보를 vector_irq 레이블에서 체크해 __irq_usr 레이블로 브랜치합니다.

Q) 인터럽트가 발생할 시점의 인터럽트 벡터의 실행 흐름을 파악하기 어렵습니다. 이론적으로는 이해되는데 머릿속으로 명확하게 정리가 안 되는 듯합니다. 커널 코드가 실행될 때 인터럽트가 발생하면 콜 스택이 어떻게 바뀌는지 보여주세요.

A) 다음과 같은 콜 스택으로 커널의 ext4_sync_file() 함수 코드가 실행되고 있다고 가정하겠습니다.

```
-000|ext4_sync_file()
-001|vfs_fsync()
-002|fdput(inline)
-002|do_fsync()
-003|ret_fast_syscall(asm)
```

이 시점에서 인터럽트가 발생하면 콜 스택이 다음과 같이 바뀝니다.

```
-000|vector_irq(asm)
-->|exception
-001|ext4_sync_file()
-002|vfs_fsync()
-003|fdput(inline)
-003|do_fsync()
-004|ret_fast_syscall(asm)
```

000번째 줄을 보면 vector_irq라는 레이블이 보입니다.

이어서 vector_irq에서 __irq_svc라는 레이블로 브랜치합니다. 커널 코드가 실행되는 중에 인터럽트가 발생했기 때문입니다. 다음 콜 스택을 보면 000번째 줄에 __irq_svc 레이블이 보일 것입니다.

```
-000|__irq_svc(asm)
-->|exception
-001|ext4_sync_file()
-002|vfs_fsync()
-003|fdput(inline)
-003|do_fsync()
-004|ret_fast_syscall(asm)
```

그래서 인터럽트가 발생한 후 출력되는 커널 로그에서 __irq_svc 레이블의 심벌이 보이는 것입니다.

 __irq_usr와 __irq_svc 레이블은 구현된 코드가 거의 유사합니다. 앞으로 __irq_svc 레이블을 중심으로 인터럽트를 처리하는 방식을 살펴보겠습니다.

__irq_svc 레이블 코드 분석으로 세부 동작 알아보기

커널 모드에서 인터럽트가 발생하면 ARM(ARMv7 기반) 프로세서는 인터럽트 벡터에서 실행되는 vector_irq 레이블을 통해 __irq_svc 레이블로 브랜치합니다. 이번에는 __irq_svc 레이블 코드를 분석해 세부 처리 방식을 알아보겠습니다.

__irq_svc 레이블 코드의 동작은 다음과 같이 분류할 수 있습니다.

- 스택 공간에 실행 중인 프로세스의 레지스터 세트를 푸시
- handle_arch_irq 전역변수에 지정한 함수인 bcm2836_arm_irqchip_handle_irq() 함수를 호출: 라즈비안에서 handle_arch_irq 변수는 bcm2836_arm_irqchip_handle_irq() 함수의 주소를 지정

__irq_svc 레이블의 어셈블리 코드는 다음과 같습니다.

https://github.com/raspberrypi/linux/blob/rpi-4.19.y/arch/arm/kernel/entry-armv.S

```
01 807a2a20 <__irq_svc>:
02 807a2a20: e24dd04c sub sp, sp, #76 ; 0x4c
03 807a2a24: e31d0004 tst sp, #4
04 807a2a28: 024dd004 subeq sp, sp, #4
05 807a2a2c: e88d1ffe stm sp,{r1, r2, r3, r4, r5, r6, r7, r8, r9, sl, fp, ip}
06 807a2a30: e8900038 ldm r0, {r3, r4, r5}
...
07 807a2a5c: e3a0147f mov r1, #2130706432 ; 0x7f000000
08 807a2a60: e5891008 str r1, [r9, #8]
09 807a2a64: e58d004c str r0, [sp, #76] ; 0x4c
10 807a2a68: ebe93147 bl 801eef8c <trace_hardirqs_off>
11 807a2a6c: e59f1024 ldr r1, [pc, #36] ; 807a2a98 <__irq_svc+0x78>
12 807a2a70: e1a0000d mov r0, sp
13 807a2a74: e28fe000 add lr, pc, #0
14 807a2a78: e591f000 ldr pc, [r1]
15 807a2a7c: ebe930e3 bl 801eee10 <trace_hardirqs_on>
16 807a2a80: e59d104c ldr r1, [sp, #76] ; 0x4c
17 807a2a84: e5891008 str r1, [r9, #8]
...
18 807a2a98: 80c089ac .word 0x80c089ac
```

__irq_svc 레이블에서 가장 먼저 실행되는 어셈블리 코드를 보겠습니다.

```
02 807a2a20: e24dd04c sub sp, sp, #76 ; 0x4c
```

여기서 sp는 현재 실행 중인 프로세스의 스택 주소를 의미합니다. sub는 뺄셈 연산을 하는 어셈블리 명령어입니다. 현재 스택 주소에서 0x4C만큼 빼는 연산은 프로세스의 스택 공간을 0x4C 바이트만큼 확보하는 동작입니다. 그런데 스택 주소를 0x4C만큼 빼는 연산이 왜 스택 공간을 0x4C 바이트만큼 확보하는 동작일까요? **스택은 높은 주소에서 낮은 주소로 방향으로 자라기 때문에 0x4C만큼 스택 주소를 빼는 연산을 수행하는 것입니다.** 이렇게 스택 공간을 확보해서 현재 실행 중인 프로세스의 레지스터를 저장하는 동작을 수행합니다.

다음으로 5번째와 16번째 줄을 보겠습니다.

```
05 807a2a2c: e88d1ffe stm sp,{r1, r2, r3, r4, r5, r6, r7, r8, r9, sl, fp, ip}
..
16 807a2a80: e59d104c ldr r1, [sp, #76] ; 0x4c
```

우선 stm이라는 명령어가 보입니다. 조금 낯선 ARM 어셈블리 코드 같지만 자주 쓰는 명령어입니다. stm #A {#B, #C}라는 명령어는 #A가 위치한 메모리 공간에 #B와 #C를 저장하는 동작입니다. 05번째 줄을 실행하면 프로세스의 스택 공간에 r1부터 ip 레지스터까지 저장합니다. 이후 16번째 줄까지 실행하면 그림 5.11과 같이 레지스터가 저장됩니다.

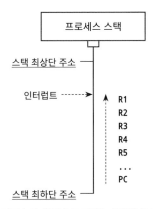

그림 5.11 레지스터 세트를 프로세스 스택에 푸시하는 과정

앞에서 설명한 "인터럽트가 발생하면 현재 실행 중인 프로세스 정보를 저장한다"라는 내용이 이 코드에 담겨 있습니다. 즉, 인터럽트가 발생하기 전에 수행됐던 레지스터 세트를 스택 공간에 저장하는 것입니다.

다음으로 11번째 줄을 보겠습니다.

```
11 807a2a6c: e59f1024 ldr r1, [pc, #36] ; 807a2a98 <_irq_svc+0x78>
...
18 807a2a98: 80c089ac  .word  0x80c089ac
```

ldr이란 명령어는 다음과 같은 형식으로 씁니다.

```
"ldr r1, [#A]"
```

#A 메모리 공간에 있는 값을 r1 레지스터에 저장하는 동작입니다. 이 내용을 참고해 11번째 줄을 분석하면 807a2a98 메모리 공간에 있는 0x80c089ac 값을 r1 레지스터로 로딩하는 동작입니다. 그런데 0x80c089ac 주소에는 handle_arch_irq 전역변수가 있습니다.

다음으로 14번째 줄을 보겠습니다.

```
14 807a2a78: e591f000 ldr pc, [r1]
```

이 코드에서는 handle_arch_irq 전역변수에 저장된 주소를 프로그램 카운터로 지정합니다. 그런데 이 명령어를 실행하면 bcm2836_arm_irqchip_handle_irq() 함수를 호출합니다. 어셈블리 코드에서는 bcm2836_arm_irqchip_handle_irq() 함수가 보이지 않는데 이 함수는 어떤 원리로 호출하는 것일까요? 부팅할 때 handle_arch_irq 전역변수에 bcm2836_arm_irqchip_handle_irq() 함수의 주소를 저장하기 때문입니다.

bcm2836_arm_irqchip_handle_irq() 함수의 주소가 handle_arch_irq 전역변수에 언제 할당될까요?

https://github.com/raspberrypi/linux/blob/rpi-4.19.y/drivers/irqchip/irq-bcm2836.c

```
01 static int __init bcm2836_arm_irqchip_l1_intc_of_init(struct device_node *node,
02                     struct device_node *parent)
03 {
...
04    bcm2836_arm_irqchip_smp_init();
05
06    set_handle_irq(bcm2836_arm_irqchip_handle_irq);
```

bcm2836(브로드컴 SoC 이름)의 인터럽트 컨트롤러를 초기화하는 bcm2836_arm_irqchip_l1_intc_of_init() 함수의 06번째 줄을 보겠습니다. bcm2836_arm_irqchip_handle_irq 인자와 함께 set_handle_irq() 함수를 호출합니다.

이어서 set_handle_irq() 함수 코드를 보겠습니다.

https://github.com/raspberrypi/linux/blob/rpi-4.19.y/kernel/irq/handle.c

```
01 int __init set_handle_irq(void (*handle_irq)(struct pt_regs *))
02 {
03     if (handle_arch_irq)
04             return -EBUSY;
05
06     handle_arch_irq = handle_irq;
07     return 0;
08 }
```

06번째 줄과 같이 set_handle_irq() 함수의 인자인 handle_irq를 handle_arch_irq 전역변수에
저장합니다.

handle_arch_irq 전역변수는 시스템 아키텍처 설정에 따라 인터럽트 컨트롤러 함수를 저장하는
인터페이스의 기능을 수행합니다. 대부분의 ARMv7 아키텍처 기반 SoC는 gic_handle_irq() 함수를
handle_arch_irq에 등록합니다. 하지만 라즈베리 파이에 탑재된 bcm2836은 bcm2836_arm_irqchip_ha
ndle_irq() 함수를 등록합니다. 이는 bcm2836(브로드컴의 SoC 이름) 인터럽트 처리를 칩셋 구조에 맞게
설계한 것으로 보입니다.

인터럽트가 발생하면 인터럽트 벡터로 실행 흐름을 브랜치합니다. 이후 다음과 같은 동작을 합니다.

- 인터럽트 벡터는 실행 중인 프로세스 레지스터 세트를 자신의 스택 공간에 푸시
- bcm2836_arm_irqchip_handle_irq() 함수를 호출해 인터럽트를 처리하는 커널 내부 함수를 호출

위 동작 중 프로세스의 스택 공간에 레지스터 세트를 저장하는 과정을 다음 절에서 확인해보겠습니다.

5.3.2. 인터럽트 벡터에서 스택 푸시 확인

프로세스가 실행되는 도중 인터럽트가 발생하면 인터럽트 벡터로 프로그램 카운터가 브랜치되며, 인터
럽트 벡터에 있는 vector_irq 레이블이 실행됩니다. vector_irq 레이블은 인터럽트가 발생한 시점의 모
드 정보를 읽어 __irq_svc와 __irq_usr 레이블로 분기하는 역할만을 수행합니다. 실제 인터럽트에 대한
처리는 __irq_svc와 __irq_usr 레이블에서 시작하게 됩니다.

그렇다면 __irq_svc와 __irq_usr 레이블이 실행되면 가장 먼저 하는 일은 무엇일까요? **바로 실행 중인
프로세스의 레지스터 세트를 스택 공간에 저장(푸시)하는 것입니다.** 이런 동작을 수행하는 이유는 프
로세스의 실행 정보를 백업하기 위해서입니다.

이번 절에서는 실제 프로세스 스택 공간에 있는 메모리 덤프를 보면서 인터럽트 벡터를 통해 브랜 치되는 __irq_svc 레이블에서 프로세스 레지스터 세트를 푸시하는 과정을 살펴보겠습니다. 먼저 TRACE32 프로그램으로 본 콜 스택을 소개합니다.

```
-000|update_curr()
-001|check_spread(inline)
-001|put_prev_entity()
-002|put_prev_task_fair()
-003|pick_next_task_rt(inline)
-003|pick_next_task_rt()
-004|pick_next_task(inline)
-004|__schedule()
-005|arch_local_irq_disable(inline)
-005|preempt_schedule_irq()
-006|svc_preempt(asm)
-007|__irq_svc(asm)
 -->|exception
-008|blk_flush_plug_list()
-009|current_thread_info(inline)
-009|blk_finish_plug()
-010|ext4_writepages()
-011|__filemap_fdatawrite_range()
-012|filemap_write_and_wait_range()
-013|ext4_sync_file()
-014|vfs_fsync()
-015|fdput(inline)
-015|do_fsync()
-016|ret_fast_syscall(asm)
```

위 콜스택은 인터럽트가 발생해 인터럽트의 처리를 끝낸 다음 선점 스케줄링을 처리하는 동작입니다.

인터럽트가 발생하면 프로세스가 실행 중인 정보인 레지스터 세트를 스택 공간에 푸시하는 동작에 초 점을 맞춰 분석합시다.

ret_fast_syscall 레이블에서 do_fsync() 함수 방향으로 호출해서 update_curr() 함수까지 실행되는 흐 름입니다.

여기서 7번째 콜 스택에 인터럽트 벡터가 실행(vector_irq)되면 브랜치되는 __irq_svc라는 레이블이 보입니다. 이를 통해 인터럽트가 발생했음을 알 수 있습니다.

조금 더 자세히 살펴보면 ret_fast_syscall() ~ blk_flush_plug_list() 함수 실행 구간에서 보이는 콜 스택 흐름으로 동작하고 있었습니다. 그럼 인터럽트 관점에서 위 콜 스택을 해석하자면 **blk_flush_plug_list()** 함수를 실행하는 도중 인터럽트가 발생해서 인터럽트 벡터를 통해 **__irq_svc** 레이블이 실행된 것입니다.

위 콜 스택에서 인터럽트 벡터를 통해 __irq_svc 레이블이 실행된 시점의 스택 메모리 주소 0xCE4F9D84로 이동해서 스택 덤프를 확인하면 스택에 푸시된 레지스터를 확인할 수 있습니다.

```
$ data.view %symbol.l 0xCE4F9D80
_____address||value_____|symbol
NSD:CE4F9D80¦ 0x20070013
NSD:CE4F9D84¦ 0xFFFFFFFF
NSD:CE4F9D88¦ 0xCE4F9DE4
NSD:CE4F9D8C¦ 0xC0FF97B4        \\vmlinux\Global\__irq_svc+0x74
NSD:CE4F9D90¦ 0xCE4F8000
NSD:CE4F9D94¦ 0xCE4F8000
NSD:CE4F9D98¦ 0xCE4F9DAC
NSD:CE4F9D9C¦ 0xC0FF4E2C        \\vmlinux\sched/core\preempt_schedule_irq+0x50
NSD:CE4F9DA0¦ 0xC039B9DC        \\vmlinux\blk-core\blk_flush_plug_list+0x1A4
NSD:CE4F9DA4¦ 0xC039B9E0        \\vmlinux\blk-core\blk_flush_plug_list+0x1A8
NSD:CE4F9DA8¦ 0x1
NSD:CE4F9DAC¦ 0xC0FF97D8        \\vmlinux\Global\svc_preempt+0x8
NSD:CE4F9DB0¦ 0x0               /* R0  */
NSD:CE4F9DB4¦ 0xCECC72B4        /* R1 */
NSD:CE4F9DB8¦ 0x1               /* R2 */
NSD:CE4F9DBC¦ 0x0               /* R3 */
NSD:CE4F9DC0¦ 0xCE4F9E00        /* R4 */
NSD:CE4F9DC4¦ 0xEAD60A60        /* R5 */
NSD:CE4F9DC8¦ 0x1               /*R6 */
NSD:CE4F9DCC¦ 0xCE4F9E00        /* R7 */
NSD:CE4F9DD0¦ 0x0               /*R8 */
NSD:CE4F9DD4¦ 0x60070013        /* R9 */
NSD:CE4F9DD8¦ 0xCE4F8000        /* R10 */
NSD:CE4F9DDC¦ 0x1               /*R11 */
NSD:CE4F9DE0¦ 0x60070093        /* R12 */
```

```
NSD:CE4F9DE4¦ 0xCE4F9E00        /* R13, 스택 주소 */
NSD:CE4F9DE8¦ 0xC039B9DC  blk_flush_plug_list+0x1A4 /* R14 */
NSD:CE4F9DEC¦ 0xC039B9E0  blk_flush_plug_list+0x1A8 /* PC */
NSD:CE4F9DF0¦ 0x20070013
NSD:CE4F9DF4¦ 0xFFFFFFFF
```

 'data.view %symbol.l 0xCE4F9D80'은 TRACE32에서 지원하는 명령어로 메모리 덤프를 심벌 형식으로 출력합니다. 즉, 위 명령어로 0xCE4F9D80 메모리 주소에 담긴 값을 심벌로 볼 수 있습니다.

0xCE4F9DB0 ~ 0xCE4F9DEC 메모리 주소 사이에 인터럽트가 발생하기 전의 실행 정보인 레지스터 세트가 보입니다. 오른쪽에 /* Rx */ 형식으로 적힌 주석문 안의 텍스트는 레지스터를 의미합니다.

위 메모리 덤프를 보면 r0부터 pc까지 레지스터가 보입니다. 이 레지스터 세트는 인터럽트가 발생하기 전의 프로세스 실행 정보를 담고 있습니다. **그럼 이 레지스터를 언제 다시 로딩할까요?** 이 레지스터 세트들은 인터럽트를 처리하고 난 후 다시 ARM 코어 레지스터로 로딩됩니다. 그럼 **그 이후에는 어떤 동작을 할까요?** 인터럽트가 발생해서 멈췄던 코드 다음부터 실행하게 됩니다.

인터럽트 벡터와 관련된 레이블(vector_irq, __irq_svc)을 어셈블리 코드로 분석하는 것은 매우 어렵습니다. 하지만 몇 번 메모리에 레지스터가 쌓이는 동작을 머릿속에 그리면 프로세스 정보를 저장하는 동작이 더 오랫동안 기억에 남을 것입니다.

이제 인터럽트 벡터를 통해 브랜치되는 __irq_svc 레이블에서 프로세스 레지스터를 저장하고 서브루틴을 실행하는 코드까지 확인했으니 다음 절에서는 인터럽트 핸들러를 처리하는 흐름을 살펴보겠습니다.

5.3.3. 인터럽트 핸들러의 호출 흐름 분석

이전 절에서 인터럽트가 발생하면 실행되는 인터럽트 벡터의 어셈블리 코드를 분석했습니다. 그런데 커널은 인터럽트 벡터부터 커널 내부 함수를 호출해 인터럽트 핸들러 함수를 처리합니다. 즉, 프로세스가 실행되는 도중 인터럽트가 발생하면 인터럽트 벡터가 실행됩니다. 이때 인터럽트 벡터에 있는 vector_irq 레이블이 브랜치되는데, vector_irq 레이블에서 __irq_svc 레이블로 브랜치하고 handle_irq_event_percpu() 함수까지 실행됩니다.

이번 절에서는 인터럽트 벡터에서 인터럽트 핸들러까지 이어지는 실행 흐름을 알아보겠습니다. 먼저 그림 5.12를 보면서 실행 흐름을 확인해 봅시다.

```
__irq_svc(<-vector_irq: 인터럽트 벡터)
    └─ bcm2836_arm_irqchip_handle_irq
        └─ __handle_domain_irq
            └─ generic_handle_irq
                └─ bcm2836_chained_handle_irq
                    └─ generic_handle_irq
                        └─ handle_level_irq
                            └─ handle_irq_event
                                └─ __handle_irq_event_percpu
```

그림 5.12 인터럽트 벡터에서 인터럽트 핸들러 호출까지의 함수 흐름

위 함수 흐름에서 다음과 같이 인터럽트에 대한 여러 가지 예외 처리를 수행합니다.

1. 커널이 인터럽트를 처리하고 있는 도중 인터럽트가 발생했을 때 리턴 처리

2. 인터럽트 정보를 인터럽트 디스크립터에 저장

3. 가끔 전달되는 쓰레기 인터럽트 값에 대한 예외 처리

인터럽트는 속성 자체가 하드웨어와 밀접해서 커널의 IRQ 서브시스템을 구성하는 함수에서 다양한 예외 처리를 수행합니다.

이전 절에서 커널이 인터럽트 번호에 해당하는 인터럽트 디스크립터를 읽어와 인터럽트 핸들러를 처리하는 과정을 살펴봤습니다. 이어서 위 함수 흐름에서 보이는 generic_handle_irq() 함수를 분석하면서 관련 동작을 확인해보겠습니다.

https://github.com/raspberrypi/linux/blob/rpi-4.19.y/kernel/irq/irqdesc.c

```
01 int generic_handle_irq(unsigned int irq)
02 {
03     struct irq_desc *desc = irq_to_desc(irq);
04
05     if (!desc)
06         return -EINVAL;
07     generic_handle_irq_desc(desc);
08     return 0;
09 }
```

3번째 줄을 보겠습니다. 정수형 인터럽트 번호인 irq 인자와 함께 irq_to_desc() 함수를 호출해 인터럽트 디스크립터 주소를 desc 변수에 반환합니다. **irq_to_desc() 함수는 인터럽트 번호로 인터럽트 디스크립터의 주소를 반환하는 역할을 합니다.**

참고로 인터럽트 디스크립터는 request_irq() 함수에서 등록한 인터럽트 핸들러, 인터럽트 이름, 인터럽트 플래그 값 정보를 저장하고 있습니다. irq_to_desc() 함수는 인터럽트 번호만 알면 인터럽트 디스크립터를 가져올 수 있는 유용한 함수이므로 잘 활용하면 좋습니다.

다음으로 인터럽트 핸들러를 호출하는 handle_irq_event_percpu() 함수를 소개합니다.

```
irqreturn_t __handle_irq_event_percpu(struct irq_desc *desc, unsigned int *flags);
```

먼저 이 함수에서 전달하는 인자와 반환값을 점검합시다.

```
struct irq_desc *desc;
```

인터럽트 디스크립터 구조체의 주소입니다. 다음 함수와 같이 정수형 인터럽트 번호로 인터럽트 디스크립터 주소를 읽을 수 있습니다.

https://github.com/raspberrypi/linux/blob/rpi-4.19.y/kernel/irq/irqdesc.c

```
01 int generic_handle_irq(unsigned int irq)
02 {
03    struct irq_desc *desc = irq_to_desc(irq);
```

보다시피 3번째 줄은 정수형 인터럽트 번호로 irq_to_desc() 함수를 호출해 인터럽트 디스크립터를 받아오는 동작입니다.

이어서 2번째 인자를 확인해봅시다.

```
unsigned int *flags;
```

인터럽트 플래그 정보를 담고 있습니다.

__handle_irq_event_percpu() 함수에 전달하는 인자와 반환값을 확인했으니 함수를 봅시다.

https://github.com/raspberrypi/linux/blob/rpi-4.19.y/kernel/irq/handle.c

```
01 irqreturn_t __handle_irq_event_percpu(struct irq_desc *desc, unsigned int *flags)
02 {
03     irqreturn_t retval = IRQ_NONE;
04     unsigned int irq = desc->irq_data.irq;
05     struct irqaction *action;
06
07     record_irq_time(desc);
08
09     for_each_action_of_desc(desc, action) {
10         irqreturn_t res;
11
12         trace_irq_handler_entry(irq, action);
13         res = action->handler(irq, action->dev_id);
14         trace_irq_handler_exit(irq, action, res);
```

13번째 줄에서 action->handler 구문과 같이 함수 포인터가 실행될 때 인터럽트 핸들러를 호출합니다. 여기서 action->handler 함수 포인터를 실행할 때 전달하는 인자는 irq와 action입니다. irq는 인터럽트 번호이고 action->dev_id는 인터럽트 핸들러에 전달되는 매개변수입니다. action->dev_id 변수는 request_irq() 함수로 인터럽트 핸들러를 등록할 때 다섯 번째 매개변수에 해당합니다.

https://github.com/raspberrypi/linux/blob/rpi-4.19.y/include/linux/interrupt.h

```
static inline int __must_check
request_irq(unsigned int irq, irq_handler_t handler, unsigned long flags,
        const char *name, void *dev)
{
    return request_threaded_irq(irq, handler, NULL, flags, name, dev);
}
```

action->dev_id 변수는 보통 디바이스 드라이버 전체를 컨트롤하는 핸들로 많이 사용됩니다.

다음으로 주의깊게 살펴볼 코드는 12번째와 14번째 줄입니다.

```
12         trace_irq_handler_entry(irq, action);
13         res = action->handler(irq, action->dev_id);
14         trace_irq_handler_exit(irq, action, res);
```

12번째 줄에서는 ftrace의 irq_handler_entry를, 14번째 줄에서는 irq_handler_exit 이벤트를 활성화했을 때 다음과 같은 ftrace 로그를 출력합니다.

```
kworker/0:2-20114 [000] d.h.  4486.577344: irq_handler_entry: irq=17 name=3f00b880.mailbox
kworker/0:2-20114 [000] d.h.  4486.577346: irq_handler_exit: irq=17 ret=handled
```

이번 절에서는 인터럽트 핸들러 함수가 호출되는 흐름을 살펴봤습니다. 그럼 배운 내용을 정리해 봅시다.

- 인터럽트가 발생하면 인터럽트 벡터가 실행된다.
- 인터럽트 벡터에서 실행 중인 프로세스의 레지스터 세트를 프로세스 스택에 저장한다.
- 커널 내부 함수에서 인터럽트에 대한 예외 처리를 수행한다.
- 정수형 인터럽트 번호로 인터럽트 디스크립터를 읽어 인터럽트 핸들러를 호출한다.

인터럽트 핸들러를 등록했는데 인터럽트 핸들러가 호출되지 않을 때 그 원인을 파악하는 것은 그리 어렵지 않습니다. 인터럽트 핸들러를 등록할 때 플래그 정보를 확인하면 대부분 문제점을 파악할 수 있기 때문입니다. 하지만 가끔 인터럽트 핸들러가 호출되지 않는 문제는 원인을 찾기 어려운 경우가 많습니다. 이런 문제를 해결하기 위해서는 먼저 이번 절에서 소개한 코드 흐름대로 제대로 코드가 실행되는지 확인해야 합니다.

다음 절에서는 인터럽트 핸들러를 등록하는 과정과 디버깅용 실습 패치를 소개합니다.

5.4 인터럽트 핸들러는 어떻게 등록할까?

인터럽트가 발생했을 때 인터럽트 핸들러가 호출되기 위해서는 먼저 디바이스 드라이버 코드에서 해당 인터럽트를 제대로 초기화했는지 확인해야 합니다. 다음은 인터럽트가 발생한 후 이를 처리하는 인터럽트 핸들러가 호출되는 2가지 예시입니다.

- 컴퓨터에서 키보드 자판을 타이핑하면 키보드 인터럽트가 발생해 키보드 인터럽트 핸들러가 호출된다.
- 휴대폰에서 USB 케이블을 연결하면 USB 인터럽트가 발생해 USB 인터럽트 핸들러가 호출된다.

이처럼 외부 장치에서 인터럽트가 발생한 후 해당 인터럽트 핸들러가 호출되려면 부팅 과정에서 인터럽트를 인터럽트 핸들러와 함께 제대로 등록해야 합니다.

이번 절에서는 인터럽트 핸들러를 등록하는 방법과 이를 검증하는 실습 패치를 살펴봤습니다. 인터럽트 핸들러를 등록하는 코드는 실전 디바이스 드라이버 개발에서 만날 가능성이 높으니 잘 알아둘 필요가 있습니다.

5.4.1 인터럽트 핸들러의 등록 과정 분석

인터럽트가 발생한 후 지정한 인터럽트 핸들러가 호출되려면 먼저 인터럽트 핸들러를 등록해야 합니다. 그런데 인터럽트 핸들러의 등록은 인터럽트를 초기화하는 과정에 포함돼 있습니다.

이번 절에서는 인터럽트 초기화하는 과정에서 호출하는 request_irq() 함수의 사용법을 살펴보면서 인터럽트 핸들러를 등록하는 과정을 살펴보겠습니다.

먼저 request_irq() 함수의 선언부를 함께 확인해 보겠습니다.

request_irq() 함수 소개

request_irq() 함수의 선언부는 다음과 같습니다.

https://github.com/raspberrypi/linux/blob/rpi-4.19.y/include/linux/interrupt.h

```
static inline int __must_check
request_irq(unsigned int irq, irq_handler_t handler, unsigned long flags,
          const char *name, void *dev)
```

request_irq() 함수로 인터럽트를 제대로 등록하면 true를, 등록 과정에 오류가 생겼으면 false를 반환합니다.

이번에는 request_irq() 함수에 전달하는 인자를 확인해 봅시다.

- unsigned int irq: 인터럽트 번호

- irq_handler_t handler: 인터럽트가 발생하면 호출될 인터럽트 핸들러의 주소

- unsigned long flags: 인터럽트의 속성 플래그

- const char *name: 인터럽트 이름

- void *dev: 인터럽트 핸들러에 전달하는 매개변수(보통 디바이스 드라이버를 제어하는 구조체 주소를 전달합니다. 디바이스 드라이버와 인터럽트 핸들러를 연결하는 중요한 인터페이스입니다.)

request_irq() 함수를 이용해 인터럽트를 초기화하는 라즈비안 코드 분석

request_irq() 함수의 선언부를 소개했으니 라즈비안에서 request_irq() 함수를 써서 인터럽트를 초기화하는 코드를 보겠습니다.

https://github.com/raspberrypi/linux/blob/rpi-4.19.y/drivers/usb/host/dwc_otg/dwc_otg_driver.c

```
01 static int dwc_otg_driver_probe(
02 #ifdef LM_INTERFACE
03                              struct lm_device *_dev
...
04        int retval = 0;
05        dwc_otg_device_t *dwc_otg_device;
06        int devirq;
...
07      dev_dbg(&_dev->dev, "Calling request_irq(%d)\n", devirq);
08      retval = request_irq(devirq, dwc_otg_common_irq,
09                      IRQF_SHARED,
10                      "dwc_otg", dwc_otg_device);
```

08번째 줄을 보면 request_irq() 함수를 호출해 인터럽트를 초기화합니다. request_irq() 함수로 전달하는 인자만 다음과 같이 정리했습니다.

- unsigned int irq = devirq(56);   /* 인터럽트 번호 */
- irq_handler_t handler = dwc_otg_common_irq;   /* 인터럽트 핸들러 */
- unsigned long flags = 0x80(IRQF_SHARED);   /* 인터럽트의 속성 플래그 */
- const char *name = "dwc_otg";   /* 인터럽트 이름 */
- void *dev = dwc_otg_device;   /* 인터럽트 핸들러에 전달되는 매개변수 */

각 필드에 저장하는 인터럽트의 속성은 위 코드의 주석을 참고합시다.

request_irq() 함수와 request_threaded_irq() 함수 분석

request_irq() 함수의 선언부와 인자를 소개했으니 request_irq() 함수의 소스코드를 분석해 보겠습니다. 다음은 request_irq() 함수의 구현부입니다.

https://github.com/raspberrypi/linux/blob/rpi-4.19.y/include/linux/interrupt.h

```
01 static inline int __must_check
02 request_irq(unsigned int irq, irq_handler_t handler, unsigned long flags,
03         const char *name, void *dev)
04 {
05    return request_threaded_irq(irq, handler, NULL, flags, name, dev);
06 }
```

05번째 줄을 보면 request_irq() 함수에 전달된 인자를 실어서 request_threaded_irq() 함수를 호출합니다. request_irq() 함수는 특별한 기능이 없습니다.

request_threaded_irq() 함수를 분석하겠습니다.

https://github.com/raspberrypi/linux/blob/rpi-4.19.y/kernel/irq/manage.c

```
01 int request_threaded_irq(unsigned int irq, irq_handler_t handler,
02                 irq_handler_t thread_fn, unsigned long irqflags,
03                 const char *devname, void *dev_id)
04 {
05    struct irqaction *action;
06    struct irq_desc *desc;
07    int retval;
...
08    desc = irq_to_desc(irq);
09    if (!desc)
10          return -EINVAL;
...
11    action = kzalloc(sizeof(struct irqaction), GFP_KERNEL);
12    if (!action)
13          return -ENOMEM;
...
14    action->handler = handler;
15    action->thread_fn = thread_fn;
16    action->flags = irqflags;
17    action->name = devname;
18    action->dev_id = dev_id;
```

request_threaded_irq() 함수의 주요 동작은 다음과 같습니다.

- 인터럽트 번호로 인터럽트 디스크립터 가져오기
- irqaction 구조체로 동적 메모리 할당
- irqaction 구조체 필드에 인터럽트 초기화 인자(인터럽트 핸들러, 인터럽트의 속성, 인터럽트 핸들러 매개변수)를 설정

이를 염두에 두고 코드를 분석합시다. 먼저 08번째 줄입니다.

```
08    desc = irq_to_desc(irq);
09    if (!desc)
10          return -EINVAL;
```

정수형 인터럽트 번호를 저장한 irq 인자로 irq_to_desc() 함수를 호출해 인터럽트 디스크립터의 주소를 desc 변수에 저장합니다. 만약 인터럽트 디스크립터 주소가 NULL이면 09~10번째 줄과 같이 -EINVAL를 반환하며 함수 실행을 종료합니다. 만약 디바이스 드라이버에서 오타나 실수로 잘못된 인터럽트 번호로 request_irq() 함수를 호출하면 이 부분에서 에러 코드를 반환하며 request_threaded_irq() 함수의 실행을 마칩니다.

다음으로 11~13번째 줄을 보겠습니다.

```
11    action = kzalloc(sizeof(struct irqaction), GFP_KERNEL);
12    if (!action)
13          return -ENOMEM;
```

11번째 줄에서는 kzalloc() 함수를 호출해 irqaction 구조체 크기만큼 동적 메모리를 할당받습니다. 12~13번째 줄은 동적 메모리 할당을 못 받을 경우에 실행되어 -ENOMEM 에러 코드를 반환하며 함수 실행을 종료합니다.

다음은 14~18번째 줄입니다.

```
14    action->handler = handler;       /* 인터럽트 핸들러 */
15    action->thread_fn = thread_fn;   /* IRQ 스레드 처리 함수*/
16    action->flags = irqflags;        /* 인터럽트의 속성 플래그*/
17    action->name = devname;          /* 인터럽트 이름*/
18    action->dev_id = dev_id;         /* 인터럽트 핸들러 매개변수*/
```

request_irq() 함수로 전달된 인자를 irqaction 구조체의 필드에 저장합니다. 각 필드에 저장하는 인터럽트 속성은 위 코드의 주석을 참고합시다.

5.4.2 인터럽트 핸들러의 초기화 과정 디버깅

지금까지 다음과 같은 내용을 배웠습니다.

- request_irq() 함수로 인터럽트 핸들러를 등록하는 과정
- request_threaded_irq() 함수에서 인터럽트 디스크립터에 해당 인터럽트의 설정 정보를 저장하는 코드

이번에는 앞에서 분석한 커널 코드에 디버깅 코드를 추가해 인터럽트 핸들러를 등록하는 코드 흐름을 파악해보겠습니다. 먼저 패치 코드를 소개합니다.

```
diff --git a/kernel/irq/manage.c b/kernel/irq/manage.c
index 5c0ba5c..a8fca52 100644
--- a/kernel/irq/manage.c
+++ b/kernel/irq/manage.c
@@ -1847,6 +1847,12 @@ int request_threaded_irq(unsigned int irq, irq_handler_t handler,
01        action->name = devname;
02        action->dev_id = dev_id;
03
04 +      if (irq == 56 || irq == 86 ) {
05 +            printk("[+][irq_debug] irq_num: %d, func: %s, line:%d, caller:%pS \n",
06 +                        irq, __func__, __LINE__, (void *)__builtin_return_address(0));
07 +            dump_stack();
08 +      }
09 +
10        retval = irq_chip_pm_get(&desc->irq_data);
11        if (retval < 0) {
12              kfree(action);
```

+ 기호는 기존 파일에 코드가 추가됐다는 표시입니다. 패치 코드를 설명하기에 앞서 패치 코드를 입력하는 방법을 소개합니다.

다음은 패치 코드를 입력하기 전 request_threaded_irq() 함수의 코드입니다.

https://github.com/raspberrypi/linux/blob/rpi-4.19.y/kernel/irq/manage.c

```
int request_threaded_irq(unsigned int irq, irq_handler_t handler,
        irq_handler_t thread_fn, unsigned long irqflags,
        const char *devname, void *dev_id)
{
    struct irqaction *action;
```

```
        struct irq_desc *desc;
        int retval;
...
        action = kzalloc(sizeof(struct irqaction), GFP_KERNEL);
        if (!action)
            return -ENOMEM;

        action->handler = handler;
        action->thread_fn = thread_fn;
        action->flags = irqflags;
        action->name = devname;
        action->dev_id = dev_id;

        /* 패치 코드를 입력하세요 */
        retval = irq_chip_pm_get(&desc->irq_data);
        if (retval < 0) {
            kfree(action);
            return retval;
        }
```

위 코드에서 "/* 패치 코드를 입력하세요 */"라고 표시된 부분에 다음 코드를 입력합니다.

```
04 +      if (irq == 56 || irq == 86 ) {
05 +          printk("[+][irq_debug] irq_num: %d, func: %s, line:%d, caller:%pS \n",
06 +                      irq, __func__, __LINE__, (void *)__builtin_return_address(0));
07 +          dump_stack();
08 +      }
```

패치 코드를 입력하는 방법을 살펴봤으니 이제 패치 코드의 내용을 알아보겠습니다. 위 패치 코드의 목적은 **56번과 86번 인터럽트를 설정할 때 커널 로그로 콜 스택을 출력하는 것입니다.**

먼저 04번째 줄을 보겠습니다.

```
04 +      if (irq == 56 || irq == 86 ) {
```

먼저 irq 변수의 정체를 알아보겠습니다. request_threaded_irq() 함수의 첫 번째 인자로 irq가 전달되는데 unsigned int 타입으로 인터럽트 번호를 의미합니다.

다음으로 조건문을 보겠습니다. 정수형 인터럽트 번호인 irq가 56과 86일 때만 if 문 내의 코드를 실행합니다. 이 조건을 추가한 이유는 모든 인터럽트를 디버깅 정보로 출력하면 시스템에 과부하를 줄 수 있기 때문입니다.

다음은 커널 로그를 출력하는 코드입니다.

```
05 +                    printk("[+][irq_debug] irq_num: %d, func: %s, line:%d, caller:%pS \n",
06 +                            irq, __func__, __LINE__, (void *)__builtin_return_address(0));
```

irq는 인터럽트 번호이고 __func__, __LINE__은 각각 해당 코드의 함수 이름과 코드 라인 정보를 알려주는 매크로입니다. __builtin_return_address(0)은 GCC 컴파일러가 제공하는 빌트인 매크로로서 자기 자신을 호출한 함수의 정보를 알려줍니다.

 __func__, __LINE__, __builtin_return_address(0) 매크로를 활용하면 실행 중인 함수의 이름과 소스 라인, 해당 함수를 호출한 함수의 이름을 알 수 있습니다. 처음 보는 커널 함수를 디버깅할 때 자주 활용합시다.

이번에는 핵심 디버깅 코드입니다. 함수 이름과 같이 현재 코드를 실행한 콜 스택 정보를 커널 로그로 출력합니다.

```
07     dump_stack();
```

위 코드를 입력하고 커널 빌드를 한 후 커널 이미지를 라즈베리 파이에 설치합니다.

 패치 코드는 부팅 과정에서 실행됩니다. 오타로 코드를 잘못 입력하면 라즈베리 파이가 부팅을 못할 수 있으니 신경 써서 코드를 입력합시다.

라즈베리 파이를 리부팅하고 /var/log/kern.log에 저장된 커널 로그를 열어보겠습니다. 커널 로그를 보면 다음과 같은 메시지를 볼 수 있습니다.

```
01 [0.696159] Dedicated Tx FIFOs mode
02 [0.696436] [+][irq_debug] irq_num: 56, func: request_threaded_irq, line:1777,
caller:pcd_init+0x138/0x240
03 [0.696449] CPU: 0 PID: 1 Comm: swapper/0 Not tainted 4.19.30-v7+ #11
04 [0.696456] Hardware name: BCM2835
```

```
05 [0.696476] [<8010ffe0>] (unwind_backtrace) from [<8010c21c>] (show_stack+0x20/0x24)
06 [0.696494] [<8010c21c>] (show_stack) from [<8078721c>] (dump_stack+0xc8/0x10c)
07 [0.696514] [<8078721c>] (dump_stack) from [<801780f0>] (request_threaded_irq+0x1a4/0x1a8)
08 [0.696531] [<801780f0>] (request_threaded_irq) from [<805d38e4>] (pcd_init+0x138/0x240)
09 [0.696548] [<805d38e4>] (pcd_init) from [<805c5768>] (dwc_otg_driver_probe+0x728/0x884)
10 [0.696565] [<805c5768>] (dwc_otg_driver_probe) from [<805464f8>] (platform_drv_probe+0x60/0xc0)
11 [0.696583] [<805464f8>] (platform_drv_probe) from [<80544a84>] (driver_probe_device+0x244/0x2f8)
12 [0.696603] [<80544a84>] (driver_probe_device) from [<80544c00>] (__driver_attach+0xc8/0xcc)
13 [0.696621] [<80544c00>] (__driver_attach) from [<80542c0c>] (bus_for_each_dev+0x78/0xac)
14 [0.696640] [<80542c0c>] (bus_for_each_dev) from [<805443a0>] (driver_attach+0x2c/0x30)
15 [0.696659] [<805443a0>] (driver_attach) from [<80543de8>] (bus_add_driver+0x114/0x220)
16 [0.696678] [<80543de8>] (bus_add_driver) from [<805453a4>] (driver_register+0x88/0x104)
17 [0.696696] [<805453a4>] (driver_register) from [<80546444>] (__platform_driver_register+0x50/0x58)
18 [0.696713] [<80546444>] (__platform_driver_register) from [<80b39a60>]
(dwc_otg_driver_init+0x74/0x120)
19 [0.696733] [<80b39a60>] (dwc_otg_driver_init) from [<80101c1c>] (do_one_initcall+0x54/0x17c)
20 [0.696753] [<80101c1c>] (do_one_initcall) from [<80b01058>] (kernel_init_freeable+0x224/0x2b8)
21 [0.696771] [<80b01058>] (kernel_init_freeable) from [<8079c1f0>] (kernel_init+0x18/0x124)
22 [0.696788] [<8079c1f0>] (kernel_init) from [<801080cc>] (ret_from_fork+0x14/0x28)
23 [0.696875] WARN::dwc_otg_hcd_init:1046: FIQ DMA bounce buffers: virt = 0xbad04000 dma = 0xfad04000
len=9024
```

위 로그는 56번 인터럽트를 설정할 때의 콜 스택입니다. 콜 스택에서 20번째 줄의 do_one_initcall() 함수와 11번째 줄의 platform_drv_probe() 함수가 보이니 리눅스 커널이 부팅하는 과정에서 출력되는 콜 스택임을 알 수 있습니다. 이로써 부팅 과정에서 인터럽트 핸들러를 설정한다는 사실을 알 수 있습니다.

 do_one_initcall() 함수는 커널 부팅 과정에서 한 번 호출되며 디바이스 드라이버를 초기화합니다.

먼저 2번째 줄의 로그를 보겠습니다.

```
02 [0.696436] [+][irq_debug] irq_num: 56, func: request_threaded_irq, line:1777,
caller:pcd_init+0x138/0x240
```

"[0.696436]"은 초 단위 타임스탬프입니다. 즉, 부팅 후 0.696436초에 이 코드가 실행됐다는 의미입니다.

커널 로그에서 본 메시지를 정리하면 다음과 같습니다.

1. 56번 인터럽트는 pcd_init() 함수에서 request_threaded_irq() 함수를 호출해 초기화합니다.

```
02 [0.696436] [+][irq_debug] irq_num: 56, func: request_threaded_irq, line:1777,
caller:pcd_init+0x138/0x240
```

2. 코드를 실행한 프로세스는 pid가 1인 swapper/0 프로세스입니다.

```
03 [0.696449] CPU: 0 PID: 1 Comm: swapper/0 Not tainted 4.19.30-v7+ #11
```

3. 부팅 과정에서 인터럽트를 초기화합니다.

```
11 [0.696583] [<805464f8>] (platform_drv_probe) from [<80544a84>]
(driver_probe_device+0x244/0x2f8)
...
20 [0.696753] [<80101c1c>] (do_one_initcall) from [<80b01058>]
(kernel_init_freeable+0x224/0x2b8)
```

커널 로그로 인터럽트 초기화 과정은 시스템이 부팅될 때 이뤄진다는 점을 알게 됐습니다.

인터럽트를 초기화한 후 인터럽트 디스크립터 확인

이어서 인터럽트를 초기화한 후 인터럽트 디스크립터를 다시 읽어 인터럽트가 제대로 초기화됐는지 점검하는 실습을 해보겠습니다. 먼저 패치 코드를 소개합니다.

```
01 static void interrupt_debug_irq_desc(int irq_num)
02 {
03      struct irqaction *action;
04      struct irq_desc *desc;
05
06      desc = irq_to_desc(irq_num);
07
08      if (!desc ) {
09          pr_err("invalid desc at %s line: %d\n", __func__, __LINE__);
10          return;
11      }
12
13      action = desc->action;
14
15      if (!action ) {
16          pr_err("invalid action at %s line:%d \n", __func__, __LINE__);
```

```
17          return;
18      }
19
20      printk("[+] irq_desc debug start \n");
21
22      printk("irq num: %d name: %8s \n", action->irq , action->name);
23      printk("dev_id:0x%x \n", (unsigned int)action->dev_id);
24
25      if (action->handler) {
26          printk("interrupt handler: %pF \n", action->handler);
27      }
28
29      printk("[-] irq_desc debug end \n");
30 }
```

먼저 앞에서 소개한 interrupt_debug_irq_desc() 함수의 코드를 dwc_otg_driver_probe() 함수의 윗부분에 입력합시다. 그다음 dwc_otg_driver_probe() 함수에서 interrupt_debug_irq_desc() 함수를 호출하는 코드를 작성합시다.

https://github.com/raspberrypi/linux/blob/rpi-4.19.y/drivers/usb/host/dwc_otg/dwc_otg_driver.c

```
01 static int dwc_otg_driver_probe(
02 #ifdef LM_INTERFACE
03                                 struct lm_device *_dev
04 #elif defined(PCI_INTERFACE)
...
05 {
06      int retval = 0;
07      dwc_otg_device_t *dwc_otg_device;
...
08      DWC_DEBUGPL(DBG_CIL, "registering (common) handler for irq%d\n",
09              devirq);
10      dev_dbg(&_dev->dev, "Calling request_irq(%d)\n", devirq);
11      retval = request_irq(devirq, dwc_otg_common_irq,
12                  IRQF_SHARED,
13                  "dwc_otg", dwc_otg_device);
14 +      interrupt_debug_irq_desc(devirq);
```

interrupt_debug_irq_desc() 함수를 호출하는 코드는 위에서 볼 수 있듯이 request_irq() 함수 다음에 추가하면 됩니다. 여기서 devirq 인자는 인터럽트 번호를 의미합니다.

패치를 입력하는 방법을 소개했으니 패치 코드의 내용을 알아봅시다. 먼저 패치 코드에 있는 interrupt_debug_irq_desc() 함수의 6번째 줄부터 분석하겠습니다.

```
06    desc = irq_to_desc(irq_num);
```

irq_to_desc() 함수를 사용해 인터럽트의 세부 속성 정보를 담고 있는 인터럽트 디스크립터의 주소를 읽어옵니다. 여기서 인터럽트 디스크립터 구조체는 irq_desc입니다. irq_to_desc() 함수는 이름에서 알 수 있듯이 인터럽트 번호를 받아 해당 인터럽트 디스크립터를 알려주는 역할을 합니다.

다음으로 13번째 줄을 보겠습니다.

```
13    action = desc->action;
```

인터럽트 디스크립터를 나타내는 irq_desc 구조체의 action 필드는 다음과 같은 인터럽트 세부 속성을 저장합니다.

- 인터럽트 핸들러 주소
- 인터럽트 번호
- 인터럽트 플래그 정보

이 정보를 출력하기 위해 desc->action에 저장된 주소를 irqaction 구조체인 action 지역변수로 읽는 동작입니다.

다음으로 22~27번째 줄을 봅시다.

```
22    printk("irq num: %d name: %8s \n", action->irq , action->name);
23    printk("dev_id:0x%x \n", (unsigned int)action->dev_id);
24
25    if (action->handler) {
26        printk("interrupt handler: %pF \n", action->handler);
27    }
```

인터럽트에서 가장 중요한 정보를 출력하는 코드이니 조금 더 집중해서 볼 필요가 있습니다. 위 코드는 커널 로그로 다음 정보를 출력하는 동작입니다.

- 인터럽트 이름
- 인터럽트 번호
- 인터럽트 핸들러에 전달되는 매개변수의 주소
- 인터럽트 핸들러 함수 이름

참고로 printk() 함수로 함수 포인터를 심벌 정보로 보고 싶을 때는 %pF로 옵션을 지정하면 됩니다.

지금까지 패치 코드의 세부 동작 방식을 살펴봤는데 코드를 보고 다음과 같은 의문이 생기지 않나요?
패치 코드는 언제 실행될까?

패치 코드에서 보이는 interrupt_debug_irq_desc() 함수는 dwc_otg_driver_probe() 함수에서 request_irq() 함수 다음에 호출됩니다. dwc_otg_driver_probe() 함수는 부팅 과정에서 호출되므로 패치 코드도 부팅될 때 실행됩니다.

그럼 패치 코드를 입력한 후 커널 빌드를 해서 커널 이미지를 라즈비안에 설치합니다. 라즈베리 파이를 재부팅하고 커널 로그를 열어 보면 다음과 같은 커널 로그를 볼 수 있습니다.

```
01 [0.496039] [+] irq_desc debug start
02 [0.496048] irq num: 56 name:  dwc_otg
03 [0.496055] dev_id:0xb9355c40
04 [0.496065] interrupt handler: dwc_otg_common_irq+0x0/0x28
05 [0.496071] [-] irq_desc debug end
```

커널 로그로 인터럽트의 속성 정보를 확인해 봅시다. 먼저 02번째 줄을 보겠습니다.

```
02 [0.496048] irq num: 56  name:  dwc_otg
```

인터럽트 번호는 56이고 인터럽트의 이름은 "dwc_otg"라는 사실을 알 수 있습니다.

다음으로 03~04번째 줄의 로그를 분석하겠습니다.

```
03 [0.496055] dev_id:0xb9355c40
04 [0.496065] interrupt handler: dwc_otg_common_irq+0x0/0x28
```

03번째 줄의 "dev_id:0xb9355c40" 메시지는 인터럽트 핸들러에 전달되는 매개변수의 주소를 의미합니다.

마지막 04번째 줄의 "dwc_otg_common_irq+0x0/0x28"은 인터럽트 핸들러 함수의 이름입니다.

위 커널 로그로 다음 코드와 같이 인터럽트의 이름은 dwc_otg, 56번 인터럽트 번호로 인터럽트를 등록한다는 정보를 알 수 있습니다.

```
retval = request_irq(devirq, dwc_otg_common_irq,
                IRQF_SHARED,
                "dwc_otg", dwc_otg_device);
```

이처럼 우리가 분석한 함수에 적절한 디버깅 코드를 입력하면 어느 시점에 호출되는지 알 수 있습니다. 리눅스 커널을 익힐 때 코드만 보는 분들이 있는데, 이 방식으로 커널에 디버깅 코드를 추가해서 커널 코드를 열어 보면 더 많은 정보를 얻을 수 있습니다.

여기까지 인터럽트 핸들러를 초기화하는 실행 흐름을 알아봤습니다. 다음으로 인터럽트 핸들러를 등록할 때 플래그를 어떤 방식으로 설정하는지 알아보겠습니다.

5.4.3 인터럽트 핸들러 등록 시 플래그 설정

인터럽트의 속성 플래그를 소개하기에 앞서 인터럽트의 신호에 대해 살펴보겠습니다. 디바이스 브링업 (Bring-up)을 할 때 인터럽트로 디바이스와 제대로 통신하는지 점검하는 경우가 있습니다. 코드를 작성한 후 바로 인터럽트를 통해 디바이스가 예측한대로 동작하면 좋겠지만 이것은 이상적인 상황에 불과합니다. 우리가 코드를 작성하고 빌드한 후 실행하면 예상한대로 동작하지 않는 경우가 많듯이 인터럽트도 제대로 발생하지 않는 경우가 많습니다.

간혹 인터럽트가 발생하지 않으면 오실로스코프 장비로 인터럽트 파형을 측정할 때가 있습니다. 이럴 때 하드웨어 개발자와 분쟁이 생기는데 다음과 같은 두 가지 상황을 예로 들 수 있습니다.

- 인터럽트를 발생시키는 하드웨어에 노이즈가 유입돼 인터럽트 신호가 정상이 아니다.
- 인터럽트 신호가 엄청나게 자주 발생한다.

가끔은 인터럽트 신호가 엄청나게 자주 발생해서 시스템 오동작을 유발할 때도 있습니다. 이를 가리켜 리눅스 커널 커뮤니티에서는 IRQ Storm(인터럽트 폭풍)이라고 합니다.

이처럼 인터럽트 동작에 조금이라도 의문이 생기면 인터럽트 파형을 측정하는 것이 좋습니다. 그런데 인터럽트 파형을 해석하기 위해서는 몇 가지를 더 알아야 합니다. 먼저 파형은 크게 인터럽트를 인지하는 방식에 따라 크게 에지-트리거 인터럽트와 레벨-트리거 인터럽트로 분류할 수 있습니다. 에지-

트리거 인터럽트는 전기 신호가 어떤 상태에서 다른 상태로(보통은 하이(high) → 로우(low)로) 넘어가는 순간 인터럽트를 감지하는 방식입니다. 반대로 레벨–트리거 인터럽트는 인터럽트 라인을 하이(high)로 유지할 때 인터럽트로 식별합니다.

이를 그림으로 표현하면 아래와 같습니다.

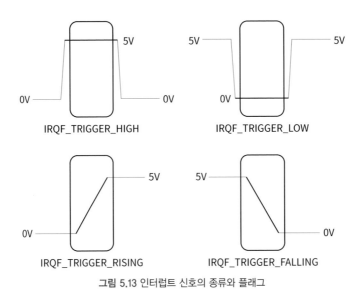

그림 5.13 인터럽트 신호의 종류와 플래그

이미 커널에서는 인터럽트 신호를 식별하는 방식에 따라 인터럽트를 설정하도록 플래그를 정의해놨습니다.

https://github.com/raspberrypi/linux/blob/rpi–4.19.y/include/linux/interrupt.h

```
#define IRQF_TRIGGER_NONE    0x00000000
#define IRQF_TRIGGER_RISING  0x00000001
#define IRQF_TRIGGER_FALLING 0x00000002
#define IRQF_TRIGGER_HIGH    0x00000004
#define IRQF_TRIGGER_LOW     0x00000008
#define IRQF_TRIGGER_MASK(IRQF_TRIGGER_HIGH | IRQF_TRIGGER_LOW | \
            IRQF_TRIGGER_RISING | IRQF_TRIGGER_FALLING)
#define IRQF_TRIGGER_PROBE   0x00000010
```

IRQF_TRIGGER_RISING 플래그는 인터럽트 신호가 LOW에서 HIGH로 올라갈 때, IRQF_TRIGGER_FALLING 플래그는 HIGH에서 LOW로 떨어질 때를 의미합니다. IRQF_TRIGGER_HIGH 플래그는 신호가 HIGH로 유지될 때,

IRQF_TRIGGER_LOW 플래그는 신호가 LOW로 유지될 때를 뜻합니다. 이처럼 인터럽트를 식별하는 패턴을 매크로로 정의한 것입니다.

이렇게 인터럽트 신호를 어떻게 식별하는지 확인하고 이에 맞는 플래그로 인터럽트 핸들러를 설정해야 합니다. 이는 request_irq() 함수의 세 번째 플래그(flags)로 전달해야 합니다.

```
request_irq(unsigned int irq, irq_handler_t handler, unsigned long flags,
      const char *name, void *dev)
{
    return request_threaded_irq(irq, handler, NULL, flags, name, dev);
}
```

인터럽트 플래그 설정 예제

이어서 다른 인터럽트 핸들러에서는 어떻게 인터럽트 플래그를 설정하는지 확인해 보겠습니다.

https://github.com/raspberrypi/linux/blob/rpi-4.19.y/drivers/mmc/core/slot-gpio.c

```
01 void mmc_gpiod_request_cd_irq(struct mmc_host *host)
02 {
03    struct mmc_gpio *ctx = host->slot.handler_priv;
04    int irq = -EINVAL;
05    int ret;
...
06    if (irq >= 0) {
07        if (!ctx->cd_gpio_isr)
08            ctx->cd_gpio_isr = mmc_gpio_cd_irqt;
09        ret = devm_request_threaded_irq(host->parent, irq,
10            NULL, ctx->cd_gpio_isr,
11            IRQF_TRIGGER_RISING | IRQF_TRIGGER_FALLING | IRQF_ONESHOT,
12            ctx->cd_label, host);
...
```

11번째 줄을 보면 IRQF_TRIGGER_RISING | IRQF_TRIGGER_FALLING으로 인터럽트 핸들러를 설정하는 코드를 볼 수 있습니다. 인터럽트 신호가 바뀔 때 인터럽트로 판정하는 경우입니다.

 참고로 IRQF_ONESHOT 플래그는 인터럽트 핸들러에서 인터럽트를 처리하는 동안 인터럽트를 다시 처리하지 않는 설정입니다.

request_threaded_irq() 대신 devm_request_threaded_irq() 함수를 쓰는 이유는 인터럽트를 disable_irq() 함수를 써서 인터럽트를 등록 해지할 때 메모리에서 해당 인터럽트 디스크립터를 해제할 수 있기 때문입니다.

5.5 인터럽트 디스크립터

인터럽트별 세부 속성 정보는 인터럽트 디스크립터가 저장하며 관리합니다. 이번 절에서는 인터럽트 디스크립터의 자료구조인 irq_desc 구조체의 각 필드를 알아보고 세부 필드가 리눅스 커널 내부 함수에서 어떻게 처리되는지 살펴보겠습니다.

5.5.1 인터럽트 디스크립터란?

지금까지 인터럽트별로 request_irq() 함수를 호출해 인터럽트의 속성과 인터럽트 핸들러를 설정하는 방법을 알아봤습니다. 그럼 커널은 인터럽트별로 지정한 인터럽트 핸들러와 같은 속성 정보를 어느 자료구조로 관리할까요? **커널은 인터럽트 디스크립터인 irq_desc 구조체로 인터럽트별 속성 정보를 관리합니다.**

irq_desc 구조체의 각 필드를 분석하기 전에 '인터럽트 디스크립터'란 용어가 무엇인지 먼저 짚어 보겠습니다. 인터럽트 디스크립터는 인터럽트와 디스크립터의 합성어입니다. 용어를 그대로 풀면 인터럽트 디스크립터는 인터럽트의 디스크립터라고 말할 수 있습니다. 인터럽트라는 용어의 의미는 알겠는데 디스크립터란 단어가 생소할 수 있습니다.

리눅스 커널에서 디스크립터의 의미

디스크립터는 무엇일까요? 디스크립터는 다음과 같이 정의할 수 있습니다.

> **커널이 특정 드라이버나 메모리 같은 중요한 객체를 관리하려고 쓰는 자료구조다.**

커널에서는 이러한 객체를 디스크립터로 관리합니다. 디스크립터에 각 모듈에 대한 속성과 상세 동작 내역을 저장합니다.

그렇다면 커널이 중요하게 관리하는 모듈과 객체의 종류로는 무엇이 있을까요? 프로세스란 단어가 떠오르지 않나요? 그런데 리눅스 커널에서는 태스크 디스크립터로 프로세스를 관리합니다. 또한 메모리 시스템에서 페이지와 가상 파일 시스템도 디스크립터로 관리합니다. 이것들을 관리하는 자료구조가 각각 태스크 디스크립터, 페이지 디스크립터, 파일 디스크립터입니다.

- 태스크 디스크립터: struct task_struct
- 페이지 디스크립터: struct page
- 파일 디스크립터: struct files_struct

인터럽트 디스크립터 소개

인터럽트 디스크립터란 인터럽트의 상세 동작과 인터럽트의 속성 정보를 모두 담고 있는 자료이자 객체입니다. **그런데 커널 내부에는 인터럽트 디스크립터가 몇 개나 있을까요?** 커널에서 발생하는 인터럽트의 종류만큼 인터럽트 디스크립터가 있습니다. 만약 인터럽트의 개수가 34개면 이를 관리하는 34개의 인터럽트 디스크립터가 있습니다.

앞에서 설명했듯이 request_irq() 함수를 이용해 인터럽트 번호와 인터럽트 핸들러를 등록합니다. 그런데 커널은 인터럽트가 발생하면 어떤 정보를 참고해서 이미 등록한 인터럽트 핸들러를 호출할까요? 정답은 인터럽트 디스크립터입니다.

각 디바이스 드라이버에서는 인터럽트 번호, dev_id, 인터럽트 핸들러 정보를 채워 request_irq() 함수를 호출합니다.

https://github.com/raspberrypi/linux/blob/rpi-4.19.y/include/linux/interrupt.h

```
static inline int __must_check
request_irq(unsigned int irq, irq_handler_t handler, unsigned long flags,
        const char *name, void *dev)
{
    return request_threaded_irq(irq, handler, NULL, flags, name, dev);
}
```

request_irq() 함수에서 바로 호출되는 request_threaded_irq() 함수에서 커널은 이 파라미터들 이외에 다른 정보를 채워서 인터럽트 디스크립터를 갱신합니다.

인터럽트 디스크립터 구조체 알아보기

인터럽트 디스크립터의 구조체 타입은 다음과 같습니다.

https://github.com/raspberrypi/linux/blob/rpi-4.19.y/include/linux/irqdesc.h

```
01 struct irq_desc {
02    struct irq_common_data irq_common_data;
03    struct irq_data           irq_data;
04    unsigned int __percpu     *kstat_irqs;
05    irq_flow_handler_t        handle_irq;
06 #ifdef CONFIG_IRQ_PREFLOW_FASTEOI
07    irq_preflow_handler_t     preflow_handler;
08 #endif
09    struct irqaction          *action;
10    unsigned int              status_use_accessors;
```

구조체의 각 필드를 살펴보겠습니다.

- struct irq_common_data irq_common_data

  커널에서 처리하는 irq_chip 관련 함수에 대한 정보를 담고 있습니다.

- struct irq_data irq_data

  인터럽트 번호와 해당 하드웨어 핀 번호를 나타냅니다.

- unsigned int __percpu *kstat_irqs

  인터럽트가 발생한 횟수가 저장됩니다.

- struct irqaction *action;

  irq_desc 구조체는 인터럽트의 주요 정보를 저장합니다. 인터럽트의 속성 중 핵심 데이터는 irq_desc 구조체의 action 필드에 저장돼 있습니다.

  action 필드의 타입은 irqaction 구조체이며 선언부는 다음과 같습니다.

https://github.com/raspberrypi/linux/blob/rpi-4.19.y/include/linux/interrupt.h

```
01 struct irqaction {
02    irq_handler_t         handler;
03    void                  *dev_id;
04    void __percpu         *percpu_dev_id;
05    struct irqaction      *next;
06    irq_handler_t         thread_fn;
07    struct task_struct    *thread;
08    struct irqaction      *secondary;
```

```
09      unsigned int          irq;
10      unsigned int          flags;
11      unsigned long         thread_flags;
12      unsigned long         thread_mask;
13      const char            *name;
14      struct proc_dir_entry *dir;
15 } ____cacheline_internodealigned_in_smp;
```

irqaction 구조체 중 중요한 필드를 보겠습니다.

- irq_handler_t handler

    인터럽트 핸들러의 함수 주소를 저장합니다.

- void *dev_id

    인터럽트 핸들러에 전달되는 매개변수입니다. 보통 디바이스 드라이버 전체를 핸들링하는 구조체의 주소를 저장합니다. 다양한 자료구조와 구조체를 지원해야 하므로 변수 타입은 void*입니다.

- irq_handler_t thread_fn

    인터럽트를 IRQ 스레드(threaded IRQ) 방식으로 처리할 때 IRQ 스레드 처리 함수의 주소를 저장하는 필드입니다. IRQ 스레드를 지정하지 않으면 NULL을 저장합니다. 대부분의 경우 thread_fn은 NULL입니다.

- unsigned int irq

    인터럽트 번호입니다.

- unsigned int flags

    인터럽트 플래그 설정 필드입니다. 아래 비트 플래그를 저장하는데 비트 플래그를 OR 연산한 결과를 저장하는 경우가 많습니다.

https://github.com/raspberrypi/linux/blob/rpi-4.19.y/include/linux/interrupt.h

```
#define IRQF_TRIGGER_NONE     0x00000000
#define IRQF_TRIGGER_RISING   0x00000001
#define IRQF_TRIGGER_FALLING  0x00000002
#define IRQF_TRIGGER_HIGH     0x00000004
#define IRQF_TRIGGER_LOW      0x00000008
```

지금까지 배운 바와 같이 인터럽트 디스크립터는 인터럽트의 상세 속성을 저장합니다. 인터럽트 디스크립터는 추가로 인터럽트 실행 정보를 관리합니다.

이어서 인터럽트 디스크립터에서 각 CPU별로 발생한 인터럽트 발생 횟수를 어떻게 저장하는지 살펴보겠습니다.

5.5.2 인터럽트 발생 횟수는 어떻게 저장할까?

커널에서는 인터럽트 디스크립터라는 자료구조를 통해 실시간으로 인터럽트의 속성 정보를 저장하면서 관리합니다. 여러 인터럽트 속성 중 인터럽트 '발생 횟수'는 우리가 쉽게 확인할 수 있는 속성 정보입니다. 터미널을 열고 'cat /proc/interrupts' 명령어를 입력하면 인터럽트의 속성 정보와 함께 인터럽트 발생 횟수를 확인할 수 있습니다.

```
root@raspberrypi:/home/pi# cat /proc/interrupts
           CPU0      CPU1      CPU2      CPU3
 17:       282         0         0         0  ARMCTRL-level   1 Edge      3f00b880.mailbox
 18:        34         0         0         0  ARMCTRL-level   2 Edge      VCHIQ doorbell
 40:        36         0         0         0  ARMCTRL-level  48 Edge      bcm2708_fb dma
 42:         0         0         0         0  ARMCTRL-level  50 Edge      DMA IRQ
 44:       212         0         0         0  ARMCTRL-level  52 Edge      DMA IRQ
 45:      4727         0         0         0  ARMCTRL-level  53 Edge      DMA IRQ
 56:    215050         0         0         0  ARMCTRL-level  64 Edge      dwc_otg,
dwc_otg_pcd, dwc_otg_hcd:usb1
 80:       245         0         0         0  ARMCTRL-level  88 Edge      mmc0
 81:      4911         0         0         0  ARMCTRL-level  89 Edge      uart-pl011
...
IPI5:      806       522       230       775  IRQ work interrupts
IPI6:        0         0         0         0  completion interrupts
```

이번 절에서는 커널에서 인터럽트 발생 횟수를 어떤 방식으로 저장하는지 살펴보겠습니다.

먼저 인터럽트 디스크립터인 irq_desc 구조체에서 인터럽트 발생 횟수를 저장하는 필드를 확인하겠습니다.

https://github.com/raspberrypi/linux/blob/rpi-4.19.y/include/linux/irqdesc.h

```
01 struct irq_desc {
02     struct irq_common_data    irq_common_data;
03     struct irq_data           irq_data;
04     unsigned int __percpu*kstat_irqs;
```

04번째 줄을 보면 irq_desc 구조체의 kstat_irqs 필드를 확인할 수 있습니다. 바로 **percpu** 타입의 이 **kstat_irqs** 필드에 인터럽트 발생 횟수가 저장됩니다. 그렇다면 인터럽트 발생 횟수를 저장하는 커널 함수가 어딘가에 있지 않을까요? **kstat_incr_irqs_this_cpu()** 함수를 호출하면 인터럽트 발생 횟수를 저장합니다.

결국 인터럽트 종류별로 인터럽트가 발생한 횟수를 어디서 저장하는지 파악하려면 '인터럽트 발생 후 처리되는 커널 코드 흐름'에서 kstat_incr_irqs_this_cpu() 함수를 언제 호출하는지 파악해야 합니다. 그럼 다음 흐름도를 보면서 커널에서 인터럽트를 처리하는 과정을 살펴봅시다.

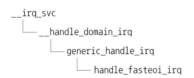

그림 5.14 인터럽트 발생 횟수가 업데이트되는 코드의 흐름

그림 5.14와 같이 인터럽트가 발생하면 handle_fastoei_irq() 함수가 호출됩니다.

https://github.com/raspberrypi/linux/blob/rpi-4.19.y/kernel/irq/chip.c

```
01 void handle_fasteoi_irq(unsigned int irq, struct irq_desc *desc)
02 {
03     struct irq_chip *chip = desc->irq_data.chip;
04
05     raw_spin_lock(&desc->lock);
...
06     kstat_incr_irqs_this_cpu(irq, desc);
...
07     handle_irq_event(desc);
```

06번째 줄을 보면 kstat_incr_irqs_this_cpu() 함수를 호출해 인터럽트 발생 횟수를 저장합니다. 그런데 kstat_incr_irqs_this_cpu() 함수는 handle_irq_event() 함수 이전에 호출합니다. handle_irq_event() 함수는 인터럽트 핸들러를 호출하는 기능이니 위 코드로 **인터럽트 핸들러를 호출하기 전에 kstat_incr_irqs_this_cpu() 함수를 호출해 인터럽트가 발생한 횟수를 저장한다는 사실을 알 수 있습니다.**

handle_irq_event() 함수를 호출하면 내부에서 다음 함수가 호출됩니다.

- handle_irq_event_percpu()
- __handle_irq_event_percpu()

이후 __handle_irq_event_percpu() 함수에서 인터럽트 핸들러를 호출하게 됩니다.

앞에서 kstat_incr_irqs_this_cpu() 함수는 인터럽트가 발생한 횟수를 저장한다고 설명했습니다. 그럼 kstat_incr_irqs_this_cpu() 함수를 보면서 세부 동작을 확인해 봅시다.

https://github.com/raspberrypi/linux/blob/rpi-4.19.y/kernel/irq/internals.h

```
01 static inline void kstat_incr_irqs_this_cpu(struct irq_desc *desc)
02 {
03    __this_cpu_inc(*desc->kstat_irqs);
04    __this_cpu_inc(kstat.irqs_sum);
05 }
```

03번째 줄에서는 함수 인자로 전달된 irq_desc 구조체의 kstat_irqs 필드를 인자로 전달해 __this_cpu_inc() 함수를 호출합니다. 여기서 __this_cpu_inc() 함수는 percpu 타입의 정수형 변수를 +1만큼 증가시키는 기능입니다.

04번째 줄을 보면 kstat.irqs_sum 을 인자로 __this_cpu_inc() 함수를 호출합니다. 이 코드를 실행하면 kernel_stat 구조체의 percpu 타입인 kstat 변수의 irqs_sum 필드를 +1만큼 증가시킵니다.

 커널 실행 통계 정보를 저장하는 kernel_stat 구조체와 percpu 타입의 kstat 변수 선언부는 다음과 같습니다.

https://github.com/raspberrypi/linux/blob/rpi-4.19.y/include/linux/kernel_stat.h

```
struct kernel_stat {
    unsigned long irqs_sum;
    unsigned int softirqs[NR_SOFTIRQS];
};


DECLARE_PER_CPU(struct kernel_stat, kstat);
```

kstat_irqs_cpu() 함수는 인터럽트 종류별로 인터럽트가 발생한 횟수를 알려주는 기능을 수행합니다. kstat_irqs_cpu() 함수의 코드를 보면서 세부 동작 방식을 확인해 봅시다.

https://github.com/raspberrypi/linux/blob/rpi-4.19.y/kernel/irq/irqdesc.c

```
01 unsigned int kstat_irqs_cpu(unsigned int irq, int cpu)
02 {
03    struct irq_desc *desc = irq_to_desc(irq);
04
05    return desc && desc->kstat_irqs ?
06            *per_cpu_ptr(desc->kstat_irqs, cpu) : 0;
07 }
```

먼저 03번째 줄을 보겠습니다.

```
03    struct irq_desc *desc = irq_to_desc(irq);
```

정수형 인터럽트 번호를 입력으로 irq_to_desc() 함수를 호출해 해당 인터럽트 디스크립터의 주소를 desc 변수에 저장합니다.

다음으로 05~06번째 코드입니다.

```
05    return desc && desc->kstat_irqs ?
06            *per_cpu_ptr(desc->kstat_irqs, cpu) : 0;
```

인터럽트 디스크립터 자료구조인 irq_desc 구조체의 kstat_irqs 필드에 저장된 인터럽트 처리 횟수를 반환합니다.

여러분이 디바이스 드라이버에서 인터럽트 핸들러를 등록했다고 가정합니다. 그런데 코드를 작성한 후 **해당 디바이스가 제대로 인터럽트를 발생시키는지 어떻게 알 수 있을까요?** 이럴 때는 인터럽트가 발생한 횟수를 점검하면 됩니다.

그렇다면 인터럽트의 종류별로 인터럽트가 발생한 횟수는 어떻게 알 수 있을까요? 이번 절에서 소개한 바와 같이 'cat /proc/interrupts' 명령어를 입력하면 됩니다. 리눅스의 proc 파일 시스템을 통해 인터럽트 종류별 인터럽트의 발생 횟수를 확인할 수 있습니다.

인터럽트 실행 횟수를 점검하는 패치 코드 실습

앞에서 분석한 코드가 실제 어떻게 동작하는지 실습을 통해 알아봅시다. 라즈비안 커널 코드에서 다음 패치를 적용하면 86번 mmc1 인터럽트의 발생 횟수를 확인할 수 있습니다.

```
diff --git a/drivers/mmc/host/bcm2835-mmc.c b/drivers/mmc/host/bcm2835-mmc.c
index b7f5fd96e..929adedaf 100644
--- a/drivers/mmc/host/bcm2835-mmc.c
+++ b/drivers/mmc/host/bcm2835-mmc.c
@@ -1051,6 +1051,46 @@ static irqreturn_t bcm2835_mmc_irq(int irq, void *dev_id)
    return result;
 }


+#include<linux/interrupt.h>
+#include<linux/irq.h>
+#include<linux/kernel_stat.h>
+
+static void interrupt_debug_irq_times(int irq_num)
+{
+   struct irqaction *action;
+   struct irq_desc *desc;
+
+   int cpu_num = 0;
+   unsigned long all_count = 0;
+
+   desc = irq_to_desc(irq_num);
+
+   if (!desc ) {
+      pr_err("invalid desc at %s line: %d\n", __func__, __LINE__);
+      return;
+   }
+
+   action = desc->action;
+
+   if (!action ) {
+      pr_err("invalid action at %s line:%d \n", __func__, __LINE__);
+      return;
+   }
+
+   printk("[+] irq_desc count debug start \n");
+       printk("process: %s \n", current->comm);
+
+   printk("irq num: %d name: %8s \n",  action->irq , action->name);
+
+   for_each_online_cpu(cpu_num) {
```

```
+      all_count |= kstat_irqs_cpu(action->irq, cpu_num);
+      printk("%10u ",kstat_irqs_cpu(action->irq, cpu_num));
+   }
+
+   printk("irq trigger times: %ld ", all_count);
+   printk("[-] irq_desc count debug end \n");
+}
+
 static irqreturn_t bcm2835_mmc_thread_irq(int irq, void *dev_id)
 {
    struct bcm2835_host *host = dev_id;
@@ -1058,6 +1098,9 @@ static irqreturn_t bcm2835_mmc_thread_irq(int irq, void *dev_id)
    u32 isr;

    spin_lock_irqsave(&host->lock, flags);
+
+   interrupt_debug_irq_times(irq);
+
    isr = host->thread_isr;
    host->thread_isr = 0;
    spin_unlock_irqrestore(&host->lock, flags);
```

interrupt_debug_irq_times() 함수 내의 코드는 대부분 이전 절에서 상세하게 설명했기 때문에 이번에 새롭게 추가한 다음 코드를 위주로 살펴보겠습니다.

```
+   for_each_online_cpu(cpu_num) {
+      all_count |= kstat_irqs_cpu(action->irq, cpu_num);
+      printk("%10u ",kstat_irqs_cpu(action->irq, cpu_num));
+   }
```

여기서 조금 더 살펴볼 코드는 for_each_online_cpu() 함수입니다. 이 함수는 현재 구동 중인 코어 개수 만큼 for 문을 반복합니다. 라즈베리 파이는 코어가 4개이니 4번 루프를 수행합니다. kstat_irqs_cpu() 함수는 인터럽트 번호와 해당 CPU 번호를 입력받아 각 CPU별로 발생한 인터럽트 처리 횟수를 출력합니다.

위 코드를 추가한 다음, 커널 빌드를 수행합시다. 이어서 라즈베리 파이에 커널 이미지를 설치한 후 라즈베리 파이를 재부팅합니다. 라즈베리 파이가 부팅한 후 커널 로그를 확인하면 다음과 같이 인터럽트 발생 횟수를 확인할 수 있습니다.

```
[6.909319] [+] irq_desc count debug start
[6.909327] process: irq/86-mmc1
[6.909335] irq num: 86 name:     mmc1
[6.909342]      4823
[6.909348]         0
[6.909355]         0
[6.909362]         0
[6.909369] irq trigger times: 4823
```

위 로그를 해석해 보면 다음과 같습니다.

- 각 CPU별로 4823, 0, 0, 0번 인터럽트가 발생했다.

- irq trigger times: 4823은 이 값들을 합친 값이다.

위 패치를 보니 한 가지 의문이 생깁니다. **86번 인터럽트의 발생 횟수를 출력하는 코드를 인터럽트 핸들러인 bcm2835_mmc_irq() 함수가 아니라 bcm2835_mmc_thread_irq() 함수에서 호출하는 이유는 뭘까요?** 커널 로그를 출력하는 printk() 함수는 시스템 관점에서 많은 비용이 드는 동작이므로 인터럽트 핸들러인 bcm2835_mmc_irq() 함수에서 호출하지 않는 것입니다.

앞에서 인터럽트 핸들러는 빨리 실행돼야 한다고 누차 강조했습니다. 그래서 인터럽트가 발생하고 나서 바로 처리할 코드는 인터럽트 핸들러인 bcm2835_mmc_irq() 함수에서 빠르게 처리하고 이후 커널 스레드 레벨에서 처리할 코드는 IRQ 스레드에서 처리할 수 있습니다(IRQ 스레드는 다음 장에서 상세히 다룹니다). 그런데 bcm2835_mmc_thread_irq() 함수는 바로 IRQ 스레드 처리 함수이므로 이 함수에서 86번 인터럽트 정보를 출력하는 커널 로그를 출력하는 것입니다.

이처럼 인터럽트가 발생하면 처리하는 코드를 2단계로 나누는 방식은 리눅스 드라이버에서 아주 자주 활용되며, 이를 **임베디드 소프트웨어 용어로 Top-Half, Bottom Half라고 합니다.** 이때 인터럽트가 발생하면 바로 실행하는 코드는 Top-Half이고 Bottom-Half는 바로 처리하지 않고 나중에 프로세스 레벨로 처리하는 부분을 말합니다. 이 개념을 위 패치 코드를 기준으로 해석하면 다음 공식으로 표현할 수 있습니다.

- Top-Half: 인터럽트 핸들러 = bcm2835_mmc_irq() 함수

- Bottom-Half: IRQ 스레드 처리 함수 = bcm2835_mmc_thread_irq() 함수

5.6 인터럽트는 언제 비활성화해야 할까?

이번 장에서 다룬 내용은 간단히 다음과 같이 요약할 수 있습니다.

- 인터럽트가 발생하면 실행 중인 프로세스를 멈춘다.
- 인터럽트 핸들링은 짧고 간결하게 실행해야 한다.

또한 5.6절에서 소개한 디버깅 실습을 통해 **인터럽트는 백그라운드에서 계속 발생한다**는 사실을 알 수 있었을 것입니다. 그런데 디바이스 드라이버를 개발하다 보면 특정 상황에서 인터럽트가 발생하면 안되는 조건이 있습니다.

1. SoC에서 정의한 하드웨어 블록에 정확한 시퀀스를 줘야 할 경우
2. 시스템이 유휴 상태에 진입하기 직전의 '시스템의 상태 정보' 값을 저장하는 동작
3. 각 디바이스 드라이버가 서스펜드 모드로 진입할 때 디바이스 드라이버에 데이터 시트에서 명시한 대로 정확한 특정 시퀀스를 줘야 할 경우
4. 예외가 발생해서 시스템 리셋을 시키기 전

정리하면 시스템에 정확한 타이밍을 전달해야 하거나 익셉션이 발생해서 시스템을 리셋시켜야 할 때입니다. 앞에서 인터럽트를 비활성화해야 하는 상황을 4가지로 소개했는데 사실 1번부터 3번까지는 비슷한 이야기입니다. 프로세서가 유휴 상태에 진입할 때 각 디바이스 드라이버를 서스펜드시키는 동작을 예로 들어 봅시다. 시스템이 유휴 상태에 진입할 때는 많은 디바이스 드라이버에서 적절한 시퀀스(파형)를 해당 하드웨어에 전달하는 코드를 실행합니다. 이 과정에서 인터럽트가 발생하면 데이터 시트에서 정해진 정확한 시퀀스를 줄 수 없습니다.

가령 LCD 드라이버가 그림 5.15와 같이 A라는 파형이 하이에서 로우로 떨어질 때 B라는 파형이 하이로 유지돼야 해당 LCD가 유휴 상태에 들어간다고 가정해 봅시다.

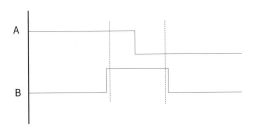

그림 5.15 LCD 하드웨어를 서스펜드시키는 신호

만약 이런 과정에서 그림에서 눈금으로 표시한 구간에서 인터럽트가 발생하면 어떤 일이 발생할까요? **결과적으로 정확한 타이밍을 줄 수 없습니다.** 따라서 이 같은 상황을 방지하기 위해 해당 CPU 라인에서 인터럽트의 발생을 비활성화하는 local_irq_disable() 함수를 호출해야 합니다.

인터럽트 발생 비활성화 예제

다음 예제 코드를 보면서 인터럽트를 비활성화하는 동작을 배워봅시다.

https://github.com/raspberrypi/linux/blob/rpi-4.19.y/drivers/gpu/drm/i2c/tda998x_drv.c

```
01 static void tda998x_cec_calibration(struct tda998x_priv *priv)
02 {
03     struct gpio_desc *calib = priv->calib;
04
05     mutex_lock(&priv->edid_mutex);
06     if (priv->hdmi->irq > 0)
07         disable_irq(priv->hdmi->irq);
08     gpiod_direction_output(calib, 1);
09     tda998x_cec_set_calibration(priv, true);
10
11     local_irq_disable();
12     gpiod_set_value(calib, 0);
13     mdelay(10);
14     gpiod_set_value(calib, 1);
15     local_irq_enable();
```

tda998x_cec_calibration() 함수는 이미 정해진 데이터 시트에 맞게 GPIO 출력을 설정하는 기능입니다.

- GPIO 출력 값을 0(LOW)으로 설정
- 10ms만큼 딜레이
- 다시 GPIO 출력값을 1(HIGH)로 설정

그런데 11번째 줄에서 local_irq_disable() 함수를 호출하고 15번째 줄에서는 local_irq_enable() 함수를 호출합니다. 이 코드는 **12~14번째 줄 코드가 실행될 때 해당 CPU 라인의 인터럽트를 비활성화하는 코드로 해석할 수 있습니다.** 앞의 코드에서 하이나 로우를 주는 신호를 전달하는 구간에 다음 함수를 호출하면 해당 CPU 라인의 인터럽트 발생을 비활성화할 수 있습니다.

- local_irq_disabled() 함수: 해당 CPU 인터럽트 라인을 비활성화
- local_irq_enabled() 함수: 해당 CPU 인터럽트 라인을 활성화

따라서 커널 코드를 읽다가 local_irq_disabled() 함수를 만나면 "뭔가 중요한 제어를 하는 코드구나"라고 해석하면 됩니다.

익셉션 발생 후 인터럽트 발생을 비활성화하는 예제

이번에는 익셉션이 발생한 후 인터럽트를 비활성화하는 코드를 보겠습니다.

https://github.com/raspberrypi/linux/blob/rpi-4.19.y/arch/arm/kernel/traps.c

```
01 asmlinkage void bad_mode(struct pt_regs *regs, int reason)
02 {
03    console_verbose();
04
05    pr_crit("Bad mode in %s handler detected\n", handler[reason]);
06
07    die("Oops - bad mode", regs, 0);
08    local_irq_disable();
09    panic("bad mode");
10 }
```

09번째 줄을 봅시다. panic() 함수를 호출해 커널 패닉을 유발합니다. 그런데 이 코드를 실행하기 전 08번째 줄에서 local_irq_disable() 함수를 호출해 해당 CPU 라인의 인터럽트를 비활성화합니다.

즉, 커널 패닉을 유발하기 바로 직전에 local_irq_disable() 함수를 호출해서 해당 CPU 라인의 인터럽트를 비활성화합니다. 그 이유는 무엇일까요? **시스템 전체에 익셉션이 발생했다고 알리고 시스템을 리셋시켜야 하기 때문입니다.**

그럼 bad_mode() 함수는 언제 호출될까요? 유저 모드에서 권한 없이 메모리 공간에 접근하면 ARM 프로세서가 이를 감지하고 익셉션을 유발(Trigger)합니다. 이 과정에서 bad_mode() 함수가 호출됩니다. bad_mode() 함수는 09번째 줄과 같이 panic() 함수를 호출해 커널 패닉을 유발합니다.

 대부분 익셉션이 발생해 시스템을 리셋시키기 전에 해당 CPU 라인의 인터럽트를 비활성화합니다. 익셉션 중 데이터 어보트(Data Abort)나 프리페치 어보트(Prefetch Abort)가 발생하면 커널은 더 이상 실행할 수 없는 심각한 오류가 발생했다고 판단합니다. 그래서 시스템 전체에 지금 익셉션이 일어났다고 알리고 커널 패닉을 유발한 후 리셋됩니다.

local_irq_disable() 함수의 실제 구현부를 알아보기 위해 전처리 파일(out/linux/arch/arm/kernel/.tmp_traps.i)을 열어 보겠습니다.

```
01 void bad_mode(struct pt_regs *regs, int reason)
02 {
03   console_verbose();
04
05   printk("\001" "2" "Bad mode in %s handler detected\n", handler[reason]);
06
07   die("Oops - bad mode", regs, 0);
08   do { arch_local_irq_disable(); trace_hardirqs_off(); } while (0);
09   panic("bad mode");
10 }
```

08번째 줄과 같이 arch_local_irq_disable() 함수가 보입니다. 이 함수를 열어서 보면 인라인 어셈블리 코드로 "cpsid i"라는 ARM 명령어를 볼 수 있습니다. 이 명령어의 역할은 해당 CPU 인터럽트 라인을 비활성화하는 것입니다.

```
static inline __attribute__((always_inline)) __attribute__((no_instrument_function)) void
arch_local_irq_disable(void)
{
   asm volatile(
   "     cpsid i                  @ arch_local_irq_disable"
   :
   :
   : "memory", "cc");
}
# 155 "./arch/arm/include/asm/irqflags.h"
```

 "cpsid i" 어셈블리 코드를 bad_mode() 함수에서 호출하는지 확인해봅시다. "objdump -d vmlinux"라는 명령어를 이용하면 어셈블리 코드를 확인할 수 있습니다.

```
01 8010c260 <bad_mode>:
02 8010c260:      e1a0c00d      mov    ip, sp
03 8010c264:      e92dd800      push   {fp, ip, lr, pc}
   ...
04 8010c2a4:      e3a02000      mov    r2, #0
05 8010c2a8:      ebfffe9c      bl     8010bd20 <die>
```

```
06 8010c2ac:       f10c0080      cpsid    i
07 8010c2b0:       eb034511      bl       801dd6fc <trace_hardirqs_off>
08 8010c2b4:       e59f0010      ldr      r0, [pc, #16]   ; 8010c2cc <bad_mode+0x6c>
09 8010c2b8:       eb03db7a      bl       802030a8 <panic>
```

06번째 줄을 보면 해당 "cpsid" 명령어를 볼 수 있습니다.

이번 장의 앞부분에서 인터럽트 관련 동작은 시스템 전반에 영향을 끼치므로 리눅스 커널 개발자는 인터럽트의 세부적인 동작 방식을 잘 알아야 한다고 했습니다. 인터럽트의 핵심 원리는 다음과 같습니다.

- 인터럽트는 언제든 발생해서 실행 중인 코드를 멈추고 인터럽트 핸들러를 실행할 수 있다.
- 인터럽트 핸들러는 빨리 실행해야 한다.

그런데 실수로 인터럽트 핸들러에서 실행 시간이 오래 걸리는 코드를 입력하면 시스템은 어떻게 동작할까요? 또한 인터럽트를 비활성화해야 하는 조건에서 인터럽트를 비활성화하지 않으면 어떻게 될까요? 전체 시스템이 불안정해질 수 있습니다. 심하면 커널 패닉, 락업 등의 문제가 발생할 수도 있습니다. 따라서 이번 장에서 살펴봤듯이 커널이 인터럽트를 처리하는 방식을 이해하고 디버깅 기법을 활용하면 좀 더 안정적인 코드를 작성하는 데 도움이 될 것입니다.

5.7 인터럽트 디버깅

이번 절에서는 다음과 같은 실습을 하면서 인터럽트를 익히는 시간을 진행하겠습니다.

- /proc/interrupts
- ftrace 이벤트: irq_handler_entry, irq_handler_exit
- 인터럽트 핸들러 시간 측정

이번 절에서 배울 내용을 토대로 디버깅 실력을 다질 수 있길 바랍니다.

5.7.1 /proc/interrupts

리눅스 시스템에서 인터럽트 종류와 발생 횟수를 확인하는 가장 빠른 방법은 /proc/interrupts 파일을 읽는 것입니다. 이번 절에서는 /proc/interrupts 파일을 읽었을 때 커널의 어느 코드가 실행되면서 인터럽트의 정보를 출력하는지 살펴보겠습니다.

/proc/interrupts 메시지를 이용한 인터럽트의 속성 분석

먼저 라즈베리 파이에서 터미널을 열고 'cat /proc/interrupts' 명령어를 입력해 인터럽트별 속성 정보를 확인해 봅시다.

```
root@raspberrypi:/home/pi# cat /proc/interrupts
```

이 명령어를 입력하면 다음과 같은 출력 결과를 볼 수 있습니다.

```
         CPU0      CPU1      CPU2      CPU3
  17:      506         0         0         0  ARMCTRL-level    1 Edge     3f00b880.mailbox
  18:       34         0         0         0  ARMCTRL-level    2 Edge     VCHIQ doorbell
  40:       41         0         0         0  ARMCTRL-level   48 Edge     bcm2708_fb dma
  42:        0         0         0         0  ARMCTRL-level   50 Edge     DMA IRQ
  44:      212         0         0         0  ARMCTRL-level   52 Edge     DMA IRQ
  45:     5023         0         0         0  ARMCTRL-level   53 Edge     DMA IRQ
  56:   394602         0         0         0  ARMCTRL-level   64 Edge     dwc_otg,
dwc_otg_pcd, dwc_otg_hcd:usb1
  80:      405         0         0         0  ARMCTRL-level   88 Edge     mmc0
  81:     4909         0         0         0  ARMCTRL-level   89 Edge     uart-pl011
  86:     7879         0         0         0  ARMCTRL-level   94 Edge     mmc1
 161:        0         0         0         0  bcm2836-timer    0 Edge     arch_timer
 162:     6204      6965      6666      7254  bcm2836-timer    1 Edge     arch_timer
 165:        0         0         0         0  bcm2836-pmu      9 Edge     arm-pmu
 FIQ:              usb_fiq
IPI0:        0         0         0         0  CPU wakeup interrupts
IPI1:        0         0         0         0  Timer broadcast interrupts
IPI2:     8622     10292      9638     11772  Rescheduling interrupts
IPI3:      257       986      1009       829  Function call interrupts
IPI4:        0         0         0         0  CPU stop interrupts
IPI5:     1167       339       382      1863  IRQ work interrupts
IPI6:        0         0         0         0  completion interrupts
 Err:        0
```

위 출력 메시지는 라즈베리 파이에서 처리 중인 인터럽트의 정보를 출력합니다.

- 인터럽트 번호
- 인터럽트 이름
- CPU별 인터럽트가 발생한 횟수

출력된 여러 인터럽트 정보 중 17번의 "3f00b880.mailbox"에 대해 살펴보겠습니다.

```
CPU0       CPU1       CPU2       CPU3
17:         506          0          0          0  ARMCTRL-level   1 Edge      3f00b880.mailbox
```

가장 오른쪽 부분에 보이는 "3f00b880.mailbox" 문자열은 인터럽트 이름이고 가장 왼쪽에 보이는 17은 인터럽트 번호입니다. 윗부분에 보이는 CPU0부터 CPU3은 CPU별로 인터럽트가 발생한 횟수를 알려줍니다. 즉, CPU0에서 506번, 나머지 CPU1 ~ CPU3에서는 0번 인터럽트가 발생했습니다. Edge는 이 인터럽트를 식별하는 방식을 나타냅니다. Edge는 인터럽트 신호가 하이나 로우로 올라가거나 떨어질 때 인터럽트가 발생했다고 판단합니다.

위 정보를 정리하면 **"17번 "3f00b880.mailbox" 인터럽트가 506번 발생했다"**로 해석할 수 있습니다.

show_interrupts() 함수 분석

/proc/interrupts 파일을 읽으면 커널 내부의 어떤 함수가 호출될까요? **바로 show_interrrupts() 함수가 실행됩니다.**

그럼 show_interrrupts() 함수에서 어떤 방식으로 인터럽트의 속성 정보를 출력하는지 살펴보겠습니다.

https://github.com/raspberrypi/linux/blob/rpi-4.19.y/kernel/irq/proc.c

```
01  int show_interrupts(struct seq_file *p, void *v)
02  {
03      static int prec;
04
05      unsigned long flags, any_count = 0;
06      int i = *(loff_t *) v, j;
07      struct irqaction *action;
08      struct irq_desc *desc;
...
09      rcu_read_lock();
10      desc = irq_to_desc(i);
...
11      seq_printf(p, "%*d: ", prec, i);
12      for_each_online_cpu(j)
13          seq_printf(p, "%10u ", desc->kstat_irqs ?
14                  *per_cpu_ptr(desc->kstat_irqs, j) : 0);
```

```
...
15 #ifdef CONFIG_GENERIC_IRQ_SHOW_LEVEL
16     seq_printf(p, " %-8s", irqd_is_level_type(&desc->irq_data) ? "Level" : "Edge");
17 #endif
18     if (desc->name)
19         seq_printf(p, "-%-8s", desc->name);
20
21     action = desc->action;
22     if (action) {
23         seq_printf(p, "  %s", action->name);
24         while ((action = action->next) != NULL)
25             seq_printf(p, ", %s", action->name);
26     }
```

위 함수의 핵심 동작을 요약하면 다음과 같습니다.

- irq_to_desc() 함수를 호출해 인터럽트 번호에 해당하는 인터럽트 디스크립터인 irq_desc 구조체 주소를 읽는다.
- irq_desc 구조체의 세부 필드를 출력한다.

이 점을 염두에 두고 소스코드를 분석하겠습니다. 먼저 10번째 줄을 보겠습니다.

```
10     desc = irq_to_desc(i);
```

인터럽트 번호인 i 인자로 irq_to_desc() 함수를 호출해서 인터럽트 디스크립터를 desc 변수에 저장합니다. **irq_to_desc() 함수를 호출하면 인터럽트 번호에 해당하는 인터럽트 디스크립터 주소를 읽을 수 있습니다.**

다음으로 11~14번째 줄을 보겠습니다.

```
11     seq_printf(p, "%*d: ", prec, i);
12     for_each_online_cpu(j)
13         seq_printf(p, "%10u ", desc->kstat_irqs ?
14                 *per_cpu_ptr(desc->kstat_irqs, j) : 0);
```

11번째 줄은 인터럽트 번호를 출력하는 동작입니다. 12~14번째 줄은 각 CPU별로 발생한 인터럽트 횟수를 출력합니다.

16번째 줄에서는 인터럽트를 식별하는 방법을 확인해서 출력합니다.

```
16    seq_printf(p, " %-8s", irqd_is_level_type(&desc->irq_data) ? "Level" : "Edge");
```

이어서 21~25번째 줄을 보겠습니다.

```
21    if (action) {
22        seq_printf(p, "  %s", action->name);
23        while ((action = action->next) != NULL)
24            seq_printf(p, ", %s", action->name);
25    }
```

인터럽트 이름을 출력하는 코드입니다. 23~24번째 줄은 하나의 인터럽트를 여러 이름으로 등록했을 때 인터럽트의 이름을 출력하는 코드입니다.

"cat /proc/interrupts" 명령어를 입력하면 /proc/interrupts 파일을 통해 인터럽트 종류별로 실행 횟수를 출력합니다. 이 메시지를 출력하는 코드는 show_interrupts() 함수이며, 인터럽트 디스크립터로 인터럽트의 정보를 출력합니다.

여기서 한 가지 기억해야 할 점이 있습니다. 우리가 분석하는 커널 메시지는 리눅스 커널 코드가 실행하면서 출력하는 것입니다. 커널 로그에서 어떤 메시지를 봤을 때 이를 어떤 코드에서 출력하는지 확인해 보면 함수의 호출 흐름이나 자료구조 같은 세부 정보를 얻을 수 있습니다.

앞에서 /proc/interrupts 파일을 읽을 때 커널의 show_interrupts() 함수가 호출된다고 설명했습니다. 이 내용을 읽으면 자연히 다음과 같은 의문점이 생길 것입니다. **/proc/interrupts 파일을 읽을 때 show_interrupts() 함수가 호출된다는 사실을 어떻게 알 수 있을까?**

 이 질문에 상세히 답하려면 proc 파일 시스템을 자세히 설명해야 하므로 /proc/interrupts 파일 동작(생성/읽기)을 중심으로 살펴보겠습니다.

먼저 /proc/interrupts 파일은 proc 파일 시스템으로 등록해야 합니다.

https://github.com/raspberrypi/linux/blob/rpi-4.19.y/fs/proc/interrupts.c

```
01 static const struct seq_operations int_seq_ops = {
02     .start = int_seq_start,
03     .next  = int_seq_next,
04     .stop  = int_seq_stop,
05     .show  = show_interrupts
06 };
07
```

```
08 static int __init proc_interrupts_init(void)
09 {
10     proc_create_seq("interrupts", 0, NULL, &int_seq_ops);
11     return 0;
12 }
13 fs_initcall(proc_interrupts_init);
```

여기서 10번째 줄을 실행할 때 /proc/interrupts 파일을 proc 파일 시스템에 등록합니다. 이때 proc_create_seq() 함수의 4번째 인자로 int_seq_ops 주소를 전달합니다. int_seq_ops는 시퀀스 파일 인터페이스라고 부르는데, 01~06번째 줄에서 선언부를 볼 수 있습니다. 05번째 줄을 보면 show 필드에 show_interrupts() 함수의 주소를 등록합니다.

조금 어려운 내용이지만 다음과 같이 정리해 볼 수 있습니다.

첫째, /proc/interrupts 파일은 언제 생성될까?

proc_interrupts_init() 함수에서 proc_create_seq() 함수를 호출할 때 생성됩니다.

둘째, /proc/interrupts 파일을 읽을 때 어느 함수가 호출될까?

show_interrupts() 함수가 호출됩니다. show_interrupts() 함수는 /proc/interrupts 파일을 생성할 때 읽기 연산으로 등록됩니다.

5.7.2 ftrace 인터럽트 이벤트

리눅스 커널에서는 ftrace를 통해 인터럽트 동작을 분석할 수 있는 다음과 같은 이벤트를 제공합니다.

- irq_handler_entry 이벤트
- irq_handler_exit 이벤트

이번 절에서는 ftrace로 인터럽트의 세부 동작을 파악하는 방법을 소개하겠습니다.

ftrace에서 제공하는 irq_handler_entry와 irq_handler_exit 이벤트는 다음과 같이 인터럽트가 처리되는 세부 동작을 출력해줍니다.

- irq_handler_entry: 인터럽트 핸들러의 실행 시점
- irq_handler_exit: 인터럽트 핸들러의 종료 시점

인터럽트가 처리되는 세부 동작을 출력하는 ftrace의 인터럽트 이벤트를 설정하는 방법부터 알아봅시다.

ftrace의 irq_handler_entry와 irq_handler_exit 이벤트 설정

먼저 ftrace에서 irq_handler_entry와 irq_handler_exit 이벤트를 활성화하는 방법을 소개합니다. 다음과 같은 명령어로 각각 이벤트를 효율적으로 활성화할 수 있습니다.

```
echo 1 > /sys/kernel/debug/tracing/events/irq/irq_handler_entry/enable
echo 1 > /sys/kernel/debug/tracing/events/irq/irq_handler_exit/enable
```

 라즈베리 파이에서 실행되는 라즈비안 리눅스 커널은 ftrace 로그를 볼 수 있는 컨피그가 기본값으로 설정돼 있습니다. 따라서 ftrace 설정을 위해 커널 빌드를 할 필요 없이 ftrace만 설정하면 됩니다.

다음과 같은 코드를 작성해 irq_ftrace.sh라는 이름으로 저장한 후 이 스크립트를 실행하면 ftrace 인터럽트 이벤트를 효율적으로 설정할 수 있습니다.

```
#!/bin/bash

echo 0 > /sys/kernel/debug/tracing/tracing_on
sleep 1
echo "tracing_off"

echo nop > /sys/kernel/debug/tracing/current_tracer
echo 0 > /sys/kernel/debug/tracing/events/enable
sleep 1

echo 1 > /sys/kernel/debug/tracing/events/sched/sched_switch/enable
sleep 1

echo 1 > /sys/kernel/debug/tracing/events/irq/irq_handler_entry/enable
echo 1 > /sys/kernel/debug/tracing/events/irq/irq_handler_exit/enable

echo 1 > /sys/kernel/debug/tracing/tracing_on
echo "tracing_on"
```

참고로 ftrace를 설정하기 위해서는 위와 같은 명령어를 연달아 입력해야 합니다. 이 명령어들을 하나의 셸 스크립트로 모아 실행하면 효율적으로 ftrace를 설정할 수 있습니다.

 앞의 셸 스크립트에서 sched_switch 이벤트를 추가한 이유는 어떤 프로세스에서 인터럽트를 처리하는지 확인할 수 있기 때문입니다.

이렇게 설정한 후 5초 동안 대기합니다. 이후 다음 명령어를 입력하면 바로 ftrace 메시지에서 인터럽트 이벤트 메시지를 볼 수 있습니다.

```
"tail -400 /sys/kernel/debug/tracing/trace"
```

이렇게 해서 ftrace로 irq_handler_entry와 irq_handler_exit 이벤트를 활성화한 후 ftrace 로그를 보는 방법을 소개했습니다.

ftrace: irq_handler_entry/irq_handler_exit 이벤트 메시지 분석

이어서 ftrace 메시지에서 인터럽트 이벤트인 irq_handler_entry와 irq_handler_exit를 분석하는 방법을 소개합니다. 분석할 ftrace 메시지를 소개합니다.

```
01 <idle>-0       [000] d...  4486.577315: sched_switch: prev_comm=swapper/0 prev_pid=0 prev_prio=120
prev_state=R ==> next_comm=kworker/0:2 next_pid=20114 next_prio=120
02 kworker/0:2-20114 [000] d.h.  4486.577335: irq_handler_entry: irq=162 name=arch_timer
03 kworker/0:2-20114 [000] d.h.  4486.577340: irq_handler_exit: irq=162 ret=handled
04 kworker/0:2-20114 [000] d.h.  4486.577344: irq_handler_entry: irq=17 name=3f00b880.mailbox
05 kworker/0:2-20114 [000] d.h.  4486.577346: irq_handler_exit: irq=17 ret=handled
06 kworker/0:2-20114 [000] d...  4486.577377: sched_switch: prev_comm=kworker/0:2 prev_pid=20114
prev_prio=120 prev_state=D ==> next_comm=swapper/0 next_pid=0 next_prio=120
```

위 ftrace 메시지에서 04~05번째 줄 로그를 분석하겠습니다.

```
kworker/0:2-20114 [000] d.h.  4486.577344: irq_handler_entry: irq=17 name=3f00b880.mailbox
kworker/0:2-20114 [000] d.h.  4486.577346: irq_handler_exit: irq=17 ret=handled
```

굵게 표시된 부분을 눈여겨보면 kworker/0:2-20114는 pid가 20114인 kworker/0:2라는 이름의 프로세스라는 의미입니다. 프로세스 이름이 kworker/0:2이니 워커 스레드입니다.

[000]은 해당 프로세스가 실행 중인 CPU 번호입니다. 보다시피 CPU0에서 실행 중입니다. 그다음에 보이는 4486.577346은 초 단위 타임스탬프로서, 이를 토대로 이 시점에 인터럽트 핸들러의 실행이 완료됐음을 알 수 있습니다.

```
kworker/0:2-20114 [000] d.h.  4486.577344: irq_handler_entry: irq=17 name=3f00b880.mailbox
kworker/0:2-20114 [000] d.h.  4486.577346: irq_handler_exit: irq=17 ret=handled
```

다음 메시지에서 볼드체인 irq_handler_entry는 인터럽트 핸들러가 실행되기 직전을 의미하고, irq_handler_exit는 인터럽트 핸들러가 종료했다는 의미입니다.

```
kworker/0:2-20114 [000] d.h.  4486.577344: irq_handler_entry: irq=17 name=3f00b880.mailbox
kworker/0:2-20114 [000] d.h.  4486.577346: irq_handler_exit: irq=17 ret=handled
```

위 타임스탬프 정보와 함께 이 ftrace 로그를 해석하면 4486.577344초에 인터럽트 핸들러가 실행됐고, 4486.577346초에 인터럽트 핸들러가 종료됐음을 알 수 있습니다. 타임스탬프를 참고해 다음 수식으로 0.002밀리초 동안 인터럽트 핸들러가 실행됐음을 알 수 있습니다.

```
0.000002 = 4486.577346 - 4486.577344
```

다음에 볼 로그는 인터럽트 번호로서 17번 인터럽트를 나타냅니다.

```
kworker/0:2-20114 [000] d.h.  4486.577344: irq_handler_entry: irq=17 name=3f00b880.mailbox
kworker/0:2-20114 [000] d.h.  4486.577346: irq_handler_exit: irq=17 ret=handled
```

name=3f00b880.mailbox는 인터럽트의 이름을 의미합니다.

```
kworker/0:2-20114 [000] d.h.  4486.577344: irq_handler_entry: irq=17 name=3f00b880.mailbox
kworker/0:2-20114 [000] d.h.  4486.577346: irq_handler_exit: irq=17 ret=handled
```

참고로 3f00b880.mailbox 인터럽트 핸들러는 bcm2835_mbox_irq() 함수입니다.

https://github.com/raspberrypi/linux/blob/rpi-4.19.y/drivers/mailbox/bcm2835-mailbox.c

```
01 static int bcm2835_mbox_probe(struct platform_device *pdev)
02 {
...
03    ret = devm_request_irq(dev, platform_get_irq(pdev, 0),
04             bcm2835_mbox_irq, 0, dev_name(dev), mbox);
```

bcm2835_mbox_probe() 함수의 03~04번째 줄에서 devm_request_irq() 함수의 3번째 인자로 인터럽트 핸들러를 등록합니다. 여기서 dev_name(dev) 인자로 "3f00b880.mailbox"라는 인터럽트 이름을 지정하고 있습니다.

ftrace의 irq_handler_entry/irq_handler_exit 이벤트를 출력하는 커널 함수 분석

이어서 다음과 같은 irq_handler_entry와 irq_handler_exit 이벤트를 커널의 어느 코드에서 출력하는지 알아봅시다.

```
01 kworker/0:2-20114 [000] d.h.4486.577344: irq_handler_entry: irq=17 name=3f00b880.mailbox
02 kworker/0:2-20114 [000] d.h.  4486.577346: irq_handler_exit: irq=17 ret=handled
```

인터럽트 핸들러의 실행 시작과 마무리 시점을 추적하는 irq_handler_entry와 irq_handler_exit 이벤트는 __handle_irq_event_percpu() 함수에서 다음과 같은 정보를 출력합니다.

- irq_handler_entry: 인터럽트 핸들러 실행 시작, 인터럽트 이름, 인터럽트 번호
- irq_handler_exit: 인터럽트 핸들러 실행 마무리

이어서 관련 코드를 보면서 세부 내용을 더 알아봅시다.

- https://github.com/raspberrypi/linux/blob/rpi-4.19.y/kernel/irq/handle.c

```
01 irqreturn_t __handle_irq_event_percpu(struct irq_desc *desc, unsigned int *flags)
02 {
...
03     for_each_action_of_desc(desc, action) {
04         irqreturn_t res;
05                    ┌─── kworker/0:2-20114 [000] d.h. 4486.577344: irq_handler_entry: irq=17 name=3f00b880.mailbox
06         trace_irq_handler_entry(irq, action);
07         res = action->handler(irq, action->dev_id);
08         trace_irq_handler_exit(irq, action, res);
               └─── kworker/0:2-20114 [000] d.h.  4486.577346: irq_handler_exit: irq=17 ret=handled
```

그림 5.16 ftrace의 irq_handler_entry/irq_handler_exit 실행 코드

7번째 줄에서 인터럽트 핸들러를 호출합니다. 6번째와 8번째 줄 전후로 trace_irq_handler_entry()와 trace_irq_handler_exit() 함수를 호출합니다.

trace_irq_handler_entry() 함수는 1번째 로그를, trace_irq_handler_exit() 함수는 2번째 로그를 출력합니다.

```
01 kworker/0:2-20114 [000] d.h.4486.577344: irq_handler_entry: irq=17 name=3f00b880.mailbox
02 kworker/0:2-20114 [000] d.h.  4486.577346: irq_handler_exit: irq=17 ret=handled
```

이처럼 ftrace 로그로 인터럽트 이벤트를 활성화하고 인터럽트를 분석하면 커널 코드에서 볼 수 없는 다음과 같은 정보를 확인할 수 있습니다.

- 어떤 인터럽트가 얼마나 자주 발생하는가?
- 1초 동안 발생하는 인터럽트 개수

커널 코드 분석과 ftrace 로그 분석을 통해 다시 한번 **인터럽트 핸들러는 짧고 간결하게 실행돼야 한다는 점을 알 수 있습니다.**

그런데 ftrace 로그로 인터럽트 정보를 확인했는데 한 가지 부족한 정보가 있습니다. 바로 인터럽트 핸들러입니다. 다음 절에서는 각 인터럽트가 발생했을 때 해당 인터럽트의 인터럽트 핸들러가 무엇인지 알아보겠습니다.

5.7.3 ftrace로 인터럽트 핸들러 함수 파악하기

커널을 처음 접하는 분들은 커널 소스를 분석하는 과정에서 수많은 걸림돌을 만납니다. 이 가운데 가장 큰 걸림돌은 무엇일까요? **바로 현재 분석 중인 함수를 어디에서 호출하는지 모르겠다는 것입니다.**

필자도 커널 소스코드를 분석하다가 위와 같은 걸림돌을 만나 여러 번 포기한 적이 있습니다. 그래서 이번 시간에는 인터럽트 핸들러 함수를 호출하는 디버깅 실습을 통해 이러한 걸림돌을 없애고자 합니다.

앞에서 다음 __handle_irq_event_percpu() 함수의 13번째 줄에서 인터럽트 핸들러가 호출된다고 배웠습니다.

https://github.com/raspberrypi/linux/blob/rpi-4.19.y/kernel/irq/handle.c

```
01 irqreturn_t __handle_irq_event_percpu(struct irq_desc *desc, unsigned int *flags)
02 {
03     irqreturn_t retval = IRQ_NONE;
04     unsigned int irq = desc->irq_data.irq;
05     struct irqaction *action;
06
07     record_irq_time(desc);
08
09     for_each_action_of_desc(desc, action) {
```

```
10        irqreturn_t res;
11
12        trace_irq_handler_entry(irq, action);
13        res = action->handler(irq, action->dev_id);
14        trace_irq_handler_exit(irq, action, res);
```

그리고 ftrace로 인터럽트 이벤트를 활성화하면 인터럽트가 얼마나 자주 호출되는지 알 수 있습니다. 그런데 **인터럽트별로 인터럽트 핸들러 함수가 무엇인지 파악하려면 어떻게 해야 할까요?** 여기까지 배운 정보를 바탕으로 다음 패치 코드를 작성하면 인터럽트 핸들러 정보를 파악할 수 있습니다.

```
diff --git a/kernel/irq/handle.c b/kernel/irq/handle.c
index 79f987b94..2c2ec3f63 100644
--- a/kernel/irq/handle.c
+++ b/kernel/irq/handle.c
@@ -142,8 +142,13 @@ irqreturn_t __handle_irq_event_percpu(struct irq_desc *desc, unsigned int *flags
01
02  for_each_action_of_desc(desc, action) {
03      irqreturn_t res;
04 +        void *irq_handler = (void*)action->handler;
05
06      trace_irq_handler_entry(irq, action);
07 +
08 +        trace_printk("[+] irq:[%d] handler: %pS caller:(%pS) \n",
09 +                 irq, irq_handler, (void *)__builtin_return_address(0));
10      res = action->handler(irq, action->dev_id);
11      trace_irq_handler_exit(irq, action, res);
```

위 코드를 빌드해서 라즈비안에 설치한 후 5.7.2절 'ftrace 인터럽트 이벤트'에서 소개한 irq_ftrace.sh 스크립트를 실행하면 다음과 같은 ftrace 로그를 확인할 수 있습니다.

```
01 kworker/0:1-29     [000] d.h.    89.431707: irq_handler_entry: irq=17 name=3f00b880.mailbox
02 kworker/0:1-29     [000] d.h.    89.431712: __handle_irq_event_percpu: [+] irq:[17] irq_handler:
bcm2835_mbox_irq+0x0/0x60 caller:(handle_irq_event_percpu+0x2c/0x68)
03 kworker/0:1-29     [000] d.h.    89.431719: irq_handler_exit: irq=17 ret=handled
04 <idle>-0     [000] d.h.    89.432021: irq_handler_entry: irq=56 name=dwc_otg
05 <idle>-0     [000] d.h.    89.432025: __handle_irq_event_percpu: [+] irq:[56] irq_handler:
dwc_otg_common_irq+0x0/0x28 caller:(handle_irq_event_percpu+0x2c/0x68)
06 <idle>-0     [000] d.h.    89.432028: irq_handler_exit: irq=56 ret=unhandled
```

이 로그에서 인터럽트의 정보를 조금 더 상세히 분석해봅시다. 먼저 첫 번째 줄을 보면 pid가 29인 kworker/0:1 프로세스가 실행되는 도중 irq=17번 인터럽트가 발생했다는 사실을 알 수 있습니다.

```
01 kworker/0:1-29    [000] d.h.    89.431707: irq_handler_entry: irq=17 name=3f00b880.mailbox
02 kworker/0:1-29    [000] d.h.    89.431712: __handle_irq_event_percpu: [+] irq:[17] irq_handler:
bcm2835_mbox_irq+0x0/0x60 caller:(handle_irq_event_percpu+0x2c/0x68)
```

이번에는 두 번째 줄을 분석할 차례입니다. 이 ftrace 로그를 출력하는 함수는 __handle_irq_event_percpu()인데 이 함수는 handle_irq_event_percpu() 함수가 호출했습니다. 추가로 17번 인터럽트의 인터럽트 핸들러는 bcm2835_mbox_irq() 함수라는 사실을 알 수 있습니다.

이번에는 56번 인터럽트에 대한 로그를 짚어 보겠습니다.

```
04 <idle>-0    [000] d.h.    89.432021: irq_handler_entry: irq=56 name=dwc_otg
05 <idle>-0    [000] d.h.    89.432025: __handle_irq_event_percpu: [+] irq:[56] irq_handler:
dwc_otg_common_irq+0x0/0x28 caller:(handle_irq_event_percpu+0x2c/0x68)
06 <idle>-0    [000] d.h.    89.432028: irq_handler_exit: irq=56 ret=unhandled
```

pid가 0인 idle 프로세스가 실행 도중 56번 dwc_otg 인터럽트가 발생했고 이 인터럽트 핸들러는 dwc_otg_common_irq() 함수라는 정보를 알 수 있습니다.

앞에서 소개한 커널 패치를 적용하면 인터럽트의 종류와 인터럽트 핸들러 함수를 바로 알 수 있습니다. 이 방식으로 ftrace 로그를 활용하면 인터럽트가 언제 어떻게 실행됐는지 자세히 확인할 수 있습니다.

5.8 정리

1. 인터럽트가 발생하면 프로세스는 하던 일을 멈추고 이미 정해진 코드를 실행해서 하드웨어 변화를 처리합니다. 여기서 이미 정해진 코드란 인터럽트 익셉션 벡터를 의미합니다.

2. 인터럽트는 실행 중인 코드를 멈춘 후 발생했으므로 인터럽트 핸들러 및 관련 서브루틴의 코드를 빨리 실행해야 합니다.

3. 현재 인터럽트를 처리 중일 때를 인터럽트 컨텍스트라고 부릅니다. in_interrupt() 함수를 호출했을 때 true가 반환되면 현재 실행 중인 코드는 인터럽트 컨텍스트에 해당합니다.

4. 인터럽트 컨텍스트에서는 휴면 상태로 진입할 수 없습니다. 또한 인터럽트 컨텍스트에서 호출할 수 있는 커널 함수는 제한돼 있습니다. 모두 인터럽트가 발생하면 인터럽트 핸들러나 서브루틴을 빨리 실행해야 하기 때문입니다.

5. 인터럽트 디스크립터는 인터럽트에 대한 세부 속성(인터럽트 번호, 인터럽트 핸들러, 인터럽트 발생 횟수)을 저장합니다.

6. 리눅스 드라이버에서 인터럽트에 대한 설정을 하려면 request_irq() 함수를 호출하면 됩니다.

7. 인터럽트가 발생하며 안 되는 구간에서는 다음 함수를 호출해 해당 CPU 라인의 인터럽트 발생을 비활성화할 수 있습니다.

   - local_irq_disable()

   - local_irq_enable()

8. 리눅스 커널의 proc 파일 시스템에서 인터럽트 디버깅을 위한 인터페이스를 제공합니다. /proc/interrupts 파일을 열면 전체 인터럽트의 종류와 개수 및 속성을 확인할 수 있습니다.

9. ftrace는 다음과 같이 인터럽트를 트레이싱할 수 있는 이벤트를 제공하며 해당 이벤트를 활성화할 수 있습니다.

```
echo 1 > /sys/kernel/debug/tracing/events/irq/irq_handler_entry/enable
echo 1 > /sys/kernel/debug/tracing/events/irq/irq_handler_exit/enable
```

10. 인터럽트 관련 소스코드를 2시간 동안 분석하는 것 보다 ftrace로 인터럽트 이벤트를 5분 보는 것이 인터럽트를 이해하는 데 더 도움이 됩니다. 이 정도로 ftrace로 인터럽트 동작을 확인하는 과정이 중요하니 자주 ftrace 로그를 봅시다.

06

인터럽트 후반부 처리

이번 장에서 다룰 내용

- IRQ 스레드
- Soft IRQ
- 태스크릿

5장에서 인터럽트가 발생하면 실행 중인 코드를 멈추고 인터럽트를 처리하므로 인터럽트 핸들러는 빨리 실행돼야 한다는 내용을 배웠습니다. 그런데 인터럽트가 발생한 후 처리해야 할 일이 많을 때는 어떻게 해야 할까요? 인터럽트가 발생한 후 이를 처리해야 할 코드를 2단계로 분류하면 됩니다. 즉, 인터럽트 핸들러에서 바로 실행해야 할 부분과 조금 후 실행해도 되는 코드로 나눠서 처리하는 것입니다. 이처럼 인터럽트가 발생한 후 조금 후에 인터럽트를 처리하는 코드를 실행하는 기법을 인터럽트 후반부 처리라고 말합니다. 여기서 '조금 후'는 프로세스가 스케줄링할 수 있는 조건이라는 의미입니다.

디바이스 드라이버에서 이번 장에서 소개하는 인터럽트 후반부 기법을 활용해 인터럽트 후반부를 처리하는 코드를 자주 볼 수 있습니다. 또한 네트워크 패킷 통신이나 멀티미디어를 처리하는 드라이버에서 인터럽트 후반부 기법을 많이 적용합니다. 그래서 리눅스 커널에서 제공하는 IRQ 스레드, Soft IRQ, 태스크릿과 같은 인터럽트 후반부 기법을 잘 알고 있어야 합니다.

6.1 인터럽트 후반부 기법이란?

5장에서 "인터럽트가 발생하면 인터럽트 핸들러는 빨리 실행돼야 한다"라고 배웠습니다. 그런데 인터럽트 핸들러에서 처리해야 할 일이 많을 때는 어떻게 해야 할까요? 이때 **인터럽트 후반부 기법을 적용하면 됩니다.**

이번 절에서는 인터럽트 후반부에 대해 다음과 같은 내용을 다루겠습니다.

- 인터럽트 후반부 기법을 적용하는 이유
- 인터럽트 핸들러(인터럽트 컨텍스트)에서 스케줄링 함수를 호출하면 생기는 문제점
- 인터럽트 후반부 기법의 종류와 각 기법의 차이점

먼저 인터럽트 후반부 기법을 적용하는 이유를 알아보겠습니다.

6.1.1 인터럽트 후반부 기법을 적용하는 이유

인터럽트 후반부 기법을 적용하는 이유를 알기 위해서는 먼저 커널이 인터럽트를 처리하는 방식을 살펴볼 필요가 있습니다. '인터럽트 후반부'라는 용어 자체가 인터럽트를 후반부에 처리한다는 의미를 지니기 때문입니다. 여기서 말하는 '인터럽트의 후반부'는 인터럽트 핸들러에서 인터럽트를 바로 처리해야 할 코드를 실행한 다음에 인터럽트를 처리하는 시점을 의미합니다. 복습 차원에서 5장에서 다룬 인터럽트 처리 과정을 정리해 보겠습니다.

1. 인터럽트가 발생하면 커널은 실행 중인 프로세스를 멈추고 인터럽트 벡터를 실행해서 인터럽트 핸들러를 실행합니다.

2. 인터럽트 핸들러는 짧고 빨리 실행돼야 합니다.

3. 인터럽트를 처리하는 구간이 인터럽트 컨텍스트이며, 이를 in_interrupt() 함수가 알려줍니다.

그림 6.1은 라즈베리 파이에서 인터럽트가 발생했을 때의 함수 흐름입니다.

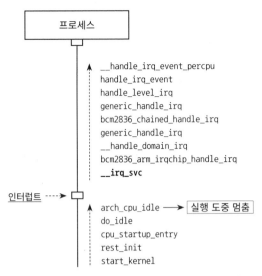

그림 6.1 인터럽트가 발생해 프로세스 실행이 멈추는 함수의 흐름

보다시피 인터럽트가 발생해서 arch_cpu_idle() 함수가 실행되는 도중 인터럽트 벡터를 통해 브랜치되는 __irq_svc 레이블로 실행 흐름이 바뀌었습니다. **이를 프로세스 입장에서 보면 arch_cpu_idle() 함수가 실행되는 도중 멈춘 것입니다.**

이처럼 인터럽트가 발생하면 실행 중인 프로세스를 멈추고 인터럽트 벡터로 이동해서 인터럽트 핸들러를 실행합니다. 그래서 인터럽트 핸들러는 빨리 실행돼야 합니다. 이 과정에서 임베디드 리눅스 개발자들은 다음과 같은 고민을 하게 됩니다. **"인터럽트가 발생한 후 처리해야 할 동작이 많을 때가 있다. 하지만 인터럽트 핸들러는 빨리 실행돼야 한다."**

답답한 상황입니다만 고민 끝에 다음과 같은 대안을 내놓게 됐습니다. **인터럽트 핸들러에서 급하게 처리하지 않아도 되는 일은 조금 후에 해도 되지 않을까?** 즉, 여러 고민 끝에 인터럽트가 발생했을 때 인터럽트를 처리할 코드를 다음과 같은 2단계로 나누게 됩니다.

- 빨리 실행할 코드: 인터럽트 핸들러 및 인터럽트 컨텍스트
- 실시간으로 빨리 실행하지 않아도 되는 코드: 인터럽트 후반부 기법

결국 다음과 같은 인터럽트 후반부 처리 기법들을 이끌어냈습니다.

- IRQ 스레드
- Soft IRQ

- 태스크릿
- 워크큐

이어지는 절에서는 인터럽트 후반부 기법을 왜 적용해야 하는지 이해를 돕기 위해 인터럽트 컨텍스트에서 실행 시간이 오래 걸리는 함수를 호출했을 때 생기는 문제를 소개합니다.

6.1.2 인터럽트 컨텍스트에서 많은 일을 하면 어떻게 될까?

인터럽트 후반부 기법이 도입된 이유는 **인터럽트 핸들러에서는 짧고 간결하게 코드가 실행돼야 하기 때문입니다.** 그런데 여기서 한 가지 의문이 생깁니다. **인터럽트 핸들러에서 실행 시간이 오래 걸리면 시스템은 어떻게 동작할까요?**

인터럽트 컨텍스트에서 실행 시간이 오래 걸리면 대부분의 시스템은 오동작하게 됩니다. 가령 디바이스 드라이버를 개발하다 보면 다음과 같이 인터럽트 핸들러에 실수로 실행 시간이 오래 걸리는 코드를 작성할 수 있습니다.

- I/O을 시작하는 코드
- 과도한 while 반복문
- 유저 공간으로 uevent를 전달해서 인터럽트 발생을 알림
- 스케줄링을 지원하는 커널 함수를 호출

위와 같은 코드가 인터럽트 핸들러나 인터럽트 핸들러 내부의 서브 함수에서 동작하면 시스템 반응 속도가 아주 느려집니다. 또한 커널 로그를 열어보면 평소에 볼 수 없는 에러 메시지를 볼 수도 있습니다. 그래서 개발자들은 더욱 불안해지면서 스스로 다음과 같은 질문을 던지게 됩니다.

인터럽트 컨텍스트에서 인터럽트를 처리하는 코드의 실행 시간을 어떻게 측정할 수 있을까?

이를 위해서는 ftrace 기능에서 지원하는 function_graph 트레이서로 인터럽트가 처리될 때 걸리는 시간을 측정할 필요가 있습니다(이 방법은 이번 장의 6.5.3절 '디버깅'에서 소개하겠습니다).

인터럽트 컨텍스트에서 발생한 커널 패닉

앞에서 인터럽트를 처리하는 인터럽트 컨텍스트에서 실행 시간이 오래 걸리는 코드가 실행되면 시스템이 오동작할 가능성이 높다고 설명했습니다. 그런데 커널에서는 한 걸음 더 나아가 인터럽트 컨텍스트에서 **시간이 오래 걸리는 함수를 호출하면 커널 패닉을 유발하자는 제약을 둡니다.**

그래서 이번에는 인터럽트 핸들러에서 시간이 오래 걸리는 함수를 실행해 커널 패닉이 발생했던 사례를 소개하겠습니다. 다음 로그는 인터럽트 핸들러 실행 도중 발생한 커널 패닉 로그입니다.

```
01 [21.719319] [callstack mxt_interrupt,2449] task[InputReader]=========
02 [21.719382] BUG: scheduling while atomic: InputReader/1039/0x00010001
03 [21.719417] (unwind_backtrace+0x0/0x144) from (dump_stack+0x20/0x24)
04 [21.719432] (dump_stack+0x20/0x24) from (__schedule_bug+0x50/0x5c)
05 [21.719444] (__schedule_bug+0x50/0x5c) from (__schedule+0x7c4/0x890)
06 [21.719455] (__schedule+0x7c4/0x890) from [<c0845d70>] (schedule+0x40/0x80)
07 [21.719468] (schedule+0x40/0x80) from [<c0843bc0>] (schedule_timeout+0x190/0x33c)
08 [21.719480] (schedule_timeout+0x190/0x33c) from (wait_for_common+0xb8/0x15c)
09 [21.719491] (wait_for_common+0xb8/0x15c) from (wait_for_completion_timeout+0x1c/0x20)
10 [21.719504] (wait_for_completion_timeout+0x1c/0x20) from (tegra_i2c_xfer_msg+0x380/0x958)
11 [21.719517] (tegra_i2c_xfer_msg+0x380/0x958) from (tegra_i2c_xfer+0x314/0x438)
12 [21.719531] (tegra_i2c_xfer+0x314/0x438) from (i2c_transfer+0xc4/0x128)
13 [21.719546] (i2c_transfer+0xc4/0x128) from (__mxt_read_reg+0x70/0xc8)
14 [21.719560] (__mxt_read_reg+0x70/0xc8) from (mxt_read_and_process_messages+0x58/0x1648)
15 [21.719572] (mxt_read_and_process_messages+0x58/0x1648) from (mxt_interrupt+0x78/0x144)
16 [21.719588] (mxt_interrupt+0x78/0x144) from (handle_irq_event_percpu+0x88/0x2ec)
17 [21.719601] (handle_irq_event_percpu+0x88/0x2ec) from (handle_irq_event+0x4c/0x6c)
18 [21.719614] (handle_irq_event+0x4c/0x6c) from (handle_level_irq+0xbc/0x118)
19 [21.719626] (handle_level_irq+0xbc/0x118) from (generic_handle_irq+0x3c/0x50)
20 [21.719642] (generic_handle_irq+0x3c/0x50) from (tegra_gpio_irq_handler+0xa8/0x124)
21 [21.719655] (tegra_gpio_irq_handler+0xa8/0x124) from (generic_handle_irq+0x3c/0x50)
22 [21.719669] (generic_handle_irq+0x3c/0x50) from (handle_IRQ+0x5c/0xbc)
23 [21.719682] (handle_IRQ+0x5c/0xbc) from (gic_handle_irq+0x34/0x68)
24 [21.719694] (gic_handle_irq+0x34/0x68) from (__irq_svc+0x40/0x70)
```

 참고로 위 로그가 동작한 시스템은 엔비디아 Tegra4i SoC 디바이스입니다. 그래서 "tegra"가 붙은 함수들이 보입니다. 라즈베리 파이 외의 다른 리눅스 시스템에서 인터럽트를 어떻게 처리하는지 알면 좋으니 다른 리눅스 시스템에서 발생한 문제를 소개합니다.

로그를 보자마자 어느 부분부터 봐야 할지 의문이 생깁니다. 함수들이 가장 먼저 실행된 순서로 정렬돼 있으니 가장 아랫부분인 24번째 로그부터 봐야 합니다. **그럼 함수 호출 방향은 어디일까요?** 24번째 줄에서 3번째 줄이 함수 호출 방향입니다. 이제부터 5장에서 배운 내용을 떠올리면서 로그 분석을 시작합니다.

맨 처음 실행된 함수의 로그부터 보겠습니다. 24번째 줄을 눈으로 따라가 보면 __irq_svc 레이블이 보일 것입니다.

```
21 [21.719655] (tegra_gpio_irq_handler+0xa8/0x124) from (generic_handle_irq+0x3c/0x50)
22 [21.719669] (generic_handle_irq+0x3c/0x50) from (handle_IRQ+0x5c/0xbc)
23 [21.719682] (handle_IRQ+0x5c/0xbc) from (gic_handle_irq+0x34/0x68)
24 [21.719694] (gic_handle_irq+0x34/0x68) from (__irq_svc+0x40/0x70)
```

함수 이름으로 인터럽트가 발생했음을 알 수 있습니다. 5장에서 배운 대로 인터럽트가 발생하면 인터럽트 벡터(vector_irq)를 통해 브랜치되는 __irq_svc 레이블이 실행됩니다. 여기서 24번째 줄에서 21번째 줄 방향으로 함수가 호출됩니다. 22번째 줄에 generic_handle_irq() 함수가 보이므로 인터럽트 컨텍스트라는 사실을 알 수 있습니다.

다음으로 14~16번째 로그를 보겠습니다.

```
14 [21.719560] (__mxt_read_reg+0x70/0xc8) from (mxt_read_and_process_messages+0x58/0x1648)
15 [21.719572] (mxt_read_and_process_messages+0x58/0x1648) from (mxt_interrupt+0x78/0x144)
16 [21.719588] (mxt_interrupt+0x78/0x144) from (handle_irq_event_percpu+0x88/0x2ec)
```

인터럽트 핸들러로 mxt_interrupt() 함수가 호출됐습니다.

 5장에서 인터럽트 핸들러는 __handle_irq_event_percpu() 함수에서 호출한다고 배웠습니다. 그런데 위 로그에서는 handle_irq_event_percpu() 함수에서 인터럽트 핸들러를 호출합니다. 그 이유는 이 로그를 출력한 시스템의 리눅스 커널 버전이 3.10.77 버전이기 때문입니다. 다음 코드를 보면 5번째 줄 코드에서 인터럽트 핸들러를 호출합니다.

https://elixir.bootlin.com/linux/v3.10.77/source/kernel/irq/handle.c

```
01 irqreturn_t
02 handle_irq_event_percpu(struct irq_desc *desc, struct irqaction *action)
03 {
...
04      do {
...
05              res = action->handler(irq, action->dev_id);
```

리눅스 커널 버전에 따라 인터럽트 핸들러를 호출하는 함수 이름이 달라질 수 있습니다.

이어서 다음 로그를 보겠습니다.

```
05 [21.719444] (__schedule_bug+0x50/0x5c) from (__schedule+0x7c4/0x890)
06 [21.719455] (__schedule+0x7c4/0x890) from [<c0845d70>] (schedule+0x40/0x80)
07 [21.719468] (schedule+0x40/0x80) from [<c0843bc0>] (schedule_timeout+0x190/0x33c)
08 [21.719480] (schedule_timeout+0x190/0x33c) from (wait_for_common+0xb8/0x15c)
09 [21.719491] (wait_for_common+0xb8/0x15c) from (wait_for_completion_timeout+0x1c/0x20)
10 [21.719504] (wait_for_completion_timeout+0x1c/0x20) from (tegra_i2c_xfer_msg+0x380/0x958)
11 [21.719517] (tegra_i2c_xfer_msg+0x380/0x958) from (tegra_i2c_xfer+0x314/0x438)
12 [21.719531] (tegra_i2c_xfer+0x314/0x438) from (i2c_transfer+0xc4/0x128)
13 [21.719546] (i2c_transfer+0xc4/0x128) from (__mxt_read_reg+0x70/0xc8)
```

 위 함수 흐름에서 리눅스 커널의 웨이트 큐를 써서 실행 흐름을 동기화하는 부분이 보입니다. 다음 그림과 같이 wait_for_common() 함수를 호출해서 complete() 함수가 수행되기를 기다리는 상황입니다. 그런데 complete() 함수 호출을 안 하니 schedule_timeout() 함수를 호출합니다.

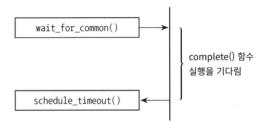

그림 6.2 wait_for_common() 함수가 실행 중 타임아웃되는 과정

웨이트 큐의 세부 동작 방식은 이 책의 범위를 벗어나므로 다루지 않습니다. 자세한 내용은 저자의 블로그를 참고하세요.

이번에는 커널 패닉이 발생하는 이유를 알려주는 로그를 소개합니다.

```
01 [21.719319] [callstack mxt_interrupt,2449] task[InputReader]=========
02 [21.719382] BUG: scheduling while atomic: InputReader/1039/0x00010001
```

인터럽트 컨텍스트에서 schedule() 함수를 호출해 스케줄링을 시도하니 커널은 이를 감지하고 커널 패닉을 유발합니다.

02번째 줄 로그를 보면 InputReader는 프로세스 이름이고, pid는 1039이며, 0x00010001은 프로세스의 thread_info 구조체의 preempt_count 필드 값입니다. 위 커널 로그에서는 다음의 두 가지 정보를 말해줍니다.

- 첫째, 프로세스의 thread_info 구조체의 preempt_count 필드가 0x00010001이니 현재 실행 중인 코드는 인터럽트 컨텍스트입니다. 0x00010001을 HARDIRQ_MASK(0xF0000) 플래그와 AND 비트 연산한 결과가 1이기 때문입니다.
- 둘째, 인터럽트 컨텍스트에서 schedule() 함수를 호출했다.

위 로그에서 "scheduling while atomic"라는 메시지가 보이는데, 이 메시지를 그대로 해석하자면 "아토믹 도중에 스케줄링을 수행 중이다"라는 뜻입니다.

여기서 atomic이란 무슨 의미일까요? 커널에서는 다음과 같은 상황을 atomic이라고 말합니다.

- 선점 스케줄링이 되지 않는 실행 단위(어셈블리 명령어)
- 어떤 코드나 루틴이 실행 도중 스케줄링을 수행하면 안 되는 컨텍스트

커널에서는 인터럽트 컨텍스트도 스케줄링하면 안 되는 컨텍스트로 판단합니다. 즉, 인터럽트 컨텍스트는 원자적 연산(atomic operation)입니다. 따라서 이런 경고 메시지를 출력하는 겁니다.

그럼 인터럽트 컨텍스트에서 스케줄링을 시도하니 커널은 이를 감지하고 커널 패닉을 유발하는 이유는 무엇일까요? **인터럽트가 발생한 후 빨리 코드를 실행해야 하는데 스케줄링을 지원하는 함수가 호출되면 프로세스가 휴면 상태에 진입할 수 있기 때문입니다.**

이 같은 방식으로 커널은 인터럽트 컨텍스트에서 스케줄링을 지원하는 커널 함수의 호출을 제한합니다. 비단 리눅스 커널뿐만 아니라 다른 운영체제에서도 '인터럽트를 처리할 때는 코드를 빨리 실행해야 한다'라는 문제를 안고 있었습니다. 이 과정에서 자연스럽게 임베디드 개발에서 Bottom Half와 Top Half라는 개념을 이끌어 냈으며, 이를 기준으로 인터럽트 후반부를 처리하기 시작했습니다.

이어지는 절에서는 Top Half와 Bottom Half에 대해 알아보겠습니다.

6.1.3 Top Half/Bottom Half란?

앞서 살펴본 바와 같이 인터럽트 컨텍스트에서는 인터럽트 핸들링을 빠른 시간에 마무리해야 합니다. 또한 시간이 오래 걸리는 함수를 호출하면 시스템은 커널 패닉으로 시스템이 오동작할 수 있습니다. 여기서 한 가지 걱정이 생깁니다. **인터럽트가 발생한 후 인터럽트 핸들러에서 처리할 일이 많을 때는 어떻게 해야 할까요?**

이럴 때는 해야 할 작업을 2단계로 나누면 됩니다. 즉, 빨리 처리해야 하는 일과 조금 있다가 처리해도 되는 일입니다. 임베디드 용어로 인터럽트가 발생한 후 빨리 처리해야 하는 일은 Top Half, 조금 있다

가 처리해도 되는 일은 Bottom Half라고 표현합니다. 이를 조금 더 전문적으로 표현해 보자면 **인터럽트 핸들러가 하는 일은 Top Half라고 볼 수 있고, Bottom Half는 인터럽트 처리를 프로세스 레벨에서 수행하는 방식입니다.**

인터럽트 핸들러는 일하고 있던 프로세스를 멈춘 시점인 인터럽트 컨텍스트에서 실행합니다. 급하게 처리해야 할 일은 인터럽트 컨텍스트에서 처리하고, 조금 후 실행해도 되는 일은 프로세스 컨텍스트에서 처리합니다. **리눅스 커널에서는 Bottom Half를 위해 어떤 기법을 지원할까요?** 커널은 인터럽트 후반부 처리를 위해 다음과 같은 기법을 지원합니다.

- IRQ 스레드
- Soft IRQ
- 태스크릿
- 워크큐

그럼 인터럽트 컨텍스트와 프로세스 컨텍스트 레벨에서 어떤 코드를 실행할 때는 어떤 차이점이 있을까요? **먼저 인터럽트 컨텍스트에서는 호출할 수 있는 함수가 제한돼 있습니다.**

리눅스 커널에서는 인터럽트 컨텍스트에서 많은 일을 하는 함수를 호출할 때 경고 메시지를 출력하거나 커널 패닉을 유발해서 시스템 실행을 중단시킵니다. 예를 들어, 스케줄링을 지원하는 뮤텍스나 schedule() 함수를 쓰면 커널은 강제로 커널 패닉을 유발합니다.

뮤텍스 함수는 스케줄링 동작과 연관돼 있습니다. 프로세스가 뮤텍스를 획득하려고 시도하는데 만약 다른 프로세스가 이미 뮤텍스를 획득했으면 휴면 상태로 진입합니다.

그런데 인터럽트 컨텍스트에 비해 프로세스 컨텍스트에서는 커널이 제공하는 스케줄링을 포함한 모든 함수를 쓸 수 있습니다. 따라서 시나리오에 따라 유연하게 코드를 설계할 수 있습니다.

예를 들어 인터럽트가 발생했을 때 이를 유저 공간에 알리고 싶은 경우가 있습니다. 안드로이드 디바이스 같은 경우 터치를 입력하면 발생하는 인터럽트를 uevent로 유저 공간에 알릴 수 있습니다. 유저 공간에 uevent를 보내는 동작은 시간이 오래 걸리는 일입니다. 따라서 시간이 오래 걸리는 코드는 인터럽트 후반부에서 처리하도록 드라이버 구조를 잡을 수 있습니다.

6.1.4 인터럽트 후반부 처리 기법의 종류

이번 절에서는 리눅스 커널이 인터럽트 후반부를 처리하는 대표적인 기법인 IRQ 스레드와 Soft IRQ 기법과 태스크릿을 다룹니다(워크큐는 워크큐를 본격적으로 다루는 절에서 살펴볼 예정입니다). 이 세 가지 기법은 인터럽트 후반부를 처리하는 방식이 조금씩 다릅니다. 하지만 인터럽트 핸들러에서 해야 할 일을 2단계로 나눈다는 점은 같습니다.

다음 표는 워크큐까지 포함한 4가지 기법의 특징을 정리한 것입니다.

표 6.1 인터럽트 후반부 기법들의 특징

처리 기법	특징
IRQ 스레드(threaded IRQ)	인터럽트를 처리하는 전용 IRQ 스레드에서 인터럽트 후속 처리를 수행합니다. 만약 rasp 라는 24번 인터럽트가 있으면 `"irq/24-rasp"`란 IRQ 스레드가 24번 인터럽트 후반부를 전담해 처리합니다.
Soft IRQ	인터럽트 핸들러 실행이 끝나면 바로 일을 시작합니다. 인터럽트 핸들러에서 바로 처리해야 할 일을 마무리한 후 인터럽트 후반부 처리를 Soft IRQ 컨텍스트에서 실행합니다. Soft IRQ 서비스 핸들러의 실행 도중 시간이 오래 걸리면 `ksoftirqd` 프로세스를 깨우고 Soft IRQ 서비스를 종료합니다. `ksoftirqd`라는 프로세스에서 나머지 인터럽트 후반부를 처리하는 구조입니다.
태스크릿	Soft IRQ 서비스를 동적으로 쓸 수 있는 인터페이스이자 자료구조입니다.
워크큐	인터럽트 핸들러가 실행될 때 워크를 워크큐에 큐잉하고 프로세스 레벨의 워커 스레드에서 인터럽트 후반부 처리를 하는 방식입니다.

그럼 앞에서 설명한 4가지 기법 중 어떤 방식을 인터럽트 후반부 처리로 적용해야 할까요? 정답은 **상황에 따라 다르다는 것입니다.**

인터럽트의 발생 빈도와 드라이버 시나리오에 따라 위 세 가지 기법을 적절히 조합해서 드라이버 구조를 잡으면 됩니다. 이를 위해 인터럽트를 시스템에서 처리하는 방식과 인터럽트가 얼마나 자주 발생하는지를 알아야 합니다. 인터럽트를 처리하는 드라이버를 작성할 때 어떤 기법을 쓸지는 드라이버 담당자가 결정해야 합니다.

6.1.5 어떤 인터럽트 후반부 처리 기법을 적용해야 할까?

이전 절에서 커널에서 지원하는 4가지 인터럽트 후반부 기법을 알아봤습니다. 그런데 여러분이 인터럽트 후반부 기법을 결정해야 한다면 이 중 어떤 방식을 적용해야 할까요? 앞서 설명했듯이 인터럽트의 발생 빈도와 인터럽트 후반부를 언제 처리하느냐에 따라 인터럽트 후반부 기법을 선택할 수 있습니다.

그럼 이 내용에 대해 조금 더 알아보겠습니다. 이번에는 질문/답변 형식으로 풀어서 설명하겠습니다.

> Q) 인터럽트가 1초에 수십 번 발생하는 디바이스의 경우 어떤 인터럽트 후반부 기법을 적용해야 할까요?
>
> A) 인터럽트가 자주 발생할 때 인터럽트 후반부 처리 기법으로 Soft IRQ나 태스크릿을 적용하는 것이 좋습니다. IRQ 스레드 방식과 워크큐 방식은 그리 적합하지 않습니다.

그 이유가 무엇인지 알아봅시다. IRQ 스레드는 실시간(RT: Real Time) 프로세스로 구동됩니다. 인터럽트가 많이 발생하면 IRQ 스레드를 깨워야 하고 IRQ 스레드는 실시간 프로세스로 구동됩니다. 하지만 IRQ 스레드가 실행되는 동안 다른 일반 프로세스들이 선점 스케줄링을 할 수 없습니다. 따라서 IRQ 스레드 처리 함수의 실행 시간이 조금이라도 길어지면 다른 프로세스들이 실행을 못하고 대기합니다. 그 결과, 시스템 반응 속도가 느려질 수 있습니다.

만약 인터럽트 발생 빈도가 높을 때 IRQ 스레드 방식을 적용해야 한다면 IRQ 스레드 처리 함수의 실행 시간도 되도록 짧은 편이 좋습니다. 예를 들면, IRQ 스레드 처리 함수에서는 printk() 함수와 같이 커널 로그를 출력하는 코드도 되도록 작성하지 말아야 합니다. printk() 함수는 시스템 관점에서 비용이 많이 듭니다.

IRQ 스레드 기법 대신 워크큐 기법을 적용해 인터럽트 후반부를 처리하면 어떨까요? 인터럽트 발생 빈도가 높을 때는 워크큐 기법은 적용하지 않는 것이 좋습니다. 워크큐 기법은 실행 시간 측면에서 다음과 같은 단점이 있기 때문입니다.

- 워크를 워크큐에 큐잉하고 워크를 깨우는 시간이 오래 걸린다.
- 워크큐를 실행하는 워커 스레드는 일반 프로세스로 프로세스의 우선순위는 높지 않다.

인터럽트 발생 횟수만큼 워크 핸들러가 실행되지 못할 수 있습니다. 그래서 인터럽트가 발생 빈도가 낮고 빠른 시간에 인터럽트 후반부를 처리하지 않아도 될 경우 워크큐 기법을 적용하는 것도 좋습니다. 하지만 인터럽트가 자주 발생하는 디바이스는 Soft IRQ나 태스크릿 방식을 적용하는 것이 바람직합니다.

Q) 현재 개발 중인 시스템은 인터럽트 개수가 200개 정도 됩니다. 어떤 방식을 적용하면 좋을까요?

A) 1초에 인터럽트가 수백 번 이상 발생하는 경우를 제외하곤 인터럽트 후반부 기법으로 IRQ 스레드 방식을 적용하면 됩니다. 그런데 인터럽트 개수만큼 IRQ 스레드를 생성하면 메모리를 더 사용하게 됩니다. IRQ 스레드도 커널 스레드로 구동하니 기본적으로 프로세스를 관리할 때 필요한 태스크 디스크립터 만큼 메모리 공간을 써야 합니다. 현재 개발 중인 시스템 RAM 용량이 8G 이상이면 별 문제가 되지 않을 것입니다.

여러 인터럽트 후반부 기법 중 하나를 결정하는 것은 정답이 없기 때문에 어려운 과제입니다. 이런 상황에서 필요한 것이 최적화입니다. 인터럽트 후반부 단계에서 인터럽트 처리를 최적화하도록 설계를 잘 하려면 먼저 커널이 인터럽트를 처리하는 세부 동작 방식과 인터럽트 후반부 기법들의 세부 구현 방식을 잘 알고 있어야 합니다.

다음 절에서는 인터럽트 후반부 기법 중 하나인 IRQ 스레드 방식을 살펴보겠습니다.

6.2 IRQ 스레드(threaded IRQ)

리눅스 커널을 익히는 과정에서 만나는 걸림돌 중 하나가 어려운 용어입니다. 어려운 개념을 낯선 용어로 설명하니 더욱더 이해하기 어려운 것입니다. 그래서 IRQ 스레드에 대해 소개하기에 앞서 IRQ라는 용어부터 알아보겠습니다.

6.2.1 IRQ란?

IRQ 스레드는 IRQ와 스레드(thread)의 합성어입니다. 먼저 IRQ에 대해 알아볼까요? IRQ는 Interrupt Request의 약자로 하드웨어에서 발생한 인터럽트를 처리한다는 의미입니다. 조금 더 구체적으로 설명하면 인터럽트가 발생한 후 인터럽트 핸들러까지 처리되는 흐름을 의미합니다. 스레드는 커널 공간에서만 실행하는 '커널 스레드'와 같은 의미입니다.

그렇다면 IRQ 스레드란 무엇일까요? 인터럽트 핸들러에서는 바로 처리하지 않아도 되는 일을 수행하는 프로세스입니다. 즉, 인터럽트 후반부 처리를 위한 인터럽트 처리 전용 프로세스입니다. **이를 가리켜 리눅스 커널 커뮤니티에서는 irq_thread 혹은 threaded IRQ 방식이라고도 부릅니다.** 용어는 달라도 같은 의미입니다. 이처럼 IRQ 스레드 기법은 인터럽트 후반부 처리를 IRQ 스레드에서 수행하는 방식을 의미합니다.

6.2.2 IRQ 스레드 확인

IRQ 스레드란 용어를 간단히 정리했으니 이번에는 IRQ 스레드에 대해 조금 더 알아봅시다.

라즈베리 파이에서 IRQ 스레드 확인

라즈베리 파이에서는 IRQ 스레드 목록을 어떻게 확인할 수 있을까요? 터미널을 열고 다음과 같이 ps -ely 명령어를 입력하면 프로세스 목록을 확인할 수 있습니다.

```
01  root@raspberrypi:/home/pi/dev_raspberrian# ps -ely
02  S   UID    PID  PPID  C PRI  NI   RSS    SZ WCHAN  TTY         TIME CMD
03  S     0      1     0  0  80   0  6012  6750 SyS_ep ?       00:00:02 systemd
04  S     0      2     0  0  80   0     0     0 kthrea ?       00:00:00 kthreadd
    ...
05  S     0     64     2  0  70 -10     0     0 down_i ?       00:00:00 SMIO
06  S     0     65     2  0   9  -      0     0 irq_th ?       00:00:00 irq/86-mmc1
07  I     0     66     2  0  80   0     0     0 worker ?       00:00:00 kworker/0:3
```

위 목록에서 6번째 줄을 보면 가장 오른쪽에 irq/86-mmc1이 보입니다. 이 프로세스가 IRQ 스레드입니다. 커널 내부 함수에서 "irq/인터럽트 번호-인터럽트 이름"과 같은 규칙에 따라 IRQ 스레드의 이름을 짓습니다.

irq/86-mmc1 프로세스는 위 규칙에 따라 어떻게 해석하면 될까요? **"mmc1이라는 이름의 86번 인터럽트를 처리하는 IRQ 스레드"**로 해석하면 됩니다.

라즈비안에서는 위와 같이 1개의 IRQ 스레드만 볼 수 있습니다. **그렇다면 IRQ 스레드는 라즈베리 파이에서만 볼 수 있을까요?** 그렇지 않습니다. IRQ 스레드는 인터럽트 후반부 처리를 위해 리눅스 커널에서 지원하는 기능입니다. 여러분이 새로운 드라이버를 설계하면서 구조를 새로 잡을 때 IRQ 스레드를 20개로 생성할 수 있습니다. 이 경우 리눅스 시스템에서 IRQ 스레드 개수는 20개가 되는 것입니다. 대부분의 다른 리눅스 시스템에서는 보통 10개 이상의 IRQ 스레드를 확인할 수 있습니다.

다른 리눅스 시스템의 IRQ 스레드

이번에는 다른 리눅스 시스템에서 IRQ 스레드를 확인해 보겠습니다. 다음은 안드로이드를 탑재한 Z5 compact 제품(Snapdragon 810)의 리눅스 개발자 커뮤니티에서 공유된 로그입니다.

https://forum.xda-developers.com/z5-compact/general/9-battery-drain-overnight-97-deep-

sleep-t3382145/page6

```
01  root    14   2   0   0   worker_thr 0000000000 S kworker/1:0H
02  root    15   2   0   0   smpboot_th 0000000000 S migration/2
03  root    16   2   0   0   smpboot_th 0000000000 S ksoftirqd/2
...
04  root    36   2   0   0   rescuer_th 0000000000 S rpm-smd
05  root    38   2   0   0   irq_thread 0000000000 S irq/48-cpr
06  root    39   2   0   0   irq_thread 0000000000 S irq/51-cpr
...
07  root    199  2   0   0   irq_thread 0000000000 S irq/212-msm_dwc
...
08  root    65   2   0   0   irq_thread 0000000000 S irq/261-msm_iom
09  root    66   2   0   0   irq_thread 0000000000 S irq/263-msm_iom
```

ps 명령어로 출력한 전체 프로세스 중 IRQ 스레드만 검색한 결과입니다. irq_thread 타입으로 5~9번째 줄에서 보이는 표시한 프로세스가 IRQ 스레드입니다. IRQ 스레드 개수는 5개입니다.

위 로그 중에 "irq/212-msm_dwc" IRQ 스레드의 정체는 msm_dwc라는 이름의 212번 인터럽트를 처리하는 IRQ 스레드라고 볼 수 있습니다.

```
07 root    199  2   0   0   irq_thread 0000000000 S irq/212-msm_dwc
```

이처럼 상용 리눅스 시스템의 IRQ 스레드 개수를 소개한 이유는 라즈베리 파이의 라즈비안을 접한 분들은 IRQ 스레드는 1개밖에 없다고 판단할 수 있기 때문입니다. 사실 라즈비안에서는 IRQ 스레드가 1개밖에 없습니다. 하지만 라즈베리 파이에 비해 상용 안드로이드 리눅스 디바이스에서는 IRQ 스레드가 더 많습니다.

IRQ 스레드가 많으면 더 좋은 시스템일까?

처음 IRQ 스레드를 공부할 때 궁금했던 내용을 질문 형식으로 공개합니다.

Q) IRQ 스레드가 많으면 더 좋은 시스템일까요?

A) 그렇지는 않습니다. 이는 시스템에 인터럽트를 어떻게 설계하고 구성했느냐에 따라 다릅니다.

Q) 어떤 인터럽트가 발생하면 인터럽트 핸들러 이후에 실행되는 IRQ 스레드가 있다는 것은 무엇을 의미할까요?

A) 해당 인터럽트가 발생하면 소프트웨어적으로 할 일이 많다고 볼 수 있습니다. 인터럽트가 발생했을 때 바로 해야 하는 일은 인터럽트 핸들러에서 처리하고, 조금 후 프로세스 레벨에서 해도 되는 일은 IRQ 스레드에서 수행하는 것입니다.

이번 절에서는 IRQ 스레드에 대해 소개했으니 이어서 IRQ 스레드를 생성하는 방법을 살펴보겠습니다.

6.3 IRQ 스레드는 어떻게 생성할까?

IRQ 스레드를 실행하려면 먼저 IRQ 스레드를 생성해야 합니다. 일반적으로 부팅 과정에서 IRQ 스레드를 한 번 생성합니다. 이후 인터럽트 핸들러에서 IRQ 스레드를 깨우는 방식으로 IRQ 스레드가 동작합니다.

이번 절에서는 IRQ 스레드를 생성하는 과정을 설명하고 관련 커널 코드를 분석하겠습니다. 다음은 이번 절에서 분석할 함수 목록입니다.

- request_threaded_irq()
- setup_irq_thread()

6.3.1 IRQ 스레드는 언제 생성할까?

디바이스 드라이버의 초기화 코드는 대부분 부팅 과정에서 실행됩니다. 이 과정에서 request_threaded_irq() 함수를 호출해 IRQ 스레드를 생성합니다. IRQ 스레드는 생성된 후 시스템 전원이 공급돼 동작하는 동안 해당 인터럽트 후반부를 처리하는 기능을 수행합니다.

이제 IRQ 전체 실행 흐름도를 보면서 IRQ 스레드 생성 과정을 배워봅시다.

IRQ 스레드의 전체 생성 흐름

IRQ 스레드를 생성하는 흐름은 다음과 같습니다.

그림 6.3 IRQ 스레드의 생성 흐름

request_threaded_irq() 함수를 호출하면 다음 동작을 수행합니다.

- 전달한 IRQ 스레드 정보를 해당 인터럽트 디스크립터에 설정
- kthread_create() 함수를 호출해서 IRQ 스레드를 생성

 kthread_create() 함수는 kthread_create_on_node() 함수로 치환됩니다. 그림 6.3의 오른쪽 윗부분에서 이해를 돕기 위해 kthread_create() 함수를 호출하면 kthread_create_on_node() 함수를 호출하는 것처럼 표시했습니다.

앞에서 커널 스레드를 생성할 때 kthread_create() 함수를 호출한다고 배웠습니다. IRQ 스레드도 kthread_create() 함수를 호출해서 생성합니다. IRQ 스레드도 커널 스레드의 한 종류입니다.

이제부터 request_threaded_irq() 함수부터 __kthread_create_on_node() 함수까지 IRQ 스레드를 어떤 방식으로 생성하는지 코드를 분석하겠습니다.

IRQ 스레드 생성: request_threaded_irq() 함수 분석

IRQ 스레드를 생성하기 위해서는 request_threaded_irq() 함수를 호출해야 합니다. 이 함수의 선언부와 인자를 소개합니다.

https://github.com/raspberrypi/linux/blob/rpi-4.19.y/include/linux/interrupt.h

```
extern int __must_check
request_threaded_irq(unsigned int irq, irq_handler_t handler,
        irq_handler_t thread_fn,
        unsigned long flags, const char *name, void *dev);
```

request_threaded_irq() 함수에 전달되는 인자는 다음과 같습니다.

표 6.2. request_threaded_irq( ) 함수에 전달되는 인자

매개변수	타입	설명
irq	unsigned int	인터럽트 번호
handler	irq_handler_t	인터럽트 핸들러의 주소
thread_fn	irq_handler_t	IRQ 스레드 처리 함수의 주소
flags	unsigned long	인터럽트 핸들링 플래그
name	const char*	인터럽트 이름

request_threaded_irq( ) 함수를 보니 어디선가 많이 본 것 같습니다. 5장에서 인터럽트를 설정할 때 request_irq( ) 함수를 호출한다고 배웠습니다.

https://github.com/raspberrypi/linux/blob/rpi-4.19.y/include/linux/interrupt.h

```
01 static inline int __must_check
02 request_irq(unsigned int irq, irq_handler_t handler, unsigned long flags,
03     const char *name, void *dev)
04 {
05   return request_threaded_irq(irq, handler, NULL, flags, name, dev);
06 }
```

위 코드에서 볼 수 있듯이 request_irq( ) 함수에서 request_threaded_irq( ) 함수를 호출합니다. 05번째 줄을 눈여겨봅시다. **세 번째 인자를 NULL로 지정합니다.** 인터럽트를 설정할 때는 request_irq( ) 함수 내에서 세 번째 인자로 NULL을 지정해서 request_threaded_irq( ) 함수를 호출합니다.

그런데 이렇게 request_threaded_irq( ) 함수를 호출해서 인터럽트 후반부를 IRQ 스레드로 처리하려면 세 번째 파라미터인 thread_fn에 IRQ 스레드 처리 함수만 지정해야 합니다. 그러면 커널에서 인터럽트 이름과 번호 정보를 토대로 IRQ 스레드를 생성합니다.

request_threaded_irq( ) 함수의 선언부 코드를 분석함으로써 다음과 같은 사실을 알게 됐습니다.

- request_threaded_irq( ) 함수로 세 번째 인자에 IRQ 스레드 처리 함수를 지정하면 커널 내부에서 지정한 인터럽트를 처리하는 IRQ 스레드를 생성한다.
- request_threaded_irq( ) 함수를 호출할 때 request_irq( ) 함수와 같이 인터럽트의 속성 정보도 함께 지정해야 한다.

request_threaded_irq( ) 함수의 동작은 2단계로 나눌 수 있습니다.

1단계: 인터럽트 디스크립터 설정

requested_threaded_irq( ) 함수에 전달된 인자를 인터럽트 디스크립터 필드에 할당합니다.

2단계: IRQ 스레드 생성

irq_handler_t의 thread_fn 인자에 IRQ 스레드 처리 함수 주소를 지정하면 IRQ 스레드를 생성합니다.

IRQ 스레드의 생성 단계를 소개했으니 이제 코드 분석으로 넘어가겠습니다. 다음은 request_threaded_irq( ) 함수의 구현부입니다.

https://github.com/raspberrypi/linux/blob/rpi-4.19.y/kernel/irq/manage.c

```
01 int request_threaded_irq(unsigned int irq, irq_handler_t handler,
02         irq_handler_t thread_fn, unsigned long irqflags,
03         const char *devname, void *dev_id)
04 {
05     struct irqaction *action;
06     struct irq_desc *desc;
07     int retval;
...
08     action = kzalloc(sizeof(struct irqaction), GFP_KERNEL);
09     if (!action)
10         return -ENOMEM;
...
11     action->handler = handler;
12     action->thread_fn = thread_fn;
13     action->flags = irqflags;
14     action->name = devname;
15     action->dev_id = dev_id;
16
17     chip_bus_lock(desc);
18     retval = __setup_irq(irq, desc, action);
```

먼저 8~10번째 줄을 봅시다.

```
08 action = kzalloc(sizeof(struct irqaction), GFP_KERNEL);
09 if (!action)
10     return -ENOMEM;
```

irqaction 구조체 타입인 action 지역변수에 irqaction 구조체 크기만큼 동적 메모리를 할당합니다. 여기서 action이라는 포인터형 지역변수의 타입은 irqaction 구조체입니다. 이 변수는 8번째 줄과 같이 kzmalloc() 함수를 호출해 동적 메모리를 할당받습니다. 다음으로 11~12번째 줄과 같이 인터럽트 핸들러와 IRQ 스레드 처리 함수 정보를 저장합니다. 이 변수는 나중에 인터럽트 디스크립터의 action 필드에 저장됩니다. 만약 메모리를 할당받지 못하면 10번째 줄을 실행해 -ENOMEM 매크로를 반환하며 함수 실행을 종료합니다.

다음으로 11~15번째 줄에서는 다음 인자를 action의 각 필드에 할당합니다.

```
11  action->handler = handler;
12  action->thread_fn = thread_fn;
13  action->flags = irqflags;
14  action->name = devname;
15  action->dev_id = dev_id;
```

12번째 줄을 보면 IRQ 스레드의 처리 함수 주소를 저장하고 있는 thread_fn 포인터를 action->thread_fn에 저장합니다.

위 코드와 같이 irqaction 구조체 타입의 action 필드는 인터럽트 핸들러와 인터럽트 이름과 같은 인터럽트의 주요 속성 정보를 저장합니다. 그런데 irqaction 구조체 타입의 action 변수는 인터럽트 디스크립터인 irq_desc 구조체 주소 내 필드 중 하나입니다. 이처럼 커널은 인터럽트의 기본 속성 정보를 인터럽트 디스크립터인 irq_desc 구조체의 action 필드를 통해 알아냅니다.

이해를 돕기 위해 TRACE32로 확인한 인터럽트 디스크립터 구조체인 irq_desc를 봅시다.

```
01 (struct irq_desc *) (struct irq_desc*)0xB008B300
...
02    (struct irqaction *) action = 0xBB4E6E40
03     (irq_handler_t) handler = 0x8061EC00 = bcm2835_mmc_irq, /* 인터럽트 핸들러 */
04     (void *) dev_id = 0xBB47B010   /* 인터럽트 핸들러의 매개인자
05     (void *) percpu_dev_id = 0x0 = ,
06     (struct irqaction *) next = 0x0 = ,
07     (irq_handler_t) thread_fn = 0x8061DCC4 = bcm2835_mmc_thread_irq, /* IRQ 스레드 처리 함수 */
08     (struct task_struct *) thread = 0xBB516CC0 /* "irq/86-mmc1" IRQ 스레드의 태스크 디스크립터 */
09     (struct irqaction *) secondary = 0x0 = ,
10     (unsigned int) irq = 86, /* 인터럽트 번호 */
```

위 인터럽트 디스크립터는 라즈베리 파이의 86번 인터럽트를 관리하는 IRQ 스레드를 설정하는 정보를 포함합니다. 각 필드에 대한 설명은 주석문을 참고하기 바랍니다.

그런데 여기서 한 가지 의문이 생깁니다. **IRQ 스레드 속성을 저장하는 자료구조는 무엇일까요?** 앞서 5장에서 인터럽트 디스크립터는 인터럽트의 속성을 저장하는 자료구조라고 배웠습니다. IRQ 스레드도 이처럼 irq_desc 구조체인 인터럽트 디스크립터에서 함께 관리합니다.

다음 18번째 줄을 보면 __setup_irq() 함수를 호출합니다.

```
18  retval = __setup_irq(irq, desc, action);
```

여기까지 보면 인터럽트 핸들러를 등록하는 실행 흐름과 똑같습니다. 그런데 __setup_irq() 함수를 조금 더 살펴보면 IRQ 스레드로 설정할 때만 달리 동작하는 코드를 볼 수 있습니다.

IRQ 스레드 생성: __setup_irq() 함수 분석

다음으로 __setup_irq() 함수를 함께 분석해 봅시다.

https://github.com/raspberrypi/linux/blob/rpi-4.19.y/kernel/irq/manage.c

```
01 static int
02 __setup_irq(unsigned int irq, struct irq_desc *desc, struct irqaction *new)
03 {
04    struct irqaction *old, **old_ptr;
05    unsigned long flags, thread_mask = 0;
...
06    nested = irq_settings_is_nested_thread(desc);
...
07    if (new->thread_fn && !nested) {
08        ret = setup_irq_thread(new, irq, false);
09        if (ret)
10            goto out_mput;
```

우선 __setup_irq() 함수에 전달되는 인자는 다음과 같습니다.

- unsigned int irq: 인터럽트 번호

- struct irq_desc *desc: 인터럽트 디스크립터

- struct irqaction *new: 인터럽트 디스크립터의 action 필드(irq_desc->action)

코드를 보면 알 수 있듯이 __setup_irq() 함수의 핵심 동작은 다음과 같습니다.

- IRQ 스레드 처리 함수가 등록됐는지 점검

- 만약 IRQ 스레드가 등록됐으면 setup_irq_thread() 함수를 호출해 IRQ 스레드를 생성

먼저 7~8번째 줄을 봅시다.

```
07  if (new->thread_fn && !nested) {
08      ret = setup_irq_thread(new, irq, false);
```

여기서는 두 가지 조건을 점검합니다. irqaction 구조체 타입인 new->thead_fn 필드에 함수 포인터가 등록됐거나 nested 변수가 0일 때 setup_irq_thread() 함수를 호출합니다. nested 변수는 현재 설정하는 IRQ 스레드가 nested 타입인지 점검합니다. 이 기능을 쓸 경우 nested 변수가 1이 됩니다. nested 변수를 읽어 오는 다음 코드를 눈여겨봅시다.

```
06  nested = irq_settings_is_nested_thread(desc);
```

여기서 new->thead_fn으로 IRQ 스레드 처리 함수가 등록됐고 nested 변수가 0이면 8번째 줄을 실행합니다.

IRQ 스레드 생성: setup_irq_thread() 함수 분석

이어서 IRQ 스레드를 생성하는 setup_irq_thread() 함수를 분석하겠습니다.

https://github.com/raspberrypi/linux/blob/rpi-4.19.y/kernel/irq/manage.c

```
01 static int
02 setup_irq_thread(struct irqaction *new, unsigned int irq, bool secondary)
03 {
04    struct task_struct *t;
05    struct sched_param param = {
06        .sched_priority = MAX_USER_RT_PRIO/2,
07    };
08
09    if (!secondary) {
10        t = kthread_create(irq_thread, new, "irq/%d-%s", irq,
11                new->name);
12    } else {
```

```
13        t = kthread_create(irq_thread, new, "irq/%d-s-%s", irq,
14               new->name);
15        param.sched_priority -= 1;
16    }
```

위 코드를 보면 특별한 동작을 수행하지 않습니다. kthread_create() 함수를 호출해서 커널 스레드를 생성합니다. 이 코드로 IRQ 스레드도 커널 스레드의 한 종류라고 볼 수 있습니다.

 커널 스레드는 커널 공간에서만 실행하는 프로세스입니다. 커널 스레드는 유저 공간과 시스템 콜로 통신하지 않습니다. 커널 공간에서만 대부분 백그라운드 작업으로 커널 리소스(메모리, 프로세스 관리)를 관리합니다.

커널에는 다양한 커널 스레드가 있습니다. 커널의 서브시스템이나 드라이버 목적에 맞게 커널 스레드를 생성할 수 있습니다.

그럼 IRQ 스레드 외의 다른 커널 스레드에는 무엇이 있을까요? 워크큐를 실행하는 워커 스레드, 메모리가 부족할 때 실행되는 kswapd 스레드, Soft IRQ 후반부 처리용 ksoftirqd 스레드를 예로 들 수 있습니다. IRQ 스레드도 여러 커널 스레드 중 하나입니다.

먼저 9~10번째 줄을 보겠습니다. irq_thread()라는 IRQ 스레드를 제어하는 스레드 핸들러 함수와 "irq/%d-%s"라는 이름을 지정해 IRQ 스레드를 생성합니다.

```
09  t = kthread_create(irq_thread, new, "irq/%d-%s", irq,
10         new->name);
```

kthread_create() 함수를 호출할 때 다음과 같은 인자를 지정합니다.

- irq_thread: IRQ 스레드 핸들러 함수
- new: IRQ 스레드 핸들러인 irq_thread() 함수로 전달되는 매개변수(irqaction)
- "irq/%d-%s": IRQ 스레드 이름 타입
- irq: 인터럽트 번호
- new->name: 인터럽트 이름

kthread_create() 함수에 전달하는 두 번째 파라미터인 new는 IRQ 스레드 핸들러 함수인 irq_thread() 로 전달되는 매개변수입니다. 이 매개변수는 irqaction 구조체 타입입니다.

자, 이쯤에서 용어를 정리하겠습니다.

- IRQ 스레드 처리 함수: 인터럽트별로 지정한 IRQ 스레드별로 후반부를 처리하는 함수를 의미합니다.
- IRQ 스레드 핸들러 함수: irq_thread() 함수를 뜻하며 인터럽트별로 지정된 IRQ 스레드 처리 함수를 호출하는 역할을 수행합니다.

그렇다면 IRQ 스레드 처리 함수와 IRQ 스레드 핸들러 함수인 irq_thread()의 역할은 무엇일까요? 각 인터럽트별로 지정한 IRQ 스레드가 깨어나면 공통으로 IRQ 스레드 핸들러 함수인 irq_thread()가 호출됩니다. IRQ 스레드의 종류와 상관없이 IRQ 스레드를 생성하면 kthread_create() 함수에서 IRQ 스레드 핸들러로 irq_thread() 함수를 지정하기 때문입니다. irq_thread() 함수는 각 IRQ 스레드별로 지정한 IRQ 스레드 처리 함수를 호출합니다. 예를 들어 3개의 IRQ 스레드가 있으면 3개의 IRQ 스레드의 핸들러 함수는 모두 irq_thread()입니다. 그런데 IRQ 스레드의 처리 함수는 3개의 IRQ 스레드별로 지정한 서로 다른 함수입니다.

대부분 IRQ 스레드 핸들러와 IRQ 스레드 처리 함수를 구분하지 않고 "IRQ 스레드 핸들러"로 같이 사용하는 경우가 있으나 이 책에서는 구분해서 설명합니다.

IRQ 스레드 핸들러 함수인 irq_thread()에 전달하는 매개변수 확인

IRQ 스레드의 스레드 핸들러인 irq_thread() 함수 코드를 보면서 매개변수를 처리하는 방식에 대해 조금 더 살펴보겠습니다.

https://github.com/raspberrypi/linux/blob/rpi-4.19.y/kernel/irq/manage.c

```
01 static int irq_thread(void *data)
02 {
03    struct callback_head on_exit_work;
04    struct irqaction *action = data;
```

커널 스레드를 생성하면 커널 스레드 핸들러 함수에서 무한 루프를 돌면서 스레드 목적에 맞는 동작을 수행합니다. 이를 스레드 핸들러 함수라고 합니다. IRQ 스레드의 경우 irq_thread() 함수가 이 역할을 수행합니다.

IRQ 스레드가 실행될 때 irq_thread() 함수가 실행되는데 함수의 인자로 void 타입의 data 포인터를 전달합니다. 위 irq_thread() 함수의 4번째 줄을 눈여겨보면 이 포인터를 struct irqaction * 타입으로 캐스팅합니다. 다음 그림을 보면 이 과정을 쉽게 이해할 수 있습니다.

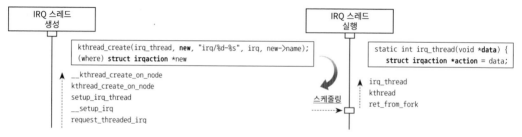

그림 6.4 IRQ 스레드 생성과 스레드 매개변수의 전달 흐름

그림 6.4에서 왼쪽 박스의 굵게 표시된 부분을 봅시다. irqaction 구조체 타입의 new 변수를 매개변수로 등록합니다.

오른쪽은 IRQ 스레드 핸들러 함수로 매개변수가 전달되는 부분입니다. IRQ 스레드 핸들러인 irq_thread() 함수로 전달된 void* 타입의 data 변수는 irqaction 구조체 타입으로 캐스팅됩니다. 이 방식으로 IRQ 스레드에서 인터럽트의 속성 정보가 담긴 irqaction 구조체의 매개변수로 세부적인 제어를 할 수 있습니다.

이 부분에서 다음과 같은 의문이 생깁니다. **매개변수를 왜 IRQ 스레드 핸들러 함수로 전달할까요?** 여기에는 그럴 만한 이유가 있습니다. **IRQ 스레드 처리 함수에서 인터럽트 후반부를 처리하기 위해 인터럽트의 세부 속성 정보가 담긴 자료구조가 필요하기 때문입니다. irq_thread() 함수에 전달되는 매개변수는 바로 IRQ 스레드 처리 함수에 전달됩니다.** 참고로, 커널 스레드를 처리하는 스레드 핸들러 함수에서 이 방식으로 매개변수를 전달합니다.

IRQ 스레드를 생성하는 예제 코드 분석

IRQ 스레드를 생성하는 함수 흐름을 알아봤으니 IRQ 스레드를 생성하는 예제 코드를 살펴보겠습니다. 분석할 코드는 다음과 같습니다.

https://github.com/raspberrypi/linux/blob/rpi-4.19.y/drivers/mmc/host/bcm2835-mmc.c

```
01 static int bcm2835_mmc_add_host(struct bcm2835_host *host)
02 {
03     struct mmc_host *mmc = host->mmc;
04     struct device *dev = mmc->parent;
...
05     bcm2835_mmc_init(host, 0);
06     ret = devm_request_threaded_irq(dev, host->irq, bcm2835_mmc_irq,
```

```
07          bcm2835_mmc_thread_irq, IRQF_SHARED,
08          mmc_hostname(mmc), host);
```

bcm2835_mmc_add_host() 함수에서는 라즈베리 파이의 86번 인터럽트 핸들러와 해당 IRQ 스레드를 설정합니다. 그런데 뭔가 이상합니다. **request_threaded_irq() 함수 대신 devm_request_threaded_irq() 함수를 써서 IRQ 스레드를 설정하는 것 같습니다.**

함수 이름이 다르니 다른 동작을 하는 함수로 보입니다. 하지만 devm_request_threaded_irq() 함수를 열어 보면 request_threaded_irq() 함수를 호출합니다.

https://github.com/raspberrypi/linux/blob/rpi-4.19.y/kernel/irq/devres.c

```
01 int devm_request_threaded_irq(struct device *dev, unsigned int irq,
02                     irq_handler_t handler, irq_handler_t thread_fn,
03                     unsigned long irqflags, const char *devname,
04                     void *dev_id)
05 {
06      struct irq_devres *dr;
07      int rc;
08
...
09
10      rc = request_threaded_irq(irq, handler, thread_fn, irqflags, devname,
11                          dev_id);
```

10번째 줄과 같이 devm_request_threaded_irq() 함수에서 request_threaded_irq() 함수를 호출합니다.

IRQ 스레드를 생성하는 관점에서만 보면 devm_request_threaded_irq() 함수는 request_threaded_irq() 함수와 같은 기능을 수행합니다. 인터럽트를 device 구조체로 관리하는 방식만 다를 뿐입니다.

이번에는 request_threaded_irq() 함수에 전달하는 인자가 약간 다른 것 같습니다.

```
06      ret = devm_request_threaded_irq(dev, host->irq, bcm2835_mmc_irq,
07                          bcm2835_mmc_thread_irq, IRQF_SHARED,
08                          mmc_hostname(mmc), host);
```

6번째 줄을 보면 bcm2835_mmc_irq() 함수를 인터럽트 핸들러로 등록합니다. 이 함수는 86번 "mmc1" 인터럽트가 발생하면 호출되는 인터럽트 핸들러 함수입니다.

7번째 줄을 보면 request_threaded_irq() 함수의 세 번째 인자로 bcm2835_mmc_thread_irq() 함수를 지정합니다. 이 함수를 IRQ 스레드 처리 함수라고 합니다. IRQ 스레드가 실행될 때 호출되어 인터럽트의 후반부를 처리하는 함수입니다.

조금 더 이해를 돕기 위해 request_threaded_irq() 함수의 선언부를 보면 세 번째 인자로 irq_handler_t thread_fn이 선언돼 있습니다. 두 번째 인자는 인터럽트 핸들러 함수입니다.

https://github.com/raspberrypi/linux/blob/rpi-4.19.y/include/linux/interrupt.h

```
extern int __must_check
request_threaded_irq(unsigned int irq, irq_handler_t handler,
        irq_handler_t thread_fn,
        unsigned long flags, const char *name, void *dev);
```

thread_fn 함수 포인터에 bcm2835_mmc_thread_irq() 함수를 IRQ 스레드 처리 함수로 등록하는 것입니다. 이를 알기 쉽게 코드 형식으로 표현하면 각 인자는 다음과 같이 등록됩니다.

표 6.3 request_threaded_irq() 함수의 인자와 역할

의미	매개변수명	인자
인터럽트 번호	irq	host->irq
인터럽트 핸들러	handler	bcm2835_mmc_irq
IRQ 스레드 처리 함수	thread_fn	bcm2835_mmc_thread_irq

그럼 위에서 선언한 매개변수는 언제 어떻게 실행될까요? 다음 절에서 알아볼 예정이지만 먼저 소개하겠습니다.

- 인터럽트가 발생했을 때 인터럽트 컨텍스트에서 실행하는 인터럽트 핸들러는 bcm2835_mmc_irq() 함수다.
- "irq/86-mmc1" IRQ 스레드가 실행하는 스레드 처리 함수는 bcm2835_mmc_thread_irq() 함수다.

IRQ 스레드의 이름을 정하는 규칙은 무엇일까요?

다음으로 IRQ 스레드를 생성하는 코드를 보면서 86번 인터럽트에 대한 IRQ 스레드의 이름을 어떤 규칙으로 생성하는지 알아봅시다.

https://github.com/raspberrypi/linux/blob/rpi-4.19.y/kernel/irq/manage.c

```
01 static int
02 setup_irq_thread(struct irqaction *new, unsigned int irq, bool secondary)
03 {
04     struct task_struct *t;
05     struct sched_param param = {
06             .sched_priority = MAX_USER_RT_PRIO/2,
07     };
08
09     if (!secondary) {
10             t = kthread_create(irq_thread, new, "irq/%d-%s", irq,
11                             new->name);
12     } else {
13             t = kthread_create(irq_thread, new, "irq/%d-s-%s", irq,
14                             new->name);
15             param.sched_priority -= 1;
16     }
```

위의 코드 내용을 토대로 **"irq=86 name=mmc1"** 인터럽트의 IRQ 스레드 이름은 **"irq/86-mmc1"**이라는 사실을 알 수 있습니다.

그렇다면 **"irq/86-mmc1"** IRQ 스레드는 언제 실행될까요? 86번 인터럽트가 발생하면 호출되는 인터럽트 핸들러가 IRQ 스레드 실행 여부를 결정합니다. 만약 86번 인터럽트가 발생하지 않으면 IRQ 스레드는 실행되지 않습니다.

다른 리눅스 시스템의 IRQ 스레드 생성 예제 분석

라즈비안에서는 86번 인터럽트를 처리할 1개의 IRQ 스레드만 생성합니다. 1개의 IRQ 스레드만 생성하는 코드밖에 없으니 이번에는 다른 리눅스 시스템에서 IRQ 스레드를 생성하는 예제 코드를 소개하겠습니다.

이번에는 request_threaded_irq() 함수를 호출해서 IRQ 스레드를 생성하는 과정을 살펴보겠습니다. 분석할 코드는 다음과 같습니다.

https://github.com/raspberrypi/linux/blob/rpi-4.19.y/drivers/usb/dwc3/gadget.c

```
01 static int dwc3_gadget_start(struct usb_gadget *g,
02             struct usb_gadget_driver *driver)
```

```
03 {
04     struct dwc3              *dwc = gadget_to_dwc(g);
05     unsigned long           flags;
06     int                     ret = 0;
07     int                     irq;
08
09     irq = dwc->irq_gadget;
10     ret = request_threaded_irq(irq, dwc3_interrupt, dwc3_thread_interrupt,
11                     IRQF_SHARED, "dwc3", dwc->ev_buf);
```

먼저 request_threaded_irq() 함수에 전달하는 인자를 살펴봅시다.

- irq: 인터럽트 번호

- dwc3_interrupt: 인터럽트 핸들러

- dwc3_thread_interrupt: IRQ 스레드 처리 함수

- IRQF_SHARED: 인터럽트 플래그

- "dwc3": 인터럽트 이름

- dwc->ev_buf: 인터럽트 핸들러와 IRQ 스레드 핸들러인 irq_thread() 함수에 전달하는 매개변수

5장에서 인터럽트 핸들러를 설정할 때 호출했던 request_irq() 함수와 유사해 보입니다. request_irq() 함수를 호출할 때와의 차이점은 request_threaded_irq() 함수는 IRQ 스레드 처리 함수인 dwc3_thread_interrupt() 함수의 이름을 세 번째 인자로 전달한다는 것입니다.

request_threaded_irq() 함수를 호출하면 해당 인터럽트에 대한 전용 IRQ 스레드가 생성됩니다. 그럼 리눅스 커널에서 IRQ 스레드의 이름은 어떻게 결정할까요? **인터럽트 번호가 47이면 IRQ 스레드의 이름은 "irq/47-dwc3"이 됩니다.**

그렇다면 "irq/47-dwc3" IRQ 스레드를 깨울지 언제 결정할까요? **인터럽트가 발생한 후 dwc3_interrupt() 인터럽트 핸들러에서 인터럽트에 대한 처리를 한 다음 "irq/47-dwc3" IRQ 스레드를 깨울지 결정합니다.**

이후 "irq/47-dwc3" IRQ 스레드가 깨어나면 "irq/47-dwc3" IRQ 스레드의 처리 함수인 dwc3_thread_interrupt() 함수가 호출됩니다(세부 동작은 다음 절에서 살펴볼 예정입니다).

이번에는 인터럽트 핸들러인 dwc3_interrupt() 함수를 분석해 보면서 세부적인 동작 방식을 알아보겠습니다.

```
01 static irqreturn_t dwc3_interrupt(int irq, void *_evt)
02 {
03    struct dwc3_event_buffer    *evt = _evt;
04    return dwc3_check_event_buf(evt);
05 }
```

dwc 인터럽트가 발생하면 dwc3_interrupt()이라는 인터럽트 핸들러가 실행됩니다. dwc3_interrupt() 함수는 특별한 동작을 하지 않습니다. 4번째 줄과 같이 dwc3_check_event_buf() 함수를 호출합니다.

dwc3_check_event_buf() 함수의 구현부는 다음과 같습니다.

```
01 static irqreturn_t dwc3_check_event_buf(struct dwc3_event_buffer *evt)
02 {
03    struct dwc3 *dwc = evt->dwc;
04    u32 amount;
05    u32 count;
06    u32 reg;
07
08    if (pm_runtime_suspended(dwc->dev)) {
09        pm_runtime_get(dwc->dev);
10        disable_irq_nosync(dwc->irq_gadget);
11        dwc->pending_events = true;
12        return IRQ_HANDLED;
13    }
...
14    if (amount < count)
15        memcpy(evt->cache, evt->buf, count - amount);
16
17    dwc3_writel(dwc->regs, DWC3_GEVNTCOUNT(0), count);
18
19    return IRQ_WAKE_THREAD;
20}
```

복잡해 보이는 코드인데 IRQ 스레드 처리 관점에서 함수를 분석하겠습니다. 위 함수를 눈여겨보면 디바이스를 제어하는 시나리오에 따라 12번째 줄에서는 IRQ_HANDLED, 19번째 줄에서는 IRQ_WAKE_THREAD를 반환합니다.

인터럽트가 발생한 후 IRQ 스레드를 깨워서 인터럽트 후반부로 후속 처리를 할 필요가 없을 때가 있습니다. 이 조건에서 다음 12번째 줄과 같이 IRQ_HANDLED를 반환합니다.

```
08    if (pm_runtime_suspended(dwc->dev)) {
09        pm_runtime_get(dwc->dev);
10        disable_irq_nosync(dwc->irq_gadget);
11        dwc->pending_events = true;
12        return IRQ_HANDLED;
13    }
```

인터럽트 핸들러가 실행된 후 드라이버에서 인터럽트에 대한 추가 처리를 수행해야 할 때가 있습니다. 이 경우 인터럽트 핸들러에서 IRQ_WAKE_THREAD를 반환하면 IRQ 스레드가 깨어나게 됩니다.

```
17    dwc3_writel(dwc->regs, DWC3_GEVNTCOUNT(0), count);
18
19    return IRQ_WAKE_THREAD;
20}
```

이후 IRQ 스레드가 깨어난 후 IRQ 스레드 처리 함수인 dwc3_thread_interrupt() 함수가 실행됩니다. 이를 통해 인터럽트 핸들러에서 바로 처리하지 못한 일을 수행합니다.

지금까지의 소스코드 분석으로 다음과 같은 결론을 내릴 수 있습니다.

인터럽트 핸들러에서 IRQ_WAKE_THREAD를 반환할 때 IRQ 스레드를 깨운다.

인터럽트 핸들러에서 IRQ_WAKE_THREAD를 반환한 후의 세부적인 동작은 6.4절에서 자세히 다루겠습니다.

6.3.2 라즈베리 파이에서 IRQ 스레드 생성 과정 디버깅

지금까지 IRQ 스레드를 생성하면 커널 내부에서 다음과 같이 처리한다는 사실을 배웠습니다.

- request_threaded_irq() 함수를 호출하면 인터럽트의 속성을 설정한다.
- 내부 함수에서 kthread_create() 함수를 실행해 IRQ 스레드를 생성한다.

이번 절에서는 우리가 배운 함수가 실제 리눅스 시스템에서 어떻게 호출되는지 실습을 통해 알아보겠습니다. 이번 실습을 통해 코드 분석을 통해 배운 내용을 다지는 기회가 되길 바랍니다.

패치 코드 소개

이번 실습을 하려면 먼저 리눅스 커널 소스코드를 수정할 필요가 있습니다. 이를 위한 패치 코드는 다음과 같습니다.

```
diff --git a/kernel/kthread.c b/kernel/kthread.c
index 1c19edf82..0bc8a0037 100644
--- a/kernel/kthread.c
+++ b/kernel/kthread.c
@@ -275,13 +275,25 @@ struct task_struct *__kthread_create_on_node(int (*threadfn)(void *data),
     struct task_struct *task;
01     struct kthread_create_info *create = kmalloc(sizeof(*create),
02                                            GFP_KERNEL);
03 -
04 + int irq_thread_enable = !strncmp(namefmt, "irq", 3);
05 + char *process_name = &namefmt[0];
06 +
07   if (!create)
08           return ERR_PTR(-ENOMEM);
09   create->threadfn = threadfn;
10   create->data = data;
11   create->node = node;
12   create->done = &done;
13 +
14 + if ( process_name )
15 +      printk("[+] process_name: %s caller:(%pS) \n", process_name, (void
*)__builtin_return_address(0));
16 +
17 + if (irq_thread_enable) {
18 +    void *irq_threadfn = (void*)threadfn;
19 +
20 +      printk("[+] irq_thread handler: %pS caller:(%pS) \n", irq_threadfn, (void
*)__builtin_return_address(0));
21 +    dump_stack();
22 + }
23
24   spin_lock(&kthread_create_lock);
25   list_add_tail(&create->list, &kthread_create_list);
```

앞에서 소개한 패치 코드에서 + 기호로 굵게 표시된 부분이 추가할 코드입니다. 참고로 대부분의 리눅스 프로젝트에서는 이 같은 방식으로 코드가 어떻게 바뀌었는지 표현합니다. 이처럼 패치 코드를 표현하는 방식을 잘 기억해둡시다.

먼저 패치 코드를 설명하기에 앞서 먼저 패치 코드를 입력하는 방법을 소개하겠습니다. 다음은 패치 코드를 입력하기 전의 원본 __kthread_create_on_node() 함수입니다. 소스코드와 함께 있는 주석을 보면 '패치 코드'를 입력할 코드의 위치를 알 수 있습니다.

https://github.com/raspberrypi/linux/blob/rpi-4.19.y/kernel/kthread.c

```
static __printf(4, 0)
struct task_struct *__kthread_create_on_node(int (*threadfn)(void *data),
                       void *data, int node,
                       const char namefmt[],
                       va_list args)
{
    DECLARE_COMPLETION_ONSTACK(done);
    struct task_struct *task;
    struct kthread_create_info *create = kmalloc(sizeof(*create),
                       GFP_KERNEL);
/* 첫 번째 패치 코드 조각을 입력하세요 */
    if (!create)
        return ERR_PTR(-ENOMEM);
    create->threadfn = threadfn;
    create->data = data;
    create->node = node;
    create->done = &done;
/* 두 번째 패치 코드 조각을 입력하세요 */
    spin_lock(&kthread_create_lock);
    list_add_tail(&create->list, &kthread_create_list);
    spin_unlock(&kthread_create_lock);
```

주석으로 표시된 "/* 첫 번째 패치 코드 조각을 입력하세요 */" 부분에 다음 코드를 입력합니다.

```
04 +     int irq_thread_enable = !strncmp(namefmt, "irq", 3);
05 +     char *process_name = &namefmt[0];
06 +
```

다음 주석인 "/* 두 번째 패치 코드 조각을 입력하세요 */"에 다음 코드를 작성합니다.

```
14 +    if ( process_name )
15 +        printk("[+] process_name: %s caller:(%pS) \n", process_name, (void
*)__builtin_return_address(0));
16 +
17 +    if (irq_thread_enable) {
18 +        void *irq_threadfn = (void*)threadfn;
19 +
20 +        printk("[+] irq_thread handler: %pS caller:(%pS) \n", irq_threadfn, (void
*)__builtin_return_address(0));
21 +        dump_stack();
22 +    }
```

패치 코드 설명

첫 번째 패치 코드는 __kthread_create_on_node() 함수에 추가합니다. 여기서 한 가지 의문이 생깁니다. 이전 절에서 분석하지 않은 __kthread_create_on_node() 함수에 IRQ 스레드를 생성하는 코드를 작성한 이유는 무엇일까요?

여기에는 그럴 만한 이유가 있습니다. 커널 스레드를 생성할 때 호출하는 kthread_create() 함수의 실제 구현부는 __kthread_create_on_node() 함수이기 때문입니다.

그 이유를 알려면 먼저 setup_irq_thread() 함수를 살펴볼 필요가 있습니다.

https://github.com/raspberrypi/linux/blob/rpi-4.19.y/kernel/irq/manage.c

```
01 static int
02 setup_irq_thread(struct irqaction *new, unsigned int irq, bool secondary)
03 {
...
04    if (!secondary) {
05        t = kthread_create(irq_thread, new, "irq/%d-%s", irq,
06                new->name);
```

5번째 줄을 보면 kthread_create() 함수를 호출하는데, kthread_create() 함수를 실행하면 다음 동작을 수행한다고 알고 있습니다.

커널 스레드인 IRQ 스레드를 생성한다.

그런데 kthread_create() 함수는 다음 선언부와 같이 매크로 타입으로서 커널을 컴파일하는 과정에서 kthread_create_on_node() 함수로 치환됩니다.

https://github.com/raspberrypi/linux/blob/rpi-4.19.y/include/linux/kthread.h

```
#define kthread_create(threadfn, data, namefmt, arg...) \
    kthread_create_on_node(threadfn, data, NUMA_NO_NODE, namefmt, ##arg)
```

이어서 kthread_create_on_node() 함수의 구현부를 보면 가변 인자를 대입한 후 __kthread_create_on_node() 함수를 호출합니다.

```
struct task_struct *kthread_create_on_node(int (*threadfn)(void *data),
                    void *data, int node,
                    const char namefmt[],
                    ...)
{
    struct task_struct *task;
    va_list args;

    va_start(args, namefmt);
    task = __kthread_create_on_node(threadfn, data, node, namefmt, args);
    va_end(args);

    return task;
}
```

앞에서 분석한 내용을 조합하면 다음과 같은 사실을 이끌어낼 수 있습니다.

kthread_create() 함수를 호출하면 실제 __kthread_create_on_node() 함수가 동작한다.

이 같은 이유로 __kthread_create_on_node() 함수에 디버깅 코드를 작성한 것입니다. 여기까지 __kthread_create_on_node() 함수에 디버깅 코드를 작성한 이유를 살펴봤습니다. 이제 패치 코드를 더 자세히 분석하겠습니다.

먼저 수정한 4번째 줄부터 보겠습니다.

```
struct task_struct *__kthread_create_on_node(int (*threadfn)(void *data),
                                             void *data, int node,
                                             const char namefmt[],
                                             va_list args)
04 + int irq_thread_enable = !strncmp(namefmt, "irq", 3);
05 + char *process_name = &namefmt[0];
06 +
```

__kthread_create_on_node() 함수로 전달되는 namefmt라는 파라미터를 "irq" 문자열과 비교합니다.
strncmp() 함수는 지정한 문자 수만큼만 문자열을 비교하는 라이브러리 함수입니다. 이때 namefmt 변
수의 첫 번째 주소 기준으로 문자열이 "irq"이면 irq_thread_enable 변수를 1로 설정합니다.

다음으로 5번째 줄을 보겠습니다. IRQ 스레드의 이름은 setup_irq_thread() 함수에서 "irq/%d-%s" 인
자로 kthread_create() 함수를 호출할 때 지정된다는 사실을 알고 계실 겁니다. 여기서는 setup_irq_
thread() 함수에서 지정한 "irq/%d-%s"가 __kthread_create_on_node() 함수의 namefmt 인자로 전달됩니
다. 그래서 이 앞 세 개의 문자열이 "irq"인지 비교하는 코드를 작성한 것입니다.

```
01 static int
02 setup_irq_thread(struct irqaction *new, unsigned int irq, bool secondary)
03 {
...
04     if (!secondary) {
05         t = kthread_create(irq_thread, new, "irq/%d-%s", irq,
06             new->name);
```

이어서 디버깅 정보를 출력하는 17~22번째 줄을 보겠습니다.

```
17 + if (irq_thread_enable) {
18 +     void *irq_threadfn = (void*)threadfn;
19 +
20 +     printk("[+] irq_thread handler: %pS caller:(%pS) \n", irq_threadfn, (void
*)__builtin_return_address(0));
21 +     dump_stack();
22 + }
```

먼저 17~22번째 줄이 실행되는 조건을 확인해보겠습니다. irq_thread_enable 변수는 어느 조건에서 true일까요? **바로 IRQ 스레드를 생성할 때만 true입니다.** 즉, IRQ 스레드를 생성할 때만 18~21번째 줄을 실행하게 됩니다. irq_thread_enable 변수가 1이면 무엇을 의미할까요? 스레드 이름이 "irq"로 시작하니 IRQ 스레드를 생성하는 조건입니다.

다음으로 18번째 줄을 보겠습니다.

```
18 +        void *irq_threadfn = (void*)threadfn;
```

IRQ 스레드의 핸들러 함수 주소를 저장하는 함수 포인터인 threadfn을 irq_threadfn 포인터에 캐스팅합니다. 여기서 threadfn 인자는 irq_thread() 함수의 주소를 저장하고 있습니다.

이번에는 20번째 줄을 보겠습니다.

```
20 +        printk("[+] irq_thread handler: %pS caller:(%pS) \n", irq_threadfn, (void
*)__builtin_return_address(0));
```

위 코드는 다음 정보를 커널 로그로 출력합니다.

- IRQ 스레드 핸들러 함수인 irq_thread()
- 자신을 호출한 함수 정보

이제 21번째 줄을 볼 차례입니다.

```
21 +        dump_stack();
```

dump_stack() 함수를 호출해 콜 스택을 커널 로그로 출력합니다.

이렇게 코드를 입력하고 커널 빌드를 완료한 후 라즈베리 파이에 커널 이미지를 설치합니다. 이후 라즈베리 파이를 리부팅하고 커널 로그(/var/log/kern.log)를 열어봅시다.

패치 코드 적용 후 커널 로그 분석

IRQ 스레드는 부팅 과정에서 생성되므로 패치 코드가 실행되면서 출력한 로그는 라즈베리 파이를 부팅한 후 확인할 수 있습니다. 이어서 커널 로그에서 출력된 디버깅 정보를 분석해보겠습니다.

```
01 [0.722882] mmc-bcm2835 3f300000.mmc: mmc_debug:0 mmc_debug2:0
02 [0.722892] mmc-bcm2835 3f300000.mmc: DMA channel allocated
```

```
03 [0.722933] [+] process_name: irq/%d-%s caller:(kthread_create_on_node+0x30/0x38)
04 [0.722947] [+] irq_thread handler: irq_thread+0x0/0x20c
  caller:(kthread_create_on_node+0x30/0x38)
05 [0.722958] CPU: 0 PID: 31 Comm: kworker/0:1 Not tainted 4.19.30-v7+ #15
06 [0.722962] Hardware name: BCM2835
07 [0.722980] Workqueue: events deferred_probe_work_func
08 [0.723006] (unwind_backtrace) from [<8010c21c>] (show_stack+0x20/0x24)
09 [0.723022] (show_stack) from (dump_stack+0xc8/0x10c)
10 [0.723039] (dump_stack) from (__kthread_create_on_node+0x1c4/0x1e0)
11 [0.723055] (__kthread_create_on_node) from (kthread_create_on_node+0x30/0x38)
12 [0.723070] (kthread_create_on_node) from (setup_irq_thread+0x54/0xe4)
13 [0.723086] (setup_irq_thread) from (__setup_irq+0x260/0x730)
14 [0.723101] (__setup_irq) from (request_threaded_irq+0xec/0x160)
15 [0.723118] (request_threaded_irq) from (devm_request_threaded_irq+0x78/0xcc)
16 [0.723140] (devm_request_threaded_irq) from (bcm2835_mmc_probe+0x514/0x644)
17 [0.723159] (bcm2835_mmc_probe) from (platform_drv_probe+0x60/0xc0)
18 [0.723176] (platform_drv_probe) from (driver_probe_device+0x244/0x2f8)
19 [0.723193] (driver_probe_device) from (__device_attach_driver+0xa8/0xdc)
20 [0.723210] (__device_attach_driver) from (bus_for_each_drv+0x70/0xa4)
21 [0.723228] (bus_for_each_drv) from (__device_attach+0xc0/0x124)
22 [0.723245] (__device_attach) from (device_initial_probe+0x1c/0x20)
23 [0.723261] (device_initial_probe) from (bus_probe_device+0x94/0x9c)
24 [0.723278] (bus_probe_device) from (deferred_probe_work_func+0x68/0x150)
25 [0.723296] (deferred_probe_work_func) from (process_one_work+0x224/0x518)
26 [0.723317] (process_one_work) from (worker_thread+0x60/0x5f0)
27 [0.723333] (worker_thread) from (kthread+0x144/0x174)
28 [0.723348] (kthread) from (ret_from_fork+0x14/0x28)
```

먼저 커널 스레드 이름과 스레드 핸들러 함수를 분석해 봅시다.

```
03 [0.722933] [+] process_name: irq/%d-%s caller:(kthread_create_on_node+0x30/0x38)
04 [0.722947] [+] irq_thread handler: irq_thread+0x0/0x20c
  caller:(kthread_create_on_node+0x30/0x38)
```

위 커널 로그에서 다음과 같은 사실을 알 수 있습니다.

- 스레드 이름: irq/%d-%s
- 자신을 호출한 함수: kthread_create_on_node+0x30
- IRQ 스레드 핸들러 함수: irq_thread() 함수

다음은 5~6번째 줄 로그입니다.

```
05 [0.722958] CPU: 0 PID: 31 Comm: kworker/0:1 Not tainted 4.19.30-v7+ #15
06 [0.722962] Hardware name: BCM2835
```

이 함수가 어느 프로세스에서 실행됐는지 알려주는 로그입니다. PID가 31인 kworker/0:1 프로세스가 CPU0에서 수행됐음을 알 수 있습니다.

이번에는 콜 스택을 살펴보겠습니다.

```
11 [0.723055] (__kthread_create_on_node) from (kthread_create_on_node+0x30/0x38)
12 [0.723070] (kthread_create_on_node) from (setup_irq_thread+0x54/0xe4)
13 [0.723086] (setup_irq_thread) from (__setup_irq+0x260/0x730)
14 [0.723101] (__setup_irq) from (request_threaded_irq+0xec/0x160)
15 [0.723118] (request_threaded_irq) from (devm_request_threaded_irq+0x78/0xcc)
16 [0.723140] (devm_request_threaded_irq) from (bcm2835_mmc_probe+0x514/0x644)
17 [0.723159] (bcm2835_mmc_probe) from (platform_drv_probe+0x60/0xc0)
18 [0.723176] (platform_drv_probe) from (driver_probe_device+0x244/0x2f8)
```

platform_drv_probe() 함수에서 bcm2835_mmc_probe() 함수를 호출합니다. 이 정보로 부팅 과정에서 IRQ 스레드를 생성한다는 사실을 알 수 있습니다. 보통 드라이버 코드의 함수 이름에 probe가 보이면 부팅 도중 한 번 실행한다고 보면 됩니다.

콜 스택을 보면 이번 절에서 분석한 함수를 볼 수 있습니다.

- request_threaded_irq() 함수로 출발해서 __kthread_create_on_node() 함수까지 호출
- kthread_create() 함수 대신 실제 kthread_create_on_node() 함수가 실행

이번 절에서 다룬 실습을 통해 다음 내용을 알게 됐습니다.

- **IRQ 스레드는 언제 생성될까?**

  부팅 과정에서 request_threaded_irq() 함수를 호출하면서 IRQ 스레드가 생성됩니다.

- **커널 스레드를 생성하는 함수는 무엇인가?**

  kthread_create() 함수 대신 실제 kthread_create_on_node() 함수가 실행될 때 커널 스레드를 생성합니다.

- **커널 로그로 함수 콜 스택을 보고 싶으면 어떤 코드를 추가하면 될까?**

  dump_stack() 함수를 추가하면 커널 로그에서 콜 스택을 볼 수 있습니다.

다음 절에서는 IRQ 스레드가 어떻게 실행되는지 점검해보겠습니다.

6.4 IRQ 스레드는 누가 언제 실행할까?

IRQ 스레드는 생성된 후 다음과 같은 동작을 계속 반복해서 수행합니다.

1. 인터럽트 핸들러에서 IRQ_WAKE_THREAD를 반환

2. IRQ 스레드를 깨움

3. IRQ 스레드 핸들러인 irq_thread() 함수를 실행

4. irq_thread() 함수에서 IRQ 스레드 처리 함수 호출

그렇다면 IRQ 스레드는 누가 언제 실행을 시작할까요? **IRQ 스레드가 실행하는 출발점은 인터럽트 핸들러가 IRQ_WAKE_THREAD를 반환하는 시점입니다.**

이번 절에서는 이 부분부터 IRQ 스레드를 어떤 과정으로 깨우는지 살펴보겠습니다.

6.4.1 IRQ 스레드를 깨우는 코드 분석

다음 질문과 함께 IRQ 스레드를 실행하는 과정을 살펴보겠습니다.

IRQ 스레드 실행의 출발점은 어디일까요?

인터럽트 핸들러에서 IRQ_WAKE_THREAD를 반환하는 시점이 IRQ 스레드를 실행하는 출발점입니다. 인터럽트가 발생하면 인터럽트 핸들러가 실행됩니다. 인터럽트 핸들러에서 IRQ_WAKE_THREAD를 반환하면 해당 IRQ 스레드를 깨웁니다.

라즈베리 파이를 예로 들어 볼까요? 86번 "mmc1" 인터럽트 핸들러인 bcm2835_mmc_irq() 함수에서 IRQ_WAKE_THREAD를 반환하면 irq/86-mmc1이라는 IRQ 스레드를 깨웁니다. IRQ 스레드를 깨우면 스케줄러는 우선순위를 고려한 후 IRQ 스레드를 실행합니다. 프로세스 컨텍스트에서 IRQ 스레드가 실행되는 것입니다.

IRQ 스레드의 전체 흐름 파악

이번에는 IRQ 스레드의 전체 흐름을 보면서 IRQ 스레드의 실행 시점을 살펴보겠습니다.

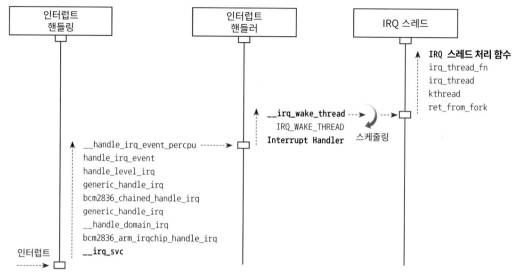

그림 6.5 IRQ 스레드의 전체 실행 흐름

그림 6.5의 왼쪽 부분을 보면 '인터럽트 핸들링'으로 표시된 박스에 커널 함수가 보일 것입니다. **이것은 인터럽트가 발생한 후 인터럽트 벡터(vector_irq)를 통해 브랜치되는 __irq_svc 레이블로부터 커널 내부 함수의 실행 흐름입니다.**

이어서 가운데의 '인터럽트 핸들러'로 표시된 부분은 인터럽트 핸들러에서 IRQ_WAKE_THREAD를 반환하는 동작을 나타냅니다. 화살표의 가장 윗부분을 눈으로 따라가보면 '__irq_wake_thread'라고 표시된 부분이 보일 것입니다. 이는 **IRQ 스레드를 깨우는 동작을 나타냅니다.**

이처럼 커널에게 IRQ 스레드 실행 요청을 하면 스케줄러는 우선순위를 고려해 IRQ 스레드를 실행합니다. 그런데 IRQ 스레드는 실시간 프로세스라 일반 프로세스보다 우선 순위가 높아서 일반적인 상황에서 바로 실행을 시작합니다.

이번에는 맨 오른쪽의 'IRQ 스레드'로 표시된 부분을 보겠습니다. 이 부분은 IRQ 스레드가 실행하는 동작을 표현합니다. 박스의 아랫부분은 IRQ 스레드가 실행하는 함수의 호출 흐름입니다. **보다시피 IRQ 스레드의 스레드 핸들러인 irq_thread() 함수가 호출되고, 이어서 IRQ 스레드 처리 함수가 호출됩니다.**

이전에 irq/86-mmc1이라는 IRQ 스레드가 생성되는 과정을 살펴봤으니 이번에는 라즈베리 파이에서 86번 인터럽트가 발생하고 나서 irq/86-mmc1 IRQ 스레드가 실행되는 과정까지 살펴보겠습니다.

IRQ 스레드 실행의 출발점인 __handle_irq_event_percpu() 함수 분석

IRQ 스레드 실행의 출발점은 인터럽트 핸들러가 IRQ_WAKE_THREAD를 반환하는 시점이라고 설명했습니다. 커널의 내부 코드를 보면서 인터럽트 핸들러가 IRQ_WAKE_THREAD를 반환하면 어떻게 IRQ 스레드를 깨우는지 살펴봅시다. 먼저 다음 코드를 함께 봅시다.

https://github.com/raspberrypi/linux/blob/rpi-4.19.y/kernel/irq/handle.c

```
01 irqreturn_t __handle_irq_event_percpu(struct irq_desc *desc, unsigned int *flags)
02 {
03    irqreturn_t retval = IRQ_NONE;
04    unsigned int irq = desc->irq_data.irq;
05    struct irqaction *action;
06
07    for_each_action_of_desc(desc, action) {
08       irqreturn_t res;
09
10       trace_irq_handler_entry(irq, action);
11       res = action->handler(irq, action->dev_id);
12       trace_irq_handler_exit(irq, action, res);
13
14       if (WARN_ONCE(!irqs_disabled(),"irq %u handler %pF enabled interrupts\n",
15          irq, action->handler))
16          local_irq_disable();
17
18       switch (res) {
19          case IRQ_WAKE_THREAD:
20
21             if (unlikely(!action->thread_fn)) {
22                warn_no_thread(irq, action);
23                break;
24             }
25
26             __irq_wake_thread(desc, action);
```

앞에서 __handle_irq_event_percpu() 함수의 11번째 줄에서 인터럽트 핸들러를 호출한다고 배웠습니다. __handle_irq_event_percpu() 함수의 첫 번째 인자는 irq_desc 구조체인 desc입니다. irq_desc 구조체는 인터럽트 디스크립터라고 부릅니다.

7번째 줄을 보면 인터럽트 디스크립터의 필드 중 irqaction 구조체의 action 필드에 저장된 주소를 *action이라는 포인터형 변수에 전달합니다.

```
01 irqreturn_t __handle_irq_event_percpu(struct irq_desc *desc, unsigned int *flags)
02 {
03    irqreturn_t retval = IRQ_NONE;
04    unsigned int irq = desc->irq_data.irq;
05    struct irqaction *action;
06
07    for_each_action_of_desc(desc, action) {
08        irqreturn_t res;
```

 for_each_action_of_desc 매크로의 선언부는 다음과 같습니다.

```
01 #define for_each_action_of_desc(desc, act)            \
02   for (act = desc->action; act; act = act->next)
```

1번째 줄은 2번째 줄로 치환됩니다. 2번째 줄에서는 desc->action 필드를 act에 저장하는 작업을 수행합니다.

다음으로 11~26번째 줄을 보겠습니다.

```
11    res = action->handler(irq, action->dev_id);
...
18    switch (res) {
19        case IRQ_WAKE_THREAD:
20
21        if (unlikely(!action->thread_fn)) {
22            warn_no_thread(irq, action);
23        break;
24    }
25
26        __irq_wake_thread(desc, action);
```

11번째 줄을 보면 action->handler 함수 포인터로 인터럽트 핸들러를 호출합니다. 그리고 res 지역변수는 인터럽트 핸들러가 반환하는 값을 저장합니다. 18번째 줄에서는 res 값을 기준으로 switch~case 문을 처리합니다.

그런데 res가 IRQ_WAKE_THREAD이면 26번째 줄을 실행합니다. 이 줄에서는 **__irq_wake_thread()** 함수를 호출해 IRQ 스레드를 깨우는데, 이 부분이 바로 IRQ 스레드를 실행하는 출발점입니다.

21번째 줄에서는 인터럽트 디스크립터로 설정된 action->thread_fn 함수 포인터가 NULL인지 검사합니다. IRQ 스레드를 등록할 때 IRQ 스레드 처리 함수를 지정했으면 action->thread_fn 필드는 NULL이 아닐 것입니다. 대신 IRQ 스레드 처리 함수의 주소를 담고 있을 것입니다.

이런 조건문을 추가한 이유는 무엇일까요? 다음과 같은 예외 처리를 하기 위해서입니다.

- IRQ 스레드를 등록하지 않았는데 인터럽트 핸들러에서 IRQ_WAKE_THREAD를 반환할 경우
- IRQ 스레드를 생성할 때 IRQ 스레드 처리 함수를 제대로 등록했는지 확인

디바이스 드라이버 개발자가 실수로 request_threaded_irq() 함수를 호출할 때 IRQ 스레드 처리 함수를 지정하지 않을 수 있습니다. **그러면 인터럽트 핸들러에서 IRQ_WAKE_THREAD를 반환하면 생성하지도 않은 IRQ 스레드를 깨우려고 시도하는 오동작이 일어날 것입니다.** 이는 이전 절에서 배웠다시피 IRQ 스레드 핸들러 함수를 등록해야 IRQ 스레드를 생성하기 때문입니다. 바로 이런 실수를 막기 위한 예외 처리 코드입니다.

만약 IRQ 스레드 처리 함수를 지정하지 않았다면 다음과 같이 warn_no_thread() 함수를 호출해서 친절하게 커널 로그로 경고 메시지를 출력합니다. 이후 break 문을 실행해서 switch~case 문을 종료합니다.

 warn_no_thread() 함수를 보면 다음 6~7번째 줄의 메시지와 같이 인터럽트 이름과 번호를 커널 로그로 출력합니다.

https://github.com/raspberrypi/linux/blob/rpi-4.19.y/kernel/irq/handle.c

```
01 static void warn no thread(unsigned int irq, struct irqaction *action)
02 {
03    if (test_and_set_bit(IRQTF_WARNED, &action->thread_flags))
04        return;
05
06    printk(KERN_WARNING "IRQ %d device %s returned IRQ_WAKE_THREAD "
07            "but no thread function available.", irq, action->name);
08 }
```

7번째 줄의 "but no thread function available." 메시지는 IRQ 스레드 처리 함수를 지정하지 않았다는 의미입니다.

IRQ_WAKE_THREAD를 반환하는 인터럽트 핸들러 분석

인터럽트 핸들러에서 IRQ_WAKE_THREAD를 반환하면 IRQ 스레드를 깨우는 코드를 분석했습니다. 이번에는 86번 인터럽트 핸들러인 bcm2835_mmc_irq() 함수의 어느 부분에서 IRQ_WAKE_THREAD를 반환하는지 살펴보겠습니다.

https://github.com/raspberrypi/linux/blob/rpi-4.19.y/drivers/mmc/host/bcm2835-mmc.c

```
01 static irqreturn_t bcm2835_mmc_irq(int irq, void *dev_id)
02 {
03     irqreturn_t result = IRQ_NONE;
04     struct bcm2835_host *host = dev_id;
05     u32 intmask, mask, unexpected = 0;
06     int max_loops = 16;
07
08     spin_lock(&host->lock);
09
10     intmask = bcm2835_mmc_readl(host, SDHCI_INT_STATUS);
11
...
12     do {
13         /* Clear selected interrupts. */
14         mask = intmask & (SDHCI_INT_CMD_MASK | SDHCI_INT_DATA_MASK |
15                         SDHCI_INT_BUS_POWER);
16         bcm2835_mmc_writel(host, mask, SDHCI_INT_STATUS, 8);
...
17         if (intmask & SDHCI_INT_CARD_INT) {
18             bcm2835_mmc_enable_sdio_irq_nolock(host, false);
19             host->thread_isr |= SDHCI_INT_CARD_INT;
20             result = IRQ_WAKE_THREAD;
21         }
...
22 out:
...
23     return result;
24 }
```

20번째 줄을 보면 result에 IRQ_WAKE_THREAD를 저장합니다. 이 코드는 **IRQ 스레드를 깨워서 후속 처리를 해야겠다는 의도를 나타냅니다.**

이후 22번째 줄과 같이 out 레이블을 실행한 후 23번째 줄을 보면 이 result 변수를 반환합니다.

이처럼 인터럽트 핸들러인 bcm2835_mmc_irq() 함수가 IRQ_WAKE_THREAD를 반환하면 __handle_irq_event_percpu() 함수에서 __irq_wake_thread() 함수를 호출하게 됩니다.

__handle_irq_event_percpu() 함수에서 이 동작을 수행하는 코드만 모아서 보겠습니다.

https://github.com/raspberrypi/linux/blob/rpi-4.19.y/kernel/irq/handle.c

```
01 irqreturn_t __handle_irq_event_percpu(struct irq_desc *desc, unsigned int *flags)
...
11     res = action->handler(irq, action->dev_id); /* IRQ_WAKE_THREAD 반환 */
12     trace_irq_handler_exit(irq, action, res);
13
...
17
18     switch (res) {
19         case IRQ_WAKE_THREAD:
20
...
26         __irq_wake_thread(desc, action);
```

11번째 줄에서 인터럽트 핸들러가 IRQ_WAKE_THREAD를 반환하면 26번째 줄을 실행합니다.

보통 인터럽트 핸들러만 수행하면 후속 동작이 없을 것이라 예상하고 코드를 읽습니다. 하지만 인터럽트 핸들러가 IRQ_WAKE_THREAD를 반환하는 코드를 보면 다음과 같은 사실을 떠올릴 수 있습니다. "**해당 인터럽트는 IRQ 스레드 처리 함수를 등록해 IRQ 스레드가 인터럽트 후반부 처리를 한다.**" 이처럼 코드를 예측하면서 분석하면 전체 구조를 더 빨리 이해할 수 있습니다.

여기서 한 가지 생각해 볼 점이 있습니다. **인터럽트 핸들러가 IRQ 스레드를 깨우고 싶지 않을 때도 있지 않을까요?** 이것은 인터럽트 핸들러에서 해야 할 일을 마무리한 상황입니다. 즉, '인터럽트 후반부'를 처리하지 않아도 되는 상황입니다. 이 경우 **인터럽트 핸들러에서 IRQ_HANDLED를 반환하면 됩니다.** 그럼 IRQ 스레드를 깨우지 않고 인터럽트 핸들링을 마무리합니다.

이 같은 방식으로 인터럽트를 제어하면 조금 더 유연하게 인터럽트 후반부를 처리하는 드라이버 코드를 작성할 수 있습니다.

IRQ 스레드를 깨우는 irq_wake_thread() 함수 분석

irq_wake_thread() 함수를 호출하면 IRQ 스레드를 깨웁니다. 이어서 인터럽트 핸들러가 IRQ_WAKE_THREAD를 반환하면 호출하는 irq_wake_thread() 함수를 분석하겠습니다.

https://github.com/raspberrypi/linux/blob/rpi-4.19.y/kernel/irq/handle.c

```
01 void __irq_wake_thread(struct irq_desc *desc, struct irqaction *action)
02 {
...
03    atomic_inc(&desc->threads_active);
04    wake_up_process(action->thread);
05 }
```

4번째 줄은 wake_up_process() 함수를 호출해서 IRQ 스레드를 깨우는 동작을 수행합니다.

우리는 "wake_up_process() 함수를 호출하면 지정한 프로세스를 깨운다"라고 알고 있습니다. 이때 action->thread 인자는 IRQ 스레드의 태스크 디스크립터를 저장하고 있으니 4번째 줄은 IRQ 스레드를 깨우는 동작인 것입니다.

irqaction 구조체의 thread 필드는 IRQ 스레드의 태스크 디스크립터를 저장합니다.

소스코드 분석만으로는 이 내용을 잘 이해하지 못할 수 있으니 86번 인터럽트에 해당하는 인터럽트 디스크립터의 세부 필드를 함께 분석해 봅시다.

```
01 (struct irq_desc*)0xB008B300
...
02   (struct irqaction *) action = 0xBB4E6E40
03      (irq_handler_t) handler = 0x8061EC00 = bcm2835_mmc_irq,
...
04      (irq_handler_t) thread_fn = 0x8061DCC4 = bcm2835_mmc_thread_irq,
05      (struct task_struct *) thread = 0xBB516CC0
```

01번째 줄을 보면 인터럽트 디스크립터 주소가 0xB008B300임을 알 수 있습니다. 이어서 02번째 줄에 irq_desc 구조체의 action 필드가 보입니다. 여기서 action 필드의 타입은 struct irqaction입니다.

03~05번째 줄은 irqaction 구조체의 필드 정보입니다. 이 중 05번째 줄을 보면 thread 필드가 있고 해당 구조체의 타입은 struct task_struct입니다.

앞에서 본 인터럽트 디스크립터로 __irq_wake_thread() 함수를 호출해 IRQ 스레드를 깨우면 wake_up_process() 함수의 인자로 task_struct 구조체인 0xBB516CC0 주소를 전달합니다.

 wake_up_process() 함수의 선언부를 확인해봐도 태스크 디스크립터를 인자로 받는다는 사실을 알 수 있습니다.

```
extern int wake_up_process(struct task_struct *tsk);
```

다음 IRQ 스레드의 전체 흐름도를 보면서 이번 절에 배운 내용을 정리해 봅시다.

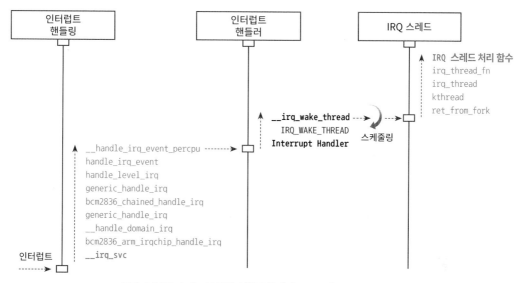

그림 6.6 IRQ 스레드의 전체 실행 흐름에서 IRQ 스레드를 깨우는 부분

그림 6.6의 가운데에서 검은색으로 표시된 부분이 IRQ 스레드를 깨우는 과정입니다.

- 인터럽트 핸들러에서 IRQ_WAKE_THREAD를 반환한다.
- irq_wake_thread() 함수를 호출해 IRQ 스레드를 깨운다.

다음 절에서는 IRQ 스레드를 깨우면 어떤 흐름으로 IRQ 스레드가 실행되는지 살펴보겠습니다.

6.4.2 IRQ 스레드 핸들러인 irq_thread() 함수 분석

커널에서 지원하는 wake_up_process() 함수를 사용해 커널 스레드를 깨우면 스케줄러에 의해 커널 스레드는 실행을 시작합니다. 이때 커널 스레드의 스레드 핸들러 함수가 호출되며 스레드의 시나리오에 따라 정해진 동작을 수행합니다.

마찬가지로 IRQ 스레드의 스레드 핸들러 함수는 irq_thread()입니다. 따라서 IRQ 스레드가 깨어나면 irq_thread() 함수가 호출됩니다. 이번 시간에는 IRQ 스레드를 깨우면 실행되는 irq_thread() 함수를 살펴보겠습니다.

먼저 IRQ 스레드를 깨우면 실행되는 irq_thread() 함수를 보겠습니다.

https://github.com/raspberrypi/linux/blob/rpi-4.19.y/kernel/irq/manage.c

```
01 static int irq_thread(void *data)
02 {
03     struct callback_head on_exit_work;
04     struct irqaction *action = data;
05     struct irq_desc *desc = irq_to_desc(action->irq);
06     irqreturn_t (*handler_fn)(struct irq_desc *desc,
07                 struct irqaction *action);
08
09     if (force_irqthreads && test_bit(IRQTF_FORCED_THREAD,
10                     &action->thread_flags))
11         handler_fn = irq_forced_thread_fn;
12     else
13         handler_fn = irq_thread_fn;
14
15     init_task_work(&on_exit_work, irq_thread_dtor);
16     task_work_add(current, &on_exit_work, false);
17
18     irq_thread_check_affinity(desc, action);
19
20     while (!irq_wait_for_interrupt(action)) {
21         irqreturn_t action_ret;
22
23         irq_thread_check_affinity(desc, action);
24
25         action_ret = handler_fn(desc, action);
```

```
26    if (action_ret == IRQ_HANDLED)
27        atomic_inc(&desc->threads_handled);
28 if (action_ret == IRQ_WAKE_THREAD)
29    irq_wake_secondary(desc, action);
30
31 wake_threads_waitq(desc);
```

4번째 줄을 먼저 보겠습니다.

```
01 static int irq_thread(void *data)
02 {
03    struct callback_head on_exit_work;
04    struct irqaction *action = data;
```

스레드 핸들러 함수에 전달되는 매개변수인 data를 irqaction 구조체 타입의 포인터형 action 지역변수
로 캐스팅합니다. irqaction 구조체인 action 변수의 thread_fn 필드는 IRQ 스레드 처리 함수의 주소를
저장합니다.

TRACE32 프로그램으로 본 인터럽트 디스크립터의 필드는 다음과 같습니다.

```
(struct irq_desc *) (struct irq_desc*)0xB008B300
...
    (struct irqaction *) action = 0xBB4E6E40
    (irq_handler_t) handler = 0x8061EC00 = bcm2835_mmc_irq, /* 인터럽트 핸들러 */
    (void *) dev_id = 0xBB47B010  /* 인터럽트 핸들러에 전달되는 매개변수 */
    (void *) percpu_dev_id = 0x0 = ,
    (struct irqaction *) next = 0x0 = ,
    (irq_handler_t) thread_fn = 0x8061DCC4 = bcm2835_mmc_thread_irq, /* IRQ 스레드 처리 함수*/
    (struct task_struct *) thread = 0xBB516CC0 /*"irq/86-mmc1" IRQ 스레드의 태스크 디스크립터 */
```

irq_desc 구조체의 action 필드는 0xBB4E6E40 주소를 저장합니다. 여기서 irq_thread() 함수에서 전달하
는 void* 타입의 data는 0xBB4E6E40 주소를 저장합니다.

irqaction 구조체의 필드인 handler와 thread_fn을 보면 request_threaded_irq() 함수에서 지정한 인터
럽트 핸들러와 IRQ 스레드 처리 함수를 볼 수 있습니다. action->thread_fn 필드에 접근해서 IRQ 스레
드의 처리 함수를 호출하는 것입니다.

이제 코드 분석으로 돌아가서 13번째 줄을 보겠습니다.

```
13      handler_fn = irq_thread_fn;
```

irq_thread_fn이란 함수의 주소를 함수 포인터인 handler_fn 변수에 저장합니다. 여기서 irq_thread_fn
은 IRQ 스레드 처리 함수를 호출하는 커널 함수입니다.

다음으로 25번째 줄을 보겠습니다.

```
25      action_ret = handler_fn(desc, action);
```

함수 포인터인 handler_fn를 호출합니다. handler_fn이라는 함수 포인터에 irq_thread_fn을 등록했으니
irq_thread_fn() 함수를 호출합니다.

이번에는 함수 포인터로 호출되는 irq_thread_fn() 함수를 확인할 차례입니다.

https://github.com/raspberrypi/linux/blob/rpi-4.19.y/kernel/irq/manage.c

```
01 static irqreturn_t irq_thread_fn(struct irq_desc *desc,
02     struct irqaction *action)
03 {
04   irqreturn_t ret;
05
06   ret = action->thread_fn(action->irq, action->dev_id);
07   irq_finalize_oneshot(desc, action);
08   return ret;
09 }
```

6번째 줄을 보면 irqaction 구조체의 thread_fn 필드로 IRQ 스레드 처리 함수를 호출합니다. thread_fn
필드는 함수 포인터와 비슷한 동작을 수행합니다. 86번 인터럽트인 경우 6번째 줄 코드에서 bcm2835_
mmc_thread_irq() 함수를 호출합니다.

6.4.3 IRQ 스레드의 전체 실행 흐름 정리

지금까지 IRQ 스레드 핸들러인 irq_thread() 함수에서 irq_thread_fn() 함수를 호출해 IRQ 스레드 처
리 함수를 호출하는 과정을 살펴봤습니다. 이번에는 배운 내용을 IRQ 스레드의 전체 실행 흐름을 보면
서 정리하는 시간을 갖겠습니다.

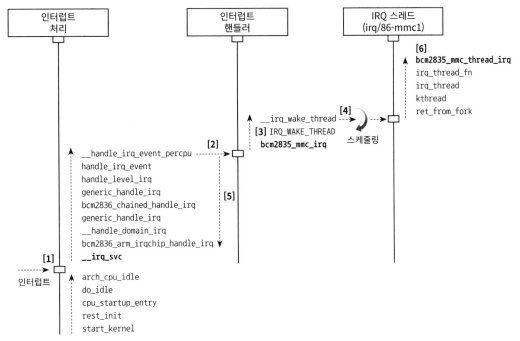

그림 6.7 "irq/86-mmc1" IRQ 스레드의 실행 흐름

눈금 화살표는 함수의 실행 흐름 방향입니다. 위 그림에서 실행 순서별 동작을 살펴보겠습니다.

1. arch_cpu_idle() 함수를 실행하는 도중 86번 인터럽트가 발생해서 인터럽트 벡터(vector_irq)를 통해 브랜치되는 __irq_svc 레이블이 실행됩니다.

2. __handle_irq_event_percpu() 함수까지 실행한 후 86번 인터럽트 핸들러인 bcm2835_mmc_irq() 함수를 호출합니다.

이번에는 가운데의 인터럽트 핸들러 박스를 볼 차례입니다.

3. bcm2835_mmc_irq() 인터럽트 핸들러에서 IRQ_WAKE_THREAD를 반환합니다.

4. irq_wake_thread() 함수를 호출해서 "irq/86-mmc1" IRQ 스레드를 깨웁니다. irq_wake_thread() 함수를 호출했으니 커널은 "irq/86-mmc1" IRQ 스레드를 실행하도록 스케줄링합니다.

5. 인터럽트에 대한 처리를 마쳤으니 다시 __irq_svc 레이블로 되돌아갑니다. 인터럽트 발생으로 실행을 중단한 프로세서는 arch_cpu_idle() 함수에서 다시 작업을 시작합니다.

마지막으로 IRQ 스레드 박스를 볼 차례입니다.

6. IRQ 스레드 핸들러 함수인 irq_thread()가 실행됩니다. __irq_wake_thread() 함수를 호출했기 때문입니다.

7. 커널은 "irq/86-mmc1" IRQ 스레드를 실행합니다. 이제 "irq/86-mmc1" IRQ 스레드 처리 함수인 bcm2835_mmc_thread_irq() 함수를 호출해서 86번 인터럽트에 대한 후반부 처리를 합니다.

이번 절에서는 상세한 코드 분석을 통해 누가 언제 IRQ 스레드를 실행하는지 배웠습니다.

이제 누가 IRQ 스레드에 대해 다음과 같은 질문을 하면 자신 있게 대답할 수 있을 것입니다.

Q) IRQ 스레드는 언제 실행될까?

A) 인터럽트 핸들러에서 IRQ_WAKE_THREAD를 반환할 때 IRQ 스레드를 깨웁니다. IRQ 스레드를 깨우면 IRQ 스레드는 일을 시작합니다.

Q) IRQ 스레드 처리 함수는 어느 함수에서 호출할까?

A) IRQ 스레드가 깨어나면 IRQ 스레드 핸들러 함수인 irq_thread()가 호출됩니다. 이후 irq_thread() 함수는 각 IRQ 스레드별로 지정한 IRQ 스레드 처리 함수를 호출합니다.

6.5 IRQ 스레드 디버깅 실습

이번 절에서는 IRQ 스레드 디버깅 방법을 소개합니다.

- ftrace로 IRQ 스레드 동작 확인
- IRQ 스레드 생성
- ftrace의 function_gragh 트레이서로 IRQ 스레드 처리 함수의 실행 시각 측정

코드를 분석한 내용을 자신의 것으로 만들기 위한 과정으로 실습이 중요합니다. 특히 이번 시간에 소개하는 실습은 실전 개발에 활용하면 유익한 내용이 많습니다. 실습을 통해 배운 내용을 여러분 자신의 것으로 만들기를 바랍니다.

6.5.1 ftrace를 이용한 IRQ 스레드 동작 확인

ftrace의 기능을 활용하면 리눅스 시스템에서 IRQ 스레드의 세부 동작 방식을 확인할 수 있습니다. 이번 시간에는 ftrace를 설정한 후 ftrace 로그를 분석해서 IRQ 스레드의 동작 방식을 살펴보겠습니다.

IRQ 스레드를 확인하도록 ftrace 설정하기

IRQ 스레드를 확인할 수 있는 ftrace 설정 명령어를 소개합니다.

```bash
#!/bin/bash

echo 0 > /sys/kernel/debug/tracing/tracing_on
sleep 1
echo "tracing_off"

echo 0 > /sys/kernel/debug/tracing/events/enable
sleep 1
echo "events disabled"

echo  secondary_start_kernel > /sys/kernel/debug/tracing/set_ftrace_filter
sleep 1
echo "set_ftrace_filter init"

echo function > /sys/kernel/debug/tracing/current_tracer
sleep 1
echo "function tracer enabled"

echo bcm2835_mmc_thread_irq bcm2835_mmc_irq > /sys/kernel/debug/tracing/set_ftrace_filter
sleep 1
echo "set_ftrace_filter enabled"

echo 1 > /sys/kernel/debug/tracing/events/irq/irq_handler_entry/enable
echo 1 > /sys/kernel/debug/tracing/events/irq/irq_handler_exit/enable

echo 1 > /sys/kernel/debug/tracing/events/sched/sched_switch/enable
echo 1 > /sys/kernel/debug/tracing/events/sched/sched_wakeup/enable

sleep 1
echo "event enabled"

echo 1 > /sys/kernel/debug/tracing/options/func_stack_trace
echo 1 > /sys/kernel/debug/tracing/options/sym-offset
echo "function stack trace enabled"
```

```
echo 1 > /sys/kernel/debug/tracing/tracing_on
echo "tracing_on"
```

이 명령어 중에서 중요한 부분을 선별해서 설명하겠습니다. 먼저 다음 부분은 bcm2835_mmc_thread_irq()와 bcm2835_mmc_irq() 함수를 set_ftrace_filter에 저장하는 명령어입니다.

```
echo bcm2835_mmc_thread_irq bcm2835_mmc_irq > /sys/kernel/debug/tracing/set_ftrace_filter
```

이어서 다음 명령어를 봅시다.

```
echo 1 > /sys/kernel/debug/tracing/events/sched/sched_switch/enable
echo 1 > /sys/kernel/debug/tracing/events/sched/sched_wakeup/enable
```

sched_switch, sched_wakeup 이벤트를 활성화하는 명령어입니다. 이 이벤트를 활성화하는 이유는 다음과 같습니다. **바로 IRQ 스레드를 누가 깨우고 IRQ 스레드가 언제 스케줄링되는지 점검하기 위해서입니다.**

앞의 셸 스크립트를 irq_thread_trace.sh라는 이름으로 저장하고 "./irq_thread_trace.sh" 명령어로 실행하면 ftrace를 효율적으로 설정할 수 있습니다.

이처럼 ftrace를 설정한 후 10초 후에 다음 명령어로 3.4.4절에서 소개한 get_ftrace.sh 셸 스크립트를 실행해 ftrace 로그를 받습니다.

```
root@raspberrypi:/home/pi# ./get_ftrace.sh
ftrace off
```

이제부터 86번 인터럽트가 발생하고 나서 "irq/86-mmc1" IRQ 스레드가 실행되는 흐름까지 살펴보겠습니다.

ftrace 메시지 분석으로 IRQ 스레드 동작 확인

분석하려는 전체 ftrace 로그는 다음과 같습니다.

```
01 <idle>-0 [000] d.h. 1524.282287: irq_handler_entry: irq=86 name=mmc1
02 <idle>-0 [000] d.h. 1524.282291: bcm2835_mmc_irq+0x14/0x754 <-__handle_irq_event_percpu+0xbc/0x224
03 <idle>-0 [000] d.h. 1524.282331: <stack trace>
04 => bcm2835_mmc_irq+0x18/0x754
```

```
05 => __handle_irq_event_percpu+0xbc/0x224

06 => handle_irq_event_percpu+0x3c/0x8c

07 => handle_irq_event+0x54/0x78

08 => handle_level_irq+0xc0/0x16c

09 => generic_handle_irq+0x34/0x44

10 => bcm2836_chained_handle_irq+0x38/0x50

11 => generic_handle_irq+0x34/0x44

12 => __handle_domain_irq+0x6c/0xc4

13 => bcm2836_arm_irqchip_handle_irq+0x60/0xa8

14 => __irq_svc+0x5c/0x7c

15 => arch_cpu_idle+0x34/0x4c

16 => arch_cpu_idle+0x34/0x4c

17 => default_idle_call+0x34/0x48

18 => do_idle+0xf0/0x17c

19 => cpu_startup_entry+0x28/0x2c

20 => rest_init+0xc0/0xc4

21 => start_kernel+0x490/0x4b8

22 <idle>-0 [000] d.h. 1524.282342: irq_handler_exit: irq=86 ret=handled

23 <idle>-0 [000] dnh. 1524.282358: sched_wakeup: comm=irq/86-mmc1 pid=69 prio=49 target_cpu=000

24 <idle>-0 [000] d... 1524.282376: sched_switch: prev_comm=swapper/0 prev_pid=0 prev_prio=120

prev_state=R ==> next_comm=irq/86-mmc1 next_pid=69 next_prio=49

25 irq/86-mmc1-69 [000] .... 1524.282383: bcm2835_mmc_thread_irq+0x10/0x90 <-irq_thread_fn+0x2c/0x8c

26 irq/86-mmc1-69 [000] .... 1524.282395: <stack trace>

27 => bcm2835_mmc_thread_irq+0x14/0x90

28 => irq_thread_fn+0x2c/0x8c

29 => irq_thread+0x154/0x238

30 => kthread+0x140/0x170

31 => ret_from_fork+0x14/0x28
```

이제부터 위의 ftrace 로그를 실행되는 순서별로 차근차근 분석해 보겠습니다. 우선, 다음 로그는 mmc1 인터럽트가 발생했다고 말해줍니다.

```
01 <idle>-0 [000] d.h. 1524.282287: irq_handler_entry: irq=86 name=mmc1
```

pid가 0인 idle 프로세스의 동작을 멈추고 인터럽트가 발생했습니다. 이제 인터럽트 핸들러가 호출될 것입니다.

다음 로그로 인터럽트 핸들러인 bcm2835_mmc_irq() 함수가 호출되는 흐름을 알 수 있습니다.

```
02 <idle>-0 [000] d.h. 1524.282291: bcm2835_mmc_irq+0x14/0x754 <-__handle_irq_event_percpu+0xbc/0x224
03 <idle>-0 [000] d.h. 1524.282331: <stack trace>
04 => bcm2835_mmc_irq+0x18/0x754
05 => __handle_irq_event_percpu+0xbc/0x224
06 => handle_irq_event_percpu+0x3c/0x8c
07 => handle_irq_event+0x54/0x78
08 => handle_level_irq+0xc0/0x16c
09 => generic_handle_irq+0x34/0x44
10 => bcm2836_chained_handle_irq+0x38/0x50
11 => generic_handle_irq+0x34/0x44
12 => __handle_domain_irq+0x6c/0xc4
13 => bcm2836_arm_irqchip_handle_irq+0x60/0xa8
14 => __irq_svc+0x5c/0x7c
15 => arch_cpu_idle+0x34/0x4c
16 => arch_cpu_idle+0x34/0x4c
17 => default_idle_call+0x34/0x48
18 => do_idle+0xf0/0x17c
19 => cpu_startup_entry+0x28/0x2c
20 => rest_init+0xc0/0xc4
21 => start_kernel+0x490/0x4b8
```

idle 프로세스가 arch_cpu_idle() 함수에서 실행되는 도중에 86번 "mmc1" 인터럽트가 발생한 것입니다. 14번째 줄 로그에서 __irq_svc가 보입니다. 인터럽트 벡터에서 브랜치되는 __irq_svc 레이블의 심벌입니다.

다음은 이번 절에서 가장 중요한 로그이니 조금 집중해서 볼 필요가 있습니다.

```
23 <idle>-0 [000] dnh. 1524.282358: sched_wakeup: comm=irq/86-mmc1 pid=69 prio=49 target_cpu=000
24 <idle>-0 [000] d... 1524.282376: sched_switch: prev_comm=swapper/0 prev_pid=0 prev_prio=120
prev_state=R ==> next_comm=irq/86-mmc1 next_pid=69 next_prio=49
```

23번째 줄에서 sched_wakeup라는 메시지가 보입니다. sched_wakeup 이벤트는 커널 내부에서 **해당 프로세스를 깨우는** 동작을 알려줍니다.

23번째 줄의 메시지 오른쪽 부분을 보면 "comm=irq/86-mmc1"이 보입니다. 이는 깨우려는 프로세스 정보입니다. 정리하면 23번째 ftrace 메시지는 다음과 같은 사실을 말해줍니다.

pid가 69이고 프로세스 이름이 irq/86-mmc1인 IRQ 스레드를 깨운다.

이처럼 ftrace 메시지로 'IRQ 스레드를 깨운다'라는 사실을 파악할 수 있습니다. 그렇다면 위 메시지가 출력될 때 커널 내부에는 어떤 코드가 실행됐을까요? **인터럽트 핸들러에서 `IRQ_WAKE_THREAD`를 반환하니 `__irq_wake_thread()` 함수가 호출되어 `wake_up_process()` 함수를 호출합니다.**

다음 24번째 줄을 분석하겠습니다.

```
24 <idle>-0 [000] d... 1524.282376: sched_switch: prev_comm=swapper/0 prev_pid=0 prev_prio=120
   prev_state=R ==> next_comm=irq/86-mmc1 next_pid=69 next_prio=49
```

위 로그로 "swapper/0" 프로세스에서 irq/86-mmc1 프로세스로 스케줄링된다는 사실을 알 수 있습니다.

이제 irq/86-mmc1 프로세스를 실행하는 로그를 분석할 차례입니다. 다음은 IRQ 스레드인 irq/86-mmc1 프로세스가 실행을 시작하는 동작입니다.

```
25 irq/86-mmc1-69 [000] .... 1524.282383: bcm2835_mmc_thread_irq+0x10/0x90 <-irq_thread_fn+0x2c/0x8c
26 irq/86-mmc1-69 [000] .... 1524.282395: <stack trace>
27 => bcm2835_mmc_thread_irq+0x14/0x90
28 => irq_thread_fn+0x2c/0x8c
29 => irq_thread+0x154/0x238
30 => kthread+0x140/0x170
31 => ret_from_fork+0x14/0x28
```

위 콜 스택을 좀 더 쉽게 볼 수 있게 다시 정렬해보면 다음과 같은 순서로 irq/86-mmc1 IRQ 스레드 처리 함수인 bcm2835_mmc_thread_irq() 함수를 호출합니다.

```
05 => bcm2835_mmc_thread_irq+0x14/0x90
04 => irq_thread_fn+0x2c/0x8c
03 => irq_thread+0x154/0x238
02 => kthread+0x140/0x170
01 => ret_from_fork+0x14/0x28
```

ftrace 로그를 분석하니 이번 절에서 살펴본 커널 내부 함수를 모두 볼 수 있었습니다. 여러분이 갖고 있는 리눅스 보드가 라즈베리 파이가 아니더라도 이 같은 방법으로 IRQ 스레드가 어떤 흐름으로 실행되는지 점검할 수 있을 것입니다. 보다시피 리눅스 커널 코드만 분석할 때보다 훨씬 더 많은 정보를 얻을 수 있습니다.

6.5.2 IRQ 스레드 생성 실습

이전 절에서는 라즈비안에서 86번 인터럽트 후반부를 처리하는 "irq/86-mmc1" IRQ 스레드가 커널 관점에서 어떻게 동작하는지 확인했습니다. 디버깅 과정도 중요하지만 IRQ 스레드를 이해하는 지름길은 IRQ 스레드를 직접 설정하고 생성해보는 것입니다.

그래서 이번 절에서는 IRQ 스레드를 직접 생성하는 실습을 하겠습니다. 또한 이를 ftrace 로그로 생성한 IRQ 스레드가 제대로 동작하는지 확인해보겠습니다.

IRQ 스레드를 생성할 인터럽트 선택

다른 리눅스 시스템에 비해 라즈베리 파이는 IRQ 스레드의 개수가 많지 않습니다. 다음과 같이 "ps -ely"를 입력하면 86번 mmc1 인터럽트를 처리하는 IRQ 스레드가 1개만 보입니다.

```
root@raspberrypi:/home/pi# ps -ely
S   UID   PID  PPID  C PRI  NI   RSS    SZ WCHAN  TTY          TIME CMD
S     0     1     0  0  80   0  6012  6750 SyS_ep ?        00:00:02 systemd
S     0     2     0  0  80   0     0     0 kthrea ?        00:00:00 kthreadd
...
S     0    64     2  0  70 -10     0     0 down_i ?        00:00:00 SMIO
S     0    65     2  0   9   -     0     0 irq_th ?        00:00:00 irq/86-mmc1
I     0    66     2  0  80   0     0     0 worker ?        00:00:00 kworker/0:3
```

라즈비안에서 어떤 인터럽트를 IRQ 스레드로 생성해 볼까요? 인터럽트 상태를 점검하기 위해 다음과 같은 "cat /proc/interrupts" 명령어로 인터럽트의 개수와 상태를 확인해 봅시다.

```
root@raspberrypi:/home/pi # cat /proc/interrupts
          CPU0      CPU1      CPU2      CPU3
 17:       282         0         0         0  ARMCTRL-level   1 Edge     3f00b880.mailbox
 18:        34         0         0         0  ARMCTRL-level   2 Edge     VCHIQ doorbell
 40:        36         0         0         0  ARMCTRL-level  48 Edge     bcm2708_fb dma
 42:         0         0         0         0  ARMCTRL-level  50 Edge     DMA IRQ
 44:       212         0         0         0  ARMCTRL-level  52 Edge     DMA IRQ
 45:      4727         0         0         0  ARMCTRL-level  53 Edge     DMA IRQ
 56:    215050         0         0         0  ARMCTRL-level  64 Edge     dwc_otg,
dwc_otg_pcd, dwc_otg_hcd:usb1
 80:       245         0         0         0  ARMCTRL-level  88 Edge     mmc0
 81:      4911         0         0         0  ARMCTRL-level  89 Edge     uart-pl011
```

86:	6870	0	0	0	ARMCTRL-level	94 Edge	mmc1
161:	0	0	0	0	bcm2836-timer	0 Edge	arch_timer
162:	4163	3741	4278	4815	bcm2836-timer	1 Edge	arch_timer
165:	0	0	0	0	bcm2836-pmu	9 Edge	arm-pmu

56번 인터럽트는 너무 자주 발생하고 40번 인터럽트는 발생 빈도가 너무 낮으니 17번 "3f00b880.
mailbox" 인터럽트가 적당해 보입니다.

이제 17번 인터럽트를 처리하는 IRQ 스레드를 생성하는 코드를 작성해 보겠습니다. 이후 인터럽트 핸
들러가 수행된 후 IRQ 스레드가 어떤 흐름으로 호출되는지도 점검하겠습니다.

17번 인터럽트의 IRQ 스레드를 생성하는 실습 패치 코드 입력

우선 전체 패치 코드를 소개합니다.

```
diff --git a/drivers/mailbox/bcm2835-mailbox.c b/drivers/mailbox/bcm2835-mailbox.c
index d9c6c217c..fe6e52996 100644
--- a/drivers/mailbox/bcm2835-mailbox.c
+++ b/drivers/mailbox/bcm2835-mailbox.c
@@ -72,6 +72,23 @@ static struct bcm2835_mbox *bcm2835_link_mbox(struct mbox_chan *link)
    return container_of(link->mbox, struct bcm2835_mbox, controller);
 }

+static irqreturn_t bcm2835_mbox_threaded_irq(int irq, void *dev_id)
+{
+   void *stack;
+   struct thread_info *current_thread;
+
+   stack = current->stack;
+   current_thread = (struct thread_info*)stack;
+
+   trace_printk("irq=%d, process: %s \n", irq, current->comm);
+   trace_printk("[+] in_interrupt: 0x%08x,preempt_count = 0x%08x, stack=0x%08lx \n",
+           (unsigned int)in_interrupt(), (unsigned int)current_thread->preempt_count, (long
unsigned int)stack);
+
+   dump_stack();
+
+   return IRQ_HANDLED;
```

```
+}
+
 static irqreturn_t bcm2835_mbox_irq(int irq, void *dev_id)
 {
     struct bcm2835_mbox *mbox = dev_id;
@@ -83,13 +100,13 @@ static irqreturn_t bcm2835_mbox_irq(int irq, void *dev_id)
         dev_dbg(dev, "Reply 0x%08X\n", msg);
         mbox_chan_received_data(link, &msg);
     }
-    return IRQ_HANDLED;
+    return IRQ_WAKE_THREAD;
 }


 static int bcm2835_send_data(struct mbox_chan *link, void *data)
 {
     struct bcm2835_mbox *mbox = bcm2835_link_mbox(link);
-    u32 msg = *(u32 *)data;
+    u32 msg =    *(u32 *)data;

     spin_lock(&mbox->lock);
     writel(msg, mbox->regs + MAIL1_WRT);
@@ -154,8 +171,12 @@ static int bcm2835_mbox_probe(struct platform_device *pdev)
         return -ENOMEM;
     spin_lock_init(&mbox->lock);

-    ret = devm_request_irq(dev, platform_get_irq(pdev, 0),
-                    bcm2835_mbox_irq, 0, dev_name(dev), mbox);
+
+    ret = devm_request_threaded_irq(dev, platform_get_irq(pdev, 0),
+                    bcm2835_mbox_irq, bcm2835_mbox_threaded_irq, 0, dev_name(dev), mbox);
+
     if (ret) {
         dev_err(dev, "Failed to register a mailbox IRQ handler: %d\n",
             ret);
```

이제 패치 코드를 입력하는 방법을 설명하겠습니다.

우선 bcm2835_mbox_probe() 함수에 있는 devm_request_irq() 함수의 코드 대신 devm_request_threaded_irq() 함수로 바꿉니다. 아래에 - 로 표시된 코드가 원래 코드이고 +로 표시된 코드가 새롭게 입력해야 할 코드입니다.

```
 -    ret = devm_request_irq(dev, platform_get_irq(pdev, 0),
 -              bcm2835_mbox_irq, 0, dev_name(dev), mbox);
 +
 +    ret = devm_request_threaded_irq(dev, platform_get_irq(pdev, 0),
 +              bcm2835_mbox_irq, bcm2835_mbox_threaded_irq, 0, dev_name(dev),
```

devm_request_irq() 함수는 인터럽트 핸들러만 등록하는 함수인데 devm_request_threaded_irq() 함수
로 인터럽트 핸들러와 IRQ 스레드 처리 함수를 등록할 수 있습니다. 여기서 IRQ 스레드 처리 함수는
bcm2835_mbox_threaded_irq()로 지정합니다.

인터럽트 컨텍스트에서 빨리 해야 할 일은 bcm2835_mbox_irq() 함수로, 조금 있다가 프로세스 레벨에서
처리할 일은 bcm2835_mbox_threaded_irq() 함수에서 처리하도록 설정하는 것입니다.

다음은 bcm2835_mbox_irq() 함수를 어떻게 수정했는지 알아볼 차례입니다.

```
01 static irqreturn_t bcm2835_mbox_irq(int irq, void *dev_id)
02 {
03     struct bcm2835_mbox *mbox = dev_id;
@@ -83,13 +100,13 @@ static irqreturn_t bcm2835_mbox_irq(int irq, void *dev_id)
04         dev_dbg(dev, "Reply 0x%08X\n", msg);
05         mbox_chan_received_data(link, &msg);
06     }
07 -   return IRQ_HANDLED;
08 +   return IRQ_WAKE_THREAD;
09 }
```

원래 이 함수는 07번째 줄과 같이 IRQ_HANDLED를 반환했습니다. 그런데 IRQ 스레드를 실행시키려면 위
코드와 같이 IRQ_HANDLED 대신 IRQ_WAKE_THREAD를 입력해야 합니다. 이렇게 코드를 수정하는 이유는 뭘
까요? **바로 인터럽트 핸들러에서 IRQ_WAKE_THREAD를 반환해야 IRQ 스레드를 깨우기 때문입니다.**

이전 절에서 배운 바와 같이 대부분의 인터럽트 핸들러는 __handle_irq_event_percpu() 함수에서 호출
합니다. 그런데 __handle_irq_event_percpu() 함수가 인터럽트 핸들러에서 IRQ_WAKE_THREAD를 반환해야
__irq_wake_thread() 함수를 호출해서 IRQ 스레드를 깨웁니다.

이번에는 bcm2835_mbox_threaded_irq() 구현부를 보겠습니다. 이 코드는 bcm2835_mbox_irq() 함수의 윗
부분에 입력하면 됩니다(노파심에서 말씀드리지만 숫자와 + 기호까지 코드로 입력해서는 안 됩니다. +
기호는 리눅스 패치 코드에서 새롭게 추가되는 코드를 표현하는 것일 뿐입니다).

```
01 +static irqreturn_t bcm2835_mbox_threaded_irq(int irq, void *dev_id)
02 +{
03 +    void *stack;
04 +    struct thread_info *current_thread;
05 +
06 +    stack = current->stack;
07 +    current_thread = (struct thread_info*)stack;
08 +
09 +    trace_printk("irq=%d, process: %s \n", irq, current->comm);
10 +    trace_printk("[+] in_interrupt: 0x%08x,preempt_count = 0x%08x, stack=0x%08lx \n",
11 +            (unsigned int)in_interrupt(), (unsigned int)current_thread->preempt_count, (long
unsigned int)stack);
12 +
13 +    dump_stack();
14 +
15 +    return IRQ_HANDLED;
16 +}
+
```

이번에는 bcm2835_mbox_threaded_irq() 함수의 구현부를 소개합니다. 9~11번째 줄에서는 프로세스 이름과 인터럽트 번호, in_interrupt() 함수 반환값을 출력합니다. 이후 13번째 줄에서 dump_stack() 함수를 호출해서 콜 스택을 출력합니다.

dump_stack() 함수는 생각보다 많은 일을 합니다. 현재 구동 중인 프로세스의 스택 주소를 얻어서 스택에 푸시된 복귀 레지스터(R14)와 프레임 포인터 레지스터를 읽어 콜 스택을 커널 로그로 출력하기 때문입니다. 그래서 실전 개발에서는 인터럽트 핸들러나 인터럽트 컨텍스트에서 이 함수를 호출하면 시스템이 느려지거나 오동작할 수 있으니 주의해서 사용해야 합니다(디버깅 용도가 아니면 되도록 사용을 안 하는 게 좋습니다).

이렇게 코드를 입력하고 컴파일한 후 라즈비안에 설치합니다. 라즈베리 파이를 재부팅하고 6.1.2절에서 소개한 irq_thread_trace.sh 셸 스크립트에서 아래 부분만 수정한 다음 스크립트를 실행해서 ftrace 로그를 설정합니다.

```
echo bcm2835_mbox_threaded_irq bcm2835_mbox_irq  > /sys/kernel/debug/tracing/set_ftrace_filter
sleep 1
echo "set_ftrace_filter enabled"
```

bcm2835_mbox_threaded_irq() 함수와 bcm2835_mbox_irq() 함수를 set_ftrace_filter에 지정하는 코드입니다.

이처럼 ftrace를 설정한 후 10초 후에 다음 명령어로 get_ftrace.sh 셀 스크립트를 실행해 ftrace 로그를 받습니다(ftrace 로그를 추출할 때 사용하는 get_ftrace.sh 셀 스크립트는 3.4.4절을 참고하세요).

```
root@raspberrypi:/home/pi# ./get_ftrace.sh
ftrace off
```

생성한 IRQ 스레드의 세부 동작을 ftrace로 분석

이번에 함께 분석할 로그는 다음과 같습니다.

```
01 kworker/0:1-31    [000] d.h.   592.790968: irq_handler_entry: irq=17 name=3f00b880.mailbox
02 kworker/0:1-31    [000] d.h.   592.790970: bcm2835_mbox_irq <-__handle_irq_event_percpu
03 kworker/0:1-31    [000] d.h.   592.791014: <stack trace>
04 => handle_irq_event
05 => handle_level_irq
06 => generic_handle_irq
07 => bcm2836_chained_handle_irq
08 => generic_handle_irq
09 => __handle_domain_irq
10 => bcm2836_arm_irqchip_handle_irq
11 => __irq_svc
12 => schedule_timeout
13 => schedule_timeout
14 => wait_for_completion_timeout
15 => mbox_send_message
16 => rpi_firmware_transaction
17 => rpi_firmware_property_list
18 => rpi_firmware_property
19 => rpi_firmware_get_throttled
20 => get_throttled_poll
21 => process_one_work
22 => worker_thread
23 => kthread
24 => ret_from_fork
25 kworker/0:1-31    [000] d.h.   592.791016: irq_handler_exit: irq=17 ret=handled
```

26 〈idle〉-0 [003] dnh.   592.791033: sched_wakeup: comm=irq/17-3f00b880 pid=33 prio=49 target_cpu=003
27 〈idle〉-0   [003] d...   592.791048: sched_switch: prev_comm=swapper/3 prev_pid=0 prev_prio=120
prev_state=R ==〉 next_comm=irq/17-3f00b880 next_pid=33 next_prio=49
28 irq/17-3f00b880-33   [003] ....   592.791052: bcm2835_mbox_threaded_irq 〈-irq_thread_fn
29 irq/17-3f00b880-33   [003] ....   592.791064: 〈stack trace〉
30 =〉 kthread
31 =〉 ret_from_fork
32   kworker/0:1-31   [000] ....   592.791065: workqueue_execute_end: work struct b97a0d44
33 irq/17-3f00b880-33   [003] ....   592.791073: bcm2835_mbox_threaded_irq: irq=17, process: irq/17-
3f00b880
34 irq/17-3f00b880-33   [003] ....   592.791076: bcm2835_mbox_threaded_irq: [+] in_interrupt:
0x00000000,preempt_count = 0x00000000, stack=0xb9714000

우선 첫 번째 줄은 3f00b880.mailbox 인터럽트가 발생했다고 말해줍니다.

1 kworker/0:1-31   [000] d.h.   592.790968: irq_handler_entry: irq=17 name=3f00b880.mailbox

그다음 두 번째 줄부터 25번째 줄까지 여러 함수들이 늘어서 있습니다.

02 kworker/0:1-31   [000] d.h.   592.790970: bcm2835_mbox_irq 〈-__handle_irq_event_percpu
03 kworker/0:1-31   [000] d.h.   592.791014: 〈stack trace〉
04 =〉 handle_irq_event
05 =〉 handle_level_irq
06 =〉 generic_handle_irq
07 =〉 bcm2836_chained_handle_irq
08 =〉 generic_handle_irq
09 =〉 __handle_domain_irq
10 =〉 bcm2836_arm_irqchip_handle_irq
11 =〉 __irq_svc
12 =〉 schedule_timeout
13 =〉 schedule_timeout
14 =〉 wait_for_completion_timeout
15 =〉 mbox_send_message
16 =〉 rpi_firmware_transaction
17 =〉 rpi_firmware_property_list
18 =〉 rpi_firmware_property
19 =〉 rpi_firmware_get_throttled
20 =〉 get_throttled_poll
21 =〉 process_one_work

```
22 => worker_thread
23 => kthread
24 => ret_from_fork
25 kworker/0:1-31    [000] d.h.   592.791016: irq_handler_exit: irq=17 ret=handled
```

함수 호출 흐름을 살펴보면 pid가 31인 kworker/0:1 워커 스레드가 schedule_timeout() 함수에서 실행 중이었습니다. 이 로그는 인터럽트 관점으로 "**인터럽트가 발생해서 인터럽트 벡터를 통해 브랜치되는 __irq_svc 레이블이 실행된 후 인터럽트 핸들러인 bcm2835_mbox_irq() 함수가 호출됐다**"라고 해석할 수 있습니다.

다음은 26번째 줄입니다.

```
26 <idle>-0    [003] dnh.   592.791033: sched_wakeup: comm=irq/17-3f00b880 pid=33 prio=49
target_cpu=003
```

위 메시지는 중요한 정보를 담고 있습니다. **바로 "irq/17-3f00b880" 프로세스를 깨우는 동작입니다.**

"irq/17-3f00b880"은 3f00b880.mailbox 인터럽트의 IRQ 스레드 이름입니다. 이번에 작성한 패치로 실제 "irq/17-3f00b880" IRQ 스레드가 생성돼서 실행됩니다.

이어서 27~31번째 줄을 보겠습니다.

```
27 <idle>-0    [003] d...   592.791048: sched_switch: prev_comm=swapper/3 prev_pid=0 prev_prio=120
prev_state=R ==> next_comm=irq/17-3f00b880  next_pid=33 next_prio=49
28 irq/17-3f00b880-33    [003] ....   592.791052: bcm2835_mbox_threaded_irq <-irq_thread_fn
29 irq/17-3f00b880-33    [003] ....   592.791064: <stack trace>
30 => kthread
31 => ret_from_fork
```

"irq/17-3f00b880"이라는 IRQ 스레드로 스케줄링된 후 "irq/17-3f00b880" IRQ 스레드 처리 함수인 bcm2835_mbox_threaded_irq() 함수가 호출됩니다.

마지막 33~34번째 줄입니다.

```
33 irq/17-3f00b880-33    [003] ....   592.791073: bcm2835_mbox_threaded_irq: irq=17, process: irq/17-
3f00b880
34 irq/17-3f00b880-33    [003] ....   592.791076: bcm2835_mbox_threaded_irq: [+] in_interrupt:
0x00000000,preempt_count = 0x00000000, stack=0xb9714000
```

bcm2835_mbox_threaded_irq() 함수에 추가한 디버깅 로그 정보입니다.

in_interrupt() 함수와 프로세스를 관리하는 thread_info 구조체의 preempt_count 필드가 0x0입니다. 보통 preempt_count가 0x10000(HARDIRQ_OFFSET)이면 인터럽트 컨텍스트인데 0이니 인터럽트 컨텍스트가 아닙니다.

패치 코드를 떠올리면 bcm2835_mbox_threaded_irq() 함수의 13번째 줄에 dump_stack() 함수를 입력했습니다. 커널 로그로 콜 스택을 출력하는 디버깅 코드입니다. 커널 로그를 열어보면 같은 디버깅 정보를 확인할 수 있습니다.

```
[4.151743] CPU: 3 PID: 33 Comm: irq/17-3f00b880 Tainted: G        C       4.19.30-v7+ #15
[4.151756] Hardware name: BCM2835
[4.151796] [<8010ffe0>] (unwind_backtrace) from [<8010c21c>] (show_stack+0x20/0x24)
[4.151815] [<8010c21c>] (show_stack) from [<8078703c>] (dump_stack+0xc8/0x10c)
[4.151841] [<8078703c>] (dump_stack) from [<8066ab14>] (bcm2835_mbox_threaded_irq+0x80/0x94)
[4.151862] [<8066ab14>] (bcm2835_mbox_threaded_irq) from [<80176c50>] (irq_thread_fn+0x2c/0x64)
[4.151880] [<80176c50>] (irq_thread_fn) from [<80176f78>] (irq_thread+0x148/0x20c)
[4.151895] [<80176f78>] (irq_thread) from [<8013daac>] (kthread+0x144/0x174)
[4.151915] [<8013daac>] (kthread) from [<801080cc>] (ret_from_fork+0x14/0x28)
```

커널 로그를 통해 bcm2835_mbox_threaded_irq() 함수는 irq/17-3f00b880 IRQ 스레드에서 실행됐음을 알 수 있습니다. ftrace 로그에서 봤던 정보와 같습니다.

생성한 IRQ 스레드의 전체 실행 흐름 파악

앞에서 17번 인터럽트 후반부를 처리하는 "irq/17-3f00b880" IRQ 스레드를 생성해 ftrace로 실행 과정을 확인했습니다. 이번 절에서는 "irq/17-3f00b880" IRQ 스레드의 전체 실행 흐름을 보면서 실습 과정에서 배운 내용을 정리하겠습니다.

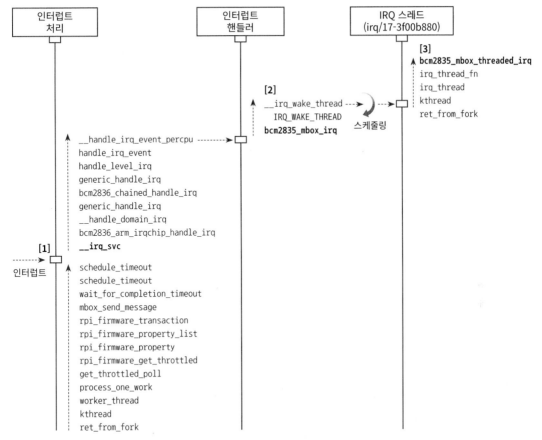

그림 6.8 "irq/17-3f00b880" IRQ 스레드의 전체 실행 흐름

각 단계별 동작을 리뷰하면서 이번 실습 과정을 마무리합시다.

1단계: 17번 인터럽트가 발생해 인터럽트 벡터(vector_irq)를 통해 브랜치되는 __irq_svc 레이블이 실행됩니다. 커널 인터럽트 공통 함수가 호출돼 인터럽트 핸들러를 실행합니다.

2단계: 17번 인터럽트 핸들러인 bcm2835_mbox_irq() 함수가 호출됩니다. 이 함수에 실습 코드를 입력했습니다. IRQ_WAKE_THREAD 플래그를 반환해 "irq/17-3f00b880" IRQ 스레드를 깨웁니다.

3단계: "irq/17-3f00b880" IRQ 스레드 처리 함수인 bcm2835_mbox_threaded_irq() 함수가 호출됩니다. bcm2835_mbox_threaded_irq()는 이번 실습 과정에서 입력한 함수입니다.

이번 절에서 소개한 패치의 동작 원리를 이해하면 다른 리눅스 보드에서도 IRQ 스레드를 만들 수 있습니다. 이번에 소개한 패치 코드를 이해하고 실습한 다음, 다른 코드에도 적용해보면 IRQ 스레드가 더 오랫동안 머릿속에 남을 것입니다.

그리고 이번 절에서는 ftrace를 활용해 함수 콜 스택을 분석했습니다. 분석하고 싶은 함수에 필터를 걸고 콜 스택을 확인한 것입니다. 그런데 ftrace는 함수 실행 시간을 알려주는 더 정교한 기능을 제공합니다. 이어서 함수 실행 시간을 측정할 수 있는 IRQ 스레드 디버깅 방법을 소개합니다.

6.5.3 IRQ 스레드 처리 함수 실행 시각 측정

지금까지 ftrace로 콜 스택를 보면서 인터럽트가 발생하면 언제 IRQ 스레드를 깨우는지 알아봤습니다. 이번에는 ftrace에서 지원하는 function_graph 트레이서를 사용해 인터럽트 핸들러와 IRQ 스레드 처리 함수의 실행 시간을 측정하는 방법을 소개합니다. 그러면 이와 같은 실습을 소개하는 이유는 무엇일까요? **인터럽트 핸들러는 짧고 간결하게 실행돼야 하기 때문입니다.**

ftrace에서 지원하는 function_graph 트레이서를 쓰려면 다음과 같은 config가 설정돼 있어야 합니다.

```
CONFIG_DYNAMIC_FTRACE=y
CONFIG_DYNAMIC_FTRACE_WITH_REGS=y
CONFIG_FUNCTION_PROFILER=y
CONFIG_FTRACE_MCOUNT_RECORD=y
CONFIG_NOP_TRACER=y
CONFIG_HAVE_FUNCTION_TRACER=y
CONFIG_HAVE_FUNCTION_GRAPH_TRACER=y
CONFIG_HAVE_DYNAMIC_FTRACE=y
CONFIG_HAVE_DYNAMIC_FTRACE_WITH_REGS=y
CONFIG_HAVE_FTRACE_MCOUNT_RECORD=y
```

라즈비안을 빌드하면 생성되는 .config 파일을 확인하면 위와 같은 컴피그가 기본적으로 설정돼 있습니다. 라즈비안에서는 기본으로 컨피그가 설정돼 있으니 이 function_graph 트레이서를 쓰면 됩니다. 라즈비안 외의 다른 리눅스 보드로 function_graph 트레이서를 쓰려면 앞에서 설명한 커널 컨피그가 설정됐는지 확인해야 합니다.

인터럽트 핸들러의 실행 시각 측정을 위한 ftrace 설정

function_graph 트레이서 설정을 하려면 다음 명령어를 입력해야 합니다. 다음 코드를 입력한 후 irq_timer_trace.sh라는 이름의 셸 스크립트로 저장합니다.

```bash
#!/bin/bash

echo 0 > /sys/kernel/debug/tracing/tracing_on
sleep 1
echo "tracing_off"

echo 0 > /sys/kernel/debug/tracing/events/enable
sleep 1
echo "events disabled"

echo  secondary_start_kernel  > /sys/kernel/debug/tracing/set_ftrace_filter
sleep 1
echo "set_ftrace_filter init"

echo function_graph > /sys/kernel/debug/tracing/current_tracer
sleep 1
echo "function_graph tracer enabled"

echo bcm2835_mmc_irq  bcm2835_mmc_thread_irq > /sys/kernel/debug/tracing/set_ftrace_filter
echo bcm2835_mbox_irq  bcm2835_mbox_threaded_irq >> /sys/kernel/debug/tracing/set_ftrace_filter
echo bcm2835_sdhost_irq   >> /sys/kernel/debug/tracing/set_ftrace_filter
sleep 1
echo "set_ftrace_filter enabled"

echo 1 > /sys/kernel/debug/tracing/events/sched/sched_switch/enable
echo 1 > /sys/kernel/debug/tracing/events/sched/sched_wakeup/enable
sleep 1

echo 1 > /sys/kernel/debug/tracing/events/irq/irq_handler_entry/enable
echo 1 > /sys/kernel/debug/tracing/events/irq/irq_handler_exit/enable
echo "event enabled"

echo 1 > /sys/kernel/debug/tracing/tracing_on
echo "tracing_on"
```

fuction_gragh 트레이서를 설정하고 set_ftrace_filter에 함수를 지정하면 함수 실행 시간을 측정할 수 있습니다. 위 셸 스크립트에서는 다음 함수의 실행 시간을 측정합니다.

- bcm2835_mmc_irq()

- bcm2835_mmc_thread_irq()

- bcm2835_mbox_irq()

- bcm2835_mbox_threaded_irq()

- bcm2835_sdhost_irq()

이 내용을 참고해서 다음과 같이 irq_timer_trace.sh 셸 스크립트를 실행합니다.

```
root@raspberrypi:/home/pi# ./irq_timer_trace.sh
```

이렇게 ftrace 로그를 설정한 후 20초 후에 다음과 같이 3.4.4절에서 소개한 get_ftrace.sh 셸 스크립트를 실행해 ftrace 로그를 받습니다.

```
root@raspberrypi:/home/pi# ./get_ftrace.sh
ftrace off
```

ftrace로 인터럽트 핸들러 실행 시간 측정

로그를 열어 보니 새로운 형태의 ftrace 로그를 볼 수 있습니다. 함께 로그를 살펴봅시다. 먼저 인터럽트 핸들러가 실행된 시간을 확인하겠습니다.

```
01 0)                | /* irq_handler_entry: irq=86 name=mmc1 */
02 0)   6.823 us     | bcm2835_mmc_irq();
03 0)                | /* irq_handler_exit: irq=86 ret=handled */
04 0)                | /* irq_handler_entry: irq=86 name=mmc1 */
05 0)   2.344 us     | bcm2835_mmc_irq();
06 0)                | /* irq_handler_exit: irq=86 ret=handled */
```

위 로그는 함수 실행 시간을 마이크로초 단위로 알려줍니다. 그럼 2번째와 5번째 줄 로그를 해석하면 다음과 같습니다.

86번 mmc1 인터럽트의 핸들러인 bcm2835_mmc_irq() 함수 실행 시간이 6.823us, 2.344us입니다.

다음은 86번 인터럽트 핸들러인 bcm2835_sdhost_irq() 함수의 실행 시간을 확인한 로그입니다.

```
   0)                  | /* irq_handler_entry: irq=86 name=mmc0 */
   0)    4.479 us      | bcm2835_sdhost_irq();
   0)                  | /* irq_handler_exit: irq=86 ret=handled */
   ...
   0)                  | /* irq_handler_entry: irq=86 name=mmc0 */
   0)    6.562 us      | bcm2835_sdhost_irq();
   0)                  | /* irq_handler_exit: irq=86 ret=handled */
```

위 로그에서 굵게 표시된 부분을 보면 실행 시간이 4.479us, 6.562us로서 인터럽트 핸들러의 실행 시간이 10마이크로초 미만입니다. 이 정도면 빠른 시간에 인터럽트 핸들러가 실행됐습니다.

이번에는 IRQ 스레드 처리 함수의 실행 시간을 확인해 보겠습니다. 관련 함수들의 실행 시간과 ftrace 이벤트 로그를 함께 살펴보겠습니다.

분석하려는 전체 로그는 다음과 같습니다.

```
01 0)                  | /* irq_handler_entry: irq=17 name=3f00b880.mailbox */
02 0)    7.084 us      | bcm2835_mbox_irq();
03 0)                  | /* irq_handler_exit: irq=17 ret=handled */
04 ------------------------------------------
05 3)   kworker-32   =>  chromiu-919
06 ------------------------------------------
07
08 3)                  | /* sched_wakeup: comm=kworker/3:1 pid=32 prio=120 target_cpu=003 */
09 3)                  | /* sched_switch: prev_comm=chromium-browse prev_pid=919 prev_prio=120
   prev_state=R ==> next_comm=kworker/3:1 next_pid=32 next_prio=120 */
10 ------------------------------------------
11 3)   chromiu-919  =>  kworker-32
12 ------------------------------------------
13
14 3)                  | /* sched_wakeup: comm=irq/17-3f00b880 pid=33 prio=49 target_cpu=003 */
15 3)                  | /* sched_switch: prev_comm=kworker/3:1 prev_pid=32 prev_prio=120 prev_state=R
   ==> next_comm=irq/17-3f00b880 next_pid=33 next_prio=49 */
16 ------------------------------------------
17 3)   kworker-32   =>  irq/17--33
18 ------------------------------------------
19
20 3)                  | bcm2835_mbox_threaded_irq() {
21 3)                  | /* irq=17, process: irq/17-3f00b880 */
```

```
22 3)                    |  /* [+] in_interrupt: 0x00000000,preempt_count = 0x00000000, stack=0xb9714000  */
23 3) ! 153.437 us   |  }
```

다음 로그를 보면 17번 인터럽트가 발생한 후 bcm2835_mbox_irq() 함수가 7.084us 동안 실행됐음을 알수 있습니다.

```
01 0)                    |  /* irq_handler_entry: irq=17 name=3f00b880.mailbox */
02 0)    7.084 us   |  bcm2835_mbox_irq();
03 0)                    |  /* irq_handler_exit: irq=17 ret=handled */
```

다음으로 10~15번째 줄 로그를 보겠습니다. "irq/17-3f00b880" IRQ 스레드가 깨어난 후 스케줄링되는 동작입니다.

```
10 -----------------------------------------
11 3)  chromiu-919   =>   kworker-32
12 -----------------------------------------
13
14 3)                    |  /* sched_wakeup: comm=irq/17-3f00b880 pid=33 prio=49 target_cpu=003 */
15 3)                    |  /* sched_switch: prev_comm=kworker/3:1 prev_pid=32 prev_prio=120 prev_state=R
=> next_comm=irq/17-3f00b880 next_pid=33 next_prio=49 */
```

11번째 줄은 chromiu-919 프로세스에서 kworker-32 프로세스로 스케줄링되는 동작을 나타냅니다. 14, 15번째 줄에 보이는 (3) 메시지를 실행하는 것은 kworker-32 프로세스입니다.

14~15번째 줄은 다음과 같은 사실을 말해줍니다.

kworker-32 프로세스가 pid가 33인 "irq/17-3f00b880" 프로세스를 깨운 후 "irq/17-3f00b880" 프로세스로 스케줄링된다.

다음 16번째 줄부터 "irq/17-3f00b880" IRQ 스레드가 실행되는 로그를 보겠습니다.

```
16 -----------------------------------------
17 3)  kworker-32   =>   irq/17--33
18 -----------------------------------------
19
20 3)                    |  bcm2835_mbox_threaded_irq() {
21 3)                    |  /* irq=17, process: irq/17-3f00b880  */
22 3)                    |  /* [+] in_interrupt: 0x00000000,preempt_count = 0x00000000, stack=0xb9714000  */
23 3) ! 153.437 us   |  }
```

23번째 줄의 메시지를 보니 함수의 실행 시간이 무려 153.437us나 걸렸습니다. bcm2835_mbox_threaded_irq() 함수에서 호출하는 dump_stack() 함수는 다른 인터럽트 핸들러 함수에 비해 실행 속도가 오래 걸립니다. 그래서 인터럽트 핸들러에서 쓰면 안 된다고 언급한 것입니다.

여러분의 동료가 혹시 인터럽트 핸들러나 IRQ 스레드 처리 함수를 작성했으면 이 방법으로 실행 시간을 측정해보길 바랍니다. 만약 인터럽트 핸들러 함수의 실행 시간이 짧으면 칭찬해주고 오래 걸리면 조용히 알려줍시다. 만약 다른 팀 개발자가 여러분이 작성한 인터럽트 핸들러나 IRQ 스레드 처리 함수의 실행 시간이 오래 걸린다고 공격하면 이 방법으로 실행 시간을 측정해서 방어합시다.

6.6 Soft IRQ 소개

Soft IRQ는 리눅스 커널을 이루는 핵심 기능 중 하나입니다. Soft IRQ 서비스의 형태로 커널의 타이머, 스케줄링은 물론 네트워크 시스템이 동작합니다. Soft IRQ는 인터럽트 후반부 기법으로 쓰입니다. 이번 절에서는 Soft IRQ를 인터럽트 후반부 처리 중심으로 살펴봅니다.

6.6.1 Soft IRQ 서비스란?

누군가 'Soft IRQ를 실행한다'라고 말한다면 이를 가리켜 **Soft IRQ 서비스 요청을 받아 이를 처리하는 과정**이라고 해석할 수 있습니다.

Soft IRQ의 실체는 Soft IRQ 서비스입니다. 따라서 Soft IRQ의 전체 흐름을 이해하려면 먼저 Soft IRQ 서비스가 무엇인지 알 필요가 있습니다.

Soft IRQ 서비스 소개

우선 Soft IRQ 서비스라는 용어를 알아봅시다. 리눅스 커널에서는 다음과 같이 10가지 Soft IRQ 서비스를 지원합니다.

https://github.com/raspberrypi/linux/blob/rpi-4.19.y/kernel/softirq.c

```
const char * const softirq_to_name[NR_SOFTIRQS] = {
    "HI", "TIMER", "NET_TX", "NET_RX", "BLOCK", "IRQ_POLL",
    "TASKLET", "SCHED", "HRTIMER", "RCU"
};
```

"HI"부터 "RCU"까지가 Soft IRQ 서비스의 이름입니다. Soft IRQ 서비스는 부팅할 때 open_softirq()라는 함수를 써서 등록합니다.

이어서 Soft IRQ 서비스 실행 흐름을 단계별로 소개합니다.

Soft IRQ 서비스의 라이프 사이클

Soft IRQ 서비스의 실행 흐름은 크게 3단계로 나눌 수 있습니다. 다음 그림을 보면서 Soft IRQ 서비스의 라이프 사이클에 대해 알아봅시다.

그림 6.9 Soft IRQ 서비스의 단계별 실행 흐름

부팅 과정에서는 Soft IRQ 서비스를 1번 등록하고 2단계와 3단계를 자주 반복하면서 실행합니다.

1단계: 부팅 과정
부팅 과정에서 open_softirq() 함수를 호출해 Soft IRQ 서비스를 등록합니다.

2단계: 인터럽트 처리
인터럽트 핸들러(인터럽트 컨텍스트)나 인터럽트 핸들러 내에서 호출한 서브 함수에서 raise_softirq() 함수를 호출해 Soft IRQ 서비스를 요청합니다. raise_softirq() 함수의 이름 그대로 "Soft IRQ를 올린다"라고 부르는 경우도 있습니다. 이번 절에서는 이 동작을 가리켜 "Soft IRQ 서비스를 요청한다"로 표현하겠습니다.

3단계: Soft IRQ 컨텍스트
__do_softirq() 함수에서 이미 요청한 Soft IRQ 서비스를 실행합니다.

인터럽트 핸들링이 끝나고 Soft IRQ 서비스를 바로 실행하는 동작을 Soft IRQ 컨텍스트라고 합니다.

Soft IRQ 서비스 핸들러

Soft IRQ 서비스 핸들러는 Soft IRQ 서비스를 실행할 때 호출하는 함수입니다. 부팅 과정에서 open_softirq() 함수를 호출해 softirq_vec이라는 전역변수에 등록합니다. 다음은 TRACE32로 본 softirq_vec 전역변수의 정보입니다.

```
(static struct softirq_action [10]) [D:0x80C02080] softirq_vec = (
    [0] = ((void (*)()) [D:0x80C02080] action = 0x80122888 = tasklet_hi_action),
    [1] = ((void (*)()) [D:0x80C02084] action = 0x80181270 = run_timer_softirq),
    [2] = ((void (*)()) [D:0x80C02088] action = 0x80614684 = net_tx_action),
    [3] = ((void (*)()) [D:0x80C0208C] action = 0x80615AB0 = net_rx_action),
    [4] = ((void (*)()) [D:0x80C02090] action = 0x804279B0 = blk_done_softirq),
    [5] = ((void (*)()) [D:0x80C02094] action = 0x0 = ),
    [6] = ((void (*)()) [D:0x80C02098] action = 0x8012299C = tasklet_action),
    [7] = ((void (*)()) [D:0x80C0209C] action = 0x801588EC = run_rebalance_domains),
    [8] = ((void (*)()) [D:0x80C020A0] action = 0x0 = ),
    [9] = ((void (*)()) [D:0x80C020A4] action = 0x8017ABC4 = rcu_process_callbacks))
```

보다시피 각 인덱스별로 Soft IRQ 서비스 핸들러 함수가 저장돼 있습니다. 이 함수들은 __do_softirq() 함수에서 호출됩니다.

Soft IRQ 서비스를 요청할 때는 raise_softirq() 함수나 raise_softirq_irqoff() 함수를 호출해야 합니다. 이때 요청할 Soft IRQ 서비스 아이디를 지정해야 합니다.

6.6.2 Soft IRQ의 전체 흐름

Soft IRQ 서비스를 소개했으니 이어서 Soft IRQ 전체 구조를 살펴봅시다.

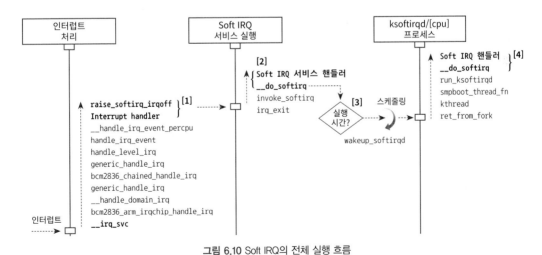

그림 6.10 Soft IRQ의 전체 실행 흐름

위 그림과 같이 Soft IRQ의 전체 동작은 4단계로 분류할 수 있습니다. 단계별로 세부 동작을 알아봅시다.

1단계

인터럽트가 발생하면 해당 인터럽트 핸들러에서 Soft IRQ 서비스를 요청합니다. 이를 위해 `raise_softirq_irqoff()` 함수를 호출해야 합니다. 이는 인터럽트 핸들러에서 `IRQ_WAKE_THREAD`를 반환하는 동작과 유사합니다.

2단계

인터럽트 서비스 루틴 동작이 끝나면 `irq_exit()` 함수를 호출합니다. 여기서 Soft IRQ 서비스 요청 여부를 점검합니다. 요청한 Soft IRQ 서비스가 있으면 `__do_softirq()` 함수를 호출해서 해당 Soft IRQ 서비스 핸들러를 실행합니다. 만약 Soft IRQ 서비스 요청이 없으면 `irq_exit()` 함수는 바로 종료합니다.

3단계

`__do_softirq()` 함수에서 Soft IRQ 서비스 핸들러를 호출을 끝내면 Soft IRQ 서비스 요청이 있었는지 다시 체크합니다. 이미 Soft IRQ 서비스 핸들러 처리 시간이 2ms 이상이거나 10번 이상 Soft IRQ 서비스 핸들러를 처리했다면 다음 동작을 수행합니다.

- `wakeup_softirqd()` 함수를 호출해서 ksoftirqd 프로세스를 깨움
- `__do_softirq()` 함수 종료

`__do_softirq()` 함수 실행 시간에 제약을 건 이유는 `__do_softirq()` 함수를 호출하는 `irq_exit()` 함수가 프로세스가 일을 멈춘 상태에서 실행되기 때문입니다.

4단계

ksoftirqd 프로세스가 깨어나 3단계에서 마무리하지 못한 Soft IRQ 서비스 핸들러를 실행합니다.

Soft IRQ가 인터럽트 후반부를 처리하는 흐름을 알아보니 IRQ 스레드 실행 구조보다 과정이 더 복잡합니다. IRQ 스레드는 인터럽트 핸들러에서 못한 일을 프로세스 레벨에서 실행합니다. 그런데 Soft IRQ 서비스는 인터럽트 핸들러가 수행된 후 바로 일을 시작합니다. 그러니 Soft IRQ 서비스 핸들러는 빨리 실행해야 합니다.

다음 절에서는 Soft IRQ를 다른 인터럽트 후반부 기법과 비교해 보겠습니다.

6.6.3 후반부 기법으로 Soft IRQ를 언제 쓸까?

커널은 인터럽트 후반부 기법으로 IRQ 스레드, 워크큐, Soft IRQ를 지원합니다. 이 중에서 Soft IRQ 기법은 언제 적용해야 할까요? 이번 절에서는 이 주제에 대해 이야기해 보겠습니다.

Soft IRQ 기법은 인터럽트 발생 빈도가 높거나 인터럽트 후반부를 빨리 처리해야 할 때 사용합니다. 그 이유는 **인터럽트 핸들러 호출 이후 바로 Soft IRQ 서비스를 실행하기 때문입니다.**

인터럽트의 발생 빈도가 매우 높거나 인터럽트가 발생한 후 바로 처리해야 하는 경우 Soft IRQ를 쓰면 됩니다.

커널에서는 Soft IRQ를 디바이스 드라이버 레벨에서 쓸 수 있는 '태스크릿'이라는 인터페이스 환경을 제공합니다. 관련 내용은 6.11절 '태스크릿'을 참고합시다.

6.6.4 Soft IRQ는 왜 알아야 할까?

마지막으로 Soft IRQ를 왜 배워야 하는지 정리했습니다.

1. 리눅스 커널 입문자를 벗어나 중급 수준 개발자가 되려면 Soft IRQ가 무엇인지 알아야 합니다. 반응 속도에 민감한 네트워크 패킷 처리나 고속 그래픽 처리 및 스토리지(UFS: Universal Flash Storage) 드라이버들은 Soft IRQ 서비스를 이용해서 구현됐기 때문입니다.

2. 인터럽트가 발생하면 실행 중이던 프로세스를 멈추고 인터럽트 핸들러를 실행한다고 알고 있습니다. 그런데 Soft IRQ는 인터럽트 핸들러가 수행하면 실행 중이던 프로세스로 돌아가지 않고 바로 Soft IRQ 실행을 시작합니다. Soft IRQ에서 실행 시간이 오래 걸리면 시스템 반응 속도가 늦어질 수 있으므로 시스템 성능 문제가 생겼을 때 체크해야 할 점검 포인트 중 하나입니다. 그래서 시스템 전반을 책임지는 개발자는 Soft IRQ를 잘 이해하고 있어야 합니다.

3. 커널 타이머를 제대로 이해하려면 Soft IRQ의 구조와 동작 원리를 알아야 합니다. 드라이버에서 요청한 동적 타이머들은 타이머 인터럽트가 발생한 다음 Soft IRQ 서비스로 실행되기 때문입니다.

4. 태스크릿은 Soft IRQ 서비스 형태로 사용합니다. 태스크릿을 제대로 이해하려면 Soft IRQ를 알아야 합니다.

6.7 Soft IRQ 서비스

Soft IRQ 서비스는 Soft IRQ를 실행하는 단위입니다. Soft IRQ는 낯설고 익히기 어려운 기법이지만 그 실체는 Soft IRQ 서비스입니다. Soft IRQ는 Soft IRQ 서비스를 중심으로 분석하면 빠르게 이해할 수 있습니다. 이번 절에서는 Soft IRQ 서비스의 종류와 이를 등록하는 과정을 배워보겠습니다.

6.7.1 Soft IRQ 서비스

Soft IRQ 서비스의 종류를 확인하려면 softirq_to_name 전역변수를 확인하면 됩니다.

https://github.com/raspberrypi/linux/blob/rpi-4.19.y/kernel/softirq.c

```c
const char * const softirq_to_name[NR_SOFTIRQS] = {
        "HI", "TIMER", "NET_TX", "NET_RX", "BLOCK", "IRQ_POLL",
            "TASKLET", "SCHED", "HRTIMER", "RCU"
};
```

"HI" ~ "RCU"라고 적힌 문자열이 Soft IRQ 서비스의 이름입니다.

또한 Soft IRQ 서비스의 종류는 다음 코드와 같이 열거형으로 정의돼 있습니다.

https://github.com/raspberrypi/linux/blob/rpi-4.19.y/include/linux/interrupt.h

```c
enum
{
    HI_SOFTIRQ=0,
    TIMER_SOFTIRQ,
    NET_TX_SOFTIRQ,
    NET_RX_SOFTIRQ,
    BLOCK_SOFTIRQ,
    IRQ_POLL_SOFTIRQ,
    TASKLET_SOFTIRQ,
    SCHED_SOFTIRQ,
    HRTIMER_SOFTIRQ,
    RCU_SOFTIRQ,
    NR_SOFTIRQS
};
```

열거형으로 선언된 HI_SOFTIRQ부터 RCU_SOFTIRQ는 Soft IRQ 서비스에 매핑됩니다. C 언어 문법에 따라 HI_SOFTIRQ는 0이고 TIMER_SOFTIRQ부터 RCU_SOFTIRQ까지 각각 1만큼 증가하는 상숫값입니다. 열거형 상수값은 Soft IRQ 서비스를 요청할 때 인덱스로 활용됩니다.

Soft IRQ 서비스의 타입은 다음 표와 같습니다.

표 6.4 Soft IRQ 서비스의 우선순위와 역할

우선순위	Soft IRQ 서비스	설명
0	HI_SOFTIRQ	가장 우선순위가 높으며 TASKLET_HI로 적용
1	TIMER_SOFTIRQ	동적 타이머로 사용
2	NET_TX_SOFTIRQ	네트워크 패킷 송신용으로 사용

우선순위	Soft IRQ 서비스	설명
3	NET_RX_SOFTIRQ	네트워크 패킷 수신용 사용
4	BLOCK_SOFTIRQ	블록 디바이스에서 사용
5	IRQ_POLL_SOFTIRQ	IRQ_POLL 연관 동작
6	TASKLET_SOFTIRQ	일반 태스크릿으로 사용
7	SCHED_SOFTIRQ	스케줄러에서 주로 사용
8	HRTIMER_SOFTIRQ	현재 사용하지 않지만 하위 호환성을 위해 남겨둠
9	RCU_SOFTIRQ	RCU 처리용으로 사용

Soft IRQ 서비스의 종류를 알고 나니 다음과 같은 의문이 생깁니다. **Soft IRQ 서비스를 언제 어떻게 실행할까요?**

Soft IRQ 서비스의 실행 흐름은 3단계로 나눌 수 있습니다.

1단계: Soft IRQ 서비스 등록

부팅 과정에서 open_softirq() 함수를 호출해 Soft IRQ 서비스를 등록합니다.

2단계: Soft IRQ 서비스 요청

인터럽트 컨텍스트에서 Soft IRQ 서비스를 요청합니다.

3단계: Soft IRQ 서비스 실행

요청한 Soft IRQ 서비스를 실행합니다.

지금까지 알아본 내용을 정리해볼까요?

첫째, Soft IRQ 서비스란 무엇인가?

Soft IRQ를 실행하는 단위입니다. Soft IRQ는 Soft IRQ 서비스를 실행하기 위해 존재하며, 커널은 이를 위한 환경을 제공합니다.

둘째, Soft 서비스 종류는 어느 코드에서 확인할 수 있는가?

softirq_to_name 배열에 문자열로 정의돼 있습니다.

셋째, Soft IRQ 서비스는 어떻게 실행하는가?

부팅 과정에서 Soft IRQ 서비스를 등록합니다. 인터럽트가 발생해 호출되는 인터럽트 핸들러에서 Soft IRQ 서비스를 요청하면 Soft IRQ 서비스를 실행합니다.

다음 절에서는 Soft IRQ 서비스 실행의 1단계인 Soft IRQ 서비스를 등록하는 과정을 살펴보겠습니다.

6.7.2 Soft IRQ 서비스 핸들러는 언제 등록할까?

이전 절에서 다룬 바와 같이 Soft IRQ 실행의 1단계는 'Soft IRQ 서비스 등록'입니다. Soft IRQ 서비스는 부팅 과정에서 등록하며 이를 위해 open_softirq() 함수를 호출해야 합니다. 이제 open_softirq() 함수를 중심으로 Soft IRQ 서비스를 등록하는 과정을 살펴보겠습니다.

Soft IRQ 서비스를 등록하려면 다음 규칙에 따라 open_softirq() 함수를 호출해야 합니다.

```
open_softirq(Soft IRQ 서비스의 아이디, Soft IRQ 서비스의 핸들러);
```

open_softirq() 함수에 전달하는 첫 번째 인자는 'Soft IRQ 서비스 아이디'로서 다음 열거형으로 정의된 정숫값을 의미합니다.

https://github.com/raspberrypi/linux/blob/rpi-4.19.y/include/linux/interrupt.h

```
enum
{
    HI_SOFTIRQ=0,
    TIMER_SOFTIRQ,
    NET_TX_SOFTIRQ,
    NET_RX_SOFTIRQ,
    BLOCK_SOFTIRQ,
    IRQ_POLL_SOFTIRQ,
    TASKLET_SOFTIRQ,
    SCHED_SOFTIRQ,
    HRTIMER_SOFTIRQ,
    RCU_SOFTIRQ,
    NR_SOFTIRQS
};
```

두 번째 인자인 'Soft IRQ 서비스 핸들러'는 Soft IRQ 서비스를 실행할 때 호출하는 핸들러 함수입니다.

위에서 언급한 형식으로 open_softirq() 함수를 호출하면 커널에게 다음과 같이 처리하겠다고 말하는 것과 같습니다.

Soft IRQ 서비스가 실행하면 해당 Soft IRQ 서비스 핸들러를 실행하겠습니다.

이해를 돕기 위해 예제 코드를 함께 열어봅시다. 다음은 TIMER_SOFTIRQ라는 Soft IRQ 서비스 아이디로 Soft IRQ 서비스 핸들러를 등록하는 코드입니다.

https://github.com/raspberrypi/linux/blob/rpi-4.19.y/kernel/time/timer.c

```
01 void __init init_timers(void)
02 {
03   init_timer_cpus();
04   open_softirq(TIMER_SOFTIRQ, run_timer_softirq);
05 }
```

 참고로 init_timers() 함수의 선언부를 보면 __init 매크로가 붙어 있으니 부팅 도중 한 번 실행됩니다.

첫 번째 인자는 정수형 Soft IRQ 서비스의 아이디, 두 번째는 run_timer_softirq() 함수입니다. 위 코드는 **Soft IRQ의 TIMER_SOFTIRQ 서비스를 실행하면 run_timer_softirq() 함수를 호출해달라**는 의미로 해석할 수 있습니다. 이 같은 방식으로 각 Soft IRQ 서비스 종류별로 Soft IRQ 서비스 핸들러를 설정할 수 있습니다.

앞에서 알아본 바와 같이 Soft IRQ 서비스를 등록하려면 open_softirq() 함수를 호출하면 됩니다. open_softirq() 함수를 보면서 세부 동작을 확인해볼까요?

https://github.com/raspberrypi/linux/blob/rpi-4.19.y/kernel/softirq.c

```
void open_softirq(int nr, void (*action)(struct softirq_action *))
{
    softirq_vec[nr].action = action;
}
```

예상보다 코드 구현부가 간결합니다. 첫 번째 정수형 타입인 nr 인자에 해당하는 softirq_vec 배열 원소의 action 필드에 두 번째 인자를 저장합니다. 위 코드를 일반화해서 설명하면 다음과 같습니다.

> **softirq_vec 배열의 nr 인덱스에 해당하는 원소의 action 필드에 Soft IRQ 서비스 핸들러를 할당한다.**

그렇다면 softirq_vec 배열의 역할은 무엇일까요? **softirq_vec 배열은 NR_SOFTIRQS 크기의 배열로서 Soft IRQ 서비스의 종류별로 Soft IRQ 서비스 핸들러 함수의 주소를 저장합니다.**

softirq_vec 배열의 선언부는 다음과 같으며 struct softirq_action 타입입니다.

https://github.com/raspberrypi/linux/blob/rpi-4.19.y/kernel/softirq.c

```
static struct softirq_action softirq_vec[NR_SOFTIRQS] __cacheline_aligned_in_smp;
```

softirq_action 구조체에는 다음 코드와 같이 한 개의 필드밖에 없습니다.

https://github.com/raspberrypi/linux/blob/rpi-4.19.y/include/linux/interrupt.h

```
struct softirq_action
{
    void    (*action)(struct softirq_action *);
};
```

action 필드에는 Soft IRQ 서비스 핸들러 주소를 저장합니다.

지금까지 Soft IRQ 서비스의 등록 단계를 소스코드 분석을 통해 알아봤습니다. 배운 내용을 정리해 봅시다.

첫째, Soft IRQ 서비스를 등록하려면 어떤 함수를 호출해야 할까?

open_softirq() 함수를 호출해야 합니다. 함수의 첫 번째 인자로 정수형 'Soft IRQ 서비스 인덱스'를, 두 번째 인자로 Soft IRQ 서비스 핸들러 함수의 주소를 지정합니다.

둘째, open_softirq()는 내부적으로 어떻게 동작할까?

softirq_vec 배열에 Soft IRQ 서비스 핸들러의 주소를 저장합니다.

6.7.3 Soft IRQ 서비스 핸들러의 등록 과정 실습

지금까지 Soft IRQ 서비스를 등록하려면 open_softirq() 함수를 호출해야 한다고 배웠습니다. 이어서 라즈베리 파이에서 Soft IRQ 서비스를 등록하는 과정을 실습을 통해 좀 더 더 자세히 알아보겠습니다.

실습 패치

먼저 패치 코드를 소개합니다.

```
diff --git a/kernel/softirq.c b/kernel/softirq.c
index 3f3fbc230..b0e75e8d0 100644
--- a/kernel/softirq.c
+++ b/kernel/softirq.c
@@ -433,6 +439,8 @@ void __raise_softirq_irqoff(unsigned int nr)
```

```
01 void open_softirq(int nr, void (*action)(struct softirq_action *))
02 {
03     softirq_vec[nr].action = action;
04 +
05 +   dump_stack();
06 }
```

패치 코드를 작성하는 방법은 간단합니다. open_softirq() 함수의 원본 코드에서 3번째 줄 다음에 dump_stack() 함수를 추가합니다. 참고로 dump_stack() 함수는 콜 스택을 커널 로그로 출력하는 기능입니다.

그렇다면 open_softirq() 함수에 dump_stack() 함수를 추가해 커널 로그로 콜 스택을 보려는 이유는 무엇일까요? **open_softirq() 함수가 언제 실행되는지 콜 스택과 함께 확인하기 위해서입니다.** 즉, Soft IRQ 서비스를 언제 등록하는지 콜 스택과 함께 확인하려는 의도를 지닌 패치 코드입니다. 패치 코드가 1줄이니 코드는 어렵지 않게 작성할 수 있을 것입니다.

코드를 작성한 후 커널을 빌드하고 라즈비안에 커널 이미지를 설치합니다. 이후 라즈베리 파이를 재부팅하고 커널 로그를 받읍시다.

커널 로그에서 Soft IRQ 서비스 등록 과정 파악

분석할 커널 로그는 다음과 같습니다.

```
01 [0.000000] CPU: 0 PID: 0 Comm: swapper/0 Not tainted 4.19.30-v7+ #16
02 [0.000000] Hardware name: BCM2835
03 [0.000000] (unwind_backtrace) from (show_stack+0x20/0x24)
04 [0.000000] (show_stack) from (dump_stack+0xc8/0x10c)
05 [0.000000] (dump_stack) from (open_softirq+0x24/0x28)
06 [0.000000] (open_softirq) from (init_sched_fair_class+0x24/0x48)
07 [0.000000] (init_sched_fair_class) from (sched_init+0x3c8/0x41c)
08 [0.000000] (sched_init) from (start_kernel+0x21c/0x3e0)
09 [0.000000] (start_kernel) from  (0x807c)
```

커널 로그가 출력하는 콜 스택에서 06~07번째 줄을 눈여겨봅시다.

```
06 [0.000000] (open_softirq) from (init_sched_fair_class+0x24/0x48)
07 [0.000000] (init_sched_fair_class) from (sched_init+0x3c8/0x41c)
```

맨 먼저 init_sched_fair_class() 함수에서 SCHED_SOFTIRQ라는 Soft IRQ 서비스 아이디로 Soft IRQ 서

비스 핸들러 함수인 run_rebalance_domains()를 등록합니다.

위 로그에서 open_softirq() 함수를 호출하는 코드는 다음과 같습니다.

https://github.com/raspberrypi/linux/blob/rpi-4.19.y/kernel/sched/fair.c

```
__init void init_sched_fair_class(void)
{
#ifdef CONFIG_SMP
    open_softirq(SCHED_SOFTIRQ, run_rebalance_domains);
```

커널 로그에서 전체 Soft IRQ 서비스 등록 과정 파악

이어서 Soft IRQ 서비스 아이디별로 커널 로그의 콜 스택과 커널 코드를 함께 확인해 봅시다.

RCU_SOFTIRQ: rcu_process_callbacks()

로그	[0.000000] (open_softirq) from (rcu_init+0x300/0x374) [0.000000] (rcu_init) from (start_kernel+0x254/0x3e0) [0.000000] (start_kernel) from [<0000807c>] (0x807c)

코드	[kernel/rcu/tree.c]
	void __init rcu_init(void)
	{
	...
	    __rcu_init_preempt();
	    open_softirq(RCU_SOFTIRQ, rcu_process_callbacks);

TIMER_SOFTIRQ: run_timer_softirq()

로그	[0.000000] (open_softirq) from (init_timers+0xa0/0xa4) [0.000000] (init_timers) from (start_kernel+0x268/0x3e0) [0.000000] (start_kernel) from [<0000807c>] (0x807c)

코드	[kernel/time/timer.c]
	void __init init_timers(void)
	{
	...
	    open_softirq(TIMER_SOFTIRQ, run_timer_softirq);

TASKLET_SOFTIRQ, HI_SOFTIRQ Soft IRQ 서비스는 softirq_init() 함수에서 등록합니다.

- TASKLET_SOFTIRQ: tasklet_action()

- HI_SOFTIRQ: tasklet_hi_action()

로그	[0.000000] (softirq_init) from [<80b00cc4>] (start_kernel+0x270/0x3e0) [0.000000] (start_kernel) from [<0000807c>] (0x807c) [0.000000] (softirq_init) from (start_kernel+0x270/0x3e0) [0.000000] (start_kernel) from (0x807c)

코드	[kernel/softirq.c]
	void __init softirq_init(void)
	{
	...
	    open_softirq(TASKLET_SOFTIRQ, tasklet_action);
	    open_softirq(HI_SOFTIRQ, tasklet_hi_action);
	}

BLOCK_SOFTIRQ: blk_done_softirq()

로그	[0.059227] (open_softirq) from (blk_softirq_init+0x78/0xac) [0.059245] (blk_softirq_init) from (do_one_initcall+0x54/0x17c) [0.059263] (do_one_initcall) from (kernel_init_freeable+0x224/0x2b8)

코드	[block/blk-softirq.c]
	static __init int blk_softirq_init(void)
	{
	...
	    open_softirq(BLOCK_SOFTIRQ, blk_done_softirq);

NET_TX_SOFTIRQ: net_tx_action()

NET_RX_SOFTIRQ: net_rx_action()

로그	
	[0.070773] (open_softirq) from (net_dev_init+0x1ac/0x214)
	[0.070790] (net_dev_init) from (do_one_initcall+0x54/0x17c)
	[0.070807] (do_one_initcall) from (kernel_init_freeable+0x224/0x2b8)
	[0.070824] (kernel_init_freeable) from (kernel_init+0x18/0x124)
	[0.070840] [<8079bfd0>] (kernel_init) from (ret_from_fork+0x14/0x28)
	[0.070911] (open_softirq) from (net_dev_init+0x1bc/0x214)
	[0.070925] (net_dev_init) from (do_one_initcall+0x54/0x17c)
	[0.070940] (do_one_initcall) from (kernel_init_freeable+0x224/0x2b8)
	[0.070954] (kernel_init_freeable) from (kernel_init+0x18/0x124)
	[0.070968] (kernel_init) from (ret_from_fork+0x14/0x28)

코드

```
[net/core/dev.c]
static int __init net_dev_init(void)
{
...
    open_softirq(NET_TX_SOFTIRQ, net_tx_action);
    open_softirq(NET_RX_SOFTIRQ, net_rx_action);
```

커널 로그 분석을 통해 라즈비안이 부팅하는 과정에서 다음 표와 같은 순서로 Soft IRQ 서비스들을 등록한다는 사실을 알게 됐습니다.

표 6.5 Soft IRQ 서비스 아이디와 핸들러 함수

Soft IRQ 서비스 아이디	Soft IRQ 서비스 핸들러
SCHED_SOFTIRQ	run_rebalance_domains()
RCU_SOFTIRQ	rcu_process_callbacks()
TIMER_SOFTIRQ	run_timer_softirq()
TASKLET_SOFTIRQ	tasklet_action()
HI_SOFTIRQ	tasklet_hi_action()
BLOCK_SOFTIRQ	blk_done_softirq()
NET_TX_SOFTIRQ	net_tx_action()
NET_RX_SOFTIRQ	net_rx_action()

softirq_vec 전역변수로 등록된 Soft IRQ 서비스 핸들러 확인

이러한 과정으로 Soft IRQ 서비스를 등록을 마무리하면 Soft IRQ 벡터인 softirq_vec 전역변수는 어떤 값으로 구성될까요?

```
(static struct softirq_action [10]) [D:0x80C02080] softirq_vec = (
    [0] = ((void (*)()) [D:0x80C02080] action = 0x80122888 = tasklet_hi_action),
    [1] = ((void (*)()) [D:0x80C02084] action = 0x80181270 = run_timer_softirq),
    [2] = ((void (*)()) [D:0x80C02088] action = 0x80614684 = net_tx_action),
    [3] = ((void (*)()) [D:0x80C0208C] action = 0x80615AB0 = net_rx_action),
    [4] = ((void (*)()) [D:0x80C02090] action = 0x804279B0 = blk_done_softirq),
    [5] = ((void (*)()) [D:0x80C02094] action = 0x0 = ),
    [6] = ((void (*)()) [D:0x80C02098] action = 0x8012299C = tasklet_action),
    [7] = ((void (*)()) [D:0x80C0209C] action = 0x801588EC = run_rebalance_domains),
    [8] = ((void (*)()) [D:0x80C020A0] action = 0x0 = ),
    [9] = ((void (*)()) [D:0x80C020A4] action = 0x8017ABC4 = rcu_process_callbacks))
```

위 정보를 토대로 softirq_vec 전역변수는 10개의 원소로 구성된 배열이며, 각 원소마다 Soft IRQ 서비스 핸들러 함수가 저장돼 있다는 사실을 알 수 있습니다. 그럼 커널에서는 softirq_vec 전역변수에 어떻게 접근해서 Soft IRQ 서비스를 처리할까요? **바로 Soft IRQ 서비스를 실행할 때 softirq_vec 배열에 등록된 함수를 호출합니다.**

잠시 후 6.8절에서 상세히 다룰 예정이지만 Soft IRQ 서비스를 실행하는 __do_softirq() 함수에서 softirq_vec 배열의 정보를 참고해 Soft IRQ 서비스 핸들러를 실행합니다.

이어서 Soft IRQ 서비스를 어떻게 요청하는지 살펴보겠습니다.

6.8 Soft IRQ 서비스는 언제 요청할까?

이전 절에서 Soft IRQ를 등록하는 과정을 배웁니다. 다음 코드와 같이 open_softirq() 함수를 써서 TIMER_SOFTIRQ 타입의 Soft IRQ 서비스를 등록했습니다.

https://github.com/raspberrypi/linux/blob/rpi-4.19.y/kernel/time/timer.c

```
01 void __init init_timers(void)
02 {
03     init_timer_cpus();
04     open_softirq(TIMER_SOFTIRQ, run_timer_softirq);
05 }
```

TIMER_SOFTIRQ 타입의 Soft IRQ 서비스를 등록하기만 하면 핸들러 함수인 run_timer_softirq() 함수가 호출될까요? 그렇지 않습니다. 따로 Soft IRQ 서비스를 요청해야 합니다. 이어지는 절에서는 Soft IRQ 서비스를 어떻게 요청하는지 알아보겠습니다.

6.8.1 Soft IRQ 서비스 요청의 전체 흐름

이번에는 Soft IRQ의 전체 흐름을 보면서 Soft IRQ 서비스를 요청하는 시점을 확인해 보겠습니다.

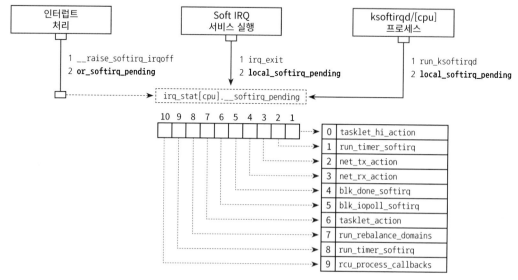

그림 6.11 Soft IRQ 서비스 요청 시의 자료구조

그림 6.11의 맨 왼쪽을 보면 '인터럽트 처리'라는 박스가 보입니다. 이는 인터럽트 핸들러나 인터럽트 핸들러 서브루틴에서 호출하는 함수의 동작을 의미합니다. 이 박스의 아랫부분을 눈으로 따라가보면 __raise_softirq_irqoff가 보입니다. 이는 Soft IRQ **서비스를 요청하는** 동작을 하는 함수의 이름입니다. 설명을 덧붙이자면 인터럽트를 처리할 때 Soft IRQ 서비스를 요청하는 것입니다.

이번에는 __raise_softirq_irqoff의 아랫부분을 봅시다. or_softirq_pending이 보입니다. or_softirq_pending은 함수의 이름으로서 irq_stat[cpu].__softirq_pending에 Soft IRQ **서비스 비트를 활성화하는 역할을 합니다.**

여기서 irq_stat은 배열이 아닙니다. percpu 타입의 변수로 CPU 코어의 개수만큼 존재합니다. percpu 타입의 irq_stat 변수의 __softirq_pending 필드는 Soft IRQ 서비스 요청 상태를 '비트' 단위로 저장합니다. 즉, Soft IRQ 서비스의 인덱스 크기만큼 왼쪽으로 비트 시프트한 결과를 __softirq_pending 필드에 저장하며 이는 **"Soft IRQ 서비스를 요청했다"**라는 정보를 저장하는 것입니다.

조금 어려운 내용인 것 같아 예를 들어 설명하겠습니다. 만약 CPU1에서 실행 중인 인터럽트 핸들러에서 TIMER_SOFTIRQ라는 Soft IRQ 서비스를 요청했다고 가정하겠습니다. 다음 열거형 선언과 같이 TIMER_SOFTIRQ는 정숫값으로 1입니다.

https://github.com/raspberrypi/linux/blob/rpi-4.19.y/include/linux/interrupt.h

```
enum
{
    HI_SOFTIRQ=0,
    TIMER_SOFTIRQ,
```

그러면 TIMER_SOFTIRQ만큼 왼쪽 비트 시프트 연산을 실행하면 어떤 결과가 나올까요?

```
02 = (1 << 1)= (1 << TIMER_SOFTIRQ)
```

십진수로 2이며 이진수로는 0b10입니다. 그 결과, percpu 타입의 irq_stat 변수의 첫 번째 CPU 인덱스는 다음과 같이 바뀝니다.

```
irq_stat[1].__softirq_pending = 2;
```

CPU1에서 실행 중인 인터럽트 핸들러에서 TIMER_SOFTIRQ Soft IRQ 서비스를 요청하면 irq_stat 변수가 위와 같이 바뀌는 것입니다.

이어서 위 그림의 가운데 부분을 함께 봅시다. 'Soft IRQ 서비스 실행'이라고 표시된 박스입니다. 이 박스의 아랫부분을 보면 irq_exit와 local_softirq_pending이 보입니다. 둘 다 함수 이름으로서 **Soft IRQ 서비스를 요청했는지 검사하는** 동작을 처리합니다.

커널에서는 인터럽트 핸들러를 호출한 다음, 매번 irq_exit() 함수를 호출해 Soft IRQ 서비스 요청이 있었는지 확인합니다. 그렇다면 Soft IRQ 서비스를 요청했는지 어떤 방식으로 체크할까요? **irq_stat[cpu].__softirq_pending이 0이 아닌지 확인합니다.**

앞에서 예로 든 'TIMER_SOFTIRQ Soft IRQ 서비스 요청'을 다시 떠올려 봅시다. TIMER_SOFTIRQ Soft IRQ 서비스를 요청했으니 1번째 percpu 타입의 irq_stat 값은 다음과 같습니다.

```
irq_stat[1].__softirq_pending = 2
```

irq_stat[1].__softirq_pending 값을 보고 커널은 어떻게 판단할까요? 다음과 같이 생각할 것입니다. **"irq_stat[1].__softirq_pending이 0이 아니니 Soft IRQ 서비스를 요청했구나."**

이렇게 해서 Soft IRQ 서비스 요청 단계를 살펴봤습니다. 그림 6.11 하나로 Soft IRQ 의 개념을 설명할 수 있으니 잘 기억해둡시다.

6.8.2 raise_softirq() 함수 분석

Soft IRQ 서비스를 실행하려면 먼저 Soft IRQ 서비스를 요청해야 합니다. 이번 절에서는 Soft IRQ 서비스를 실행할 때 호출하는 다음 함수를 분석하면서 세부 동작 원리를 알아보겠습니다.

- raise_softirq()
- __raise_softirq_irqoff()

 일부 리눅스 커널 자료에서는 raise_softirq() 함수의 동작을 'Soft IRQ를 올린다'라고 표현하기도 합니다. 영어를 한글로 그대로 직역하면 맞는 말이기도 합니다. 하지만 필자는 Soft IRQ의 전체 실행 흐름상 'Soft IRQ를 올린다'라는 표현 대신 'Soft IRQ 서비스를 요청한다'라고 부르는 것이 자연스럽다고 생각합니다.

Soft IRQ 서비스를 요청할 때 호출하는 raise_softirq() 함수의 코드를 함께 봅시다.

https://github.com/raspberrypi/linux/blob/rpi-4.19.y/kernel/softirq.c

```
01 void raise_softirq(unsigned int nr)
02 {
03     unsigned long flags;
04
05     local_irq_save(flags);
06     raise_softirq_irqoff(nr);
07     local_irq_restore(flags);
08 }
```

함수 코드를 분석하기 전에 중요한 질문을 하겠습니다. **raise_softirq() 함수에 어떤 인자를 전달해야 할까요?**

raise_softirq() 함수를 호출할 때는 정수형인 Soft IRQ 인덱스를 전달해야 합니다. 예를 들어 TIMER_SOFTIRQ라는 Soft IRQ 서비스를 요청하려면 다음 코드의 04번째 줄과 같이 TIMER_SOFTIRQ를 전달해야 합니다.

https://github.com/raspberrypi/linux/blob/rpi-4.19.y/kernel/time/timer.c

```
01 void run_local_timers(void)
02 {
03     struct timer_base *base = this_cpu_ptr(&timer_bases[BASE_STD]);
...
04     raise_softirq(TIMER_SOFTIRQ);
05 }
```

참고로 Soft IRQ 서비스 인덱스란 다음과 같이 열거형으로 정의된 정수형 지시자입니다.

https://github.com/raspberrypi/linux/blob/rpi-4.19.y/include/linux/interrupt.h

```
enum
{
        HI_SOFTIRQ=0,
        TIMER_SOFTIRQ,
        NET_TX_SOFTIRQ,
        NET_RX_SOFTIRQ,
        BLOCK_SOFTIRQ,
        IRQ_POLL_SOFTIRQ,
        TASKLET_SOFTIRQ,
        SCHED_SOFTIRQ,
        HRTIMER_SOFTIRQ, /* Unused, but kept as tools rely on the
                            numbering. Sigh! */
        RCU_SOFTIRQ,    /* Preferable RCU should always be the last softirq */

        NR_SOFTIRQS
};
```

위 선언부를 보면 TIMER_SOFTIRQ는 1입니다.

이렇게 해서 raise_softirq() 함수에 전달하는 인자를 알아봤으니 코드를 분석하겠습니다. raise_softirq() 함수의 핵심 동작은 다음과 같습니다.

자신에게 전달된 인자를 전달하면서 raise_softirq_irqoff() 함수를 호출한다.

raise_softirq_irqoff() 함수를 호출하기 전 05번째 줄와 07번째 줄과 같이 다음 함수를 호출해 해당
CPU 라인의 인터럽트를 비활성화합니다.

- local_irq_save()

- local_irq_restore()

이는 Soft IRQ 서비스를 요청하는 도중 인터럽트가 다시 발생하는 상황을 막기 위한 코드입니다.

이어서 raise_softirq_irqoff() 함수의 코드를 분석하겠습니다.

https://github.com/raspberrypi/linux/blob/rpi-4.19.y/kernel/softirq.c

```
01 inline void raise_softirq_irqoff(unsigned int nr)
02 {
03     __raise_softirq_irqoff(nr);
04
05     if (!in_interrupt())
06         wakeup_softirqd();
07 }
```

이 함수는 특별한 처리를 하지는 않습니다. 03번째 줄과 같이 __raise_softirq_irqoff() 함수를 호출합
니다.

05~06번째 줄은 현재 실행 코드가 '인터럽트 컨텍스트'인지 점검합니다. 인터럽트 컨텍스트가 아니면
06번째 줄과 같이 wakeup_softirqd() 함수를 호출해 ksoftirqd 스레드를 깨웁니다. 위 코드 분석으로 다
음과 같은 사실을 알 수 있습니다.

인터럽트 컨텍스트가 아닐 때도 Soft IRQ 서비스 요청을 할 수 있다.

이번에는 __raise_softirq_irqoff() 함수를 분석할 차례입니다.

https://github.com/raspberrypi/linux/blob/rpi-4.19.y/kernel/softirq.c

```
01 void __raise_softirq_irqoff(unsigned int nr)
02 {
03     trace_softirq_raise(nr);
04     or_softirq_pending(1UL << nr);
05 }
```

3번째 줄이 실행되면 다음과 같은 softirq_raise라는 ftrace 이벤트 로그를 출력합니다. 이는 softirq_raise 이벤트가 활성화돼 있을 때만 실행됩니다.

```
<idle>-0 [003] d.h1  9627.950437: softirq_raise: vec=1 [action=TIMER]
<idle>-0 [003] d.h1  9627.950440: softirq_raise: vec=9 [action=RCU]
<idle>-0 [003] d.h1  9627.950447: softirq_raise: vec=7 [action=SCHED]
```

위 메시지는 TIMER_SOFTIRQ, RCU_SOFTIRQ, SCHED_SOFTIRQ라는 Soft IRQ 서비스를 요청하는 ftrace 로그입니다.

다음으로 4번째 줄을 봅시다. 입력 인자인 nr을 왼쪽으로 비트 시프트 연산한 결괏값을 or_softirq_pending() 함수에 전달합니다.

이번 절에서는 코드 분석을 통해 **Soft IRQ 서비스를 요청하려면 raise_softirq() 혹은 __raise_softirq_irqoff() 함수를 호출해야 한다는 사실을 배웠습니다.** 그렇다면 raise_softirq() 혹은 __raise_softirq_irqoff() 함수의 차이점은 무엇일까요?

raise_softirq() 함수는 local_irq_save()와 local_irq_store() 함수를 사용해 raise_softirq_irqoff() 함수가 실행되는 도중 해당 CPU 라인의 인터럽트를 비활성화합니다. 그래서 대부분 Soft IRQ 서비스를 요청할 때 raise_softirq() 함수를 사용하는 것입니다. 만약 이미 실행 중인 CPU의 인터럽트를 비활성화했다면 __raise_softirq_irqoff() 함수를 사용하면 됩니다.

이어서 다음 절에서는 or_softirq_pending() 함수를 분석하겠습니다.

6.8.3 irq_stat 전역변수 분석

커널에서 Soft IRQ 서비스 요청이 있었는지 확인하는 변수는 다음과 같습니다.

```
irq_stat[cpu].__softirq_pending
```

irq_stat은 배열이 아니고 percpu 타입입니다. **이해를 돕기 위해 배열처럼 표시한 것입니다.**

이번 절에서는 or_softirq_pending() 함수를 분석해서 irq_stat[cpu].__softirq_pending 변수가 어떻게 변경되는지 살펴보겠습니다. 다음은 or_softirq_pending() 함수의 코드입니다.

https://github.com/raspberrypi/linux/blob/rpi-4.19.y/include/linux/interrupt.h

```
01 #ifndef local_softirq_pending_ref
02 #define local_softirq_pending_ref irq_stat.__softirq_pending
03 #endif
04
05 #define or_softirq_pending(x) (__this_cpu_or(local_softirq_pending_ref, (x)))
```

or_softirq_pending() 함수는 매크로 타입으로 전처리 과정에서 다음과 같이 05번째 줄로 치환됩니다.

```
(__this_cpu_or(local_softirq_pending_ref, (x)))
```

__this_cpu_or() 함수는 첫 번째 인자로 지정한 percpu 타입 변수와 두 번째 인자에 대해 =! 연산을 수행합니다.

이어서 02번째 줄에 매크로로 선언된 local_softirq_pending_ref는 다음 코드로 치환됩니다.

```
irq_stat.__softirq_pending
```

01~05번째 줄을 분석해 보면 or_softirq_pending() 매크로 함수의 실체는 다음과 같습니다.

```
irq_stat[cpu].__softirq_pending |= x;
```

즉, or_softirq_pending() 함수를 호출하면 percpu 타입의 irq_stat 변수에 인자와 OR 연산한 결과를 더합니다. Soft IRQ 서비스를 요청하면 이 정보를 irq_stat에 저장합니다. 이 연산 과정의 이해를 돕기 위해 한 가지 예를 들어보겠습니다.

CPU1에서 Soft IRQ 서비스 요청을 했는데, x가 이진수로 0010이고 irq_stat[1].__softirq_pending이 이진수로 1100이라고 가정하겠습니다. 이 조건에서 다음 연산을 실행하면 결과는 어떻게 될까요?

```
irq_stat[1].__softirq_pending |= x;
```

정답은 1110(이진수)입니다.

라즈베리 파이는 4개의 코어를 쓰므로 percpu 타입인 irq_stat 변수는 다음과 같습니다.

```
(static irq_cpustat_t [4]) irq_stat = (
    [0] = (
      (unsigned int) __softirq_pending = 0x1,
```

```
   [1] = (
      (unsigned int) __softirq_pending = 0x3,
   [2] = (
      (unsigned int) __softirq_pending = 0x0,
   [3] = (
      (unsigned int) __softirq_pending = 0x6,
```

커널은 CPU별로 지정한 __softirq_pending 변수에 (1 << Soft IRQ 서비스 아이디) 비트 연산을 수행한 결과를 저장합니다. Soft IRQ 서비스 아이디를 왼쪽 시프트한 결괏값입니다.

각 CPU별로 저장한 __softirq_pending 변수를 해석하면 다음과 같습니다.

표 6.6 __softirq_pending 변수에 저장되는 비트의 의미

CPU 번호	10진수	2진수	비트 연산자	Soft IRQ 서비스의 아이디
0	1	001	(1 << 0)	HI_SOFTIRQ
1	2	010	(1 << 1)	TIMER_SOFTIRQ
2	0	000	0	N/A
3	6	110	(1 << 2) | (1 << 1)	NET_TX_SOFTIRQ | TIMER_SOFTIRQ

각 Soft IRQ 서비스의 아이디 값은 다음과 같이 선언돼 있습니다. 가령 HI_SOFTIRQ 아이디는 0이고, RCU_SOFTIRQ는 9입니다.

https://github.com/raspberrypi/linux/blob/rpi-4.19.y/include/linux/interrupt.h

```
enum
{
    HI_SOFTIRQ=0,
    TIMER_SOFTIRQ,
    NET_TX_SOFTIRQ,
    NET_RX_SOFTIRQ,
    BLOCK_SOFTIRQ,
    IRQ_POLL_SOFTIRQ,
    TASKLET_SOFTIRQ,
    SCHED_SOFTIRQ,
    HRTIMER_SOFTIRQ,
    RCU_SOFTIRQ,
    NR_SOFTIRQS
};
```

percpu 타입의 irq_stat 변수와 앞에서 연산한 결과를 주석을 통해 함께 확인해보겠습니다.

```
(static irq_cpustat_t [4]) irq_stat = (
    [0] = (
    (unsigned int) __softirq_pending = 1 = 0x1,  // (1 << HI_SOFTIRQ)
    [1] = (
    (unsigned int) __softirq_pending = 3 = 0x3,  // (1 << HI_SOFTIRQ) | (1 << TIMER_SOFTIRQ)
    [2] = (
    (unsigned int) __softirq_pending = 0 = 0x0,
    [3] = (
    (unsigned int) __softirq_pending = 6 = 0x6,  // (1 << NET_TX_SOFTIRQ) | (1 << TIMER_SOFTIRQ)
```

CPU0에는 HI_SOFTIRQ Soft IRQ 서비스를 요청했고, CPU1은 HI_SOFTIRQ와 TIMER_SOFTIRQ Soft IRQ 서비스를 요청한 상태입니다. CPU3에서 요청된 Soft IRQ 서비스는 NET_TX_SOFTIRQ와 TIMER_SOFTIRQ입니다.

6.8.4 Soft IRQ 서비스를 요청했는지는 누가 어떻게 점검할까?

지금까지 Soft IRQ 서비스를 요청하는 실행 흐름과 함수 코드를 분석했습니다. 눈치가 빠른 독자분이라면 어디선가 요청한 Soft IRQ 서비스를 체크하는 루틴이 있을 것이라 예상할 것입니다. 그래서 이번 절에서는 Soft IRQ 서비스를 요청했는지를 누가 어떻게 점검하는지 살펴보겠습니다.

커널은 Soft IRQ 서비스 요청 여부를 알려주는 local_softirq_pending() 함수를 제공합니다. local_softirq_pending() 함수를 호출했는데 true를 반환하면 'Soft IRQ' 서비스를 요청했다고 판단하면 됩니다. local_softirq_pending() 함수를 보면서 구현 방식을 살펴봅시다.

https://github.com/raspberrypi/linux/blob/rpi-4.19.y/include/linux/interrupt.h

```
#define local_softirq_pending() (__this_cpu_read(local_softirq_pending_ref))
```

local_softirq_pending() 함수는 매크로 타입으로 오른쪽에 보이는 코드로 치환됩니다. __this_cpu_read() 함수가 보이니 local_softirq_pending_ref 변수는 percpu 타입이라고 볼 수 있습니다. __this_cpu_read() 함수는 percpu 타입의 인자를 받아 실행 중인 CPU 번호에 해당하는 percpu 주소를 반환하는 기능입니다.

이번에는 local_softirq_pending_ref의 정체를 확인하겠습니다.

https://github.com/raspberrypi/linux/blob/rpi-4.19.y/include/linux/interrupt.h

```
#define local_softirq_pending_ref irq_stat.__softirq_pending
```

보다시피 local_softirq_pending_ref는 irq_stat.__softirq_pending으로 치환됩니다. 코드 분석을 통해 **local_softirq_pending() 함수는 percpu 타입의 irq_stat.__softirq_pending을 반환한다는** 사실을 알 수 있습니다.

이전 절에서 분석했듯이 Soft IRQ 서비스의 실행 요청을 하면 다음 함수에서 or_softirq_pending() 함수를 호출해 irq_stat.__softirq_pending이라는 percpu 타입의 변수에 Soft IRQ 서비스의 인덱스를 왼쪽 비트 시프트한 결과를 더합니다. 다음은 Soft IRQ 서비스를 요청하기 위해 호출하는 함수 목록입니다.

- raise_softirq()
- __raise_softirq_irqoff()

위와 같은 함수를 호출해 Soft IRQ 서비스를 요청했다면 local_softirq_pending() 함수는 true를 반환합니다. percpu 타입의 irq_stat.__softirq_pending 변수가 한 비트라도 1로 설정돼 있으면 true를 반환하기 때문입니다.

이처럼 커널에서 제공하는 local_softirq_pending() 함수를 호출하면 Soft IRQ 서비스를 요청했는지 확인할 수 있습니다.

그럼 local_softirq_pending() 함수를 커널의 어느 코드에서 호출해서 Soft IRQ 서비스를 요청했는지 확인해 봅시다. Soft IRQ 서비스 요청 여부는 다음의 두 군데에서 체크합니다.

- 인터럽트 핸들러 처리를 마무리한 후 호출하는 irq_exit() 함수
- ksoftirqd 스레드 핸들러 함수인 run_ksoftirqd() 함수

이어서 Soft IRQ 서비스를 요청했는지 체크하는 코드를 살펴보겠습니다. 다음은 인터럽트 핸들러 처리를 마무리한 후 호출하는 irq_exit() 함수의 코드입니다.

https://github.com/raspberrypi/linux/blob/rpi-4.19.y/kernel/softirq.c

```
01 void irq_exit(void)
02 {
...
03    if (!in_interrupt() && local_softirq_pending())
04        invoke_softirq();
```

보다시피 irq_exit() 함수의 3번째 줄과 같이 두 가지 조건을 점검한 후 Soft IRQ 서비스를 실행할지 결정합니다.

- 현재 실행 중인 코드가 인터럽트 컨텍스트 상태인지
- Soft IRQ 서비스 요청이 있었는지

이번에는 ksoftirqd 스레드 핸들러 함수인 run_ksoftirqd() 함수를 보겠습니다.

https://github.com/raspberrypi/linux/blob/rpi-4.19.y/kernel/softirq.c

```
01 static void run_ksoftirqd(unsigned int cpu)
02 {
03     local_irq_disable();
04     if (local_softirq_pending()) {
05         __do_softirq();
```

4번째 줄과 같이 local_softirq_pending() 함수를 호출해서 Soft IRQ 서비스 요청이 있었는지 점검합니다.

지금까지 Soft IRQ 서비스를 요청하는 동작에 관련된 코드와 자료구조를 살펴봤습니다. 조금 어려운 내용이니 이번 절에 배운 내용을 질문/답변 형식으로 풀어서 정리해 보겠습니다.

Q) Soft IRQ 서비스는 어떻게 요청할까?

A) 인터럽트 핸들러에서 raise_softirq() 함수나 __raise_softirq_irqoff() 함수를 호출합니다. 이러한 함수에서 or_softirq_pending() 함수를 호출해서 Soft IRQ 서비스를 요청합니다.

Q) Soft IRQ 서비스 요청은 어느 코드에서 점검할까?

A) 인터럽트 핸들러 실행을 마친 후 호출되는 irq_exit() 함수 혹은 ksoftirqd 스레드 핸들러인 run_ksoftirqd() 함수에서 local_softirq_pending() 함수를 호출해 Soft IRQ 서비스를 요청했는지 확인합니다.

Q) Soft IRQ 서비스 요청을 할 때 변경되는 자료구조는 무엇인가?

A) percpu 타입의 irq_stat.__softirq_pending 변수입니다. or_softirq_pending() 함수를 호출하면 percpu 타입의 irq_stat.__softirq_pending 변수에 Soft IRQ 서비스를 요청했다는 정보를 설정합니다. local_softirq_pending() 함수는 percpu 타입의 irq_stat.__softirq_pending 변수에 접근해 Soft IRQ 서비스 요청이 있었는지 확인합니다.

다음 절에서는 Soft IRQ 서비스 요청을 어디서 처리하는지 살펴봅니다.

6.9 Soft IRQ 서비스는 누가 언제 처리할까?

이제 Soft IRQ 기법의 핵심인 Soft IRQ 서비스를 처리하는 흐름을 살펴볼 차례입니다.

Soft IRQ **서비스는 언제 처리할까요**? 그림 6.12와 같이 인터럽트 핸들러를 처리하는 인터럽트 서비스 루틴이 끝나는 시점에 Soft IRQ 서비스의 처리를 시작합니다.

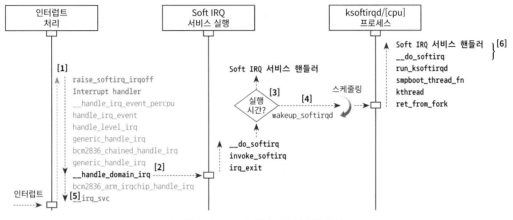

그림 6.12 Soft IRQ 서비스 요청 실행 흐름

위 그림에서 'Soft IRQ 서비스 처리' 과정은 [2]~[6]으로 굵게 표시된 부분입니다.

Soft IRQ 서비스 처리를 시작하는 코드를 점검하려면 인터럽트 서비스 루틴이 끝나는 코드부터 확인 해야 합니다. 그렇다면 'Soft IRQ 서비스 처리' 과정에서 어떤 동작을 수행할까요? 다음과 같은 동작을 수행합니다.

- Soft IRQ 서비스 요청 확인
- Soft IRQ 서비스 실행

6.9.1 Soft IRQ 서비스 실행 진입점은 어디일까?

Soft IRQ 서비스는 인터럽트 핸들링을 마무리한 후 처리합니다. 이어서 커널에서 인터럽트 처리를 시 작하고 종료하는 __handle_domain_irq() 함수를 보면서 처리 과정을 파악해 봅시다.

https://github.com/raspberrypi/linux/blob/rpi-4.19.y/kernel/irq/irqdesc.c

```
01 int __handle_domain_irq(struct irq_domain *domain, unsigned int hwirq,
02        bool lookup, struct pt_regs *regs)
03 {
04    struct pt_regs *old_regs = set_irq_regs(regs);
05    unsigned int irq = hwirq;
06    int ret = 0;
07
08    irq_enter();
...
09    if (unlikely(!irq || irq >= nr_irqs)) {
10        ack_bad_irq(irq);
11        ret = -EINVAL;
12    } else {
13        generic_handle_irq(irq);
14    }
15
16    irq_exit();
17    set_irq_regs(old_regs);
18    return ret;
19 }
```

__handle_domain_irq() 함수에서 인터럽트 핸들러를 호출하는 코드는 13번째 줄이며 generic_handle_
irq() 함수 내부에서 다음과 같은 순서로 커널 함수를 호출합니다.

- generic_handle_irq_desc()

- generic_handle_irq()

- handle_level_irq()

- handle_irq_event()

- __handle_irq_event_percpu()

다음으로 13~16번째 줄을 보겠습니다.

```
09    if (unlikely(!irq || irq >= nr_irqs)) {
10        ack_bad_irq(irq);
11        ret = -EINVAL;
12    } else {
```

```
13      generic_handle_irq(irq);
14    }
15
16    irq_exit();
```

13번째 줄에서 호출하는 generic_handle_irq() 함수의 서브루틴에서 인터럽트 핸들러를 호출합니다. 13번째 줄을 실행하고 나면 16번째 줄을 실행합니다. 즉, 인터럽트 핸들러 처리를 마치고 irq_exit() 함수를 호출하는 것입니다. irq_exit() 함수는 Soft IRQ 서비스를 처리하는 시작점으로 볼 수 있는데 irq_exit() 함수에서 Soft IRQ 서비스 요청을 점검하고 Soft IRQ 서비스를 실행합니다.

 5.2.2절에서 본 ftrace 로그를 떠올려 봅시다.

```
kworker/0:0-27338 [000] 6028.897809: dwc_otg_common_irq <-__handle_irq_event_percpu
kworker/0:0-27338 [000] 6028.897847: <stack trace>
=> handle_irq_event
=> handle_level_irq
=> generic_handle_irq
=> bcm2836_chained_handle_irq
=> generic_handle_irq
=> __handle_domain_irq
=> bcm2836_arm_irqchip_handle_irq
=> __irq_svc
```

__handle_domain_irq() 함수가 호출된 후 커널의 IRQ 서브시스템을 구성하는 함수를 통해 56번 인터럽트 핸들러인 dwc_otg_common_irq() 함수가 호출됐습니다.

정리하면 'Soft IRQ 실행의 시작점은 인터럽트 핸들러 실행을 마무리한 후 호출되는 **irq_exit()** 함수다'라고 할 수 있습니다. 다음 절에서 irq_exit() 함수의 코드를 분석하겠습니다.

6.9.2 Soft IRQ 서비스 요청 점검

이전 절에 분석한 바와 같이 인터럽트 핸들러 처리를 마무리한 후 irq_exit() 함수를 호출합니다. 이어서 irq_exit() 함수를 분석하면서 Soft IRQ 서비스의 처리 과정을 살펴보겠습니다.

irq_exit() 함수 분석

Soft IRQ 서비스 실행의 출발점인 irq_exit() 함수를 보겠습니다.

https://github.com/raspberrypi/linux/blob/rpi-4.19.y/kernel/softirq.c

```
01 void irq_exit(void)
02 {
...
03    account_irq_exit_time(current);
04    preempt_count_sub(HARDIRQ_OFFSET);
05    if (!in_interrupt() && local_softirq_pending())
06        invoke_softirq();
07
08    tick_irq_exit();
09    rcu_irq_exit();
10    trace_hardirq_exit(); /* must be last! */
11 }
```

4번째 줄을 보면 preempt_count_sub() 함수를 호출해 **프로세스의 thread_info 구조체의 preeempt_count 필드에서 HARDIRQ_OFFSET을 빼는** 연산을 수행합니다. preempt_count_sub() 함수를 호출해 '앞으로 실행될 코드는 인터럽트 컨텍스트가 아니다'라고 설정하는 것입니다.

```
04    preempt_count_sub(HARDIRQ_OFFSET);
05    if (!in_interrupt() && local_softirq_pending())
06        invoke_softirq();
```

그다음 5번째 줄에서는 **Soft IRQ 서비스를 요청한 적이 있는지 점검합니다.** 이는 local_softirq_pending() 함수를 호출해서 Soft IRQ 서비스를 요청했는지 체크하는 것입니다. 이전 절에서 살펴봤듯이 local_softirq_pending() 함수는 irq_stat[cpu].__softirq_pending을 반환합니다. 반복해서 설명하지만 irq_stat 변수는 percpu 타입이라는 점을 잊지 맙시다.

 5번째 줄의 if 문 첫 부분에 있는 '!in_interrupt()'는 예외 조건을 체크하는 구문입니다. irq_exit() 함수가 호출되기 이전에 irq_enter()/irq_exit() 함수가 페어로 다시 중복되어 실행되는 것을 방지하려는 의도입니다. 일반적인 상황에서는 이 시나리오로 실행되지 않습니다.

Soft IRQ 서비스를 실행하는 invoke_softirq() 함수 분석

이어서 Soft IRQ 서비스를 실행하는 invoke_softirq() 함수를 분석하겠습니다.

```
01 static inline void invoke_softirq(void)
02 {
03    if (ksoftirqd_running(local_softirq_pending()))
04        return;
05
06    if (!force_irqthreads) {
07        #ifdef CONFIG_HAVE_IRQ_EXIT_ON_IRQ_STACK
08        __do_softirq();
09 #else
10        do_softirq_own_stack();
11 #endif
12    } else {
13        wakeup_softirqd();
14    }
15 }
```

먼저 03번째 줄을 보겠습니다.

```
03   if (ksoftirqd_running(local_softirq_pending()))
04       return;
```

현재 ksoftirqd 스레드가 실행 중인데 'Soft IRQ 서비스를 요청'한 내역이 있으면 04번째 줄을 실행해 함수를 종료합니다. 이 코드는 다음과 같은 예외 상황을 위한 동작입니다.

ksoftirqd 스레드에서 Soft IRQ 서비스를 중복으로 처리할 수 있다.

다음으로 06번째 줄을 보겠습니다. force_irqthreads 변수를 1로 설정했으면 13번째 줄과 같이 wakeup_softirqd() 함수를 호출해서 ksofrirqd 스레드를 깨웁니다. 이 변수는 리눅스 커널을 부팅하기 전 부트로더에서 threadirqs를 커맨드라인으로 전달하면 설정됩니다. 라즈비안에서 기본적으로 0으로 설정돼 있습니다.

```
__read_mostly bool force_irqthreads;
EXPORT_SYMBOL_GPL(force_irqthreads);
static int __init setup_forced_irqthreads(char *arg)
```

```
{
    force_irqthreads = true;
    return 0;
}
early_param("threadirqs", setup_forced_irqthreads);
```

 커맨드 라인이란 부트로더에서 리눅스 커널을 부팅시킬 때 전달하는 아규먼트와 같은 기능입니다. 리눅스 커널이 부팅될 때 이 커맨드라인을 읽어서 시스템을 설정합니다.

07~09번째 줄은 CONFIG_HAVE_IRQ_EXIT_ON_IRQ_STACK 컨피그가 활성화돼 있으면 컴파일됩니다. 그런데 라즈비안 커널에서는 CONFIG_HAVE_IRQ_EXIT_ON_IRQ_STACK 컨피그가 비활성화돼 있어서 07~09번째 줄의 코드는 컴파일되지 않습니다.

이어서 do_softirq_own_stack() 함수를 보겠습니다.

https://github.com/raspberrypi/linux/blob/rpi-4.19.y/include/linux/interrupt.h

```
static void do_softirq_own_stack(void)
{
    __do_softirq();
}
```

do_softirq_own_stack() 함수는 바로 __do_softirq() 함수를 호출합니다.

코드 분석 내용을 정리하면 일반적인 상황에서 invoke_softirq() 함수는 다음과 같은 처리를 합니다.

- ksoftirqd 스레드에서 Soft IRQ 서비스를 중복해서 요청하는 상황을 방지하기 위한 예외 처리
- do_softirq_own_stack() 함수를 호출해 __do_softirq() 함수를 실행

다음 절에서는 Soft IRQ 서비스 처리의 핵심인 __do_softirq() 함수를 분석하겠습니다.

6.9.3 Soft IRQ 서비스 실행

Soft IRQ의 핵심은 Soft IRQ 서비스를 실행하는 동작입니다. Soft IRQ 서비스를 실행한다는 것은 Soft IRQ 서비스 핸들러를 호출한다는 의미이며, __do_softirq() 함수에서 이를 처리합니다. 이번 시간에는 __do_softirq() 함수를 분석하면서 세부적인 동작 방식을 살펴보겠습니다.

__do_softirq() 함수 분석

이제 Soft IRQ 의 핵심 코드인 __do_softirq() 함수를 분석할 차례입니다.

https://github.com/raspberrypi/linux/blob/rpi-4.19.y/kernel/softirq.c

```
01 asmlinkage __visible void __softirq_entry __do_softirq(void)
02 {
03     unsigned long end = jiffies + MAX_SOFTIRQ_TIME;
04     unsigned long old_flags = current->flags;
05     int max_restart = MAX_SOFTIRQ_RESTART;
06     struct softirq_action *h;
07     bool in_hardirq;
08     __u32 pending;
09     int softirq_bit;
10
...
11
12     pending = local_softirq_pending();
13     account_irq_enter_time(current);
14
15     __local_bh_disable_ip(_RET_IP_, SOFTIRQ_OFFSET);
16     in_hardirq = lockdep_softirq_start();
17
18 restart:
19     /* Reset the pending bitmask before enabling irqs */
20     set_softirq_pending(0);
21
22     local_irq_enable();
23
24     h = softirq_vec;
25
26     while ((softirq_bit = ffs(pending))) {
27         unsigned int vec_nr;
28         int prev_count;
29
30         h += softirq_bit - 1;
31
32         vec_nr = h - softirq_vec;
33         prev_count = preempt_count();
```

```
34
35        kstat_incr_softirqs_this_cpu(vec_nr);
36
37        trace_softirq_entry(vec_nr);
38        h->action(h);
39        trace_softirq_exit(vec_nr);
...
40        h++;
41        pending >>= softirq_bit;
42    }
43
44    rcu_bh_qs();
45    local_irq_disable();
46
47    pending = local_softirq_pending();
48    if (pending) {
49        if (time_before(jiffies, end) && !need_resched() &&
50                    --max_restart)
51                    goto restart;
52
53        wakeup_softirqd();
54    }
```

먼저 __do_softirq() 함수에 선언된 지역변수부터 살펴보겠습니다.

```
03    unsigned long end = jiffies + MAX_SOFTIRQ_TIME;
04    unsigned long old_flags = current->flags;
05    int max_restart = MAX_SOFTIRQ_RESTART;
```

3번째 줄을 보면 이 코드가 실행될 때의 시간 정보를 담고 있는 jiffies에 MAX_SOFTIRQ_TIME을 더해 end 지역변수에 저장합니다. 여기서 MAX_SOFTIRQ_TIME 매크로의 정체는 무엇일까요?

https://github.com/raspberrypi/linux/blob/rpi-4.19.y/kernel/softirq.c

```
#define MAX_SOFTIRQ_TIME  msecs_to_jiffies(2)
```

보다시피 MAX_SOFTIRQ_TIME 매크로는 msecs_to_jiffies(2) 코드로 치환됩니다. msecs_to_jiffies() 함수는 밀리초 단위의 상수를 입력으로 받아 1/HZ 단위의 시간 정보로 바꾸는 기능입니다. 입력이 2이니 2밀리초를 1/HZ 단위의 시간 정보로 바꾸는 목적의 코드입니다.

이 정보를 참고해서 3번째 줄은 다음과 같이 바꿀 수 있습니다.

```
03    unsigned long end = jiffies + msecs_to_jiffies(2);
```

정리하면 3번째 줄은 **현재 시각을 기준으로 2밀리초에 해당하는 시간 정보를 end 지역변수에 저장하는 코드입니다.** 여기서 end라는 지역변수는 다음 조건에 따라 __do_softirq() 함수의 실행 시간을 제한하려는 용도로 사용합니다(이 코드는 조금 후에 더 분석할 예정입니다).

> **__do_softirq() 함수에서 Soft IRQ 서비스 핸들러를 실행한 시간이 end를 초과하면 함수 실행을 종료한다.**

다음으로 5번째 줄을 보겠습니다.

```
05    int max_restart = MAX_SOFTIRQ_RESTART;
```

MAX_SOFTIRQ_RESTART를 max_restart 지역변수에 설정합니다. MAX_SOFTIRQ_RESTART는 다음 선언부와 같이 10으로 설정돼 있습니다.

https://github.com/raspberrypi/linux/blob/rpi-4.19.y/kernel/softirq.c

```
#define MAX_SOFTIRQ_RESTART 10
```

값이 10인 MAX_SOFTIRQ_RESTART를 max_restart 지역변수에 설정합니다. **그럼 `max_restart` 지역변수의 용도는 무엇일까요?**

__do_softirq() 함수에서 max_restart 지역변수를 10으로 설정해 놓고 이 함수 내의 restart 레이블을 실행할 때마다 '--max_restart;' 연산으로 max_restart를 1만큼 감소시킵니다. 만약 restart 레이블을 10번 실행해서 max_restart 변수의 값이 0이 되면 restart 레이블은 실행되지 못하고 __do_softirq() 함수는 실행을 종료합니다.

end, max_restart 지역변수의 용도는 다음과 같으니 잘 기억해둡시다.

- end: Soft IRQ 서비스 핸들러를 실행한 시간 체크
- max_restart: restart 레이블을 실행한 횟수 체크

다음은 Soft IRQ 서비스 요청을 점검하는 코드입니다.

```
12    pending = local_softirq_pending();
13    account_irq_enter_time(current);
14
15    __local_bh_disable_ip(_RET_IP_, SOFTIRQ_OFFSET);
16    in_hardirq = lockdep_softirq_start();
```

percpu 타입의 irq_stat 변수에서 __softirq_pending 값을 pending 지역변수로 읽어 옵니다. pending은 지역변수로 선언했으므로 __do_softirq() 함수를 실행하는 프로세스의 스택 메모리 공간에 존재합니다.

그런데 전역변수를 지역변수에 복사하는 이유는 무엇일까요? **__do_softirq() 함수가 실행되는 동안 irq_stat이라는 percpu 타입의 전역변수가 업데이트될 수 있기 때문입니다.** 즉, 전역변수는 지역변수에 저장한 후 연산해야 동기화 문제를 피할 수 있습니다.

이제 restart 레이블 코드를 볼 차례입니다.

```
18 restart:
19    /* Reset the pending bitmask before enabling irqs */
20    set_softirq_pending(0);
21
22    local_irq_enable();
23
24    h = softirq_vec;
```

set_softirq_pending() 함수가 실행되면 바뀌는 전역변수는 다음과 같습니다.

```
((irq_stat[cpu].__softirq_pending) = (0));
```

현재 실행 중인 CPU에 해당하는 percpu 타입인 irq_stat 변수의 __softirq_pending 필드를 0으로 초기화하는 연산입니다.

24번째 줄에서는 Soft IRQ 서비스 핸들러 정보가 담긴 softirq_vec 전역변수를 h라는 지역변수에 저장합니다.

다음으로 Soft IRQ 서비스 핸들러를 호출하는 코드를 분석합시다.

```
26    while ((softirq_bit = ffs(pending))) {
27        unsigned int vec_nr;
```

```
28          int prev_count;
29
30          h += softirq_bit - 1;
31
32          vec_nr = h - softirq_vec;
33          prev_count = preempt_count();
34
35          kstat_incr_softirqs_this_cpu(vec_nr);
36
37          trace_softirq_entry(vec_nr);
38          h->action(h);
39          trace_softirq_exit(vec_nr);
...
40          h++;
41          pending >>= softirq_bit;
42      }
```

26번째 줄은 while 문을 구동하는 조건이므로 유심히 점검해야 합니다.

```
26      while ((softirq_bit = ffs(pending))) {
27              unsigned int vec_nr;
28              int prev_count;
```

커널에서 제공하는 ffs라는 라이브러리 함수를 써서 pending 변수에서 Soft IRQ 서비스를 설정한 비트를 찾습니다.

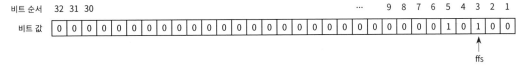

그림 6.13 ffs 라이브러리를 실행한 결과

ffs() 라이브러리 함수는 비트 위치를 1~32 범위로 계산해 반환합니다. 한 가지 예를 들어봅시다. pending 지역변수가 20이면 이진수로는 10100입니다. ffs(20)을 입력하면 가장 먼저 1이 세팅된 비트의 위치인 3을 알려줍니다. 반복하지만 ffs() 라이브러리 함수는 비트의 위치를 1~32 범위로 알려준다는 사실을 기억하세요.

30번째 줄을 보겠습니다. softirqbit에서 1만큼 뺀 결과를 h에 += 연산으로 저장합니다. 이 같은 연산을 수행하는 이유는 무엇일까요?

```
30        h += softirq_bit - 1;
```

irq_stat[cpu].__softirq_pending 변수에 Soft IRQ 서비스의 아이디별로 설정된 비트 값이 Soft IRQ 서비스 핸들러 함수를 저장한 softirq_vec 배열 위치보다 1만큼 크기 때문입니다. 예를 들어, 다음 연산의 결과는 1인데 HI_SOFTIRQ는 0입니다.

```
1 = 1 << 0(HI_SOFTIRQ)
```

이 관계를 그림으로 정리하면 다음과 같습니다.

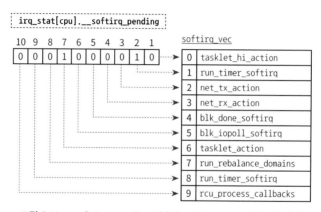

그림 6.14 __softirq_pending 변수와 softirq_vec 배열과의 관계

각 Soft IRQ 서비스 아이디를 설정하는 __softirq_pending 변수의 비트 필드와 이를 실행하는 Soft IRQ 서비스 핸들러를 저장하는 softirq_vec 배열은 위 그림과 같은 관계입니다. __softirq_pending 변수에 설정된 비트 위치를 계산한 후 -1만큼 뺀 결과를 인덱스로 저장합니다. 이 인덱스에 해당하는 softirq_vec 배열에 Soft IRQ 서비스의 종류별로 Soft IRQ 서비스 핸들러 함수 주소가 저장돼 있습니다.

이해를 돕기 위해 그림의 내용을 더 자세히 설명하겠습니다. 먼저 그림 6.14에서 왼쪽 부분을 보면 irq_stat[cpu].__softirq_pending 박스 아래에 10부터 1까지 표시된 부분이 있습니다. 이는 irq_stat[cpu].__softirq_pending을 이진수 형식으로 출력한 것입니다. 2번째와 7번째 비트가 1로 설정됐고 나머지는 0입니다.

만약 __do_softirq() 함수에서 Soft IRQ 서비스 핸들러를 실행하는 시점에서 irq_stat[cpu].__softirq_
pending 변수가 그림 6.14와 같다면 어떤 Soft IRQ 서비스 핸들러 함수를 호출할까요? run_timer_
softirq() 함수와 tasklet_action() 함수입니다.

이를 일반화해서 설명하면 irq_stat[cpu].__softirq_pending에 저장된 이진수 값에서 1만큼 뺀 결과가
softirq_vec 인덱스이며, 이를 기준으로 Soft IRQ 서비스 핸들러를 호출합니다.

다음으로 38번째 줄을 보겠습니다.

```
37    trace_softirq_entry(vec_nr);
38    h->action(h);
39    trace_softirq_exit(vec_nr);
```

Soft IRQ 서비스 핸들러를 호출합니다. 그림 6.14에서 softirq_vec에 표시된 함수를 호출하는 것입
니다.

이해를 돕기 위해 이번에는 라즈비안에서 본 softirq_vec 변수를 소개합니다.

```
(static struct softirq_action [10]) [D:0x80C02080] softirq_vec = (
    [0] = ((void (*)()) [D:0x80C02080] action = 0x80122888 = tasklet_hi_action),
    [1] = ((void (*)()) [D:0x80C02084] action = 0x80181270 = run_timer_softirq),
    [2] = ((void (*)()) [D:0x80C02088] action = 0x80614684 = net_tx_action),
    [3] = ((void (*)()) [D:0x80C0208C] action = 0x80615AB0 = net_rx_action),
    [4] = ((void (*)()) [D:0x80C02090] action = 0x804279B0 = blk_done_softirq),
    [5] = ((void (*)()) [D:0x80C02094] action = 0x0 = ),
    [6] = ((void (*)()) [D:0x80C02098] action = 0x8012299C = tasklet_action),
    [7] = ((void (*)()) [D:0x80C0209C] action = 0x801588EC = run_rebalance_domains),
    [8] = ((void (*)()) [D:0x80C020A0] action = 0x0 = ),
    [9] = ((void (*)()) [D:0x80C020A4] action = 0x8017ABC4 = rcu_process_callbacks))
```

38번째 줄에서 softirq_vec 변수에 저장된 Soft IRQ 서비스의 인덱스에 해당하는 Soft IRQ 서비스 핸
들러 함수를 호출합니다.

다음으로 ftrace 로그를 출력하는 37번째와 39번째 줄을 보겠습니다.

```
37    trace_softirq_entry(vec_nr);
38    h->action(h);
39    trace_softirq_exit(vec_nr);
```

37번째와 39번째 줄을 실행하면 다음과 같은 ftrace 메시지를 출력합니다.

```
<idle>-0 [000] .ns1   239.691153: softirq_entry: vec=1 [action=TIMER]
<idle>-0 [000] .ns1   239.691204: softirq_exit: vec=1 [action=TIMER]
```

ftrace는 Soft IRQ 동작을 트레이싱할 수 있는 이벤트를 제공합니다.

다음 코드는 pending에서 1로 설정된 비트를 없애는 코드입니다. 그래야 다음에 1로 설정된 비트를 읽을 수 있습니다.

```
40      h++;
41      pending >>= softirq_bit;
```

이렇게 while 문을 실행해서 pending된 Soft IRQ 서비스 핸들러 호출을 마치면 다음 코드를 실행합니다. Soft IRQ 에서 가장 중요한 코드입니다.

```
47    pending = local_softirq_pending();
48    if (pending) {
49        if (time_before(jiffies, end) && !need_resched() &&
50            --max_restart)
51                goto restart;
52
53        wakeup_softirqd();
54    }
```

47번째 줄을 보면 다시 Soft IRQ 서비스 요청이 있었는지 확인합니다.

__do_softirq() 함수의 첫 부분에서 Soft IRQ 서비스 요청이 있는지 확인했는데 왜 다시 확인할까요? 그 이유는 **__do_softirq() 함수에서 Soft IRQ 서비스 핸들러를 호출하는 동안 누군가 Soft IRQ 서비스를 요청할 수도 있기 때문입니다.** 그래서 이 조건을 다시 검사하는 것입니다.

만약 Soft IRQ 서비스 요청이 있으면 49~50번째 줄을 실행합니다. 여기서 다음 두 가지 조건을 점검합니다.

1. restart 레이블을 10번 이상 실행했는지

2. time_before() 함수를 써서 __do_softirq() 함수의 실행 시간이 2ms를 넘어서지는 않았는지

time_before() 함수에 전달하는 jiffies 값과 end의 의미는 뭘까요? jiffies는 49번째 코드를 실행할 때 시각 정보를 담고 있습니다. end라는 지역변수는 __do_softirq() 함수가 처음 실행될 때 시각 정보를 담고 있는 jiffies에 2밀리초를 jiffies(1/HZ) 단위로 환산한 결과를 더한 값을 저장하고 있습니다.

jiffies와 end를 인자로 time_before() 타이머 함수를 호출해서 __do_softirq() 함수를 실행한 시간이 2밀리초를 넘지 않았으면 true, 2밀리초를 넘었으면 false를 반환합니다.

max_restart 지역변수는 처음에 10으로 설정했고 restart 레이블을 실행할 때마다 1만큼 감소시킵니다. 그런데 이 값이 0이면 무슨 의미일까요? **10번 restart 레이블을 실행했다는 뜻입니다.**

47~54번째 줄을 그대로 분석하면 조금 이해하기 어려운 것 같습니다. 쉽게 풀어서 실행 단계를 설명하겠습니다.

- __do_softirq() 함수에서 Soft IRQ 서비스 핸들러를 실행한다.
- Soft IRQ 서비스 핸들러를 실행하고 난 다음 Soft IRQ 서비스 요청이 있었는지 확인한다.
- 만약 Soft IRQ 서비스 핸들러를 실행한 시간이 2밀리초 이내이고 restart 레이블을 10번 이상 실행하지 않았다면 restart 레이블로 이동해 Soft IRQ 서비스 핸들러를 호출한다.

정리하면 __do_softirq() 함수에서 이미 요청한 Soft IRQ 서비스 핸들러를 되도록 실행하겠다는 목적의 루틴입니다.

이번 절에서는 Soft IRQ 서비스를 언제 실행하는지 살펴봤습니다.

1. 인터럽트 핸들링 후 Soft IRQ 서비스 진입

2. Soft IRQ 서비스 요청 점검

3. __do_softirq() 함수에시 Soft IRQ 서비스 핸들러 실행

   - 만약 __do_softirq() 실행 시각이 2밀리초를 넘었거나 Soft IRQ 서비스를 10번 이상 실행했으면 ksoftirqd 스레드를 깨움

이어서 __do_softirq() 함수에서 ksoftirqd 스레드를 깨우는 과정을 살펴보겠습니다.

6.9.4 ksoftirqd 스레드 깨우기

__do_softirq() 함수에서 wakeup_softirqd() 함수를 호출하면 ksoftirqd 스레드를 깨울 수 있습니다. 이번에는 wakeup_softirqd() 함수와 ksoftirqd 스레드 핸들러인 run_ksoftirqd() 함수를 분석하겠습니다.

ksoftirqd 스레드를 깨우는 wakeup_softirqd() 함수 분석

이어서 wakeup_softirqd() 함수를 분석하겠습니다.

```
01 static void wakeup_softirqd(void)
02 {
03     /* Interrupts are disabled: no need to stop preemption */
04     struct task_struct *tsk = __this_cpu_read(ksoftirqd);
05
06     if (tsk && tsk->state != TASK_RUNNING)
07         wake_up_process(tsk);
08 }
```

4번째 줄을 보면 CPU별로 생성된 ksoftirqd 스레드의 태스크 디스크립터를 가져옵니다.

다음에 볼 6번째 줄은 예외 처리를 위한 조건문입니다.

- tsk 지역변수가 유효한 태스크 디스크립터 주소를 저장하고 있는지
- ksoftirqd 스레드가 TASK_RUNNING 상태가 아닌지 점검

이미 ksoftirqd 프로세스에 대한 실행 요청을 한 상태면 반복해서 ksoftirqd 프로세스를 깨우지 않겠다는 의도입니다. 이 조건을 만족하면 wake_up_process() 함수를 호출해서 ksoftirqd 프로세스를 깨웁니다.

이처럼 __do_softirq() 함수가 처리되는 도중 wakeup_softirqd() 함수를 호출하면 ksoftirqd 스레드를 깨웁니다. wakeup_softirqd() 함수를 실행하면 ksoftirqd 스레드를 깨우는 동작을 수행합니다. 프로세스 레벨에서 스케줄링되어 ksoftirqd 스레드가 깨어나면 어떤 함수가 실행될까요? **바로 run_ksoftirqd() 함수입니다.**

이어서 run_ksoftirqd() 함수를 분석해보겠습니다.

ksoftirqd 스레드 핸들러 함수인 run_ksoftirqd() 분석

이번에 살펴볼 함수는 ksoftirqd 스레드 핸들러 함수인 run_ksoftirqd()입니다.

https://github.com/raspberrypi/linux/blob/rpi-4.19.y/kernel/softirq.c

```
01 static void run_ksoftirqd(unsigned int cpu)
02 {
03     local_irq_disable();
```

```
04    if (local_softirq_pending()) {
05        __do_softirq();
06        local_irq_enable();
07        cond_resched_rcu_qs();
08        return;
09    }
10    local_irq_enable();
11 }
```

4번째 줄을 보면 역시 local_softirq_pending() 함수를 호출해서 Soft IRQ 서비스 요청이 있었는지 점
검한 후 __do_softirq() 함수를 호출합니다. 참고로 smp 핫 플러그인 스레드로 실행되는 ksoftirqd 스레
드의 속성은 다음과 같습니다.

https://github.com/raspberrypi/linux/blob/rpi-4.19.y/kernel/softirq.c

```
static struct smp_hotplug_thread softirq_threads = {
    .store              = &ksoftirqd,
    .thread_should_run  = ksoftirqd_should_run,
    .thread_fn          = run_ksoftirqd,
    .thread_comm        = "ksoftirqd/%u",
};
```

여기까지 Soft IRQ 서비스 실행 과정을 코드 분석을 통해 알아봤습니다. 커널에서 Soft IRQ 서비스를
실행하는 단계를 정리하면서 이번 절을 마무리하겠습니다.

첫째, Soft IRQ 서비스는 언제 요청할까?

인터럽트가 발생하면 인터럽트 핸들러에서 Soft IRQ 서비스를 요청합니다.

둘째, Soft IRQ 서비스 실행의 출발점은 어디일까?

인터럽트 핸들러 수행이 끝나면 요청한 Soft IRQ 서비스가 있었는지 체크합니다. 함수 흐름은 다음과 같습니다.

```
irq_exit() → invoke_softirq() → __do_softirq()
```

셋째, Soft IRQ 전용 스레드인 ksoftirqd 스레드는 언제 깨울까?

Soft IRQ 서비스 핸들러를 호출한 후 Soft IRQ 서비스 요청이 있었는지 체크합니다. __do_softirq() 함수의 실행 시
간이 2ms 이상이거나 Soft IRQ 서비스 핸들러를 10번 이상 호출했다면 ksoftirqd 스레드를 깨웁니다. 물론 __do_
softirq() 함수는 바로 실행을 마무리합니다.

다음 절에서는 Soft IRQ에서 프로세스 레벨에서 후반부를 처리하는 역할을 수행하는 ksoftirqd 프로세스에 대해 알아보겠습니다.

6.10 ksoftirqd 스레드

커널에서는 Soft IRQ 서비스를 인터럽트를 처리한 후의 시점이 아닌 프로세스 레벨에서 실행할 수 있는 환경을 지원합니다. 이 같은 목적으로 생성된 프로세스가 ksoftirqd 스레드입니다.

이번 절에서는 Soft IRQ를 처리하려는 목적으로 생성된 ksoftirqd 스레드의 생성 과정과 동작 원리를 살펴보겠습니다.

6.10.1 ksoftirqd 스레드란?

ksoftirqd이란 percpu 타입의 프로세스이며 ksoftirqd 스레드는 CPU 코어의 개수만큼 생성돼서 정해진 CPU 내에서만 실행됩니다.

ksoftirqd 프로세스는 커널 스레드로 Soft IRQ 서비스를 스레드 레벨에서 처리하는 역할입니다. 그리고 어느 리눅스 시스템에서도 공통으로 볼 수 있는 친근한 프로세스입니다.

먼저 ksoftirqd 스레드를 함께 확인해 봅시다.

출처: https://zetawiki.com/wiki/Ksoftirqd

```
[root@zetawiki ~]# ps -ef | grep ksoftirqd | grep -v grep
root          3      2  0 Jan08 ?        00:00:07 [ksoftirqd/0]
root         13      2  0 Jan08 ?        00:00:10 [ksoftirqd/1]
root         18      2  0 Jan08 ?        00:00:08 [ksoftirqd/2]
root         23      2  0 Jan08 ?        00:00:07 [ksoftirqd/3]
root         28      2  0 Jan08 ?        00:00:07 [ksoftirqd/4]
root         33      2  0 Jan08 ?        00:00:06 [ksoftirqd/5]
root         38      2  0 Jan08 ?        00:00:06 [ksoftirqd/6]
root         43      2  0 Jan08 ?        00:00:07 [ksoftirqd/7]
```

"ps -ef" 명령어와 grep 명령어를 조합해서 프로세스 목록 중 ksoftirqd 스레드만 출력했습니다. ksoftirqd라는 스레드 이름 뒤에 숫자가 보입니다. 이는 각각 ksoftirqd 스레드가 실행 중인 CPU 번호입니다.

이번에는 라즈베리 파이에서 ksoftirqd 스레드를 확인해 보겠습니다.

```
root@raspberrypi:/home/pi# ps axl | grep ksoftirq
1    0    7    2 20   0    0    0 smpboo S   ?        0:00 [ksoftirqd/0]
1    0   14    2 20   0    0    0 smpboo S   ?        0:00 [ksoftirqd/1]
1    0   19    2 20   0    0    0 smpboo S   ?        0:00 [ksoftirqd/2]
1    0   24    2 20   0    0    0 smpboo S   ?        0:00 [ksoftirqd/3]
```

라즈비안은 코어가 4개인 쿼드코어 시스템이므로 CPU는 0~3번까지 보입니다.

ksoftirqd는 CPU 코어의 개수만큼 생성되는데 커널은 다음과 같은 규칙으로 ksoftirqd 프로세스의 이름을 짓습니다.

```
ksoftirqd/[CPU 번호]
```

ksoftirqd 스레드는 CPU 코어의 개수만큼 생성됩니다. ksoftirqd/0 스레드는 CPU0에서만 실행되고, ksoftirqd/1, ksoftirqd/2, ksoftirqd/3 스레드는 각각 해당 CPU(CPU1/CPU2/CPU3)에서 실행됩니다. 이런 유형의 프로세스를 percpu 스레드라고 합니다. **라즈비안은 CPU가 4개인 쿼드코어 시스템이니 ksoftirqd 스레드의 개수는 4개입니다.**

그럼 커널은 ksoftirqd 스레드를 어느 코드에서 생성할까요?

https://github.com/raspberrypi/linux/blob/rpi-4.19.y/kernel/softirq.c

```
01 static __init int spawn_ksoftirqd(void)
02 {
03     cpuhp_setup_state_nocalls(CPUHP_SOFTIRQ_DEAD, "softirq:dead", NULL,
04                 takeover_tasklets);
05     BUG_ON(smpboot_register_percpu_thread(&softirq_threads));
06
07     return 0;
08 }
```

위 코드에서 볼 수 있듯이 spawn_ksoftirqd() 함수의 05번째 줄에서 smpboot_register_percpu_thread() 함수를 호출할 때 ksoftirqd 스레드를 생성합니다.

이번에는 ksoftirqd 프로세스가 실행되면 호출되는 스레드 핸들러 함수를 확인해 봅시다. 이를 위해 ksoftirqd 프로세스 선언부를 볼 필요가 있습니다.

https://github.com/raspberrypi/linux/blob/rpi-4.19.y/kernel/softirq.c

```
01 static struct smp_hotplug_thread softirq_threads = {
02        .store                 = &ksoftirqd,
03        .thread_should_run     = ksoftirqd_should_run,
04        .thread_fn             = run_ksoftirqd,
05        .thread_comm           = "ksoftirqd/%u",
06 };
```

04번째 줄과 같이 ksoftirqd 프로세스가 실행되면 run_ksoftirqd() 함수가 실행된다는 사실을 알 수 있습니다.

ksoftirqd 같은 percpu 타입의 스레드는 smp 핫플러그 스레드로 등록해서 실행됩니다. 커널에서 시스템 부하가 줄어들었을 때는 여러 개의 CPU가 동작할 필요가 없습니다. 예를 들어, 라즈베리 파이에서 음악이나 동영상 재생을 하지 않고 아무 프로그램도 실행하지 않은 상태로 두면 1개의 CPU만 동작합니다. 시스템 부하에 따라 CPU를 끄고 켜는 동작을 수행하는데, 이때 smp_boot 타입의 스레드가 동작합니다. 이러한 smpboot를 관리하는 함수는 smpboot_thread_fn()이며 다음과 같이 구현돼 있습니다.

https://github.com/raspberrypi/linux/blob/rpi-4.19.y/kernel/smpboot.c

```
01 static int smpboot_thread_fn(void *data)
02 {
03        struct smpboot_thread_data *td = data;
....
04                if (!ht->thread_should_run(td->cpu)) {
05                        preempt_enable_no_resched();
06                        schedule();
07                } else {
08                        __set_current_state(TASK_RUNNING);
09                        preempt_enable();
10                        ht->thread_fn(td->cpu);
11                }
```

smpboot에 핫 플러그인으로 등록된 ksoftirqd 스레드의 thread_fn 필드로 등록된 run_ksoftirqd() 함수는 smpboot_thread_fn() 함수의 다음 10번째 줄에서 실행됩니다.

 smp_boot는 이 책의 범위를 벗어나므로 좀 더 자세한 내용은 저자의 블로그에 게시된 글을 참고하세요.

- http://rousalome.egloos.com/9994595

6.10.2 ksoftirqd 스레드는 언제 깨울까?

ksoftirqd 스레드를 깨우려면 wakeup_softirqd() 함수를 호출해야 합니다. 이 함수는 일반적으로 다음과 같은 상황에서 호출됩니다.

- __do_softirq() 함수에서 Soft IRQ 서비스를 실행한 후
- 인터럽트 컨텍스트가 아닌 상황에서 Soft IRQ 서비스를 요청할 때

ksoftirqd 스레드를 깨우는 wakeup_softirqd() 함수를 분석하면서 세부 동작을 알아보겠습니다.

https://github.com/raspberrypi/linux/blob/rpi-4.19.y/kernel/softirq.c

```
01 static void wakeup_softirqd(void)
02 {
03     /* Interrupts are disabled: no need to stop preemption */
04     struct task_struct *tsk = __this_cpu_read(ksoftirqd);
05
06     if (tsk && tsk->state != TASK_RUNNING)
07         wake_up_process(tsk);
08 }
```

먼저 04번째 줄을 보겠습니다.

```
04   struct task_struct *tsk = __this_cpu_read(ksoftirqd);
```

percpu 타입의 변수인 ksoftirqd로 실행 중인 CPU에 해당하는 task_struct 구조체를 *tsk 변수로 읽습니다.

리눅스 커널 디버깅 툴인 크래시 유틸리티로 본 ksoftirqd 변수는 다음과 같습니다.

```
crash> p ksoftirqd
PER-CPU DATA TYPE:
  struct task_struct *ksoftirqd;
PER-CPU ADDRESSES:
  [0]: a17cd608
  [1]: a17d6608
  [2]: a17df608
  [3]: a17e8608
```

CPU 코어의 개수별로 task_struct 구조체가 있습니다.

06~07번째 줄을 보겠습니다.

```
06  if (tsk && tsk->state != TASK_RUNNING)
07      wake_up_process(tsk);
```

06번째 줄은 07번째 줄의 실행 여부를 판단하는 조건문입니다. ksoftirqd 스레드의 태스크 디스크
립터인 task_struct 구조체의 state 필드가 TASK_RUNNING이 아닌 경우 07번째 줄을 실행합니다. 즉,
ksoftirqd 스레드가 실행 중이지 않을 때 07번째 줄의 wake_up_process() 함수를 실행합니다. **이는 프로**
세스의 중복 실행 요청을 방지하기 위한 예외 처리 코드입니다.

wake_up_process() 함수를 호출하면 스케줄러에게 해당 프로세스를 실행해달라는 요청을 하게 됩니다.

__do_softirq() 함수에서 Soft IRQ 서비스의 실행 시간이 MAX_SOFTIRQ_TIME을 초과했을 때

이어서 __do_softirq() 함수의 후반부 코드를 분석하겠습니다. Soft IRQ 서비스 핸들러의 실행 시간이
MAX_SOFTIRQ_TIME을 초과했을 때 실행되는 루틴입니다.

https://github.com/raspberrypi/linux/blob/rpi-4.19.y/kernel/softirq.c

```
01 asmlinkage __visible void __softirq_entry __do_softirq(void)
02 {
03    unsigned long end = jiffies + MAX_SOFTIRQ_TIME;
...
04    restart:
...
05    while ((softirq_bit = ffs(pending))) {
...
06        trace_softirq_entry(vec_nr);
07        h->action(h);
08        trace_softirq_exit(vec_nr);
...
09        h++;
10        pending >>= softirq_bit;
11    }
...
```

```
12      pending = local_softirq_pending();
13      if (pending) {
14          if (time_before(jiffies, end) && !need_resched() &&
15              --max_restart)
16              goto restart;
17
18          wakeup_softirqd();
19      }
```

이미 이전 절에서 __do_softirq() 함수를 자세히 분석했습니다. 이번에는 ksoftirqd 스레드를 깨우는 과정에 초점을 맞춰서 코드를 분석하겠습니다.

__do_softirq() 함수의 실행 흐름에서 ksoftirqd 스레드를 깨우는 과정은 다음과 같습니다.

- 05~11번째 줄: Soft IRQ 서비스를 실행합니다.
- 12번째 줄: Soft IRQ 서비스 요청이 있는지 체크합니다.
- 14~15번째 줄: Soft IRQ 서비스 실행 시간이 MAX_SOFTIRQ_TIME을 초과했거나 실행 횟수가 10번을 넘었는지 체크합니다.

이 조건을 만족하면 wakeup_softirqd() 함수를 호출해 ksoftirqd 프로세스를 깨웁니다.

Soft IRQ 서비스를 요청할 때

Soft IRQ 서비스를 요청하기 위해서는 raise_softirq_irqoff() 함수를 호출해야 합니다.

https://github.com/raspberrypi/linux/blob/rpi-4.19.y/kernel/softirq.c

```
01 inline void raise_softirq_irqoff(unsigned int nr)
02 {
03      __raise_softirq_irqoff(nr);
04
05      if (!in_interrupt())
06          wakeup_softirqd();
07 }
```

그런데 05번째 줄과 같이 현재 실행 중인 코드가 인터럽트 컨텍스트가 아닌 경우 wakeup_softirqd() 함수를 호출해 ksoftirqd 프로세스를 깨웁니다.

Soft IRQ 서비스는 보통 인터럽트 컨텍스트에서 요청합니다. 하지만 이처럼 인터럽트 컨텍스트가 아닌 경우에도 Soft IRQ 서비스 실행을 요청할 수 있습니다. 인터럽트 컨텍스트가 아닌 경우에도 Soft IRQ 서비스 실행 요청을 하도록 커널이 인터페이스를 제공합니다.

6.10.3 ksoftirqd 핸들러 run_ksoftirqd() 함수 분석

다음에 볼 코드는 ksoftirqd 프로세스가 실행될 때 호출되는 run_ksoftirqd() 함수입니다.

https://github.com/raspberrypi/linux/blob/rpi-4.19.y/kernel/softirq.c

```
01 static void run_ksoftirqd(unsigned int cpu)
02 {
03    local_irq_disable();
04    if (local_softirq_pending()) {
05        __do_softirq();
06        local_irq_enable();
07        cond_resched_rcu_qs();
08        return;
09    }
10    local_irq_enable();
11 }
```

4번째 줄을 보면 local_softirq_pending 함수를 호출해서 요청한 Soft IRQ 서비스가 있는지 점검합니다. 만약 Soft IRQ 서비스 요청이 있으면 __do_softirq() 함수를 호출해서 Soft IRQ 서비스 핸들러를 실행합니다.

이번에는 ksoftirqd 스레드를 제어하는 ksoftirqd_should_run() 함수를 살펴보겠습니다.

https://github.com/raspberrypi/linux/blob/rpi-4.19.y/kernel/softirq.c

```
01 static int ksoftirqd_should_run(unsigned int cpu)
02 {
03    return local_softirq_pending();
04 }
```

ksoftirqd_should_run() 함수는 이름에서 알 수 있듯이 ksoftirqd 스레드의 실행 여부를 알려주는 기능입니다. local_softirq_pending() 함수를 호출해서 Soft IRQ 서비스 요청이 있으면 true, 반대의 경우에 false를 반환합니다.

전체 Soft IRQ 구조에서 ksoftirqd 스레드는 어떤 역할을 할까요? 다음 그림에서 [2]~[4]로 표시된 블록을 보시면 됩니다.

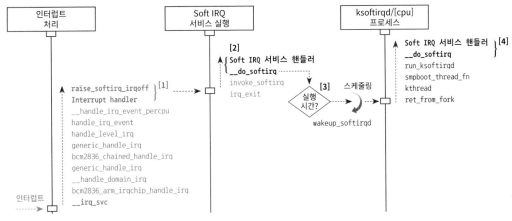

그림 6.15 ksoftirqd 스레드의 실행 흐름도

인터럽트 처리를 마무리한 후 irq_exit() 함수를 시작으로 Soft IRQ 실행을 시작합니다. Soft IRQ 서비스를 요청했는지 체크한 후 __do_softirq() 함수에서 Soft IRQ 서비스 핸들러를 실행합니다. 이 과정이 위 그림의 [2]에 표시된 부분입니다.

다음으로 위 그림에서 [3]으로 표시된 부분을 눈으로 따라가 봅시다. __do_softirq() 함수에서 Soft IRQ 서비스 핸들러의 실행 조건을 체크한 후 ksoftirqd 프로세스를 깨웁니다. Soft IRQ 서비스는 프로세스 실행을 멈춘 상태에서 동작하므로 실행 시간이 오래 걸리면 시스템 응답 속도가 느려져 오동작할 수 있기 때문입니다.

여기까지 ksoftirqd 스레드에 대해 살펴봤습니다. ksoftirqd 스레드는 IRQ 스레드와 비슷한 역할을 합니다. IRQ 스레드가 특정 인터럽트의 후반부 처리를 위한 동작을 하듯이 ksoftirqd 스레드는 Soft IRQ 서비스만을 위한 일을 합니다.

6.11 Soft IRQ 컨텍스트에 대해

이번 절에서는 Soft IRQ 컨텍스트에 대해 살펴보고 관련 코드를 분석하겠습니다.

Soft IRQ 컨텍스트에 대해 알아보기에 앞서 'Soft IRQ 컨텍스트'라는 용어의 의미를 먼저 알아보겠습니다. Soft IRQ 컨텍스트는 Soft IRQ와 컨텍스트의 합성어입니다. 컨텍스트는 레지스터 세트로 '실행

그 자체'라고 인터럽트 장에서 배웠습니다. 그렇다면 'Soft IRQ 컨텍스트'라는 용어는 Soft IRQ를 실행 중인 상태라고 해석할 수 있습니다. **리눅스 커널에서는 Soft IRQ 서비스를 실행 중인 상태를 Soft IRQ 컨텍스트라고 정의합니다.**

6.11.1 Soft IRQ 컨텍스트 시작점은 어디일까?

Soft IRQ 컨텍스트라는 용어를 듣고 나면 자연히 다음과 같은 의문이 생길 것입니다. **Soft IRQ 컨텍스트 실행의 시작점은 어디일까?**

이전 절에서 배운 내용을 떠올리면 Soft IRQ 서비스는 __do_softirq() 함수에서 실행됩니다. 따라서 Soft IRQ 컨텍스트는 __do_softirq() 함수에서 Soft IRQ 서비스 핸들러를 실행하기 전에 활성화된다고 볼 수 있습니다.

그렇다면 __do_softirq() 함수의 어느 코드에서 Soft IRQ 컨텍스트를 활성화하는지 확인해 보겠습니다.

https://github.com/raspberrypi/linux/blob/rpi-4.19.y/kernel/softirq.c

```
01 asmlinkage __visible void __softirq_entry __do_softirq(void)
02 {
...
03     __local_bh_disable_ip(_RET_IP_, SOFTIRQ_OFFSET);
04     in_hardirq = lockdep_softirq_start();
05
06     restart:
...
07
08     while ((softirq_bit = ffs(pending))) {
...
09         trace_softirq_entry(vec_nr);
10         h->action(h);
11         trace_softirq_exit(vec_nr);
...
12         pending >>= softirq_bit;
13     }
...
14     lockdep_softirq_end(in_hardirq);
15     account_irq_exit_time(current);
```

```
16      __local_bh_enable(SOFTIRQ_OFFSET);
...
17 }
```

위 코드는 __do_softirq() 함수에서 가장 중요한 부분만 가져온 것입니다. __do_softirq() 함수의 코드를 Soft IRQ 컨텍스트 관점에서 보면 다음과 같이 실행 흐름을 분류할 수 있습니다.

- 03번째 줄: Soft IRQ 컨텍스트 활성화

- 10번째 줄: Soft IRQ 서비스 핸들러 실행

- 16번째 줄: Soft IRQ 컨텍스트 비활성화

3번째 줄에서 Soft IRQ 컨텍스트를 활성화하고 16번째 줄에서는 Soft IRQ 컨텍스트를 비활성화합니다.

```
03      __local_bh_disable_ip(_RET_IP_, SOFTIRQ_OFFSET);
... Soft IRQ 서비스 핸들러 실행 루틴 ...
16      __local_bh_enable(SOFTIRQ_OFFSET);
```

누군가 'Soft IRQ 컨텍스트가 활성화되는 시점은 어디인가요?'라고 묻는다면 **__do_softirq() 함수에서 Soft IRQ 서비스를 실행하기 전**이라고 답할 수 있습니다.

6.11.2 Soft IRQ 컨텍스트는 언제 시작할까?

Soft IRQ 컨텍스트를 활성화할 때 변경하는 자료구조는 무엇일까요? 각각 프로세스의 스택 최상단 주소에 있는 thread_info 구조체의 preempt_count 필드입니다.

Soft IRQ 컨텍스트일 때는 thread_info 구조체의 preempt_count 필드를 0x100으로 바꾸고 Soft IRQ 컨텍스트가 아닐 때는 0x100을 비트 클리어(Clear)합니다.

Soft IRQ 인터럽트를 활성화 및 비활성화하는 시점은 다음과 같습니다.

1. Soft IRQ 컨텍스트 시작: __local_bh_disable_ip(_RET_IP_, SOFTIRQ_OFFSET);

2. ... Soft IRQ 서비스 실행 루틴 ...

3. Soft IRQ 컨텍스트 끝: __local_bh_enable(SOFTIRQ_OFFSET);

자, 여기서 누군가 여러분에게 다음과 같이 질문을 할 수 있습니다. **Soft IRQ 컨텍스트를 표시하는 가장 중요한 플래그나 매크로는 무엇일까요?** 답은 Soft IRQ 컨텍스트를 표시하는 SOFTIRQ_OFFSET입니다.

이어서 __local_bh_disable_ip() 함수와 __local_bh_enable() 함수에 전달하는 SOFTIRQ_OFFSET 플래그에 대해 알아봅시다.

https://github.com/raspberrypi/linux/blob/rpi-4.19.y/include/linux/preempt.h

```
#define SOFTIRQ_OFFSET    (1UL << SOFTIRQ_SHIFT)
```

SOFTIRQ_SHIFT 플래그가 8이니 1 << 8 연산의 결과인 0x100(256)이 SOFTIRQ_OFFSET입니다.

Soft IRQ 컨텍스트 시작: __local_bh_disable_ip() 함수 분석

Soft IRQ 컨텍스트의 시작은 __local_bh_disable_ip() 함수에서 설정합니다. __local_bh_disable_ip() 함수를 보겠습니다.

https://github.com/raspberrypi/linux/blob/rpi-4.19.y/kernel/softirq.c

```
01 void __local_bh_disable_ip(unsigned long ip, unsigned int cnt)
02 {
03    unsigned long flags;
04
05    WARN_ON_ONCE(in_irq());
06
07    raw_local_irq_save(flags);
08    __preempt_count_add(cnt);
```

08번째 줄을 보면 __local_bh_disable_ip() 함수의 두 번째 인자인 cnt를 그대로 __preempt_count_add() 함수에 전달합니다. cnt는 SOFTIRQ_OFFSET 플래그입니다.

__preempt_count_add() 함수의 구현부를 보겠습니다.

https://github.com/raspberrypi/linux/blob/rpi-4.19.y/include/asm-generic/preempt.h

```
01 static __always_inline void __preempt_count_add(int val)
02 {
03    *preempt_count_ptr() += val;
04 }
```

*preempt_count_ptr()에 함수의 매개변수인 val을 더하는 연산을 수행합니다.

그렇다면 preempt_count_ptr() 함수의 정체는 무엇일까요? preempt_count_ptr() 함수의 구현부는 다음과 같습니다.

https://github.com/raspberrypi/linux/blob/rpi-4.19.y/include/asm-generic/preempt.h

```
static __always_inline volatile int *preempt_count_ptr(void)
{
    return &current_thread_info()->preempt_count;
}
```

current_thread_info() 함수를 통해 프로세스의 스택 최상단 주소에 있는 thread_info 구조체의
preempt_count 필드에 접근합니다. current_thread_info() 함수의 구현부는 다음과 같습니다.

https://github.com/raspberrypi/linux/blob/rpi-4.19.y/arch/arm/include/asm/thread_info.h

```
static inline struct thread_info *current_thread_info(void)
{
    return (struct thread_info *)
            (current_stack_pointer & ~(THREAD_SIZE - 1));
}
```

current_thread_info() 함수의 코드 분석은 4.10.2절에서 확인할 수 있습니다.

Soft IRQ 컨텍스트 끝: __local_bh_enable() 함수 분석

Soft IRQ 컨텍스트를 비활성화할 때 __local_bh_enable() 함수를 __do_softirq() 함수에서 호출하며
__local_bh_enable() 함수의 구현부는 다음과 같습니다.

https://github.com/raspberrypi/linux/blob/rpi-4.19.y/kernel/softirq.c

```
01 static void __local_bh_enable(unsigned int cnt)
02 {
03     lockdep_assert_irqs_disabled();
...
04     __preempt_count_sub(cnt);
05 }
```

__preempt_count_sub() 함수의 구현부는 다음과 같습니다.

https://github.com/raspberrypi/linux/blob/rpi-4.19.y/include/asm-generic/preempt.h

```
static __always_inline void __preempt_count_sub(int val)
{
    *preempt_count_ptr() -= val;
}
```

preempt_count_ptr() 함수에 접근해 프로세스 thread_info 구조체의 preempt_count 필드의 값을 val만큼 뺍니다. __local_bh_enable() 함수를 호출할 때 SOFTIRQ_OFFSET 플래그를 전달하니 thread_info 구조체의 preempt_count 필드에서 0x100을 빼는 연산을 수행합니다.

여기까지 소스코드 분석을 통해 SOFTIRQ_OFFSET 플래그를 더해 Soft IRQ 컨텍스트를 설정하는 과정을 살펴봤습니다. 그런데 자료구조를 변경하는 소스코드를 분석하면 잘 머리에 들어오지 않을 때가 있습니다. 이번에는 TRACE32로 thread_info 구조체의 preempt_count 필드를 보면서 배운 내용을 정리해보겠습니다.

```
01  (struct thread_info *) (struct thread_info*)0x9B1EC000 = 0x9B1EC000 -> (
02      (long unsigned int) flags = 0x2,
03      (int) preempt_count = 0x00000102,
04      (mm_segment_t) addr_limit = 0,
```

03번째 줄을 보겠습니다. preempt_count 필드는 0x00000102를 저장하고 있습니다. Soft IRQ 컨텍스트 관점에서 이를 어떻게 해석할 수 있을까요? 이 경우 preempt_count 필드는 SOFTIRQ_OFFSET 플래그인 0x100을 포함하고 있으니 **현재 프로세스는 Soft IRQ 컨텍스트라고 해석할 수 있습니다.**

6.11.3 Soft IRQ 컨텍스트 확인

현재 실행 중인 코드가 Soft IRQ 컨텍스트인지를 알려면 in_softirq() 함수를 호출하면 됩니다. in_softirq() 함수를 호출해 true가 반환되면 현재 실행 중인 코드가 Soft IRQ 컨텍스트라고 판단할 수 있습니다. in_softirq() 함수의 구현부는 다음과 같습니다.

https://github.com/raspberrypi/linux/blob/rpi-4.19.y/include/linux/preempt.h

```
#define in_softirq()        (softirq_count())
```

6.12 태스크릿

리눅스 커널은 동적으로 Soft IRQ 서비스를 쓸 수 있는 인터페이스인 태스크릿을 지원합니다. 태스크릿은 Soft IRQ 서비스 중 하나로 동적으로 Soft IRQ 서비스를 쓸 수 있는 인터페이스입니다. 그래서 드라이버 레벨에서 태스크릿을 자주 활용합니다.

이번 절에서는 태스크릿의 기본 개념을 알아보고 소스코드 분석을 통해 세부 동작 원리를 배워보겠습니다.

커널 세미나 시간에 종종 다음과 같은 질문을 받곤 합니다.

태스크릿은 프로세스의 어떤 동작을 의미하나요?

태스크릿이란 이름에 '태스크'가 있어 처음 태스크릿을 접하는 분들은 태스크릿이 프로세스와 관련된 용어라 생각할 수 있습니다. 하지만 이번 절을 읽고 나면 태스크릿이 프로세스와 전혀 상관없는 용어라는 사실을 알게 될 것입니다.

6.12.1 태스크릿이란?

앞에서 인터럽트 후반부 기법으로 Soft IRQ에 대해 다음과 같은 내용을 배웠습니다.

- 인터럽트 핸들링 후 바로 Soft IRQ 서비스를 실행
- 인터럽트 발생 후 바로 후반부를 처리할 때 용이

이처럼 Soft IRQ는 인터럽트 후반부를 빨리 처리해야 할 때 쓰는 기법입니다. 그런데 여러분이 새로운 디바이스 드라이버를 작성하다 보면 **"지금 작성 중인 디바이스 드라이버에서 Soft IRQ 기법을 적용해 인터럽트 후반부를 처리하고 싶다"**라는 생각이 들 수 있습니다. 이 같은 결정을 내리면 자연히 다음과 같은 의문이 생길 것입니다. **"Soft IRQ를 어떻게 쓸까?"** 이 경우 태스크릿을 쓰면 됩니다. 리눅스 커널에서는 디바이스 드라이버에서 Soft IRQ를 써서 후반부를 처리하도록 인터페이스를 지원합니다.

그렇다면 태스크릿이 무엇인지 조금 더 알아볼까요? 태스크릿은 Soft IRQ 서비스 중 하나로 동적으로 Soft IRQ 서비스를 쓸 수 있게 만든 인터페이스입니다. 그럼 **Soft IRQ 서비스 중에서 태스크릿은 어떻게 확인할까요?** Soft IRQ 서비스의 각 종류는 다음과 같이 softirq_to_name에서 확인할 수 있습니다.

https://github.com/raspberrypi/linux/blob/rpi-4.19.y/kernel/softirq.c

```
const char * const softirq_to_name[NR_SOFTIRQS] = {
    "HI", "TIMER", "NET_TX", "NET_RX", "BLOCK", "IRQ_POLL",
    "TASKLET", "SCHED", "HRTIMER", "RCU"
};
```

softirq_to_name 배열에 저장된 문자열 목록 중 맨 왼쪽 하단에 "TASKLET"이 보일 것입니다. 이 정보를 토대로 **태스크릿이 Soft IRQ 서비스 중 하나임을 알 수 있습니다.**

앞에서 Soft IRQ 서비스들은 자신만의 Soft IRQ 서비스 핸들러 함수를 갖고 있다고 배웠습니다. 즉, **'Soft IRQ 서비스를 실행한다'**라고 말하면 **'Soft IRQ 서비스 핸들러 함수를 호출한다'**라는 의미입니다. 그렇다면 Soft IRQ "TASKLET" 서비스 핸들러 함수의 이름은 무엇일까요? tasklet_action() 함수입니다.

Soft IRQ 태스크릿 서비스를 실행할 때는 tasklet_action() 함수가 호출됩니다. 그렇다면 tasklet_action() 함수가 Soft IRQ 서비스 핸들러에 등록됐다는 사실을 어떻게 확인할 수 있을까요? Soft IRQ 서비스별 핸들러 함수는 다음과 같이 softirq_vec 배열에서 확인할 수 있습니다.

```
01  (static struct softirq_action [10]) [D:0x80C02080] softirq_vec = (
02      [0] = ((void (*)()) [D:0x80C02080] action = 0x80122888 = tasklet_hi_action),
03      [1] = ((void (*)()) [D:0x80C02084] action = 0x80181270 = run_timer_softirq),
04      [2] = ((void (*)()) [D:0x80C02088] action = 0x80614684 = net_tx_action),
05      [3] = ((void (*)()) [D:0x80C0208C] action = 0x80615AB0 = net_rx_action),
06      [4] = ((void (*)()) [D:0x80C02090] action = 0x804279B0 = blk_done_softirq),
07      [5] = ((void (*)()) [D:0x80C02094] action = 0x0 = ),
08      [6] = ((void (*)()) [D:0x80C02098] action = 0x8012299C = tasklet_action),
09      [7] = ((void (*)()) [D:0x80C0209C] action = 0x801588EC = run_rebalance_domains),
10      [8] = ((void (*)()) [D:0x80C020A0] action = 0x0 = ),
11      [9] = ((void (*)()) [D:0x80C020A4] action = 0x8017ABC4 = rcu_process_callbacks))
```

08번째 줄의 6번째 배열 인덱스에 있는 tasklet_action() 함수가 태스크릿 서비스 핸들러 함수입니다. 태스크릿 서비스 핸들러인 tasklet_action() 함수는 부팅 과정에서 open_softirq() 함수를 통해 등록됩니다. 다음은 open_softirq() 함수를 사용해 태스크릿을 Soft IRQ 서비스로 등록하는 softirq_init() 함수의 구현부입니다.

```
void __init softirq_init(void)
{
...
    open_softirq(TASKLET_SOFTIRQ, tasklet_action);
```

이번에는 태스크릿의 전체 실행 흐름을 보면서 태스크릿이 Soft IRQ 서비스로 어떻게 처리되는지 살펴봅시다.

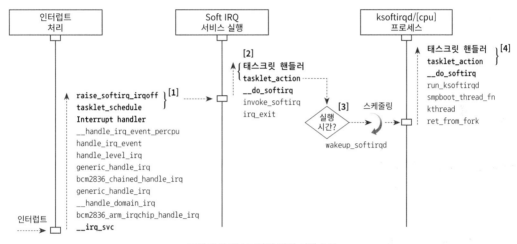

그림 6.16 태스크릿의 전체 실행 흐름

위 그림과 같이 태스크릿은 Soft IRQ를 구성하는 서비스 중 하나입니다. 그래서 이전 절에 배운 Soft IRQ 서비스의 실행 흐름과 거의 비슷합니다.

이제 각 단계별로 태스크릿이 어떻게 실행되는지 확인해보겠습니다.

1단계: Soft IRQ 서비스 요청

그림 6.16에서 가장 왼쪽 부분은 태스크릿 서비스를 요청하는 단계입니다.

그림 6.16의 가장 왼쪽 아랫부분을 보면 인터럽트 벡터에서 브랜치되는 __irq_svc 레이블이 보입니다. 즉, '인터럽트가 발생했다'라는 정보를 확인할 수 있습니다. 눈으로 화살표 방향을 따라가 보면 'Interrupt Handler'라고 표시된 부분이 보일 것입니다. 이는 일반적인 인터럽트 핸들러 함수를 의미합니다.

이어서 'Interrupt Handler'의 윗부분을 보면 tasklet_schedule() 함수가 표시돼 있습니다. 이는 인터럽트 핸들러에서 tasklet_schedule() 함수를 호출하는 동작을 의미합니다. 그 윗부분을 보면 raise_softirq_irqoff 함수가 보입니다. 다음으로 tasklet_schedule() 함수 내부에서 raise_softirq_irqoff() 함수를 호출합니다. 이 처리 과정은 다음과 같이 정리할 수 있습니다.

- 인터럽트 핸들러에서 tasklet_schedule() 함수를 호출한다.
- tasklet_schedule() 함수 내부에서 raise_softirq_irqoff() 함수를 호출해 Soft IRQ 태스크릿 서비스를 요청한다.

태스크릿 실행 관점에서 이 과정은 **"태스크릿 서비스를 요청한다"**라고 설명할 수 있습니다.

2단계: Soft IRQ 서비스 실행

위 그림의 가운데 부분입니다. irq_exit() 함수를 호출해 Soft IRQ 서비스 실행을 시작합니다. 1단계에서 '태스크릿' 서비스를 요청했으니 2단계에서 '태스크릿'의 서비스 핸들러인 tasklet_action() 함수가 호출됩니다.

3단계: ksoftirqd 스레드를 깨움

__do_softirq() 함수에서 태스크릿 서비스 핸들러를 실행하지 못하면 ksoftirqd 스레드를 깨웁니다.

4단계: ksoftirqd 스레드 실행

ksoftirqd 스레드에서 Soft IRQ '태스크릿' 서비스 핸들러인 tasklet_action() 함수를 호출합니다.

 앞에서 설명드린 내용은 6.9/6.10절에 자세히 설명돼 있습니다.

여기까지 태스크릿의 실행 흐름을 넓은 시야에서 살펴봤습니다. 이제는 시야를 돌려 태스크릿의 세부 동작 방식을 분석할 차례입니다. 이번에는 다음 그림을 보면서 태스크릿의 구조를 알아봅시다.

Soft IRQ 서비스

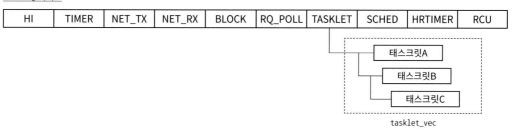

그림 6.17 Soft IRQ 서비스 중 태스크릿의 세부 구조

그림 6.17을 보면 Soft IRQ 서비스가 나열돼 있습니다. 이 가운데 7번째로 TASKLET 서비스가 보입니다. 그런데 TASKLET 아랫부분에 태스크릿A, 태스크릿B, 태스크릿C가 표시돼 있습니다. 이것은 무엇을 의미할까요? **각 디바이스 드라이버에서 등록한 태스크릿을 의미합니다.**

여러분이 Soft IRQ 서비스를 이용해 인터럽트 후반부 코드를 작성하려고 마음을 먹었으면 다음과 같은 의문이 생길 것입니다.

> **Soft IRQ 서비스를 동적으로 쓸 수 있는 태스크릿이 있다고 알고 있다. 그런데 내가 인터럽트 후반부로 처리할 코드는 어디서 실행할까?**

위 그림을 기준으로 태스크릿 서비스 실행하면 태스크릿A, 태스크릿B, 태스크릿C 자료구조에 등록된 태스크릿 핸들러 함수를 호출합니다. 따라서 여러분이 후반부로 처리할 코드를 태스크릿 핸들러 함수에 위치해 놓으면 됩니다.

그렇다면 태스크릿 서비스 핸들러인 tasklet_action() 함수는 태스크릿A, 태스크릿B, 태스크릿C 자료구조에 등록된 태스크릿 핸들러 함수를 호출해주는 인터페이스 기능만 수행하는 것일까요? 맞습니다. tasklet_action() 함수는 디바이스 드라이버에서 작성된 태스크릿 핸들러를 호출하는 용도의 인터페이스 기능입니다.

이번 절에서는 태스크릿의 주요 개념을 소개했습니다. 배운 내용을 정리해볼까요?

첫째, 태스크릿이란 무엇인가?

Soft IRQ 서비스 중 하나로 Soft IRQ를 동적으로 쓸 수 있는 인터페이스 기능입니다. 디바이스 드라이버 레벨에서 Soft IRQ 서비스를 이용하려면 태스크릿을 쓰면 됩니다.

둘째, 태스크릿은 언제 쓰면 될까?

인터럽트 후반부를 빨리 처리해야 할 때 태스크릿을 쓰면 됩니다.

셋째, Soft IRQ 태스크릿의 역할은 무엇인가?

각 디바이스 드라이버에서 등록한 태스크릿 핸들러를 실행하는 임무를 맡고 있습니다. 인터럽트 후반부 코드는 태스크릿 핸들러에 작성하면 됩니다.

 태스크릿이란 이름 때문에 많은 분이 태스크릿이 프로세스와 관련돼 있다고 생각할 수 있습니다. 하지만 태스크릿은 프로세스와 전혀 상관이 없습니다.

다음 절에서는 태스크릿 자료구조를 다룹니다. 언제나 리눅스 커널 함수를 분석하기에 앞서 핵심 자료구조를 파악할 필요가 있습니다. 커널 함수는 이 자료구조를 읽고 저장하는 기능을 수행하기 때문입니다.

6.12.2 태스크릿 자료구조

태스크릿을 표현하는 자료구조는 tasklet_struct 구조체이며 선언부는 다음과 같습니다.

https://github.com/raspberrypi/linux/blob/rpi-4.19.y/include/linux/interrupt.h

```
01 struct tasklet_struct
02 {
03    struct tasklet_struct *next;
04    unsigned long state;
05    atomic_t count;
06    void (*func)(unsigned long);
07    unsigned long data;
08 };
```

tasklet_struct 구조체의 필드를 각각 살펴봅시다.

- struct tasklet_struct *next

   다음 태스크릿을 가리키는 용도의 포인터입니다.

- unsigned long state

   태스크릿의 세부 상태 정보를 저장하는 필드입니다. 커널 내부의 태스크릿 함수에서 이 필드에 저장된 값으로 세부적인 제어를 합니다.

   state 필드는 다음에 선언된 플래그 중 하나를 저장합니다.

https://github.com/raspberrypi/linux/blob/rpi-4.19.y/include/linux/interrupt.h

```
enum
{
    TASKLET_STATE_SCHED,      /* Tasklet is scheduled for execution */
    TASKLET_STATE_RUN         /* Tasklet is running (SMP only) */
};
```

enum 타입으로 선언된 세부 타입의 내용은 다음과 같습니다.

- TASKLET_STATE_SCHED: 태스크릿 서비스를 요청한 후 아직 태스크릿 핸들러를 처리하지 않은 상태

- TASKLET_STATE_RUN: 태스크릿 핸들러를 실행 중인 상태

  TASKLET_STATE_SCHED의 오른쪽 주석과 같이 커널 관점으로 태스크릿 서비스를 요청한 상태를 "태스크릿이 스케줄링됐다"로 해석할 수 있습니다.

- atomic_t count

  태스크릿의 레퍼런스 카운터이며 태스크릿을 초기화하는 tasklet_init() 함수에서 0으로 설정됩니다. count는 태스크릿 실행 여부를 판단하는 중요한 필드입니다. 반드시 0이어야만 태스크릿을 실행합니다.

- void (*func)(unsigned long)

  태스크릿 핸들러 함수 주소를 저장하는 필드입니다.

  tasklet_init() 함수를 호출할 때 2번째 인자로 핸들러 함수를 등록합니다.

  https://github.com/raspberrypi/linux/blob/rpi-4.19.y/include/linux/interrupt.h

```
extern void tasklet_init(struct tasklet_struct *t,
        void (*func)(unsigned long), unsigned long data);
```

- unsigned long data

  태스크릿 핸들러 함수에 전달되는 매개변수입니다.

6.12.3 태스크릿은 어떻게 등록할까?

먼저 태스크릿을 등록하는 두 가지 방법을 소개합니다.

1. 태스크릿 전역변수 선언

   DECLARE_TASKLET() 혹은 DECLARE_TASKLET_DISABLED() 함수 호출

2. 태스크릿 초기화 함수 호출

tasklet_init() 함수

DECLARE_TASKLET() 혹은 DECLARE_TASKLET_DISABLED() 함수로 태스크릿 등록하기

DECLARE_TASKLET() 혹은 DECLARE_TASKLET_DISABLED() 매크로를 써서 태스크릿을 초기화하는 방법입니다. 태스크릿 전역변수는 컴파일 타임에 정해집니다.

https://github.com/raspberrypi/linux/blob/rpi-4.19.y/include/linux/interrupt.h

```
01 #define DECLARE_TASKLET(name, func, data) \
02 struct tasklet_struct name = { NULL, 0, ATOMIC_INIT(0), func, data }
03
04 #define DECLARE_TASKLET_DISABLED(name, func, data) \
05 struct tasklet_struct name = { NULL, 0, ATOMIC_INIT(1), func, data }
```

각 함수별로 전달하는 인자 타입은 다음과 같습니다.

- name: struct tasklet_struct 타입
- func: 태스크릿 핸들러 함수
- data: 태스크릿 핸들러 함수에 전달되는 매개변수

1번째 줄을 보면 첫 번째 인자인 name으로 tasklet_struct 구조체 타입의 전역변수를 선언합니다. 선언된 name 전역변수의 각 필드에 초기화 값을 저장합니다.

DECLARE_TASKLET() 함수로 태스크릿을 초기화하면 tasklet_struct 구조체의 필드가 다음과 같이 바뀝니다.

```
#define DECLARE_TASKLET(name, func, data) \
struct tasklet_struct name = { NULL, 0, ATOMIC_INIT(0), func, data }
```

다음은 DECLARE_TASKLET 매크로가 치환되는 코드입니다.

https://github.com/raspberrypi/linux/blob/rpi-4.19.y/include/linux/interrupt.h

```
struct tasklet_struct
{
```

```
    struct tasklet_struct *next = NULL;
    unsigned long state = 0;
    atomic_t count = ATOMIC_INIT(0);
    void (*func)(unsigned long) = func;
    unsigned long data = data;
};
```

 ATOMIC_INIT(0)은 0을 의미합니다.

tasklet_struct 구조체에서 굵게 표시된 부분을 눈으로 따라가 보시길 바랍니다.

DECLARE_TASKLET_DISABLED() 함수가 DECLARE_TASKLET() 함수와 다른 점은 count 필드를 ATOMIC_INIT(1)로 설정한다는 점입니다. 태스크릿에서 count 필드가 0이면 태스크릿이 활성화된 상태입니다. count 필드를 1로 설정해 태스크릿을 기본적으로 비활성화합니다.

이번에는 DECLARE_TASKLET_DISABLED() 함수를 써서 태스크릿을 초기화하는 코드를 소개합니다.

https://elixir.bootlin.com/linux/v4.20/source/drivers/tty/vt/keyboard.c

```
DECLARE_TASKLET_DISABLED(keyboard_tasklet, kbd_bh, 0);
```

위와 같이 선언된 keyboard_tasklet 전역변수의 세부 필드를 TRACE32로 확인하면 다음과 같습니다.

```
(static struct tasklet_struct) keyboard_tasklet = (
    (struct tasklet_struct *) next = 0x0 = ,
    (long unsigned int) state = 0,
    (atomic_t) count = ((int) counter = 1),
    (void (*)()) func = 0x8050636C = kbd_bh,
    (long unsigned int) data = 0)
```

 기본적으로 태스크릿을 비활성화해 초기화한 후 tasklet_enable() 함수를 호출하면 태스크릿을 활성화할 수 있습니다. tasklet_enable() 함수의 코드는 다음과 같습니다.

https://github.com/raspberrypi/linux/blob/rpi-4.19.y/include/linux/interrupt.h

```
01 static inline void tasklet_enable(struct tasklet_struct *t)
02 {
03     smp_mb__before_atomic();
04     atomic_dec(&t->count);
05 }
```

tasklet_enable() 함수를 보면 04번째 줄과 같이 atomic_dec() 함수를 호출해 tasklet_struct 구조체의 count 필드인 '&t->count'를 1만큼 감소시킵니다.

이번에는 tasklet_enable() 함수를 호출해 태스크릿을 활성화하는 예제 코드를 소개합니다. 아래와 같이 kbd_init() 함수의 03번째 줄에서 tasklet_enable() 함수를 호출해 태스크릿을 활성화합니다.

https://github.com/raspberrypi/linux/blob/rpi-4.19.y/drivers/tty/vt/keyboard.c

```
01 int __init kbd_init(void)
02 {
...
03     tasklet_enable(&keyboard_tasklet);
04     tasklet_schedule(&keyboard_tasklet);
05
06     return 0;
07 }
```

tasklet_init() 함수로 태스크릿 초기화하기

태스크릿을 초기화하려면 tasklet_init() 함수를 호출하면 됩니다.

https://github.com/raspberrypi/linux/blob/rpi-4.19.y/include/linux/interrupt.h

```
extern void tasklet_init(struct tasklet_struct *t,
        void (*func)(unsigned long), unsigned long data);
```

함수에 전달하는 매개변수를 각각 살펴보겠습니다.

- struct tasklet_struct *t

  드라이버에서 태스크릿을 생성했을 때 태스크릿을 식별하는 구조체입니다.

- void (*func)(unsigned long)

  태스크릿 핸들러 함수입니다. 태스크릿 서비스를 등록하면 실행한 콜백 함수 주소를 저장합니다.

- unsigned long data

  태스크릿 콜백 함수로 전달하는 매개변수입니다. 디바이스 드라이버 핸들과 같이 태스크릿 서비스가 실행할 때 제어하려는 인자입니다. 인터럽트 핸들러를 호출할 때 전달하는 매개변수와 같은 개념입니다.

이번에는 tasklet_init() 함수의 구현부를 보겠습니다.

```
01 void tasklet_init(struct tasklet_struct *t,
02       void (*func)(unsigned long), unsigned long data)
03 {
04    t->next = NULL;
05    t->state = 0;
06    atomic_set(&t->count, 0);
07    t->func = func;
08    t->data = data;
09 }
```

tasklet_init() 함수를 호출하면 1번째 인자로 전달되는 태스크릿을 핸들하는 tasklet_struct 구조체의
t 인자에 기본 설정 정보를 저장합니다.

04~06번째 줄을 보겠습니다.

```
04    t->next = NULL;
05    t->state = 0;
06    atomic_set(&t->count, 0);
```

다음 태스크릿 핸들을 저장하는 next 필드에 NULL을 지정하고 state 필드를 0으로 바꿉니다. 이어서
count 필드도 0으로 변경됩니다.

07~08번째 줄은 tasklet_init() 함수로 전달된 인자를 태스크릿 핸들에 설정하는 코드입니다.

```
07    t->func = func;
08    t->data = data;
```

07번째 줄에서는 태스크릿 핸들러 함수를 설정하고, 08번째 줄에서는 태스크릿 핸들러에 전달하는 매
개변수를 저장합니다.

6.12.4 태스크릿의 전체 실행 흐름 파악

태스크릿의 전체 실행 흐름은 다음 그림에서 확인할 수 있습니다.

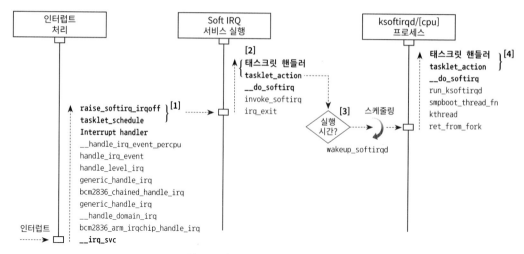

그림 6.18 태스크릿 실행 단계별 전체 흐름

태스크릿은 Soft IRQ 서비스 중 하나이므로 이전 절에서 배운 Soft IRQ 흐름과 거의 비슷합니다. Soft IRQ 서비스의 실행 흐름을 떠올리면서 태스크릿 실행 과정을 보겠습니다.

1단계

인터럽트 핸들러에서 tasklet_schedule() 함수를 호출해 태스크릿 스케줄링을 실행합니다. tasklet_schedule() 함수는 raise_softirq_irqoff() 함수를 호출해 TASKLET Soft IRQ 서비스를 요청합니다.

2단계

Soft IRQ 서비스 핸들러를 호출하는 __do_softirq() 함수에서 태스크릿 서비스 핸들러인 tasklet_action() 함수를 호출합니다. tasklet_action() 함수에서 태스크릿 핸들러 함수를 호출합니다.

3단계

Soft IRQ 서비스 핸들러를 실행한 후 실행 시간을 체크해 ksoftirqd 스레드를 깨우고 실행을 마무리합니다.

4단계

ksoftirqd 스레드에서 태스크릿 서비스 핸들러인 tasklet_action() 함수를 호출합니다. tasklet_action() 함수에서 태스크릿 핸들러 함수를 호출합니다.

다음 절에서는 1단계인 태스크릿 실행 요청을 살펴보겠습니다.

6.12.5 태스크릿 실행 요청은 어떻게 할까?

tasklet_init() 함수 호출로 태스크릿을 초기화했으면 태스크릿으로 등록한 핸들러 함수에 대한 실행 요청을 해야 합니다. 이를 위해 tasklet_schedule() 함수를 호출해야 합니다.

태스크릿 전체 흐름도에서 태스크릿 실행 요청 확인

다음 그림에 나오는 태스크릿의 전체 흐름도를 보면서 태스크릿 실행 요청 과정을 보겠습니다.

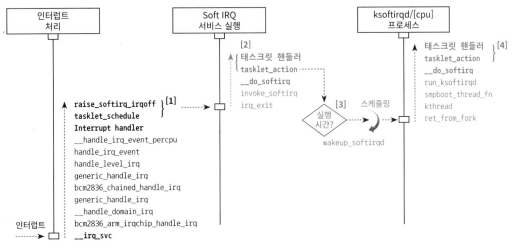

그림 6.19 태스크릿의 전체 흐름도에서 태스크릿 스케줄링 실행 요청 단계

그림 6.19에서 [1]로 표시된 부분을 봅시다. 인터럽트가 발생한 후 인터럽트 핸들러에서 tasklet_schedule() 함수를 호출합니다. 이를 '태스크릿 스케줄링'이라고 부르며 다음과 같이 설명할 수 있습니다.

> 태스크릿 스케줄링이란 Soft IRQ 서비스 중 태스크릿을 통해 태스크릿 핸들러 실행을 요청하는 것입니다.

태스크릿 실행을 요청하는 tasklet_schedule() 함수 분석

태스크릿의 전체 흐름도에서 태스크릿 스케줄링이 어느 단계에서 실행되는지 알아봤습니다. 이어서 tasklet_schedule() 함수를 분석하겠습니다.

태스크릿 스케줄링의 실행 요청 과정에서 호출되는 함수는 다음과 같습니다.

- tasklet_schedule(): state를 TASKLET_STATE_SCHED로 바꿈

- __tasklet_schedule(): __tasklet_schedule_common() 함수 호출

- __tasklet_schedule_common(): tasklet_vec 벡터에 태스크릿 핸들러 등록

tasklet_schedule() 함수를 보겠습니다.

https://github.com/raspberrypi/linux/blob/rpi-4.19.y/kernel/softirq.c

```
01 static inline void tasklet_schedule(struct tasklet_struct *t)
02 {
03     if (!test_and_set_bit(TASKLET_STATE_SCHED, &t->state))
04         __tasklet_schedule(t);
05 }
```

tasklet_struct 구조체 타입인 &t->state가 TASKLET_STATE_SCHED이 아니면 TASKLET_STATE_SCHED를 tasklet_struct 구조체의 state 필드에 설정하고 __tasklet_schedule() 함수를 호출합니다.

만약 &t->state 가 TASKLET_STATE_SCHED이면 이미 태스크릿을 스케줄링한 상태이므로 __tasklet_schedule() 함수를 호출하지 않습니다. 이는 두 번 이상 연달아 태스크릿 스케줄링 실행 요청을 하는 것을 방지하기 위한 예외 처리 코드입니다.

다음으로 __tasklet_schedule() 함수를 보겠습니다.

https://github.com/raspberrypi/linux/blob/rpi-4.19.y/kernel/softirq.c

```
01 void __tasklet_schedule(struct tasklet_struct *t)
02 {
03     __tasklet_schedule_common(t, &tasklet_vec,
04             TASKLET_SOFTIRQ);
05 }
```

특별한 일을 하지 않는 함수입니다. 두 번째 인자로 태스크릿을 핸들링하는 tasklet_vec 벡터와 세 번째 인자로 TASKLET_SOFTIRQ 플래그를 전달합니다.

다음으로 태스크릿 스케줄링의 핵심인 __tasklet_schedule_common() 함수를 보겠습니다.

```
01 static void __tasklet_schedule_common(struct tasklet_struct *t,
02                   struct tasklet_head __percpu *headp,
03                   unsigned int softirq_nr)
04 {
05    struct tasklet_head *head;
06    unsigned long flags;
07
08    local_irq_save(flags);
09    head = this_cpu_ptr(headp);
10    t->next = NULL;
11    *head->tail = t;
12    head->tail = &(t->next);
13    raise_softirq_irqoff(softirq_nr);
14    local_irq_restore(flags);
15 }
```

08번째 줄 코드입니다.

```
08    local_irq_save(flags);
```

인터럽트 상태 정보를 저장한 후 실행 중인 CPU 라인의 인터럽트를 비활성화합니다.

다음은 10번째 줄입니다.

```
10    t->next = NULL;
11    *head->tail = t;
12    head->tail = &(t->next);
```

실행 요청을 할 태스크릿을 tasklet_vec 연결 리스트의 tail에 추가합니다. tasklet_vec는 percpu 타입의 변수로서 CPU 코어의 개수만큼 메모리 공간에서 위치합니다.

다음은 13번째 줄입니다.

```
13    raise_softirq_irqoff(softirq_nr);
```

TASKLET_SOFTIRQ Soft IRQ 서비스를 요청해 태스크릿이 __do_softirq() 함수에서 실행하도록 합니다.

다음은 마지막 14번째 줄입니다.

```
14    local_irq_restore(flags);
```

인터럽트의 상태 정보를 복원하면서 해당 CPU 라인의 인터럽트의 발생을 활성화합니다.

이어서 다음 절에서는 태스크릿을 어떤 과정으로 실행하는지 살펴보겠습니다.

6.12.6 태스크릿은 언제 실행할까?

태스크릿은 Soft IRQ 서비스 중 하나입니다. 따라서 Soft IRQ 서비스를 실행하는 __do_softirq() 함수에서 태스크릿 서비스 핸들러 함수를 호출합니다.

다음 그림의 Soft IRQ 전체 흐름도를 보면서 태스크릿 서비스를 실행하는 과정을 살펴보겠습니다.

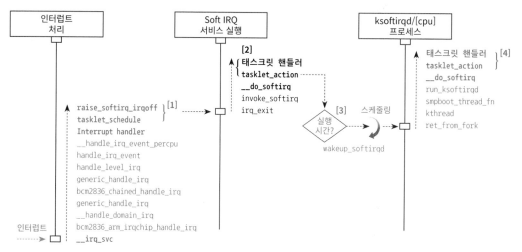

그림 6.20 태스크릿의 전체 흐름도에서 태스크릿 실행 단계

1단계에서 인터럽트가 발생한 후 인터럽트 핸들러에서 태스크릿 스케줄링을 실행했습니다. 이번에는 2단계에서 태스크릿 서비스 핸들러가 호출되는 과정을 살펴봅니다.

 전체 Soft IRQ 구조에서 __do_softirq() 함수가 호출되는 흐름은 6.8절을 참고합시다.

태스크릿 서비스 핸들러인 tasklet_action() 함수를 실행하는 출발점은 __do_softirq() 함수입니다.

https://github.com/raspberrypi/linux/blob/rpi-4.19.y/kernel/softirq.c

```
01 asmlinkage __visible void __softirq_entry __do_softirq(void)
02 {
...
03    while ((softirq_bit = ffs(pending))) {
04        unsigned int vec_nr;
05        int prev_count;
06
07        h += softirq_bit - 1;
08
09        vec_nr = h - softirq_vec;
10        prev_count = preempt_count();
11
12        kstat_incr_softirqs_this_cpu(vec_nr);
13
14        trace_softirq_entry(vec_nr);
15        h->action(h);
16        trace_softirq_exit(vec_nr);
...
17    }
```

위 함수의 15번째 줄에서 tasklet_action() 함수를 호출합니다.

__do_softirq() 함수에서 호출하는 tasklet_action() 함수를 분석하겠습니다.

https://github.com/raspberrypi/linux/blob/rpi-4.19.y/kernel/softirq.c

```
01 static __latent_entropy void tasklet_action(struct softirq_action *a)
02 {
03    tasklet_action_common(a, this_cpu_ptr(&tasklet_vec), TASKLET_SOFTIRQ);
04 }
```

tasklet_action() 함수는 특별히 하는 일은 없습니다. 다음 인자로 tasklet_action_common() 함수를 호출합니다.

- a: struct softirq_action 타입

- this_cpu_ptr(&tasklet_vec): tasklet_vec 전역변수에서 percpu 오프셋을 적용한 주소

- TASKLET_SOFTIRQ: 태스크릿 플래그

this_cpu_ptr() 함수는 현재 실행 중인 CPU 번호에 맞게 percpu 오프셋을 적용한 주소로 변환합니다.

다음으로 tasklet_action_common() 함수를 보겠습니다.

https://github.com/raspberrypi/linux/blob/rpi-4.19.y/kernel/softirq.c

```
01 static void tasklet_action_common(struct softirq_action *a,
02                                   struct tasklet_head *tl_head,
03                                   unsigned int softirq_nr)
04 {
05     struct tasklet_struct *list;
06
07     local_irq_disable();
08     list = tl_head->head;
09     tl_head->head = NULL;
10     tl_head->tail = &tl_head->head;
11     local_irq_enable();
12
13     while (list) {
14         struct tasklet_struct *t = list;
15
16         list = list->next;
17
18         if (tasklet_trylock(t)) {
19             if (!atomic_read(&t->count)) {
20                 if (!test_and_clear_bit(TASKLET_STATE_SCHED,
21                                         &t->state))
22                     BUG();
23                 t->func(t->data);
24                 tasklet_unlock(t);
25                 continue;
26             }
27             tasklet_unlock(t);
28         }
...
29     }
30 }
```

먼저 태스크릿 실행 조건을 확인하는 구문부터 보겠습니다.

```
19                    if (!atomic_read(&t->count)) {
20                        if (!test_and_clear_bit(TASKLET_STATE_SCHED,
21                                        &t->state))
22                            BUG();
```

19번째 줄에서는 atomic_read() 함수를 호출해 tasklet_struct 구조체 타입의 &t->count가 0인지 체크합니다. 만약 0이 아니면 20~25번째 줄을 실행하지 않습니다.

다음은 tasklet_struct 구조체 타입의 &t->state가 TASKLET_STATE_SCHED 플래그가 아니면 22번째 줄 코드인 BUG() 함수를 실행해 커널 패닉을 유발합니다.

 리눅스 커널에서 BUG() 함수는 시스템을 정상적으로 구동할 수 없는 치명적인 오류 상황에서 호출합니다.

23번째 줄을 보겠습니다.

```
23                t->func(t->data);
```

태스크릿 핸들러 함수를 호출하는 코드입니다. 태스크릿의 전체 소스코드에서 가장 중요한 부분입니다.

이번에는 keyboard_tasklet 태스크릿 자료구조를 보면서 태스크릿 핸들러 함수를 호출하는 원리를 설명하겠습니다. 다음은 TRACE32로 본 keyboard_tasklet 태스크릿 전역변수입니다.

```
01  (static struct tasklet_struct) keyboard_tasklet = (
02    (struct tasklet_struct *) next = 0x0 = ,
03    (long unsigned int) state = 0x0,
04    (atomic_t) count = ((int) counter = 0x0),
05    (void (*)()) func = 0x8051F144 = kbd_bh,
06    (long unsigned int) data = 0x0)
```

5번째 줄의 func 필드에는 kbd_bh() 함수의 주소가 있습니다.

만약 keyboard_tasklet 태스크릿인 경우 아래 코드에서 어떤 함수를 호출할까요?

```
23                t->func(t->data);
```

func 필드에 저장된 kbd_bh() 함수를 호출합니다.

예를 들어 keyboard_tasklet 태스크릿의 경우 다음과 같이 func 필드에는 kbd_bh() 함수의 주소가 있습니다.

```
(static struct tasklet_struct) keyboard_tasklet = (
  (struct tasklet_struct *) next = 0x0 = ,
  (long unsigned int) state = 0x0,
  (atomic_t) count = ((int) counter = 0x0),
  (void (*)()) func = 0x8051F144 = kbd_bh,
  (long unsigned int) data = 0x0)
```

여기까지 태스크릿에 대해 살펴봤습니다. 배운 내용을 정리해 봅시다.

태스크릿은 언제 사용할까?

인터럽트 발생 빈도가 높거나 인터럽트 후반부를 빨리 처리해야 할 때 태스크릿을 적용하면 좋습니다.

태스크릿과 Soft IRQ의 차이점은 무엇인가?

태스크릿은 Soft IRQ의 서비스 중 하나입니다. 따라서 태스크릿은 Soft IRQ 기법의 구조 내에서 실행됩니다.

태스크릿 서비스 실행을 요청하려면 어떻게 해야 할까?

tasklet_schedule() 함수를 사용하면 됩니다. tasklet_schedule() 함수 내부에서 raise_softirq_irqoff() 함수를 호출합니다. 이 과정에서 TASKLET_SOFTIRQ라는 Soft IRQ 서비스 아이디로 태스크릿 서비스 실행을 요청합니다.

태스크릿 서비스는 어떻게 실행할까?

태스크릿 서비스를 실행한다는 것은 태스크릿 서비스 함수를 실행하는 동작을 의미합니다. 태스크릿의 서비스 핸들러 함수는 tasklet_action() 함수입니다.

6.13 Soft IRQ 디버깅

이번 절에서는 다음과 같은 Soft IRQ 디버깅 방법을 소개합니다.

- ftrace의 Soft IRQ 이벤트 분석
- /proc/softirqs로 Soft IRQ 서비스의 실행 횟수 확인

6.13.1 ftrace의 Soft IRQ 이벤트 소개

이번 절에서는 Soft IRQ의 실행 흐름을 추적하는 ftrace 이벤트를 소개합니다.

ftrace는 커널의 주요 동작을 추적하며 이를 이벤트로 정의합니다. Soft IRQ도 커널의 중요 기능이니 ftrace에서 다음 이벤트를 제공합니다.

- softirq_raise: Soft IRQ 서비스를 요청
- softirq_entry: Soft IRQ 서비스 실행 시작
- softirq_exit: Soft IRQ 서비스 실행 마무리

먼저 ftrace 이벤트를 활성화하는 방법을 알아보고 ftrace에서 각 로그를 분석해 보겠습니다.

ftrace의 Soft IRQ 이벤트 활성화

ftrace의 Soft IRQ 이벤트는 다음 명령어로 활성화할 수 있습니다.

```
"echo 1 > /sys/kernel/debug/tracing/events/irq/softirq_raise/enable"
"echo 1 > /sys/kernel/debug/tracing/events/irq/softirq_entry/enable"
"echo 1 > /sys/kernel/debug/tracing/events/irq/softirq_exit/enable"
```

Soft IRQ 서비스 실행은 인터럽트 핸들링이 마무리된 후 시작하므로 irq_handler_entry, irq_handler_exit라는 ftrace 이벤트와 함께 분석하는 경우가 많습니다.

ftrace의 Soft IRQ 이벤트 로그 패턴과 실행 코드 확인

ftrace의 Soft IRQ 이벤트 메시지는 다음과 같은 형식으로 출력됩니다.

```
softirq_raise: vec= [1--10] [action=Soft IRQ 서비스 타입]
softirq_entry: vec= [1--10] [action=Soft IRQ 서비스 타입]
softirq_exit: vec= [1--10] [action=Soft IRQ 서비스 타입]
```

"vec= [1--10]" 로그에서 1-10은 1부터 10까지 Soft IRQ 벡터 번호를 출력하고 Soft IRQ 서비스 타입은 다음 softirq_to_name 배열에 저장된 이름입니다.

```
const char * const softirq_to_name[NR_SOFTIRQS] = {
    "HI", "TIMER", "NET_TX", "NET_RX", "BLOCK", "IRQ_POLL",
    "TASKLET", "SCHED", "HRTIMER", "RCU"
```

각 메시지의 의미와 메시지를 출력하는 함수의 이름은 다음과 같습니다.

표 6.7 Soft IRQ 세부 동작을 출력하는 ftrace 이벤트

이벤트 종류	역할	실행 함수
softirq_raise	Soft IRQ 서비스 요청	__raise_softirq_irqoff()
softirq_entry	Soft IRQ 서비스 실행 시작	__do_softirq()
softirq_exit	Soft IRQ 서비스 실행 마무리	__do_softirq()

이번에는 각 이벤트가 실행하는 커널 코드의 위치를 소개합니다. 다음은 softirq_raise 이벤트를 출력하는 코드입니다.

https://github.com/raspberrypi/linux/blob/rpi-4.19.y/kernel/softirq.c

```
01 void __raise_softirq_irqoff(unsigned int nr)
02 {
03     trace_softirq_raise(nr);
04     or_softirq_pending(1UL << nr);
05 }
```

3번째 줄에서 trace_softirq_raise() 함수를 실행할 때 softirq_raise 이벤트 메시지를 출력합니다. 다음으로 softirq_entry와 softirq_exit 이벤트를 출력하는 코드를 소개합니다.

다음은 Soft IRQ 서비스를 실행하는 __do_softirq() 함수입니다.

https://github.com/raspberrypi/linux/blob/rpi-4.19.y/kernel/softirq.c

```
01 asmlinkage __visible void __softirq_entry __do_softirq(void)
02 {
...
03     restart:
04     /* Reset the pending bitmask before enabling irqs */
05     set_softirq_pending(0);
06
07     local_irq_enable();
08
09     h = softirq_vec;
10
11     while ((softirq_bit = ffs(pending))) {
```

```
12              unsigned int vec_nr;
13              int prev_count;
14
15              h += softirq_bit - 1;
16
17              vec_nr = h - softirq_vec;
18              prev_count = preempt_count();
19
20              kstat_incr_softirqs_this_cpu(vec_nr);
21
22              trace_softirq_entry(vec_nr);
23              h->action(h);
24              trace_softirq_exit(vec_nr);
...
25      }
```

23번째 줄을 실행할 때 Soft IRQ 서비스 핸들러를 호출합니다. 이 코드 전후로 ftrace의 softirq_entry
와 softirq_exit 이벤트 메시지를 출력합니다. 22번째 줄이 실행되면 softirq_entry 이벤트의 메시지를
출력하고 24번째 줄에서는 softirq_exit 이벤트의 메시지를 출력합니다.

ftrace의 Soft IRQ 이벤트 로그 분석

이번에는 ftrace에서 Soft IRQ 이벤트를 분석하는 방법을 소개합니다.

먼저 분석할 로그를 소개합니다.

```
01 <idle>-0 [000] dnh1    239.691099: irq_handler_entry: irq=162 name=arch_timer
02 <idle>-0 [000] dnh1    239.691125: softirq_raise: vec=1 [action=TIMER]
03 <idle>-0 [000] dnh1    239.691128: softirq_raise: vec=9 [action=RCU]
04 <idle>-0 [000] dnh1    239.691134: softirq_raise: vec=7 [action=SCHED]
05 <idle>-0 [000] dnh1    239.691141: irq_handler_exit: irq=162 ret=handled
06 <idle>-0 [000] .ns1    239.691153: softirq_entry: vec=1 [action=TIMER]
07 <idle>-0 [000] .ns1    239.691204: softirq_exit: vec=1 [action=TIMER]
08 <idle>-0 [000] .ns1    239.691205: softirq_entry: vec=7 [action=SCHED]
09 <idle>-0 [000] .ns1    239.691217: softirq_exit: vec=7 [action=SCHED]
10 <idle>-0 [000] .ns1    239.691218: softirq_entry: vec=9 [action=RCU]
11 <idle>-0 [000] .ns1    239.691236: softirq_exit: vec=9 [action=RCU]
```

Soft IRQ 서비스는 인터럽트를 핸들링하고 나서 실행되므로 인터럽트 동작을 추적하는 irq_handler_entry와 irq_handler_exit 이벤트를 함께 분석합니다.

01~05번째 줄을 봅시다.

```
01 <idle>-0 [000] dnh1 239.691099: irq_handler_entry: irq=162 name=arch_timer
02 <idle>-0 [000] dnh1 239.691125: softirq_raise: vec=1 [action=TIMER]
03 <idle>-0 [000] dnh1 239.691128: softirq_raise: vec=9 [action=RCU]
04 <idle>-0 [000] dnh1 239.691134: softirq_raise: vec=7 [action=SCHED]
05 <idle>-0 [000] dnh1 239.691141: irq_handler_exit: irq=162 ret=handled
```

01~05번째 줄 메시지에 공통적으로 굵게 표시된 바와 같이 dnh1이라는 프로세스의 컨텍스트 정보가 보입니다. **여기서 알파벳 h는 인터럽트 컨텍스트라는 의미입니다.**

02번째 줄은 TIMER Soft IRQ 서비스, 03번째 줄은 RCU Soft IRQ 서비스, 마지막 04번째는 SCHED Soft IRQ 서비스를 요청하는 동작입니다. 즉, 인터럽트 컨텍스트에서 Soft IRQ 서비스 실행을 요청하고 있습니다.

06~11번째 줄은 Soft IRQ 서비스를 실행하는 동작입니다.

```
06 <idle>-0 [000] .ns1   239.691153: softirq_entry: vec=1 [action=TIMER]
07 <idle>-0 [000] .ns1   239.691204: softirq_exit: vec=1 [action=TIMER]
08 <idle>-0 [000] .ns1   239.691205: softirq_entry: vec=7 [action=SCHED]
09 <idle>-0 [000] .ns1   239.691217: softirq_exit: vec=7 [action=SCHED]
10 <idle>-0 [000] .ns1   239.691218: softirq_entry: vec=9 [action=RCU]
11 <idle>-0 [000] .ns1   239.691236: softirq_exit: vec=9 [action=RCU]
```

06~07번째 줄은 TIMER Soft IRQ 서비스를 실행하는 동작입니다. 08~09번째 줄에서는 SCHED Soft IRQ 서비스를, 10~11번째 줄에서는 RCU 서비스를 실행합니다.

Soft IRQ 서비스를 실행한다는 것은 각 Soft IRQ 서비스별로 등록한 핸들러 함수를 실행한다는 의미입니다.

```
06 <idle>-0 [000] .ns1   239.691153: softirq_entry: vec=1 [action=TIMER]  // run_timer_softirq() 함수
실행 시작
07 <idle>-0 [000] .ns1   239.691204: softirq_exit: vec=1 [action=TIMER]  // run_timer_softirq() 함수
실행 마무리
08 <idle>-0 [000] .ns1   239.691205: softirq_entry: vec=7 [action=SCHED] // run_rebalance_domains()
함수 실행 시작
```

```
09 <idle>-0 [000] .ns1   239.691217: softirq_exit: vec=7 [action=SCHED] // run_rebalance_domains()
   함수 실행 마무리
10 <idle>-0 [000] .ns1   239.691218: softirq_entry: vec=9 [action=RCU] // rcu_process_callbacks()
   함수 실행 시작
11 <idle>-0 [000] .ns1   239.691236: softirq_exit: vec=9 [action=RCU] // rcu_process_callbacks() 함수
   실행 마무리
```

softirq_entry 이벤트는 Soft IRQ 서비스 핸들러를 호출한 시점의 동작을 출력합니다. 이어서 softirq_exit 이벤트는 Soft IRQ 서비스 핸들러 실행을 마친 시점을 표현합니다. 이 두 가지 이벤트 메시지로 Soft IRQ 서비스 핸들러 함수의 실행 시각을 계산할 수 있습니다.

6.13.2 /proc/softirqs를 이용한 Soft IRQ 서비스 실행 횟수 확인

proc 파일 시스템에서 관리하는 /proc/softirqs 파일을 통해 Soft IRQ 서비스의 종류별 처리 횟수를 확인할 수 있습니다. 이번 절에서는 /proc/softirqs 파일의 출력 결과와 이를 어떤 코드에서 실행하는지 살펴보겠습니다.

/proc/softirqs 출력 메시지 확인

먼저 다음 명령어로 /proc/softirqs 파일의 내용을 확인해봅시다.

```
root@raspberrypi:/home/pi# cat /proc/softirqs
01                CPU0      CPU1      CPU2      CPU3
02        HI:        0         0         0         0
03     TIMER:   133935    128454    132499    133430
04    NET_TX:        0         0         0       361
05    NET_RX:        0         0         0         0
06     BLOCK:    13072     25079         0     11138
07   IRQ_POLL:       0         0         0         0
08   TASKLET:     2777    241748       763    230328
09     SCHED:   109806    109155    111689    113882
10   HRTIMER:        0         0         0         0
11       RCU:    90942     90547     93124     95240
```

보다시피 Soft IRQ 서비스 종류별 실행 횟수를 확인할 수 있습니다. 03번째 줄과 같이 TIMER Soft IRQ 서비스는 CPU0~CPU3에서 133935, 128454, 132499, 133430번 실행됐습니다.

이번에는 Soft IRQ 서비스 처리 횟수를 리눅스 커널의 어떤 코드에서 출력하는지 알아봅시다.

https://github.com/raspberrypi/linux/blob/rpi-4.19.y/fs/proc/softirqs.c

```
01 static int show_softirqs(struct seq_file *p, void *v)
02 {
03     int i, j;
04
05     seq_puts(p, "                    ");
06     for_each_possible_cpu(i)
07             seq_printf(p, "CPU%-8d", i);
08     seq_putc(p, '\n');
09
10     for (i = 0; i < NR_SOFTIRQS; i++) {
11             seq_printf(p, "%12s:", softirq_to_name[i]);
12             for_each_possible_cpu(j)
13                     seq_printf(p, " %10u", kstat_softirqs_cpu(i, j));
14             seq_putc(p, '\n');
15     }
16     return 0;
17 }
```

06~07번째 줄을 봅시다.

```
06     for_each_possible_cpu(i)
07             seq_printf(p, "CPU%-8d", i);
```

콘솔 창에 출력할 CPU 번호를 처리합니다.

10~15번째 줄은 for 문인데 Soft IRQ 서비스 개수인 NR_SOFTIRQS 플래그 개수만큼 반복 실행합니다.

11번째 줄에서는 Soft IRQ 서비스 이름을 저장한 softirq_to_name 배열에 접근해 Soft IRQ 서비스의 이름을 출력합니다.

```
11             seq_printf(p, "%12s:", softirq_to_name[i]);
```

12~13번째 줄을 보겠습니다.

```
12             for_each_possible_cpu(j)
13                     seq_printf(p, " %10u", kstat_softirqs_cpu(i, j));
```

kstat_softirqs_cpu() 함수를 호출해 CPU별로 Soft IRQ 서비스 실행 횟수를 출력합니다.

kstat_softirqs_cpu() 함수의 구현부는 다음과 같습니다.

https://github.com/raspberrypi/linux/blob/rpi-4.19.y/include/linux/kernel_stat.h

```
01 static inline unsigned int kstat_softirqs_cpu(unsigned int irq, int cpu)
02 {
03     return kstat_cpu(cpu).softirqs[irq];
04 }
```

커널의 통계 정보를 기록하는 percpu 타입인 kstat_cpu 변수의 softirqs 필드에 저장된 값을 출력합니다. 그럼 kstat_cpu() 함수의 구현부를 보면서 동작 원리를 알아봅시다.

https://github.com/raspberrypi/linux/blob/rpi-4.19.y/include/linux/kernel_stat.h

```
#define kstat_cpu(cpu) per_cpu(kstat, cpu)
```

코드를 보니 kstat_cpu 함수는 **percpu 타입 변수인 kstat**을 통해 Soft IRQ 서비스별로 처리된 횟수를 읽어오는 역할을 합니다.

이번에는 kstat 변수를 살펴봅시다.

https://github.com/raspberrypi/linux/blob/rpi-4.19.y/include/linux/kernel_stat.h

```
01 struct kernel_stat {
02     unsigned long irqs_sum;
03     unsigned int softirqs[NR_SOFTIRQS];
04 };
05
06 DECLARE_PER_CPU(struct kernel_stat, kstat);
```

06번째 줄을 보면 kernel_stat 구조체 타입인 kstat을 percpu 타입으로 선언했습니다. percpu 타입의 kstat 변수에 Soft IRQ 서비스의 처리 횟수를 저장하는 함수는 kstat_incr_softirqs_this_cpu()입니다.

https://github.com/raspberrypi/linux/blob/rpi-4.19.y/include/linux/kernel_stat.h

```
static inline void kstat_incr_softirqs_this_cpu(unsigned int irq)
{
    __this_cpu_inc(kstat.softirqs[irq]);
}
```

위 함수에서 보이는 irq 인자는 Soft IRQ 서비스의 인덱스를 의미합니다. irq라는 입력 값을 받으면 percpu에 해당하는 kstat 변수에 접근해서 Soft IRQ 서비스 종류별 처리 횟수가 저장된 필드인 softirqs[irq] 값을 1만큼 증가시킵니다.

Soft IRQ 서비스 실행 횟수는 어느 함수에서 저장할까?

앞에서 Soft IRQ 서비스를 실행한 횟수를 출력하는 코드를 분석했는데 이번에는 Soft IRQ 서비스 횟수를 저장하는 코드를 살펴보겠습니다.

다음과 같이 Soft IRQ 서비스를 실행하는 __do_softirq() 함수에서 Soft IRQ 서비스 실행 횟수를 저장합니다.

https://github.com/raspberrypi/linux/blob/rpi-4.19.y/kernel/softirq.c

```
01 asmlinkage __visible void __softirq_entry __do_softirq(void)
02 {
...
03     while ((softirq_bit = ffs(pending))) {
04             unsigned int vec_nr;
05             int prev_count;
06
07             h += softirq_bit - 1;
08
09             vec_nr = h - softirq_vec;
10             prev_count = preempt_count();
11
12             kstat_incr_softirqs_this_cpu(vec_nr);
13
14             trace_softirq_entry(vec_nr);
15             h->action(h);
16             trace_softirq_exit(vec_nr);
...
17     }
```

Soft IRQ 서비스별 실행 횟수는 다음 __do_softirq() 함수의 12번째 줄과 같이 kstat_incr_softirqs_this_cpu() 함수를 실행할 때 저장됩니다.

6.14 정리

1. 인터럽트가 발생했을 때 빨리 실행해야 하는 코드는 인터럽트 핸들러에서 처리하고 나중에 처리해도 되는 코드를 인터럽트 핸들러의 실행을 끝낸 후 처리하는 방식을 인터럽트 후반부 처리라고 말합니다.

2. IRQ 스레드는 인터럽트 후반부 처리를 위한 전용 커널 스레드로서 인터럽트 핸들러에서 처리하지 못한 동작을 실행합니다.

3. IRQ 스레드는 `request_threaded_irq()` 함수가 실행될 때 생성되며, 해당 인터럽트 핸들러에서 `IRQ_THREAD_WAKE`를 반환하면 깨어납니다.

4. Soft IRQ는 빠른 시간 내에 인터럽트 후반부 처리를 하기 위한 기법으로, 네트워크 고속 패킷이나 스토리지 디바이스에서 사용합니다.

5. Soft IRQ는 서비스 요청과 서비스 실행 단계로 나눌 수 있습니다.

6. Soft IRQ 서비스를 실행할 때 `softirq_vec`이라는 Soft IRQ 벡터에 등록된 함수를 호출합니다.

7. Soft IRQ 컨텍스트는 Soft IRQ 서비스를 실행 중인 상태이며, 프로세스를 관리하는 `thread_info` 구조체의 `preempt_count` 필드에 `SOFTIRQ_OFFSET`을 나타내는 `0x100`을 저장합니다.

8. 태스크릿은 동적으로 Soft IRQ 서비스를 사용하기 위한 인터페이스입니다.

07

워크큐

이번 장에서 다룰 내용

- 워크큐의 종류
- 워커 스레드
- 워크의 동작 방식
- 딜레이 워크

이번 장에서는 워크큐(Workqueue)의 개념을 소개하고 커널에서 이를 어떻게 구현하는지 살펴보겠습니다. 먼저 7가지 워크큐 중 드라이버에서 많이 쓰는 시스템 워크큐를 중심으로 워크큐의 동작 방식을 설명합니다. 시스템 워크큐에서 쓰는 커널 워크큐 함수를 다른 워크큐도 쓰기 때문에 워크큐 함수를 제대로 이해하고 나면 다른 워크큐는 그리 어렵지 않게 분석할 수 있습니다.

워크큐는 리눅스 디바이스 드라이버와 커널의 핵심 서브시스템에서 많이 적용하는 기법입니다. 이번 장을 통해 워크큐 관련 커널 함수와 워크를 설정하는 함수의 사용법을 익혀 코드를 읽는 능력을 키울 수 있습니다.

7.1 워크큐 소개

다음 질문과 함께 워크큐를 소개하고자 합니다.

워크큐는 왜 만들었을까?

워크큐는 주로 인터럽트 후반부를 처리하는 태스크 큐를 개선하기 위해 커널 2.5.41 버전부터 도입됐습니다. 다음은 워크큐를 소개하는 리눅스 커널 커뮤니티의 페이지입니다.

- https://lwn.net/Articles/23634/

시간이 흘러 워크큐는 인터럽트 후반부는 물론 프로세스 컨텍스트에서 후반부 처리를 위해 많이 쓰이게 됐습니다. **그렇다면 워크큐는 무슨 일을 할까요?**

워크큐는 특정 코드를 워크 핸들러에 위치시켜 프로세스 컨텍스트로 처리하기 위한 다양한 함수를 지원합니다. 커널은 백그라운드에서 워크를 실행하기 위한 워커 스레드를 미리 생성해 놓습니다. 이후 커널의 여러 드라이버에서 워크 실행을 요청하면 이를 해당 워커 스레드가 처리합니다.

이번 절에서는 먼저 워크큐를 구성하는 주요 개념과 워크큐의 특징을 알아보겠습니다.

7.1.1 워크큐의 주요 개념

이번 절에서는 워크큐를 구성하는 다음과 같은 주요 개념을 소개합니다.

- 워크
- 워커 스레드
- 워커 풀
- 풀워크큐

먼저 워크큐의 기본 실행 단위인 워크를 살펴보겠습니다.

워크란?

워크(work)는 워크큐를 실행하는 단위입니다. 그런데 워크는 누가 실행할까요? 워크를 실행하는 주인공은 워커 스레드입니다. 인터럽트 후반부 처리나 지연해야 할 작업을 워크에서 실행하는 것입니다.

다음 그림을 보면서 워크에 대해 배워봅시다.

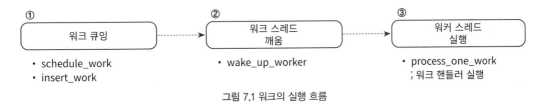

그림 7.1 워크의 실행 흐름

워크의 처리 흐름은 3단계로 분류할 수 있습니다. 먼저 1단계부터 알아보기 위해 그림 7.1에서 ①로 표시된 부분을 봅시다. 워크를 실행하려면 먼저 워크를 워크큐에 큐잉해야 합니다. 이를 위해서는 schedule_work() 함수를 호출해야 합니다.

이어서 그림에서 ②로 표시된 부분을 눈으로 따라가 봅시다. 2단계 동작으로서 wake_up_worker() 함수를 호출해 워크를 실행할 워커 스레드를 깨웁니다.

마지막 3단계 동작은 그림의 가장 오른쪽 부분입니다. 워커 스레드에서 워크를 실행합니다.

이렇게 해서 워크 후반부 처리는 워크에서 지정한 워크 핸들러가 담당합니다.

이번에는 다른 그림을 보면서 워크에 대해 알아봅시다.

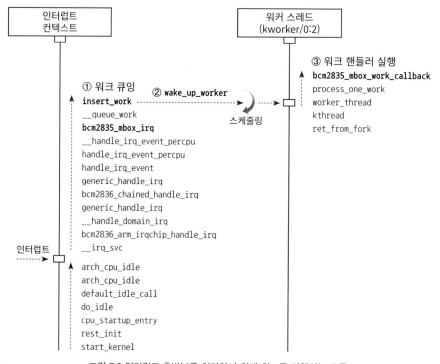

그림 7.2 인터럽트 후반부를 처리하기 위해 워크를 실행하는 흐름

그림 7.2는 인터럽트 후반부를 워크에서 처리하는 흐름을 나타낸 것입니다. 그림에서 ①로 표시된 부분을 보면 인터럽트 핸들러인 bcm2835_mbox_irq() 함수에서 워크를 워크큐에 큐잉합니다. 인터럽트를 핸들링할 때 빨리 처리해야 할 코드는 bcm2835_mbox_irq() 함수에서 처리하고 인터럽트 후반부는 워크의 핸들러 함수가 처리하는 것입니다.

다음으로 ②번으로 표시된 부분을 볼까요? 워크를 큐잉하고 난 다음 wake_up_worker() 함수를 호출해 워커 스레드를 깨웁니다. 스케줄러는 이미 런큐에 큐잉된 다른 프로세스와 우선순위를 체크한 다음 워커 스레드를 실행시킵니다.

마지막 ③단계입니다. 워커 스레드가 깨어나면 스레드 핸들러인 worker_thread() 함수가 일을 시작합니다. 화살표 방향으로 함수가 실행되며, process_one_work() 함수에서 워크 핸들러인 bcm2835_mbox_work_callback() 함수를 호출합니다.

인터럽트 핸들링 관점에서 인터럽트 후반부를 처리하는 코드를 2단계로 나눌 수 있습니다. 빠르게 실행해야 할 코드는 인터럽트 핸들러에서 처리하고, 인터럽트 후반부 처리 코드는 워크 핸들러에서 실행하는 것입니다. 즉, 인터럽트 핸들러에서 처리하지 못한 동작을 bcm2835_mbox_work_callback() 함수에서 실행하는 것입니다.

이처럼 워크는 워커 스레드를 프로세스 컨텍스트에서 실행하므로 워크의 핸들러가 실행되는 도중 휴면 상태에 진입할 수 있습니다. 그래서 커널에서 지원하는 모든 함수를 다 쓸 수 있습니다.

이제 워크를 다시 정리해 보면 다음과 같습니다.

- 커널 후반부를 처리하는 단위이며, 워크 핸들러 실행 도중 휴면 상태에 진입할 수 있다.
- 워크는 워커 스레드가 실행한다.

워크를 소개했으니 이어서 워크를 실행하는 워커 스레드를 알아봅시다.

워커 스레드란?

워커 스레드는 워크를 실행하고 워크큐 관련 자료구조를 업데이트하는 작업을 수행하는 커널 스레드입니다. 즉, 워크큐 전용 프로세스입니다. 워커 스레드의 세부 동작 방식을 보려면 어떤 함수를 봐야 할까요? 스레드 핸들러인 worker_thread() 함수를 봐야 합니다. 참고로 커널 스레드의 세부 동작은 스레드 핸들러 함수에 구현돼 있습니다.

워커 스레드는 리눅스 시스템에서 백그라운드로 실행되는 친숙한 프로세스입니다. 어느 리눅스 시스템에서도 볼 수 있는 프로세스입니다. 그렇다면 워커 스레드의 프로세스 이름은 workerthread일까요? 그렇지는 않습니다. **워커 스레드의 이름은 "kworker/"로 시작하며 워크큐의 종류에 따라 "kworker/" 다음에 번호를 부여합니다.**

그럼 라즈베리 파이에서 워커 스레드를 확인해 봅시다. 터미널을 열고 "ps -ely | grep kworker" 명령어를 입력합니다.

```
root@raspberrypi:/# ps -ely | grep kworker
S   UID   PID  PPID  C PRI  NI   RSS    SZ WCHAN  TTY          TIME CMD
I     0     4     2  0  60 -20     0     0 worker  ?        00:00:00 kworker/0:0H
I     0    16     2  0  60 -20     0     0 worker  ?        00:00:00 kworker/1:0H
I     0    21     2  0  60 -20     0     0 worker  ?        00:00:00 kworker/2:0H
I     0    26     2  0  60 -20     0     0 worker  ?        00:00:00 kworker/3:0H
I     0    29     2  0  80   0     0     0 worker  ?        00:00:00 kworker/0:1
I     0    30     2  0  80   0     0     0 worker  ?        00:00:00 kworker/1:1
```

워커 스레드의 이름은 "kworker/"로 시작하며, 뒤쪽에 숫자가 붙습니다. 예를 들어, 위에서 소개한 가장 마지막 워커 스레드의 이름은 "kworker/1:1"입니다. 뒤에 1:1이란 숫자가 보입니다. 그렇다면 워커 스레드의 이름은 어느 함수에서 정할까요? **워커 스레드의 이름은 워커 스레드를 생성하는 create_worker() 함수에서 정해집니다.**

그럼 워커 스레드에 대해서는 다음 내용을 소개하는 것으로 마치겠습니다.

- 워커 스레드는 워크를 실행하는 임무를 수행하는 커널 스레드다.
- 워커 스레드 핸들러 함수는 worker_thread() 함수다.

워커 풀이란?

워커 풀은 워크큐의 핵심 자료구조로서 다음과 같은 역할을 수행합니다.

- 큐잉한 워크 리스트를 관리
- 워커 스레드를 생성하면서 관리

그래서 커널은 현재 큐잉한 전체 워크와 실행 중인 워커 스레드의 개수를 워커 풀에게 물어봅니다.

워커 풀 자료구조는 worker_pool 구조체로 표현되며 선언부는 다음과 같습니다.

https://github.com/raspberrypi/linux/blob/rpi-4.19.y/kernel/workqueue.c

```
01 struct worker_pool {
02     spinlock_t lock;
03     int cpu;
...
04     struct list_head worklist;
05     int nr_workers;
```

```
...
06     struct list_head workers;
```

04번째 줄에 보이는 worklist 필드로 큐잉한 워크 리스트를 관리합니다. 디바이스 드라이버에서 워크를 큐잉하면 워커 풀 구조체의 필드 중 연결 리스트 타입인 worklist에 등록하는 것입니다.

다음으로 06번째 줄의 workers 필드로 워커 스레드를 관리합니다. 마찬가지로 워커 스레드를 이 연결 리스트로 관리합니다.

다음으로 워크큐의 전체 자료구조를 나타낸 그림을 보면서 워커 풀에 대해 알아보겠습니다.

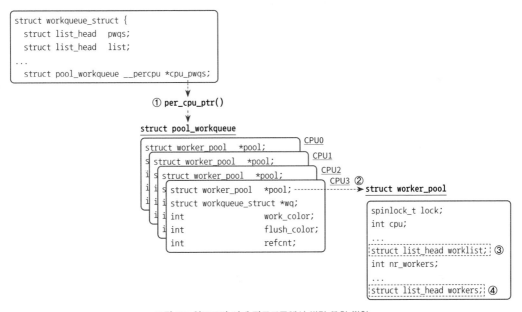

그림 7.3 워크큐의 선제 자료구조에서 워커 풀의 위치

그림 7.3의 왼쪽 맨 윗부분에 표시한 workqueue_struct 구조체는 워크큐 전체를 제어하는 자료구조입니다. workqueue_struct 구조체의 필드 중 맨 아랫부분을 보면 cpu_pwqs 필드가 보입니다. 필드 왼쪽에 __percpu 키워드로 선언했으니 percpu 타입의 변수라는 사실을 알 수 있습니다. CPU 코어의 개수만큼 pool_workqueue 구조체 공간이 있는 것입니다.

①에 표시된 per_cpu_ptr() 함수는 percpu 오프셋을 알려줍니다. 이 오프셋으로 CPU별로 할당된 메모리 주소를 찾을 수 있습니다. ① per_cpu_ptr()의 아랫부분을 보면 4개의 pool_workqueue 구조체를 볼 수 있습니다. percpu 타입의 변수이니 CPU 코어의 개수만큼 메모리 공간이 있는 것입니다.

4개의 pool_workqueue 구조체 박스 중 맨 아랫부분을 보면 struct worker_pool 타입인 pool 필드가 보입니다. ②로 표시된 부분을 보면 pool_workqueue 구조체의 필드를 볼 수 있습니다.

③으로 표시된 worklist는 워크큐에 큐잉한 워크들의 리스트를 관리하는 필드이며, ④로 표시된 workers 필드는 워커 스레드를 관리하는 필드입니다.

정리하면 워커 풀은 워크와 워커 스레드를 총괄하는 중요한 역할을 수행합니다.

풀워크큐란?

그림 7.3의 왼쪽 맨 윗부분에서 본 workqueue_struct 구조체의 cpu_pwqs 필드를 풀워크큐라고 부릅니다.

https://github.com/raspberrypi/linux/blob/rpi-4.19.y/kernel/workqueue.c

```
struct workqueue_struct {
    struct list_head    pwqs;        /* WR: all pwqs of this wq */
    struct list_head    list;        /* PR: list of all workqueues */
...
    struct rcu_head       rcu;

    /* hot fields used during command issue, aligned to cacheline */
    unsigned int      flags ____cacheline_aligned;
    struct pool_workqueue __percpu *cpu_pwqs; /* I: per-cpu pwqs */
    struct pool_workqueue __rcu *numa_pwq_tbl[];
};
```

workqueue_struct 구조체의 cpu_pwqs 필드는 percpu 타입 변수라서 CPU 코어의 개수만큼 pool_workqueue 구조체가 있습니다.

풀워크큐의 세부 내용은 이 책의 범위를 넘어서므로 풀워크큐는 워커 풀을 통해 워크와 워커 스레드를 관리한다는 정도로만 알아둡시다.

7.1.2 워크큐의 특징

워크큐를 구성하는 주요 개념을 알아봤으니 이제 워크큐가 지닌 특징을 알아보겠습니다.

첫째, 워커 스레드가 워커를 실행할 때는 언제든 휴면이 가능합니다. 따라서 스케줄링을 지원하는 모든 커널 함수를 쓸 수 있습니다.

둘째, 실행 시각에 민감한 후반부를 처리하는 용도로 워크큐의 워크를 사용하는 것은 적합하지 않습니다. 아마 여러분은 "워크를 큐잉하면 빠른 시간 내 워크 핸들러가 실행될 것이다"라는 생각으로 워크 핸들러를 작성할 것입니다.

물론 커널 스케줄러는 가능하면 워커 스레드를 빨리 실행해 워커 스레드가 워크 핸들러를 빨리 실행시키도록 지원할 것입니다. 하지만 워크가 언제 실행될지는 누구도 정확히 예측할 수 없습니다. 런큐에 실행 대기 상태에 있는 프로세스가 없으면 워커 스레드가 빨리 실행될 수 있습니다. 하지만 런큐에 실행을 기다리는 프로세스가 많으면 워커 스레드는 늦게 실행을 시작할 수 있습니다. 워커 스레드는 일반 프로세스로서 우선순위가 높지 않기 때문입니다. 즉, **시스템 부하에 따라 워크 핸들러의 실행 시작 시간이 달라질 수 있습니다.**

셋째, 드라이버 레벨에서 워크는 쓰기 쉽습니다. 워크는 work_struct 구조체 변수만 설정하고 워크를 실행할 코드에 queue_work() 혹은 schedule_work() 함수만 추가하면 됩니다.

넷째, 워크큐를 쓰면 드라이버를 조금 더 유연하게 설계할 수 있습니다. 후반부 처리 코드를 워크 핸들러에 작성한 다음 schedule_work() 혹은 queue_work() 함수를 호출해 워크를 실행하면 됩니다. 워크큐에서는 딜레이 워크(struct delayed_work)를 제공합니다. 이 방식으로 jiffies(1/HZ) 단위로 워크를 특정 시각 이후로 지연시킨 후 실행할 수 있습니다.

 동적 타이머가 1초에 실행되는 횟수를 HZ라고 하며 이 값에 따라 jiffies라는 변수는 증가됩니다. 라즈베리 파이는 1초에 jiffies 변수가 100만큼 증가하므로 HZ는 100입니다.

리눅스 커널 드라이버 코드를 보면 워크와 딜레이 워크를 후반부 처리 용도로 함께 쓰는 경우를 볼 수 있습니다. 그 이유는 **딜레이 워크를 활용하면 워크큐로 후반부를 더 유연하게 처리할 수 있기 때문입니다.**

워크와 딜레이 워크를 함께 사용해 후반부를 처리하는 한 가지 예를 들어보겠습니다. 워크를 인터럽트 후반부를 처리하는 용도로 쓰고 딜레이 워크는 워크가 정해진 시나리오대로 실행됐는지 모니터링하는 용도로 활용할 수 있습니다. 인터럽트 후반부를 2단계로 나눠서 드라이버를 설계할 수 있는 것입니다. 워크와 딜레이 워크를 활용해 2단계로 인터럽트 후반부 처리를 할 수 있는 실습 가능한 코드는 7.10절에서 확인할 수 있습니다.

7.1.3 워크큐와 다른 인터럽트 후반부 기법과의 비교

워크큐를 처음 배우는 분은 워크큐의 개념을 파악하는 데 시간이 오래 걸립니다. 그 이유는 워크큐가 어렵기 때문입니다. 하지만 이전 장에서 소개한 IRQ 스레드나 Soft IRQ를 읽었다면 이를 워크큐와 비교해 보면서 배울 수 있습니다. 이번에는 다른 인터럽트 후반부 처리 기법과 워크큐를 비교하면서 워크큐의 특징을 알아보겠습니다.

IRQ 스레드 방식과의 비교

IRQ 스레드는 인터럽트 후반부 처리 전용 스레드이며, threaded IRQ 방식으로 인터럽트 후반부 처리를 합니다. IRQ 스레드와 워크큐의 가장 큰 차이는 스레드의 우선순위입니다.

IRQ 스레드는 실시간 프로세스이므로 우선순위를 높여서 인터럽트 후반부를 처리할 수 있습니다. 어떤 실시간 프로세스가 CPU를 점유하면서 일을 시작하면 우선순위가 높은 다른 실시간 프로세스가 실행 요청을 하기 전까지 CPU를 점유하면서 실행될 수 있습니다. 하지만 일반적으로 워크를 실행하는 워커 스레드는 일반 프로세스로서 우선순위가 다른 프로세스와 동등합니다. 이를 통해 **"워크 핸들러는 실행 중에 선점될 수 있다"**라는 사실을 유추할 수 있습니다.

인터럽트 발생 빈도가 높거나 더 안정적인 코드 유지 보수를 위해서는 IRQ 스레드 기법을 선호하는 편입니다.

Soft IRQ 방식과의 비교

이번에는 워크큐를 Soft IRQ 기법과 비교해 보겠습니다. Soft IRQ는 인터럽트 발생 빈도가 높고 후반부를 빨리 처리해야 하는 상황에서 사용하면 좋습니다.

하지만 워크큐는 커널 스레드 레벨에서 워크를 처리하기 때문에 Soft IRQ에 비해 처리 속도가 느립니다. 그 이유는 Soft IRQ는 인터럽트가 발생할 때마다 Soft IRQ 서비스의 실행 여부를 점검하기 때문입니다.

 Soft IRQ 처리 방식은 전화(인터럽트)를 받고 통화를 한 다음 전화를 끊고(인터럽트 처리 완료) 전화 통화에서 전달받은 내용을 바로 실행하는 동작과 같습니다.

Soft IRQ 서비스의 실행 빈도는 인터럽트 발생 횟수라 할 수 있습니다. 이에 비해 워크큐는 스케줄링 정책에 따라 워커 스레드가 실행할 차례가 돼야 실행됩니다.

인터럽트 후반부 처리를 정해진 시간 내에 빨리 처리해야 하는 경우 워크큐 기법은 바람직하지 않습니다. 그 이유는 무엇일까요? 워크큐 기법에서 인터럽트 후반부는 워커 스레드가 실행될 때 처리됩니다. 그런데 워커 스레드는 일반 프로세스로서 프로세스의 우선순위가 높지 않습니다. **따라서 시스템 부하가 높으면 워커 스레드가 늦게 실행을 시작할 수 있습니다.**

어떤 후반부 기법을 사용할지는 시스템 설계 방식과 인터럽트 후반부 처리 시나리오에 따라 결정해야 합니다.

7.1.4 워크큐로 인터럽트 후반부 코드를 설계하는 과정

워크큐를 배우는 방법은 크게 다음과 같은 두 가지가 있습니다.

- 워크큐를 사용하는 코드를 분석하고 디버깅
- 워크큐 관련 커널 코드를 열어서 분석

앞에서 소개한 두 가지 방법 외에 워크큐로 인터럽트 후반부 코드를 설계하는 과정을 통해 워크큐를 배워보겠습니다. 그럼 인터럽트가 발생한 후에 소프트웨어 측면에서 실행해야 할 루틴이 4개가 있다고 가정하겠습니다.

① 인터럽트를 발생한 하드웨어에 인터럽트를 잘 받았다고 알린다.

② 인터럽트를 처리했다는 플래그 정보를 업데이트한다.

③ 유저 공간에 인터럽트를 통해 하드웨어 디바이스의 동작을 알린다.

④ 인터럽트를 처리했다는 사실을 디버깅 자료구조에 남긴다.

임베디드 개발자는 위와 같은 4가지 루틴을 보면서 **"어느 루틴을 인터럽트 핸들러에서 처리할까?"** 라는 고민을 할 것입니다.

고민 끝에 ①과 ② 루틴을 인터럽트 컨텍스트에서 처리하기로 결정했습니다. ①과 ② 루틴이 실행 시간이 짧고, 곧바로 하드웨어에 인터럽트가 발생했다고 알려줘야 하드웨어 디바이스가 제대로 동작하기 때문입니다. 그리고 ③과 ④ 루틴을 인터럽트 후반부로 처리하기로 결심합니다. 이제 개발자는 어떤 인터럽트 후반부 기법을 사용할지 고민합니다.

- IRQ 스레드
- 워크큐
- Soft IRQ

고민 끝에 워크큐로 인터럽트 후반부를 처리하기로 결정했습니다. 이후 다음과 같은 구조로 코드를 작성했습니다.

[인터럽트 핸들러]

① 인터럽트를 발생한 하드웨어에 인터럽트를 잘 받았다고 알린다.

② 인터럽트를 처리했다는 플래그 정보를 업데이트한다.

③ 워크를 큐잉한다.

[워크 핸들러]

④ 유저 공간에 인터럽트로 하드웨어가 변경된 사실을 알린다.

⑤ 인터럽트를 처리했다는 사실을 디버깅 자료구조에 남긴다.

인터럽트 후반부 코드의 설계 원칙은 다음과 같습니다.

- 인터럽트 핸들러로 빨리 처리해야 할 코드를 수행한 후 워크를 워크큐에 큐잉한다.
- 인터럽트 후반부로 처리해야 할 코드를 워크 핸들러에서 처리한다.

7.1.5 워크큐를 잘 알아야 하는 이유

워크큐를 처음 접하는 분들의 입장에서 워크큐는 배우기 어려운 후반부 기법 중 하나입니다. 이번에는 우리가 워크큐를 왜 배워야 하는지 생각해 보겠습니다.

첫째, 식상한 이야기 같지만 코드를 읽는 능력을 키울 수 있습니다.

워크큐는 영어 문법으로 보면 be 동사와 같다고 볼 수 있습니다. 리눅스 커널을 탑재한 어느 시스템에서도 워크, 워커 스레드를 볼 수 있습니다. 리눅스의 여러 핵심 함수에서 워크큐를 쓰고 있습니다. 따라서 워크큐 함수를 모르면 드라이버 코드를 읽을 수 없습니다.

둘째, 워크큐와 관련된 문제를 해결하는 능력을 업그레이드할 수 있습니다.

워크를 써서 후반부 처리를 하는 코드를 작성하기는 쉽습니다. 하지만 워크를 쓰다가 생기는 문제는 개발자가 직접 분석해서 해결해야 합니다. 커널 내부의 워크큐 관련 함수 입장에서는 누가 워크를 큐잉했는지 모릅니다. 커널 핵심 함수나 드라이버에서 워크를 큐잉해도 워크큐 커널 함수는 동등하게 처리합니다. 그러면 워크를 써서 생기는 문제를 해결하려면 어떤 단계를 밟아야 할까요? 우선 커널이 워크큐를 어떻게 처리하는지 큰 동작 흐름을 그리면서 차근차근 분석해야 합니다. 어느 코드부터 분석을 시작할지 알고 있어야 분석을 진행할 수 있습니다.

셋째, 워크큐를 잘 활용하면 유연하게 드라이버를 설계할 수 있습니다. 각 디바이스 드라이버마다 다양한 시나리오가 있습니다. 특정 디바이스에 정해진 값을 쓰고 적절한 시간 이후에 제대로 값이 써졌는지를 확인하는 시나리오를 생각해 봅시다. 특정 디바이스에 정해진 값을 쓰는 동작은 워크로 구현하고 딜레이 워크를 활용해 다시 확인할 수 있습니다. 그래서 초기화하는 코드를 보면 워크와 딜레이 워크를 함께 선언해서 디바이스 드라이버의 후반부 처리를 합니다.

주위의 리눅스 드라이버 개발자들은 워크큐가 아주 쉽다고 말하는데 어떤 분은 너무 어렵다고도 합니다. 이렇게 서로 다른 대답을 하는 이유는 무엇일까요?

워크큐를 드라이버 레벨에서 많이 쓰는 것은 사실입니다. 하지만 리눅스 커널 레벨에서 워크큐가 어떤 원리로 구현됐는지 확인하는 분은 많지 않습니다. 워크큐 함수만 써서 디바이스 드라이버의 후반부 처리를 구현한 개발자는 워크큐가 쉽다고 하고, 커널 워크큐 코드 분석에 도전하다가 실패한 분들은 워크큐가 어렵다고 하는 것입니다.

그럼 워크큐 관련 커널 코드를 분석하기 어려운 이유는 무엇일까요? 가장 큰 이유는 **워크큐 자료구조를 익히기 어렵기 때문입니다.** 즉, percpu 타입 변수의 개념과 연결 리스트를 잘 알고 있어야 워크 자료구조를 파악할 수 있습니다. 일단 자료구조만 정확하게 머릿속으로 그리면서 코드를 분석하면 워크큐의 동작을 쉽게 이해할 수 있습니다. 이번 장에서는 워크큐 자료구조와 관련된 워크큐의 전체 흐름을 그림을 통해 함께 소개했으니 머릿속으로 전체 구조를 그리면서 코드를 분석합시다.

여기까지 워크큐에 대한 소개를 마치고 이어지는 절에서 워크큐의 종류를 살펴보겠습니다.

7.2 워크큐의 종류

리눅스 커널은 기본적으로 7개의 워크큐를 지원하며, 부팅 과정에서 생성합니다. 이번 절에서는 워크큐를 생성하는 함수를 분석하면서 워크큐의 종류를 살펴보겠습니다.

7.2.1 alloc_workqueue() 함수 분석

워크큐를 생성하려면 alloc_workqueue() 함수를 호출해야 합니다. 먼저 alloc_workqueue() 함수의 구현부를 봅시다.

https://github.com/raspberrypi/linux/blob/rpi-4.19.y/include/linux/workqueue.h

```
#define alloc_workqueue(fmt,flags, max_active, args...) \
    __alloc_workqueue_key((fmt), (flags), (max_active), \
                             NULL, NULL, ##args)
```

코드를 보니 __alloc_workqueue_key() 함수로 치환된다는 사실을 알 수 있습니다.

워크큐를 표현하는 자료구조는 workqueue_struct 구조체입니다. 이 구조체를 기준으로 메모리를 할당한 후 각 필드를 초기화하는 것이 alloc_workqueue() 함수의 역할입니다.

먼저 alloc_workqueue() 함수에 전달하는 인자들의 속성을 알아보겠습니다.

- fmt

    워크큐의 이름을 지정하며, workqueue_struct 구조체의 name 필드에 저장됩니다.

    여기에는 "events", "events_highpri", "events_unbound", "events_freezable", "events_power_efficient", "events_freezable_power_efficient"라는 이름이 등록됩니다.

- flags

    워크큐의 속성 정보를 저장합니다. 이 매개변수는 workqueue_struct 구조체의 flags 필드에 저장됩니다. flags에 저장하는 열거형 타입의 멤버는 다음과 같습니다.

    https://github.com/raspberrypi/linux/blob/rpi-4.19.y/include/linux/workqueue.h

```
enum {
        WQ_UNBOUND = 1 << 1,
        WQ_FREEZABLE = 1 << 2,
        WQ_MEM_RECLAIM= 1 << 3,
        WQ_HIGHPRI = 1 << 4,
        WQ_CPU_INTENSIVE = 1 << 5,
        WQ_SYSFS = 1 << 6,
        WQ_POWER_EFFICIENT = 1 << 7,
...
}
```

    위 enum 플래그는 워크큐의 종류에 따라 다르게 설정됩니다.

- max_active

    workqueue_struct 구조체의 saved_max_active에 저장합니다.

alloc_workqueue() 함수는 어느 함수에서 호출할까요? 정답은 workqueue_init_early() 함수입니다. workqueue_init_early() 함수에서 alloc_workqueue() 함수를 호출해 워크큐를 생성하는 것입니다.

7.2.2 7가지 워크큐

workqueue_init_early() 함수는 리눅스 커널에서 지원하는 7가지 워크큐를 생성합니다. 이번에는 workqueue_init_early() 함수를 분석하면서 워크큐의 종류를 알아보겠습니다.

https://github.com/raspberrypi/linux/blob/rpi-4.19.y/kernel/workqueue.c

```
01 int __init workqueue_init_early(void)
02 {
03     int std_nice[NR_STD_WORKER_POOLS] = { 0, HIGHPRI_NICE_LEVEL };
04     int i, cpu;
...
05     system_wq = alloc_workqueue("events", 0, 0);
06     system_highpri_wq = alloc_workqueue("events_highpri", WQ_HIGHPRI, 0);
07     system_long_wq = alloc_workqueue("events_long", 0, 0);
08     system_unbound_wq = alloc_workqueue("events_unbound", WQ_UNBOUND,
09                                 WQ_UNBOUND_MAX_ACTIVE);
10     system_freezable_wq = alloc_workqueue("events_freezable",
11                                 WQ_FREEZABLE, 0);
12     system_power_efficient_wq = alloc_workqueue("events_power_efficient",
13                                 WQ_POWER_EFFICIENT, 0);
14     system_freezable_power_efficient_wq =
15     alloc_workqueue("events_freezable_power_efficient",
16                                 WQ_FREEZABLE | WQ_POWER_EFFICIENT,
17                                 0);
18     BUG_ON(!system_wq || !system_highpri_wq || !system_long_wq ||
19         !system_unbound_wq || !system_freezable_wq ||
20         !system_power_efficient_wq ||
21         !system_freezable_power_efficient_wq);
```

workqueue_init_early() 함수의 핵심 동작은 다음과 같습니다.

- 7가지 워크큐 생성
- 워크큐가 제대로 생성됐는지 점검

5~17번째 줄은 워크큐를 생성하고 18~21번째 줄은 워크큐가 제대로 생성됐는지 점검하는 동작입니다.

먼저 5번째 줄을 보겠습니다.

```
05    system_wq = alloc_workqueue("events", 0, 0);
```

"events"라는 이름으로 워크큐를 생성해서 system_wq라는 전역변수에 저장합니다. 여기서 **system_wq는 보통 시스템 워크큐라고도 부릅니다.**

다음은 6번째 줄입니다.

```
06    system_highpri_wq = alloc_workqueue("events_highpri", WQ_HIGHPRI, 0);
```

system_highpri_wq라는 워크큐를 생성하는 코드입니다. system_highpri_wq 워크큐는 시스템 워크큐에서 쓰는 워커 스레드보다 우선순위가 높은 워커 스레드가 처리합니다. workqueue_struct 구조체의 flags 필드는 WQ_HIGHPRI로 저장합니다.

WQ_HIGHPRI 플래그를 설정하면 후속 함수에서 어떤 흐름으로 동작하는지 알아봅시다.

__alloc_workqueue_key() 함수에서 alloc_and_link_pwqs() 함수를 실행합니다. 이때 workqueue _struct 구조체의 flags 필드가 WQ_HIGHPR 플래그이면 cpu_worker_pools[1]에 위치한 워커 풀을 해당 워크큐에 할당합니다. 다음 코드를 봅시다.

https://github.com/raspberrypi/linux/blob/rpi-4.19.y/kernel/workqueue.c

```
01 static int alloc_and_link_pwqs(struct workqueue_struct *wq)
02 {
03     bool highpri = wq->flags & WQ_HIGHPRI;
04     int cpu, ret;
05
...
06         for_each_possible_cpu(cpu) {
07             struct pool_workqueue *pwq =
08                 per_cpu_ptr(wq->cpu_pwqs, cpu);
09             struct worker_pool *cpu_pools =
10                 per_cpu(cpu_worker_pools, cpu);
11
12             init_pwq(pwq, wq, &cpu_pools[highpri]);
```

3번째 줄에서 워크큐 wq->flags 필드와 WQ_HIGHPRI라는 enum 멤버를 대상으로 AND 비트 연산을 합니다. WQ_HIGHPRI로 설정된 워크큐인 경우 highpri 지역변수는 1이 됩니다.

9~10번째 줄에서는 percpu 타입인 cpu_worker_pools 전역변수에 접근해서 각 CPU별 worker_pool 구조체의 주소를 읽습니다. 우선순위를 높여서 처리하는 워커 풀은 percpu 타입의 변수인 cpu_worker _pools[1]에 있습니다.

12번째 줄에서는 init_pwq() 함수를 호출해서 워커 풀을 설정합니다.

다음으로 7번째 줄을 보겠습니다.

```
07      system_long_wq = alloc_workqueue("events_long", 0, 0);
```

system_long_wq라는 워크큐를 생성합니다. system_wq와 유사한 환경에서 조금 더 오래 걸리는 작업에 사용합니다.

다음은 8번째 줄입니다.

```
08      system_unbound_wq = alloc_workqueue("events_unbound", WQ_UNBOUND,
09                                          WQ_UNBOUND_MAX_ACTIVE);
```

system_unbound_wq라는 워크큐를 생성합니다. system_unbound_wq 워크큐는 percpu 타입의 워커를 쓰지 않고 wq->numa_pwq_tbl[node]에 지정된 워커 풀을 씁니다. 시스템 워크큐보다 빨리 실행됩니다.

워크큐 커널 함수에서는 WQ_UNBOUND 플래그로 workqueue_struct 구조체의 flags 필드와 AND 비트 연산한 결과로 "events_unbound" 워크큐 여부를 판단합니다.

이어서 10번째 코드를 분석하겠습니다.

```
10      system_freezable_wq = alloc_workqueue("events_freezable",
11                                          WQ_FREEZABLE, 0);
```

system_freezable_wq 워크큐를 생성합니다. "events_freezable"이라는 이름을 지정하며 workqueue_struct 구조체의 flags 필드에 WQ_FREEZABLE을 저장합니다. 얼릴 수 있는(Freezing) 유저 프로세스나 커널 스레드를 처리할 때 system_freezable_wq 워크큐는 freeze_workqueues_begin() 함수에서 실행합니다.

 앞에서 언급한 '얼릴 수 있는'이라는 용어는 커널의 전원 관리에서 사용됩니다. 프로세스를 얼리는 동작은 시스템 전체가 서스펜드에 진입하는 과정에서 수행됩니다.

프로세스를 얼릴 때 __refrigerator() 함수를 호출하며 태스크 디스크립터의 state 필드를 TASK_
UNINTERRUPTIBLE, flags 필드를 PF_FROZEN으로 변경합니다.

더 자세한 내용은 이 책의 범위를 벗어나므로 관심이 있는 분은 다음 URL을 참고하세요.

- https://www.kernel.org/doc/Documentation/power/freezing-of-tasks.txt

마지막으로 12~17번째 줄을 보겠습니다.

```
12    system_power_efficient_wq = alloc_workqueue("events_power_efficient",
13                            WQ_POWER_EFFICIENT, 0);
14    system_freezable_power_efficient_wq =
15    alloc_workqueue("events_freezable_power_efficient",
16                            WQ_FREEZABLE | WQ_POWER_EFFICIENT,
17                            0);
```

system_power_efficient_wq와 system_freezable_power_efficient_wq 워크큐를 생성합니다. 절전 목적으
로 쓰는 워크큐입니다.

다음과 같이 CONFIG_WQ_POWER_EFFICIENT_DEFAULT 컨피그를 설정하면 활성화되는 wq_power_efficient 전
역변수와 함께 사용합니다.

```
static bool wq_power_efficient = IS_ENABLED(CONFIG_WQ_POWER_EFFICIENT_DEFAULT);
```

참고로 라즈비안에서 CONFIG_WQ_POWER_EFFICIENT_DEFAULT 컨피그는 비활성화돼 있습니다.

마지막으로 18번째 줄을 보겠습니다.

```
18    BUG_ON(!system_wq || !system_highpri_wq || !system_long_wq ||
19        !system_unbound_wq || !system_freezable_wq ||
20        !system_power_efficient_wq ||
21        !system_freezable_power_efficient_wq);
```

지금까지 설명한 7가지 워크큐를 생성했는지 점검합니다. 각각 워크큐 전역변수가 NULL이 아닌지 OR 연
산으로 확인한 후 하나의 워크큐라도 NULL이면 **커널 크래시를 유발합니다.**

커널 내부에서는 기본적으로 7가지 워크큐를 지원하며, 커널 내부의 서브시스템에서도 워크큐를 사용
해 커널을 관리합니다. 한 가지 워크큐라도 제대로 생성하지 못하면 커널의 기본 동작을 장담할 수 없
기 때문에 제대로 생성됐는지 체크하는 것입니다.

그럼 리눅스 커널에서는 워크큐 개수가 7개로 정해져 있을까요? 그렇지는 않습니다. 디바이스 드라이버에서 워크큐를 생성해서 드라이버 흐름을 제어할 수 있습니다. 앞에서 설정한 7개의 워크큐는 기본적으로 리눅스 커널에서 생성하는 것입니다.

워크큐에 대해 알아봤으니 이어지는 절에서 워크에 대해 살펴보겠습니다.

7.3 워크란?

워크큐를 구성하는 주요 개념 중 핵심은 워크입니다. 그 이유는 **워크큐를 실행하는 기본 단위가 워크이기 때문입니다.** 누군가 "보통 워크큐에 워크를 큐잉한다"라고 말하면 '후반부 처리를 워크가 실행하도록 워크를 워크큐에 실행 요청한다'라는 의미로 해석할 수 있습니다.

다음 그림을 보면서 워크가 어떤 과정으로 실행되는지 살펴봅시다.

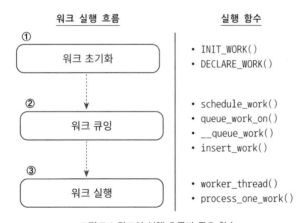

그림 7.4 워크의 실행 흐름과 주요 함수

그림 7.4의 왼쪽 가장 윗부분을 보면 ①단계가 '워크 초기화'입니다. 보통 부팅 단계에서 워크를 초기화합니다.

다음은 ②단계입니다. 워크를 워크큐에 큐잉해야 합니다. 워크를 큐잉하면서 워크를 실행하는 워커 스레드를 깨웁니다. ③단계로 워커 스레드는 워크를 실행합니다. 워크를 실행한다는 것은 워크 핸들러를 호출한다는 것입니다.

보통 ①단계인 '워크 초기화'를 한 번 하고 ②와 ③단계를 자주 반복해서 실행합니다.

워크의 전체 흐름을 알아봤으니 워크의 자료구조부터 알아보겠습니다.

7.3.1 work_struct 구조체

워크를 표현하는 자료구조는 work_struct 구조체이며, 선언부는 다음과 같습니다.

https://github.com/raspberrypi/linux/blob/rpi-4.19.y/include/linux/workqueue.h

```
01 struct work_struct {
02     atomic_long_t data;
03     struct list_head entry;
04     work_func_t func;
05     #ifdef CONFIG_LOCKDEP
06     struct lockdep_map lockdep_map;
07     #endif
08 };
```

 라즈베리 파이에서는 CONFIG_LOCKDEP이라는 컨피그는 설정되지 않았으니 func이 가장 마지막 필드입니다.

먼저 각 필드의 의미를 알아봅시다.

- atomic_long_t data

  data 필드는 워크 실행 상태를 나타내며 다음과 같은 값을 저장합니다.

  – 워크 초기화: 0xFFFFFFE0

  – 워크를 워크큐에 큐잉: WORK_STRUCT_PENDING_BIT(0x1)

  커널 내부의 워크큐 함수에서는 워크의 실행 정보가 기록된 data 필드를 읽어 워크를 제어하는 코드가 많습니다.

- struct list_head entry

  entry 필드의 타입은 연결 리스트입니다. 워크를 워크큐에 큐잉하면 워커 풀 worker_pool 구조체 중 연결 리스트인 worklist에 등록됩니다. 여기서 worker_pool 구조체의 worklist는 워크의 entry 주소를 저장합니다.

 이 필드가 워크큐 전체 자료구조에서 어떻게 쓰이는지는 7.5절에서 그림으로 함께 살펴볼 예정입니다.

- work_func_t func

  func 필드는 워크 핸들러 함수의 주소를 저장합니다.

워크를 워크큐에 큐잉하면 커널 스레드인 워커 스레드에서 워크 핸들러를 호출합니다. 누군가 '워크큐 후반부 처리를 어디서 하나요?'라고 질문하면 **"워크 핸들러에서 후반부를 처리합니다"**라고 답할 수 있습니다.

그런데 여기서 한 가지 의문이 생깁니다. **워크 핸들러 함수는 언제 실행할까요?**

워크를 워크큐에 큐잉하고 나서 워커 스레드가 실행되면서 워크 핸들러 함수를 호출합니다. 워크란 work_struct라는 구조체로 표현할 수 있고 후반부의 코드는 워크 핸들러가 실행될 때 처리된다는 점을 기억합시다.

이어지는 절에서는 워크를 초기화하는 방법을 알아보겠습니다. 워크를 워크큐에 큐잉하기 전에 거쳐야 하는 단계입니다.

7.3.2 워크는 어떻게 초기화할까?

워크를 실행하기 위해서는 먼저 '워크를 초기화'해야 합니다. 보통 워크는 드라이버를 설정하는 부팅 과정에서 초기화를 수행하며, 이를 위해 두 가지 방법을 사용해야 합니다.

- INIT_WORK()
- DECLARE_WORK()

INIT_WORK() 매크로는 커널이 INIT_WORK() 함수를 실행할 때 워크를 초기화합니다. 대신 DECLARE_WORK() 매크로는 커널 컴파일이 될 때 '워크 세부 정보가 포함된' 전역변수를 생성합니다.

먼저 두 매크로를 사용해서 워크를 초기화하는 예제 코드를 확인하겠습니다.

첫 번째로 INIT_WORK() 매크로로 워크를 초기화하는 방법입니다. 다음 4번째 줄을 보겠습니다.

https://github.com/raspberrypi/linux/blob/rpi-4.19.y/drivers/tty/tty_buffer.c

```
01 void tty_buffer_init(struct tty_port *port)
02 {
03     struct tty_bufhead *buf = &port->buf;
..
04     INIT_WORK(&buf->work, flush_to_ldisc);
```

```
05    buf->mem_limit = TTYB_DEFAULT_MEM_LIMIT;
06 }
```

&buf->work 필드의 구조체는 work_struct이고 flush_to_ldisc() 함수는 워크가 실행될 때 호출되는 핸들러입니다.

두 번째로 DECLARE_WORK() 매크로로 워크를 초기화하는 기법을 알아봅시다.

```
static DECLARE_WORK(console_work, console_callback);
```

위 코드를 보면 전역변수를 선언하듯이 DECLARE_WORK() 매크로 함수를 써서 워크를 초기화합니다. 여기서 console_work는 work_struct 구조체 타입인 전역변수이고 console_callback() 함수는 워크 핸들러 함수입니다.

INIT_WORK() 함수와 DECLEAR_WORK() 함수로 워크를 초기화하는 코드를 알아봤으니 각각 코드의 구현부를 알아볼 차례입니다.

INIT_WORK() 매크로 함수로 워크를 초기화하는 방법

우선 INIT_WORK() 매크로 함수의 구현부 코드를 펼쳐서 보겠습니다.

https://github.com/raspberrypi/linux/blob/rpi-4.19.y/include/linux/workqueue.h

```
01 #define INIT_WORK(_work, _func)                                \
02     __INIT_WORK((_work), (_func), 0)
03
04 #define __INIT_WORK(_work, _func, _onstack)                    \
05     do {                                                       \
06             __init_work((_work), _onstack);                    \
07             (_work)->data = (atomic_long_t) WORK_DATA_INIT();  \
08             INIT_LIST_HEAD(&(_work)->entry);                   \
09             (_work)->func = (_func);                           \
10     } while (0)
11
12 #define WORK_DATA_INIT() ATOMIC_LONG_INIT(WORK_STRUCT_NO_POOL)
```

 6번째 줄에서 호출하는 __init_work() 함수는 CONFIG_DEBUG_OBJECTS 커널 컨피그가 활성화돼 있어야 실행됩니다. 라즈베리 파이나 대부분의 리눅스 시스템에서는 기본적으로 CONFIG_DEBUG_OBJECTS 커널 컨피그가 비활성화돼 있습니다.

2번째 줄을 보면 INIT_WORK는 __INIT_WORK 매크로로 치환됩니다. 다음으로 7번째 줄을 보겠습니다. work_struct->data에 WORK_DATA_INIT() 함수의 반환값을 할당합니다.

WORK_DATA_INIT 매크로를 확인하면 다음 코드와 같이 WORK_STRUCT_NO_POOL 플래그로 치환된다는 사실을 알 수 있습니다.

https://github.com/raspberrypi/linux/blob/rpi-4.19.y/include/linux/workqueue.h

```
#define WORK_DATA_INIT() ATOMIC_LONG_INIT(WORK_STRUCT_NO_POOL)
```

WORK_STRUCT_NO_POOL을 알아야 WORK_DATA_INIT을 알 수 있습니다.

그런데 WORK_STRUCT_NO_POOL이 0xFFFF_FFE0이니 work_struct->data에는 0xFFFF_FFE0을 저장합니다.

 WORK_STRUCT_NO_POOL 연산 과정은 다음 페이지에서 확인할 수 있습니다.

다음으로 8번째 줄을 분석하겠습니다.

```
08    INIT_LIST_HEAD(&(_work)->entry);        \
09    (_work)->func = (_func);                \
```

8번째 줄에서는 struct list_head 타입인 work_struct 구조체의 entry 필드인 연결 리스트를 초기화합니다.

9번째 줄에서는 work_struct 구조체의 func 필드에 워크 핸들러 함수의 주소를 지정합니다. 워커 스레드가 process_one_work() 함수에서 워크를 실행할 때 이 work_struct 구조체의 func 필드에 접근해 워크 핸들러 함수를 호출합니다.

이번에는 INIT_WORK() 함수를 써서 워크를 초기화하는 예제 코드를 보겠습니다.

https://github.com/raspberrypi/linux/blob/rpi-4.19.y/drivers/tty/tty_buffer.c

```
01 void tty_buffer_init(struct tty_port *port)
02 {
03    struct tty_bufhead *buf = &port->buf;
..
04    INIT_WORK(&buf->work, flush_to_ldisc);
```

위 함수에서 4번째 줄이 실행되고 나서 각 필드들이 어떤 값으로 바뀌는지 알아봅시다. 다음은 TRACE32로 확인한 work_struct 구조체의 필드 정보입니다.

```
01  (struct work_struct *) (struct work_struct*)0xb62d3604 = 0xB62D3604
02    (atomic_long_t) data = ((int) counter = 0xFFFFFFE0), // WORK_STRUCT_NO_POOL
03    (struct list_head) entry = ((struct list_head *)
04    (work_func_t) func = 0x804FDCA8 = flush_to_ldisc)
```

02번째 줄을 보면 work_struct 구조체의 data 필드가 0xFFFF_FFE0입니다. 다음으로 04번째 줄에 있는 func 필드에는 flush_to_ldisc() 함수의 주소가 저장돼 있습니다.

이번에는 WORK_STRUCT_NO_POOL 플래그를 계산하는 과정을 소개합니다. 다음과 같은 순서로 enum 멤버들끼리 비트 시프트 같은 연산을 해보겠습니다.

1) WORK_STRUCT_NO_POOL 계산

WORK_STRUCT_NO_POOL 선언부와 연산 과정은 다음과 같습니다.

```
[선언부]
WORK_STRUCT_NO_POOL = (unsigned long)WORK_OFFQ_POOL_NONE << WORK_OFFQ_POOL_SHIFT,

[연산]
0x7FFF_FFFF << 5 = WORK_OFFQ_POOL_NONE << WORK_OFFQ_POOL_SHIFT
0xFFFF_FFE0
```

WORK_OFFQ_POOL_NONE은 0x7FFF_FFFF이고 WORK_OFFQ_POOL_SHIFT는 5입니다. 따라서 0x7FFF_FFFF를 5만큼 왼쪽으로 비트 시프트한 결과는 0xFFFF_FFE0입니다.

이어서 WORK_OFFQ_POOL_NONE과 WORK_OFFQ_POOL_SHIFT는 어떻게 계산했는지 알아봅시다.

2) WORK_OFFQ_POOL_NONE 계산

다음과 같은 연산을 통해 WORK_OFFQ_POOL_NONE은 0x7FFF_FFFF가 됩니다.

```
[선언부]
WORK_OFFQ_POOL_NONE = (1LU << WORK_OFFQ_POOL_BITS) - 1,

[연산]
(1 << 27) - 1
(0x8000_0000) - 1
0x7FFF_FFFF
```

WORK_OFFQ_POOL_BITS 값이 27이니 1을 왼쪽으로 27만큼 비트 시프트한 결과는 0x8000_0000입니다. 이 값에 1을 빼니 결과는 0x7FFF_FFFF입니다.

이어서 WORK_OFFQ_POOL_BITS 값을 어떻게 계산했는지 살펴봅시다.

3) WORK_OFFQ_POOL_BITS 계산

다음 코드와 같이 삼항 연산자로 WORK_OFFQ_LEFT가 27이니 WORK_OFFQ_POOL_BITS는 27이 됩니다.

```
WORK_OFFQ_POOL_BITS = WORK_OFFQ_LEFT <= 31 ? WORK_OFFQ_LEFT : 31,
27 = 27 <= 31 ? 27: 31


WORK_OFFQ_LEFT = BITS_PER_LONG - WORK_OFFQ_POOL_SHIFT,
27 = 32 - 5
```

여기서 BITS_PER_LONG은 32이고 WORK_OFFQ_POOL_SHIFT는 5입니다.

이번에는 WORK_OFFQ_POOL_SHIFT 값을 어떻게 계산했는지 알아볼 차례입니다. WORK_OFFQ_FLAG_BASE와 WORK_OFFQ_FLAG_BITS를 더하니 결과는 5입니다.

```
WORK_OFFQ_POOL_SHIFT = 4 + 1 = WORK_OFFQ_FLAG_BASE + WORK_OFFQ_FLAG_BITS,
```

WORK_STRUCT_NO_POOL 플래그를 계산하는 과정에서 읽은 매크로 플래그는 다음 헤더 파일에서 확인할 수 있습니다.

https://github.com/raspberrypi/linux/blob/rpi-4.19.y/include/linux/workqueue.h

```
enum {
    WORK_STRUCT_PENDING_BIT  = 0,
...
    WORK_STRUCT_COLOR_SHIFT = 4,
    WORK_OFFQ_FLAG_BITS = 1,
    WORK_OFFQ_FLAG_BASE = WORK_STRUCT_COLOR_SHIFT,
    WORK_OFFQ_POOL_SHIFT = WORK_OFFQ_FLAG_BASE + WORK_OFFQ_FLAG_BITS,
```

DECLARE_WORK() 매크로 함수로 워크를 초기화하는 방법

이어서 DECLARE_WORK() 매크로 함수를 써서 워크를 초기화하는 과정을 살펴보겠습니다. 먼저 DECLARE_WORK() 매크로와 이 매크로 내부에서 치환하는 코드를 함께 보겠습니다.

https://github.com/raspberrypi/linux/blob/rpi-4.19.y/include/linux/workqueue.h

```
01 #define DECLARE_WORK(n, f)                              \
02   struct work_struct n = __WORK_INITIALIZER(n, f)

03

04 #define __WORK_INITIALIZER(n, f) {                      \
05     .data = WORK_DATA_STATIC_INIT(),                    \
06     .entry   = { &(n).entry, &(n).entry },              \
07     .func = (f),                                        \
08     __WORK_INIT_LOCKDEP_MAP(#n, &(n))                   \
09   }

10

11 #define WORK_DATA_STATIC_INIT()                         \
    ATOMIC_LONG_INIT((unsigned long)(WORK_STRUCT_NO_POOL | WORK_STRUCT_STATIC))
```

2번째 줄을 보면 DECLARE_WORK는 'struct work_struct n = __WORK_INITIALIZER(n, f)' 코드로 치환됩니다. 다음으로 5번째 줄을 보겠습니다. WORK_DATA_STATIC_INIT()을 data 필드에 저장합니다. WORK_DATA_STATIC_INIT() 매크로 함수의 정체는 무엇일까요?

```
WORK_DATA_STATIC_INIT() = (WORK_STRUCT_NO_POOL | WORK_STRUCT_STATIC)
```

WORK_STRUCT_NO_POOL과 WORK_STRUCT_STATIC 플래그를 OR 연산한 것이 WORK_DATA_STATIC_INIT()인 것입니다. 여기서 WORK_STRUCT_STATIC이 0x0이고 WORK_STRUCT_NO_POOL이 0xFFFF_FFE0이니 WORK_DATA_STATIC_INIT()은 0xFFFF_FFE0이 됩니다.

이번에는 DECLARE_WORK() 매크로를 사용해 워크를 초기화하는 코드를 보겠습니다.

https://github.com/raspberrypi/linux/blob/rpi-4.19.y/drivers/tty/vt/vt.c

```
static DECLARE_WORK(console_work, console_callback);
```

위와 같이 매크로를 써서 워크를 선언하면 다음 코드와 같이 워크가 초기화됩니다.

```
struct work_struct console_work {
    .data  = 0xFFFF_FFE0
    .entry = 0x0
    .func  = console_callback,
```

이번 절에서는 워크를 초기화하는 코드를 분석해서 다음과 같은 내용을 알게 됐습니다.

- INIT_WORK( ) 혹은 DECLARE_WORK( ) 함수를 이용한 워크 초기화
- work_struct 구조체의 data 필드는 WORK_STRUCT_NO_POOL(0xFFFF_FFE0) 플래그를 저장하고 func 필드에는 워크 핸들러 함수의 주소를 저장

여기서 의문이 생깁니다. **워크를 초기화할 때 work_struct 구조체의 data 필드에 0xFFFF_FFE0을 왜 저장할까요? 이 값의 의미는 무엇일까요?**

워크큐는 work_struct 구조체의 data 필드에 저장된 값을 통해 워크의 예외 처리와 실행 흐름을 관리합니다. 0xFFFF_FFE0 값은 워크를 초기화하고 워크를 아직 실행하지 않은 상태라는 의미입니다.

다음은 워크를 실행하는 단계입니다.

1. 워크 초기화
2. 워크를 워크큐에 큐잉
3. 워커 스레드에서 워크를 실행

그런데 1단계인 '워크 초기화'를 진행한 후 2단계인 '워크를 워크큐에 큐잉'을 진행하지 않고 3단계와 같이 워크를 실행할 때가 있습니다. 이런 조건에서 커널은 어떻게 동작할까요? **바로 커널 패닉을 유발합니다.**

다음 메일링 리스트에서 언급된 내용을 보면서 이 내용을 조금 더 알아보겠습니다.

https://lists.gt.net/linux/kernel/2022989

```
crash> struct work_struct ed7cf150
struct work_struct {
data = {
    counter = 0xfffffffe0
},
entry = {
    next = 0xed7cf154,
    prev = 0xed7cf154
},
func = 0xc0140ac4 <async_run_entry_fn>
}

The value of data is 0xfffffffe0, which is basically the value after an INIT_WORK() or
```

```
WORK_DATA_INIT().
This can happen if a driver calls INIT_WORK on same struct work again after queuing it.
```

위 내용을 간단히 정리하면 다음과 같습니다.

- process_one_work() 함수에서 워크 핸들러인 async_run_entry_fn() 함수의 실행을 시도했다.

- work_struct 구조체의 data 필드가 0xffffffe0이다.

- 커널 패닉이 발생했다.

필자가 소개한 바와 같이 다음과 같은 워크 실행 단계에서 2단계를 건너뛰고 3단계가 실행된 것입니다.

1. 워크 초기화

2. 워크를 워크큐에 큐잉

3. 워커 스레드에서 워크를 실행

이처럼 work_struct 구조체의 data에 저장되는 값을 보고 워크 실행 상태를 식별합니다.

이번 절에서는 워크를 초기화하는 과정을 알아봤습니다. 이어지는 절부터 워크를 워크큐에 큐잉하면 어떤 동작을 하는지 살펴보겠습니다.

7.4 워크를 워크큐에 어떻게 큐잉할까?

인터럽트의 경우 request_irq() 함수를 호출해 인터럽트를 초기화하면 인터럽트 핸들러가 호출됩니다. 하지만 워크큐는 다릅니다. 워크는 초기화한 후 워크를 워크큐에 큐잉해야 워크를 실행할 수 있습니다.

이번 절에서는 워크를 워크큐에 큐잉할 때 동작 원리와 세부 구현 방식을 코드 분석으로 살펴보겠습니다. 다음은 이번 절에서 분석할 함수 목록입니다.

- schedule_work()

- queue_work_on()

- __queue_work()

- insert_work()

- wake_up_worker()

워크를 워크큐에 큐잉할 때 실행하는 커널 내부 함수를 분석하기 앞서 워크를 워크큐에 큐잉하는 예제
코드를 보겠습니다.

7.4.1 워크를 워크큐에 큐잉하는 예제 코드 살펴보기

워크를 워크큐에 큐잉하는 방법은 간단합니다.

struct work_struct 구조체 주소 인자와 함께 schedule_work() 함수를 호출하면 됩니다.

다음 워크를 워크큐에 큐잉하는 예제 코드를 보겠습니다.

https://github.com/raspberrypi/linux/blob/rpi-4.19.y/drivers/tty/vt/vt.c

```
01 static DECLARE_WORK(console_work, console_callback);
02
03 void schedule_console_callback(void)
04 {
05     schedule_work(&console_work);
06 }
```

05번째 줄과 같이 work_struct 구조체의 주소를 &console_work로 schedule_work() 함수에 전달하면 됩니
다.

7.4.2 워크큐 전체 흐름도에서 워크를 워크큐에 큐잉하는 과정

그림 7.5의 워크큐 전체 실행 흐름에서 워크를 워크큐에 큐잉하는 단계를 보겠습니다.

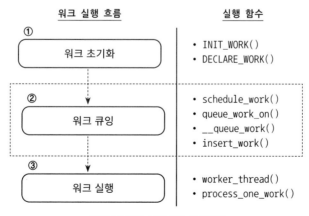

그림 7.5 워크 실행 흐름 중 2단계

워크의 실행 단계는 그림 7.5와 같이 3단계로 나눌 수 있는데 이번 절에서는 2단계를 살펴보겠습니다.

워크를 실행하려면 먼저 워크를 워크큐에 큐잉해야 하며, 이를 위해 schedule_work() 함수를 호출해야 합니다.

7.4.3 워크를 워크큐에 큐잉하는 인터페이스 함수 분석

커널은 디바이스 드라이버 레벨에서 워크를 워크큐에 큐잉할 수 있는 여러 가지 함수를 지원합니다. 이번 절에서는 워크를 워크큐에 큐잉할 때 사용하는 함수를 소개하고 코드를 분석합니다.

- schedule_work()
- queue_work()
- queue_work_on()

먼저 schedule_work() 함수를 분석해 봅시다.

schedule_work() 함수 분석

schedule_work() 함수의 구현부는 다음과 같습니다.

https://github.com/raspberrypi/linux/blob/rpi-4.19.y/include/linux/workqueue.h

```
01 static inline bool schedule_work(struct work_struct *work)
02 {
03    return queue_work(system_wq, work);
04 }
```

schedule_work() 함수는 인라인 타입으로 함수 구현부가 간단합니다.

queue_work() 함수를 호출하는데 system_wq 전역변수를 첫 번째 인자로 queue_work() 함수에 전달합니다. 이 코드를 토대로 "**schedule_work() 함수로 전달하는 워크는 시스템 워크큐에 큐잉된다**"는 사실을 알 수 있습니다.

시스템 워크큐는 system_wq 전역변수로 관리되며 선언부는 다음과 같습니다.

https://github.com/raspberrypi/linux/blob/rpi-4.19.y/kernel/workqueue.c

```
struct workqueue_struct *system_wq __read_mostly;
EXPORT_SYMBOL(system_wq);
```

이어서 queue_work() 함수를 보겠습니다.

https://github.com/raspberrypi/linux/blob/rpi-4.19.y/include/linux/workqueue.h

```
01 static inline bool queue_work(struct workqueue_struct *wq,
02              struct work_struct *work)
03 {
04    return queue_work_on(WORK_CPU_UNBOUND, wq, work);
05 }
```

4번째 줄을 보면 WORK_CPU_UNBOUND를 첫 번째 인자로 삼아 queue_work_on() 함수를 호출합니다.

정리하면 schedule_work() 함수로 전달하는 워크는 시스템 워크큐에 큐잉되며, 다음과 같은 흐름으로 queue_work_on() 함수를 호출한다는 사실을 알 수 있습니다.

- queue_work()
- queue_work_on()

queue_work_on() 함수 분석

이어서 queue_work_on() 함수를 분석해 봅시다.

https://github.com/raspberrypi/linux/blob/rpi-4.19.y/kernel/workqueue.c

```
01 bool queue_work_on(int cpu, struct workqueue_struct *wq,
02        struct work_struct *work)
03 {
04    bool ret = false;
05    unsigned long flags;
06
07    local_irq_save(flags);
08
09    if (!test_and_set_bit(WORK_STRUCT_PENDING_BIT, work_data_bits(work))) {
10       __queue_work(cpu, wq, work);
11       ret = true;
12    }
13
14    local_irq_restore(flags);
15    return ret;
16 }
```

먼저 7번째 줄을 보겠습니다.

```
07  local_irq_save(flags);
```

7~14번째 줄에서 워크를 큐잉하는 9~12번째 줄을 실행하는 도중에 해당 CPU라인 인터럽트를 비활성화합니다. 이 코드의 목적은 **"해당 코드를 실행하는 도중 인터럽트가 발생해서 임계 영역이 오염돼서 발생하는 동기화 문제를 방지"**하는 것입니다. 커널 코드는 언제든 인터럽트가 발생해서 실행 흐름이 멈출 수 있기 때문입니다.

이어서 9번째 줄을 보겠습니다.

```
09  if (!test_and_set_bit(WORK_STRUCT_PENDING_BIT, work_data_bits(work))) {
10      __queue_work(cpu, wq, work);
11      ret = true;
12  }
```

work_data_bits(work) 매크로 함수는 work_struct 구조체의 주소에서 data 필드를 읽습니다. 이 값이 WORK_STRUCT_PENDING_BIT(1)이면 9~12번째 줄을 실행하지 않고 바로 14번째 줄을 실행합니다.

test_and_set_bit()는 리눅스 커널에서 제공하는 함수로서 비트 단위 연산을 수행합니다. test_and_set_bit(A, B)와 같이 호출하면 A와 B라는 변수 비트를 AND 비트 연산한 다음, 결과가 1이면 1을 반환하고, 반대로 0이면 0을 반환합니다. 연산 결과에 상관없이 B에 A비트를 설정합니다.

이해를 돕기 위해 9~12째 줄을 쉽게 표현하면 다음과 같습니다.

```
01  if (work->data & WORK_STRUCT_PENDING_BIT ) {
02
03  } else
04      work->data |= WORK_STRUCT_PENDING_BIT;
05      __queue_work(cpu, wq, work);
06      ret = true;
07  }
```

work->data가 WORK_STRUCT_PENDING_BIT이면 if 문을 만족하니 2번째 줄로 이동합니다. 그런데 2번째 줄에는 코드가 없으니 아무 동작을 하지 않고 if 문을 빠져나옵니다. 대신 work->data가 WORK_STRUCT_PENDING_BIT가 아니면 else 문을 실행합니다.

그런데 if 문의 조건을 만족했을 때 아무 동작도 하지 않는 코드는 보기에 이상하니 if 문의 조건을 NOT(!) 연산으로 바꿔서 코드를 작성하면 다음과 같습니다.

```
if ( !(work->data & WORK_STRUCT_PENDING_BIT)) {
    work->data |= WORK_STRUCT_PENDING_BIT;
    __queue_work(cpu, wq, work);
    ret = true;
}
```

즉, work->data 필드가 WORK_STRUCT_PENDING_BIT 플래그가 아니면 work->data에 WORK_STRUCT_PENDING_BIT 를 저장하고 __queue_work() 함수를 호출하는 것입니다.

앞에서 test_and_set_bit() 함수를 좀 더 이해하기 쉬운 다른 코드로 바꿔서 설명했습니다. test_and_set_bit() 함수는 앞에서 바꾼 코드와 같이 work_struct 구조체의 data 필드가 WORK_STRUCT_PENDING_BIT 가 아니면 work_struct 구조체의 data 필드를 WORK_STRUCT_PENDING_BIT로 설정하고 0을 반환합니다.

반대로 work_struct 구조체의 data 필드가 WORK_STRUCT_PENDING_BIT 플래그면 data 필드를 WORK_STRUCT_PENDING_BIT 플래그로 설정한 후 1을 반환합니다.

여기서 한 가지 의문이 생깁니다. **work_struct 구조체의 data 필드가 WORK_STRUCT_PENDING_BIT인지 점검하는 이유는 무엇일까요?** 이는 work_struct 구조체의 data 필드에 워크 실행 상태가 저장돼 있기 때문입니다. queue_work_on() 함수를 호출해서 워크를 워크큐에 큐잉하기 직전에 이 필드는 WORK_STRUCT_PENDING_BIT 플래그로 바꿉니다.

만약 워크를 워크큐에 큐잉하기 직전에 이 필드가 WORK_STRUCT_PENDING_BIT로 설정돼 있다면 이를 어떻게 해석해야 할까요? **이미 워크를 워크큐에 큐잉한 상태로 볼 수 있습니다.** 이 조건에서는 워크를 워크큐에 큐잉하지 않습니다. 워크를 워크큐에 중복 큐잉할 때를 대비한 예외 처리 코드입니다.

 커널은 디바이스 드라이버에서 중복 코드를 실행할 경우를 대비해 이와 같은 예외 처리를 수행합니다.

7.4.4 __queue_work() 함수 분석

워크를 워크큐에 큐잉하는 핵심 동작은 __queue_work() 함수에서 수행합니다. 코드 분석을 통해 워크를 워크큐에 어떤 방식으로 큐잉하는지 살펴보겠습니다.

코드 분석에 앞서 __queue_work() 함수의 선언부와 인자를 점검합시다.

```
static void __queue_work(int cpu, struct workqueue_struct *wq,
          struct work_struct *work);
```

queue_work() 함수에서 첫 번째 인자로 WORK_CPU_UNBOUND, 두 번째 인자로 system_wq를 전달했으니 cpu는 WORK_CPU_UNBOUND, wq는 system_wq 시스템 워크큐 전역변수의 주소입니다. 함수 매개변수 목록을 정리하면 다음과 같습니다.

- int cpu: WORK_CPU_UNBOUND

- struct workqueue_struct *wq: system_wq

- struct work_struct *work: work_struct 구조체의 주소

함수의 매개변수를 살펴봤으니 __queue_work() 함수의 처리 흐름을 단계별로 알아봅시다.

- 1단계: 풀워크큐 가져오기

- 2단계: 워커 구조체 가져오기

- 3단계: ftrace 로그 출력하기

- 4단계: 워커 풀에 워크의 연결 리스트를 등록하고 워커 스레드 깨우기

함수 매개변수와 처리 단계를 알아봤으니 이제 소스코드를 분석할 차례입니다. __queue_work() 함수는 다음과 같습니다.

https://github.com/raspberrypi/linux/blob/rpi-4.19.y/kernel/workqueue.c

```
01 static void __queue_work(int cpu, struct workqueue_struct *wq,
02                  struct work_struct *work)
03 {
04     struct pool_workqueue *pwq;
05     struct worker_pool *last_pool;
06     struct list_head *worklist;
07     unsigned int work_flags;
08     unsigned int req_cpu = cpu;
...
09 retry:
10     if (req_cpu == WORK_CPU_UNBOUND)
11             cpu = wq_select_unbound_cpu(raw_smp_processor_id());
12
13     /* pwq which will be used unless @work is executing elsewhere */
```

```
14    if (!(wq->flags & WQ_UNBOUND))
15            pwq = per_cpu_ptr(wq->cpu_pwqs, cpu);
16    else
17            pwq = unbound_pwq_by_node(wq, cpu_to_node(cpu));
18
19    last_pool = get_work_pool(work);
20    if (last_pool && last_pool != pwq->pool) {
21            struct worker *worker;
22
23            spin_lock(&last_pool->lock);
24
25            worker = find_worker_executing_work(last_pool, work);
26
27            if (worker && worker->current_pwq->wq == wq) {
28                    pwq = worker->current_pwq;
29            } else {
30                    /* meh... not running there, queue here */
31                    spin_unlock(&last_pool->lock);
32                    spin_lock(&pwq->pool->lock);
33            }
34    } else {
35            spin_lock(&pwq->pool->lock);
36    }
...
37    /* pwq determined, queue */
38    trace_workqueue_queue_work(req_cpu, pwq, work);
...
39    if (likely(pwq->nr_active < pwq->max_active)) {
40            trace_workqueue_activate_work(work);
41            pwq->nr_active++;
42            worklist = &pwq->pool->worklist;
43            if (list_empty(worklist))
44                    pwq->pool->watchdog_ts = jiffies;
45    } else {
46            work_flags |= WORK_STRUCT_DELAYED;
47            worklist = &pwq->delayed_works;
48    }
49
50    insert_work(pwq, work, worklist, work_flags);
```

1단계: 풀워크큐 가져오기

09번째 줄부터 봅시다.

```
09 retry:
10     if (req_cpu == WORK_CPU_UNBOUND)
11         cpu = wq_select_unbound_cpu(raw_smp_processor_id());
```

req_cp 지역변수는 이 함수에 전달되는 cpu를 그대로 저장했으니 WORK_CPU_UNBOUND입니다.

```
08     unsigned int req_cpu = cpu;
```

따라서 11번째 줄을 바로 실행합니다.

11번째 줄은 raw_smp_processor_id() 함수로 현재 실행 중인 CPU 번호를 알아낸 후 wq_select_unbound_cpu() 함수에 인자를 전달합니다. wq_select_unbound_cpu() 함수는 **이진수로 1111인 wq_unbound_cpumask 비트 마스크용 변수와 AND 비트 연산으로 CPU 번호를 얻어오는 역할을 합니다.**

2단계: 워커 구조체 가져오기

이번에는 14번째 줄을 보겠습니다.

```
14     if (!(wq->flags & WQ_UNBOUND))
15         pwq = per_cpu_ptr(wq->cpu_pwqs, cpu);
16     else
17         pwq = unbound_pwq_by_node(wq, cpu_to_node(cpu));
```

대부분 워크큐는 상태 정보를 저장하는 플래그인 wq->flags가 0이므로 일반적인 상황에서 15번째 줄을 실행합니다. workqueue_struct 구조체에서 percpu 타입의 필드인 cpu_pwqs에 접근해서 CPU 주소를 읽어 옵니다.

다음으로 5번째 줄의 workqueue_struct 구조체의 cpu_pwqs 필드 선언부를 보면 __percpu 키워드를 볼 수 있습니다.

https://github.com/raspberrypi/linux/blob/rpi-4.19.y/kernel/workqueue.c

```
01 struct workqueue_struct {
02     struct list_head    pwqs;    /* WR: all pwqs of this wq */
03     struct list_head    list;    /* PR: list of all workqueues */
```

```
...
04    unsigned int          flags ____cacheline_aligned; /* WQ: WQ_* flags */
05    struct pool_workqueue __percpu *cpu_pwqs; /* I: per-cpu pwqs */
```

percpu 타입의 변수인 wq->cpu_pwqs 필드는 다음 코드가 실행될 때 접근합니다.

```
15    pwq = per_cpu_ptr(wq->cpu_pwqs, cpu);
```

15번째 줄을 실행하면 처리되는 자료구조를 그림으로 표현하면 다음과 같습니다.

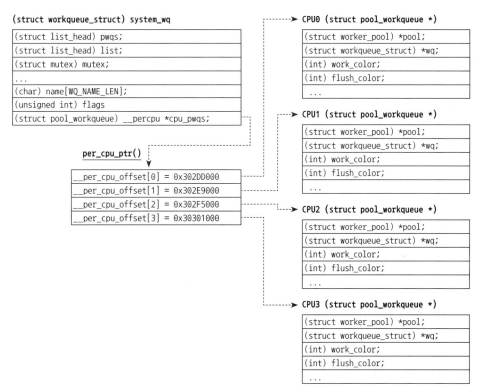

그림 7.6 풀워크큐의 percpu 자료구조

위 그림과 같이 system_wq->cpu_pwqs 필드에 저장된 주소에 현재 실행 중인 CPU 번호를 기준으로 __per_cpu_offset[cpu번호] 배열에 있는 주소를 더합니다. percpu 타입의 변수는 CPU별로 주소 공간이 있는 것입니다. 라즈베리 파이는 코어의 개수가 4개이니 4개의 percpu 메모리 공간을 할당받습니다.

이번에는 19번째 줄을 보겠습니다.

```
19    last_pool = get_work_pool(work);
```

work_struct 구조체인 work 변수로 get_work_pool() 함수를 호출합니다. 이후 worker_pool 구조체의 주소를 last_pool 지역변수로 읽습니다. get_work_pool() 함수는 조금 후 분석할 예정입니다.

자료구조를 변경하는 코드만 읽으면 바로 이해하기가 쉽지 않습니다. 다음 그림을 보면서 자료구조가 어떻게 바뀌는지 알아봅시다.

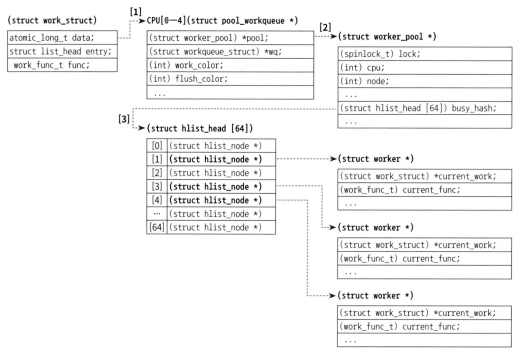

그림 7.7 워커 풀에서의 워커 검색 흐름

워크를 실행한 적이 있으면 work_struct 구조체의 data 필드는 풀워크 주소를 저장하고 있습니다. get_work_pool() 함수는 그림 7.7에서 [1],[2]로 표시된 부분과 같이 워커 풀 주소를 가져옵니다.

이어서 20번째 줄을 분석하겠습니다.

```
19    last_pool = get_work_pool(work);
20    if (last_pool && last_pool != pwq->pool) {
```

```
21              struct worker *worker;
22
23              spin_lock(&last_pool->lock);
24
25              worker = find_worker_executing_work(last_pool, work);
26
27              if (worker && worker->current_pwq->wq == wq) {
28                      pwq = worker->current_pwq;
29              } else {
30                      /* meh... not running there, queue here */
31                      spin_unlock(&last_pool->lock);
32                      spin_lock(&pwq->pool->lock);
33              }
34      } else {
35              spin_lock(&pwq->pool->lock);
36      }
```

20번째 줄부터 시작하는 조건문은 **큐잉하는 워크를 이미 워커 풀에서 실행한 적이 있는지 검사합니다.**

워크를 처음 실행하면 work_struct 구조체의 data 필드에 풀워크 주소를 저장합니다. data 필드에 접근하면 워커 풀 주소에 접근할 수 있습니다. 이미 워크를 처리한 풀워크가 있으면 이를 통해 워커 풀을 재사용하려는 의도입니다.

다음으로 25번째 줄을 보겠습니다.

```
25              worker = find_worker_executing_work(last_pool, work);
26
27              if (worker && worker->current_pwq->wq == wq) {
28                      pwq = worker->current_pwq;
```

find_worker_executing_work() 함수를 호출해서 워크를 실행한 워커 스레드 구조체의 주소를 worker 지역변수에 저장합니다. 워커 스레드 구조체인 worker->current_pwq->wq에 저장된 워크큐 주소와 지금 큐잉하는 워크에 대응하는 워크큐와 같으면 pool_workqueue 구조체의 주소를 가져옵니다. 그림 7.3에서 [3]에 대응하는 동작입니다.

워크를 여러 개의 워커 스레드에서 처리하지 못하게 제약 조건을 둔 것입니다. get_work_pool() 함수와 find_worker_executing_work() 함수는 다음 절에서 분석할 예정입니다.

3단계: ftrace 로그 출력

이제 3단계 처리 과정을 진행하는 코드를 분석하겠습니다.

```
38      trace_workqueue_queue_work(req_cpu, pwq, work);
```

38번째 줄은 ftrace로 workqueue_queue_work 워크큐 이벤트를 활성화하면 실행되어 다음과 같은 ftrace
로그를 출력합니다.

```
make-13395 [000] d.s.   589.830896: workqueue_queue_work: work struct=b9c1aa30 function=mmc_rescan
workqueue=b9c06700 req_cpu=4 cpu=0
make-13395 [000] d.s.   589.830897: workqueue_activate_work: work struct b9c1aa30
```

위 로그는 워크를 워크큐에 큐잉했다고 해석할 수 있습니다. work_struct 구조체의 주소는 b9c1aa30이
고 워크 핸들러 함수는 mmc_rescan()입니다.

schedule_work() 함수를 호출하면 워크를 보통 워크큐에 큐잉했다고 짐작합니다. 하지만 위 ftrace 로
그에서 workqueue_queue_work와 workqueue_activate_work 메시지를 확인하기 전까지 제대로 동작할 것이
라 확신해서는 안 됩니다. 워크를 워크큐에 큐잉하는 schedule_work() 함수를 호출해도 특정 상황에서
워크가 워크큐에 제대로 큐잉하지 못할 수도 있기 때문입니다. 그래서 새로운 워크를 선언한 다음, 워
크큐에 큐잉하는 코드를 작성했을 때 위와 같은 ftrace 메시지를 확인할 필요가 있습니다.

 실력 있는 개발자가 되려면 자신이 구현한 드라이버 코드가 제대로 동작하는지 점검하는 방법도 알고
있어야 합니다.

다음으로 39번째 줄을 분석하겠습니다.

```
39      if (likely(pwq->nr_active < pwq->max_active)) {
40              trace_workqueue_activate_work(work);
41              pwq->nr_active++;
42              worklist = &pwq->pool->worklist;
43              if (list_empty(worklist))
44                      pwq->pool->watchdog_ts = jiffies;
45      } else {
46              work_flags |= WORK_STRUCT_DELAYED;
47              worklist = &pwq->delayed_works;
48      }
```

먼저 if~else 문의 조건을 살펴봅시다.

39번째 줄은 if 조건문으로 현재 실행 중인 워커의 개수를 점검합니다. if 문의 결과에 따라 다음과 같이 처리합니다.

- 풀 워크큐에서 현재 실행 중인 워커의 개수가 255를 넘지 않으면 40~44번째 줄을 실행
- 반대의 경우 46~47번째 줄을 실행

여기서 pool_workqueue 구조체의 필드 중 nr_active는 풀 워크큐에서 현재 실행 중인 워커의 개수이고 max_active는 풀 워크큐에서 실행 가능한 최대 워커의 개수를 의미합니다. pwq_adjust_max_active() 함수가 실행될 때 pwq->max_active는 255개로 설정됩니다.

45~48번째 줄은 워크를 처리할 워커의 개수가 255개를 넘어섰을 때 동작합니다. 이때 pool_workqueue 구조체의 필드 중 delayed_works인 연결 리스트를 worklist 지역변수에 저장합니다. 여기서 보이는 delayed_works는 딜레이 워크(delayed_work 구조체)와 다른 개념입니다. 실행 중인 워커 개수가 많다는 것은 그만큼 처리해야 할 워크가 많다는 것을 의미합니다. 그래서 delayed_works라는 연결 리스트(list_head) 필드에 워크를 등록하고 적절한 시점 이후 이 워크를 처리합니다.

딜레이 워크(delayed_work)는 특정 시각 후 워크를 실행합니다. 위 코드의 delayed_works와 딜레이 워크는 헷갈릴 수 있으니 주의하시길 바랍니다.

정리하면, 특정 상황에서 커널 서브시스템이나 드라이버에서 워크를 아주 많이 생성해서 워크를 처리할 워커 개수가 255개를 넘어섰을 때를 제외하고 보통 40~44번째 줄을 실행합니다.

 if~else 문 아래의 49번째 줄 이후로는 40~44번 코드가 실행했다고 가정하고 분석하겠습니다.

if~else 문이 실행되는 조건을 점검했으니 40번째 줄부터 분석을 시작합니다.

40번째 줄은 ftrace에서 workqueue_activate_work 이벤트를 활성화하면 다음과 같은 로그의 맨 마지막 부분 메시지를 출력합니다. 코드와 ftrace 로그를 함께 보겠습니다.

```
40        trace_workqueue_activate_work(work);
```

```
make-13395 [000] d.s.    589.830896: workqueue_queue_work: work struct=b9c1aa30 function=mmc_rescan
workqueue=b9c06700 req_cpu=4 cpu=0
make-13395 [000] d.s.    589.830897: workqueue_activate_work: work struct b9c1aa30
```

워크를 표현하는 work_struct 구조체의 자료구조 주소를 출력하는데, 보통 ftrace의 workqueue_queue_work 로그 이후에 출력합니다.

41번째 줄은 현재 실행 중인 워커 개수를 1만큼 증가시킵니다.

```
41    pwq->nr_active++;
```

4단계: 워커 풀에 워크의 연결 리스트를 등록하고 워커 스레드 깨우기

__queue_work() 함수에서 가장 중요한 코드입니다. 42번과 47번째 줄을 함께 보겠습니다.

```
42    worklist = &pwq->pool->worklist;
...
47    worklist = &pwq->delayed_works;
```

먼저 42번째 줄을 분석하겠습니다. pwq 변수는 pool_workqueue 구조체 타입이고 pool은 worker_pool 구조체 타입입니다. &pwq->pool로 worker_pool 구조체에 접근해서 worklist 필드를 worklist 지역변수에 저장합니다.

이번에는 47번째 줄을 보겠습니다. pool_workqueue 구조체인 pwq 변수로 delayed_works라는 필드의 주소를 worklist 지역변수로 저장합니다.

코드만 보면 자료구조가 어떻게 바뀌는지 이해하기 어렵습니다. 다음 그림을 보면서 워크를 큐잉할 때 자료구조가 어떻게 변경되는지 확인해 봅시다.

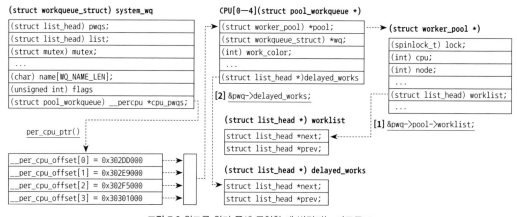

그림 7.8 워크를 워커 풀에 큐잉할 때 변경되는 자료구조

[1] &pwq->pool->worklist는 42번째 줄을, [2] &pwq->delayed_works는 47번째 줄을 의미합니다. 워크큐 자료구조를 변경하는 코드를 볼 때 이처럼 전체 자료구조의 흐름을 머릿속으로 그리면서 분석하면 이해하기가 더 쉽습니다.

이어서 50번째 줄을 보겠습니다.

```
50      insert_work(pwq, work, worklist, work_flags);
```

insert_work() 함수에 전달되는 주요 인자들을 살펴보고 insert_work() 함수의 분석을 시작하겠습니다. 먼저 pwq는 percpu 타입인 pool_workqueue 구조체의 주소를 담고 있고, work는 _queue_work() 함수로 워크큐에 큐잉될 워크입니다. worklist는 &pwq->pool->worklist 코드로 저장된 list_head 구조체인 연결 리스트입니다.

insert_work() 함수를 호출해서 &pwq->pool->worklist 연결 리스트에 워크의 연결 리스트(work_struct 구조체의 entry 필드)를 등록합니다.

다음으로 insert_work() 함수에서 wake_up_worker() 함수를 호출해서 워크를 실행할 워커 스레드를 깨웁니다.

여기까지 워크를 큐잉하는 흐름을 알아봤습니다. 다음 절에서는 __queue_work_on() 함수에서 호출하는 워크큐 함수를 분석합니다.

7.4.5 __queue_work() 함수에서 호출하는 워크큐 내부 함수 분석

이전 절에서 분석한 바와 같이 __queue_work() 함수에서는 워크큐 자료구조를 처리하는 커널 내부 함수를 호출합니다. 이번 시간에는 다음과 같은 함수를 분석하겠습니다.

- get_work_pool()
- insert_work()
- wake_up_worker()
- find_worker_executing_work()

get_work_pool() 함수 분석

get_work_pool() 함수는 워크 자료구조인 work_struct 구조체의 data 필드를 통해 워커 풀 주소를 반환합니다.

get_work_pool() 함수 코드를 보면서 세부 동작을 분석해 봅시다.

https://github.com/raspberrypi/linux/blob/rpi-4.19.y/kernel/workqueue.c

```
01 static struct worker_pool *get_work_pool(struct work_struct *work)
02 {
03     unsigned long data = atomic_long_read(&work->data);
04     int pool_id;
05
06     assert_rcu_or_pool_mutex();
07
08     if (data & WORK_STRUCT_PWQ)
09         return ((struct pool_workqueue *)
10             (data & WORK_STRUCT_WQ_DATA_MASK))->pool;
11
12     pool_id = data >> WORK_OFFQ_POOL_SHIFT;
13     if (pool_id == WORK_OFFQ_POOL_NONE)
14         return NULL;
15
16     return idr_find(&worker_pool_idr, pool_id);
17 }
```

먼저 3번째 줄을 보겠습니다.

```
03     unsigned long data = atomic_long_read(&work->data);
```

data 지역변수에 work_struct 구조체의 data 필드를 저장합니다.

다음은 8~10번째 줄입니다.

```
08     if (data & WORK_STRUCT_PWQ)
09         return ((struct pool_workqueue *)
10             (data & WORK_STRUCT_WQ_DATA_MASK))->pool;
```

data 지역변수와 WORK_STRUCT_PWQ(4)와 AND 비트 연산 결과가 true이면 9~10번째 줄을 실행합니다. data 변수와 WORK_STRUCT_WQ_DATA_MASK(0xFFFF_FF00)와 AND 비트 연산한 결과를 pool_workqueue 구조체로 캐스팅한 다음 pool_workqueue 구조체의 필드인 pool을 반환합니다.

다음은 라즈베리 파이에서 워크 핸들러인 `flush_to_ldisc()` 함수를 TRACE32로 확인한 내용입니다. 여기서 `flush_to_ldisc()` 함수는 터미널(TTY: TeleTYpewriter) 입력을 처리하는 워크의 워크 핸들러입니다.

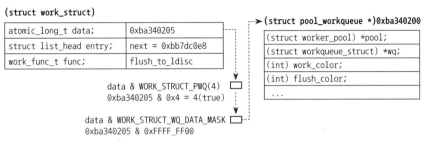

그림 7.9 work_struct 구조체의 data 필드의 변환 과정

work_struct 구조체의 data는 0xba340205입니다. 마지막 바이트가 5이니 WORK_STRUCT_PWQ(4)와 AND 비트 연산한 결과는 4(true)입니다. 또한 0xba340205 값과 WORK_STRUCT_WQ_DATA를 AND 비트 연산하면 pool_workqueue 구조체의 주소에 접근할 수 있습니다.

이번에는 12번째 줄을 보겠습니다.

```
12    pool_id = data >> WORK_OFFQ_POOL_SHIFT;
13    if (pool_id == WORK_OFFQ_POOL_NONE)
14          return NULL;
```

work_data 구조체의 data 필드를 WORK_OFFQ_POOL_SHIFT(5)만큼 오른쪽으로 시프트한 결과를 pool_id에 저장합니다.

마지막으로 16번째 줄을 보겠습니다.

```
16    return idr_find(&worker_pool_idr, pool_id);
```

pool_id 아이디로 워커 풀의 주소를 읽어서 반환하는 구문입니다. worker_pool_idr에 각 노드별 워커 풀이 등록됐음을 참고합니다.

insert_work() 함수 분석

이번에는 워크를 워크큐에 큐잉하는 `insert_work()` 함수를 분석하겠습니다.

```
01 static void insert_work(struct pool_workqueue *pwq, struct work_struct *work,
02                     struct list_head *head, unsigned int extra_flags)
03 {
04     struct worker_pool *pool = pwq->pool;
05
06     set_work_pwq(work, pwq, extra_flags);
07     list_add_tail(&work->entry, head);
08     get_pwq(pwq);
09
10     smp_mb();
11
12     if (__need_more_worker(pool))
13         wake_up_worker(pool);
14 }
```

insert_work() 함수의 핵심 동작은 다음과 같습니다.

- 워커 풀의 worklist 연결 리스트에 워크를 나타내는 work_struct 구조체의 entry 필드를 저장
- 워커 스레드를 깨움

먼저 7번째 줄을 보겠습니다.

```
07     list_add_tail(&work->entry, head);
```

워크를 나타내는 work_struct 구조체의 entry를 워커 풀의 worklist라는 연결 리스트에 추가합니다.

다음으로 13번째 줄을 보겠습니다.

```
13         wake_up_worker(pool);
```

wake_up_worker() 함수를 호출해 워크를 실행하는 워커 스레드를 깨웁니다.

wake_up_worker() 함수 분석

wake_up_worker() 함수는 워크를 실행하는 워커 스레드를 깨우는 역할을 수행합니다. wake_up_worker() 함수의 구현부는 다음과 같습니다.

https://github.com/raspberrypi/linux/blob/rpi-4.19.y/kernel/workqueue.c

```
01 static void wake_up_worker(struct worker_pool *pool)
02 {
03     struct worker *worker = first_idle_worker(pool);
04
05     if (likely(worker))
06             wake_up_process(worker->task);
07 }
```

먼저 3번째 줄을 보겠습니다.

```
03     struct worker *worker = first_idle_worker(pool);
```

first_idle_worker() 함수를 호출해서 워커 풀에 등록된 아이들 워커(Idle Worker)를 가져옵니다.

다음은 5~6번째 줄을 보겠습니다.

```
05     if (likely(worker))
06             wake_up_process(worker->task);
```

워커 풀에서 아이들 워크를 읽어서 해당 워커 스레드를 깨웁니다. worker 구조체의 task 필드에는 태스크 디스크립터가 저장돼 있습니다. wake_up_worker()는 워커 스레드를 깨우는 중요한 함수입니다. 이 함수를 호출하면 워커 스레드가 깨어나 동작을 실행합니다.

find_worker_executing_work() 함수 분석

find_worker_executing_work() 함수는 기존에 실행된 워커의 주소를 반환하는 기능을 수행합니다. find_worker_executing_work() 함수를 분석하겠습니다.

https://github.com/raspberrypi/linux/blob/rpi-4.19.y/kernel/workqueue.c

```
01 static struct worker *find_worker_executing_work(struct worker_pool *pool,
02                                    struct work_struct *work)
03 {
04     struct worker *worker;
05
06     hash_for_each_possible(pool->busy_hash, worker, hentry,
07                     (unsigned long)work)
08         if (worker->current_work == work &&
```

```
09                     worker->current_func == work->func)
10                         return worker;
11
12      return NULL;
13 }
```

find_worker_executing_work() 함수는 두 번째 인자로 전달되는, 실행 중인 워크를 나타내는 work에 해당하는 워커를 찾아서 반환합니다. 이 함수의 반환 타입은 워커를 표현하는 자료구조인 worker 구조체입니다.

먼저 6번째 줄을 분석하겠습니다. worker_pool 구조체의 busy_hash 필드에는 실행 중인 워커가 등록돼 있습니다. busy_hash는 원소가 64개인 배열로 구성돼 있는데 이 자료구조는 다음 그림으로 설명할 수 있습니다.

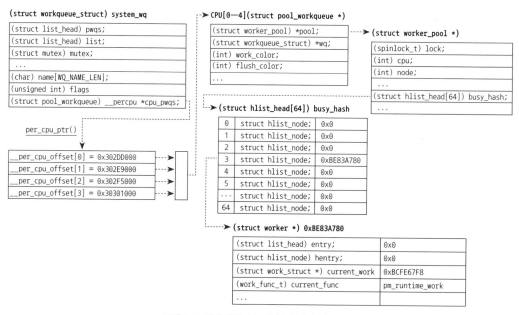

그림 7.10 워커 풀에 등록된 워커 관련 자료구조

그림 7.10에서 워크큐를 나타내는 전체 자료구조에서 워커 풀이 있는지 머릿속으로 그리면서 분석할 필요가 있습니다.

worker_pool 구조체의 필드 중 busy_hash는 원소가 64개인 배열입니다. 6~7번째 줄은 이 bush_hash 해시 테이블을 순회하면서 NULL이 아닌 주소를 읽습니다. 그런데 busy_hash 해시 테이블에는 최근에 실행한 워커의 주소가 저장돼 있습니다.

그림 7.10을 보면 3번째 인덱스 해시 리스트 테이블에 워커의 주소가 등록돼 있습니다. 현재 처리 중인 work_struct 구조체의 주소가 0xBCFE67F8이고 워크 핸들러가 pm_runtime_work() 함수인 경우 busy_hash[3] 배열에 있는 워커의 주소를 읽습니다.

8~10번째 줄에서는 find_worker_executing_work() 함수에 전달하는 워크와 워크 핸들러를 워커 필드인 worker->current_work와 worker->current_func를 비교합니다.

```
08          if (worker->current_work == work &&
09              worker->current_func == work->func)
10                  return worker;
```

비교해서 같으면 worker 구조체의 주소가 담긴 worker를 반환합니다. 이미 워크를 실행한 워커가 있으면 해당 워커를 반환하는 동작입니다.

이렇게 해서 다음과 같은 워크큐의 핵심 커널 함수의 코드를 분석했습니다.

- get_work_pool()
- insert_work()
- wake_up_worker()
- find_worker_executing_work()

위 함수들은 커널 내부에서 워크큐를 관리할 때 사용합니다. 조금 더 워크큐를 깊이 알고 싶은 분은 이번 절에서 설명한 함수의 의미를 잘 기억해둡시다. 다음 절에서는 워크를 누가 언제 실행하는지 살펴보겠습니다.

7.5 워크는 누가 언제 실행하나?

워크큐의 핵심 동작은 '워크를 실행'하는 것입니다. 이어서 워크를 실행하는 세부 동작을 소스코드 분석을 통해 알아보겠습니다. 이번 절에서는 다음 그림과 같은 워크의 전체 흐름에서 워크를 실행하는 부분을 다룹니다.

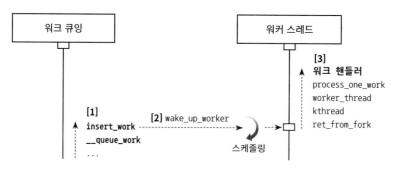

그림 7.11 워크의 동작 흐름

지금까지 다룬 '워크를 워크큐에 큐잉하는 과정'을 복습하면서 워크의 실행 단계를 확인합시다.

- 1단계: 워크 큐잉

  워크를 워크큐에 큐잉합니다.

- 2단계: 워커 스레드를 깨움

  wake_up_worker() 함수를 호출해서 워커 스레드를 깨웁니다. 커널 스케줄러에게 워커 스레드를 깨워달라는 요청을 하면 스케줄러는 우선순위를 고려해 워커 스레드를 실행합니다.

- 3단계: 워커 스레드가 워크를 실행

  스케줄링 정책에 따라 워커 스레드가 실행할 순서가 되면 커널 스케줄러는 워커 스레드를 실행합니다. 커널 스레드가 깨어나면 스레드 핸들러 함수가 호출되듯 워커 스레드 핸들러 함수인 worker_thread() 함수가 실행되는 것입니다. 이 함수에서 process_one_work() 함수를 호출해서 워크 핸들러를 호출합니다.

이번 절에서 살펴볼 부분은 3단계인 '워커 스레드가 워크를 실행'하는 동작입니다.

먼저 워크를 누가 언제 실행하는지 질문/답변 형식으로 정리해보겠습니다.

Q) 워크는 누가 실행할까?

A) 워커 스레드입니다. 워크를 워크큐에 큐잉하면 워커 스레드를 깨웁니다.

Q) 워커 스레드가 무슨 일을 하는지 확인하려면 어떤 코드를 봐야 할까?

A) 워커 스레드의 스레드 핸들러인 worker_thread() 함수입니다. 워커 스레드는 커널 스레드 중 하나입니다. 커널 스레드가 무슨 일을 하는지 보려면 스레드 핸들러 함수를 봐야 합니다. 워커 스레드의 스레드 핸들러는 worker_thread() 함수이니 이 함수의 구현부를 봐야 하는 것입니다.

이번 절에서는 다음 함수를 차례로 분석하면서 워크를 어떻게 실행하는지 알아보겠습니다.

- worker_thread()

- process_one_work()

7.5.1 워크 실행의 출발점인 worker_thread() 함수 분석

워커 스레드가 깨어나면 스레드 핸들러인 worker_thread() 함수가 실행됩니다. worker_thread() 함수는
워커 스레드를 종료하거나 생성하는 일도 하지만 **워크를 실행**하는 것과 같은 핵심 동작을 수행합니다.

이번 절에서는 worker_thread() 함수에서 워크를 실행하는 동작에 초점을 맞춰 분석하겠습니다.

 worker_thread() 함수의 세부 동작 방식은 워커 스레드를 설명하는 7.6.6절에서 상세히 다룹니다.

다음은 worker_thread() 함수에서 워크를 실행하는 코드입니다.

https://github.com/raspberrypi/linux/blob/rpi-4.19.y/kernel/workqueue.c

```
01 static int worker_thread(void *__worker)
02 {
03     struct worker *worker = __worker;
04     struct worker_pool *pool = worker->pool;
...
05     do {
06         struct work_struct *work =
07             list_first_entry(&pool->worklist,
08                     struct work_struct, entry);
09
10             pool->watchdog_ts = jiffies;
11
12
13             if (likely(!(*work_data_bits(work) & WORK_STRUCT_LINKED))) {
14                 /* optimization path, not strictly necessary */
15                 process_one_work(worker, work);
16                 if (unlikely(!list_empty(&worker->scheduled)))
17                     process_scheduled_works(worker);
18             } else {
19                 move_linked_works(work, &worker->scheduled, NULL);
```

```
20                      process_scheduled_works(worker);
21                      }
22              } while (keep_working(pool));
```

먼저 03번째 줄을 보겠습니다.

```
03      struct worker *worker = __worker;
```

워커 스레드 핸들러 함수의 매개변수인 __worker를 worker 구조체로 캐스팅해 worker에 저장합니다.

다음으로 04번째 줄을 보겠습니다.

```
04      struct worker_pool *pool = worker->pool;
```

워커의 자료구조인 worker 구조체의 pool 필드를 지역변수인 pool에 저장합니다. 구조체 필드의 이름과 지역변수의 이름이 같아서 코드를 읽다가 헷갈릴 수 있으니 주의합시다.

다음으로 05~22번째 줄은 do~while 문입니다. 먼저 do~while의 조건을 살펴보면 22번째 줄과 같이 keep_working() 함수가 true를 반환하면 do~while 문을 실행합니다.

keep_working() 함수는 이미 큐잉된 워크가 있으면 true, 아니면 false를 반환합니다. keep_working() 함수의 코드를 보겠습니다.

https://github.com/raspberrypi/linux/blob/rpi-4.19.y/kernel/workqueue.c

```
static bool keep_working(struct worker_pool *pool)
{
        return !list_empty(&pool->worklist) &&
                atomic_read(&pool->nr_running) <= 1;
}
```

위 코드에서 볼 수 있듯이 list_empty() 함수는 연결 리스트가 비어있는지 체크합니다. 만약 연결 리스트가 비어 있으면 true를 반환합니다. 위 코드에서 list_empty() 함수 앞에 ! 연산자가 있으니 연결 리스트가 비어 있지 않으면 true를 반환합니다.

정리하면 keep_working() 함수는 **이미 큐잉된 워크가 있으면 true를 반환하는 역할을 합니다.**

do~while 문의 실행 조건을 봤으니 do~while 문 내의 소스코드를 보겠습니다.

```
06      struct work_struct *work =
07        list_first_entry(&pool->worklist,
08            struct work_struct, entry);
```

06~08번째 줄은 워커 풀의 연결 리스트에서 워크 자료구조인 work_struct 구조체의 주소를 읽는 동작입니다. 워커 풀의 연결 리스트 필드인 worklist에 접근해 work_struct 구조체의 주소를 work에 저장합니다.

좀 더 이해하기 쉽도록 워크큐 관점에서 위 코드를 설명하면 **워커 풀에 큐잉된 워크의 연결 리스트를 가져와 워크 구조체를 알아내는 동작으로 해석할 수 있습니다.**

다음으로 10번째 줄을 보겠습니다.

```
10      pool->watchdog_ts = jiffies;
```

현재 시각 정보가 담긴 jiffies를 워커 풀의 watchdog_ts 필드에 저장합니다. 워크가 가장 최근에 실행된 시간 정보를 watchdog_ts 필드에 저장하기 위한 목적입니다.

 watchdog_ts 필드는 워크가 제대로 실행됐는지 점검하기 위해 사용합니다. CONFIG_WQ_WATCHDOG 컨피그가 활성화돼 있으면 watchdog_ts 필드에 저장된 마지막 시간 정보를 모니터링합니다. 만약 워크를 워크큐에 큐잉하고 난 후 30초 동안 워크가 실행되지 않으면 시스템에 문제가 있다고 보고 에러 로그를 출력합니다. 해당 코드는 wq_watchdog_timer_fn() 함수에 구현돼 있습니다.

다음은 worker_thread() 함수에서 가장 중요한 코드이니 눈여겨봅시다.

```
13              if (likely(!(*work_data_bits(work) & WORK_STRUCT_LINKED))) {
14                  /* optimization path, not strictly necessary */
15                  process_one_work(worker, work);
```

13번째 줄에서 보이는 조건문은 work_struct 구조체의 data 플래그가 WORK_STRUCT_LINKED가 아닌지 점검합니다. 일반적인 상황에서 data 플래그가 WORK_STRUCT_LINKED를 포함하지 않으니 15번째 줄을 실행합니다.

워크 실행의 관점에서 worker_thread() 함수의 코드를 분석한 내용을 정리하면 다음과 같습니다.

- 워커 풀에 워크가 큐잉됐는지 체크한다.
- 워커 풀에 큐잉된 워크의 연결 리스트를 가져와 워크 구조체를 알아낸다.
- `process_one_work()` 함수를 호출해 워크를 실행한다.

`worker_thread()` 함수는 워커 풀에 등록된 워크를 모두 로딩해 `process_one_work()` 함수를 호출합니다. 이어서 워크 핸들러를 실행하는 `process_one_work()` 함수를 분석하겠습니다.

7.5.2 process_one_work() 함수 분석

누군가 워크큐에서 가장 중요한 무엇인지 묻는다면 어떻게 대답을 하면 좋을까요? **필자는 `process_one_work()` 함수라고 대답할 것입니다.**

커널 내부의 모든 워크큐 함수들은 워크를 안정적으로 실행시키기 위해 존재하는데 그 핵심은 `process_one_work()` 함수입니다. 이번 시간에는 `process_one_work()` 함수의 코드를 분석해 보면서 워크를 어떻게 실행하는지 살펴보겠습니다.

먼저 `process_one_work()` 함수의 실행 동작 단계를 분류해 봅시다.

- 1단계: 전처리
    - 워크의 연결 리스트를 워커 풀 워크 리스트에서 해제
    - 워크 실행 상태를 바꿈
- 2단계: 워크 핸들러 실행
    - ftrace의 `workqueue_execute_start`와 `workqueue_execute_end` 이벤트의 메시지를 출력
    - 워크 핸들러를 호출

이제부터 `process_one_work()` 함수를 보면서 세부 동작 방식을 분석하겠습니다.

https://github.com/raspberrypi/linux/blob/rpi-4.19.y/kernel/workqueue.c

```
01 static void process_one_work(struct worker *worker, struct work_struct *work)
02 __releases(&pool->lock)
03 __acquires(&pool->lock)
04 {
05     struct pool_workqueue *pwq = get_work_pwq(work);
06     struct worker_pool *pool = worker->pool;
07     bool cpu_intensive = pwq->wq->flags & WQ_CPU_INTENSIVE;
```

```
08    int work_color;
09    struct worker *collision;
...
10    collision = find_worker_executing_work(pool, work);
11    if (unlikely(collision)) {
12            move_linked_works(work, &collision->scheduled, NULL);
13            return;
14    }
15
16    /* claim and dequeue */
17    debug_work_deactivate(work);
18    hash_add(pool->busy_hash, &worker->hentry, (unsigned long)work);
19    worker->current_work = work;
20    worker->current_func = work->func;
21    worker->current_pwq = pwq;
22    work_color = get_work_color(work);
...
23
24    list_del_init(&work->entry);
...
25    if (need_more_worker(pool))
26            wake_up_worker(pool);
...
27    set_work_pool_and_clear_pending(work, pool->id);
...
28    trace_workqueue_execute_start(work);
29    worker->current_func(work);
30    trace_workqueue_execute_end(work);
...
31    if (unlikely(in_atomic() || lockdep_depth(current) > 0)) {
32            pr_err("BUG: workqueue leaked lock or atomic: %s/0x%08x/%d\n"
33                    "last function: %pf\n",
34                    current->comm, preempt_count(), task_pid_nr(current),
35                    worker->current_func);
36            debug_show_held_locks(current);
37            dump_stack();
38    }
```

`process_one_work()` 함수의 코드가 복잡해 보이지만 핵심 루틴은 다음 코드입니다.

```
28        trace_workqueue_execute_start(work);
29        worker->current_func(work);
30        trace_workqueue_execute_end(work);
```

바로 워크를 실행하는 동작입니다. 이제 각 실행 단계별로 세부적인 코드 분석을 시작합니다.

1단계: 워크 전처리

10~14번째 줄을 보겠습니다.

```
10        collision = find_worker_executing_work(pool, work);
11        if (unlikely(collision)) {
12                move_linked_works(work, &collision->scheduled, NULL);
13                return;
14        }
```

지금 실행하려는 워크를 다른 워커가 실행 중인지 점검하는 동작입니다. `find_worker_executing_work()` 함수를 호출해 워커 풀의 필드인 busy_hash를 순회하며 현재 처리하는 워크가 이미 다른 워커에서 등록 됐는지 점검합니다.

이 조건을 만족하면 12번째 줄과 같이 이미 같은 워크를 처리했던 워커 &collision->scheduled 필드에 워크를 이동시킵니다. 다음 13번째 줄과 같이 return 문을 실행해서 `process_one_work()` 함수를 종료합 니다. **이 같은 방식으로 하나의 워크를 여러 워커에서 실행하지 않도록 관리합니다.**

다음으로 18번째 줄을 보겠습니다.

```
18     hash_add(pool->busy_hash, &worker->hentry, (unsigned long)work);
```

pool->busy_hash 해시테이블에 &worker->hentry를 등록합니다. 최근 실행한 워커 스레드는 워커 풀의 bush_hash 필드에 등록됩니다. 이 워커 스레드를 표현하는 워커의 자료구조를 가져와 실행했던 워크 정 보를 읽습니다.

11~14번째 줄과 같이 워크의 실행 정보가 일치하면 해당 워커 자료구조를 반환합니다. 이것은 워커를 효율적으로 쓰기 위한 목적입니다.

&pool->busy_hash 해시 테이블은 find_worker_executing_work() 함수에서 접근합니다.

2단계: 워크 핸들러 실행

다음으로 19~21번째 줄을 분석하겠습니다.

```
19    worker->current_work = work;
20    worker->current_func = work->func;
21    worker->current_pwq = pwq;
```

19번째 줄에서 worker->current_work 필드에 work를 저장합니다. 다음 20번째 줄에서 worker->current_func 함수 포인터에 워크 핸들러 함수의 주소를 지정합니다. 21번째 줄을 보면 worker->current_pwq에 워커 풀의 주소를 저장합니다.

process_one_work() 함수에서 워크 핸들러는 worker->current_func 함수 포인터로 실행합니다. **이 코드를 실행하기 전에 워크 핸들러의 주소를 가리키는 work->func 포인터를 worker->current_func에 저장하는 것입니다.**

22번째 줄을 보겠습니다.

```
22    work_color = get_work_color(work);
```

get_work_color() 함수를 호출해서 work_struct->data 비트 중 color를 읽어 옵니다.

24번째 줄을 보겠습니다.

```
24    list_del_init(&work->entry);
```

&work->entry는 워커 풀의 work_list라는 연결 리스트에 등록돼 있습니다. **이 24번째 줄은 연결 리스트의 링크를 끊는 동작입니다.** 만약 코드가 실행되지 않으면 워커 풀에 해당 워크가 계속 남아 있어 다른 워커 스레드가 이 워크를 실행합니다.

이어서 25~26번째 줄을 보겠습니다.

```
25    if (need_more_worker(pool))
26        wake_up_worker(pool);
```

만약 워커 풀에 워커 스레드가 없는 경우 wake_up_worker() 함수를 호출해서 워커 스레드의 생성을 유도합니다.

다음으로 27번째 줄을 보겠습니다.

```
27    set_work_pool_and_clear_pending(work, pool->id);
```

work_struct 구조체의 data 필드에 워커 풀의 아이디를 설정하고 pending 비트를 클리어합니다.

다음 28~30번째 줄은 process_one_work() 함수에서 가장 중요한 코드입니다.

```
28    trace_workqueue_execute_start(work);
29    worker->current_func(work);
30    trace_workqueue_execute_end(work);
```

29번째 줄이 실행되면 **worker->current_func에 등록된 워크 핸들러 함수를 호출**하는 동작을 수행합니다.

29번째 줄 앞뒤로 trace_workqueue_execute_start()와 trace_workqueue_execute_end() 함수가 있습니다. 각 함수는 ftrace에서 workqueue_execute_start와 workqueue_execute_end 이벤트가 활성화돼 있으면 ftrace 로그를 출력합니다.

위 ftrace 이벤트를 활성화하고 라즈베리 파이에서 ftrace 로그를 받으면 다음과 같은 메시지를 확인할 수 있습니다.

```
kworker/0:3-66 [000] .... 169.351355: workqueue_execute_start: work struct b9c1aa30: function
mmc_rescan
kworker/0:3-66 [000] .... 169.351554: workqueue_execute_end: work struct b9c1aa30
```

위 로그로 mmc_rescan() 함수가 워크 핸들러로 실행된다는 정보와 함께 이 함수가 실행된 시점과 실행 시간을 알 수 있습니다. mmc_rescan() 워크 핸들러 함수를 실행하기 직전의 타임스탬프는 169.351355이고 실행이 끝난 타임스탬프는 169.351554이니 총 0.199(169.351554초 - 169.351355초) 밀리초 동안 실행됐음을 알 수 있습니다.

다음으로 31~38번째 줄을 보겠습니다.

```
31    if (unlikely(in_atomic() || lockdep_depth(current) > 0)) {
32        pr_err("BUG: workqueue leaked lock or atomic: %s/0x%08x/%d\n"
33            "     last function: %pf\n",
```

```
34                    current->comm, preempt_count(), task_pid_nr(current),
35                    worker->current_func);
36            debug_show_held_locks(current);
37            dump_stack();
38      }
```

예외 처리를 점검하는 코드입니다. 만약 현재 실행 중인 코드가 원자적 처리(Atomic Operation)나 Lock 값이 0보다 크면 경고 메시지를 출력합니다.

 원자적 처리의 대표적인 예가 인터럽트 컨텍스트입니다. 인터럽트 컨텍스트에서는 워커 스레드가 실행되면 안 됩니다. 이러한 예외 처리 코드를 보면 무심코 지나치지 말고 꼼꼼히 볼 필요가 있습니다.

process_one_work() 함수 분석으로 다음과 같은 사실을 알 수 있습니다.

- 워크를 실행한다는 것은 워크 핸들러를 호출하는 것입니다.
- 워크를 실행하기 직전에 워커 풀에서 워크의 연결 리스트를 해제합니다. 그래서 워크를 다시 실행하려면 워크를 워크큐에 큐잉해야 합니다. 이 동작은 동적 타이머와 비슷합니다.

여기까지 워크를 초기화하고 워크를 워크큐에 큐잉하고 나면 워크를 실행하는 코드 흐름까지 알아봤습니다. 이 동작을 설명하면서 워크를 실행하는 것은 워커 스레드라고 했습니다. 그럼 워커 스레드가 무엇인지 다음 절에서 알아보겠습니다.

7.6 워커 스레드란?

워커 스레드는 워크를 실행하는 커널 스레드입니다. 이번 절에서 다룰 내용은 다음과 같습니다.

- 워커 스레드 소개
- 워커 스레드 자료구조
- 워커 스레드를 생성하는 과정
- 워커 스레드를 실행하는 방법

7.6.1 워커와 워커 스레드

커널에서는 워크큐 관련 함수를 호출하고 워크큐 자료구조를 관리합니다. 이를 위해 생성된 프로세스가 워커 스레드이며, 워커라는 자료구조로 세부 동작을 관리합니다. 이번 절에서는 이러한 워커와 워커 스레드가 무엇인지 먼저 알아보겠습니다.

라즈베리 파이에서 워커 스레드 확인하기

워커 스레드는 모든 리눅스 시스템에서 백그라운드로 실행되는 프로세스입니다. 물론 라즈베리 파이에서도 워커 스레드를 볼 수 있습니다. 라즈베리 파이에서 터미널을 열고 'ps -ely | grep kworker' 명령어로 워커 스레드를 확인해 봅시다.

```
root@raspberrypi:/# ps -ely | grep kworker
01 S   UID   PID  PPID  C PRI  NI   RSS    SZ WCHAN  TTY        TIME CMD
02 I     0     4     2  0  60 -20     0     0 worker ?      00:00:00 kworker/0:0H
03 I     0    16     2  0  60 -20     0     0 worker ?      00:00:00 kworker/1:0H
...
04 I     0    29     2  0  80   0     0     0 worker ?      00:00:00 kworker/0:1
05 I     0    30     2  0  80   0     0     0 worker ?      00:00:00 kworker/1:1
```

맨 오른쪽 줄에 보이는 프로세스의 이름은 모두 "kworker/"로 시작하며, 이 같은 패턴의 프로세스를 워커 스레드라고 부릅니다.

워커 스레드의 전체 흐름

워커 스레드의 동작은 다음과 같이 4단계로 분류할 수 있습니다.

- 1단계: 워커 스레드 생성

  create_worker() 함수를 호출하면 워커 스레드를 생성할 수 있습니다.

- 2단계: 휴면 상태

  휴면 상태에서 다른 드라이버가 자신을 깨워주기를 기다립니다.

- 3단계: 실행

  워크를 워크큐에 큐잉한 후 워커 스레드가 깨어나면 스레드 핸들러인 worker_thread() 함수가 실행됩니다.

- 4단계: 소멸

  워커 스레드가 필요 없으면 소멸됩니다.

이 같은 단계 중에서 워커 스레드는 2번과 3번 단계를 자주 실행합니다.

7.6.2 worker 구조체

워커를 관리하고 저장하는 자료구조는 worker 구조체입니다. 이번 절에서는 worker 구조체의 세부 필드를 분석하겠습니다.

worker 구조체 분석

다음은 worker 구조체의 선언부입니다.

https://github.com/raspberrypi/linux/blob/rpi-4.19.y/kernel/workqueue_internal.h

```
01 struct worker {
02     union {
03             struct list_head        entry;
04             struct hlist_node       hentry;
05     };
06     struct work_struct      *current_work;
07     work_func_t             current_func;
08     struct pool_workqueue   *current_pwq;
09     bool                    desc_valid;
10     struct list_head        scheduled;
11
12     struct task_struct      *task;
13     struct worker_pool      *pool;
14
15     struct list_head        node;
16     unsigned long           last_active;
17     unsigned int            flags;
18     int                     id;
19
20     char                    desc[WORKER_DESC_LEN];
21
22     struct workqueue_struct *rescue_wq;
23 };
```

각 구조체의 세부 필드를 살펴봅시다.

- struct work_struct *current_work

  work_struct 구조체로 현재 실행하려는 워크를 저장하는 필드입니다.

- work_func_t current_func

  실행하려는 워크 핸들러의 주소를 저장하는 필드입니다.

그런데 워크 구조체와 워크 핸들러는 커널의 어느 코드에서 worker 구조체 필드에 저장될까요? 워크 구조체와 워크 핸들러는 다음 코드와 같이 process_one_work() 함수에서 앞의 current_work와 current_func 필드에 각각 저장됩니다.

https://github.com/raspberrypi/linux/blob/rpi-4.19.y/kernel/workqueue.c

```
static void process_one_work(struct worker *worker, struct work_struct *work)
{
...
    worker->current_work = work;
    worker->current_func = work->func;
    worker->current_pwq = pwq;
```

이어서 다른 필드를 분석하겠습니다.

- struct task_struct *task

  워커 스레드의 태스크 디스크립터 주소입니다.

- struct worker_pool *pool

  워커를 관리하는 워커 풀 주소를 저장하는 필드입니다.

- struct list_head node

  워커 풀에 등록된 연결 리스트입니다.

워커와 워커 스레드는 어떤 관계일까?

워커 스레드는 커널 스레드의 한 종류로서 워크를 실행하는 프로세스입니다. 워커 스레드의 스레드 핸들러 함수는 worker_thread()입니다.

 커널 스레드가 무슨 일을 하는지 알려면 해당 커널 스레드 핸들러 함수를 분석해야 합니다. 처음 커널 스레드를 분석할 때는 먼저 스레드 핸들러 함수를 분석해야 합니다. 이를 통해 스레드를 어떤 과정으로 실행 및 제어하는지 알 수 있습니다.

워커는 워커 스레드를 표현하는 자료구조이며, worker 구조체입니다.

워커 스레드를 생성하기 위해서는 우선 워커를 생성해야 합니다. 워커는 워커 스레드를 담은 그릇 (container)과 비슷한 역할을 수행합니다. 만약 "워커를 해제했다"라고 하면 "해당 워커 스레드를 해제했다"와 같은 뜻입니다.

워커 스레드 구조체인 worker 구조체의 주요 플래그를 살펴봤으니 워커 스레드를 누가 언제 생성하는지 살펴보겠습니다.

7.6.3 워커 스레드는 누가 언제 만들까?

이번 장의 앞부분에서 워크큐에 대해 다음과 같이 소개했습니다.

워크를 처리하는 워커 스레드를 미리 생성해 놓고 워크 실행 요청이 오면 해당 워커 스레드가 이를 처리한다.

이번 절에서는 워커 스레드의 핸들러인 워커를 언제 생성하는지 알아보겠습니다. 그렇다면 워커는 어느 함수를 실행할 때 생성될까요? **create_worker() 함수를 호출할 때 생성됩니다.**

워커를 생성하는 create_worker() 함수를 분석하기에 앞서 이 함수를 호출하는 경로를 알아보겠습니다. 다음은 create_worker() 함수를 호출하는 대표적인 함수 목록입니다.

- maybe_create_worker()
- get_unbound_pool()
- workqueue_prepare_cpu()

커널 내부에서 워크를 사용해 후반부 처리를 하므로 커널은 워커 스레드를 미리 생성해 놓습니다. 그런데 리눅스 시스템에서는 여러 드라이버에서 워크를 평소보다 아주 많이 큐잉할 수 있습니다. 이 같은 상황에서는 추가로 워크를 처리하기 위해 create_worker() 함수를 호출해 워커 스레드를 생성해야 합니다.

기본적으로 부팅 과정에서 워크큐 자료구조를 초기화할 때 워커 스레드를 생성합니다. 우선 이 코드부터 분석해 봅시다.

부팅 과정에서 워커 스레드를 생성하는 동작 살펴보기

워커 스레드는 부팅 과정에서 생성됩니다. 이 동작은 workqueue_init() 함수에서 확인할 수 있습니다.

https://github.com/raspberrypi/linux/blob/rpi-4.19.y/kernel/workqueue.c

```
01 int __init workqueue_init(void)
02 {
03     struct workqueue_struct *wq;
04     struct worker_pool *pool;
05     int cpu, bkt;
06
07     wq_numa_init();
08
09     mutex_lock(&wq_pool_mutex);
10
...
11     /* create the initial workers */
12     for_each_online_cpu(cpu) {
13         for_each_cpu_worker_pool(pool, cpu) {
14             pool->flags &= ~POOL_DISASSOCIATED;
15             BUG_ON(!create_worker(pool));
16         }
17     }
```

12~16번째 줄을 보겠습니다.

```
12     for_each_online_cpu(cpu) {
13         for_each_cpu_worker_pool(pool, cpu) {
14             pool->flags &= ~POOL_DISASSOCIATED;
15             BUG_ON(!create_worker(pool));
16         }
```

각 CPU별로 워커 풀에 접근해서 풀 노드 정보를 저장하는 코드입니다. 15번째 줄과 같이 각 워커 풀별로 create_worker() 함수를 호출해서 워커를 생성합니다.

7.6.4 워커 스레드를 생성하는 create_worker() 함수 분석

워커 스레드를 생성하려면 create_worker() 함수를 호출해야 합니다. 이제 create_worker() 함수를 분석하면서 워커 스레드를 생성하는 과정을 배워보겠습니다. 먼저 create_worker() 함수가 수행하는 주요 동작은 다음과 같습니다.

- 워커 풀의 아이디 읽어오기

- 워커 스레드의 이름을 지정해 워커 스레드 생성 요청

- 워커 풀에 워커 스레드를 등록

- 워커 정보를 갱신하고 생성된 워커 스레드를 깨우기

각 단계별 코드를 자세히 살펴보겠습니다. 먼저 다음은 create_worker() 함수의 구현부입니다.

https://github.com/raspberrypi/linux/blob/rpi-4.19.y/kernel/workqueue.c

```
01 static struct worker *create_worker(struct worker_pool *pool)
02 {
03     struct worker *worker = NULL;
04     int id = -1;
05     char id_buf[16];
06
07     id = ida_simple_get(&pool->worker_ida, 0, 0, GFP_KERNEL);
08     if (id < 0)
09             goto fail;
10
11     worker = alloc_worker(pool->node);
12     if (!worker)
13             goto fail;
14
15     worker->pool = pool;
16     worker->id = id;
17
18     if (pool->cpu >= 0)
19             snprintf(id_buf, sizeof(id_buf), "%d:%d%s", pool->cpu, id,
20                     pool->attrs->nice < 0  ? "H" : "");
21     else
22             snprintf(id_buf, sizeof(id_buf), "u%d:%d", pool->id, id);
23
24     worker->task = kthread_create_on_node(worker_thread, worker, pool->node,
25                                 "kworker/%s", id_buf);
26     if (IS_ERR(worker->task))
27             goto fail;
28
29     set_user_nice(worker->task, pool->attrs->nice);
```

```
30      kthread_bind_mask(worker->task, pool->attrs->cpumask);
31
32      /* successful, attach the worker to the pool */
33      worker_attach_to_pool(worker, pool);
34
35      /* start the newly created worker */
36      spin_lock_irq(&pool->lock);
37      worker->pool->nr_workers++;
38      worker_enter_idle(worker);
39      wake_up_process(worker->task);
40      spin_unlock_irq(&pool->lock);
41
42      return worker;
43
44 fail:
45      if (id >= 0)
46              ida_simple_remove(&pool->worker_ida, id);
47      kfree(worker);
48      return NULL;
49 }
```

코드가 복잡해 보이지만 create_worker() 함수의 핵심 코드는 18~25번째 줄입니다.

```
18      if (pool->cpu >= 0)
19              snprintf(id_buf, sizeof(id_buf), "%d:%d%s", pool->cpu, id,
20                      pool->attrs->nice < 0  ? "H" : "");
21      else
22              snprintf(id_buf, sizeof(id_buf), "u%d:%d", pool->id, id);
23
24      worker->task = kthread_create_on_node(worker_thread, worker, pool->node,
25                              "kworker/%s", id_buf);
```

18~25번째 줄에서는 워커 스레드의 이름을 지정한 후 프로세스 생성 요청을 합니다.

이제부터 각 단계별 소스코드를 분석하겠습니다.

워커 풀 아이디 읽어오기

7번째 줄을 보겠습니다.

```
07    id = ida_simple_get(&pool->worker_ida, 0, 0, GFP_KERNEL);
08    if (id < 0)
09          goto fail;
```

ida_simple_get() 함수를 호출해서 워커 풀 아이디를 가져옵니다. 이 아이디로 워커 풀을 관리합니다.

워커 스레드 이름을 지정해 워커 스레드 생성 요청하기

다음으로 18~25번째 줄을 분석하겠습니다.

```
18    if (pool->cpu >= 0)
19          snprintf(id_buf, sizeof(id_buf), "%d:%d%s", pool->cpu, id,
20                pool->attrs->nice < 0  ? "H" : "");
21    else
22          snprintf(id_buf, sizeof(id_buf), "u%d:%d", pool->id, id);
23
24    worker->task = kthread_create_on_node(worker_thread, worker, pool->node,
25                              "kworker/%s", id_buf);
```

18~22번째 줄에서는 **워커 스레드의 이름을 결정합니다.**

18번째 줄에서는 pool->cpu >= 0 조건을 만족하는지 검사합니다. 워커 풀이 percpu 타입으로 관리하는 유형이면 pool->cpu가 0보다 크니 19~20번째 줄을 실행합니다. 그 밖에 단일 CPU로 관리하는 워커 풀이면 22번째 줄을 실행합니다.

 percpu 타입으로 관리하는 워커 풀은 어떤 워크큐에서 쓸까요? 시스템 워크큐가 주로 씁니다. 시스템 워크큐로 워크를 생성할 때는 19번째 줄을 실행합니다.

pool->cpu는 워커 풀이 실행 중인 CPU 번호이고 워커 풀에서 관리하는 IDR 아이디입니다. 19번째 줄에서는 이를 기준으로 워커 스레드의 이름을 짓습니다.

20번째 줄을 보면 다음 조건에 따라 "H"라는 문자열을 추가합니다.

```
pool->attrs->nice < 0
```

워크큐에서는 두 종류의 워커 풀이 있습니다. 우선순위를 높여서 워크를 실행하는 워커 풀(cpu_worker
_pools[1])은 pool->attrs->nice 값이 보통 -20입니다. 이 밖의 워커 풀(cpu_worker_pools[0])은
pool->attrs->nice 값이 0입니다.

라즈베리 파이에서 터미널을 열고 다음 명령어를 입력하면 워커 스레드를 확인할 수 있습니다.

```
root@raspberrypi:/# ps -ely | grep kworker
1 S   UID   PID  PPID  C PRI  NI   RSS      SZ WCHAN  TTY        TIME CMD
2 I     0     4     2  0  60 -20     0       0 worker ?      00:00:00 kworker/0:0H
3 I     0    16     2  0  60 -20     0       0 worker ?      00:00:00 kworker/1:0H
...
4 I     0    29     2  0  80   0     0       0 worker ?      00:00:00 kworker/0:1
5 I     0    30     2  0  80   0     0       0 worker ?      00:00:00 kworker/1:1
```

위에서 볼 수 있는 모든 워커 스레드는 percpu 타입의 워커 풀에서 생성됐음을 알 수 있습니다.

2~3번째 줄에 보이는 워커 스레드를 나타내는 프로세스 이름 끝에 "H"가 붙어 있습니다. 이는 **우선순위를
높여 처리하는 워커 풀(cpu_worker_pools[1])에서 생성됐다는 것을 나타냅니다.** 이처럼 워커 스레드를
나타내는 프로세스의 이름만 봐도 워커 스레드의 속성을 짐작할 수 있습니다.

22번째 줄에서는 singlecpu 워커 풀에서 생성된 워커 스레드의 이름을 짓습니다. 라즈베리 파이에서 다
음 명령어를 입력하면 워커 스레드의 이름을 확인할 수 있는데 워커 스레드 중 "u" 문자열이 붙은 프로
세스가 여기에 해당합니다.

```
root@raspberrypi:/# ps -ely | grep kworker
S   UID   PID  PPID  C PRI  NI   RSS      SZ WCHAN  TTY        TIME CMD
...
I     0   466     2  0  60 -20     0       0 worker ?      00:00:00 kworker/u9:0
I     0   471     2  0  60 -20     0       0 worker ?      00:00:00 kworker/u9:2
I     0   501     2  0  80   0     0       0 worker ?      00:00:00 kworker/u8:3
I     0  1353     2  0  80   0     0       0 worker ?      00:00:00 kworker/u8:1
I     0  1470     2  0  80   0     0       0 worker ?      00:00:00 kworker/u8:0
```

다음으로 29번째 줄을 보겠습니다.

```
29    set_user_nice(worker->task, pool->attrs->nice);
```

프로세스의 우선순위를 나타내는 nice를 워커 스레드의 태스크 디스크립터 구조체인 task_struct의 static_prio 필드에 저장합니다.

워커 풀에 워커 스레드 등록

이번에는 워커 풀에 생성한 워커 스레드를 등록하는 코드를 분석합니다. 앞에 이어서 33번째 줄을 보겠습니다.

```
33    worker_attach_to_pool(worker, pool);
```

worker_attach_to_pool() 함수를 호출해서 워커를 워커 풀에 등록합니다. 그러면 아래의 4번째 줄과 같이 &pool->workers 연결 리스트에 노드 주소를 저장합니다.

https://github.com/raspberrypi/linux/blob/rpi-4.19.y/kernel/workqueue.c

```
01 static void worker_attach_to_pool(struct worker *worker,
02                          struct worker_pool *pool)
03 {
...
04    list_add_tail(&worker->node, &pool->workers);
```

워커 정보를 갱신하고 생성된 워커 스레드를 깨우기

마지막 단계로 워커 정보를 갱신하고 워커 스레드를 깨우는 동작을 살펴보겠습니다. 이어서 37번째 줄의 코드 분석으로 들어갑니다.

```
37    worker->pool->nr_workers++;
38    worker_enter_idle(worker);
39    wake_up_process(worker->task);
```

워커를 생성했으니 워커의 개수를 관리하는 nr_workers 변수를 1만큼 증가시킵니다. 38번째 줄에서는 worker_enter_idle() 함수를 호출해서 워커를 idle 상태로 변경합니다.

마지막으로 39번째 줄에서는 wake_up_process() 함수를 호출해 워커 스레드를 깨웁니다. 인자로 태스크 디스크립터인 worker->task 필드를 전달합니다. 이렇게 워커 스레드를 생성한 후 바로 실행 요청을 합니다.

이번 절에서는 워커를 생성하는 세부 동작을 분석했습니다. 이어서 create_worker() 함수에서 호출한 워크큐 내부 함수를 분석하겠습니다.

7.6.5 create_worker() 함수에서 호출한 워크큐 커널 함수 분석

create_worker() 함수에서 호출한 워커 스레드의 세부 제어 함수를 살펴보겠습니다.

worker_attach_to_pool() 함수 분석

worker_attach_pool() 함수는 워커를 워커 풀에 추가하는 역할을 수행합니다.

https://github.com/raspberrypi/linux/blob/rpi-4.19.y/kernel/workqueue.c

```
01 static void worker_attach_to_pool(struct worker *worker,
02             struct worker_pool *pool)
03 {
04    mutex_lock(&pool->attach_mutex);
05
06    set_cpus_allowed_ptr(worker->task, pool->attrs->cpumask);
07    if (pool->flags & POOL_DISASSOCIATED)
08        worker->flags |= WORKER_UNBOUND;
09
10    list_add_tail(&worker->node, &pool->workers);
11
12    mutex_unlock(&pool->attach_mutex);
13 }
```

이 함수의 핵심 동작은 워커 풀 구조체인 **worker_pool**의 필드인 **worker**(연결 리스트)에 **worker** 구조체의 **node 필드(연결 리스트 타입)**를 등록하는 것 입니다.

10번째 줄을 보겠습니다.

```
10    list_add_tail(&worker->node, &pool->workers);
```

&worker->node와 &pool->workers 변수 모두 struct list_head 타입인 연결 리스트입니다. 보다시피 &pool->workers 연결 리스트에 &worker->node를 등록합니다. 이 코드가 실행되면 다음 그림과 같이 자료 구조가 업데이트됩니다.

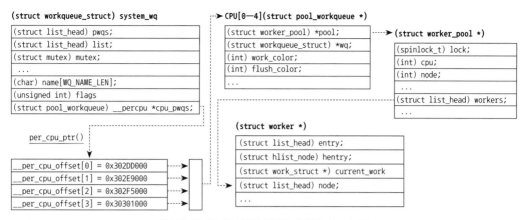

그림 7.12 워커를 워커 풀에 등록한 후 변경되는 자료구조

다른 관점에서 보면 &pool->workers 연결 리스트는 &worker->node 주소를 가리키고 있습니다. 이후 &pool->workers 주소에 접근해서 worker 구조체의 node 필드의 오프셋을 빼서 work 구조체 주소에 접근합니다.

 연결 리스트의 주소가 다른 구조체 내에 포함된 연결 리스트의 주소를 가리키는 경우 container_of() 매크로 함수를 사용하면 구조체의 시작 주소를 쉽게 구할 수 있습니다. container_of() 매크로 함수에 대한 자세한 내용은 부록 A.7 'container_of'를 참고하세요.

worker_enter_idle() 함수 분석

worker_enter_idle() 함수는 워커의 flags를 WORKER_IDLE로 바꾸고 워커의 정보를 업데이트합니다.

이어서 worker_enter_idle() 함수를 분석하겠습니다.

https://github.com/raspberrypi/linux/blob/rpi-4.19.y/kernel/workqueue.c

```
01 static void worker_enter_idle(struct worker *worker)
02 {
03     struct worker_pool *pool = worker->pool;
04
05     if (WARN_ON_ONCE(worker->flags & WORKER_IDLE) ||
06         WARN_ON_ONCE(!list_empty(&worker->entry) &&
07                     (worker->hentry.next || worker->hentry.pprev)))
08         return;
09
```

```
10    worker->flags |= WORKER_IDLE;
11    pool->nr_idle++;
12    worker->last_active = jiffies;
13
14    list_add(&worker->entry, &pool->idle_list);
15
16    if (too_many_workers(pool) && !timer_pending(&pool->idle_timer))
17        mod_timer(&pool->idle_timer, jiffies + IDLE_WORKER_TIMEOUT);
18
19    WARN_ON_ONCE(!(pool->flags & POOL_DISASSOCIATED) &&
20                  pool->nr_workers == pool->nr_idle &&
21                  atomic_read(&pool->nr_running));
22 }
```

이 함수의 핵심 동작은 10~14번째 줄이며 나머지는 예외 처리 코드입니다.

```
10    worker->flags |= WORKER_IDLE;
11    pool->nr_idle++;
12    worker->last_active = jiffies;
13
14    list_add(&worker->entry, &pool->idle_list);
```

10번째 줄을 봅시다.

```
10    worker->flags |= WORKER_IDLE;
```

worker->flags에 WORKER_IDLE 플래그를 설정해 워커를 WORKER_IDLE 타입으로 설정합니다.

다음으로 11번째 줄을 보겠습니다.

```
11    pool->nr_idle++;
12    worker->last_active = jiffies;
```

11번째 줄에서는 워커 풀의 nr_idle 필드를 1만큼 증가시킵니다. nr_idle은 워커 풀에 등록된 idle 워커의 개수입니다.

다음으로 12번째 줄에서는 worker->last_active에 jiffies를 저장합니다. 현재 시각 정보가 담긴 jiffies로 워커가 마지막에 처리된 시각을 저장하는 것입니다.

여기까지 워커를 생성하는 create_worker() 함수를 중심으로 관련 함수를 분석했습니다. 워커를 생성하는 create_worker() 함수에서 다음 함수를 호출한다는 사실을 알게 됐습니다. 각 함수별 세부 동작을 요약하면 다음과 같습니다.

- kthread_create_on_node() 함수: "kworker/" 이름으로 워커 스레드를 만듦

- worker_attach_to_pool() 함수: 워커 풀에 워커를 등록

- worker_enter_idle() 함수: 워커 상태를 WORKER_IDLE로 바꿈

- wake_up_process() 함수: 워커 스레드를 깨움

다음 절에서는 워커 스레드의 핸들러 함수인 worker_thread()를 분석함으로써 워커 스레드의 동작 방식을 살펴보겠습니다.

7.6.6 worker_thread() 함수 분석

커널 스레드를 처음 분석하려고 할 때 다음과 같은 의문이 생길 때가 있습니다. **"새로운 커널 스레드의 코드를 분석할 때는 어느 코드부터 분석해야 할까?"**

먼저 커널 스레드 핸들러 함수를 열어봐야 합니다. 그 이유는 커널 스레드의 세부 동작은 커널 스레드 핸들러 함수에 구현됐기 때문입니다. 마찬가지로 워커 스레드의 세부 동작을 알려면 먼저 스레드 핸들러 함수인 worker_thread() 함수를 봐야 합니다.

이번 절에서 worker_thread() 함수를 분석하면서 세부 동작 원리를 배워보겠습니다. 먼저 worker_thread() 함수의 주요 동작은 다음과 같습니다.

- 워크 실행

- 필요 시 워커 스레드 생성 요청

- 워커 스레드 종료

위 항목 중 핵심 동작은 워크를 실행하는 것이며, 나머지는 워커를 관리하는 제어 코드입니다.

worker_thread() 함수를 등록하는 코드 분석

worker_thread() 함수를 살펴보기에 앞서 이 스레드 핸들러 함수를 등록하는 코드를 보겠습니다.

https://github.com/raspberrypi/linux/blob/rpi-4.19.y/kernel/workqueue.c

```
01 static struct worker *create_worker(struct worker_pool *pool)
02 {
03     struct worker *worker = NULL;
...
04     worker->task = kthread_create_on_node(worker_thread, worker, pool->node,
05                                           "kworker/%s", id_buf);
```

4~5번째 줄을 보면 worker_thread() 함수를 스레드 핸들러, 두 번째 인자로 스레드 핸들러의 매개변수, 그리고 네 번째 인자로 워커 스레드의 이름을 지정합니다.

worker_thread() 함수의 전체 동작 과정

worker_thread() 함수의 처리 과정은 그림 7.13과 같이 4단계로 나눌 수 있습니다.

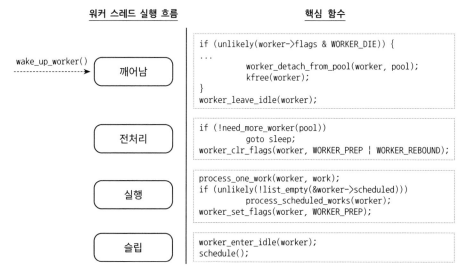

그림 7.13 워커 스레드 핸들러 함수의 실행 흐름

각 단계별로 워커 스레드가 어떤 동작을 하는지 살펴보겠습니다.

- 1단계: 깨어남

    워크를 워크큐에 큐잉하면 wake_up_worker() 함수를 호출합니다. **이는 워커 스레드를 깨우는 동작입니다.** 스케줄러는 실행을 기다리는 다른 프로세스들과의 우선순위를 비교한 후 워커 스레드가 실행할 상황이면 실행을 시킵니다. 이때 워커 스레드는 깨어나 실행을 시작합니다.

- 2단계: 전처리

  워크를 실행하기 전 전처리를 수행하는 단계입니다. need_more_worker() 함수를 호출해 워커 스레드를 실행할
  조건인지 점검합니다. 실제 워크를 워크큐에 큐잉하지 않았는데 워커 스레드를 깨울 수 있기 때문입니다. 이 조건을
  만족하면 바로 슬립 단계에 진입합니다. 이후 워커 플래그에서 WORKER_PREP과 WORKER_REBOUND 플래그를 해제합
  니다.

- 3단계: 워크 실행

  워커 풀을 나타내는 worker_pool 구조체의 연결 리스트인 worklist 필드에 접근해 워크 구조체를 로딩합니다. 이
  어서 **process_one_work() 함수를 호출해 워크를 실행합니다.** 워크를 모두 실행한 다음 워커 플래그에서 WORKER_
  PREP를 설정합니다.

- 4단계: 슬립

  워커 상태를 아이들로 설정하고 슬립 상태로 진입합니다. wake_up_worker() 함수가 호출돼서 워커 스레드가 깨어
  날 때까지 슬립 상태를 유지합니다.

워커 스레드의 전체 실행 흐름을 점검했으니 이어서 worker_thread() 함수 선언부와 인자를 확인합
시다.

```
static int worker_thread(void *__worker);
```

먼저 인자를 확인하겠습니다.

- void *__worker

  워커 스레드를 생성할 때 전달했던 worker 구조체의 주소입니다. 워커를 처리하는 매개 변수의 주소를 스레드 핸
  들러인 worker_thread() 함수로 전달하는 것입니다. 이 자료구조로 각각 워커를 관리합니다.

이번에는 worker_thread() 함수의 반환값을 확인합시다. 워커를 소멸시켜 달라는 요청이 있은 후
worker_thread() 함수의 내부 함수가 실행될 때만 0을 반환하고 그 밖에는 워커 스레드가 동작하는 동
안 반환값을 전달하지 않고 스레드 핸들러 함수 내에서 계속 실행됩니다.

worker_thread() 함수의 세부 코드 분석

이제 워커 스레드의 핸들러인 worker_thread() 함수를 분석합니다.

```
01 static int worker_thread(void *__worker)
02 {
03     struct worker *worker = __worker;
04     struct worker_pool *pool = worker->pool;
05
06     set_pf_worker(true); //worker->task->flags |= PF_WQ_WORKER;
07 woke_up:
08     spin_lock_irq(&pool->lock);
09
10     /* am I supposed to die? */
11     if (unlikely(worker->flags & WORKER_DIE)) {
12         spin_unlock_irq(&pool->lock);
13         WARN_ON_ONCE(!list_empty(&worker->entry));
14         set_pf_worker(false); // worker->task->flags &= ~PF_WQ_WORKER;
15
16         set_task_comm(worker->task, "kworker/dying");
17         ida_simple_remove(&pool->worker_ida, worker->id);
18         worker_detach_from_pool(worker, pool);
19         kfree(worker);
20         return 0;
21     }
22
23     worker_leave_idle(worker);
24 recheck:
25     /* no more worker necessary? */
26     if (!need_more_worker(pool))
27         goto sleep;
28
29     /* do we need to manage? */
30     if (unlikely(!may_start_working(pool)) && manage_workers(worker))
31         goto recheck;
32
33     WARN_ON_ONCE(!list_empty(&worker->scheduled));
34
35     worker_clr_flags(worker, WORKER_PREP | WORKER_REBOUND);
36
37     do {
```

```
38      struct work_struct *work =
39              list_first_entry(&pool->worklist,
40                                  struct work_struct, entry);
41
42      pool->watchdog_ts = jiffies;
43
44      if (likely(!(*work_data_bits(work) & WORK_STRUCT_LINKED))) {
45          /* optimization path, not strictly necessary */
46          process_one_work(worker, work);
47          if (unlikely(!list_empty(&worker->scheduled)))
48              process_scheduled_works(worker);
49      } else {
50          move_linked_works(work, &worker->scheduled, NULL);
51          process_scheduled_works(worker);
52      }
53  } while (keep_working(pool));
54
55  worker_set_flags(worker, WORKER_PREP);
56 sleep:
57  worker_enter_idle(worker);
58  __set_current_state(TASK_IDLE);
59  spin_unlock_irq(&pool->lock);
60  schedule();
61  goto woke_up;
62 }
```

6번째 줄부터 보겠습니다.

```
06      set_pf_worker(true);
```

set_pf_worker(true) 함수를 호출해 프로세스 태스크 디스크립터의 flags에 PF_WQ_WORKER 플래그를 지정합니다. set_pf_worker() 함수의 구현부는 다음과 같습니다.

https://github.com/raspberrypi/linux/blob/rpi-4.19.y/kernel/workqueue.c

```
01 static void set_pf_worker(bool val)
02 {
03  mutex_lock(&wq_pool_attach_mutex);
04  if (val)
```

```
05        current->flags |= PF_WQ_WORKER;
06    else
07        current->flags &= ~PF_WQ_WORKER;
08    mutex_unlock(&wq_pool_attach_mutex);
09 }
```

current는 현재 실행 중인 프로세스의 struct task_struct 타입인 태스크 디스크립터 주소를 의미합니다. set_pf_worker() 함수의 인자인 val이 true이면 task_struct 구조체의 flags 필드에 PF_WQ_WORKER 플래그를 OR 연산으로 저장합니다. 위 코드를 실행해 현재 프로세스가 워커 스레드라고 설정하는 것입니다.

1단계: "깨어남" 단계

7번째 줄을 보겠습니다. 워커 스레드 실행 흐름 중 "깨어남" 단계입니다.

```
07 woke_up:
08        spin_lock_irq(&pool->lock);
09
10        /* am I supposed to die? */
11        if (unlikely(worker->flags & WORKER_DIE)) {
12                spin_unlock_irq(&pool->lock);
13                WARN_ON_ONCE(!list_empty(&worker->entry));
14                worker->task->flags &= ~PF_WQ_WORKER;
15
16                set_task_comm(worker->task, "kworker/dying");
17                ida_simple_remove(&pool->worker_ida, worker->id);
18                worker_detach_from_pool(worker, pool);
19                kfree(worker);
20                return 0;
21        }
```

woke_up은 워커 스레드가 깨어나면 실행하는 레이블입니다. 그럼 woke_up이라는 레이블은 언제 실행될까요?

```
56 sleep:
57        worker_enter_idle(worker);
58        __set_current_state(TASK_IDLE);
59        spin_unlock_irq(&pool->lock);
```

```
60    schedule();
61    goto woke_up;
```

60번째 줄과 같이 워커 스레드가 휴면 상태로 들어간 다음, 프로세스 스케줄링으로 깨어나면 61번째 줄을 실행합니다. goto 문을 실행하면 woke_up 레이블로 이동하는 것입니다.

woke_up 레이블을 실행하면 다음과 같이 worker->flags 필드와 WORKER_DIE 매크로를 AND 비트 연산해서 결과가 true이면 12~20번째 줄을 실행해서 워커 스레드를 종료합니다.

```
11        if (unlikely(worker->flags & WORKER_DIE)) {
```

 worker->flags와 WORKER_DIE 매크로를 AND 비트 연산하기 전 어느 코드에서 worker->flags에 WORKER_DIE 매크로를 설정했을까요?

다음과 같이 destory_worker() 함수의 3번째 줄입니다.

https://github.com/raspberrypi/linux/blob/rpi-4.19.y/kernel/workqueue.c

```
01 static void destroy_worker(struct worker *worker)
02 {
...
03     worker->flags |= WORKER_DIE;
04     wake_up_process(worker->task);
05 }
```

worker->flags 필드에 OR 연산으로 WORKER_DIE 플래그를 저장합니다. 이후 wake_up_process() 함수를 호출해 해당 워커 스레드를 깨웁니다. 위 destroy_worker() 함수의 3~4번째 줄을 실행하면 worker_thread() 함수의 11~21번째 줄을 실행해서 워커 스레드를 종료합니다.

다음으로 23번째 줄을 보겠습니다.

```
23        worker_leave_idle(worker);
```

worker_leave_idle() 함수를 호출해 워커의 상태를 표시하는 flags 필드에서 WORKER_IDLE 플래그를 비트 클리어합니다.

https://github.com/raspberrypi/linux/blob/rpi-4.19.y/kernel/workqueue.c

```
01 static void worker_leave_idle(struct worker *worker)
02 {
```

```
03    struct worker_pool *pool = worker->pool;
04
05    if (WARN_ON_ONCE(!(worker->flags & WORKER_IDLE)))
06        return;
07    worker_clr_flags(worker, WORKER_IDLE);
08    pool->nr_idle--;
09    list_del_init(&worker->entry);
10 }
```

이 동작은 위 함수의 7번째 줄에서 실행합니다.

2단계: "전처리" 단계

워커 스레드의 "전처리" 단계 코드를 분석할 차례입니다. 다음 24번째 줄을 보겠습니다.

```
24 recheck:
25    /* no more worker necessary? */
26    if (!need_more_worker(pool))
27            goto sleep;
```

need_more_worker() 함수는 다음 동작을 수행합니다.

- worker_pool 구조체의 worklist 필드에 접근해 이미 큐잉된 워크가 있는지 체크
- worker_pool 구조체의 nr_running 필드에 저장된, 실행 중인 워커 스레드 개수를 점검

워크를 워크큐에 큐잉한 적이 없다면 워커 스레드를 다시 실행할 필요가 없습니다. 따라서 goto sleep 구문을 실행해 다시 휴면 상태로 진입합니다.

다음으로 35번째 줄을 분석하겠습니다.

```
35    worker_clr_flags(worker, WORKER_PREP | WORKER_REBOUND);
```

worker->flags 필드에서 (WORKER_PREP | WORKER_REBOUND) 플래그 연산의 결과를 비트 클리어합니다. **이제 워커의 상태가 WORKER_PREP와 WORKER_REBOUND가 아니라는 의미입니다.** 여기서 WORKER_PREP 플래그는 워커 스레드 처리 흐름에서 전처리 단계를 의미합니다.

여기까지가 워커 스레드 예외 처리나 상태를 변경하는 루틴입니다.

3단계: "실행" 단계

이번에는 worker_thread() 함수에서 가장 중요한 37~53번째 줄을 분석할 차례입니다.

```
37    do {
38        struct work_struct *work =
39                list_first_entry(&pool->worklist,
40                                struct work_struct, entry);
41
42        pool->watchdog_ts = jiffies;
43
44        if (likely(!(*work_data_bits(work) & WORK_STRUCT_LINKED))) {
45                /* optimization path, not strictly necessary */
46                process_one_work(worker, work);
47                if (unlikely(!list_empty(&worker->scheduled)))
48                        process_scheduled_works(worker);
49        } else {
50                move_linked_works(work, &worker->scheduled, NULL);
51                process_scheduled_works(worker);
52        }
53    } while (keep_working(pool));
```

 코드 분석에 들어가기에 앞서 do~while 문이 실행될 조건을 결정하는 keep_working() 함수를 살펴봅시다.

https://github.com/raspberrypi/linux/blob/rpi-4.19.y/kernel/workqueue.c

```
01 static bool keep_working(struct worker_pool *pool)
02 {
03    return !list_empty(&pool->worklist) &&
04        atomic_read(&pool->nr_running) <= 1;
05 }
```

3번째 줄에서는 워커 풀에 큐잉된 워크가 있는지 점검합니다.

3~4번째 줄과 같이 워커 풀에 큐잉된 워크가 있는지와 실행 중인 워커 스레드 개수를 AND 비트 연산한 결과를 반환합니다. keep_working() 함수가 포함된 do~while 문은 워커 풀에 큐잉된 워크를 모두 처리할 때까지 do~while 루프 내 코드를 실행한다는 의미입니다.

다시 코드 분석을 시작합니다. 먼저 38번째 줄을 봅시다.

```
38    struct work_struct *work =
39        list_first_entry(&pool->worklist,
40                struct work_struct, entry);
```

worker_pool 구조체의 worklist 필드 주소에 접근해 work_struct 구조체의 주소를 work에 저장합니다.
&pool->worklist에 저장된 주소를 통해 work_list 구조체의 entry 필드 주소를 읽는 동작입니다.

38~40번째 줄의 실행 원리를 단계별로 조금 더 짚어 보겠습니다.

- 1단계: work_struct.entry 필드의 오프셋을 계산합니다.
- 2단계: &pool->worklist에 저장된 주소에서 work_struct 구조체의 entry 필드 오프셋을 빼서 struct work_struct *work에 저장합니다.

1단계 코드의 동작을 확인하겠습니다. list_first_entry() 매크로 함수의 두 번째와 세 번째 인자는 각각 work_struct 구조체와 work_struct 구조체의 entry 필드입니다.

이는 work_struct 구조체에서 entry 필드가 위치한 오프셋 주소를 의미합니다.

https://github.com/raspberrypi/linux/blob/rpi-4.19.y/include/linux/workqueue.h

```
struct work_struct {
        atomic_long_t data;
        struct list_head entry;
        work_func_t func;
}
```

오프셋을 계산하는 방식에 대한 이해를 돕기 위해 0xb62d3604 주소에 있는 work_struct 필드를 TRACE32로 확인해 보겠습니다.

```
01  (struct work_struct *) [-] (struct work_struct*)0xb62d3604 = 0xB62D3604 -> (
02    (atomic_long_t) [D:0xB62D3604] data = ((int) [D:0xB62D3604] counter = 0),
03    (struct list_head) [D:0xB62D3608] entry = ((struct list_head *)
04    (work_func_t) [D:0xB62D3610] func = 0x804FDCA8 = flush_to_ldisc)
```

3번째 줄의 디버깅 정보를 보면 entry는 0xB62D3608 주소에 있습니다. 1번째 줄과 같이 work_struct 구조체 주소가 0xB62D3604이니 work_struct 구조체에서 entry 필드가 위치한 오프셋의 주소는 0x4(0xB62D3608 - 0xB62D3604)입니다.

2단계에서는 &pool->worklist 주소에서 0x4를 빼서 struct work_struct *work라는 지역변수에 저장합니다.

이 동작은 다음 그림으로 설명할 수 있습니다.

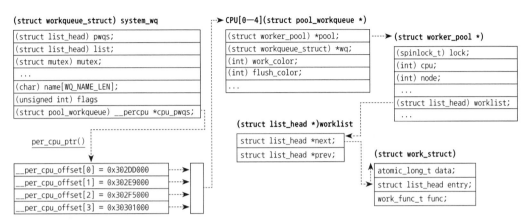

그림 7.14 워커 풀에 큐잉된 워크의 work_struct 구조체에 접근하는 동작

위 그림의 가장 오른쪽 아랫부분을 눈으로 따라가 봅시다. worklist에서 work_struct 구조체 박스로 향하는 화살표를 눈여겨봅시다. 워크를 워크큐에 큐잉하면 워커 풀을 관리하는 worker_pool 구조체의 worklist에 워크의 work_struct 구조체의 entry 주소를 등록합니다.

다음 코드는 위 그림의 오른쪽 하단에 entry에서 (struct work_struct)로 향하는 화살표와 같습니다.

```
38    struct work_struct *work =
39          list_first_entry(&pool->worklist,
40                          struct work_struct, entry);
```

work_struct 구조체 내 entry 필드의 오프셋 주소를 알고 있으니 work_struct 구조체에서 entry 필드가 위치한 오프셋을 빼서 work_struct 구조체의 시작 주소를 계산하는 것입니다.

다음으로 42번째 줄을 보겠습니다.

```
42    pool->watchdog_ts = jiffies;
```

pool->watchdog_ts 필드에 현재 시각 정보를 표현하는 jiffies를 저장합니다. 이 값으로 워커 스레드의 와치독 정보를 갱신합니다.

참고로 임베디드 시스템에서 와치독(Watchdog)은 어떤 소프트웨어가 정해진 시간 내에 실행되는지를 확인하려는 목적의 타이머입니다. 와치독은 임베디드 리눅스 개발에서 아주 많이 쓰이는 용어이니 잘 알아 둡시다.

이번에는 44번째 줄을 분석합니다.

```
44      if (likely(!(*work_data_bits(work) & WORK_STRUCT_LINKED))) {
45          /* optimization path, not strictly necessary */
46          process_one_work(worker, work);
```

38~40번째 줄에서 계산한 work_struct 구조체의 주소는 work라는 포인터형 지역변수에 저장돼 있습니다. 이 변수로 work_struct 구조체의 data 필드에 접근해 WORK_STRUCT_LINKED 플래그와 AND 비트 연산을 수행합니다. work_struct 구조체의 data 필드가 WORK_STRUCT_LINKED이면 배리어 워크이니 50번째 줄인 else 문을 실행합니다.

배리어 워크(Barrier Work)는 flush_work() 함수를 호출할 때 워크큐에 큐잉되며 워크 간의 실행 순서나 동기를 맞추는 역할을 수행합니다.

이번 장에서는 한 개의 워크가 초기화된 후 워크큐에 큐잉되는 과정을 설명합니다. 하지만 라즈베리 파이에서 워크큐 관련 ftrace 이벤트를 활성화하고 워크의 세부 동작을 확인하면 여러 워크들이 동시다발적으로 실행된다는 사실을 알 수 있습니다. 그런데 실행되는 워크들 사이에는 의존성 혹은 연관성이 있을 수 있습니다.

만약 A라는 워크의 워크 핸들러가 실행하는 동안 A라는 워크와 연관된 B와 C라는 워크가 워크큐에 큐잉됐는데 이를 동기화해서 B와 C 워크를 실행하고 싶을 때가 있습니다. 이때 flush_work() 함수를 호출해야 하며, 이 과정에서 배리어 워크가 워크큐에 큐잉됩니다. 세부 동작은 insert_wq_barrier() 함수의 코드를 참고하세요.

일반적으로 워크를 실행할 때는 46번째 코드를 실행합니다. 나머지 else 문은 배리어 워크를 처리하는 동작입니다. **46번째 줄에서는 process_one_work() 함수를 호출해 워크를 실행합니다.** 이는 워커 스레드의 핵심 동작입니다.

다음으로 앞의 do~while 문에서 워커 풀에 큐잉된 워크를 모두 처리한 후 실행되는 55번째 줄을 보겠습니다.

```
55      worker_set_flags(worker, WORKER_PREP);
```

worker 구조체의 flags 필드에 WORKER_PREP 플래그를 지정합니다. 워커 스레드를 전처리 상태로 변경하는 것입니다.

4단계: "슬립" 단계

다음으로 56번째 줄을 보겠습니다. 워커 스레드의 "슬립" 단계입니다.

```
56 sleep:
57     worker_enter_idle(worker);
58     __set_current_state(TASK_IDLE);
59     spin_unlock_irq(&pool->lock);
60     schedule();
61     goto woke_up;
62 }
```

56번째 줄은 sleep이라는 레이블입니다. 이어서 57~59번째 줄에서는 워커 스레드가 휴면 상태로 들어갈 준비를 하고 60번째 줄을 실행해 휴면 상태로 들어갑니다.

각 라인별로 코드를 분석하겠습니다. 먼저 57번째 코드를 보겠습니다.

```
57     worker_enter_idle(worker);
```

worker_enter_idle() 함수를 호출해서 워커 스레드 필드인 worker 구조체의 flags를 WORKER_IDLE로 설정합니다. 워커 스레드가 워크를 처리하고 난 후 변경하는 상태입니다.

다음은 58번째 줄입니다.

```
58     __set_current_state(TASK_IDLE);
```

__set_current_state() 함수를 호출해서 워커 스레드의 태스크 디스크립터 내 state 필드를 TASK_IDLE 플래그로 바꿉니다. **이는 태스크 디스크립터의 state 필드를 TASK_IDLE로 바꿔서 커널 스케줄러가 다른 조건으로 워커 스레드를 처리하게 합니다.**

59번째 줄에서 스핀락을 풀고 60번째 줄과 같이 schedule() 함수를 호출해 휴면 상태로 진입합니다.

```
59     spin_unlock_irq(&pool->lock);
60     schedule();
61     goto woke_up;
```

이렇게 60번째 줄을 실행하면 워커 스레드는 휴면 상태로 진입합니다. 그러면 워커 스레드가 다시 깨어나 실행을 시작할 때는 어느 코드부터 실행할까요? 61번째 줄을 실행해 woke_up 레이블로 이동합니다.

 워커 스레드는 어떻게 깨울까요? 워크를 워크큐에 큐잉하고 난 후 wake_up_woker() 함수를 호출하면 워커 스레드를 깨웁니다.

여기까지 워커 스레드의 실행 흐름을 상세히 알아봤습니다. 코드 분석을 통해 워커 스레드 핸들러인 worker_thread() 함수에서 다음과 같은 동작을 한다는 사실을 알게 됐습니다.

- 워커 스레드의 종료(워커의 종료 요청이 있는 경우)
- 워크의 실행 조건
- 워크를 실행

다음 절에서는 그동안 분석한 코드가 라즈베리 파이에서 어떻게 동작하는지 ftrace 로그로 확인하는 실습을 진행하겠습니다.

7.7 워크큐 실습 및 디버깅

이번 절에서는 패치 코드를 입력하고 ftrace 로그를 분석하면서 앞에서 배운 내용을 복습하겠습니다.

7.7.1 ftrace 워크큐 이벤트

커널은 ftrace에서 워크큐 동작을 디버깅할 수 있는 이벤트를 지원합니다. 이번 절에서는 워크큐의 실행 흐름을 추적하는 ftrace 이벤트를 분석하는 방법을 소개합니다.

다음은 ftrace에서 지원하는 워크큐 이벤트입니다.

- workqueue_queue_work: 워크를 워크큐에 큐잉함
- workqueue_activate_work: 워크를 활성화
- workqueue_execute_start: 워크 핸들러 실행 시작
- workqueue_execute_end: 워크 핸들러 실행 마무리

먼저 ftrace 이벤트를 활성화하는 방법을 알아보고 ftrace에서 각 로그를 분석해보겠습니다.

워크큐 ftrace 이벤트 활성화

워크큐 이벤트는 다음 명령어로 활성화할 수 있습니다.

```
"echo 1 > /sys/kernel/debug/tracing/events/workqueue/workqueue_activate_work/enable"
"echo 1 > /sys/kernel/debug/tracing/events/workqueue/workqueue_queue_work/enable"
"echo 1 > /sys/kernel/debug/tracing/events/workqueue/workqueue_execute_start/enable"
"echo 1 > /sys/kernel/debug/tracing/events/workqueue/workqueue_execute_end/enable"
```

이전 장에 소개한 ftrace 이벤트를 활성화하는 방법과 유사합니다.

워크큐의 ftrace 이벤트 로그 패턴과 실행 코드 확인

이어서 워크큐의 ftrace 이벤트 형식을 알아보겠습니다. 먼저 워크를 워크큐에 큐잉할 때 출력하는 workqueue_queue_work와 workqueue_activate_work 이벤트의 형식을 보겠습니다.

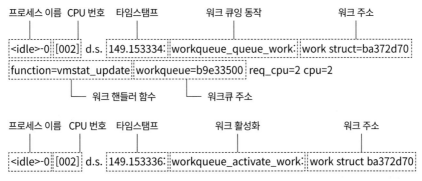

그림 7.15 ftrace: workqueue_queue_work와 workqueue_activate_work 이벤트의 메시지

일반적인 상황에서 워크를 워크큐에 처음 큐잉할 때 두 이벤트가 나란히 출력됩니다.

이어서 워크를 실행할 때의 동작을 출력하는 workqueue_execute_start와 workqueue_execute_end 이벤트의 메시지 형식을 보겠습니다.

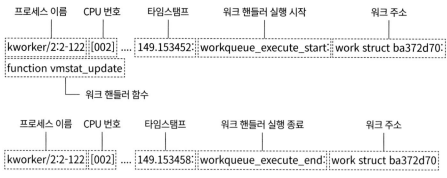

그림 7.16 ftrace: workqueue_execute_start와 workqueue_execute_end 이벤트의 메시지

workqueue_execute_start와 workqueue_execute_end 이벤트의 메시지에서 보이는 타임스탬프를 참고하면 워크 핸들러가 실행된 시간을 알 수 있습니다.

각 메시지의 의미와 메시지를 출력하는 함수의 이름은 다음 표에 정리했습니다.

표 7.1 워크큐 실행 정보를 출력하는 ftrace 메시지의 종류

이벤트	동작	메시지를 출력하는 함수
workqueue_queue_work	워크를 워크큐에 큐잉함	__queue_work()
workqueue_activate_work	워크를 활성화	__queue_work()
workqueue_execute_start	워크 핸들러 실행 시작	process_one_work()
workqueue_execute_end	워크 핸들러 실행 종료	process_one_work()

이번에는 각 이벤트를 실행하는 커널 코드를 소개하겠습니다. 먼저 workqueue_queue_work와 workqueue_activate_work 이벤트를 출력하는 코드를 보겠습니다.

https://github.com/raspberrypi/linux/blob/rpi-4.19.y/kernel/workqueue.c

```
01 static void __queue_work(int cpu, struct workqueue_struct *wq,
02     struct work_struct *work)
03 {
04    struct pool_workqueue *pwq;
05    struct worker_pool *last_pool;
...
06    /* pwq determined, queue */
07    trace_workqueue_queue_work(req_cpu, pwq, work);
...
```

```
08    if (likely(pwq->nr_active < pwq->max_active)) {
09        trace_workqueue_activate_work(work);
10        pwq->nr_active++;
11        worklist = &pwq->pool->worklist;
12        if (list_empty(worklist))
13        pwq->pool->watchdog_ts = jiffies;
14    } else {
15        work_flags |= WORK_STRUCT_DELAYED;
16        worklist = &pwq->delayed_works;
17    }
18
19    insert_work(pwq, work, worklist, work_flags);
```

07번째 줄을 실행할 때 workqueue_queue_work 이벤트의 메시지를 출력합니다.

```
07    trace_workqueue_queue_work(req_cpu, pwq, work);
```

이어서 09번째 줄을 실행하면 workqueue_activate_work 이벤트의 메시지를 출력합니다.

```
08    if (likely(pwq->nr_active < pwq->max_active)) {
09        trace_workqueue_activate_work(work);
```

리눅스 드라이버에서 max_active 값과 같이 255개 이상의 워크를 큐잉한 상태가 아니면 09번째 줄을 실행합니다.

다음으로 workqueue_execute_start와 workqueue_execute_end 이벤트를 출력하는 코드를 봅시다.

https://github.com/raspberrypi/linux/blob/rpi-4.19.y/kernel/workqueue.c

```
01 static void process_one_work(struct worker *worker, struct work_struct *work)
02 __releases(&pool->lock)
03 __acquires(&pool->lock)
04 {
05    struct pool_workqueue *pwq = get_work_pwq(work);
06    struct worker_pool *pool = worker->pool;
...
07    worker->current_work = work;
08    worker->current_func = work->func;
09    worker->current_pwq = pwq;
```

```
     ...
10     trace_workqueue_execute_start(work);
11     worker->current_func(work);
12
13     trace_workqueue_execute_end(work);
```

워크큐를 디버깅할 때는 workqueue_execute_start와 workqueue_execute_end 이벤트 메시지를 참고합니다.

 실제 리눅스 드라이버에서 ftrace 메시지를 토대로 워크를 디버깅했던 사례를 소개합니다.

- 1번째 상황: 워크 핸들러의 실행 시간이 오래 걸린 경우

   workqueue_execute_start 로그가 출력되고 나서 3초 후 workqueue_execute_end가 출력됐다면 워크 핸들러 함수의 실행 시간을 점검할 필요가 있습니다. 또한 워크 핸들러 실행 빈도를 점검할 필요가 있습니다. 워크를 큐잉한 빈도가 너무 높으면 워크 핸들러의 실행 시간이 오래 걸릴 수도 있습니다.

- 2번째 상황: 워크 핸들러에서 휴면 상태로 진입한 경우

   워크 핸들러를 실행할 때 workqueue_execute_start 로그 이후 workqueue_execute_end 이벤트 로그가 안 보이면 해당 워크 핸들러에서 휴면 상태에 빠졌다고 판단할 수 있습니다. 워크 핸들러는 프로세스 레벨에서 휴면 상태에 진입할 수 있지만 휴면 상태에 너무 오랫동안 있으면 이상 동작을 할 수 있습니다.

워크큐의 ftrace 이벤트 로그 분석

이번에는 ftrace에서 워크큐 이벤트를 분석하는 방법을 소개합니다. 분석할 ftrace 로그는 다음과 같습니다.

```
01 <idle>-0 [002] d.s. 149.153334: workqueue_queue_work: work struct=ba372d70 function=vmstat_update
workqueue=b9e33500 req_cpu=2 cpu=2
02 <idle>-0 [002] d.s. 149.153336: workqueue_activate_work: work struct ba372d70
03 <idle>-0 [002] dns. 149.153402: sched_wakeup: comm=kworker/2:2 pid=122 prio=120 target_cpu=002
04 <idle>-0 [002] d... 149.153443: sched_switch: prev_comm=swapper/2 prev_pid=0 prev_prio=120
prev_state=R ==> next_comm=kworker/2:2 next_pid=122 next_prio=120
05 kworker/2:2-122 [002] .... 149.153452: workqueue_execute_start: work struct ba372d70: function
vmstat_update
06 kworker/2:2-122 [002] .... 149.153458: workqueue_execute_end: work struct ba372d70
```

먼저 01~02번째 줄을 보겠습니다.

```
01 <idle>-0 [002] d.s. 149.153334: workqueue_queue_work: work struct=ba372d70 function=vmstat_update
workqueue=b9e33500 req_cpu=2 cpu=2
02 <idle>-0 [002] d.s. 149.153336: workqueue_activate_work: work struct ba372d70
```

워크를 워크큐에 큐잉하는 동작입니다.

다음은 03~04번째 줄입니다.

```
03 <idle>-0 [002] dns. 149.153402: sched_wakeup: comm=kworker/2:2 pid=122 prio=120 target_cpu=002
04 <idle>-0 [002] d... 149.153443: sched_switch: prev_comm=swapper/2 prev_pid=0 prev_prio=120
prev_state=R ==>
```

03번째 줄은 워커 스레드인 "kworker/2:2" 프로세스를 깨우는 동작입니다.

다음은 05~06번째 줄입니다.

```
05 kworker/2:2-122 [002] .... 149.153452: workqueue_execute_start: work struct ba372d70: function
vmstat_update
06 kworker/2:2-122 [002] .... 149.153458: workqueue_execute_end: work struct ba372d70
```

워크 핸들러를 실행하는 동작입니다. 로그를 해석하면 다음과 같습니다.

- 149.153452초: 워크 핸들러인 vmstat_update() 함수 실행 시작
- 149.153458초: 워크 핸들러인 vmstat_update() 함수 실행 종료

이처럼 워크 실행 흐름을 추적하는 ftrace 이벤트 메시지를 잘 활용하면 워크와 관련된 동작을 디버깅
할 수 있습니다.

- 워크를 제대로 워크큐에 큐잉했는지
- 워크 핸들러 실행 시간이 오래 걸렸는지

이번 절에서는 워크의 실행 흐름을 추적하는 ftrace 이벤트를 소개했습니다. 다음 절에서는 라즈베리
파이에서 ftrace로 워크큐 동작을 확인하는 실습을 이어가겠습니다.

7.7.2 라즈베리 파이에서 ftrace를 이용한 워크큐 동작 확인

이전 절에서 ftrace로 워크큐 이벤트를 설정하는 방법과 워크큐 관련 ftrace 로그를 분석하는 방법을 배웠습니다. 이번 절에서는 라즈베리 파이에서 워크가 실행될 때의 세부 동작을 ftrace로 확인해 보겠습니다.

ftrace 로그로 워크큐 이벤트 설정하기

먼저 다음 명령어를 입력해 ftrace 로그를 설정할 필요가 있습니다.

```bash
#!/bin/bash

echo 0 > /sys/kernel/debug/tracing/tracing_on
sleep 1
echo "tracing_off"

echo 0 > /sys/kernel/debug/tracing/events/enable
sleep 1
echo "events disabled"

echo  secondary_start_kernel  > /sys/kernel/debug/tracing/set_ftrace_filter
sleep 1
echo "set_ftrace_filter init"

echo function > /sys/kernel/debug/tracing/current_tracer
sleep 1
echo "function tracer enabled"

echo insert_work brcmf_sdio_dataworker > /sys/kernel/debug/tracing/set_ftrace_filter
sleep 1
echo "set_ftrace_filter enabled"

echo 1 > /sys/kernel/debug/tracing/events/sched/sched_switch/enable
echo 1 > /sys/kernel/debug/tracing/events/sched/sched_wakeup/enable

echo 1 > /sys/kernel/debug/tracing/events/workqueue/workqueue_activate_work/enable
echo 1 > /sys/kernel/debug/tracing/events/workqueue/workqueue_queue_work/enable
echo 1 > /sys/kernel/debug/tracing/events/workqueue/workqueue_execute_start/enable
echo 1 > /sys/kernel/debug/tracing/events/workqueue/workqueue_execute_end/enable
```

```
sleep 1
echo "event enabled"

echo 1 > /sys/kernel/debug/tracing/options/func_stack_trace
echo "function stack trace enabled"

echo 1 > /sys/kernel/debug/tracing/tracing_on
echo "tracing_on"
```

위의 ftrace 설정 명령어를 자세히 알아보겠습니다. 이전에 소개했던 ftrace를 설정하는 방법과 다른 점은 다음과 같이 set_ftrace_filter로 insert_work() 함수와 brcmf_sdio_dataworker() 함수를 지정한다는 것입니다.

```
echo insert_work brcmf_sdio_dataworker > /sys/kernel/debug/tracing/set_ftrace_filter
```

insert_work() 함수는 워크를 워크큐에 큐잉할 때 호출되고 brcmf_sdio_dataworker() 함수는 라즈비안에서 구동하는 워크 핸들러 함수입니다.

두 함수를 set_ftrace_filter로 지정하면 워크를 워크큐에 큐잉하고 워커 스레드에서 워크를 실행하는 콜 스택을 볼 수 있습니다.

다음은 워크큐 관련 ftrace 이벤트를 활성화하는 명령어입니다.

```
echo 1 > /sys/kernel/debug/tracing/events/workqueue/workqueue_activate_work/enable
echo 1 > /sys/kernel/debug/tracing/events/workqueue/workqueue_queue_work/enable
echo 1 > /sys/kernel/debug/tracing/events/workqueue/workqueue_execute_start/enable
echo 1 > /sys/kernel/debug/tracing/events/workqueue/workqueue_execute_end/enable
```

앞에서 소개한 ftrace 설정 코드를 workqueue_rpi.sh 파일로 저장한 후 다음 명령어로 실행합시다.

```
root@raspberrypi:/# ./workqueue_rpi.sh
```

이처럼 ftrace를 설정한 후 10초 후에 다음 명령어로 get_ftrace.sh 셀 스크립트를 실행해 ftrace 로그를 받습니다. (ftrace 로그를 추출할 때 사용하는 get_ftrace.sh 셀 스크립트는 3.4.4절을 참고하세요.)

```
root@raspberrypi:/home/pi# ./get_ftrace.sh
ftrace off
```

ftrace 로그를 이용한 워크큐의 세부 동작 확인

ftrace 로그를 받았으니 이제 워크의 세부 동작을 분석해봅시다. 분석하려는 ftrace 로그는 다음과 같
습니다.

```
01 irq/86-mmc1-65    [002] d...   335.716213: workqueue_queue_work: work struct=b972ca68
function=brcmf_sdio_dataworker [brcmfmac] workqueue=b7afd200 req_cpu=4 cpu=4294967295
02 irq/86-mmc1-65    [002] d...   335.716214: workqueue_activate_work: work struct b972ca68
03 irq/86-mmc1-65    [002] d...   335.716215: insert_work <-__queue_work
04 irq/86-mmc1-65    [002] d...   335.716236: <stack trace>
05 => brcmf_sdio_isr
06 => brcmf_sdiod_ib_irqhandler
07 => process_sdio_pending_irqs
08 => sdio_run_irqs
09 => bcm2835_mmc_thread_irq
10 => irq_thread_fn
11 => irq_thread
12 => kthread
13 => ret_from_fork
14 <idle>-0 [001] dnh. 335.716247: sched_wakeup: comm=kworker/u8:1 pid=1353 prio=120 target_cpu=001
15 irq/86-mmc1-65 [002] d... 335.716249: sched_switch: prev_comm=irq/86-mmc1 prev_pid=65 prev_prio=49
prev_state=S ==> next_comm=swapper/2 next_pid=0 next_prio=120
16 <idle>-0 [001] d... 335.716251: sched_switch: prev_comm=swapper/1 prev_pid=0 prev_prio=120
prev_state=R ==> next_comm=kworker/u8:1 next_pid=1353 next_prio=120
17 kworker/u8:1-1353  [001] ....   335.716257: workqueue_execute_start: work struct b972ca68: function
brcmf_sdio_dataworker [brcmfmac]
18 kworker/u8:1-1353  [001] ....   335.716258: brcmf_sdio_dataworker <-process_one_work
19 kworker/u8:1-1353  [001] ....   335.716267: <stack trace>
20 => worker_thread
21 => kthread
22 => ret_from_fork
```

복잡해 보이는 위 ftrace 로그는 다음과 같이 3단계 동작으로 나눌 수 있습니다.

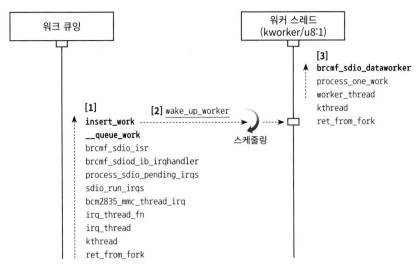

그림 7.17 ftrace: 워크를 큐잉할 때의 동작 흐름

각 단계별로 동작 흐름을 살펴보겠습니다.

1단계: 워크를 워크큐에 큐잉

워크를 워크큐에 큐잉하는 동작입니다. 다음과 같은 함수 흐름으로 워크를 워크큐에 큐잉합니다.

- `__queue_work()`

- `insert_work()`

2단계: 워커 스레드를 깨움

워크를 워크큐에 큐잉하고 난 후 `wake_up_worker()` 함수를 호출해 워커 스레드를 깨웁니다.

3단계: 워커 스레드가 깨어나 워크를 실행

스케줄링으로 워커 스레드가 깨어나 실행을 시작합니다. 워커 스레드 핸들러 함수인 `worker_thread()` 함수에서 `process_one_work()` 함수를 호출합니다. 이어서 `process_one_work()` 함수에서 워크 핸들러 함수를 호출합니다.

복잡해 보이는 ftrace 메시지도 이렇게 단계별로 분석하면 쉽게 이해할 수 있습니다.

1단계: 워크를 워크큐에 큐잉

ftrace 로그의 실행 흐름을 알아봤으니 이제부터 로그를 분석해 봅시다. 1단계의 ftrace 로그부터 분석을 시작하겠습니다.

1번째 줄 로그부터 보겠습니다.

```
01 irq/86-mmc1-65 [002] d... 335.716213: workqueue_queue_work: work struct=b972ca68
function=brcmf_sdio_dataworker [brcmfmac] workqueue=b7afd200 req_cpu=4 cpu=4294967295
02 irq/86-mmc1-65    [002] d...   335.716214: workqueue_activate_work: work struct b972ca68
```

먼저 가장 왼쪽의 "irq/86-mmc1-65" 메시지를 보면 실행 중인 프로세스는 pid가 65인 "irq/86-mmc1"입니다.

 이런 유형의 프로세스는 IRQ 스레드라고 이전 6장에서 배웠습니다. IRQ 스레드의 이름을 토대로 86번 "mmc1" 인터럽트 후반부를 처리하는 IRQ 스레드라는 사실을 알 수 있습니다.

먼저 workqueue_queue_work와 workqueue_activate_work 이벤트 로그를 보겠습니다. 워크 핸들러가 brcmf_sdio_dataworker() 함수인 워크를 워크큐에 큐잉하는 동작입니다. work_struct 구조체의 주소는 0xb972ca68입니다.

2번째 줄을 보면 workqueue_activate_work 이벤트 메시지가 보이므로 워커 풀의 연결 리스트에 work_struct 구조체의 entry 필드 주소를 추가했다는 정보를 알 수 있습니다.

다음으로 3번째 줄을 보겠습니다.

```
03 irq/86-mmc1-65    [002] d...   335.716215: insert_work <-__queue_work
04 irq/86-mmc1-65    [002] d...   335.716236: <stack trace>
05 => brcmf_sdio_isr
06 => brcmf_sdiod_ib_irqhandler
07 => process_sdio_pending_irqs
08 => sdio_run_irqs
09 => bcm2835_mmc_thread_irq
10 => irq_thread_fn
11 => irq_thread
12 => kthread
13 => ret_from_fork
```

3~13번째 줄은 워크를 워크큐에 큐잉하는 전체 콜 스택 흐름입니다.

먼저 9~10번째 줄을 보겠습니다. IRQ 스레드 처리 함수인 bcm2835_mmc_thread_irq() 함수가 호출됩니다. 이후 후속 함수 처리 과정을 보면 3~5번째 줄과 같이 brcmf_sdio_isr() 함수에서 워크를 워크큐에 큐잉했음을 알 수 있습니다.

이후 __queue_work() 함수와 insert_work() 함수의 순서로 함수가 호출되어 워크를 워크큐에 큐잉합니다. work_struct 구조체의 주소는 0xb972ca68이며, 워크 핸들러는 brcmf_sdio_dataworker() 함수입니다.

2단계: 워커 스레드를 깨움

이어서 14~16번째 줄을 분석하겠습니다.

```
14 <idle>-0 [001] dnh. 335.716247: sched_wakeup: comm=kworker/u8:1 pid=1353 prio=120 target_cpu=001
15 irq/86-mmc1-65 [002] d... 335.716249: sched_switch: prev_comm=irq/86-mmc1 prev_pid=65 prev_prio=49
prev_state=S ==> next_comm=swapper/2 next_pid=0 next_prio=120
16 <idle>-0 [001] d... 335.716251: sched_switch: prev_comm=swapper/1 prev_pid=0 prev_prio=120
prev_state=R ==> next_comm=kworker/u8:1 next_pid=1353 next_prio=120
```

워크를 워크큐에 큐잉했으니 insert_work() 함수에서 wake_up_worker() 함수를 호출해서 워커 스레드를 깨웁니다.

14번째 줄은 <idle>-0 프로세스에서 "kworker/u8:1"이라는 워커 스레드를 깨우는 동작입니다. pid가 1353인 "kworker/u8:1" 프로세스를 런큐에 큐잉하면 스케줄러는 이 시점의 프로세스의 우선순위를 점검한 후 "kworker/u8:1" 프로세스를 실행합니다.

15번째 줄은 pid가 65인 "irq/86-mmc1" 프로세스가 "swapper/2" 프로세스로 스케줄링되는 동작입니다.

16번째 줄의 로그를 통해 "<idle>-0" 프로세스에서 "kworker/u8:1" 프로세스로 스케줄링된다는 사실을 알 수 있습니다. 이제 "kworker/u8:1" 워커 스레드가 실행되기 직전입니다.

3단계: 워커 스레드가 깨어나 워크를 실행

이어서 다음 그림의 3단계에 해당하는 ftrace 로그를 분석하겠습니다.

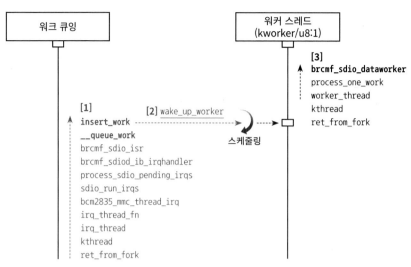

그림 7.18 ftrace: 워크를 큐잉할 때의 동작 흐름 중 3단계

1단계와 2단계에서 워크를 워크큐에 큐잉한 다음 워커 스레드를 깨웠으니 3단계에서는 워커 스레드가 깨어나 큐잉된 워크를 실행합니다.

17번째 줄을 볼 차례입니다.

```
17 kworker/u8:1-1353  [001] ....   335.716257: workqueue_execute_start: work struct b972ca68: function
brcmf_sdio_dataworker [brcmfmac]
```

우선 메시지의 맨 왼쪽 부분을 보면 실행 중인 프로세스는 pid가 1353인 "kworker/u8:1"입니다. "kworker/u8:1"이라는 프로세스의 이름으로 워커 스레드임을 알 수 있습니다.

마지막으로 18번째 줄 로그부터 콜 스택을 확인해보겠습니다.

```
18 kworker/u8:1-1353  [001] ....   335.716258: brcmf_sdio_dataworker <-process_one_work
19 kworker/u8:1-1353  [001] ....   335.716267: <stack trace>
20 => worker_thread
21 => kthread
22 => ret_from_fork
```

18번째와 20번째 줄로 worker_thread() → process_one_work() 흐름으로 함수가 호출된다는 사실을 알 수 있습니다.

워커 스레드의 스레드 핸들러 함수가 worker_thread()입니다. worker_thread() 함수에서 process_one_work() 함수를 호출해서 brcmf_sdio_dataworker()라는 워크 핸들러 함수를 호출합니다.

 리눅스 커널 코드를 분석하면 시야가 좁아져 전체 함수의 실행 흐름을 파악하기 어렵습니다. 그래서 커널 코드를 분석하고 나면 ftrace를 통해 함수 실행 흐름을 점검할 필요가 있습니다.

다음 절에서는 라즈베리 파이에서 워크와 관련된 코드를 입력한 후 세부 동작을 분석하는 실습을 진행하겠습니다.

7.7.3 인터럽트 후반부 처리 실습과 로그 분석

이번에는 워크를 사용해 인터럽트 후반부를 처리하는 실습을 진행하겠습니다. 이번 실습을 통해 이번 장에서 배운 내용을 오랫동안 머릿속에 기억할 수 있을 것입니다.

먼저 전체 패치 코드를 소개합니다.

```
diff --git a/drivers/mailbox/bcm2835-mailbox.c b/drivers/mailbox/bcm2835-mailbox.c
--- a/drivers/mailbox/bcm2835-mailbox.c
+++ b/drivers/mailbox/bcm2835-mailbox.c
@@ -33,11 +33,15 @@
01 #include <linux/of_irq.h>
02 #include <linux/platform_device.h>
03 #include <linux/spinlock.h>
04 +#include <linux/workqueue.h>
05 +struct work_struct bcm2835_mbox_work;
06 +
07
08 /* Mailboxes */
09 #define ARM_0_MAIL00x00
10 #define ARM_0_MAIL10x20
11
12 /*
13  * Mailbox registers. We basically only support mailbox 0 & 1. We
14  * deliver to the VC in mailbox 1, it delivers to us in mailbox 0. See
15 @@ -72,6 +76,21 @@ static struct bcm2835_mbox *bcm2835_link_mbox(struct mbox_chan *link)
16  return container_of(link->mbox, struct bcm2835_mbox, controller);
17 }
```

```
18
19 +void bcm2835_mbox_work_callback(struct work_struct *ignored)
20 +{
21 +    void *stack;
22 +    struct thread_info *current_thread;
23 +
24 +    stack = current->stack;
25 +    current_thread = (struct thread_info*)stack;
26 +
27 +    trace_printk("current process: %s\n", current->comm);
28 +    trace_printk("[+] in_interrupt:0x%08x,preempt_count = 0x%08x, stack=0x%08lx \n",
29 +            (unsigned int)in_interrupt(), (unsigned int)current_thread->preempt_count, (long
unsigned int)stack);
30 +
31 +    dump_stack();
33 +}
34 +
35 static irqreturn_t bcm2835_mbox_irq(int irq, void *dev_id)
36 {
37  struct bcm2835_mbox *mbox = dev_id;
38 @@ -83,6 +102,11 @@ static irqreturn_t bcm2835_mbox_irq(int irq, void *dev_id)
39      dev_dbg(dev, "Reply 0x%08X\n", msg);
40      mbox_chan_received_data(link, &msg);
41  }
42 +
43 +    schedule_work(&bcm2835_mbox_work);
44 +
45  return IRQ_HANDLED;
46 }
47
48 @@ -153,6 +177,9 @@ static int bcm2835_mbox_probe(struct platform_device *pdev)
49  if (mbox == NULL)
50      return -ENOMEM;
51  spin_lock_init(&mbox->lock);
52 +
53 +    INIT_WORK(&bcm2835_mbox_work, bcm2835_mbox_work_callback);
54
55  ret = devm_request_irq(dev, platform_get_irq(pdev, 0),
56              bcm2835_mbox_irq, 0, dev_name(dev), mbox);
```

이전 장에서는 17번 인터럽트 후반부를 처리하려고 IRQ 스레드를 생성했습니다. 위 코드는 IRQ 스레드 기법 대신 워크큐로 17번 인터럽트의 후반부를 처리하는 패치입니다.

패치 코드 입력과 패치 코드의 내용

패치 코드를 입력하는 방법과 패치 코드의 내용을 소개하겠습니다. 실습의 목적은 워크의 동작을 ftrace로 알아보는 것이니 패치 코드는 최대한 쉽고 간단히 작성했습니다.

여기서는 워크를 초기화하는 패치 코드를 시작으로 패치 코드를 입력하는 방법과 패치 코드의 내용을 소개하겠습니다.

다음은 패치 코드를 입력하기 전의 bcm2835_mbox_probe() 함수입니다.

https://github.com/raspberrypi/linux/blob/rpi-4.19.y/drivers/mailbox/bcm2835-mailbox.c

```
01 static int bcm2835_mbox_probe(struct platform_device *pdev)
02 {
03     struct device *dev = &pdev->dev;
04     int ret = 0;
05     struct resource *iomem;
06     struct bcm2835_mbox *mbox;
07
08     mbox = devm_kzalloc(dev, sizeof(*mbox), GFP_KERNEL);
09     if (mbox == NULL)
10         return -ENOMEM;
11     spin_lock_init(&mbox->lock);
12
13     /* 첫 번째 패치 코드 조각을 입력하세요. */
14     ret = devm_request_irq(dev, platform_get_irq(pdev, 0),
15         bcm2835_mbox_irq, 0, dev_name(dev), mbox);
```

위 코드에서 주석으로 적힌 "/* 첫 번째 패치 코드 조각을 입력하세요 */" 부분에 다음 코드를 입력합니다.

```
52 +
53 +    INIT_WORK(&bcm2835_mbox_work, bcm2835_mbox_work_callback);
```

패치 코드의 내용은 워크를 초기화하는 동작입니다.

 워크를 초기화하는 코드는 반드시 인터럽트를 설정하는 request_irq() 함수를 호출하기 전에 작성하는 것이 좋습니다. 인터럽트를 초기화한 후 INIT_WORK() 함수를 실행하기 전 바로 인터럽트가 발생하면 인터럽트 핸들러가 호출될 것입니다. 이때 인터럽트 핸들러에서 schedule_work() 함수를 호출해 워크를 큐잉하면 워크큐 동작에 문제가 생길 수 있습니다. INIT_WORK() 함수를 호출해 워크를 초기화하기 전에 워크를 워크큐에 큐잉하면 커널 패닉으로 시스템이 다운될 수 있습니다.

리눅스 커널 코드를 리뷰해보면 "대부분 인터럽트를 설정하는 request_irq() 함수 이전에 INIT_WORK() 함수를 호출해 워크를 초기화한다"라는 사실을 알 수 있습니다.

다음은 패치 코드를 입력하기 전의 bcm2835_mbox_irq() 함수입니다.

https://github.com/raspberrypi/linux/blob/rpi-4.19.y/drivers/mailbox/bcm2835-mailbox.c

```
01 static irqreturn_t bcm2835_mbox_irq(int irq, void *dev_id)
02 {
03    struct bcm2835_mbox *mbox = dev_id;
04    struct device *dev = mbox->controller.dev;
05    struct mbox_chan *link = &mbox->controller.chans[0];
06
07    while (!(readl(mbox->regs + MAIL0_STA) & ARM_MS_EMPTY)) {
08        u32 msg = readl(mbox->regs + MAIL0_RD);
09        dev_dbg(dev, "Reply 0x%08X\n", msg);
10        mbox_chan_received_data(link, &msg);
11    }
12
13    /* 두 번째 패치 코드 조각을 입력하세요. */
14    return IRQ_HANDLED;
}
```

위 코드에서 주석으로 적힌 "/* 두 번째 패치 코드 조각을 입력하세요. */" 부분에 다음 코드를 입력합니다.

```
42 +
43 +    schedule_work(&bcm2835_mbox_work);
44 +
```

위 패치 코드는 schedule_work() 함수를 호출해 워크를 워크큐에 큐잉합니다. bcm2835_mbox_irq() 함수는 17번 "3f00b880.mailbox" 인터럽트의 인터럽트 핸들러입니다.

인터럽트 핸들러 함수에서 워크를 워크큐에 큐잉하는 schedule_work() 함수를 호출하는 동작입니다.

다음으로 세 번째 패치 코드를 입력하는 방법을 소개합니다.

https://github.com/raspberrypi/linux/blob/rpi-4.19.y/drivers/mailbox/bcm2835-mailbox.c

```
static struct bcm2835_mbox *bcm2835_link_mbox(struct mbox_chan *link)
{
    return container_of(link->mbox, struct bcm2835_mbox, controller);
}
/* 세 번째 패치 코드 조각을 입력하세요. */
static irqreturn_t bcm2835_mbox_irq(int irq, void *dev_id)
{
```

위 코드에서 주석으로 적힌 "/* 세 번째 패치 코드 조각을 입력하세요. */" 부분에 다음 19~33번째 줄을 입력합니다.

```
19 +void bcm2835_mbox_work_callback(struct work_struct *ignored)
20 +{
21 +    void *stack;
22 +    struct thread_info *current_thread;
23 +
24 +    stack = current->stack;
25 +    current_thread = (struct thread_info*)stack;
26 +
27 +    trace_printk("current process: %s\n", current->comm);
28 +    trace_printk("[+] in_interrupt:0x%08x,preempt_count = 0x%08x, stack=0x%08lx \n",
29 +            (unsigned int)in_interrupt(), (unsigned int)current_thread->preempt_count, (long
unsigned int)stack);
30 +
31 +    dump_stack();
33 +}
```

위 패치 코드의 내용은 다음과 같습니다.

- 27번째 줄: 프로세스 이름 출력

- 28~29번째 줄: 프로세스를 관리하는 thread_info 구조체의 preempt_count 플래그와 스택 주소를 출력

- 31번째 줄: dump_stack() 함수를 호출해 커널 로그로 함수의 호출 흐름을 출력

이번에는 마지막 패치 코드를 입력하는 방법을 알아봅시다.

https://github.com/raspberrypi/linux/blob/rpi-4.19.y/drivers/mailbox/bcm2835-mailbox.c

```
01 #include <linux/of_irq.h>
02 #include <linux/platform_device.h>
03 #include <linux/spinlock.h>
04 /* 4번째 패치 코드 조각을 입력하세요. */
05 /* Mailboxes */
06 #define ARM_0_MAIL00x00
07 #define ARM_0_MAIL10x20
```

위 코드에서 주석으로 적힌 "/* 4번째 패치 코드 조각을 입력하세요. */" 부분에 다음 코드를 입력합니다.

```
04 +#include <linux/workqueue.h>
05 +struct work_struct bcm2835_mbox_work;
06 +
```

위 패치 코드의 내용은 다음과 같습니다.

- 워크큐 함수를 호출하기 위해 <linux/workqueue.h> 헤더 파일을 추가

- work_struct 구조체인 bcm2835_mbox_work 변수를 선언

워크큐 함수를 호출하기 위해서는 워크큐를 구성하는 커널 함수의 선언부를 포함하는 헤더 파일을 추가해야 합니다. 위 코드를 입력하지 않고 커널을 빌드하면 컴파일러가 에러 메시지를 출력하며 빌드가 중단됩니다.

위에서 설명한 대로 패치 코드를 입력하고 커널을 컴파일한 다음, 커널 이미지를 라즈베리 파이에 설치합시다. 이후 라즈베리 파이를 재부팅하고 나서 이번에는 ftrace를 설정하는 방법을 알아봅시다.

ftrace 설정

ftrace를 설정하는 방법은 7.7.2절에 다룬 내용과 같습니다. 이전 절에서 소개한 workqueue_rpi.sh 스크립트 파일에서 바꿀 부분만 소개합니다.

이번에는 새로 추가한 bcm2835_mbox_work_callback() 함수의 콜 스택을 확인할 필요가 있으니 set_ftrace_filter에 이 함수를 지정합시다.

```
echo insert_work bcm2835_mbox_work_callback > /sys/kernel/debug/tracing/set_ftrace_filter
```

이전 절에서 다룬 바와 같이 ftrace의 workqueue 이벤트는 모두 활성화해야 합니다.

```
"echo 1 > /sys/kernel/debug/tracing/events/workqueue/workqueue_activate_work/enable"
"echo 1 > /sys/kernel/debug/tracing/events/workqueue/workqueue_queue_work/enable"
"echo 1 > /sys/kernel/debug/tracing/events/workqueue/workqueue_execute_start/enable"
"echo 1 > /sys/kernel/debug/tracing/events/workqueue/workqueue_execute_end/enable"
```

이렇게 ftrace 로그를 설정한 후 10초 후에 다음 명령어로 3.4.4절에서 소개한 get_ftrace.sh 셸 스크립트를 실행해 ftrace 로그를 받습니다.

```
root@raspberrypi:/home/pi# ./get_ftrace.sh
ftrace off
```

ftrace 로그 분석

분석하려는 전체 ftrace 로그는 다음과 같습니다.

```
01 <idle>-0 [000] d.h.  181.353912: irq_handler_entry: irq=17 name=3f00b880.mailbox
02 <idle>-0 [000] d.h. 181.353926: workqueue_queue_work: work struct=80d188a0
function=bcm2835_mbox_work_callback workqueue=b9c06300 req_cpu=4 cpu=0
03 <idle>-0 [000] d.h.  181.353929: workqueue_activate_work: work struct 80d188a0
04 <idle>-0 [000] d.h.  181.353931: insert_work <801341d8> <-__queue_work <80135b38>
05 <idle>-0   [000] d.h.  181.353999: <stack trace>
06 => bcm2835_mbox_irq <8066bb50>
07 => __handle_irq_event_percpu <8017595c>
08 => handle_irq_event_percpu <80175af0>
09 => handle_irq_event <80175b80>
10 => handle_level_irq <8017951c>
```

```
11 => generic_handle_irq <80174a28>

12 => bcm2836_chained_handle_irq <804c4708>

13 => generic_handle_irq <80174a28>

14 => __handle_domain_irq <8017507c>

15 => bcm2836_arm_irqchip_handle_irq <80101520>

16 => __irq_svc <807a3f7c>

17 => arch_cpu_idle <801089d0>

18 => arch_cpu_idle <801089d0>

19 => default_idle_call <807a36c4>

20 => do_idle <80161538>

21 => cpu_startup_entry <80161848>

22 => rest_init <8079d30c>

23 => start_kernel <80b00e28>

24 <idle>-0 [000] dnh.    181.354009: sched_wakeup: comm=kworker/0:2 pid=94 prio=120 target_cpu=000

25 <idle>-0 [000] dnh.    181.354013: irq_handler_exit: irq=17 ret=handled

26 <idle>-0 [000] d...    181.354027: sched_switch: prev_comm=swapper/0 prev_pid=0 prev_prio=120
prev_state=R ==> next_comm=kworker/0:2 next_pid=94 next_prio=120

27 kworker/0:2-94 [000] ....    181.354033: workqueue_execute_start: work struct 80d188a0: function
bcm2835_mbox_work_callback

28 kworker/0:2-94 [000] ....    181.354035: bcm2835_mbox_work_callback <8066bb70> <-process_one_work
<80137390>

29 kworker/0:2-94    [000] ....    181.354053: <stack trace>

30 => kthread <8013db60>

31 => ret_from_fork <801080ac>

32 kworker/0:2-94 [000] ....    181.354061: bcm2835_mbox_work_callback <8066bb5c>: current process:
kworker/0:2

33 kworker/0:2-94 [000] .... 181.354067: bcm2835_mbox_work_callback <8066bb5c>: [+]
in_interrupt:0x00000000,preempt_count = 0x00000000, stack=0xb8ff0000

34 kworker/0:2-94 [000] ....    181.354273: workqueue_execute_end: work struct 80d188a0
```

복잡해 보이는 위 ftrace 로그는 다음 그림과 같이 3단계로 실행 흐름을 분류할 수 있습니다.

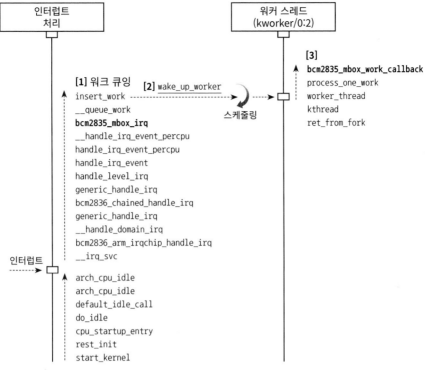

그림 7.19 ftrace: 워크 큐잉 및 실행 과정의 동작 흐름

이전 절에서 각 단계별로 워크 처리 흐름에 대해 알아봤으니 이번에는 바로 로그 분석으로 들어갑니다.

로그 분석 1단계: 워크큐 큐잉

1번째 줄 로그부터 보겠습니다.

```
01 <idle>-0 [000] d.h.  181.353912: irq_handler_entry: irq=17 name=3f00b880.mailbox
```

17번 "3f00b880.mailbox" 인터럽트가 발생했음을 알 수 있습니다.

다음은 2~3번째 줄의 로그입니다.

```
02 <idle>-0 [000] d.h. 181.353926: workqueue_queue_work: work struct=80d188a0
function=bcm2835_mbox_work_callback workqueue=b9c06300 req_cpu=4 cpu=0
03 <idle>-0 [000] d.h.  181.353929: workqueue_activate_work: work struct 80d188a0
```

2번째 줄 로그에 보이는 workqueue_queue_work 메시지는 **"워크 핸들러가 bcm2835_mbox_work_callback()
함수인 워크를 워크큐에 큐잉하는 동작"**이라고 해석할 수 있습니다. 바로 3번째 줄 로그에서
workqueue_activate_work 메시지로 해당 워크를 활성화했다는 정보를 알 수 있습니다.

다음 로그는 인터럽트 핸들러에서 워크를 워크큐에 큐잉할 때의 콜 스택입니다.

```
04 <idle>-0 [000] d.h.   181.353931: insert_work <801341d8> <-__queue_work <80135b38>
05 <idle>-0    [000] d.h.   181.353999: <stack trace>
06 => bcm2835_mbox_irq <8066bb50>
07 => __handle_irq_event_percpu <8017595c>
08 => handle_irq_event_percpu <80175af0>
09 => handle_irq_event <80175b80>
10 => handle_level_irq <8017951c>
11 => generic_handle_irq <80174a28>
12 => bcm2836_chained_handle_irq <804c4708>
13 => generic_handle_irq <80174a28>
14 => __handle_domain_irq <8017507c>
15 => bcm2836_arm_irqchip_handle_irq <80101520>
16 => __irq_svc <807a3f7c>
17 => arch_cpu_idle <801089d0>
18 => arch_cpu_idle <801089d0>
19 => default_idle_call <807a36c4>
20 => do_idle <80161538>
21 => cpu_startup_entry <80161848>
22 => rest_init <8079d30c>
23 => start_kernel <80b00e28>
```

16번째 줄 로그에서 __irq_svc 레이블의 심벌이 보이므로 인터럽트가 발생했음을 알 수 있습니다. 이
후 6번째 줄 로그에서 **17번 인터럽트 핸들러인 bcm2835_mbox_irq() 함수를 호출한 후 __queue_work() 함
수를 호출해서 워크를 워크큐에 큐잉**하는 정보를 알 수 있습니다.

로그 분석 2단계: 워커 스레드 깨우기

이어서 워커 스레드를 깨우는 단계의 ftrace 로그를 분석하겠습니다.

다음은 24번째 줄 로그입니다.

```
24 <idle>-0 [000] dnh.    181.354009: sched_wakeup: comm=kworker/0:2 pid=94 prio=120 target_cpu=000
25 <idle>-0 [000] dnh.    181.354013: irq_handler_exit: irq=17 ret=handled
```

24번째 줄 로그에서 sched_wakeup 이벤트 메시지를 볼 수 있습니다. pid가 94인 "kworker/0:2" 프로세스를 깨우는 동작입니다. insert_work() 함수에서 wakeup_worker() 함수를 호출해서 워커 스레드를 깨우는 것입니다.

25번째 줄 로그로 irq=17 인터럽트 핸들러가 종료된다는 사실을 알 수 있습니다. 여기까지 분석한 로그는 인터럽트 핸들러에서 워크를 워크큐에 큐잉하는 흐름입니다. 인터럽트 후반부를 워크의 핸들러에서 처리하기 위해 워크를 워크큐에 큐잉하는 동작입니다.

로그 분석 3단계: 워커 스레드가 워크를 실행

워커 스레드가 워크를 실행하는 로그를 분석하겠습니다.

이제 26번째 줄 로그를 보겠습니다.

```
26 <idle>-0 [000] d...   181.354027: sched_switch: prev_comm=swapper/0 prev_pid=0 prev_prio=120
prev_state=R ==> next_comm=kworker/0:2 next_pid=94 next_prio=120
```

"swapper/0"인 아이들 프로세스에서 pid가 94인 "kworker/0:2" 프로세스로 스케줄링되는 동작입니다.

27번째 줄의 로그를 보겠습니다.

```
27 kworker/0:2-94 [000] 181.354033: workqueue_execute_start: work struct 80d188a0: function
bcm2835_mbox_work_callback
```

workqueue_execute_start라는 ftrace 메시지로 워크 핸들러인 bcm2835_mbox_work_callback() 함수가 호출된다는 사실을 알 수 있습니다.

이어서 다음 28~32번째 줄 로그를 보겠습니다.

```
28 kworker/0:2-94 [000] 181.354035: bcm2835_mbox_work_callback <8066bb70> <-process_one_work
<80137390>
29 kworker/0:2-94   [000]  181.354053: <stack trace>
30 => worker_thread <80136b68>
31 => kthread <8013db60>
32 => ret_from_fork <801080ac>
```

"kworker/0:2"라는 워커 스레드가 bcm2835_mbox_work_callback() 함수를 실행하는 콜 스택을 볼 수 있습니다.

bcm2835_mbox_work_callback() 함수 내에서 콜 스택을 커널 로그로 출력하는 dump_stack() 함수를 호출했습니다. 워커 스레드 핸들러 함수인 worker_thread()에서 process_one_work() 함수를 호출하는 콜 스택입니다.

/var/log/kern.log에서 확인한 커널 로그는 다음과 같습니다.

```
[181.354092] CPU: 0 PID: 94 Comm: kworker/0:2 Tainted: G        C      4.19.30-v7+ #12
[181.354104] Hardware name: BCM2835
[181.354127] Workqueue: events bcm2835_mbox_work_callback
[181.354156] [<8010ffc0>] (unwind_backtrace) from [<8010c1fc>] (show_stack+0x20/0x24)
[181.354175] [<8010c1fc>] (show_stack) from [<8078833c>] (dump_stack+0xc8/0x10c)
[181.354195] [<8078833c>] (dump_stack) from [<8066bbd8>] (bcm2835_mbox_work_callback+0x7c/0x8c)
[181.354215] [<8066bbd8>] (bcm2835_mbox_work_callback) from [<80137390>]
(process_one_work+0x224/0x518)
[181.354233] [<80137390>] (process_one_work) from [<80138368>] (worker_thread+0x60/0x5f0)
[181.354250] [<80138368>] (worker_thread) from [<8013db60>] (kthread+0x144/0x174)
[181.354268] [<8013db60>] (kthread) from [<801080ac>] (ret_from_fork+0x14/0x28)
```

 ftrace 로그에서 본 콜 스택과 일치합니다.

다음의 32~34번째 줄 로그는 bcm2835_mbox_work_callback() 함수에 추가한 코드가 실행되면서 출력하는 정보입니다.

```
32 kworker/0:2-94 [000] .... 181.354061: bcm2835_mbox_work_callback <8066bb5c>: current process:
kworker/0:2
33 kworker/0:2-94 [000] .... 181.354067: bcm2835_mbox_work_callback <8066bb5c>: [+]
in_interrupt:0x00000000,preempt_count = 0x00000000, stack=0xb8ff0000
34 kworker/0:2-94 [000] .... 181.354273: workqueue_execute_end: work struct 80d188a0
```

33번째 줄의 로그를 보면 preempt_count가 0x0입니다. 워커 스레드는 프로세스 컨텍스트에서 실행하니 preempt_count가 0x10000이 아닌 것입니다.

다음으로 35번째 줄은 워크 핸들러가 종료한 시점을 표현합니다. workqueue_execute_end 이벤트 메시지를 볼 때는 항상 workqueue_execute_start 메시지와 함께 확인할 필요가 있습니다. 다음과 같이 workqueue_execute_end 메시지가 있는 27번째 로그와 함께 보겠습니다.

```
27 kworker/0:2-94 [000] 181.354033: workqueue_execute_start: work struct 80d188a0: function
bcm2835_mbox_work_callback
35 kworker/0:2-94 [000] ....  181.354273: workqueue_execute_end: work struct 80d188a0
```

위 로그에서 출력된 타임스탬프 정보로 워크 핸들러인 bcm2835_mbox_work_callback() 함수의 실행 시간은 0.024밀리초임을 알 수 있습니다.

```
0.000024 = 181.354273 - 181.354033
```

 이렇게 워크를 추가하고 워크 핸들러를 실행하면 워크 핸들러 실행 시각을 점검합시다. 특정 상황에서 워크 핸들러가 너무 자주 호출되거나 워크 핸들러의 실행 시간이 오래 걸리면 해당 드라이버가 오동작할 수 있기 때문입니다. 이 점을 꼭 기억하길 바랍니다.

7.8 딜레이 워크

지금까지 워크큐와 워크에 대해 배웠습니다. 워크큐는 대표적인 커널 후반부 처리 기법으로 후반부 처리 코드를 워크 핸들러에서 실행합니다. 한 번에 일괄적으로 처리할 필요가 없는 코드를 워크 핸들러에 위치시켜 커널 스레드 레벨에서 이를 처리하는 것입니다. 이런 구조로 드라이버를 설계하면 다양한 디바이스 드라이버의 시나리오에 맞게 코드를 구성할 수 있습니다. 이런 워크에서 유연성을 추가한 기법이 딜레이 워크입니다.

이번 절에서는 딜레이 워크를 소개하고 세부 동작을 살펴보겠습니다.

- 딜레이 워크 초기화
- 딜레이 워크 실행

7.8.1 딜레이 워크란?

워크를 일정 시간 후에 실행하는 기법을 딜레이 워크라고 부릅니다. **딜레이 워크는 워크를 일정 시간 (1/HZ 단위) 후에 지연시켜 실행하는 기법입니다.** 여기서 말하는 지연 시간은 디바이스 드라이버 시나리오에 맞게 바꿀 수 있습니다.

 라즈베리 파이에서는 진동수인 HZ는 100입니다.

예를 들어, 다음과 같이 온도를 제어하는 드라이버 시나리오를 생각해 봅시다.

1. 온도가 높아지면 인터럽트가 발생

2. 인터럽트 핸들러에서 워크를 워크큐에 큐잉

3. 워크 핸들러에서 온도를 컨트롤하는 디바이스에 CPU 클록을 낮췄다는 응답을 전달

   - 딜레이 워크를 워크큐에 큐잉함(지연 시간은 60밀리초로 설정)
   - 시나리오: 온도 컨트롤 디바이스는 50밀리초 후에 응답을 전달함

4. 딜레이 워크가 실행하면서 온도 컨트롤 디바이스에서 전달한 응답을 확인

위 온도 컨트롤 디바이스가 새롭게 바뀌어 온도 디바이스 응답 시간이 50초에서 80밀리초로 변경됐다고 가정하겠습니다. 이럴 때 디바이스 드라이버의 코드를 많이 수정해야 할 수도 있습니다. 그런데 딜레이 워크로 후반부 처리 코드를 설계하면 딜레이 워크의 지연 시간만 90밀리초로 변경하면 됩니다.

 여기서 딜레이 워크의 지연 시간을 80밀리초가 아닌 90밀리초로 주는 이유는 충분히 응답을 기다리는 시각을 고려해야 하기 때문입니다.

딜레이 워크 구조체인 delayed_work 구조체 소개

커널에서 딜레이 워크는 delayed_work 구조체로 관리합니다.

https://github.com/raspberrypi/linux/blob/rpi-4.19.y/include/linux/workqueue.h

```
01 struct delayed_work {
02    struct work_struct work;
03    struct timer_list timer;
04
05    struct workqueue_struct *wq;
06    int cpu;
07 };
```

각 필드의 의미를 하나씩 살펴봅시다.

- struct work_struct work

  첫 번째 필드는 struct work_struct 타입의 work입니다. 이번 장에서 살펴본 워크를 표현하는 자료구조입니다.

- struct timer_list timer

  timer 필드의 타입은 동적 타이머의 구조체인 struct timer_list입니다. 이 필드는 워크를 지정된 시간만큼 지연할 수 있는 시간 정보를 저장합니다.

- struct workqueue_struct *wq

  struct workqueue_struct * 타입으로 딜레이 워크를 관리하는 워크큐 주소를 담고 있습니다.

- cpu

  딜레이 워크를 실행한 cpu 번호입니다.

딜레이 워크를 나타내는 자료구조인 delayed_work 구조체의 선언부를 보면 struct work_struct 타입인 work 필드와 struct timer_list 타입인 timer 필드를 볼 수 있습니다.

- timer: 워크를 일정 시간 지연하기 위한 동적 타이머 구조체
- work: 워크 구조체

이번 절에서는 딜레이 워크를 소개하고 delayed_work 구조체에 대해 알아봤습니다. 다음 절에서 딜레이 워크를 초기화하는 과정을 살펴보겠습니다.

7.8.2 딜레이 워크의 전체 흐름

딜레이 워크는 지정한 시간만큼 나중에 실행되는 워크입니다. 딜레이 워크의 처리 과정에서는 동적 타이머를 사용하는데 다음 그림을 보면서 '딜레이 워크 처리'의 전체 실행 흐름을 확인하겠습니다.

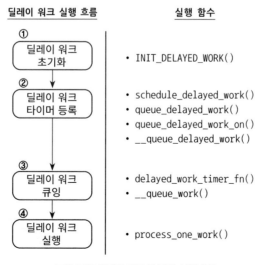

그림 7.20 딜레이 워크의 전체 실행 흐름

각 단계별로 딜레이 워크의 실행 흐름을 살펴보겠습니다.

①단계: 딜레이 워크 초기화

딜레이 워크큐를 쓰려면 먼저 딜레이 워크큐를 초기화해야 합니다. 이를 위해 INIT_DELAYED_WORK() 함수를 호출해야 합니다.

②단계: 딜레이 워크 타이머 등록

딜레이 워크를 실행하려면 지연하려는 시간 정보와 함께 schedule_delayed_work() 함수를 호출해야 합니다. schedule_delayed_work() 함수 내부에서 딜레이 워크를 처리하는 동적 타이머 핸들러인 delayed_work_timer_fn() 함수로 동적 타이머를 등록합니다.

③단계: 딜레이 워크 큐잉

딜레이 워크로 설정한 동적 타이머의 만료 시각이 되면 타이머 핸들러인 delayed_work_timer_fn() 함수를 실행합니다. 이 함수는 다음 동작을 합니다.

- 딜레이 워크를 워크큐에 큐잉
- 워커 스레드를 깨움

이 과정부터 워크와 실행 흐름이 같습니다.

④단계: 딜레이 워크 실행

워커 스레드가 깨어나면 worker_thread() 함수에서 process_one_work() 함수를 호출해 딜레이 워크를 실행합니다.

딜레이 워크의 전체 실행 흐름을 확인하니 **딜레이 워크가 워크를 일정 시간 후 지연해 실행한다는 사실을 알 수 있습니다.**

딜레이 워크의 전체 흐름을 살펴봤으니 이어서 딜레이 워크 초기화 과정을 소개합니다.

7.8.3 딜레이 워크는 어떻게 초기화할까?

딜레이 워크를 실행하기 위해서는 먼저 딜레이 워크를 초기화해야 합니다. 이를 위해 INIT_DELAYED_WORK() 매크로 함수를 호출해야 합니다.

딜레이 워크를 초기화하는 예제 코드 분석

먼저 딜레이 워크를 초기화하는 커널 예제 코드를 살펴보겠습니다.

https://github.com/raspberrypi/linux/blob/rpi-4.19.y/drivers/thermal/da9062-thermal.c

```
01 static int da9062_thermal_probe(struct platform_device *pdev)
02 {
03    struct da9062 *chip = dev_get_drvdata(pdev->dev.parent);
04    struct da9062_thermal *thermal;
...
05    INIT_DELAYED_WORK(&thermal->work, da9062_thermal_poll_on);
```

5번째 줄을 보면 다음과 같은 인자를 전달합니다.

- &thermal->work: delayed_work 구조체의 주소

- da9062_thermal_poll_on: 딜레이 워크 핸들러 함수

이전에 본 워크의 초기화 과정과 비슷한 듯한데 뭔가 다른 것 같습니다. **딜레이 워크 초기화 과정을 워크 초기화 과정과 비교하면 어떤 차이가 있을까요?** 딜레이 워크는 대부분 디바이스 드라이버 초기화 과정에서 딜레이 워크의 핸들러 함수를 바로 지정합니다.

INIT_DELAYED_WORK() 구현부 분석

'딜레이 워크'를 실행하려면 먼저 '딜레이 워크'를 먼저 초기화해야 합니다. INIT_DELAYED_WORK() 함수의 구현부를 보면서 딜레이 워크의 초기화 과정을 배워봅시다. 여기서는 INIT_DELAYED_WORK() 함수로 시작해 다음 함수를 분석합니다.

- INIT_DELAYED_WORK()

- INIT_WORK()

- __init_timer()

- init_timer_key()

INIT_DELAYED_WORK() 매크로 함수의 구현부는 다음과 같습니다.

https://github.com/raspberrypi/linux/blob/rpi-4.19.y/include/linux/workqueue.h

```
#define INIT_DELAYED_WORK(_work, _func)                \
    __INIT_DELAYED_WORK(_work, _func, 0)
```

함수 구현부와 같이 INIT_DELAYED_WORK() 매크로 함수는 __INIT_DELAYED_WORK() 함수로 치환됩니다. 이때 __INIT_DELAYED_WORK() 매크로 함수에 전달된 인자는 그대로 __INIT_DELAYED_WORK() 함수에 전달됩니다.

이어서 __INIT_DELAYED_WORK() 함수의 구현부를 보겠습니다.

https://github.com/raspberrypi/linux/blob/rpi-4.19.y/include/linux/workqueue.h

```
01 #define __INIT_DELAYED_WORK(_work, _func, _tflags)        \
02    do {                                                   \
03            INIT_WORK(&(_work)->work, (_func));            \
04            __init_timer(&(_work)->timer,                  \
05                    delayed_work_timer_fn,                 \
06                    (_tflags) | TIMER_IRQSAFE);            \
07    } while (0)
```

03번째 줄과 같이 INIT_WORK() 함수를 호출해 딜레이 워크를 나타내는 delayed_work 구조체의 work 필드를 초기화합니다. 여기서 __INIT_DELAYED_WORK() 함수로 전달되는 첫 번째 인자는 _work인데 타입은 struct delayed_work입니다.

INIT_WORK() 함수 매크로의 구현부는 다음과 같습니다.

https://github.com/raspberrypi/linux/blob/rpi-4.19.y/include/linux/workqueue.h

```
01 #define INIT_WORK(_work, _func)                           \
02    __INIT_WORK((_work), (_func), 0)
03
04 #define __INIT_WORK(_work, _func, _onstack)               \
05    do {                                                   \
06            __init_work((_work), _onstack);                \
07            (_work)->data = (atomic_long_t) WORK_DATA_INIT(); \
08            INIT_LIST_HEAD(&(_work)->entry);               \
09            (_work)->func = (_func);
```

연결 리스트인 entry 필드를 초기화하고 data에 WORK_DATA_INIT() 값인 0xFFFFFFE0을 저장합니다. 이어서 func 필드에 워크 핸들러 함수의 주소를 저장합니다.

위에서 살펴봤듯이 delayed_work 구조체의 첫 번째 필드는 work이고 타입은 struct work_struct입니다. 따라서 delayed_work->work 인자로 딜레이 워크를 초기화하는 것입니다.

이어서 __INIT_DELAYED_WORK() 매크로 함수의 4번째 줄에서 보이는 __init_timer() 함수를 보겠습니다.

```
04        __init_timer(&(_work)->timer,                 \
05                     delayed_work_timer_fn,           \
06                     (_tflags) | TIMER_IRQSAFE);      \
```

__init_timer() 함수에는 다음 인자를 전달합니다.

- &(_work)->timer: timer_list 구조체의 주소
- delayed_work_timer_fn: 동적 타이머 핸들러 함수
- (_tflags) | TIMER_IRQSAFE: 동적 타이머 플래그

'딜레이 워크'는 워크를 일정 시간 지연 후 실행하는 기법이라고 알고 있습니다. 그래서 '딜레이 워크'를 초기화하는 과정에서 워크를 지연해 실행시키는 동적 타이머를 초기화해야 하는 것입니다. 이를 위해 delayed_work_timer_fn() 함수를 동적 타이머 핸들러로 지정합니다.

딜레이 워크는 지정한 시간 후에 실행되는 워크입니다. 그렇다면 워크를 지정한 시간 후에 실행하려면 어떤 기능을 써야 할까요? **동적 타이머를 사용하면 됩니다.**

딜레이 워크 함수로 지연 시간을 지정하면 동적 타이머 핸들러인 delayed_work_timer_fn() 함수가 지정한 시간 후에 실행되는 것입니다.

 __init_timer() 함수는 동적 타이머를 초기화하는 기능입니다.

이어서 __init_timer() 함수의 구현부를 보겠습니다.

https://github.com/raspberrypi/linux/blob/rpi-4.19.y/kernel/time/timer.c

```
01 #define __init_timer(_timer, _fn, _flags)                        \
02     do {                                                         \
03             static struct lock_class_key __key;                  \
04             init_timer_key((_timer), (_fn), (_flags), #_timer, &__key);  \
05     } while (0)
```

04번째 줄을 보면 init_timer_key() 함수를 호출합니다. 이후 init_timer_key() 함수를 호출하면 do_init_timer() 함수를 호출해 동적 타이머를 초기화합니다.

https://github.com/raspberrypi/linux/blob/rpi-4.19.y/include/linux/timer.h

```
void init_timer_key(struct timer_list *timer,
            void (*func)(struct timer_list *), unsigned int flags,
            const char *name, struct lock_class_key *key)
{
    debug_init(timer);
    do_init_timer(timer, func, flags, name, key);
}
```

이번 절에서는 딜레이 워크를 초기화하는 코드를 분석했습니다. 워크와 비슷한 패턴의 자료구조가 보입니다. 딜레이 워크는 워크를 1/HZ 단위 시각만큼 지연해 실행하기 때문입니다.

다음 절에서는 딜레이 워크를 실행 요청하는 동작을 알아보겠습니다.

7.8.4 딜레이 워크 실행의 시작점은 어디일까?

먼저 딜레이 워크의 전체 흐름을 보면서 딜레이 워크의 실행 흐름을 확인해보겠습니다.

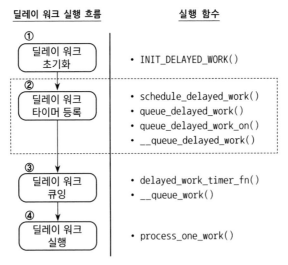

그림 7.21 딜레이 워크의 실행 흐름 중 2단계 동작

이번 절에서는 그림 7.21에서 ②단계의 처리 과정을 살펴보겠습니다. ②단계의 핵심 동작은 **지연할 시간을 지정해 딜레이 워크 타이머를 등록하는 것입니다.**

②단계에서 분석할 함수 목록은 다음과 같습니다.

- schedule_delayed_work()
- queue_delayed_work()
- queue_delayed_work_on()
- __queue_delayed_work()

 디바이스 드라이버 소스에서 schedule_delayed_work() 함수를 호출하면 딜레이 워크를 실행한다고 할 수 있습니다. 하지만 딜레이 워크를 처리하는 커널 입장에서 딜레이 워크 실행 단계는 다음과 같이 분류할 수 있습니다.

- 딜레이 워크를 동적 타이머에 등록
- 딜레이 워크를 워크큐에 큐잉

드라이버 입장에서 "딜레이 워크를 실행한다"라는 표현은 "딜레이 워크를 동적 타이머에 등록한다"는 의미와 같습니다. 이번 절에서는 두 문장을 함께 써서 딜레이 워크를 설명하므로 독자분들께서 헷갈리지 않았으면 좋겠습니다.

먼저 schedule_delayed_work() 함수를 통해 딜레이 워크를 실행하는 예제 코드를 소개합니다.

딜레이 워크를 실행하는 예제 코드 분석

딜레이 워크를 실행하는 드라이버 코드는 다음과 같습니다.

https://github.com/raspberrypi/linux/blob/rpi-4.19.y/drivers/mmc/host/bcm2835.c

```
01 static
02 bool bcm2835_send_command(struct bcm2835_host *host, struct mmc_command *cmd)
03 {
...
04    if (!cmd->data && cmd->busy_timeout > 9000)
05        timeout = DIV_ROUND_UP(cmd->busy_timeout, 1000) * HZ + HZ;
06    else
07        timeout = 10 * HZ;
08    schedule_delayed_work(&host->timeout_work, timeout);
```

8번째 줄에서 함수에 전달하는 인자를 확인해 보겠습니다.

- &host->timeout_work: delayed_work 구조체의 주소

- timeout: 지연할 시간 정보

딜레이 워크를 실행하려면 이 방식으로 워크를 지연할 시간 정보를 두 번째 인자로 전달해야 합니다. 지연하는 시간 정보는 1/HZ 단위라는 점을 기억해야 합니다.

 HZ는 1초 안에 동적 타이머를 실행하는 횟수로서 진동수라고 합니다. 리눅스 커널에서 상대 시간을 처리할 때 쓰는 개념입니다.

다음과 같이 7번째 줄이 실행되면 10초만큼 지연해서 딜레이 워크를 실행합니다.

```
07      timeout = 10 * HZ;
```

딜레이 워크를 실행하는 예제 코드를 간단히 살펴봤습니다. 이어서 딜레이 워크를 실행하는 schedule_delayed_work() 함수를 분석하겠습니다.

schedule_delayed_work() 함수 분석

schedule_delayed_work() 함수는 다음과 같습니다.

https://github.com/raspberrypi/linux/blob/rpi-4.19.y/include/linux/workqueue.h

```
01 static inline bool schedule_delayed_work(struct delayed_work *dwork,
02                unsigned long delay)
03 {
04    return queue_delayed_work(system_wq, dwork, delay);
05 }
```

4번째 줄을 보겠습니다. 첫 번째 인자로 struct workqueue_struct 타입의 system_wq 전역변수와 함께 queue_delayed_work() 함수를 호출합니다.

여기서 system_wq 전역변수의 정체는 무엇일까요? **system_wq는 시스템 워크큐를 관리하는 전역변수입니다.** schedule_delayed_work() 함수를 호출하면 시스템 워크큐를 써서 딜레이 워크를 처리한다고 볼 수 있습니다.

schedule_delayed_work() 함수의 첫 번째 인자인 dwork와 두 번째 인자인 delay를 그대로 전달하며 queue_delayed_work() 함수를 호출합니다.

queue_delayed_work() 함수 분석

이어서 queue_delayed_work() 함수를 보겠습니다.

https://github.com/raspberrypi/linux/blob/rpi-4.19.y/kernel/workqueue.c

```
01 static inline bool queue_delayed_work(struct workqueue_struct *wq,
02                 struct delayed_work *dwork,
03                 unsigned long delay)
04 {
05    return queue_delayed_work_on(WORK_CPU_UNBOUND, wq, dwork, delay);
06 }
```

5번째 줄을 보겠습니다. 첫 번째 인자로 WORK_CPU_UNBOUND를 추가해 queue_delayed_work_on() 함수를 호출합니다.

queue_delayed_work_on() 함수 분석

이어서 queue_delayed_work_on() 함수를 분석하겠습니다.

https://github.com/raspberrypi/linux/blob/rpi-4.19.y/kernel/workqueue.c

```
01 bool queue_delayed_work_on(int cpu, struct workqueue_struct *wq,
02          struct delayed_work *dwork, unsigned long delay)
03 {
04    struct work_struct *work = &dwork->work;
05    bool ret = false;
06    unsigned long flags;
07
08    /* read the comment in __queue_work() */
09    local_irq_save(flags);
10
11    if (!test_and_set_bit(WORK_STRUCT_PENDING_BIT, work_data_bits(work))) {
12        __queue_delayed_work(cpu, wq, dwork, delay);
13        ret = true;
14    }
```

```
15
16    local_irq_restore(flags);
17    return ret;
18 }
```

 이전 절에서 본 워크를 워크큐에 큐잉하기 전에 호출하는 queue_work_on( ) 함수와 비슷한 패턴의 로직입니다. 이처럼 '딜레이 워크'는 워크를 확장한 기법이라 유사한 코드를 볼 수 있습니다.

먼저 4번째 줄의 지역변수 선언부를 봅시다.

```
04    struct work_struct *work = &dwork->work;
```

delayed_work 구조체의 첫 번째 필드인 워크 주소를 work에 저장합니다.

다음으로 11~14번째 줄을 분석하겠습니다.

```
11    if (!test_and_set_bit(WORK_STRUCT_PENDING_BIT, work_data_bits(work))) {
12        __queue_delayed_work(cpu, wq, dwork, delay);
13        ret = true;
14    }
```

work_struct 구조체의 data 필드와 WORK_STRUCT_PENDING_BIT 플래그를 AND 비트 연산한 다음, 결과가 false이면 if 문 안의 코드를 실행합니다.

11~14번째 줄을 이해하기 쉽게 표현하면 다음과 같습니다.

```
if ( !(work->data & WORK_STRUCT_PENDING_BIT)) {
    work->data |= WORK_STRUCT_PENDING_BIT;
    __queue_delayed_work(cpu, wq, dwork, delay);
    ret = true;
}
```

work_data_bits(work) 함수를 호출해서 work_struct 구조체의 data 필드에 접근한 후 WORK_STRUCT_PENDING_BIT가 아니면 12~13번째 줄을 실행합니다.

이렇게 work->data와 WORK_STRUCT_PENDING_BIT를 비교하는 이유는 뭘까요? **딜레이 워크를 중복해서 실행하지 않기 위해서입니다.**

딜레이 워크도 워크와 같이 실행 요청을 하면 delayed_work 구조체의 work.data 필드에 WORK_STRUCT_PENDING_BIT(1) 값을 저장합니다. 그런데 딜레이 워크 실행 요청을 했으면 work->data가 WORK_STRUCT_PENDING_BIT(1)로 바뀝니다.

정리하면 딜레이 워크를 중복해서 워크큐에 실행 요청하지 않게 처리하는 예외 처리 코드입니다.

__queue_delayed_work() 함수 분석

이제 딜레이 워크 실행의 핵심 동작을 수행하는 __queue_delayed_work() 함수를 분석하겠습니다.

https://github.com/raspberrypi/linux/blob/rpi-4.19.y/kernel/workqueue.c

```
01 static void __queue_delayed_work(int cpu, struct workqueue_struct *wq,
02                            struct delayed_work *dwork, unsigned long delay)
03 {
04    struct timer_list *timer = &dwork->timer;
05    struct work_struct *work = &dwork->work;
06
07    WARN_ON_ONCE(!wq);
08    WARN_ON_ONCE(timer->function != delayed_work_timer_fn ||
09              timer->data != (unsigned long)dwork);
10    WARN_ON_ONCE(timer_pending(timer));
11    WARN_ON_ONCE(!list_empty(&work->entry));
12
13    if (!delay) {
14          __queue_work(cpu, wq, &dwork->work);
15          return;
16    }
17
18    dwork->wq = wq;
19    dwork->cpu = cpu;
20    timer->expires = jiffies + delay;
21
22    if (unlikely(cpu != WORK_CPU_UNBOUND))
23          add_timer_on(timer, cpu);
24    else
25          add_timer(timer);
26 }
```

먼저 7~11번째 줄의 예외 처리 코드를 보겠습니다.

```
07    WARN_ON_ONCE(!wq);
08    WARN_ON_ONCE(timer->function != delayed_work_timer_fn ||
09            timer->data != (unsigned long)dwork);
10    WARN_ON_ONCE(timer_pending(timer));
11    WARN_ON_ONCE(!list_empty(&work->entry));
```

__queue_delayed_work() 함수에 전달된 인자를 점검하는 코드입니다. WARN_ON_ONCE() 매크로 함수에 전달되는 인자가 true인 경우 WARN_ON_ONCE() 매크로 함수 내부에서 커널 로그로 콜 스택을 출력합니다.

 WARN() 매크로 함수는 전달되는 인자가 true인 경우에만 함수의 콜 스택과 프로세스의 정보를 커널 로그로 출력합니다. WARN() 매크로 함수는 보통 코드의 흐름에서 소프트웨어적인 오류가 있을 때 실행합니다. 그래서 소스코드를 보다가 WARN() 매크로 함수를 보면 논리적인 오류를 체크하는 루틴으로 해석할 수 있습니다. 그런데 논리적인 오류로 인해 WARN() 매크로 함수(인자가 true인 경우)가 너무 자주 호출되면 많은 양의 디버깅 정보를 출력해 시스템의 부하를 유발할 수 있습니다. 이런 조건에서는 WARN() 매크로 함수 대신에 WARN_ON_ONCE() 매크로 함수를 사용하면 됩니다.

WARN 매크로 함수를 실행하면 다음과 같은 디버깅 정보를 커널 로그로 출력합니다.

출처: https://www.unix.com/programming/148285-what-unbalanced-irq.html
https://www.linuxquestions.org/questions/programming-9/problem-with-interrupt-handle-770992/

```
WARNING: at kernel/irq/manage.c:225 __enable_irq+0x3b/0x57()
Unbalanced enable for IRQ 4
Modules linked in: svsknfdrvr [last unloaded: osal_linux]
Pid: 634, comm: ash Tainted: G W 2.6.28 #1
Call Trace:
 [<c011a7f9>] warn_slowpath+0x76/0x8d
 [<c012fac8>] profile_tick+0x2d/0x57
 [<c011ed72>] irq_exit+0x32/0x34
 [<c010f22c>] smp_apic_timer_interrupt+0x41/0x71
 [<c01039ec>] apic_timer_interrupt+0x28/0x30
 [<c011b2b4>] vprintk+0x1d3/0x300
 [<c013a2af>] __setup_irq+0x11c/0x1f2
 [<c013a177>] __enable_irq+0x3b/0x57
 [<c013a506>] enable_irq+0x37/0x54
 [<c68c9156>] svsknfdrvr_open+0x5e/0x65 [svsknfdrvr]
 [<c016440a>] chrdev_open+0xce/0x1a4
```

```
[<c016433c>] chrdev_open+0x0/0x1a4
[<c01602f7>] __dentry_open+0xcc/0x23a
[<c016049a>] nameidata_to_filp+0x35/0x3f
[<c016b3c5>] do_filp_open+0x16f/0x6ef
[<c0278fd5>] tty_write+0x1a2/0x1c9
[<c0160128>] do_sys_open+0x42/0xcb
```

7번째 줄은 워크큐 주소가 NULL이면 WARN_ON_ONCE() 매크로 함수를 실행해서 콜 스택을 커널 로그로 출력합니다.

```
07    WARN_ON_ONCE(!wq);
08    WARN_ON_ONCE(timer->function != delayed_work_timer_fn ||
09            timer->data != (unsigned long)dwork);
10    WARN_ON_ONCE(timer_pending(timer));
11    WARN_ON_ONCE(!list_empty(&work->entry));
```

8번째 줄은 동적 타이머 핸들러 함수가 delayed_work_timer_fn()인지 점검하고 동적 타이머 핸들러 매개변수가 dwork인지 체크합니다.

10번째 줄은 딜레이 워크의 동적 타이머가 현재 실행 중인지 확인하고 11번째 줄은 워크를 관리하는 연결 리스트가 NULL이 아닌지 점검합니다.

 모두 디바이스 드라이버 개발자가 딜레이 워크를 중복 실행하거나 인자를 잘못 전달할 경우 에러 메시지를 출력하는 코드입니다. 이런 루틴을 예외 처리 코드라고도 합니다. 리눅스 커널의 여러 핵심 함수 앞부분에서 이런 코드를 자주 볼 수 있습니다.

13번째 줄을 보겠습니다.

```
13    if (!delay) {
14        __queue_work(cpu, wq, &dwork->work);
15        return;
16    }
```

delay 인자는 1/HZ 단위로 워크를 지연해 실행할 시간 정보를 담고 있습니다. 만약 딜레이 워크에 지연 시간을 0으로 설정하면 delay는 0이니 if 문 조건을 만족하게 됩니다. 14번째 줄과 같이 __queue_work() 함수를 호출해서 바로 워크를 워크큐에 큐잉합니다.

이 코드 분석을 통해 워크 대신에 '딜레이 워크'를 선언하고 지연 시간을 0으로 설정하면 '딜레이 워크'를 워크로 쓸 수 있다는 사실을 알게 됐습니다.

 디바이스 드라이버에서 딜레이 워크 선언부를 볼 때 1/HZ 단위의 시간만큼 지연해서 워크를 실행한다고 적혀 있더라도 이를 그대로 믿지 말고 schedule_delayed_work() 함수의 두 번째 인자로 전달하는 지연 시간을 확인해야 합니다.

다음 18번째 줄을 보겠습니다.

```
18    dwork->wq = wq;
19    dwork->cpu = cpu;
20    timer->expires = jiffies + delay;
```

18~19번째 줄을 보면 워크큐 주소를 dwork->wq에 저장하고 실행 중인 cpu 번호를 dwork->cpu에 저장합니다.

20번째 줄은 현재 시각 정보를 담고 있는 jiffies에 1/HZ 단위의 지연 시간인 delay를 더해서 timer->expires 필드에 저장합니다. 이는 딜레이 워크용 동적 타이머의 만료 시간을 저장하는 코드입니다.

다음 코드는 딜레이 워크용 동적 타이머를 실행하는 동작입니다. 딜레이 워크에서 가장 중요한 코드입니다.

```
22    if (unlikely(cpu != WORK_CPU_UNBOUND))
23            add_timer_on(timer, cpu);
24    else
25            add_timer(timer);
```

add_timer_on() 혹은 add_timer() 함수를 호출해서 동적 타이머를 실행합니다.

여기까지 __queue_delayed_work() 함수부터 schedule_delayed_work() 함수까지 딜레이 워크를 실행하는 코드를 분석했습니다.

이 코드 흐름을 봤을 때 딜레이 워크는 워크와 어떤 차이가 있을까요? 워크는 schedule_work() 함수를 호출하면 워크를 워커 풀 구조체 필드인 worker_pool 구조체의 worklist 연결 리스트에 큐잉했습니다.

하지만 딜레이 워크는 schedule_delayed_work() 함수를 호출했을 때 딜레이 워크를 바로 워커 풀 구조체 필드인 worker_pool 구조체의 worklist 연결 리스트에 큐잉하지 않습니다. 먼저 **동적 타이머를 등록**

해 지연 시간 후에 동적 타이머 핸들러인 `delayed_work_timer_fn()` 함수가 실행되도록 설정합니다. 그래서 이번 절에서 `schedule_delayed_work()` 함수를 호출하면 딜레이 워크를 워크큐에 큐잉하지 않고 딜레이 워크 동적 타이머를 등록한다고 설명한 것입니다.

그럼 딜레이 워크는 워크큐에 언제 큐잉할까요? **딜레이 워크의 동적 타이머 핸들러인 `delayed_work_timer_fn()` 함수가 실행될 때 큐잉됩니다.** 상세 분석은 다음 절에서 이어서 진행하겠습니다.

7.8.5 딜레이 워크는 누가 언제 큐잉할까?

이전 절에서는 `schedule_delayed_work()` 함수를 호출했을 때 딜레이 워크의 동적 타이머를 등록하는 과정을 살펴봤습니다. 이어서 지정한 지연 시간 후에 실행되는 딜레이 워크 동적 타이머 핸들러인 `delayed_work_timer_fn()` 함수를 분석합니다.

다음 그림을 보면서 딜레이 워크를 큐잉하는 과정을 알아보겠습니다.

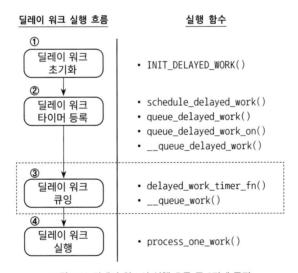

그림 7.22 딜레이 워크의 실행 흐름 중 3단계 동작

이번 절에서는 딜레이 워크의 전체 실행 흐름에서 3단계인 딜레이 워크를 큐잉하는 과정을 살펴보겠습니다.

`delayed_work_timer_fn()` 함수는 언제 실행될까요? 동적 타이머의 만료 시각에 도달하면 Soft IRQ 구조 내에서 동적 타이머가 처리되는 흐름은 8장(커널 타이머)에서 상세히 다룹니다.

Soft IRQ의 전체 구조와 흐름은 8장(커널 타이머)에서 상세히 다룹니다. Soft IRQ의 개념이 익숙하지 않은 분은 6.6절을 먼저 읽고 오셔도 됩니다.

먼저 delayed_work_timer_fn() 함수를 보겠습니다.

https://github.com/raspberrypi/linux/blob/rpi-4.19.y/kernel/workqueue.c

```
01 void delayed_work_timer_fn(unsigned long __data)
02 {
03     struct delayed_work *dwork = (struct delayed_work *)__data;
04
05     /* should have been called from irqsafe timer with irq already off */
06     __queue_work(dwork->cpu, dwork->wq, &dwork->work);
07 }
```

6번째 코드를 보면 __queue_work() 함수를 호출해서 딜레이 워크를 실행합니다. 이후 동작은 워크와 같습니다.

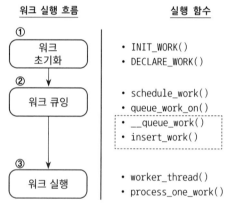

그림 7.23 워크의 전체 실행 흐름 과정 중 워크 큐잉 단계

그림 7.23은 워크의 실행 흐름을 나타낸 그림입니다. 워크를 큐잉하는 2단계에서 실행되는 함수 목록을 보면 __queue_work() 함수가 보입니다. 이 함수를 호출하면 워크를 워크큐에 큐잉하게 됩니다.

마찬가지로 delayed_work_timer_fn() 함수에서 __queue_work() 함수를 호출하면 딜레이 워크를 워크큐에 큐잉하게 됩니다. 또한 딜레이 워크를 실행하도록 워커 스레드를 깨우는 동작을 수행합니다.

이후 딜레이 워크는 워크와 같은 동작을 수행합니다. 따라서 __queue_work() 함수부터 코드 분석은 생략합니다. 세부 코드 분석은 7.4절을 참고하세요.

이어서 다음 절에서는 딜레이 워크를 실습하면서 코드 분석 내용을 확인하겠습니다.

7.9 라즈베리 파이에서의 딜레이 워크 생성 실습

이번 절에서는 딜레이 워크를 만들어보는 실습을 진행합니다. 실습할 패치 코드 시나리오는 다음과 같습니다.

- 인터럽트 핸들러에서 워크를 큐잉
- 워크 핸들러 실행
- 워크 핸들러에서 딜레이 워크를 실행

이번 장에서 배운 내용을 총 복습하는 실습입니다. 먼저 패치 코드를 작성해 봅시다.

7.9.1 패치 코드의 내용과 작성 방법

먼저 패치 코드를 소개하겠습니다.

```
diff --git a/drivers/mailbox/bcm2835-mailbox.c b/drivers/mailbox/bcm2835-mailbox.c
--- a/drivers/mailbox/bcm2835-mailbox.c
+++ b/drivers/mailbox/bcm2835-mailbox.c
@@ -33,11 +33,23 @@
01 #include <linux/of_irq.h>
02 #include <linux/platform_device.h>
03 #include <linux/spinlock.h>
04 +#include <linux/workqueue.h>
05 +#include <linux/kernel_stat.h>
06
07 /* Mailboxes */
08 #define ARM_0_MAIL0    0x00
09 #define ARM_0_MAIL1    0x20
10
11 +#define BCM_MAILBOX_IRQ_NUM 17
12 +#define BCM2835_DELAYED_WORK_TIME  msecs_to_jiffies(100)
13 +#define DELAYED_WORK_PERIOD 10
14 +
15 +struct work_struct bcm2835_mbox_work;
16 +struct delayed_work bcm2835_mbox_delayed_work;
17 +
18 +unsigned long work_execute_times = 0;
```

```
19 +
20 /*
21  * Mailbox registers. We basically only support mailbox 0 & 1. We
22  * deliver to the VC in mailbox 1, it delivers to us in mailbox 0. See
23 @@ -72,6 +84,51 @@ static struct bcm2835_mbox *bcm2835_link_mbox(struct mbox_chan 24 *link)
25  return container_of(link->mbox, struct bcm2835_mbox, controller);
26 }
27
28 +
29 +void bcm2835_mbox_delayed_work_callback(struct work_struct *ignored)
30 +{
31 +    unsigned long flags = 0;
32 +    int i;
33 +
34 +    struct irq_desc *desc;
35 +
36 +    desc = irq_to_desc(BCM_MAILBOX_IRQ_NUM);
37 +    if (!desc)
38 +        return;
39 +
40 +    raw_spin_lock_irqsave(&desc->lock, flags);
41 +
42 +    trace_printk("IRQ17 trigger times \n");
43 +    for_each_online_cpu(i)
44 +        trace_printk("%10u ", kstat_irqs_cpu(BCM_MAILBOX_IRQ_NUM, i));
45 +
46 +    raw_spin_unlock_irqrestore(&desc->lock, flags);
47 +
48 +    dump_stack();
49 +}
50 +
51 +void bcm2835_mbox_work_callback(struct work_struct *ignored)
52 +{
53 +    void *stack;
54 +    struct thread_info *current_thread;
55 +
56 +    stack = current->stack;
57 +    current_thread = (struct thread_info*)stack;
58 +
```

```
59 +    trace_printk("current process: %s\n", current->comm);
60 +    trace_printk("[+] in_interrupt:0x%08x,preempt_count = 0x%08x, stack=0x%08lx \n",
61 +            (unsigned int)in_interrupt(), (unsigned int)current_thread-62 >preempt_count, (long
unsigned int)stack);
62 +
63 +    dump_stack();
64 +
65 +    work_execute_times ++;
66 +    if (work_execute_times % DELAYED_WORK_PERIOD) {
67 +        schedule_delayed_work(&bcm2835_mbox_delayed_work, BCM2835_DELAYED_WORK_TIME);
68 +
69 +    }
70 +}
71 +
72 static irqreturn_t bcm2835_mbox_irq(int irq, void *dev_id)
73 {
74  struct bcm2835_mbox *mbox = dev_id;
75 @@ -83,6 +140,11 @@ static irqreturn_t bcm2835_mbox_irq(int irq, void *dev_id)
76      dev_dbg(dev, "Reply 0x%08X\n", msg);
77      mbox_chan_received_data(link, &msg);
78  }
79 +
80 +    schedule_work(&bcm2835_mbox_work);
81 +
82  return IRQ_HANDLED;
83 }
84
85 @@ -153,6 +215,9 @@ static int bcm2835_mbox_probe(struct platform_device *pdev)
86  if (mbox == NULL)
87      return -ENOMEM;
88  spin_lock_init(&mbox->lock);
89 +
90 +    INIT_WORK(&bcm2835_mbox_work, bcm2835_mbox_work_callback);
91 +    INIT_DELAYED_WORK(&bcm2835_mbox_delayed_work,
bcm2835_mbox_delayed_work_callback);
92 +
93  ret = devm_request_irq(dev, platform_get_irq(pdev, 0),
94              bcm2835_mbox_irq, 0, dev_name(dev), mbox);
```

먼저 패치 코드를 입력하는 방법을 알아보고 패치 코드 분석에 들어가겠습니다.

우선 워크와 딜레이 워크를 초기화하는 코드를 입력하는 방법을 알아봅시다. 이해를 돕기 위해 원본 bcm2835_mbox_probe() 함수를 소개합니다.

https://github.com/raspberrypi/linux/blob/rpi-4.19.y/drivers/mailbox/bcm2835-mailbox.c

```
01 static int bcm2835_mbox_probe(struct platform_device *pdev)
02 {
03     struct device *dev = &pdev->dev;
04     int ret = 0;
05     struct resource *iomem;
06     struct bcm2835_mbox *mbox;
07
08     mbox = devm_kzalloc(dev, sizeof(*mbox), GFP_KERNEL);
09     if (mbox == NULL)
10             return -ENOMEM;
11     spin_lock_init(&mbox->lock);
12
13     ret = devm_request_irq(dev, platform_get_irq(pdev, 0),
14                         bcm2835_mbox_irq, 0, dev_name(dev), mbox);
```

여기서 12~13번째 줄 사이에 다음 코드를 작성합시다.

```
+
+       INIT_WORK(&bcm2835_mbox_work, bcm2835_mbox_work_callback);
+       INIT_DELAYED_WORK(&bcm2835_mbox_delayed_work, bcm2835_mbox_delayed_work_callback);
+
```

워크 핸들러는 bcm2835_mbox_work_callback() 함수이고, 딜레이 워크 핸들러는 bcm2835_mbox_delayed_work_callback() 함수입니다.

 여기서 주의해야 할 점이 있습니다. 워크나 딜레이 워크의 초기화 코드는 인터럽트 핸들러를 설정하는 코드 앞에 작성하는 것이 좋습니다. 그 이유는 **인터럽트 핸들러를 설정한 후 바로 인터럽트가 발생하면 인터럽트 핸들러에서 schedule_work() 함수를 호출하면 커널 크래시가 발생할 수 있기 때문입니다.** 즉, 워크를 초기화하기 전에 인터럽트 핸들러에서 schedule_work() 함수가 실행되어 워크를 실행할 수 있습니다.

다음으로 워크 핸들러와 딜레이 워크 핸들러 함수를 입력하는 방법을 알아봅시다. 다음 코드를
bcm2835_mbox_irq() 함수의 윗부분에 입력합시다.

```
28 +
29 +void bcm2835_mbox_delayed_work_callback(struct work_struct *ignored)
30 +{
31 +    unsigned long flags = 0;
32 +    int i;
33 +
34 +    struct irq_desc *desc;
35 +
36 +    desc = irq_to_desc(BCM_MAILBOX_IRQ_NUM);
37 +    if (!desc)
38 +        return;
39 +
40 +    raw_spin_lock_irqsave(&desc->lock, flags);
41 +
42 +    trace_printk("IRQ17 trigger times \n");
43 +    for_each_online_cpu(i)
44 +        trace_printk("%10u ", kstat_irqs_cpu(BCM_MAILBOX_IRQ_NUM, i));
45 +
46 +    raw_spin_unlock_irqrestore(&desc->lock, flags);
47 +
48 +    dump_stack();
49 +}
50 +
51 +void bcm2835_mbox_work_callback(struct work_struct *ignored)
52 +{
53 +    void *stack;
54 +    struct thread_info *current_thread;
55 +
56 +    stack = current->stack;
57 +    current_thread = (struct thread_info*)stack;
58 +
59 +    trace_printk("current process: %s\n", current->comm);
60 +    trace_printk("[+] in_interrupt:0x%08x,preempt_count = 0x%08x, stack=0x%08lx \n",
61 +            (unsigned int)in_interrupt(), (unsigned int)current_thread-62 >preempt_count,
(long unsigned int)stack);
```

```
62 +
63 +
64 +
65 +    work_execute_times ++;
66 +    if (work_execute_times % DELAYED_WORK_PERIOD) {
67 +        schedule_delayed_work(&bcm2835_mbox_delayed_work, BCM2835_DELAYED_WORK_TIME);
68 +
69 +    }
70 +}
71 +
72 static irqreturn_t bcm2835_mbox_irq(int irq, void *dev_id)
```

이제 패치 코드의 내용을 알아보겠습니다.

bcm2835_mbox_work_callback() 함수의 65번째 줄을 보면 work_execute_times 전역변수의 값을 1만큼 증가시킵니다. 66번째 줄을 보면 work_execute_times 전역변수를 DELAYED_WORK_PERIOD(10)으로 나눠서 결괏값이 1이면 if 문 내의 67번째 줄을 실행합니다.

work_execute_times 전역변수가 10만큼 증가할 때 schedule_delayed_work() 함수를 호출합니다. 이것은 **워크 핸들러가 10번 실행되면 딜레이 워크를 실행하기 위해서입니다.**

이번에는 딜레이 워크 핸들러인 bcm2835_mbox_delayed_work_callback() 함수를 보겠습니다. 함수 구현부는 이전 절에서 구현한 코드와 같으니 넘어가겠습니다.

다음으로 42~44번째 줄에서는 17번 인터럽트가 CPU별로 발생한 횟수를 ftrace 로그로 출력합니다.

```
42 +    trace_printk("IRQ17 trigger times \n");
43 +    for_each_online_cpu(i)
44 +        trace_printk("%10u ", kstat_irqs_cpu(BCM_MAILBOX_IRQ_NUM, i));
```

이어서 워크와 딜레이 워크의 변수를 설정하는 코드를 확인하겠습니다.

```
03  #include <linux/spinlock.h>
04 +#include <linux/workqueue.h>
05 +#include <linux/kernel_stat.h>
06
07  /* Mailboxes */
08  #define ARM_0_MAIL0    0x00
09  #define ARM_0_MAIL1    0x20
10
```

```
11 +#define BCM_MAILBOX_IRQ_NUM 17
12 +#define BCM2835_DELAYED_WORK_TIME  msecs_to_jiffies(100)
13 +#define DELAYED_WORK_PERIOD 10
14 +
15 +struct work_struct bcm2835_mbox_work;
16 +struct delayed_work bcm2835_mbox_delayed_work;
17 +
18 +unsigned long work_execute_times = 0;
19 +
```

12번째 줄은 100밀리초를 jiffies(1/HZ) 단위로 변환하는 BCM2835_DELAYED_WORK_TIME 매크로의 선언 부입니다. msecs_to_jiffies() 함수는 밀리초 단위 시각을 jiffies(1/HZ) 단위로 변환합니다. BCM2835_DELAYED_WORK_TIME은 schedule_delayed_work() 함수의 두 번째 인자로 전달합니다.

15~16번째 줄은 bcm2835_mbox_work와 bcm2835_mbox_delayed_work 변수로 각각 워크와 딜레이 워크의 변수를 선언한 코드입니다.

위와 같이 코드를 작성한 다음 커널을 빌드한 후 라즈베리 파이에 커널 이미지를 설치합니다.

7.9.2 ftrace 로그 설정

이번에는 ftrace를 설정하는 방법을 알아봅시다. 먼저 다음 명령어를 입력해 ftrace 로그를 설정할 필요가 있습니다.

```
#!/bin/bash

echo 0 > /sys/kernel/debug/tracing/tracing_on
sleep 1
echo "tracing_off"

echo 0 > /sys/kernel/debug/tracing/events/enable
sleep 1
echo "events disabled"

echo  secondary_start_kernel  > /sys/kernel/debug/tracing/set_ftrace_filter
sleep 1
echo "set_ftrace_filter init"
```

```
echo function > /sys/kernel/debug/tracing/current_tracer
sleep 1
echo "function tracer enabled"

echo insert_work bcm2835_mbox_work_callback > /sys/kernel/debug/tracing/set_ftrace_filter
echo bcm2835_mbox_delayed_work_callback >> /sys/kernel/debug/tracing/set_ftrace_filter
sleep 1
echo "set_ftrace_filter enabled"

echo 1 > /sys/kernel/debug/tracing/events/sched/sched_switch/enable
echo 1 > /sys/kernel/debug/tracing/events/sched/sched_wakeup/enable

echo 1 > /sys/kernel/debug/tracing/events/workqueue/workqueue_activate_work/enable
echo 1 > /sys/kernel/debug/tracing/events/workqueue/workqueue_queue_work/enable
echo 1 > /sys/kernel/debug/tracing/events/workqueue/workqueue_execute_start/enable
echo 1 > /sys/kernel/debug/tracing/events/workqueue/workqueue_execute_end/enable

echo 1 > /sys/kernel/debug/tracing/events/timer/timer_init/enable
echo 1 > /sys/kernel/debug/tracing/events/timer/timer_start/enable
echo 1 > /sys/kernel/debug/tracing/events/timer/timer_expire_exit/enable
echo 1 > /sys/kernel/debug/tracing/events/timer/timer_cancel/enable
echo 1 > /sys/kernel/debug/tracing/events/timer/timer_expire_entry/enable

sleep 1
echo "event enabled"

echo 1 > /sys/kernel/debug/tracing/options/func_stack_trace
echo "function stack trace enabled"

echo 1 > /sys/kernel/debug/tracing/tracing_on
echo "tracing_on"
```

위 내용을 rpi_delayed_work.sh 파일로 저장한 후 실행하면 효율적으로 ftrace를 설정할 수 있습니다.

그럼 ftrace 설정 명령어를 차례로 알아봅시다. 먼저 콜 스택 필터를 지정하는 부분입니다.

```
echo insert_work bcm2835_mbox_work_callback > /sys/kernel/debug/tracing/set_ftrace_filter
echo bcm2835_mbox_delayed_work_callback >> /sys/kernel/debug/tracing/set_ftrace_filter
```

이전 ftrace 설정과 다른 점은 다음 함수를 필터로 지정한다는 것입니다.

- insert_work()
- bcm2835_mbox_work_callback()
- bcm2835_mbox_delayed_work_callback()

이번 절에서 소개한 패치 코드에서 bcm2835_mbox_work_callback()/bcm2835_mbox_delayed_work_callback() 함수의 콜 스택을 보기 위한 설정입니다.

또한 이번 ftrace 설정에서는 다음 명령어가 추가됐습니다.

```
echo 1 > /sys/kernel/debug/tracing/events/timer/timer_init/enable
echo 1 > /sys/kernel/debug/tracing/events/timer/timer_start/enable
echo 1 > /sys/kernel/debug/tracing/events/timer/timer_expire_exit/enable
echo 1 > /sys/kernel/debug/tracing/events/timer/timer_cancel/enable
echo 1 > /sys/kernel/debug/tracing/events/timer/timer_expire_entry/enable
```

딜레이 워크에 대한 동적 타이머 핸들러의 실행 흐름을 파악하기 위해 동적 타이머에 대한 ftrace 이벤트를 활성화한 것입니다.

이번 절에서 소개한 ftrace 명령어를 저장한 rpi_delayed_work.sh 스크립트를 실행해 ftrace 설정을 합시다. 이처럼 ftrace를 설정한 후 10초 후에 다음 명령어로 3.4.4절에서 소개한 get_ftrace.sh 셸 스크립트를 실행해 ftrace 로그를 받습니다.

```
root@raspberrypi:/home/pi# ./get_ftrace.sh
ftrace off
```

7.9.3 ftrace 로그 분석

다음은 이번 절에서 실습한 함수의 콜 스택과 워크와 딜레이 워크의 디버깅 정보가 포함된 ftrace의 전체 로그입니다.

```
01  <idle>-0 [000] d.h. 1571.189380: irq_handler_entry: irq=17 name=3f00b880.mailbox
02  <idle>-0 [000] d.h. 1571.189389: workqueue_queue_work: work struct=80d188a0
function=bcm2835_mbox_work_callback workqueue=b9c06300 req_cpu=4 cpu=0
03  <idle>-0 [000] d.h. 1571.189392: workqueue_activate_work: work struct 80d188a0
04  <idle>-0 [000] d.h. 1571.189395: insert_work <-__queue_work
```

05 <idle>-0 [000] d.h. 1571.189449: <stack trace>

06 => bcm2835_mbox_irq

07 => __handle_irq_event_percpu

08 => handle_irq_event_percpu

09 => handle_irq_event

10 => handle_level_irq

11 => generic_handle_irq

12 => bcm2836_chained_handle_irq

13 => generic_handle_irq

14 => __handle_domain_irq

15 => bcm2836_arm_irqchip_handle_irq

16 => __irq_svc

17 => arch_cpu_idle

18 => arch_cpu_idle

19 => default_idle_call

20 => do_idle

21 => cpu_startup_entry

22 => rest_init

23 => start_kernel

24 kworker/2:0-1452 [002] d... 1571.189449: sched_switch: prev_comm=kworker/2:0 prev_pid=1452 prev_prio=120 prev_state=t ==> next_comm=Compositor next_pid=1611 next_prio=120

25 <idle>-0 [000] dnh. 1571.189459: sched_wakeup: comm=kworker/0:3 pid=1677 prio=120 target_cpu=000

26 <idle>-0 [000] dnh. 1571.189462: irq_handler_exit: irq=17 ret=handled

27 <idle>-0 [000] d... 1571.189478: sched_switch: prev_comm=swapper/0 prev_pid=0 prev_prio=120 prev_state=R ==> next_comm=kworker/0:3 next_pid=1677 next_prio=120

28 kworker/0:3-1677 [000] .... 1571.189485: workqueue_execute_start: work struct 80d188a0: function bcm2835_mbox_work_callback

29 kworker/0:3-1677 [000] .... 1571.189488: bcm2835_mbox_work_callback <-process_one_work

30 kworker/0:3-1677 [000] .... 1571.189505: <stack trace>

31 => worker_thread

32 => kthread

33 => ret_from_fork

34 kworker/0:3-1677 [000] .... 1571.189514: bcm2835_mbox_work_callback: current process: kworker/0:3

35 kworker/0:3-1677 [000] .... 1571.189520: bcm2835_mbox_work_callback: [+] in_interrupt:0x00000000,preempt_count = 0x00000000, stack=0xb7d46000

36 kworker/0:3-1677 [000] d... 1571.189729: mod_timer <-add_timer

37 kworker/0:3-1677 [000] d... 1571.189750: <stack trace>

38 => queue_delayed_work_on

39 => bcm2835_mbox_work_callback

40 => process_one_work

41 => worker_thread

42 => kthread

43 => ret_from_fork

44 kworker/0:3-1677 [000] d... 1571.189756: timer_start: timer=80d188c0 function=delayed_work_timer_fn expires=127129 [timeout=10] cpu=0 idx=35 flags=I

45 kworker/0:3-1677 [000] .... 1571.189761: workqueue_execute_end: work struct 80d188a0

46 kworker/0:3-1677 [000] d... 1571.189800: sched_switch: prev_comm=kworker/0:3 prev_pid=1677 prev_prio=120 prev_state=t ==> next_comm=swapper/0 next_pid=0 47 next_prio=120

...

48 <idle>-0 [000] d.h. 1571.294580: irq_handler_entry: irq=162 name=arch_timer

49 <idle>-0 [000] d.h. 1571.294602: irq_handler_exit: irq=162 ret=handled

50 <idle>-0 [000] d.s. 1571.294610: timer_cancel: timer=80d188c0

51 <idle>-0 [000] d.s. 1571.294614: timer_expire_entry: timer=80d188c0 function=delayed_work_timer_fn now=127130

52 <idle>-0 [000] d.s. 1571.294617: delayed_work_timer_fn <-call_timer_fn

53 <idle>-0 [000] d.s. 1571.294676: <stack trace>

54 => run_timer_softirq

55 => __do_softirq

56 => irq_exit

57 => __handle_domain_irq

58 => bcm2836_arm_irqchip_handle_irq

59 => __irq_svc

60 => arch_cpu_idle

61 => arch_cpu_idle

62 => default_idle_call

63 => do_idle

64 => cpu_startup_entry

65 => rest_init

66 => start_kernel

67 <idle>-0 [000] d.s. 1571.294685: workqueue_queue_work: work struct=80d188b0 function=bcm2835_mbox_delayed_work_callback workqueue=b9c06300 req_cpu=4 cpu=0

68 <idle>-0 [000] d.s. 1571.294687: workqueue_activate_work: work struct 80d188b0

69 <idle>-0 [000] d.s. 1571.294689: insert_work <-__queue_work

70 <idle>-0 [000] d.s. 1571.294717: <stack trace>

71 => call_timer_fn

72 => expire_timers

73 => run_timer_softirq

74 => __do_softirq

```
75 => irq_exit
76 => __handle_domain_irq
77 => bcm2836_arm_irqchip_handle_irq
78 => __irq_svc
79 => arch_cpu_idle
80 => arch_cpu_idle
81 => default_idle_call
82 => do_idle
83 => cpu_startup_entry
84 => rest_init
85 => start_kernel
86 <idle>-0 [000] dns. 1571.294736: sched_wakeup: comm=kworker/0:3 pid=1677 prio=120 target_cpu=000
87 <idle>-0 [000] dns. 1571.294740: timer_expire_exit: timer=80d188c0
88 <idle>-0 [000] d... 1571.294784: sched_switch: prev_comm=swapper/0 prev_pid=0 prev_prio=120
prev_state=R ==> next_comm=kworker/0:3 next_pid=1677 next_prio=120
89 kworker/0:3-1677 [000] .... 1571.294793: workqueue_execute_start: work struct 80d188b0: function
bcm2835_mbox_delayed_work_callback
90 kworker/0:3-1677 [000] .... 1571.294795: bcm2835_mbox_delayed_work_callback <-process_one_work
91 kworker/0:3-1677 [000] .... 1571.294816: <stack trace>
92 => worker_thread
93 => kthread
94 => ret_from_fork
95 kworker/0:3-1677  [000] d... 1571.294820: bcm2835_mbox_delayed_work_callback: IRQ17 trigger times
96 kworker/0:3-1677  [000] d... 1571.294829: bcm2835_mbox_delayed_work_callback:      1496
97 kworker/0:3-1677  [000] d... 1571.294832: bcm2835_mbox_delayed_work_callback:         0
98 kworker/0:3-1677  [000] d... 1571.294835: bcm2835_mbox_delayed_work_callback:         0
99 kworker/0:3-1677  [000] d... 1571.294837: bcm2835_mbox_delayed_work_callback:         0
100 kworker/0:3-1677  [000] ....  1571.295070: workqueue_execute_end: work struct 80d188b0
```

ftrace 메시지에서 워크와 딜레이 워크의 전체 흐름 파악

로그가 복잡해 보이지만 ftrace 로그에 포함된 워크와 딜레이 워크의 동작은 다음 그림과 같이 8단계로
분류할 수 있습니다.

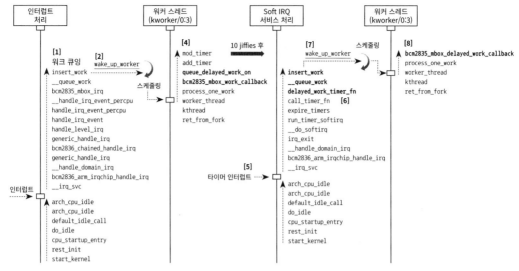

그림 7.24 ftrace: 딜레이 워크 큐잉 및 실행 과정의 흐름

각 단계별로 동작을 살펴봅시다.

1단계: 17번 인터럽트 발생 후 워크 큐잉

17번 인터럽트가 발생한 다음에 워크 핸들러가 bcm2835_mbox_work_callback() 함수인 워크를 큐잉합니다.

2단계: 워커 스레드를 깨움

insert_work() 함수에서 wake_up_worker() 함수를 호출했으니 워커 스레드를 깨우는 동작입니다.

3단계: 워커 스레드 실행

스케줄러는 kworker/0:3 워커 스레드를 실행합니다.

4단계: 딜레이 워크 타이머 등록

bcm2835_mbox_work_callback() 함수에서 딜레이 워크를 실행합니다. 이전 절에서 분석했던 queue_delay_work_on() 함수를 콜 스택에서 볼 수 있습니다. 10 jiffies(1/HZ 단위) 후 동적 타이머가 만료하도록 설정합니다.

5단계: 타이머 인터럽트 발생

타이머 인터럽트가 발생합니다. 동적 타이머 핸들러는 타이머 인터럽트가 발생할 때 실행됩니다.

6단계: 딜레이 워크 동적 타이머 핸들러에서 딜레이 워크를 큐잉

동적 타이머 핸들러인 delayed_work_timer_fn() 함수에서 딜레이 워크를 워크큐에 큐잉합니다. 이제부터 워크와 실행 흐름이 같습니다.

7단계: 딜레이 워크 실행을 위해 워커 스레드를 깨움

insert_work() 함수에서 wake_up_worker() 함수를 호출해서 워커 스레드를 깨웁니다.

8단계: 딜레이 워크 핸들러 실행

딜레이 워크 핸들러인 bcm2835_mbox_work_callback() 함수가 실행을 시작합니다.

ftrace 로그 분석: 1단계 – 17번 인터럽트 발생 후 워크 큐잉

이제 로그 분석으로 들어갑니다. 1번째 줄 로그부터 봅시다.

```
01  <idle>-0 [000] d.h. 1571.189380: irq_handler_entry: irq=17 name=3f00b880.mailbox
```

irq_handler_entry라는 ftrace 이벤트 로그가 보이니 "**17번 3f00b880.mailbox 인터럽트가 발생했다**"로
해석할 수 있습니다.

다음으로 2~3번째 줄을 보겠습니다.

```
02  <idle>-0 [000] d.h. 1571.189389: workqueue_queue_work: work struct=80d188a0
function=bcm2835_mbox_work_callback workqueue=b9c06300 req_cpu=4 cpu=0
03  <idle>-0 [000] d.h. 1571.189392: workqueue_activate_work: work struct 80d188a0
```

irq_handler_entry 메시지 이후 바로 irq_handler_exit 메시지가 안 보이니 현재 실행 중인 코드가 인터
럽트 컨텍스트임을 알 수 있습니다.

1571.189389라는 타임스탬프 왼쪽에 "d.h."라는 기호가 보입니다. 이는 현재 실행 중인 코드가 어떤
컨텍스트에서 구동 중인지 알려줍니다. 즉, **d는 현재 해당 CPU 라인의 인터럽트를 비활성화한 상태**이고
h는 인터럽트 컨텍스트라는 의미입니다.

2~3번째 줄 로그에서 "d.h." 정보가 보이므로 워크를 워크큐에 큐잉하는 동작은 인터럽트 컨텍스트에서
실행 중임을 알 수 있습니다.

워크큐 관점에서 2~3번째 줄 로그를 분석하면 워크 핸들러가 bcm2835_mbox_work_callback() 함수인
워크를 워크큐에 큐잉했음을 알 수 있습니다. 여기서 워크를 표현하는 work_struct 구조체의 주소는
80d188a0입니다.

다음 4~23번째 줄 로그에서 보이는 콜 스택을 살펴보겠습니다.

```
04  <idle>-0 [000] d.h. 1571.189395: insert_work <-__queue_work
05  <idle>-0 [000] d.h. 1571.189449: <stack trace>
06 => bcm2835_mbox_irq
07 => __handle_irq_event_percpu
08 => handle_irq_event_percpu
09 => handle_irq_event
10 => handle_level_irq
11 => generic_handle_irq
12 => bcm2836_chained_handle_irq
13 => generic_handle_irq
14 => __handle_domain_irq
15 => bcm2836_arm_irqchip_handle_irq
16 => __irq_svc
17 => arch_cpu_idle
18 => arch_cpu_idle
19 => default_idle_call
20 => do_idle
21 => cpu_startup_entry
22 => rest_init
23 => start_kernel
```

16번째 줄에 __irq_svc 심벌이 보이므로 arch_cpu_idle() 함수를 실행하는 도중 인터럽트가 발생한 것입니다. 이후 인터럽트 서브 루틴이 실행됩니다.

다음 6번째 줄을 보면 인터럽트 핸들러인 bcm2835_mbox_irq() 함수가 실행됐음을 알 수 있습니다.

bcm2835_mbox_irq() 함수에서 다음과 같은 흐름으로 함수를 호출했음을 알 수 있습니다.

- __queue_work()
- insert_work()

이전 절에서 본 코드로서 워크를 워크큐에 큐잉하는 동작입니다. 인터럽트가 발생한 후 호출되는 인터럽트 핸들러에서 워크를 워크큐에 큐잉해서 인터럽트 후반부 처리를 하려는 의도입니다.

ftrace 로그 분석: 2단계 – 워커 스레드를 깨움

다음으로 25번째 줄을 살펴봅시다.

```
24 kworker/2:0-1452 [002] d... 1571.189449: sched_switch: prev_comm=kworker/2:0 prev_pid=1452
prev_prio=120 prev_state=t ==> next_comm=Compositor next_pid=1611 next_prio=120
25 <idle>-0 [000] dnh. 1571.189459: sched_wakeup: comm=kworker/0:3 pid=1677 prio=120 target_cpu=000
26 <idle>-0 [000] dnh. 1571.189462: irq_handler_exit: irq=17 ret=handled
```

이전 절에서는 insert_work() 함수에서 wake_up_worker() 함수를 호출해서 워커 스레드를 깨운다고 배
웠습니다. sched_wakeup이라는 ftrace 메시지가 보이므로 "kworker/0:3"이라는 워커 스레드를 깨우는
동작입니다. 이때 컨텍스트 정보는 "dnh."입니다. 25번째 줄의 로그 타임스탬프 옆에 있는 컨텍스트 정
보입니다.

> d와 h라는 기호가 보이니 현재 인터럽트 컨텍스트임을 알 수 있습니다. 다음과 같은 함수 흐름으로 인터럽트
> 핸들러의 서브루틴에서 워커 스레드를 깨우고 있기 때문입니다.
>
> ▪ bcm2835_mbox_irq()
> ▪ __queue_work()
> ▪ insert_work()
> ▪ wake_up_worker()

26번째 줄을 보면 irq_handler_exit라는 메시지가 보이므로 이제 인터럽트 핸들러 처리가 종료됐다는
사실을 알 수 있습니다. 이렇게 인터럽트 컨텍스트에서 워크를 워크큐에 큐잉해서 후반부 처리를 시작
합니다.

ftrace 로그 분석: 3단계 – 워커 스레드 실행

이어서 27번째 줄을 보겠습니다.

```
27 <idle>-0 [000] d... 1571.189478: sched_switch: prev_comm=swapper/0 prev_pid=0 prev_prio=120
prev_state=R ==> next_comm=kworker/0:3 next_pid=1677 next_prio=120
```

sched_switch라는 ftrace 이벤트는 프로세스가 스케줄링되는 동작을 나타냅니다. 즉, "swapper/0" 프로
세스에서 pid가 1677인 "kworker/0:3" 프로세스(워커 스레드)로 스케줄링됩니다.

ftrace 로그 분석: 4단계 – 딜레이 워크 타이머 등록

이어서 4단계인 딜레이 워크 타이머를 등록하는 동작을 살펴보겠습니다.

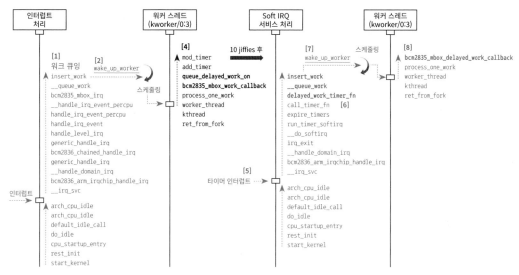

그림 7.25 ftrace: 딜레이 워크 큐잉 및 실행 과정 4단계

이제 그림 7.25에서 4단계인 워크 핸들러에서 딜레이 워크 타이머를 등록하는 동작을 살펴보겠습니다.
먼저 28~33번째 줄을 보겠습니다.

```
28 kworker/0:3-1677 [000] .... 1571.189485: workqueue_execute_start: work struct 80d188a0: function
bcm2835_mbox_work_callback
29 kworker/0:3-1677 [000] .... 1571.189488: bcm2835_mbox_work_callback <-process_one_work
30 kworker/0:3-1677 [000] .... 1571.189505: <stack trace>
31 => worker_thread
32 => kthread
33 => ret_from_fork
```

28번째 줄의 맨 왼쪽 메시지를 보면 "kworker/0:3"이 보이고 가운데에서 workqueue_execute_start 메시
지를 볼 수 있습니다. **이것은 "kworker/0:3"이라는 워커 스레드가 워크를 실행한다는 의미입니다.** 여기
서 work_struct 워크의 주소는 80d188a0이고 워크 핸들러는 bcm2835_mbox_work_callback() 함수입니다.

이번에는 29~33번째 줄에 있는 콜 스택을 보겠습니다. 워커 스레드의 핸들러 함수인 worker_thread()
함수에서 process_one_work() 함수를 호출해서 워크 핸들러인 bcm2835_mbox_work_callback() 함수를 실
행합니다.

다음은 34번째 줄입니다.

```
34 kworker/0:3-1677 [000] .... 1571.189514: bcm2835_mbox_work_callback: current process: kworker/0:3
35 kworker/0:3-1677 [000] .... 1571.189520: bcm2835_mbox_work_callback: [+]
in_interrupt:0x00000000,preempt_count = 0x00000000, stack=0xb7d46000
```

패치 코드에서 작성한 로그를 출력합니다. 현재 실행 중인 프로세스의 이름은 kworker/0:3입니다.

35번째 줄을 보면 thread_info->preempt_count가 0x00000000입니다. 이로써 현재 프로세스가 프로세스 컨텍스트에서 구동 중임을 알 수 있습니다.

ftrace 로그 분석: 5~6단계 – 딜레이 워크 동적 타이머 핸들러에서 딜레이 워크를 큐잉

이어서 5~6단계의 ftrace 메시지를 분석하겠습니다.

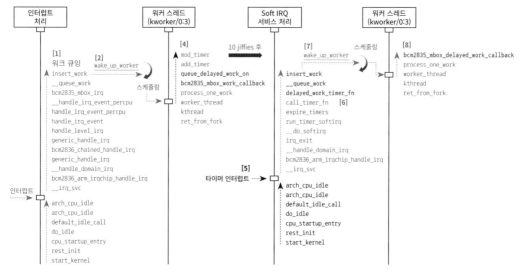

그림 7.26 ftrace: 딜레이 워크 큐잉 및 실행 과정 5~6단계

위 그림에서 5~6단계에 해당하는 부분을 알아보겠습니다.

패치 코드에서 워크 핸들러인 bcm2835_mbox_work_callback() 함수가 10번 실행되면 딜레이 워크를 실행했습니다. 이 점을 떠올리면서 로그 분석을 이어 가겠습니다.

```
36 kworker/0:3-1677 [000] d... 1571.189729: mod_timer <-add_timer
37 kworker/0:3-1677 [000] d... 1571.189750: <stack trace>
38 => queue_delayed_work_on
39 => bcm2835_mbox_work_callback
40 => process_one_work
41 => worker_thread
42 => kthread
43 => ret_from_fork
```

다음과 같은 함수 흐름으로 동적 타이머를 실행하는 정보를 확인할 수 있습니다.

- queue_delayed_work_on()
- add_timer()
- mod_timer()

딜레이 워크의 코드를 분석할 때 본 함수 목록입니다. 워크 실행 요청을 하면 딜레이 워크를 처리하는 동적 타이머를 등록하는 흐름입니다.

다음으로 44번째 줄을 보겠습니다.

```
44 kworker/0:3-1677 [000] d... 1571.189756: timer_start: timer=80d188c0 function=delayed_work_timer_fn
expires=127129 [timeout=10] cpu=0 idx=35 flags=I
```

timer_start 메시지가 보이므로 동적 타이머를 실행하는 동작입니다. **동적 타이머 핸들러는 `delayed_work_timer_fn()` 함수이고 jiffies가 127129일 때 동적 타이머가 만료된다는 것을 나타냅니다.**

"timeout=10"이라는 정보로 봐서 10만큼 jiffies가 증가했음을 알 수 있습니다.

 여기서 100밀리초를 jiffies 단위로 변환하면 결괏값은 10임을 알 수 있습니다.

다음은 45번째 줄 로그를 볼 차례입니다.

```
45 kworker/0:3-1677 [000] .... 1571.189761: workqueue_execute_end: work struct 80d188a0
```

워크 핸들러가 bcm2835_mbox_work_callback() 함수인 워크의 실행을 완료했다는 정보입니다. 워크 핸들러에서 딜레이 워크를 실행하는 동작입니다.

이 시점에서 딜레이 워크를 워크큐에 큐잉한 것이 아니라 딜레이 워크에서 설정된 지연 시간만큼 동적 타이머를 실행합니다. 100밀리초 이후 딜레이 워크를 처리하는 동적 타이머가 만료돼서 해당 핸들러 함수인 delayed_work_timer_fn()이 호출됩니다. 이처럼 인터럽트 후반부 처리를 2단계로 나눌 수 있습니다.

로그 분석으로 돌아가서 46번째 줄을 보겠습니다.

```
46 kworker/0:3-1677 [000] d... 1571.189800: sched_switch: prev_comm=kworker/0:3 prev_pid=1677
prev_prio=120 prev_state=t ==> next_comm=swapper/0 next_pid=0 47 next_prio=120
...
```

sched_switch라는 ftrace 이벤트 메시지가 보이므로 "kworker/0:3" 프로세스에서 "swapper/0" 프로세스로 스케줄링되는 동작입니다.

다음은 48~49번째 줄입니다.

```
48 <idle>-0 [000] d.h. 1571.294580: irq_handler_entry: irq=162 name=arch_timer
49 <idle>-0 [000] d.h. 1571.294602: irq_handler_exit: irq=162 ret=handled
```

162번 타이머 인터럽트가 발생했고 해당 인터럽트 핸들러 함수의 실행을 마무리했다는 내용입니다.

다음으로 50~51번째 줄을 볼 차례입니다.

```
50 <idle>-0 [000] d.s. 1571.294610: timer_cancel: timer=80d188c0
51 <idle>-0 [000] d.s. 1571.294614: timer_expire_entry: timer=80d188c0 function=delayed_work_timer_fn
now=127130
```

50번째 줄에서 1571.294610이라는 타임스탬프 왼쪽으로 "d.s."라는 기호로 봐서 현재 Soft IRQ 컨텍스트임을 알 수 있습니다.

 컨텍스트를 나타내는 3번째 알파벳이 s이면 Soft IRQ 컨텍스트라는 의미입니다. Soft IRQ 서비스 핸들러를 실행하는 동작이라 할 수 있습니다.

timer_cancel이라는 ftrace 이벤트 메시지로 timer_list 구조체의 주소가 80d188c0인 동적 타이머를 만료한다는 내용입니다.

51번째 줄에서 보이는 "d.s." 컨텍스트 정보를 토대로 Soft IRQ 서비스를 실행 중임을 알 수 있습니다. 이는 동적 타이머가 만료한다는 정보이며 동적 타이머 핸들러는 `delayed_work_timer_fn()` 함수입니다. 여기서 `jiffies`는 `127130`입니다.

ftrace 로그 분석: 7단계 – 딜레이 워크 실행을 위해 워커 스레드를 깨움

다음으로 52~66번째 줄은 동적 타이머 핸들러인 `delayed_work_timer_fn()` 함수가 호출되는 콜 스택입니다.

```
52 <idle>-0 [000] d.s. 1571.294617: delayed_work_timer_fn <-call_timer_fn
53 <idle>-0 [000] d.s. 1571.294676: <stack trace>
54 => run_timer_softirq
55 => __do_softirq
56 => irq_exit
57 => __handle_domain_irq
58 => bcm2836_arm_irqchip_handle_irq
59 => __irq_svc
60 => arch_cpu_idle
61 => arch_cpu_idle
62 => default_idle_call
63 => do_idle
64 => cpu_startup_entry
65 => rest_init
66 => start_kernel
```

54~56번째 줄을 통해 Soft IRQ 컨텍스트임을 알 수 있습니다. 또한 Soft IRQ 서비스 중 하나인 `TIMER_SOFTIRQ` 서비스의 핸들러인 `run_timer_softirq()` 함수가 실행된다는 사실을 알 수 있습니다.

이후 딜레이 워크의 동적 타이머 핸들러인 `delayed_work_timer_fn()` 함수가 호출됩니다. 패치 코드에서 100밀리초로 딜레이 워크를 설정했으므로 100밀리초 이후 동적 타이머가 만료했습니다. 100밀리초는 `jiffies(1/HZ)` 단위로 10입니다.

이어서 딜레이 워크를 워크큐에 실제 큐잉하는 로그를 보겠습니다.

```
67 <idle>-0 [000] d.s. 1571.294685: workqueue_queue_work: work struct=80d188b0
function=bcm2835_mbox_delayed_work_callback workqueue=b9c06300 req_cpu=4 cpu=0
```

```
68 <idle>-0 [000] d.s. 1571.294687: workqueue_activate_work: work struct 80d188b0
```

bcm2835_mbox_delayed_work_callback( ) 핸들러 함수인 워크를 워크큐에 큐잉하는 동작입니다.

다음은 딜레이 워크를 워크큐에 큐잉할 때의 콜 스택 로그입니다.

```
69 <idle>-0 [000] d.s.  1571.294689: insert_work <-__queue_work
70 <idle>-0 [000] d.s.  1571.294717: <stack trace>
71 => call_timer_fn
72 => expire_timers
73 => run_timer_softirq
74 => __do_softirq
75 => irq_exit
76 => __handle_domain_irq
77 => bcm2836_arm_irqchip_handle_irq
78 => __irq_svc
79 => arch_cpu_idle
80 => arch_cpu_idle
81 => default_idle_call
82 => do_idle
83 => cpu_startup_entry
84 => rest_init
85 => start_kernel
```

위 콜 스택을 토대로 "딜레이 워크와 워크를 워크큐에 큐잉하는 동작은 같다"라는 사실을 알 수 있습니다.

다음으로 86번째 줄을 보겠습니다.

```
86 <idle>-0 [000] dns. 1571.294736: sched_wakeup: comm=kworker/0:3 pid=1677 prio=120 target_cpu=000
```

위 로그를 토대로 **"kworker/0:3" 프로세스를 깨우는 동작임을 알 수 있습니다.** 즉, 워크를 워크큐에 큐잉했으니 워커 스레드를 깨우는 것입니다.

다음은 87번째 줄입니다.

```
87 <idle>-0 [000] dns. 1571.294740: timer_expire_exit: timer=80d188c0
```

딜레이 워크를 처리하는 동적 타이머 핸들러의 실행이 끝났다는 메시지입니다.

ftrace 로그 분석: 8단계 – 딜레이 워크 핸들러 실행

마지막으로 아래 그림의 8단계에 해당하는 ftrace 로그를 분석하겠습니다.

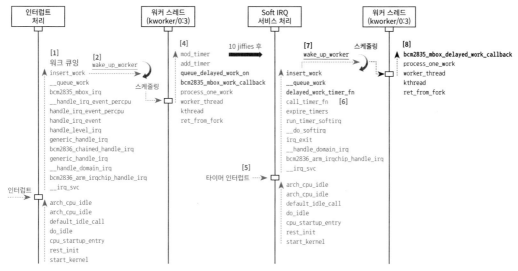

그림 7.27 ftrace: 딜레이 워크 큐잉 및 실행 과정의 7~8단계

이제 88번째 줄입니다.

```
88 <idle>-0 [000] d... 1571.294784: sched_switch: prev_comm=swapper/0 prev_pid=0 prev_prio=120
prev_state=R ==> next_comm=kworker/0:3 next_pid=1677 next_prio=120
```

"swapper/0" 프로세스에서 워커 스레드인 "kworker/0:3" 프로세스로 스케줄링되는 동작입니다.

 "swapper/0"은 아이들 프로세스라고 하며 보통 CPU에 실행할 프로세스가 없을 때 실행됩니다.

다음으로 89번째 줄을 볼 차례입니다.

```
89 kworker/0:3-1677 [000] .... 1571.294793: workqueue_execute_start: work struct 80d188b0: function
bcm2835_mbox_delayed_work_callback
```

"kworker/0:3" 프로세스가 워크 핸들러 함수가 bcm2835_mbox_delayed_work_callback()인 워크를 실행하는 동작입니다.

다음으로 90~94번째 줄을 보겠습니다.

```
90 kworker/0:3-1677 [000] .... 1571.294795: bcm2835_mbox_delayed_work_callback <-process_one_work
91 kworker/0:3-1677 [000] .... 1571.294816: <stack trace>
92 => worker_thread
93 => kthread
94 => ret_from_fork
```

워커 스레드의 핸들러 함수인 worker_thread()부터 워크 핸들러인 bcm2835_mbox_delayed_work_callback() 함수를 호출합니다.

다음은 bcm2835_mbox_delayed_work_callback() 함수에서 17번 인터럽트가 발생한 후 처리된 횟수를 출력합니다.

```
95 kworker/0:3-1677  [000] d...  1571.294820: bcm2835_mbox_delayed_work_callback: IRQ17 trigger times
96 kworker/0:3-1677  [000] d...  1571.294829: bcm2835_mbox_delayed_work_callback:       1496
97 kworker/0:3-1677  [000] d...  1571.294832: bcm2835_mbox_delayed_work_callback:          0
98 kworker/0:3-1677  [000] d...  1571.294835: bcm2835_mbox_delayed_work_callback:          0
99 kworker/0:3-1677  [000] d...  1571.294837: bcm2835_mbox_delayed_work_callback:          0
100 kworker/0:3-1677  [000] ....  1571.295070: workqueue_execute_end: work struct 80d188b0
```

CPU0으로 1496번에 걸쳐 인터럽트가 발생했음을 알 수 있습니다.

100번째 줄은 bcm2835_mbox_delayed_work_callback() 함수의 실행이 완료됐다는 메시지입니다.

여기까지 인터럽트가 발생한 후 후반부 처리를 워크와 딜레이 워크의 2단계로 나누는 실습과 ftrace 로그를 분석했습니다. 드라이버 레벨에서는 간단한 코드로 보일 수도 있겠지만 커널 관점에서 워크의 세부 동작을 분석하니 여러 복잡한 단계를 걸쳐 실행된다는 사실을 알 수 있습니다.

7.10 정리

1. 워크큐는 인터럽트 후반부를 처리하려고 만들어진 것입니다. 워크큐는 인터럽트 후반부는 물론 프로세스 컨텍스트에서 후반부를 처리하려는 용도로도 사용됩니다.

2. 워크는 워크큐를 실행하는 단위입니다. 인터럽트 후반부로 처리될 수 있는 코드나 지연해서 처리해도 되는 루틴을 워크가 실행합니다.

3. 워커 스레드는 워크를 실행하고 워크큐 관련 자료구조를 업데이트하는 작업을 수행하는 워크큐 전용 프로세스입니다.

4. 워커 스레드는 리눅스 시스템에서 백그라운드로 실행되는 프로세스입니다. 워커 스레드의 이름은 "kworker/"로 시작하며, 워커 스레드의 타입에 따라 "kworker/" 다음에 번호가 붙습니다.

5. 워커 풀은 워크와 워커 스레드를 관리하는 역할을 수행하며, 워크큐의 핵심 자료구조입니다. worklist 필드로 큐잉한 워크 리스트와 workers 필드로 워커 스레드를 관리합니다.

6. ftrace에서는 워크큐 동작을 추적하는 다음과 같은 이벤트를 제공합니다.

   - workqueue_queue_work: 워크를 워크큐에 큐잉함
   - workqueue_activate_work: 워크를 활성화
   - workqueue_execute_start: 워크 핸들러 실행 시작
   - workqueue_execute_end: 워크 핸들러 실행 마무리

7. 딜레이 워크는 워크를 일정 시간 후 지연해서 실행합니다. 딜레이 워크를 활용하면 디바이스 드라이버를 유연하게 설계할 수 있습니다.

S – Z